10 最新青林法律相談

独占禁止法の法律相談

SEIRIN LEGAL COUNSELING

小林　覚
渡邉新矢
根岸清一 ［著］
福井　琢
平田　厚
柄澤昌樹

青林書院

はしがき

　平成22年3月，審判制度（公正取引委員会が検察官と裁判官を兼ねるようなものと批判されていました。）の全面廃止等を内容とする独占禁止法の改正案が国会に提出されました。ところが，その後政権交代もあり，改正に至りませんでした。
　平成25年12月，ようやく独占禁止法が改正され，平成27年4月から既に施行されています。これにより，公正取引委員会の排除措置命令，課徴金納付命令について，その取消しを求める場合は，直ちに裁判所に対する取消訴訟を提起することができるようになりました。また，これに伴い，排除措置命令に係る意見聴取手続の整備や訴訟手続の整備等も行われました。
　これほど実務に大きな影響を及ぼすであろうと思われる改正は初めてといっても過言ではないでしょう。改正法が適用される事件は，裁判所が一般の行政処分に対する判断と同様の手続で判断を下すことになりますが，これによって，取消しが認められ易くなるのか，反対に認められにくくなるのかについては，今後の判決の動向を見守る必要があります。
　他方，前回の平成21年改正以後の主な流れとしては，①課徴金減免制度の定着，②課徴金金額の高額化，③日本企業が関与する国際カルテル事件の増加等があります。
　①については，課徴金減免申請の件数が平成23年度の143件をピークに常に毎年50件以上を数えており，同制度は今やすっかり定着し，事業者側代理人の実務としても，重視すべきものとなっています。
　②については，課徴金の総額は，平成22年度の720億8000万円をピークに近年最も少なかった平成26年度においても171億4000万円（1事業者当たり1億3392万円）と高額になっています。
　③については，液晶パネル，テレビ用ブラウン管，ワイヤーハーネス，自動車部品等で毎年といっても良いほどに国際的カルテル事件として，日本企業が摘発され，それらに関連した罰金や反則金も国内事件とは桁違いの金額を課さ

はしがき

れています。

　このように，以前にも増して，独占禁止法の重要性は増しており，企業にとっては，コンプライアンスの観点からも目が離せない分野となっています。

　私たちは，第二東京弁護士会経済法研究会のメンバーとして，長年にわたり独占禁止法その他の経済法の実務に関与し，共に研究してきました。その経験に基づき，実務上の問題点をできる限り分かり易く解説することを目指して本書を執筆しました。具体的には，キーワード，手続，ケース・スタディの3部構成とし，具体的な設問毎に解説しました。初学者の方から実務家の方まで，本書が広くお役に立つことを執筆者一同願っています。

　的確なアドバイスと暖かい励ましとともに最後まで見守って頂いた青林書院編集部の高橋広範氏にこの場をお借りして心より感謝の意を表します。

　　平成28（2016）年5月

　　　　　　　　　　　　　　　　　　　　　　　　　　執筆者一同

凡　例

(1)　各設問の冒頭に**Q**として問題文を掲げ，それに対する回答の要旨を**A**にまとめました。具体的な説明は　■解　説■　以下において詳細に行っています。
(2)　判例（裁判例を含む）及び審決例を引用する場合は，本文中に「☆1，☆2……」のように注番号を振り，各設問の末尾に■**判審決例**■として列記しました。なお，判審決例の表記については，後掲の「判審決例・判例集等略語」を用いました。
(3)　解説に補足を加える場合は，本文中に「＊1，＊2……」のように注番号を振り，設問の末尾に■注　記■として掲記しました。
(4)　参考文献は，各設問の末尾に●**参考文献**●として挙げました。
(5)　法令及び文献等の略語は，後掲の「法令略語」「文献等略語」を用いました。
(6)　各設問の☑**キーワード**に挙げた用語は，巻末の「キーワード索引」に掲載しました。
(7)　本文中に引用した判審決例は，巻末の「判審決例索引」に掲載しました。

■**判審決例・判例集等略語**

最判（決）	最高裁判所判決（決定）
高判（決）	高等裁判所判決（決定）
地判（決）	地方裁判所判決（決定）
民（刑）集	最高裁判所民事（刑事）判例集
裁判集民事	最高裁判所裁判集民事
高民（刑）集	高等裁判所民事（刑事）判例集
行裁例集	行政事件裁判例集
集	公正取引委員会審決集
金判	金融・商事判例
判時	判例時報
判タ	判例タイムズ
公正取引	月刊公正取引
審決DB	公正取引委員会審決等データベース
公取委HP	公正取引委員会ホームページ

凡　例

裁判所HP	裁判所ウェブサイト

■法令等略語

独占禁止法（独禁法）	私的独占の禁止及び公正取引の確保に関する法律（昭和22年法律第54号）
	＊（　）内の引用では，他の法令と混同のおそれがない場合は条数のみ表記。
施行令	私的独占の禁止及び公正取引の確保に関する法律施行令（昭和52年政令第317号）
審査規則	公正取引委員会の審査に関する規則（平成17年公正取引委員会規則第5号）
課徴金規則	課徴金の減免に係る報告及び資料の提出に関する規則（平成17年公正取引委員会規則第7号）
犯則規則	公正取引委員会の犯則事件の調査に関する規則（平成17年公正取引委員会規則第6号）
一般指定	不公正な取引方法（昭和57年公正取引委員会告示第15号）であって平成21年公正取引委員会告示第18号による改正後のもの
行訴法	行政事件訴訟法（昭和37年法律第139号）
景表法	不当景品類及び不当表示防止法（昭和37年法律第134号）
下請法	下請代金支払遅延等防止法（昭和31年法律第120号）
民訴法	民事訴訟法（平成8年法律第109号）

■文献等略語

厚谷・条解	厚谷襄児＝糸田省吾＝向田直範＝稗貫俊文＝和田健夫編『条解独占禁止法』（弘文堂，1997）
村上・条解	村上政博編集代表『条解独占禁止法』（弘文堂，2014）
金井・独禁	金井貴嗣＝川濵昇＝泉水文雄編著『独占禁止法〔第5版〕』（弘文堂，2015）
白石・独禁	白石忠志『独占禁止法〔第2版〕』（有斐閣，2009）
白石・講義	白石忠志『独禁法講義〔第7版〕』（有斐閣，2014）
新一般指定の解説	不公正な取引方法──新一般指定の解説（別冊NBL・No.9）（商事法務研究会，1982）
新実務	地頭所五男編『新しい独占禁止法の実務』（商事法務研究会，1993）

凡　例

新特許解説	Q&A特許ライセンスと独占禁止法（別冊NBL・No.59）（商事法務研究会，2000）
菅久・独禁	菅久修一編著『独占禁止法〔第2版〕』（商事法務，2015）
特許・研究開発の解説	上杉秋則編著『Q&A特許・ノウハウライセンス契約と共同研究開発』（商事法務研究会，1993）
根岸・注釈	根岸哲編『注釈独占禁止法』（有斐閣，2009）
流通ガイド解説	山田昭雄＝大熊まさよ＝楢崎憲安編著『解説流通取引慣行に関する独占禁止法ガイドライン』（商事法務研究会，1991）
論点体系独禁	白石忠志＝多田敏明編著『論点体系独占禁止法』（第一法規，2014）
百選	経済法判例・審決百選（別冊ジュリスト・No.199）（有斐閣，2010）
独禁百選（6版）	独禁法審決・判例百選〔第6版〕（別冊ジュリスト・No.161）（有斐閣，2002）
相談事例集	公正取引委員会・独占禁止法に関する相談事例集

■ガイドライン

企業結合ガイドライン	企業結合審査に関する独占禁止法の運用指針（平16・5・31公取委，最終改定平23・6・14）
共同研究開発ガイドライン	共同研究開発に関する独占禁止法上の指針（平5・4・20公取委，最終改定平22・1・1）
行政指導ガイドライン	行政指導に関する独占禁止法上の考え方（平6・6・30公取委，最終改正平22・1・1）
事業者団体ガイドライン	事業者団体の活動に関する独占禁止法上の指針（平7・10・30公取委，最終改正平22・1・1）
11条ガイドライン	独占禁止法第11条の規定による銀行又は保険会社の議決権の保有等の認可についての考え方（平14・11・12公取委，最終改定平26・4・1）
大規模小売業ガイドライン	「大規模小売業者による納入業者との取引における特定の不公正な取引方法」の運用基準（平17・6・29事務総長通達第9号，最終改正平23・6・23）
知財ガイドライン	知的財産の利用に関する独占禁止法上の指針（平19・9・28公取委，最終改正平28・1・21）
入札ガイドライン	公共的な入札に係る事業者及び事業者団体の活動に関する独占禁止法上の指針（平6・7・5，最終改正平27・4・1）

凡　例

排除型私的独占ガイドライン	排除型私的独占に係る独占禁止法上の指針（平21・10・28公取委）
標準化ガイドライン	標準化に伴うパテントプールの形成等に関する独占禁止法上の考え方（平17・6・29公取委，最終改正平19・9・28）
不当廉売ガイドライン	不当廉売に関する独占禁止法上の考え方（平21・12・18公取委，最終改正平23・6・23）
フランチャイズ・ガイドライン	フランチャイズ・システムに関する独占禁止法上の考え方について（平14・4・24公取委，最終改正平23・6・23）
優越的地位濫用ガイドライン	優越的地位の濫用に関する独占禁止法上の考え方（平22・11・30公取委）
流通・取引慣行ガイドライン	流通・取引慣行に関する独占禁止法上の指針（平3・7・11公取委事務局，最終改正平27・3・30）

著者紹介

小 林　　覚（こばやし　さとる）

　弁護士　小林覚法律事務所
〔略　歴〕
　1980年早稲田大学法学部卒業，1985年弁護士登録（第二東京弁護士会所属）
〔委員等〕
　第二東京弁護士会経済法研究会代表幹事，人事院契約監視委員会委員，国土交通省保障事業審査会審査員，国土交通省自動車運送事業に係る交通事故対策検討会委員，駒澤大学法学部非常勤講師（～2014年），東京地方裁判所鑑定委員（～2015年）
〔主な著書〕
　『くらしの相談室　お墓の法律Q＆A』（共著，有斐閣），『ペットの法律相談』（共著，青林書院），『高齢者の生活・福祉の法律相談』（共著，青林書院），『交通事故の法律相談』（共著，青林書院），『Q＆A新自動車保険相談』（共著，ぎょうせい），『新保険法でこう変わる！告知義務から説明義務へ』（共著，第一法規），『電子署名・認証　法令の解説と実務』（共著，青林書院），『要点解説　民法改正』（共著，清文社）など

渡 邉 新 矢（わたなべ　しんや）

　弁護士　外国法共同事業ジョーンズ・デイ法律事務所
〔略　歴〕
　1973年慶應義塾大学経済学部卒業，1984年コーネル大学ロースクール卒業，1979年弁護士登録（第二東京弁護士会所属）
〔委員等〕
　日本弁護士連合会独占禁止法改正問題ワーキンググループ委員，公正取引委員会「流通・取引慣行と競争政策の在り方に関する研究会」委員，第二東京弁護士会経済法研究会代表幹事（2003年4月～2012年7月），慶應義塾大学ロースクール非常勤講師（2005年4月～2007年7月渉外実務・2007年4月～2016年3月経済法），東京地方裁判所民事調停委員（2001年4月～2007年3月）
〔主な著書・論文〕
　『建設業者のための独占禁止法入門』（監修，清文社），「最近の米国クラスアクションの動向」公正取引748号（公正取引協会），『独禁法実務の新ポイント　防御権確保のための調査手続の見直し』（共著，ビジネス法務vol.14・No.12，中央経済社），『Q＆Aでスッキリわかる　IT社会の法律相談』（一部監修，清文社），「日本における特許・ノウハウライセンス規制の展開」法と実務vol.4（商事法務），『要点解説　民法改正』（編著，清文社），『電子署名・認証　法令の解説と実務』（共著，青林書院）など

著者紹介

根 岸 清 一（ねぎし せいいち）

弁護士　弁護士法人霞門法律事務所
〔略　歴〕
　1975年中央大学経済学部卒業，1983年弁護士登録（第二東京弁護士会所属）
〔委員等〕
　第二東京弁護士会経済法研究会代表幹事（1999年4月～2003年3月），現在同研究会幹事，第二東京弁護士会副会長（2003年），関東弁護士会連合会副理事長（2006年），中央大学理事（2014年～），東京都弁護士協同組合理事長（2015年～）

福 井 琢（ふくい たく）

弁護士　柏木総合法律事務所，慶應義塾大学大学院法務研究科教授
〔略　歴〕
　1985年慶應義塾大学法学部法律学科卒業，1987年弁護士登録（第二東京弁護士会所属）
〔委員等〕
　㈶日本資産流動化研究所証券化利用委員会委員（1999～2000年），信越化学工業㈱社外監査役（2005年～），平和不動産リート投資法人監督役員（2011年～），㈱大林組コンプライアンス検証・提言委員会外部委員（2009～2010年），㈱神戸製鋼所コンプライアンス検証・提言委員会外部委員（2010～2011年），㈱シード外部専門家検証委員会委員長（2014年），常磐共同火力㈱第三者検証委員会委員長（2015年）
〔主な著書〕
　企業法務判例ケーススタディ300企業取引・知的財産権編（共著，金融財政事情研究会）ほか

平 田 厚（ひらた あつし）

明治大学法科大学院教授，弁護士
〔略　歴〕
　1985年東京大学経済学部経済学科卒業，1990年弁護士登録（第二東京弁護士会所属），2004年明治大学法科大学院専任教授就任
〔委員等〕
　社会福祉士・精神保健福祉士試験委員（2006年4月～2014年3月），法制審議会：民法成年年齢部会幹事（2008年），国際裁判管轄法制部会幹事（2014年）
〔主な著書〕
　『定期借家法の解説と法律実務Q＆A』（日本法令），『新しい福祉的支援と民事的支援』（筒井書房），『介護保険サービス契約書の実務解説』（日本法令），『これからの権利擁護』（筒井書房），『社会福祉法人・福祉施設のための実践・リスクマネジメント』（全国社会福祉協），『知的障害者の自己決定権（増補版）』（エンパワメント研究所），『Q＆A土壌汚染対策法解説』（三省堂），『高齢者の生活・福祉の法律相談』（編著，青林書院），『家族と扶養』（筒井書房），『成年年齢　18歳成人論の意味と課題』（ぎょうせい），『親権と子どもの福祉』（明石書店），『虐待と親子の文学史』（論創社），『権利擁護と福祉実践活動』（明石書店），『建築請負契約の法理』（成文堂），『借地借家法の立法研究』（成文堂），『プラクティカル家族法』（日本加除出版），『社会福祉と権利擁護』（共著，有斐閣），『福祉現場のトラブル・事故の法律相談Q＆A』（清文社），『新しい相続法制の行方』（きんざい）など

著者紹介

柄　澤　昌　樹(からさわ　まさき)

　弁護士　柄澤法律事務所

〔略　歴〕
　1985年早稲田大学法学部卒業，1985年〜1992年人事院（国家公務員），1994年弁護士登録（第二東京弁護士会所属）

〔委員等〕
　第二東京弁護士会経済法研究会（副代表幹事）

〔主な著書〕
　『クレジット・サラ金の任意整理実務Q＆A』（編著，青林書院），『企業活動と民暴対策の法律相談』（共編，青林書院），『要点解説　民法改正』（共著，清文社）など

目　次

第Ⅰ部　独占禁止法のキーワード ───── 1

Q1 ■ 平成25年改正法のポイント──審判制度の廃止 ……〔柄澤　昌樹〕／3
　平成25年に審判制度の廃止を内容とする独占禁止法の改正法が成立したと聞きましたが，具体的にはどのような内容なのでしょうか。また，改正法はいつから施行されたのでしょうか。

Q2 ■ 独占禁止法とは ………………………………………〔小林　　覚〕／10
　① 独占禁止法の沿革と改正の経緯は，どのようなものですか。関連する法律には，どのようなものがありますか。
　② 独占禁止法の構造はどのようなものですか。違反するとどうなるのでしょうか。

Q3 ■ 事業者・事業者団体 …………………………………〔渡邉　新矢〕／18
　独占禁止法の適用対象となる事業者とは，どのようなものを含みますか。また事業者団体とはどのようなものですか。

Q4 ■ 競争の実質的な制限 …………………………………〔渡邉　新矢〕／28
　独占禁止法における「競争の実質的な制限」とは，どういう意味ですか。

Q5 ■ 公正競争阻害性 ………………………………………〔渡邉　新矢〕／45
　独占禁止法における「公正競争阻害性」とは，どういう意味ですか。

Q6 ■ 一定の取引分野 ………………………………………〔渡邉　新矢〕／52
　独占禁止法でいう「一定の取引分野」又は「市場」とは何ですか。

Q7 ■ ガイドライン …………………………………………〔平田　　厚〕／65
　ガイドラインは何のために作成・公表されているのですか。ガイドラインに違反するとどのような制裁があるのですか。

Q8 ■ 流通・取引慣行ガイドラインの見直し ……………〔平田　　厚〕／70
　流通・取引慣行ガイドラインの見直しが行われたようですが，どのような内容になったのですか。

Q9 ■ 私的独占の禁止 ………………………………………〔福井　　琢〕／76

目　次

どのような場合に私的独占の禁止に該当するのですか。また過去に私的独占に当たるとされた事例はどのようなものですか。

Q10 ■ 不当な取引制限の禁止（カルテル，談合）………………………〔福井　琢〕／85

不当な取引制限の禁止に該当するのはどのような行為ですか。また，カルテルにはどのような種類がありますか。

Q11 ■ 不公正な取引方法の禁止 ……………………………………………〔福井　琢〕／93

不公正な取引方法の規制とはどのようなものですか。また，どのような行為が不公正な取引方法であるとされるのですか。

Q12 ■ 知的財産権と独占禁止法 ……………………………………………〔渡邉　新矢〕／102

① 知的財産権と独占禁止法とはどのような関係にあるのでしょうか。
② 不正競争防止法と独占禁止法とはどのような関係にあるのでしょうか。

Q13 ■ 企業結合の規制❶─株式保有等 ……………………………………〔福井　琢〕／128

他の会社の株式を保有することについて，独占禁止法上どのような制限がありますか。また，以前に持株会社について一定の制限があると聞いたことがありますが，今はどうなっていますか。

Q14 ■ 企業結合の規制❷─株式保有等以外 ………………………………〔福井　琢〕／138

役員の兼任，合併，会社分割，株式移転，事業譲受けあるいは合弁事業といった企業結合については，独占禁止法上どのような規制があるのですか。

Q15 ■ 適用除外制度（消費税転嫁等を含む）……………………………〔根岸　清一〕／147

① 独占禁止法が定める適用除外制度には，どのようなものがありますか。
② 他の法律により適用除外とされているものには，どのようなものがありますか。

Q16 ■ 国際契約・域外適用・国際的執行協力 ……………………………〔渡邉　新矢〕／153

国際的契約について独占禁止法はどのような規制をしているのですか。また，外国企業に対して独占禁止法は適用されるのですか。独占禁止法の執行について，国際的な協力はどうなっていますか。

第Ⅱ部　独占禁止法の手続　──────── 173

Q17 ■ 公正取引委員会の手続❶─組織と権限 ……………………………〔柄澤　昌樹〕／175

「公正取引委員会が○○社に立入検査」という新聞記事をよく見かけますが，公正取引委員会とはどのような組織なのでしょうか。また，独占禁止法について公正取引委員会はどのような権限を持っているのでしょうか。

Q18 ■ 公正取引委員会の手続❷─審査手続 ………………………………〔柄澤　昌樹〕／181

① 公正取引委員会が行う「審査」というのは何でしょうか。また「排除措置命令」「警告」「注意」というのはどういうものなのでしょうか。
② 平成26年12月に「独占禁止法審査手続についての懇談会報告書」という報告書が公表されたようですが、どのような内容なのでしょうか。

Q19 ■ 公正取引委員会の手続❸──意見聴取手続 ………………〔柄澤　昌樹〕／191

排除措置命令・課徴金納付命令の事前手続については，平成27年4月から「意見聴取手続」という新しい制度が導入されたと聞きました。「意見聴取手続」とはどのようなものでしょうか。

Q20 ■ 公正取引委員会の手続❹──犯則調査・刑事告発・刑事罰
　　　……………………………………………………………〔柄澤　昌樹〕／208

① 独占禁止法に違反した場合，刑事処分を受ける可能性はあるのでしょうか。
② 平成17年の独占禁止法改正により犯則調査権限が導入されたとのことですが，どのような内容ですか。

Q21 ■ 公正取引委員会の手続❺──課徴金制度の概要 ………〔柄澤　昌樹〕／217

「公取委，○○社に○○円の課徴金納付命令」という新聞記事をよく見かけますが，課徴金とは何でしょうか。どのような場合に課徴金を取られるのでしょうか。

Q22 ■ 公正取引委員会の手続❻──不当な取引制限に係る課徴金
　　　……………………………………………………………〔柄澤　昌樹〕／228

「不当な取引制限」に係る課徴金は，平成17年・平成21年の独占禁止法改正で制度が見直されたと聞きましたが，どのような点が見直されたのでしょうか。そもそも「不当な取引制限」に係る課徴金はどのような内容になっているのでしょうか。

Q23 ■ 公正取引委員会の手続❼──課徴金の減免制度 ………〔柄澤　昌樹〕／237

平成17年の独占禁止法改正により課徴金の減免（リーニエンシー・leniency）制度が創設され，平成21年の独占禁止法改正により課徴金の減免制度の拡充が行われたということですが，それぞれどのような内容ですか。

Q24 ■ 公正取引委員会の手続❽──私的独占に係る課徴金 …〔柄澤　昌樹〕／253

平成17年・平成21年の独占禁止法改正で「私的独占」も課徴金の対象とされるようになったと聞きましたが，どのような内容になっているのでしょうか。

Q25 ■ 公正取引委員会の手続❾──不公正な取引方法に係る課徴金
　　　……………………………………………………………〔柄澤　昌樹〕／259

平成21年の独占禁止法改正で「不公正な取引方法」も課徴金の対象とされるようになったと聞きましたが，どのような内容になっているのでしょうか。

Q26 ■ 排除措置命令の取消訴訟 …………………………………〔渡邉　新矢〕／274

平成25年改正後の現行法は，審判制度を廃止しましたが，排除措置命令・課徴金納付命令に不服がある場合，どのような手続をとればよいのでしょうか。

目　次

Q27 ■ 行政指導と独占禁止法 ……………………………〔小林　　覚〕／301

　当社は、監督官庁から行政指導を受けましたが、その内容はどう考えても独占禁止法に抵触するように思われます。どうしたらよいでしょうか。

Q28 ■ 立入検査・犯則調査への対応 …………………………〔柄澤　昌樹〕／308

　① 同業他社が公正取引委員会の立入検査を受けたと聞きました。立入検査とはどういうものですか。万が一，当社にも立入検査があったときは，どのようなことに注意して対応したらよいのでしょうか。

　② また，犯則調査による臨検・捜索・差押えというのもあるようですが，この場合にはどのように対応したらよいでしょうか。

Q29 ■ 違反事件の申告方法 ………………………………〔根岸　清一〕／320

　当社の取扱い商品についてメーカーから販売価格の指示がありました。当社は、この指示に従わず自由に価格を設定したところ、メーカーから商品の供給を停止されました。メーカーのこの行為は、独占禁止法に違反するものと思われますので、公正取引委員会にやめさせてほしいのですが、どのようにしたらよいですか。

Q30 ■ 民事的救済❶──損害賠償請求訴訟 ………………〔小林　　覚〕／325

　独占禁止法25条は、損害賠償について定めているとのことですが、民法等に基づく損害賠償と何が異なるのですか。

Q31 ■ 民事的救済❷──株主代表訴訟 ……………………〔小林　　覚〕／336

　会社が独占禁止法に違反し、課徴金の納付を命じられた場合には、会社の取締役は、株主から代表訴訟を提起され、損害賠償を命じられることはありますか。

Q32 ■ 民事的救済❸──私法上の効力と差止め ……………〔小林　　覚〕／343

　① 当社は、A社と契約を締結しましたが、後日検討したところ、独占禁止法の不公正な取引方法の禁止に違反する条項が規定されていました。この場合には、その契約は当然に無効なのでしょうか。当社がそれを理由に履行しないこともできますか。

　② 取引先が独占禁止法に違反している場合には、損害賠償請求のほかに違反行為の差止めを請求することもできますか。

第Ⅲ部　独占禁止法のケース・スタディ ── 355

Q33 ■ 長期の購入義務を課す売買契約 ……………………〔福井　　琢〕／357

　当社（A社）は、乙製品の原料である甲製品を製造・販売しています。乙製品を製造するためには、甲製品は不可欠であり、他の原料に代替することはできません。一方、甲製品は乙製品の原料以外に用途はなく、また輸送費がかかるため、海外からの輸入品はありません。甲製品の製造業者は、当社（国内販売シェア60％で第1位）のほ

か3社（2位22％，3位10％，4位8％）あり，その品質には大差がないため，乙製品の製造業者（国内8社）は，いずれも甲製品を複数の製造業者から購入しています。

　半年ほど前から，乙製品の需要が急激に伸び，今後も長期的に好調な販売が予想されることから，乙製品の製造業者であるB社ほか数社は，原料である甲製品を確保するため，相次いで，当社に対して，甲製品の購入量の大幅な増加（合計で現在の約2倍）を求めてきました。当社には，現在，甲製品の製造余力はほとんどありませんので，これらの需要に応ずるためには，約100億円を投資して，新たなプラントを建設する必要があります。そこで，B社らに対して，新規プラント操業開始後3年間の継続的甲製品購入契約の締結を求め，その中に，ア）甲製品の3年間の製品売買単価，イ）毎月の最低購入義務数量を盛り込みたいと考えていますが，独占禁止法上問題があるでしょうか。

Q34 ■ 価格カルテル ……………………………………………〔福井　琢〕／365

　当社が製造販売しているX製品は，購入先企業の力が強く，なかなか値上げに応じてもらえません。そこで，当社の営業担当者は数年前より，国内の同業者A〜D社の営業担当者らと3か月に1回の割合で会合を持ち，四半期ごとのX製品の値上げ率についての情報を交換し，その結果に基づいて購入先企業と値上げ交渉を行っています。このような行為はカルテルとして規制されるのでしょうか。

Q35 ■ 入札談合と制裁 …………………………………………〔福井　琢〕／371

　当社を含むメーカー5社は，10年程前，特定の電子機器の入札で，今後の入札はA社の指示に従うという内容の申し合わせを口頭で行い，それ以降，入札が実施されるたびごとにA社のファックスによる指示を守って入札しています。実際の入札に参加するのは，各社の窓口商社なのですが，このような行為は独占禁止法上どのような判断を受けるのでしょうか。

Q36 ■ 業務提携（非ハードコアカルテル）……………………〔福井　琢〕／380

　日本国内において，X製品（汎用品でA級グレードとB級グレードの2種類がある）を製造・販売している化学会社は7社ですが，各社の製品の品質には大差がなく，ユーザーはいずれも複数のメーカーから購入しています。各社の国内販売シェアは，1位A社26％，2位B社22％，3位C社20％，4位D社14％，5位E社8％，6位F社6％，7位G社4％です。当社（B社）は，下記のような業務提携を検討中ですが，独禁法上問題はないでしょうか。

（1）　B社は広島県のコンビナート内に，C社は茨城県のコンビナート内に，それぞれX製品の製造工場を有していますが，輸送コストを減らすため，静岡県以東のB社の顧客に対してはC社の製品を出荷してもらい，反対に，愛知県以西のC社の顧客に対してはB社の製品を出荷し，半年締めで，両社の委託出荷量の差を清算すること。

（2）　事業の選択と集中のため，A級グレードについては，C社は生産をやめ，B社に生産を委託し，C社ブランドで販売する，反対に，B級グレードについては，B社は生産をやめ，C社に生産を委託し，B社ブランドで販売すること（B社はA級グ

目　　次

レードについては引き続きB社ブランドでの販売も継続し，C社はB級グレードについては引き続きC社ブランドでの販売も継続する）。

Q37 ■ 合　　併 ……………………………………………………………〔福井　琢〕／386

当社は，国際競争に打ち勝つため，A社と合併したいと考えているのですが，独占禁止法上どのような点を考慮しなければなりませんか。

Q38 ■ 合弁会社（共同出資会社） ……………………………………〔福井　琢〕／397

当社とA社は，X製品の製造・販売会社ですが，日本国内では，競争会社7社中当社が4位（シェア約14%），A社が5位（シェア約8％）です。今般両社は上位のメーカー（1位約26%，2位約22%，3位約20％）に対抗するため，両社が出資して別会社（B社）を設立し，両社のX製品の製造部門を譲渡しようと考えています。このような計画は独占禁止法上認められるでしょうか。なお，6位のメーカーと7位のメーカーの国内シェアは，それぞれ約6％と約4％です。

Q39 ■ 事業者団体❶―価格制限行為・情報活動 …………………〔小林　覚〕／404

① A組合は，甲製品の事業協同組合ですが，その地域の甲製品の市況回復を図るために，臨時総会で共同受注事業として，あらかじめ甲製品の需用者ごとに見積価格を提示して契約すべき者として組合員の1社を割り当て，その販売価格を入札の予定価格概算のために公表されている価格からの値引き率10％以内と定めました。そのうえで，運営委員会で需用者ごとに契約予定者として割り当てる組合員を記載した一覧表を定めました。なお，A組合の構成員が扱う甲製品の販売金額がその地域の甲製品の販売金額のほとんどを占めています。A組合の行為は，独占禁止法に違反しますか。

② 石油製品の販売事業者の団体であるB組合は，会議において各事業者が取り扱っている乙製品の仕入価格の上昇の見通しについて情報交換をしたり，その小売価格の引上げについて検討しました。そのうえで，組合員の乙製品の小売価格の引上げの目処となる価格を決定しました。これらの行為は独占禁止法上の問題となりますか。

Q40 ■ 事業者団体❷―参入規制・自主規制 …………………………〔小林　覚〕／411

① 甲協会は，A県内に営業所を有するバス事業者の団体で，県内の主要駅の駅前にa市が設置したバスターミナルの管理運営をa市から委託され，その維持費用は利用者から徴収した料金と甲協会の会員が支払った会費によりまかなわれています。今回，次の事項を検討していますが，独占禁止法上問題はないでしょうか。
　ア　バスターミナルの利用者を甲協会の会員に限定し，県内に営業所を持たないバス事業者には利用させないようにすること。
　イ　バスターミナルの利用者は限定しないが，利用料金については，会員の価格よりも非会員の価格を高く設定すること。

② 乙組合は，エアソフトガン（遊戯銃）の製造事業者やエアソフトガンを扱う問屋等で構成されています。

ア　乙組合は，エアソフトガンの威力と弾丸の重量に関する安全規格に関する規約を作成し，組合員に対し，その基準に合格したエアソフトガンには乙組合が交付したシールを貼ることを義務づけ，かつ，シールを貼っていないエアソフトガンを取り扱わないことを申し合わせています。乙組合のこのよう行為は，独占禁止法に違反しますか。

　イ　それらの基準が厳格に守られていないにもかかわらず，乙組合は，非組合員であるB社の製品には組合の定めたシールが貼られていないとして，全国の問屋に対しB社の製品の使用・販売の中止を申し入れたり，B社の製品を取り扱っている小売店に対しては，問屋を通じて組合のシールが貼られていない製品を取り扱わないように，もし取り扱えばシールが貼られた製品を出荷しないと通知しました。このような行為は，独占禁止法に違反しますか。

Q41　取引拒絶 …………………………………………〔根岸　清一〕／421

　当社は，系列外ルートでの商品販売を一切禁止していますが，系列外のA社がその商品を販売しはじめています。そこで当社はA社に商品を販売しないように系列会社に指示しています。A社が系列内のB社に商品を注文したところ，B社が販売を拒絶したとして，A社は，当社とB社を独占禁止法違反で訴えると騒いでいます。当社はB社に対し，A社へ商品を販売しないこととする指示を破棄しなければならないのでしょうか。

Q42　差別対価 …………………………………………〔小林　覚〕／427

　当社は，首都圏でLPガスを一般家庭に販売していますが，今回新規の顧客に対しては，従前の価格よりも4割程度安く販売することを計画したところ，同じ首都圏でLPガスを販売する当社より小規模な事業者数十社から，不当な差別対価による販売だから，そのような販売や宣伝を即時中止せよと申入れを受けました。当社の販売シェアは数パーセントですし，安いといっても原価割れをしているわけでもありません。

　当社の販売行為は，本当に独占禁止法上の問題となるのでしょうか。なお，当社は，これまで，不当な差別対価であるとして公正取引委員会から問題とされたことはありません。

Q43　差別的取扱い …………………………………………〔小林　覚〕／435

　当社は販売店を系列化し，仕入高の多寡によってリベートを支払っています。系列外取引を行うと，当社の支払うリベートの割合は非常に低くなりますので，事実上系列外取引をすることができなくなったA社が独占禁止法違反を理由として裁判を起こしてきました。このようなリベートは独占禁止法上問題になるのでしょうか。

Q44　不当廉売 …………………………………………〔平田　厚〕／441

　当社は宅配便業者です。A社は一般郵便事業を独占している会社ですが，当社と競争関係に立つ一般小包郵便について，非常に安い新料金体系でサービスを開始しました。消費者にとっては，このような競争は利益になるのかもしれませんが，当社に

目　　次

とっては大きな打撃となっています。このような行為は独禁法上問題にならないのでしょうか。また，当社がより低価格で対抗して顧客を取り返そうとした場合にも独占禁止法上問題となるのでしょうか。

Q45 ▊ 顧客誘引 ………………………………………………………………〔小林　覚〕／448
　① 当社は，有価証券の取引により損失を被った大口顧客からその損失を穴埋めしてくれなければ当社との取引をやめると言われています。当社としては，この要求に応じても，今後の取引継続により利益を上げることができるので，損害は生じません。
　　このような行為が金融商品取引法に違反することはわかりますが，独占禁止法上も問題になるのですか。
　② ぎまん的顧客誘引とはどのようなものですか。

Q46 ▊ 抱き合わせ販売等 ……………………………………………………〔小林　覚〕／455
　① 当社のX商品は，非常に売れ行きがよいのですが，Y商品は，さっぱり売れません。そこで，X商品とY商品をセットにして販売しようと思います。何か問題はありますか。
　② 中小企業である当社は，大企業のA社にX商品を販売してきました。最近，A社では，Y商品を発売しましたが，未だ知名度が低くあまり売れていないようです。すると，A社の購買担当者が当社の営業担当者を呼びつけY商品の購入を勧めました。当社の営業担当者がY商品は要らないと答えたところ，「うちはお宅のX商品を大量に買っているんだから，Y商品を買ってくれて当然ではないか。」と強く言われ，当社は，Y商品をむりやり買わされました。こういう行為は許されるのでしょうか。

Q47 ▊ 排他条件付取引――専売店制 …………………………………………〔根岸　清一〕／461
　当社は機械の製造をしている業界第1位のメーカーです。当社は，販売店に特約店契約を締結させて他社商品を販売しないようにさせています。しかし，不景気なので特約店のA社が他社商品の取扱いを開始しました。当社としては，A社が他社商品を取り扱った以上，特約店契約を解除しなければ他の販売店に対し示しがつかないと思っていますが，独占禁止法上問題となるのでしょうか。

Q48 ▊ 再販売価格の拘束❶――流通経路調査 ………………………………〔平田　厚〕／467
　当社は，個々の商品ごとに流通経路を明らかにさせる表示が付されたA社の商品を販売しています。これは再販売価格を維持する目的ではなく，商品の卸売業者の販売価格及び販売先を確認するアフターサービスの必要性のためであると説明を受けています。このような販売方法を行っていると，当社まで独占禁止法違反とされてしまう危険はないのでしょうか。

Q49 ▊ 再販売価格の拘束❷――委託販売 ……………………………………〔平田　厚〕／473
　メーカーであるA社は販売価格を決め，当社に商品の販売を委託しています。契約書では，委託期間を終了した場合の返品は認めているものの，委託期間内の損傷につ

いては過失の有無を問わず当社に責任を負わせています。当社がA社に契約書の見直しを交渉したところ，委託販売であればこのような条項は違法にはならないと主張して，一切取り合ってくれません。本当に違法とはならないのでしょうか。

Q50 ■ 拘束条件付取引❶──一店一帳合制（帳合取引）の義務づけ，仲間取引の禁止，競争品の取扱い制限 ……………………………………〔根岸　清一〕／477

(1) A社は当社に商品を販売する際に，当社の販売先である小売業者を指定し，それ以外の小売業者には販売してはならないと定めています。さらに，当社の同業者へも販売してはならないと定めています。

(2) A社は，最近業界での販売シェアが10％を超え，当社に対し，A社製品のみを取り扱うよう申し入れてきました。同時にA社製品の販売量を最低月額1億円を下回らないように申し入れてきました。この申入れに対して，当社が拒絶した場合，何らかの制裁を行うことまで言及してきています。

A社のこのような制限は，独占禁止法上許されるのでしょうか。

Q51 ■ 拘束条件付取引❷──販売地域制限，販売方法制限
………………………………………………〔根岸　清一＝渡邉　新矢〕／482

(1) A社は専門特約店と準特約店の区別を設け，専門特約店には販売地域を定めて，販売地域外での販売を禁止しています。A社は当社に対してこの販売地域を守らなければ，特約店契約を解除するといっていますが，独占禁止法上このような制限は許されるのでしょうか。

(2) また，A社は，当社が出したA社の希望小売価格よりも低い価格を設定した安売り広告について，この広告を取りやめなければ，特約店契約を解除するといっていますが，独占禁止法上このような制限は許されるのでしょうか。

Q52 ■ 優越的地位の濫用❶──押し付け販売・協賛金の強要 ………〔根岸　清一〕／489

当社は業界のリーダーである販売業者A社からA社の主催するイベントの入場券を買わされたり，協賛金を支払わされたりしています。最近では販売員の派遣まで義務づけられています。独占禁止法上このような行為は許されるのでしょうか。

Q53 ■ 優越的地位の濫用❷──セブン‐イレブン・ジャパン事件
………………………………………………………〔根岸　清一〕／495

当社は，コンビニエンスストアを営むフランチャイズ事業者であり，業界第1位の地位にあります。

当社が，加盟店に提供する商品のうち，デイリー商品（主に食品等の品質が劣化しやすい商品で，原則として毎日店舗に提供されるもの）については，当社の決定する推奨価格を守るとともに，メーカー等が定める消費期限又は賞味期限より前に，当社が独自の基準で販売期限を定めており，この期限を過ぎたデイリー商品はすべて破棄するように加盟店には指導しています。

また，当社が加盟店から徴求するロイヤリティーの額は，加盟店の売上額から商品原価相当額を差し引いた額に一定の率を乗じて算定しています。そのため，この破棄

目　次

商品については，ロイヤリティーの額を特に減額する等の措置をとっていません。
　ところが，加盟店の中には，破棄すべき商品を見切り商品として，割引販売する店が出始めたので，これを禁止しようと思いますが，独占禁止法上許されるのでしょうか。

Q54 ■ 取引妨害 ･･〔根岸　清一〕／500

　当社は，先代からの競争相手であるA社から商品を購入した業者に対しては，当社の商品を供給しないことを決め，業者はすべての商品を当社もしくはA社からしか購入せざるを得なくなっています。このような当社の方針は独占禁止法上問題となるのでしょうか。

Q55 ■ リベート ･･･〔柄澤　昌樹〕／504

　① リベートを提供することは，独占禁止法に違反するのですか。
　② リベートを提供する場合に注意すべきことは何ですか。

Q56 ■ 総代理店 ･･･〔渡邉　新矢〕／510

　当社と米国A社は，同種商品を取り扱っていますが，A社のX製品について当社を輸入総代理店とする契約を締結しました。この契約には，以下のような条項が定められています。このような条項は，独占禁止法上の問題が生じますか。
　(a) 当社からX製品を購入し，販売する業者に，それぞれ販売地域を割り当て，割り当てられた地域以外の顧客にはX製品を販売してはならない旨を定めた契約をその販売業者と締結すること。
　(b) 総代理店契約期間中及び契約終了後2年間は，X製品と競合する製品を当社は取り扱わないこと。

Q57 ■ 並行輸入の妨害 ･･〔根岸　清一〕／523

　当社は海外メーカーと有名商品につき輸入総代理店契約を締結していますが，
　① A社がその商品を第三国経由で並行輸入し，安い価格での販売を開始しました。当社としては，海外メーカーを通じて並行輸入をストップさせたいのですが，何か問題になるでしょうか。
　② 次に，当社としては並行輸入品を購入した顧客からの修理の依頼は断っていますが，この方針は問題になるでしょうか。部品在庫の数量に限界がある関係で，これに応じると当社の販売した商品の修理に支障をきたすと考えられる場合にも断ることができないのでしょうか。

Q58 ■ フランチャイズ契約 ･･〔平田　厚〕／532

　A社はある高級な有名商品についてフランチャイズ・システムを構築しています。当社はA社とフランチャイズ契約を締結しましたが，このたび突然，当社が扱っている他の商品がブランド・イメージを害するという理由で，商品の供給を拒絶されたうえ，フランチャイズ契約を解除するとの通告を受けました。一方的にこのようなことが許されるのでしょうか。

Q59 ■ 継続的取引の打切り ··· 〔小林　覚〕／539

当社は，A社に対して，継続的に商品を販売していますが，A社との取引を打ち切り，B社と新たに取引をしようと考えています。継続的取引の打切りが独占禁止法上問題となるのは，どのような場合ですか。

Q60 ■ 特許・ノウハウライセンス❶──販売価格・地域・競争品取扱いの制限
　　　　 ·· 〔福井　琢〕／547

当社は，A社（米国法人）に対して，当社が米国で取得した特許の通常実施権を許諾しようと考えています。日本においては，当社は当該特許権を有していませんが，特許対象製品のシェアをほぼ独占しています。A社に対して次のような制限を課すことは独占禁止法に抵触しないでしょうか。　　　　　　　　　　　　　　　　　　　　547
① 特許対象製品の日本向輸出の最低価格を設定すること。
② 特許対象製品について，台湾，韓国など当社が特許権を有していない地域や国に対して輸出することを制限すること。
③ 特許対象製品の競争品の製造・販売を制限すること。

Q61 ■ 特許・ノウハウライセンス❷──特許権消滅後の実施制限，ライセンス料の請求 ·· 〔福井　琢〕／553

2000年，当社はA社より，A社が米国及び日本において有する特許権のライセンスを15年間の約定で受けましたが，2008年にこれらの特許権が消滅しました。当社は特許権の消滅を理由にライセンス料の支払を拒絶しましたが，A社は強硬にライセンス料の支払を請求しており，支払がない限り，当該技術の実施は認めないと主張しています。このような要求は独占禁止法違反ではないのでしょうか。

Q62 ■ 特許・ノウハウライセンス❸──原材料の購入先の制限・ライセンス期間終了後の制限 ·· 〔福井　琢〕／557

X国では，Y製品の輸入が禁止されているため，当社は，X国のA社に，Y製品の製造ノウハウを供与しようと計画しています。ノウハウライセンス契約の中に，次のような条項を盛り込むことは，独占禁止法上問題ないでしょうか。
① Y製品の原料について，当社から購入することを義務づけること。
② 10年間のライセンス期間終了後も，Y製品の日本への輸出を禁止すること。
③ 同じくライセンス期間終了後，Y製品の競争品の取扱いを制限すること。

Q63 ■ 特許・ノウハウライセンス❹──不争条項 ························ 〔福井　琢〕／562

当社は，A社に対して，ある製品の製法に関する複数の特許権を一括して実施許諾しようと計画していますが，その際「登録済みの特許について無効審判の申立てその他当該特許の有効性を争ってはならない。」との契約条項を含むライセンス契約を締結しても，独占禁止法上問題ありませんか。「ライセンシーが無効審判を申し立てた場合その他特許の有効性を争った場合には，当社は，ライセンス契約を解除することができる。」という条項はどうでしょうか。

xxi

目　次

Q64 ■ 特許・ノウハウライセンス❺──クロスライセンス・パテントプール
　　　　　　　……………………………………………………〔福井　琢〕／567

　当社は，ライバル会社3社と，ある製品の製法に関して各社が有する特許権をライセンスし合うことを計画しています。4社で契約を結ぶ際，次のような取決めをしても，独占禁止法上問題ありませんか。
　①　当該製品については，各社がそれぞれ従来の取引先を尊重し，他社の取引先に対しては販売しないこと。
　②　4社以外の第三者に対象特許をライセンスしないこと。

Q65 ■ 商標ライセンス ……………………………………………〔福井　琢〕／573

　当社は，Xというブランドを有しており，これをアパレルメーカー等に対して，衣類等に商標として使用することを許諾しています。その際，ライセンシーに対して，次のような制限を課したり，要求したりすることは許されるでしょうか。
　①　商標を付した商品の販売を，百貨店や専門店に限定すること。
　②　ブランドの認知度や，イメージ向上のための広告を行うに際し，その広告費の一部の負担を求めること。

Q66 ■ 共同研究開発❶──基本的な考え方と共同研究開発の実施
　　　　　　　……………………………………〔渡邉　新矢＝福井　琢〕／578

　［設問1］　当社が製造しているX製品と同種の製品を製造しているA社とX製品の新製品を開発するために共同研究開発をすることになりました。当社とA社とは，この製品市場において合計20％を超えるシェアを持っています。このような共同研究開発は，独占禁止法上何か問題があるのでしょうか。また，この共同研究開発計画とは別に，X製品及びそれと同種の製品の規格を統一するため，この製品市場において主要な6～7社が集まりその規格を共同で開発する計画もあります。この場合，独占禁止法上何か問題がありますか。
　［設問2］　当社は，X製品の基礎技術について，A社及びB社と共同研究開発をすることになりました。現在，3社間の共同研究開発契約案を作成していますが，この契約において，(a)守秘義務，(b)共同研究開発テーマと同一又は極めて密接なテーマの研究開発の禁止，(c)研究開発の成果である特許権を共有とし，当事者は自由にこの技術を使用できること，(d)当事者はこの技術を第三者へ合理的な条件で許諾できること，(e)その許諾の利益を参加者へ均等に分配することを定めたいと思っています。なお，当社，A社及びB社のX製品市場におけるシェアの合計は，60％以上です。このような共同研究開発及び契約は，独占禁止法上，何か問題がありますか。

Q67 ■ 共同研究開発❷──共同研究開発した技術と製品
　　　　　　　……………………………………〔渡邉　新矢＝平田　厚〕／592

　［設問1］　当社は，X製品の製造・販売を行っていますが，このたび，同様にX製品を製造するA社（販売は行っていません）と同製品の新製品を共同して開発することにしました。この共同研究開発契約の中に以下のような取決めを定めることにしまし

たが，独占禁止法上，何か問題がありますか。なお，当社のX製品市場でのシェアは，20％を少し超えています。また，X製品市場には多数の競争会社が存在しています。

(a) 共同で開発した新製品を当社とA社とがそれぞれのブランドで販売し，販売地域をお互いに分けること。
(b) 一方当事会社は，共同して開発した技術を第三者へ実施許諾する場合には，他方当事会社の承諾を得ること。
(c) 共同研究開発した技術について一方当事会社が改良技術を考案したときは，無償で他方当事会社へ開示すること。

［設問2］　当社がX製品の部品を製造し，X製品の完成品メーカーであるA社と部品の共同研究開発を行うことになった場合，この共同研究開発契約中に以下のような取決めを定めることにすると，独占禁止法上，何か問題がありますか。なお，当社及びA社ともそれぞれの市場において有力なメーカーです。

(d) 開発した部品の原材料購入先をA社の子会社である原材料メーカーだけとすること。
(e) 開発した部品の販売先を協議して決めること。
(f) 開発した部品の販売価格を協議して決めること。

Q68 ■ 標準規格とパテントプール 〔渡邉　新矢〕／604

当社は，情報通信機器Xを製造していますが，他の会社が製造する情報通信機器とのデータの通信速度を速めるための規格αを策定することを計画しました。当社は，この規格に関する必須特許のいくつかを保有していますが，やはり情報通信機器製造会社であるA，B，C，D各社もその規格に関する必須特許を保有しています。そこで当社は，A，B，C，D各社とパテントプールを形成し，規格αを策定しました。現在，この規格αを採用している情報通信機器は，この種の情報通信機器の約80％を占めています。当社及びA，B，C，D各社は，各社の保有する必須特許をパテントプールを通じて，規格αを採用している情報通信機器製造会社へライセンスしています。最近，情報通信機器製造会社E社は，規格αと互換性のある規格βを開発しました。しかし，この規格βを採用するためには，A社の保有する規格αに関する必須特許を実施せざるを得ません。そこでE社は，A社に対し，この必須特許についてライセンスを許諾してもらうよう申し入れています。

ところで規格αに関するパテントプールの規約には，各社が保有する必須特許は，このパテントプールからのみ許諾するとの規定があり，A社はその必須特許をE社へ許諾してよいか否かを，当社，B，C，D各社へ相談してきました。当社はじめ他の3社はこの許諾に反対しましたので，結局，A社は，E社に対してその必須特許についてライセンスの許諾をしませんでした。

当社が，A社のライセンス許諾に反対したことは，独占禁止法上何か問題となるのでしょうか。

目　次

巻末付録——主要ガイドラインの概要　615

事業者団体ガイドラインの概要／616
排除型私的独占ガイドラインの概要／618
流通・取引慣行ガイドライン（第1部）（事業者間取引の継続性・排他性ガイドライン）の概要／622
流通・取引慣行ガイドライン（第2部）（流通分野取引ガイドライン）の概要／624
流通・取引慣行ガイドライン（第3部）（総代理店ガイドライン）の概要／626
優越的地位の濫用に関するガイドラインの概要／628
共同研究開発ガイドラインの概要／630
企業結合ガイドラインの概要（審査の対象）／632
大規模小売業ガイドラインの概要／634
知財ガイドライン（私的独占及び不当な取引制限の観点からの考え方）の概要／640
知財ガイドライン（不公正な取引方法の観点からの考え方）の概要／641
入札ガイドラインの概要／642

キーワード索引 ………………………………………………………………… 643
判審決例索引 ………………………………………………………………… 647

第Ⅰ部

独占禁止法のキーワード

Q1 平成25年改正法のポイント——審判制度の廃止

平成25年に審判制度の廃止を内容とする独占禁止法の改正法が成立したと聞きましたが、具体的にはどのような内容なのでしょうか。また、改正法はいつから施行されたのでしょうか。

平成25年12月7日に独占禁止法の一部を改正する法律が国会で成立し、同月13日に公布されました。この改正法の内容は、
① 審判制度を全面的に廃止すること
② 排除措置命令・課徴金納付命令の取消訴訟の訴訟手続を整備すること
③ 排除措置命令・課徴金納付命令の事前手続を充実・透明化すること（意見聴取手続の導入）
の3つです。改正法は平成27年4月1日から施行されています。

キーワード

審判, 実質的証拠法則, 意見聴取手続, 取消訴訟, 平成25年改正法

解 説

1 改正法の成立に至る経緯

審判手続は、公取委の排除措置命令・課徴金納付命令（行政処分）に不服がある場合に開始される行政上の手続ですが、裁判類似の手続で公取委が行う仕

組みになっていました。

　審判手続については，公取委の準司法的権限に基づくものとして，公開による審理，証拠による事実認定等の裁判類似の厳格な手続が採用されていることから，行政処分の取消訴訟の第1審として機能している，という積極的な評価もありました。けれども，実際には，審判手続で独禁法違反行為が認定できないという「白審決」はごくわずかな件数しかありませんでした。このため，審判手続に対しては，公取委が自ら検察官と裁判官を兼ねているものであって不当である，公取委の準司法的性格を廃止し，企業側が審判手続を経由せずに直ちに裁判所に公取委の行政処分の取消訴訟を提起できる制度とすべきである，という強い批判がありました。

　そこで，平成21年の改正独禁法も，附則20条1項において「審判手続に係る規定について，全面にわたって見直すものとし，平成21年度中に検討を加え，その結果に基づいて所要の措置を講ずるものとする。」という規定を設けました。同法案が国会で審議された際には「検討の結果として，現行の審判制度を現状のまま存続することや，平成17年改正以前の事前審判制度へ戻すことのないよう，審判制度の抜本的な制度変更を行うこと」という内容の附帯決議がつけられました。

　その結果，審判制度を全面的に廃止するための独禁法の一部を改正する法律案が取りまとめられ，平成22年3月12日に同改正法案が国会に提出されました。同法案は平成24年11月16日に審査未了により廃案になりましたが，平成25年5月24日にこの法案とほぼ同じ内容の改正法案が再び国会に提出されました。その後，同法案が国会の審議を経て同年12月7日に成立し，同月13日に改正法が公布されるに至ったのです。

2　改正法の概要

　改正法は，審判制度を全面的に廃止するというのがその中核的な内容です。これによって審判手続において公取委が検察官と裁判官を兼ねているという批判を解消しようとするものです。これが改正法の第1の内容です。

　審判制度を全面的に廃止する結果，公取委の排除措置命令・課徴金納付命令

（行政処分）の違法を主張してその取消しを求める場合には，命令を受けた事業者は直ちに裁判所に対して取消訴訟を提起することができるようになります。そこで，改正法は，排除措置命令・課徴金納付命令の取消訴訟の訴訟手続を整備することとしました。これが改正法の第2の内容です。

また，公取委の排除措置命令・課徴金納付命令（行政処分）が出された後で争う審判制度を廃止する結果，行政処分の事前手続の充実・透明化がさらに重要になります。そこで，改正法は，排除措置命令・課徴金納付命令の事前手続として企業側から意見を聴取する手続（意見聴取手続）を整備することとしました。これが改正法の第3の内容です。

以上が改正法の概要ですが，改正法によって現行の手続が全体としてどのように見直されるかについては，公取委HPに掲載された「審判制度の廃止に伴う処分前手続・不服審査手続の見直し」という参考図がわかりやすいので，これをそのまま本問末尾に引用することとします。

3 　審判制度の廃止

(1) 　審判官・審判制度に関する規定の廃止

改正法の下では，公取委が行う審判制度は全面的に廃止されました。審判制度に対しては行政処分を行った機関（公取委）が自ら行政処分の適否を判断するという点において企業側の不信感が払拭できないという批判が強いため，審判制度を全面的に廃止しよう，というものです。

したがって，改正法では，審判官は廃止され（旧法35条3項の一部，同条7項〜9項の全部を削除），審判制度に関する規定（旧法52条〜68条・70条の2〜70条の4・70条の6〜70条の7・70条の15）もすべて廃止されました。

(2) 　出訴期間の特例規定の廃止

改正前の独禁法には，審判の結果出された公取委の審決の取消訴訟は審決がその効力を生じた日から30日以内に提起しなければならない，という規定がありました（旧法77条）。改正法では，この規定も審判制度の廃止に伴い廃止されました。

改正法の下では，審判制度の廃止に伴い，公取委の排除措置命令・課徴金納

付命令の取消しについては，公取委の審判手続を経由せずに直ちに裁判所に訴訟提起できるようになりました。行訴法は，取消訴訟の出訴期間について行政処分を知った日から6か月以内と規定しています（行訴法14条1項）。したがって，改正法の下では，公取委の排除措置命令・課徴金納付命令の取消訴訟については，取消訴訟の一般的ルールである6か月の出訴期間が適用されることになりました。

(3) 実質的証拠法則等の廃止

改正前の独禁法には，審決取消訴訟については公取委の認定した事実はこれを立証する実質的な証拠があるときには裁判所を拘束する（実質的証拠法則）という規定がありました（旧法80条）。また，審決取消訴訟においては当事者は裁判所に対し公取委が認定した事実に関する証拠の申出をする場合には公取委が正当な理由がなく当該証拠を採用しなかった場合等に該当することを理由とするものであることを要する（新証拠提出制限）という規定もありました（旧法81条）。改正法では，これらの規定も審判制度の廃止に伴い廃止されました。

したがって，改正法の下では，裁判所は公取委の事実認定を全面的に審理し直すことができるようになりました。

4 排除措置命令・課徴金納付命令の取消訴訟の訴訟手続の整備

(1) 取消訴訟の第1審裁判権は地方裁判所へ

改正前の独禁法には，審決取消訴訟の第1審裁判権は東京高等裁判所に専属するという規定（旧法85条）や，東京高等裁判所は5人の裁判官の特別合議体で審決取消訴訟を取り扱うという規定（旧法87条）がありました。改正法では，これらの規定も審判制度の廃止に伴い廃止されました。

したがって，排除措置命令・課徴金納付命令の取消訴訟については，第1審が省略されることなく，第1審は地方裁判所に委ねられることになりました。

(2) 東京地方裁判所への管轄集中（裁判所における専門性の確保）

もっとも，改正法では，排除措置命令・課徴金納付命令の取消訴訟は，全国の地方裁判所のどこでも提起できるわけではなく，東京地方裁判所の専属管轄とされています（改正法85条）。これは，独禁法違反事件は複雑な経済事案を対

象とし法律と経済の融合した分野における専門性の高いものであるという特色を踏まえ，裁判所における判断の統一性の確保と専門的知見の蓄積を狙ったものと説明されています。

(3) 裁判所における慎重な審理の確保

地方裁判所では単独の裁判官により審理及び裁判が行われるのが原則です（裁判所法26条1項）が，改正法では，排除措置命令・課徴金納付命令の取消訴訟については東京地方裁判所は3人の裁判官の合議体で審理及び裁判をすると規定されています（改正法86条1項）。また，東京地方裁判所は，自らの判断で5人の裁判官の合議体で排除措置命令・課徴金納付命令の取消訴訟の審理及び裁判をすることもできると規定されています（同条2項）。

さらに，高等裁判所では3人の裁判官により審理及び裁判が行われるのが原則です（裁判所法18条2項）が，改正法では，排除措置命令・課徴金納付命令の取消訴訟の控訴審において東京高等裁判所は自らの判断で5人の裁判官の合議体で審理及び裁判をすることができると規定されています（改正法87条）。

以上のような改正法の特例規定は，裁判所における慎重な審理を確保するためのものと説明されています。

5 排除措置命令・課徴金納付命令の処分前手続の充実（意見聴取手続の導入）

改正法は，審判制度の廃止に伴い，排除措置命令・課徴金納付命令の事前手続として意見聴取手続を行うなどの規定を整備しています（改正法49条～60条）。これは，改正前の独禁法の事前手続（旧法49条3項～5項）をさらに充実して公取委の行う行政処分の事前手続の透明化を図ろうとしたものです。改正法に規定されている処分前手続（意見聴取手続）の詳しい説明については**Q19**を参照してください。

6 施行期日

この改正法は，公布の日から起算して1年6月を超えない範囲において政令で定める日，具体的には平成27年4月1日から施行されています（改正法附則1

条)。

　この改正法には経過措置もいくつか規定されています。特に，施行日（平成27年4月1日）より前に企業側に対して排除措置命令・課徴金納付命令の通知があった場合には，改正法による手続ではなく，改正前の独禁法による手続（例えば審判手続）が適用される，という経過措置の規定（改正法附則2条）は重要です。

〔柄澤　昌樹〕

Q1 ◆平成25年改正法のポイント――審判制度の廃止

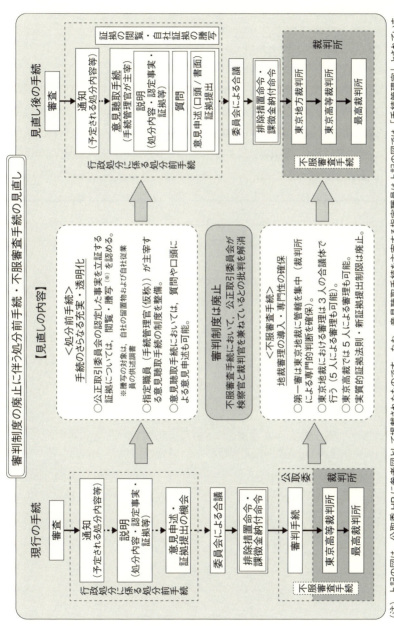

独占禁止法とは

① 独占禁止法の沿革と改正の経緯は，どのようなものですか。関連する法律には，どのようなものがありますか。
② 独占禁止法の構造はどのようなものですか。違反するとどうなるのでしょうか。

　独占禁止法とは，私的独占，不当な取引制限，不公正な取引方法を禁止し，その他事業活動の不当な拘束を排除することで公正で自由な競争を促進することを目的とする法律です。昭和22年に制定された後，何度も改正されてきました。近年は規制緩和の流れの中，頻繁に改正がなされ，平成17年の改正では，課徴金の引上げ，課徴金減免制度の創設，犯則調査権限の導入等が盛り込まれ，平成21年には，更に執行力を強化する観点から，排除型私的独占や一部の不公正な取引方法への課徴金の適用拡大や不当な取引制限の違反に対する罪の法定刑引上げ等の改正がなされました。
　平成25年12月には，審判手続の廃止，排除措置命令等に係る訴訟手続の整備，排除措置命令に係る意見聴取手続の整備等を内容とする実務上重要な改正が行われました。

キーワード
　　三本柱，下請法，適用除外

解説

1 独占禁止法とは

　独占禁止法（以下，本書解説中では「独禁法」と略称します）は，正式には「私的独占の禁止及び公正取引の確保に関する法律」という名称の法律で昭和22年4月に公布され，同年7月に施行されました。

　昭和22年当時，日本は未だ第二次世界大戦の連合国の占領下にあり，独禁法は，アメリカ合衆国の反トラスト法をモデルとした連合国の試案を基に制定されました。占領軍としては，財閥解体を強力に推し進める方針であったため，独禁法もアメリカ本国の反トラスト法等よりも厳しい規制内容となったといわれています。

　独禁法は，「この法律は，私的独占，不当な取引制限及び不公正な取引方法を禁止し，事業支配力の過度の集中を防止して，結合，協定等の方法による生産，販売，価格，技術等の不当な制限その他一切の事業活動の不当な拘束を排除することにより，公正且つ自由な競争を促進し，事業者の創意を発揮させ，事業活動を盛んにし，雇傭及び国民実所得の水準を高め，以て，一般消費者の利益を確保するとともに，国民経済の民主的で健全な発達を促進することを目的とする。」（1条）と規定しています。このうち，独禁法の目的は，「公正かつ自由な競争の促進」であり，「一般消費者の利益を確保するとともに，国民経済の民主的で健全な発達を促進すること」は最終目的であると解されています。

2 改正経緯

　主な独禁法の改正は，次のとおりです。
　(a) 昭和24年改正　アメリカ合衆国の対日政策の変更と財閥解体政策の緩和により，独禁法の国際契約についての規制と企業結合に関する規制が緩和さ

れました。

　(b)　昭和28年改正　　政府の産業保護政策の推進に伴い，大改正が行われました。これにより，予防規定的なものが削除され，カルテルに認可制を取り入れ，会社間の株式保有，役員兼任，合併等も一定の取引分野における競争を実質的に制限しない限り可能とし，適用除外として，再販売価格維持契約，不況カルテル，合理化カルテルが認められました。

　(c)　昭和52年改正　　消費者問題の激化やオイルショック後のヤミカルテルの横行等を経て，初めて独禁法を強化する方向での改正が行われました。カルテルに対する課徴金制度，寡占対策の強化のための独占的状態の規制，大規模会社の株式保有の規制等が新設されました。

　(d)　平成3年改正　　日米貿易摩擦の激化を契機に平成元年から3年にかけて日米構造協議が行われました。この中で，わが国の談合や系列取引など排他的取引慣行や不透明な流通慣行の是正が求められました。これを受けて，課徴金の算定率が引き上げられました。

　(e)　平成4年改正　　課徴金の算定率のさらなる引上げをアメリカ合衆国から求められていたことから，課徴金の代わりに法人に対する罰金額の上限が1億円に引き上げられました。

　(f)　平成9年改正　　規制緩和とそのための競争政策の強化を求める経済界からの要望を受け，事業者の活動をより活発にする等の観点から，原則禁止とされてきた持株会社が原則解禁されました。また，公正取引委員会（以下，本書の解説部分では「公取委」と略称します）の事務局体制が強化され，事務総局が設置されました。

　(g)　平成10年改正　　企業結合規制について，より効率的かつ機動的な運用，企業の負担軽減等の観点から，届出・報告対象範囲の縮減等の改正が行われました。

　(h)　平成11年改正　　後記**3**(3)のとおり不況カルテル制度，合理化カルテル制度等が廃止されました。

　(i)　平成12年改正　　私人による差止請求制度の新設，事業者団体に対する損害賠償請求等を中心とする改正が行われました。

　(j)　平成14年改正　　大規模会社の株式保有総額の制限の廃止等，書類の送

達規定等についての規定の整備，法人等に対する罰金の額の引上げを主な内容とする改正がなされました。

(k) 平成17年改正　公正かつ自由な経済社会を実現するために競争政策の積極的展開を図る観点から，改正されました。主なものは，不当な取引制限等に対する課徴金の算定率の引上げ，課徴金の適用対象の見直し，課徴金減免制度の創設，審判手続等の見直し，犯則調査権限の導入等です。

(l) 平成21年改正　さらなる執行力強化の観点から，①課徴金の対象となる行為類型の拡大，主導的事業者に対する課徴金の割増，課徴金減免制度の拡充，事業を承継した一定の企業に対する排除措置命令及び課徴金納付命令，排除措置命令及び課徴金納付命令の除斥期間の延長といった課徴金制度等の見直し，②不当な取引制限等の罪に対する懲役刑の引上げ等，③企業結合規制の見直し等がなされました。なお，従来経済界から強い批判のあった審判制度についての見直しは見送られましたが，平成21年度内の見直しの検討が附則で規定されました。

(m) 平成25年改正　平成21年改正法附則に基づき改正法案が国会に提出されていましたが，政権交代の影響から成立が遅れていました。平成25年12月，①審判制度の廃止とこれに伴う排除措置命令等に係る訴訟手続の整備，②排除措置命令等に係る意見聴取手続の整備がその内容です。平成27年4月1日に施行されました。

3　関連する法律

(1) 独禁法に関連する法律

　独禁法に関連する法律としては，下請代金支払遅延等防止法（いわゆる下請法）と独禁法の適用除外を定めた各種の法律等があります。なお，不当景品類及び不当表示防止法（いわゆる景表法）については，平成21年改正法により，独禁法の特例としての性格が改められ，消費者法としての性格が与えられ，消費者庁へ移管されました。

(2) 下請法

　この法律は，「下請代金の支払遅延等を防止することによつて，親事業者の

下請事業者に対する取引を公正ならしめるとともに，下請事業者の利益を保護し，もつて国民経済の健全な発達に寄与することを目的」として昭和31年に制定施行されています。

下請法は，製造委託，修理委託，情報成果物作成委託と役務提供委託を行う親事業者に対し，代金の支払期日，書面交付義務，遵守事項等を定めています。これらに違反する行為につき，独禁法上の不公正な取引方法のひとつである優越的地位の濫用を認定することも可能ですが，そのためにはかなりの期間を要し，親事業者と下請事業者の継続的取引関係をむしろ悪化させることにもなりかねません。そこで，下請事業者保護のために独禁法違反事件の処理手続とは別に簡易な手続を設けました。すなわち，下請法に違反した者に対しては，公取委は，その是正を勧告し，勧告に従わなかったときは，その旨を公表しますが，違反者が勧告に従えば，独禁法の排除措置命令が発せられることはありません。

(3) 適用除外

適用除外としては，独禁法自体が認める知的財産権による権利行使（21条），組合の行為（22条），再販売価格の拘束（23条）のほか，他の法律により認められるものもあります。平成11年以前は，独禁法は，不況カルテル制度，合理化カルテル制度を認めていましたし，他の法律でも業界ごとにかなりの数の適用除外が認められていましたが，現在では，それらも整理されています。現在，他の法律により適用除外が認められているものとしては，中小企業団体の組織に関する法律（89条），輸出入取引法（33条），保険業法（101条）などがあります（**Q15**参照）。

なお，新しいものとしては，平成26年4月1日から2段階の消費税率の引上げが実施されることに伴い，平成25年に制定された「消費税の円滑かつ適正な転嫁の確保のための消費税の転嫁を阻害する行為の是正等に関する特別措置法」があります。同法12条により，中小事業者が公取委に届け出ることで，平成26年4月1日から平成30年9月30日までの間における消費税を価格に転嫁するための共同行為（いわゆる価格転嫁カルテル）が認められています。

4 独占禁止法の構造

　独禁法は、公正かつ自由な競争を阻害する行為等を規制する実体的規定と公取委の組織等の手続的規定からなっています。

　独禁法の規制内容の主たるものは、私的独占、不当な取引制限、不公正な取引方法の3つで、いずれも公正かつ自由な競争を阻害するものとして禁じられています。この3つが独禁法の三本柱であるといわれています。

　私的独占とは、事業者が他の事業者の事業活動を排除し、又は支配することにより一定の市場における競争を実質的に制限することです（**Q9**参照）。このうち、支配型私的独占は、従来から課徴金の対象となっていましたが、21年改正により、排除型私的独占も課徴金納付命令の対象とされました。

　不当な取引制限とは、競争事業者が他の事業者と共同して相互にその事業活動を拘束し、又は遂行することにより、一定の市場における競争を制限することで、カルテルと呼ばれています（**Q10**参照）。

　不公正な取引方法については、従前は、独禁法が規定する6つの類型の行為で公正な競争を阻害するおそれのあるもののうち、公取委が指定するものをいうとされ、16種の行為が告示により指定されていました。また、不公正な取引方法は、私的独占やカルテルと異なり、課徴金の対象ではありませんでした。

　しかし、平成21年改正により、不当廉売、差別対価、共同の取引拒絶、再販売価格の拘束及び優越的地位の濫用についても課徴金の対象となりました。また、これに伴いこれらの行為については、告示ではなく、独禁法において規定された結果、不公正な取引方法についての告示も改正されました（**Q21**参照）。

　このほかに、独禁法は、事業者団体、独占的状態、株式の保有、役員の兼任、合併、分割、株式移転、事業の譲受け、適用除外、差止請求及び損害賠償について規定しています。

　手続的規定としては、公取委について、設置、任務、所掌事務、組織、事件調査の端緒から課徴金納付命令などの手続、不公正な取引方法についての告示などの雑則、訴訟、罰則の規定があります。

　なお、平成17年改正により、課徴金の減免制度（**Q23**参照）と犯則調査権限

(**Q20**参照）が認められ，25年改正により審判制度が廃止されました。

5 違反と制裁

　独禁法に違反した場合には，大きく分けて，①行政処分，②刑事罰，③民事上の差止請求，④民事上の損害賠償の対象となります。

　①　行政処分　　独禁法に違反する事実が認められる場合には，公取委は，独禁法に定める手続に基づき違反行為を排除するため必要な措置を命ずることができます（排除措置命令）。これは，違法状態を排除し原状回復を行うことを目的とする行政処分です。また，事業者が不当な取引制限（これに該当する行為を含む国際的協定・国際的契約で一定のものも同様です），私的独占，一定の不公正な取引方法を行っているときは，課徴金の納付命令を発することができます（7条の2・8条の3・20条の2～20条の4）。

　これまで，排除措置命令及び課徴金納付命令に不服がある者は，公取委に対する審判請求が可能であり，審判請求があると，公取委は審判手続を行ったうえで審決をしました。しかし，平成25年改正法の施行後は，審判手続が廃止され，排除措置命令等に不服がある者は，一般の行政処分と同様[1]に公取委を被告として，裁判所へ抗告訴訟（行政庁の公権力の行使に関する不服の訴訟[2]）を提起できることになりました（77条）。抗告訴訟については，出訴期間が定められており（行訴法14条1項・2項），その期間に抗告訴訟が提起されなければ，排除措置命令等は確定します。確定した排除措置命令等に従わなければ，刑事罰の対象となります[3]。

　②　刑事罰　　独禁法の第11章以下には，罰則が規定されています。三本柱のうち私的独占と不当な取引制限については，行為者については，5年以下の懲役刑と500万円以下の罰金刑が定められていますし（89条），使用者である法人等については5億円以下の罰金が併科されます（95条）。これに対し，不公正な取引方法については，刑事罰は科されません。このほかにも，違法な国際的協定違反，届出等の違反や公取委の検査や調査の妨害等が刑事罰の対象とされています。

　③　民事上の差止請求　　事業者団体による8条5号違反の行為又は事業者

による不公正な取引方法により利益を侵害され，又は侵害されるおそれがある者は，これにより著しい損害を生じ，又は生ずるおそれがあるときは，侵害の停止又は予防を請求することができます（24条）。この制度は平成12年の改正により新設されました（**Q32**参照）。

④　民事上の損害賠償　　私的独占，不当な取引制限又は不公正な取引方法を用いた事業者と8条に違反した事業者団体は，損害賠償の責任を負い，これは無過失責任とされています（25条）。この請求は，排除措置命令（排除措置命令がされなかった場合は課徴金納付命令）が確定した後でなければ裁判上主張できません（26条1項）。これに関し，公取委は，損害賠償請求訴訟に対して，手持ち資料を提出することを表明しており，違法行為の存在，相当因果関係，損害の立証に必要な資料を提供するとしています。

しかし，それでも価格カルテルがあった場合に消費者から損害賠償を請求することは，因果関係又は損害の立証が困難なことから，これまでのところ，ほとんどの判決では否定されています（**Q30**参照）。

なお，損害を受けた者は，独禁法25条による損害賠償請求ではなく，民法709条の不法行為に基づく損害賠償請求もできます。

このほか，入札談合については，通常は，発注者からの指名停止や損害賠償請求といった制裁が入札の条件等で定められています。

〔小林　　覚〕

───■注　記■───

＊1　東京地裁の専属管轄（85条）等一般の取消訴訟（管轄については行訴法12条）と異なる点もあります。
＊2　行訴法3条1項。抗告訴訟には，幾つかの類型がありますが，排除措置命令等に対する不服の訴訟は，「処分の取消しの訴え」（同条2項）に該当します。
＊3　このほかに，刑事罰ではありませんが，行政罰である過料の制裁もあります（排除措置命令違反・97条，緊急停止命令違反・98条）。

第Ⅰ部◇独占禁止法のキーワード

  事業者・事業者団体

独占禁止法の適用対象となる事業者とは，どのようなものを含みますか。また事業者団体とはどのようなものですか。

A

「事業者とは，事業を行う者」，すなわち，なんらかの経済的利益の供給に対応し反対給付を反復継続して受ける経済活動を行う者と解されています。したがって，純然たる宗教活動，慈善事業は「事業」に含まれず，また消費者，労働者も「事業者」に含まれません。

「事業者団体」とは，2つ以上の「事業者」を構成員とし，その独自の意思決定機関，規約などにより構成「事業者」から独立の意思をもち，かつ各「事業者」の事業活動に関する共通の利益を増進することを主たる目的として形成された団体をいいます。

キーワード

事業者，国・地方公共団体・公営事業等と事業者性，事業者団体

解説

1　「事業者」の概念

独禁法は，それによって禁止する行為の適用対象を，多くの場合，「事業者」又は「事業者団体」としています。同法はまた，適用対象を「会社」（9

条2項など),「会社の役員又は従業員」(13条1項),「会社以外の者」(14条)としている場合もありますが,それらは「事業者」です。独禁法は,「『事業者』とは,商業,工業,金融業その他の事業を行う者をいう。事業者の利益のためにする行為を行う役員,従業員,代理人その他の者は,次項又は第三章の規定の適用については,これを事業者とみなす。」(2条1項)と定義しています。「その他の事業」とは,農業,鉱業,サービス業など,あらゆる事業を含みます。結局,独禁法2条1項前段の事業者の定義は,「事業者とは,事業を行う者」という同義反復となっています。「事業者」をこのように定義した理由は,「広範囲の事業分野で公正かつ自由な競争を促進するために,独禁法の事業者の範囲を時々の経済の実態に則して柔軟にとらえようとしたためと考えられる。いいかえれば,事業者を定義することで,独禁法の適用をある範囲に限定しようという特段の意図はなかったと思われる。」*1 と考えられます。つまり,独禁法は,「事業者」の定義によって,同法が適用される範囲を限定しようとしたものではなく,柔軟性を持たせ適用範囲を広くしておこうとしたものです。そしてこの「事業」とは「なんらかの経済的利益の供給に対応し反対給付を反復継続して受ける経済活動を指す。」(都営芝浦と畜場事件☆1)とされています。したがって,純然たる宗教活動,慈善事業は「事業」に含まれず,また消費者,労働者も「事業者」に含まれません。

なお,上述の「なんらかの経済的利益の供給に対応し反対給付を反復継続して受ける経済活動を指す。」との点については,山口県下関市豊北町(ほうほくちょう)における福祉バス事件において,約2年間,福祉バスを試験的に無償で運行し,その後,利用者から一律200円の運賃を徴収してその福祉バスを運行した事案について,一体として有償運行とした裁判例があります。その裁判例は,豊北町(被告)が「本件福祉バスを本件路線に運行する期間には無償の期間があり,同期間のみについてみれば,経済的利益の供給に対応して反対給付を反復継続して受ける経済活動を行ったわけではない。しかし……本件福祉バスの無償運行の目的は,将来的に有償で本件福祉バスを運行することを検討するため,利用者数等の調査等を実施することにあったと認められるから,無償での運行期間は,結局,有償でのバス運行の準備期間と捉えることができ,有償運行と一体のものとして,平成13年11月以降の期間について,不当廉売規

制を受けるものというべきである。」(下関市福祉バス事件☆2) としました。

(1) 国,地方公共団体等と事業者性

　国,地方公共団体,公営事業,公益事業,バス事業などの政府規制産業などは,独禁法に定義する「事業者」ではないとする見解があります。すなわち,これらの事業体は,公益性,非営利性を目的として事業を行っていることを理由に,「事業者」から除外すべきであるとするものです。しかし,国,地方公共団体,公営事業などの公益性,非営利性を理由に独禁法の「事業者」から除外するとの見解は,第1に公益性・非営利性を理由に事業者性を否定する実定法上の根拠はなく,もともと原始独禁法の当初から営利性を厳格に要求していなかったこと,第2に公営事業に関して適用除外規定がない以上,立法者は,民営事業との競合を想定しており,それには独禁法を適用することも含まれていたことから適切ではないとの見解が通説です*2。

(a) 都営芝浦と畜場事件

　最高裁も,「独占禁止法2条1項は,事業者とは,商業,工業,金融業その他の事業を行う者をいうと規定しており,……その主体の法的性格は問うところではないから,地方公共団体も,同様の適用除外規定がない以上,かかる経済活動の主体たる関係において事業者に当たると解すべきである。」☆3としています。この判例の対象となった事案は,食肉用家畜の処理を目的とすると畜場事業に関するものでした。と畜場を経営する事業には,地方公共団体の経営する公営と畜場と民営のと畜場があり,その公共的性格,及びその事業が独占ないし寡占に陥りやすい業態であるところから,顧客を保護するため,と畜場の利用料金を都道府県知事の認可制としていました。そして認可額を超える利用料金の設定は禁止されていましたが,認可額を超えない利用料金は自由に設定できることとなっていました。このような規制の下で,東京都立のと畜場については,東京都の一般会計から補助金が出ているため民営のと畜場より安い利用料金を設定しており,この点を問題とした民営と畜場業者が東京都に対し,安い利用料金は不公正な取引方法で禁止されている不当廉売に該当し,それによって損害を受けたとして不法行為に基づく損害賠償請求訴訟を提起しました。

　この訴訟の中で,東京都などの地方公共団体が経営する事業について独禁法

の適用があるかが争われ，最高裁は，前述のとおり地方公共団体も「事業者」に当たると判断したものです。さらに，この訴訟において，料金認可制のある規制事業について事業者性があり独禁法の適用があるかも争われ，これについても最高裁は，「顧客保護の必要があるため，申請に係ると場料が高額に過ぎないか否かの判断を認可行政庁に委ねることとしたものであり，その限りで事業者の自由な価格決定は制限を受けることとなるが，と場料の認可額は個々のと畜場ごとに異なるばかりでなく，その額の設定及び変更の申請に当たり各事業者による自主的，裁量的判断の働く余地もあることは明らかである……。と畜場法による料金認可制の下においても不当廉売規制を受けるものというべきである。」☆4 としています。

(b) **お年玉付き年賀葉書事件**

次に，国（郵政省）の発行する図柄のない，又は図柄付きのくじ引き番号付き「お年玉付き年賀葉書」，「さくらめーる」及び「かもめーる」に関し，国も「事業者」に該当し独禁法の適用があるかが争われた事案があります。この事案は，私製はがきの製造業者が郵政省の発行するお年玉付き年賀葉書等は図柄の印刷を無料にし，又はくじ引きによる景品の費用分を下回る価格で販売しているので，独禁法の禁止する不当廉売に当たるとして，不法行為に基づくお年玉付き年賀葉書等の発行の差止めと損害賠償請求を求めたものですが，裁判所は不当廉売に当たらないと判断しました。

この事案で争点となったのは，お年玉付き年賀葉書等の発行・販売が郵便法により種々の規制が課されている郵便事業のひとつとして国の独占に服し，独禁法の適用される事業活動とならないか，すなわち国（郵政省）はお年玉付き年賀葉書等の発行・販売に関し「事業者」に該当するか否かの点でした。

この点について裁判所は，郵便法の下での料額印面の付いた郵便葉書（いわゆる官製葉書）の発行・販売と，それの付いていない郵便葉書の発行・販売とを区別し，官製葉書は国だけが発行できるものの「国が独占的に行う郵便の業務とは，信書及びその他の一定の物件の送達とこれに付随する郵便切手類の発行・販売を指すものであり，郵便葉書の発行・販売は，郵便の業務と関連するものの，郵便の業務そのものには含まれず，国の独占に属するものではないといわなければならない。したがって，郵便葉書の発行・販売という事業に関す

る限り，被控訴人国もまたその事業の主体として独占禁止法の事業者に該当し，私製の郵便葉書の製造・販売を業とする事業者である控訴人らと競争関係に立つものというべきである。……また，需要者の立場からみて，料額印面つきの郵便葉書とこれのつかない郵便葉書との間に質的な違いがあるわけではなく，両者は同種の商品というべきであるから，料額印面つきの郵便葉書は郵政大臣のみがこれを発行し，私製することが許されないからといって，被控訴人国が郵便葉書自体の発行・販売の事業者でなくなり，郵便葉書の製造・販売の事業者である控訴人らと競争関係に立たなくなるものということはできない。」（お年玉付き年賀葉書事件☆5）としています。

(c) まとめ

事業の公益性や非営利性が関連する事案では，明示もしくは暗黙に事業者性を肯定したうえで，事業の公益性や非営利性を担保する法的手段——(ｱ)明文の適用除外の存在，(ｲ)国の事業活動の独占とその固有な範囲，(ｳ)国の事業活動の一部又は大部分が法定されていること——に着目して，独禁法の適用の可否を判断すべきであり，事業者としての活動が法定され，かつ，それによって事業者として自由な選択の余地がないときは，その限りで，当然に独禁法の適用の余地もないこととなります。反面，公益性や非営利性をもつ事業であっても，それを担保する法的手段が特に定められていない部分があれば，その限度で，独禁法を適用する余地があることとなります。すなわち，(ｱ)適用除外の不存在，(ｲ)独占事業に固有の行為以外の事業活動，(ｳ)法定されていても自由な選択の余地が残る事業活動の場合です。この場合においては，事業の公益性や非営利性は，競争の実質的制限や公正競争阻害性など実質的な違法要件の問題として考慮されます。このような見解が判例，通説の立場です*3。

(2) 医師等の専門的職業に関する自由業と事業者性

従来，医師，弁護士，会計士，弁理士，建築士等の専門的職業に関する自由業は，その業務の専門性，一定の倫理によって規律されている性質から市場競争の原理にはなじまず，独禁法にいう「事業者」には該当しないとされてきました。しかしながら，これら専門的職業に就く者の団体（例えば医師会，建築士協会など）が，その構成員の利益を守るため新規参入の制限，構成員の事業活動の制限，報酬に関して協定するなど不当な活動を行う例が多くなりました。

これら専門的職能団体を「事業者団体」（後述）と認定し独禁法を適用するためには、その構成員が「事業者」であることが必要なことから、専門的職業に関する自由業者も「事業者」に含まれると考えられるようになりました。また、先にみたように独禁法2条1項の「事業者」についての解釈も、これをできるだけ広く捉えており、専門的職業に関する自由業を「事業者」から除外する合理的な根拠はないので、これを「事業者」に含めることは何ら不都合ではありません。

公取委も、医師が事業者であることを当然の前提として、千葉市医師会を独禁法2条2項の事業者団体と認め、当該医師会が行った千葉市の区域における病院又は診療所の開設、病床の新設もしくは増設等について同医師会の承認を得させることにより、同区域における開業医にかかる事業分野における事業者の数を制限するとともに、同医師会の構成事業者の機能又は活動を不当に制限した行為について、この行為は、独禁法8条3号（事業者団体の禁止行為）に違反すると認定し排除勧告を出しました（千葉市医師会事件☆6、豊橋市医師会事件☆7）。

また、裁判例も、ある一定地域を対象とする医師会が、その地域における医療機関の開業・診療科目の追加等について同意・不同意を与えていた事例に関し、「医療の分野においても、提供する医療の内容、質において競争原理の働く局面は多く、公正かつ自由な競争によって、需要者の利益を確保し、医療サービスの健全な発展を促進する必要があるのであり、医療の提供が独禁法の適用対象となることは明らかである。」（観音寺市三豊郡医師会事件☆8）としています。

(3) **詐欺的な事業活動を行う者の事業者性**

1980年代に問題となった豊田商事事件に関して、豊田商事のように、顧客に対し詐欺的取引を行うことを主たる目的とした反社会的な事業者は、独禁法にいう「事業者」に該当するかについて争われたことがあります。

これについて裁判例は、「独禁法19条にいう不公正な取引方法及び景表法4条にいう不当表示の禁止行為の主体とされる事業者の意義については、独禁法2条1項において、商業、工業、金融業その他の事業を行う者とされ、景表法の事業者の意義についても同様であると解される。この事業とは、何らかの経済的利益の供給に対応し反対給付を反復継続して受ける経済活動を指すが、独

禁法の基本理念は，直接的には，公正かつ自由な競争の促進を図ることにあり，景表法の基本理念も同様であって（独禁法1条，景表法1条）〔筆者注：平成21年改正により，景表法の目的が改正〕，このような独禁法及び景表法の趣旨に照らすと，その適用対象である事業者は，公正かつ自由な競争の主体たり得る者でなければならないというべきである。そのためには，競争当事者が，競争の要因たるべき事項について自主的に判断し得る状態が保たれると同時に，企業性の承認を前提とした企業の能率，商品の価格，品質などをめぐる競争が行われることを要するから，専ら詐欺取引を行うなど公正かつ自由な競争の促進を図る余地のない取引活動を行う者は，独禁法及び景表法の適用対象である事業者には当たらないものといわざるを得ない。」（豊田商事国家賠償（東京）事件☆9）。他方，「独禁法2条1項は，『事業者』の意義について，『商業，工業，金融業その他の事業を行う者をいう。』と定義しているところ，一般に，事業とは，反復継続して経済的利益の交換を行うことをいうものと解されている。しかし，独禁法及び景表法の直接の目的は，公正且つ自由な競争の促進を図ることにあると解されるのであるから（独禁法1条，景表法1条），ここにいう『事業者』とは，単に反復継続して経済的利益の交換を行う者をさすものではなく，そのような者のうち，公正且つ自由な競争に係わる活動を行う者をさすものと解するのが相当である。もっとも，右のようにいったからといって，直ちに被告国が主張するように公正且つ自由な競争の主体たりうる者だけが『事業者』であるということにはならない。なぜなら，公正且つ自由な競争の促進を図るためには，競争秩序に影響を及ぼす経済活動を行う者を広く規制する必要があるのであり，そして，そのためには，公正且つ自由な競争の主体たりえない者であっても，その者の経済活動が競争秩序に影響を及ぼすものである限り，その者は独禁法及び景表法上の『事業者』に当たるといわなければならないからである。

したがって，『事業者』とは，反復継続して経済的利益の交換を行う者で，かつ，その活動が競争秩序に影響を及ぼす者をいうと解するのが相当である。」（豊田商事国家賠償（大阪）事件☆10）としています。ただし，両裁判例とも豊田商事の「事業者」性を認めています。このような考え方に対しては，独禁法上の「事業者」性の有無は，事業の社会的価値から判定されるわけではなく，判決

の考え方は理由がないとする見解もあります*4。

2　事業者団体

(1)　「事業者団体」の規制

「事業者」のほかに、独禁法が適用される主要な名宛人は、「事業者団体」（2条2項）です。「事業者団体」を主要な名宛人のひとつとしたのは、それが独禁法違反の行為をする可能性が高く、現に多くの独禁法違反行為の舞台となってきたからです。「事業者団体」のこのような性質から、昭和23年には独禁法とは別に「事業者団体法」が制定されましたが、昭和28年に廃止となり独禁法へ統合されました。「事業者団体」に対する禁止行為は、独禁法8条に規定されています。

(2)　「事業者団体」とは

独禁法は、「『事業者団体』とは、事業者としての共通の利益を増進することを主たる目的とする二以上の事業者の結合体又はその連合体」をいうと定義しています（2条2項）。

まず、「事業者団体」は、2つ以上の「事業者」（独禁法2条1項に定義されている「事業者」。同後段で、「事業者」とみなされる者を含む）を構成員とすることが必要です。したがって、2つ以上の「事業者」が構成員となっていれば、他に「事業者」でない者が構成員となっていても「事業者団体」となります。また、「事業者団体」は、その独自の意思決定機関、規約などにより構成「事業者」から独立の意思をもつことが必要です。「事業者団体」の意思が独立のものでないとされた場合には、構成「事業者」の意思となり、当該「事業者」が独禁法の適用対象となるからです。次に、各「事業者」の事業活動に関する共通の利益を増進することを主たる目的として形成されたものであることを必要とします。この場合、「事業活動」に付随する活動（全く事業活動と関連のない活動を除く）についての共通の利益でもよく、「共通の利益」は、「事業者団体」構成員全員についての利益である必要はなく、その一部の者についての利益でもよいとされています。

「二以上の事業者の結合体又はその連合体」とは、①2以上の事業者が社員

である社団法人その他の社団（2条2項1号），②2以上の事業者が理事又は管理人の任免，業務の執行又はその存立を支配している財団法人その他の財団（同項2号），③2以上の事業者を組合員とする組合又は契約による2以上の事業者の結合体（同項3号）を含むとされており，これらに限定されるものではなく，どのような法的形態のものでもよいとされています。しかしながら，2以上の事業者の結合体又は連合体であっても，それ自体が営利を主とした目的の結合体である場合には，それ自体が「事業者」として扱われますので「事業者団体」には含まれません（例えば，合弁事業，事業組合など）。

なお，平成21年の独禁法改正前は，事業者団体の成立・変更・解散について公取委への届出が必要とされていましたが（平成21年改正前8条2項～4項），同改正で届出の必要はなくなりました。

〔渡邉　新矢〕

■判審決例■

- ☆1　最判平元・12・14民集43—12—2078。
- ☆2　山口地下関支判平18・1・16集52—918。
- ☆3　前掲（☆1）。
- ☆4　前掲（☆1）。
- ☆5　大阪高判平6・10・14判時1548—63。
- ☆6　昭55・6・19勧告審決　集27—39。
- ☆7　昭55・6・19勧告審決　集27—44。
- ☆8　東京高判平13・2・16判時1740—13。
- ☆9　東京地判平4・4・22判時1431—72。
- ☆10　大阪地判平5・10・6判時1512—44。

■注　記■

- ＊1　厚谷・条解15頁。
- ＊2　前掲（＊1）16頁。
- ＊3　独禁百選（5版）7頁。
- ＊4　前掲（＊1）19頁。

●参考文献●

(1) 厚谷・条解。
(2) 今村成和＝厚谷襄児編『独禁法審決・判例百選〔第5版〕』(有斐閣, 1997)。

競争の実質的な制限

独占禁止法における「競争の実質的な制限」とは，どういう意味ですか。

「(一定の取引分野における) 競争を実質的に制限する」とは，競争自体が減少して，特定の事業者又は事業者団体がその意思で，ある程度自由に，価格，品質，数量，その他各般の条件を左右することによって，市場を支配することができる状態をもたらすこと，すなわち市場支配力を形成，維持ないし強化することをいいます。

次に，私的独占（2条5項）及び不当な取引制限（2条6項）は，「公共の利益に反して……競争を実質的に制限する」としています。この「公共の利益に反して」とは，原則として独占禁止法の直接の保護法益である自由競争経済秩序に反することを指しますが，「一般消費者の利益を確保するとともに，国民経済の民主的で健全な発達を促進する」という同法の究極の目的（1条）に実質的に反しないと認められる例外的な場合を，不当な取引制限から除外する趣旨と解されています。

この「公共の利益に反して」との文言がない場合，例えば，事業者団体の禁止行為（8条1号），会社の株式保有の制限（10条1項）の場合にも，刑法，事業法等他の法律により刑事罰等をもって禁止されている違法な取引であるなどの事由があるときには，排除措置命令をもって自由な競争をもたらしてみても，当該禁止している法の目的に沿わないこととなるのが通常であるので「競争を実質的に制限すること」という構成要件に該当しないとされます。

また，問題となる行為が，安全，健康，その他の正当な理由に基づき，「一般消費者の利益を確保するとともに，国民経済の民主

> 的で健全な発達を促進する」という独占禁止法の究極の目的（1条）に合致する場合には，競争の実質的制限の判断に関して，このような特段の事情を考慮し，例外的に「競争を実質的に制限すること」との要件に該当しないとされています。
>
> 　最後に，形式的には競争の実質的制限をもたらすと考えられる行為，例えば，競争事業者同士が生産を共同するような場合でも，直ちに競争を実質的に制限するとはいえず，競争制限的な効果と競争促進的な効果とを比較考量して，競争の実質的制限とはならない場合もあります。このような分析をする事案は，一般的に非ハードコアカルテルと呼ばれています。

☑キーワード

競争の実質的制限，市場支配力の形成・維持・強化，公共の利益に反して，正当化理由，ハードコアカルテル，非ハードコアカルテル

解　説

1　競争の実質的な制限

(1)　「競争の実質的な制限」という言葉が独禁法に使用されている場合

　「競争の実質的な制限」という言葉は，「一定の取引分野における競争の実質的な制限」という用語で，私的独占及び不当な取引制限（2条5項・6項），事業者団体の違法行為の一類型（8条1号），会社その他の株式保有（10条1項・14条），役員兼任（13条1項），合併（15条1項1号），会社分割（15条の2第1項1号），共同株式移転（15条の3第1項1号）及び事業の譲受等（16条1項）において使用されています。すなわち，一定の行為が私的独占及び不当な取引制限（2条5項・6項・8条1号）として違法になる場合の市場に与える効果に関する要件として，また一定の企業結合等（10条1項・14条・13条1項・15条1項1号・15条の2第1項1号・15条の3第1項1号・16条1項）が独禁法上禁止される場合の市場に与え

る効果に関する要件として使用されています（なお，罰則に関して，その構成要件を規定した89条1項2号にも使用されています）。

(2) 「競争の実質的な制限」の意義

「競争の実質的な制限」とは，市場（一定の取引分野）における競争機能を制限して市場支配力を形成・維持・強化することをいいます。ここで「実質的な制限」とは，市場における競争の量的減少をもたらすことを意味するのではなく，市場における競争機能，すなわち価格メカニズムに対して重大な影響を与え，そのことにより競争における質的変化をもたらすことをいいます。

「競争の実質的な制限」について判断したリーディングケースとして東宝・スバル事件があります[1]。この事案は，東宝がスバル興業から映画館2館を賃借したことが，その地域における映画の観客群を一定の取引分野とする競争を実質的に制限するものとして独禁法16条（営業用資産の賃借）違反に問われたものです。判決はこの中で，「法第15条第1項第2号〔筆者注：現行15条1項1号〕にいうところの競争の実質的制限（第2条第3項，第4項〔筆者注：現行2条5項・6項〕等についても同じである）とは，原告のいうような個々の行為そのものをいうのではなく，競争自体が減少して，特定の事業者または事業者集団が，その意思で，ある程度自由に，価格，品質，数量，その他各般の条件を左右することによって，市場を支配することができる形態が現われているか，または少くとも現われようとする程度に至っている状態をいうのである。」としています。その後，この判決は，踏襲され（例えば，東宝・新東宝事件[2]など），実質的な先例となっています。

どのような状況で「競争の実質的な制限」，すなわち市場支配が成立するかについて判決は，「いかなる状況にいたってこのような市場支配が成立するものとみるべきかは，相対的な問題であり，一律には決し難くその際の経済的諸条件と不可分である。たんに市場におけるその者の供給（又は需要）の分量だけからは決定し得ないのである。」[3]としています。市場を支配する（実質的な競争制限）ことができる形態が現れているか，又は現れようとする程度に至っているか否かの判断は，行為者の市場シェア・順位，市場における競争の状況，競争事業者の供給余力などの競争事業者の状況，代替品の有無・差別化の程度，新規参入の難易度，需要者の対抗的交渉力などの経済的諸条件を総合的

に考慮して判断されることとなります*1。

　私的独占にあっては多くの場合，排除行為や支配行為は，直接的な競争制限効果を伴っており，それは圧倒的な経済力を背景としていますので，「競争の実質的制限」の有無がとりたてて問題となることは，ほとんどありません*2。

(3) 「公共の利益に反して」の意義

　私的独占（2条5項）及び不当な取引制限（2条6項）は，「公共の利益に反して……競争を実質的に制限する」と規定しています。この「公共の利益に反して」の解釈について，最高裁は，石油価格カルテル刑事事件（石油製品の元売り各社が，原油価格の値上げに対応して，石油製品の価格の引上げを協定した事案です☆4）において「独禁法の立法の趣旨・目的及びその改正の経緯などに照らすと，同法2条6項にいう『公共の利益に反して』とは，原則としては同法の直接の保護法益である自由競争経済秩序に反することを指すが，……『一般消費者の利益を確保するとともに，国民経済の民主的で健全な発達を促進する』という同法の究極の目的（同法1条参照）に実質的に反しないと認められる例外的な場合を右規定にいう『不当な取引制限』行為から除外する趣旨と解すべきである。」としました。すなわち，独禁法の究極の目的に実質的に反しない例外的な場合には，「不当な取引制限」が適用されない場合があり得ることになります。

(4) 貸切バスの認可運賃と「競争の実質的な制限」

　大阪府のバス事業者を構成員とする事業者団体が，実施されている貸切バスの運賃を，道路運送法によって認可された運賃の水準に近づけるために値上げの決定をしたことに関し，公取委は，「競争を実質的に制限すること」の解釈について新しい考え方を示しました（大阪バス協会事件☆5）。貸切バスの運賃は，道路運送法によって運輸大臣の認可を受けなければならず，また認可を受けた運賃以外の運賃を収受した場合は罰金が科されることが同法に定められていました。大阪の貸切バスは，認可運賃を大幅に下回っていることが常態となっており近畿運輸局長から再三，運賃について指導を受けていました。このような事情の下で，大阪府におけるバス事業者の団体である社団法人大阪バス協会が貸切バスの運賃の最低額を決定したことが独禁法8条1号に違反したとされたものです。公取委は，この審決の中で，「その価格協定が制限しようと

している競争が刑事法典，事業法等他の法律により刑事罰等をもって禁止されている違法な取引（典型的事例として阿片煙の取引の場合）又は違法な取引条件（例えば価格が法定の幅又は認可の幅を外れている場合）に係るものである場合には，独占禁止法所定の構成要件に該当するとして排除措置命令を講じて自由な競争をもたらしてみても，……同法の目的に沿わないこととなるのが通常の事態に属する。従って，このような価格協定行為は，特段の事情のない限り……『競争を実質的に制限すること』という構成要件に該当しない。」と述べました。

この事案における適用法条は，独禁法8条1号であり「公共の利益に反して」との要件がないことから，「競争の実質的制限」＝「反競争性あり＋正当化理由なし」という解釈をしたものであるとの評価もあります[*3]。

他方，この審決における「競争の実質的制限」の限定的解釈は，判断基準が恣意的になり，また違法な取引による競争を制限する行為は一律に適法とすることから出発せざるを得ず，価格協定などの行為のタイプや手段の妥当性に応じて違法性を評価する客観的な判断枠組みを示すことが困難になってしまうという批判があります[*4]。

(5) 消費者利益の確保に関する特段の事情

排除型私的独占ガイドラインは，「問題となる行為が，安全，健康，その他の正当な理由に基づき，一般消費者の利益を確保するとともに，国民経済の民主的で健全な発達を促進するものである場合には，例外的に，競争の実質的制限の判断に際してこのような事情が考慮されることがある。すなわち，独占禁止法第1条に記載された……目的から首肯され得るような特段の事情がある場合には，当該行為が『競争を実質的に制限すること』という要件に該当しないこともあり得る。」としています[*5]。

上記，「正当な理由」を考慮した裁判例としてエアーソフトガン等の製造業者を組合員とする日本遊戯銃協同組合に関する事案があります。同組合は，組合員でないエアーソフトガン等の製造業者（以下「アウトサイダー」といいます）の製品が同組合の定める安全基準を満たしていないとして，エアーソフトガン等を取り扱う問屋及び小売店にアウトサイダーの製品を取り扱わないように要請し，当該製品を市場から排除しました。このため，アウトサイダーは，上記

協同組合に対し独禁法3条，8条1号などに違反するとして損害賠償を求めました。他方，同組合の組合員のなかにも安全基準を満たしていない製品を製造していた者がいたことから，結局，損害賠償は認められたのですが，当該裁判所は，その判決のなかで，前記最高裁☆6が示した一般論を述べたうえで，「本件は，被告組合がエアーソフトガンの安全に関する品質基準を設けて，これに合致しない商品の取扱いを中止するよう問屋及び小売店に要請したという事案であるから，本件自主基準設定の目的が，競争政策の観点からみて是認しうるものであり，かつ，基準の内容及び実施方法が右自主基準の設定目的を達成するために合理的なものである場合には，正当な理由があり，不公正な取引方法に該当せず，独禁法に違反しないことになる余地があるというべきである。さらに，自由競争経済秩序の維持という法益と，本件妨害行為により守られる法益を比較衡量して，独禁法の究極の目的に反しない場合には，公共の利益に反さず，不当な競争制限に該当せず，独禁法に違反しないことになる余地があるというべきである。」と述べています（日本遊戯銃協同組合事件☆7）。

(6) 非ハードコアカルテル

価格カルテル，生産数量調整カルテル，市場・顧客分割，入札談合などは，ほとんどの場合，競争制限効果を持つことが明らかです（これらをハードコアカルテルと呼ぶことがあります）。これに反し，競争事業者間の共同行為のうちには，競争制限効果が明らかでなく，かえって競争促進的な効果を持つものもあります。例えば，最近の研究開発は，高度かつ複雑な技術開発を伴うことから，とても1社では行うことができず，多くの場合，競争事業者間での共同開発の形態をとっています。競争事業者間の共同行為ですので，一方では研究開発における競争を実質的に制限する可能性もありますが，他方，技術革新をもたらし競争を促進する効果を持つ可能性もあります。このように，共同行為により，経済の効率性を高め，技術革新を促進するなど，競争を促進する効果を持つ場合があり，このような共同行為を非ハードコアカルテルと呼びます。非ハードコアカルテルにおいては，競争制限的な効果と競争促進的な効果とを比較衡量して，独禁法違反となるかを判断する必要があります。

非ハードコアカルテルと呼ばれるものに，共同研究開発，共同生産，共同販売，共同購入，規格・標準・安全基準の策定などがあげられています*6。

非ハードコアカルテルについては，**Q36**をご参照ください。

2　私的独占における「競争の実質的な制限」

(1)　NTT東日本事件

東日本電信電話株式会社（以下「NTT東」といいます）は，戸建て住宅を対象とした光ファイバによる通信サービス（以下「FTTHサービス」といいます）を開始するのにあたり，1芯の光ファイバを数戸の住宅が共有するサービス（以下「ニューファミリータイプサービス」といいます）を提供するとして，ユーザー料金（FTTHサービスの加入者料金）を総務大臣へ届け出ました。他方，他の電気通信事業者が同様のFTTHサービスをするために必要となるNTT東保有の加入者光ファイバ設備を利用する料金（接続料金）は，ユーザー1名あたり上記NTT東が届け出たユーザー料金より高く設定され，総務大臣の認可を得ました。すなわち，他の電気通信事業者は，NTT東と同様のサービスをするのにあたり，NTT東が届け出たユーザー料金より高いユーザー料金を設定しない限り，常に赤字となることになります。平成15年3月末において，NTT東は，東日本地区においてFTTHサービスに利用されている加入者光ファイバの芯線数の約70％を保有しており，同年9月末時点の同地区における同サービスの市場占有率は82〜100％を占めていました。他方，NTT東は，実際には，ニューファミリータイプサービスの加入者が少ないうちは芯線直結方式（利用者へ光ファイバ1芯を使用させる方式）を採用し，どのような状況になったら分岐方式へ転換するのかについて具体的な基準も設けておらず，自己の保有する未使用の光ファイバ網に関する情報を他の電気通信事業者へ開示することもありませんでした。また，NTT東は，総務省からニューファミリータイプの大部分が分岐方式でなく芯線直結方式となっているため，このサービスは電気通信事業法の下で「不当な差別的取扱い」又は「社会的経済的事情に照らして著しく不適当であるため，利用者の利益を阻害するもの」に該当するので，分岐方式へ前倒しで転換するようにとの行政指導も受けていました。

電気通信事業者が自ら加入者光ファイバを設置するには，管路又は電柱を設置して行う必要があり困難が伴います。また，FTTHサービスは，その利用の

開始に際し，加入者宅へ光ファイバを引き込む工事が必要であり，一度加入者と契約した電気通信事業者は，当該契約を長期間維持することができる傾向があります。なお，自らの加入者光ファイバ設備を用いてFTTHサービスを提供している電気通信事業者も2社ありましたが，当該サービスの提供地域は，東京都のごく一部に限られていました。

　このような事案のもとで，公取委は，この料金でのFTTHサービスの提供は私的独占における排除行為に該当し，独禁法違反として違法宣言審決（平成17年改正前54条3項）をしました。これに対し，NTT東から審決取消訴訟が提起されましたが，東京高裁は，「独占禁止法2条5項に規定する『一定の取引分野における競争を実質的に制限する』とは，競争自体が減少して，特定の事業者又は事業者団体がその意思で，ある程度自由に，価格，品質，数量，その他各般の条件を左右することによって，市場を支配することができる状態を形成，維持，強化することをいうものと解される。」とし，NTT東は他の電気通信事業者の参入を困難としないよう配慮すべき立場にあるにもかかわらず，これを配慮しないで自己のFTTHサービスについて，加入者光ファイバ接続料金の認可を取得し，ユーザー料金の届出を行い他の電気通信事業者の新規参入を著しく困難にし，「加入者光ファイバの保有量や保有地域の広狭，戸建て住宅向けFTTHサービスのシェア等において，原告が極めて優位な立場にあったと認められるから，原告が新規参入を妨げてそのような3社のみによる競争という状態を維持することは，市場支配的状態を維持，強化することに他ならないというべきである。」と判断しました☆8。

　NTT東は，この判決を不服として上告をしました。最高裁は，上記の事実関係のもとで「本件行為〔筆者注：NTT東が芯線直結方式によるサービスの加入者利用料金を，他の電気通信事業者が同様のサービスを提供するためNTT東の加入者光ファイバ設備に接続する料金より低額に設定したこと〕は，上告人が，その設置する加入者光ファイバ設備を，自ら加入者へ直接提供しつつ，競業者である他の電気通信事業者に接続のための設備として提供するに当たり，加入者光ファイバ設備接続市場における事実上唯一の供給者としての地位を利用して，当該競業者が経済的合理性の見地から受け入れることのできない接続条件を設定し提示したもので，その単独かつ一方的な取引拒絶ないし廉売としての側面が，自らの市場支

配力の形成，維持ないし強化という観点からみて正常な競争手段の範囲を逸脱するような人為性を有するものであり，当該競業者のFTTHサービス市場への参入を著しく困難にする効果を持つものといえるから，同市場における排除行為に該当するというべきである。」とし，続けて「先行する事業者である上告人に対するFTTHサービス市場における既存の競業者による牽制力が十分に生じていたものとはいえない状況にあるので，本件行為により，同項にいう『競争を実質的に制限すること』，すなわち市場支配力の形成，維持ないし強化という結果が生じていたものと言うべきである。」と判示しました☆9。

(2) イーライセンスによる**審決取消等請求事件**

社団法人日本音楽著作権協会（以下「JASRAC」といいます）が管理する楽曲について，テレビ・ラジオ等の放送事業者からの放送等使用料の徴収方法は，私的独占に該当し独禁法に違反するとされた件があります。JASRACは，放送事業者に対し，その管理する楽曲全体について，その利用を包括的に許諾し，管理楽曲の使用回数に関係なく放送等使用料を一定額として徴収していました。このような放送等使用料の包括徴収方式を採用すると，放送事業者がJASRAC以外の著作権管理事業者が管理する楽曲を放送に使用する場合，放送事業者は，JASRACに支払う放送等使用料に加えて当該管理事業者へ使用料を支払うことになり，使用料の総額が増加することになります。したがって，放送事業者は，JASRAC以外の管理事業者が管理する楽曲を使用しなくなります。このようなJASRACの放送等使用料の包括徴収方式は，他の著作権管理事業者が放送等利用にかかる管理事業を営むことを困難とし，その事業活動を排除することにより管理楽曲の利用許諾分野における競争を実質的に制限することとなり，私的独占に該当し独禁法に違反するとした排除措置命令が出されました☆10。

その後，JASRAQは，この排除措置命令を不服として審判請求をし，公取委は，その審決においてJASRAQが著作権管理事業において一貫して強固な地位を占めており，上記の包括徴収方式を採用していることは，放送事業者が他の管理事業者が管理する楽曲を利用することに対して消極要因となるとしながら，包括徴収方式が他の管理事業者の事業を困難とし，又は新規参入を妨げたとする証拠がないとして上記排除措置命令を取り消しました☆11。この審決に対し，JASRAQの競争事業者であり，著作権管理事業を営む株式会社イー

ライセンスは，審決取消訴訟を提起しました。東京高裁は，JASRAQがほとんど全ての放送事業者との間で管理楽曲の放送使用料について包括徴収方式を採用しているのは，放送等利用に係わる管理楽曲の利用許諾分野における他の管理事業者の事業活動を排除する効果を有する行為であると認められるとして上記審決を取り消しました[12]。

公取委は，この高裁判決を不服として最高裁へ上告しました。最高裁は，「本件行為〔筆者注：JASRAQがほとんど全ての放送事業者と管理楽曲の利用について包括徴収方式による利用許諾契約を締結し，これに基づき放送使用料を徴収する行為〕が独占禁止法2条5項にいう『他の事業者の事業活動を排除』する行為に該当するか否かは，本件行為につき，自ら市場支配力の形成，維持ないし強化という観点からみて正常な競争手段の範囲を逸脱するような人為性を有するものであり，他の管理事業者の本件市場への参入を著しく困難にするなどの効果を有するものといえるか否かによって決すべきものである。」と述べ前掲最高裁判例[13]を引用したうえで，JASRAQの本件行為は，他の管理事業者が本件市場（放送事業者による管理楽曲の放送利用に係る利用許諾に関する市場）へ参入することを著しく困難にしているとして排除効果を認めています[14]。この最高裁判例は，「競争を実質的に制限すること」について判断していませんが，前掲最高裁判例[15]を引用していることから，それと同様の判断を踏襲しているものと考えられます。

3　不当な取引制限（カルテル）における「競争の実質的な制限」

カルテル行為は，複数の事業者間の競争を回避することを直接的な目的とする共同行動であり，競争を実質的に制限するか否かの判断に際しては当該カルテルの参加者の市場占有率のような量的基準に加えて，さらに対象商品，サービスの特質，アウトサイダーの市場における地位等の質的基準も考慮する必要があります。

従来のカルテル事件について審決が認定した基準を抽出すると，第1は，市場占有率であり，占有率の低い事業者間の協定が競争を制限する効果を持つことはほとんどないのに反し，占有率が80％を超えるような場合には他の要素を

分析するまでもなく競争の実質的制限の認定が可能となります。第2に，この市場占有率が低い場合に考慮されるのが質的基準です。すなわち，カルテル当事者が有力事業者であり，その価格が他の事業者の価格に強い影響力を持つことなどが考慮されています*7。

(1) 中央食品ほか6名事件

市場占有率が低い場合において質的基準が考慮された事例として，中央食品ほか6名に対する勧告審決があります。

事案の概要を述べますと，中央食品ほか6名の被審人らは，高松市旧市内の主要な豆腐類製造販売業者であり，その卸売高は同市内の卸売高全体の約50％を占め，中央食品の卸売高は卸売高全体の約30％を占めていました。このような事情から被審人らは，同市内の豆腐類製造販売業者のほとんどで構成する「高松市豆腐組合」の組合長等に就くなど，その組合において主導的な役割を果たしていました。これに対し，被審人ら以外の豆腐類製造販売業者のほとんどは，家族労働を中心とする零細な事業者であり，豆腐類の製造販売を積極的に拡張する態勢にはありませんでした。このような事情のもと，被審人らが豆腐類の価格の値上げを同意し，他の組合員らもその後に追随して豆腐類の値上げをしたという事案です。この事案について公取委は，①被審人らは市場占有率が約50％に過ぎないが，いずれも同組合に所属する有力事業者であり，特に中央食品は約30％の市場占有率を持ち業界の指導的地位にあること，②被審人ら以外の豆腐類製造販売業者は，アウトサイダーといっても組合員であり，それらが家族労働を主とする小規模な事業者であって，製造販売を積極的に拡張し難い状況に置かれていること，③既に組合において価格引上げについての意見交換がなされており，組合員間において価格引上げに対する気運が醸成されていたこと，などの質的基準を考慮して，被審人らのカルテル行為が高松市旧市内における豆腐類の卸売分野の競争を実質的に制限するものであると判定しました☆16。

(2) 多摩談合（新井組）審決取消請求事件

財団法人東京都新都市建設公社（「公社」）は，多摩地区に所在する市町村から委託を受けるなどして，公共下水道等の土木工事を発注していました。発注は，指名競争入札による方式をとっていました。具体的には，公社は，一定の

Q4◆競争の実質的な制限

工事規模について入札参加資格を満たす事業者を登録し，その事業者の中から入札参加希望者を募り，当該希望者から指名競争入札に参加する事業者を指名していました。また，公社は，入札参加資格のある事業者を事業規模等により工種区分ごとにAからEまでのいずれかのランクに格付けし，発注する土木工事の予定価格及び技術的な難易度等を勘案してランクがAからEまでのいずれかの1者による単独施工工事，ならびにランクがいずれもAの2者，A及びBの2者又はA及びCの2者で結成するJVによる共同施行工事に分けて格付けしたうえ，それぞれ対応する格付けを有する事業者を指名し，指名競争入札を行っていました。これらの工事について，ゼネコンらが受注調整をしたことから公取委は課徴金対象期間（平成9年10月1日から同12年9月27日まで）に売上げのあった33社に対し，課徴金納付命令を出しました。なお，受注調整に参加した工事業者は他にも存在しましたが，平成17年改正以前の独禁法が適用されたため，排除措置命令は除斥期間にかかっており課徴金納付命令だけが出されたものです。

　新井組らは，この課徴金納付命令を不服として審判請求をし，審決においてその主張が認められなかったことから，更に審決取消訴訟を提起しました。この一連の審決取消訴訟において，新井組ほか3名の件については審決が取り消されました。東京高裁は，入札において受注を希望する事業者間で情報提供・収集行為（受注意思表明行為など）を行ったことから競争制限結果の発生を推認するのは経験則に反し，「不当な取引制限」があったとの事実を認定するに足りる実質的証拠があるとはいえないとして審決を取り消しました☆17。公取委は，この判決に対し上告し，最高裁は，「法2条6項にいう『一定の取引分野における競争を実質的に制限する』とは，当該取引に係る市場が有する競争機能を損なうことをいい，本件基本合意〔筆者注：一定のルールに基づき受注予定者を決め，受注予定者が受注できるように他の者が協力するとの合意〕のような一定の入札市場における受注調整の基本的な方法や手順等を取り決める行為によって競争制限が行われる場合には，当該取決めによって，その当事者である事業者らがその意思で当該入札市場における落札者及び落札価格をある程度自由に左右することができる状態をもたらすことをいうものと解される。」と述べ，本件基本合意は，この状態をもたらしていたので「一定の取引分野における競争を実

質的に制限する」との要件を充足していたとして，当該高裁判決を破棄しました[18]。

4 企業結合等における「競争の実質的な制限」の判断

　公取委は，平成19年3月28日に「企業結合審査に関する独占禁止法の運用指針」（以下「企業結合ガイドライン」といいます）[*8]を公表し，平成16年5月31日に公表した同指針を改定しました（その後，平成21年1月5日，平成22年1月1日，平成23年6月14日に一部改定されています。「企業結合ガイドライン」については，**巻末付録**参照）。

（1）　企業結合ガイドライン

　企業結合ガイドラインは，「競争を実質的に制限することとなる」の考え方を以下のように説明しています。同ガイドラインは，まず「競争を実質的に制限するとは，競争自体が減少して，特定の事業者又は事業者集団がその意思で，ある程度自由に，価格，品質，数量，その他各般の条件を左右することによって，市場を支配することができる状態をもたらすことをいう」とし，前掲判決[19]を引用しています。

　次に，企業結合ガイドラインは，「こととなる」の意義について，「企業結合により，競争の実質的制限が必然ではないが容易に現出し得る状況がもたらされることで足りるとする蓋然性を意味するものである。……企業結合により市場構造が非競争的に変化して，当事会社が単独で又は他の会社と協調的行動をとることによって，ある程度自由に価格，品質，数量，その他各般の条件を左右することができる状態が容易に現出し得るとみられる場合には，一定の取引分野における競争を実質的に制限することになり，禁止される。」としています。企業結合の形態は，水平型企業結合，垂直型企業結合，混合型企業結合があります（企業結合については，**Q13**，**Q14**参照）。このうち，水平型企業結合は，競争単位の数を減少させるため，競争に与える影響が最も大きいといえます。企業結合ガイドラインは，この水平型企業結合が一定の取引分野における競争を実質的に制限することとなるかどうかは，単独行動による競争の実質的な制限と協調的行動による実質的な制限の観点からの分析が必要であるとしていま

す。単独行動により競争を実質的に制限することができるかどうかは、商品が同質的か差別化されているかにより異なります。また、協調的行動により競争を実質的に制限することができるかどうかは、市場が寡占的であるか否かなどにより異なります。次に、企業結合ガイドラインは、企業結合後のハーフィンダール・ハーシュマン（HHI）指数が一定の数値をとる場合は、競争を実質的に制限することとなるとは通常考えられないとして、いわゆるセーフハーバーの数値を示しています。

企業結合ガイドラインは、ある企業結合が一定の取引分野の競争を実質的に制限することとなるかどうかを判断する要素として、①当事会社グループの地位及び競争者の状況、②輸入圧力、③参入圧力、④隣接市場からの競争圧力、⑤需要者からの競争圧力、⑥総合的な事業能力、⑦効率性、⑧当事会社グループの経営状況などをあげています。

なお、この企業結合ガイドラインでは、国境を越えて地理的範囲が画定される商品について、その地理的範囲における当事会社グループの市場シェア・順位・競争の状況等を考慮するとし、いわゆる国際市場を地理的範囲とする場合があるとしています。

(2) 八幡製鉄株式会社と富士製鉄株式会社の合併

企業結合についての審決例は、八幡製鉄と富士製鉄の合併に関する同意審決があります。この事案について、公取委は、「特定の事業者について市場支配的地位が形成されるかどうかは、当該の合併当事会社の属する業界の実情ならびに各取引分野における市場占拠率、供給者側および需要者側の各事情、輸入品の有無、代替品ならびに新規参入の難易等の経済的諸条件を考慮して判断されなければならない。」と述べています（新日鉄合併事件☆20）。すなわち、本審決は、合併によって、①市場構造が合併前と比較して非競争的に変化し、②特定の事業者が、市場における支配的地位を獲得することとなる場合に、「一定の取引分野における競争を実質的に制限することとなる」としています。独禁法における合併規制の目的は、競争制限的な市場構造の形成を阻止することにあり、審決の①の部分がこの点を明らかにしていますが、②に述べている点については、合併規制の目的が単独企業の市場支配力の保有を阻止することだけにあるとの趣旨であれば、単独企業がこのような支配力を獲得しなくとも、他

と共同で支配力を有する場合，すなわち競争制限的寡占的市場構造が成立する場合もあり，このような合併をも禁止しようとするのが現在の考え方です。

次に，この審決は合併しようとしている会社の生産設備や技術の一部を競争会社に移転することにより「有効な牽制力ある競争者」が存在するようになれば，合併会社が市場支配的地位を獲得するとは認められず，したがって実質的な競争制限は生じないとしていますが，前述のとおり競争制限的寡占的市場構造が成立する場合もあり，審決のこのような考え方は妥当ではないということになります[*9]。

(3) 新日本製鐵株式会社と住友金属工業株式会社との合併

平成24年10月1日に新日本製鐵と住友金属が合併するのにあたり，この合併が一定の取引分野における競争を実質的に制限することとならないか公取委の審査を受けました（15条1項1号）。この審査において，この合併は無方向性電磁鋼板と高圧ガス導管エンジニアリング業務の分野において競争を実質的に制限することとなると判断されました[*10]。

無方向性電磁鋼板については，この合併により当事会社の市場シェアは約55％となり，有力な競争事業者が存在するものの供給余力はなく，輸入についての参入障壁はないが，海外メーカーの製品の品質は十分でなく，ユーザーにとり調達先の変更も容易でないことから需要者からの圧力もないとして，当事会社が価格等をある程度自由に左右することができる状態が容易に現出し得ることから，この合併は，この市場において競争を実質的に制限することとなると考えられるとされました。

高圧ガス導管エンジニアリング業務については，この合併により当事会社の市場シェアは約60％となり，このエンジニアリング業務を行うために必要な資材（UO鋼管）及び自動溶接機を調達・保有することは他の事業者にとり困難であることから参入圧力が働かないため，当事会社が価格等をある程度自由に左右することができる状態が容易に現出し得ることから，この合併は，この市場において競争を実質的に制限することとなると考えられるとされました。

〔渡邉　新矢〕

■判審決例■

- ☆1 東京高判昭26・9・19高民集4―14―497。
- ☆2 東京高判昭28・12・7高民集6―13―868。
- ☆3 前掲（☆2）。
- ☆4 最判昭59・2・24刑集38―4―1287。
- ☆5 平7・7・10審判審決 集42―3。
- ☆6 前掲（☆4）。
- ☆7 東京地判平9・4・9判タ959―115。
- ☆8 東京高判平21・5・29集56―2―262。
- ☆9 最判平22・12・17民集64―8―2067。
- ☆10 平21・2・27排除措置命令 集55―712。
- ☆11 平24・6・12排除措置命令取消審決 集59―1―59。
- ☆12 東京高判平25・11・1判時2206―37。
- ☆13 前掲（☆9）。
- ☆14 最判平27・4・28裁判所HP。
- ☆15 前掲（☆9）。
- ☆16 昭43・11・29勧告審決 集15―135。
- ☆17 東京高判平22・3・19民集66―2―861。
- ☆18 最判平24・2・20民集66―2―796。
- ☆19 前掲（☆2）。
- ☆20 昭44・10・30同意審決 集16―46。

■注 記■

- ＊1 排除型私的独占に係る独占禁止法上の指針（平21年・公取委）29～31頁。
- ＊2 厚谷・条解53頁・54頁。
- ＊3 白石・講義88頁。
- ＊4 独禁百選（5版）93頁。
- ＊5 前掲（＊1）32頁。
- ＊6 金井・独禁98～115頁〔川濱昇ほか〕。
- ＊7 前掲（＊4）19頁。
- ＊8 企業結合審査に関する独占禁止法の運用指針（平16年・公取委）。
- ＊9 前掲（＊4）133頁。
- ＊10 平成23年度における主要な企業結合事例について（平成24年6月20日公取委報道発表）【事例3】。

第Ⅰ部◇独占禁止法のキーワード

●参考文献●

(1) 共同研究開発に関する独占禁止法上の指針（平5年・公取委）。
(2) 前掲（＊1～4ならびに＊6及び＊8）の文献。

5　公正競争阻害性

独占禁止法における「公正競争阻害性」とは，どういう意味ですか。

　「公正競争阻害性」とは，「公正な競争」を害することをいいます。そして，「公正な競争を阻害するおそれ」がある行為は，独占禁止法違反となります。「公正な競争」とは，①事業者相互の自由な競争が妨げられていないこと及び事業者がその競争に参加することが妨げられていないこと（自由な競争の確保），②自由な競争が価格・品質・サービスを中心としたもの（能率競争）であることにより，自由な競争が秩序づけられていること（競争手段の公正さの確保），③取引主体が取引の許否及び取引条件について自由かつ自主的に判断することによって取引が行われているという，自由な競争の基盤が保持されていること（自由競争基盤の確保）をいいます。

　「阻害されるおそれ」とは，自由な競争の確保に関しては具体的な競争減殺効果の発生は必要ではないとされています。

☑キーワード

公正競争阻害性，正当な理由がないのに，不当に，正常な商慣習に照らして不当に，正当化理由

第Ⅰ部◇独占禁止法のキーワード

解　説

1　公正な競争を阻害するおそれ

(1) 独禁法2条9項

　独禁法において「公正な競争を阻害するおそれ」（以下「公正競争阻害性」といいます）という言葉は，不公正な取引方法を定義する中で使用されています。すなわち，独禁法は，「この法律において『不公正な取引方法』とは，次の各号のいずれかに該当する行為をいう。」（2条9項柱書）とし，5つの類型を定め（同項1号（共同の取引拒絶），同2号（差別対価），同3号（不当廉売），同4号（再販価格の拘束）及び同5号（優越的地位の濫用）），その次に「前各号に掲げるもののほか，次のいずれかに該当する行為であって，公正な競争を阻害するおそれがあるもののうち，公正取引委員会が指定するもの」（同項6号）と規定しています。平成21年改正以前は，すべての不公正な取引方法の行為類型について，「公正な競争を阻害するおそれがあるもののうち，公正取引委員会が指定するものをいう。」と規定されていました（平成21年改正前2条9項柱書）。平成21年改正により，不公正な取引方法は，課徴金の課されるものとそうでないものとに分かれたため，法定の不公正な取引方法と公取委が定める不公正な取引方法とに区別して規定されました（不公正な取引方法の禁止及び不公正な取引方法に係る課徴金ついては，**Q11**，**Q25**参照）。このように2つの類型の不公正な取引方法として規定されましたが，双方について公正競争阻害性は，不公正な取引方法の成立要件として必要であると解されています。

(2) 公正な競争を阻害するおそれ

　公取委は，昭和57年7月に発表された独占禁止法研究会報告「不公正な取引方法に関する基本的な考え方」において，「公正な競争」とは，「①事業者相互間の自由な競争が妨げられていないこと及び事業者がその競争に参加することが妨げられていないこと（自由な競争の確保），②自由な競争が価格・品質・サービスを中心としたもの（能率競争）であることにより，自由な競争が秩序づけ

られていること（競争手段の公正さの確保），③取引主体が取引の諾否及び取引条件について自由かつ自主的に判断することによって取引が行われているという，自由な競争の基盤が保持されていること（自由競争基盤の確保）」をいうとしています。そして，「①自由な競争，②競争手段の公正さ，③自由競争基盤の確保の三つの条件が保たれていることをもって公正な競争秩序と観念し，このような競争秩序に対し悪影響を及ぼすおそれがあることをもって，公正競争阻害性とみることができる。」としています*1。法2条9項の各号に定める各行為類型は，これら①から③のうち，いずれか一つに該当するものではなく，例えば本来①を害する行為であっても，その実行態様が抑圧的であれば②の侵害にも該当し，また②や③を害する行為が①を害する行為を実効あらしめる補完行為として，①の侵害行為に包括されることもあります。

公正な競争を阻害する「おそれ」とは，自由な競争が阻害される場合（自由な競争の確保の阻害）には，競争を阻害する高度な蓋然性があることは必要でなく，抽象的な危険があれば足りるとされ，手段の不当性や自由競争基盤にかかわる場合，「特に具体的に競争秩序への害を示すことなく，行為がその危険性を胚胎していれば足りると解される。」*2とされています。

公取委は，審決において「この『おそれ』の程度は，競争減殺効果が発生する可能性があるという程度の漠然とした可能性の程度でもって足りると解すべきではなく，当該行為の競争に及ぼす量的又は質的な影響を個別に判断して，公正な競争を阻害するおそれの有無が判断されることが必要である。」としています（マイクロソフト非係争条項事件☆1）。

(3) 「正当な理由がないのに」，「不当に」，「正常な商慣習に照らして不当に」

法2条9項各号及び一般指定の各条項は，その中で，「正当な理由がないのに」，「不当に」，「正常な商慣習に照らして不当に」，という用語を使い分けています。これらの用語は，公正競争阻害性をいうとされています。最高裁も「法が不公正な取引方法を禁止した趣旨は，公正な競争秩序を維持することにあるから，法2条7項4号〔筆者注：平成3年改正前，現行2条9項〕の『不当に』とは，かかる法の趣旨に照らして判断すべきものであり，……『正当な理由』とは，専ら公正な競争秩序維持の見地からみた観念であって，当該拘束条件が相手方の事業活動における自由な競争を阻害するおそれがないことをいうもの

であり、単に通常の意味において正当のごとくみえる場合すなわち競争秩序の維持とは直接関係のない事業経営上又は取引上の観点等からみて合理性ないし必要性があるにすぎない場合などは、ここにいう『正当な理由』があるとすることはできないのである。」としています（第一次育児用粉ミルク（和光堂）事件☆2）。手編み毛糸の販売について再販売価格維持を行った事案に関する最近の裁判例においても、「『正当な理由』は、公正な競争秩序維持の観点から、当該拘束条件が相手方の事業活動における自由な競争を阻害するおそれがないことをいう。」としたうえで、当該手編み毛糸販売業者による再販売価格維持の目的は中小小売業者の生き残りを図ること及び産業としての、文化としての手編み毛糸業を維持することにあるとの主張に対し「公正かつ自由な競争秩序の維持の見地からみて正当性がないことは明らかであり、国民経済の民主的で健全な発展の促進という独占禁止法の目的に沿うともいえない。……それが〔筆者注：産業としての、文化としての手編み毛糸業を維持するとの目的〕一般消費者の利益を確保するという独占禁止法の目的と直接関係するとはいえない」ことから「上記の目的達成のために相手方の事業活動における自由な競争を阻害することが明らかな本件行為という手段を採ることが、必要かつ相当であるとはいえない。」としています（ハマナカ毛糸事件☆3）。

　次に、これら用語の使い分けは、公正競争阻害性の評価に対応しており、「正当な理由がないのに」とは、ある行為類型に外形上該当すれば原則として公正競争阻害性があると評価されるもので、共同の取引拒絶（2条9項1号、一般指定1項）、法定の不当廉売（2条9項3号）、再販売価格維持行為（2条9項4号）の違法要件です。他方、「不当に」もしくは「正当な商慣習に照らして不当に」とは、行為の外形だけでは直ちに公正競争阻害性が判断できず、当該行為の意図・目的と効果・影響をみる必要があります（具体的には、行為の具体的な態様、商品の特性、流通取引の状況、行為者の市場における地位、集中度など市場の状況を見て判断されます）[*3]。ただし、旧一般指定（昭和57年公取委告示第15号）の起草者は、「『正当な理由がないのに』を採用しているからといって、挙証責任の転換を効果としてねらっているわけではありません。」[*4]としており、不公正な取引に該当することについて、挙証責任は依然として公取委にあるとしています。

2 公正競争阻害性と正当化事由

　先に検討したとおり，不公正な取引方法に関する規定中には，「不当に」などの抽象的な言葉があり，これらは公正競争阻害性を意味するものです。この点について判例・学説は一致しています。次に，「不当に」などの抽象的な要件の解釈にあたって公正競争阻害性以外の意味をも考慮してよいかという問題が論じられてきました。当該行為を行うことに競争とは関係のない「正当化事由」があることを理由に，その行為は「不当に」との要件を満たさず不公正な取引方法とはならないとの解釈をすれば，違法性の判断を歪めないかとの議論がなされてきました。

　この点について判断したリーディングケースは，先に検討した第一次育児用粉ミルク（和光堂）事件☆2，第一次育児用粉ミルク（明治商事）事件☆4です。これらの判例は，「不当に」などの言葉は公正競争阻害性を意味し，競争秩序とは関係のない事業経営上又は取引上の観点からみた合理性ないし必要性を意味しないとの判断をしました。

　しかしその後，最高裁は不当廉売に関する事件において，「旧一般指定の5〔筆者注：昭和28年公取委告示第11号〕にいう『不当に』ないし一般指定の6〔筆者注：昭和57年公取委告示第15号。現行2条9項3号〕にいう『正当な理由がないのに』」に該当するかは，「専ら公正な競争秩序維持の見地に立ち，具体的な場合における行為の意図・目的，態様，競争関係の実態及び市場の状況等を総合考慮して判断すべきものである……と場料の値上げには生産者が敏感に反応して，芝浦への生体の集荷量の減少，都食肉市場の卸売物価ひいては都民に対する小売価格の高騰を招く可能性があるところから，かかる事態を回避して集荷量の確保及び価格の安定を図るとの政策目的達成のため，赤字経営の防止よりは物価抑制策を優先させることとし，東京都一般会計からの補助金により赤字分を補填してきた……公営中心主義を廃止したと畜場法の下において，公営企業であると畜場の事業主体が特定の政策目的から廉売行為に出たというだけでは，公正競争阻害性を欠くということはできないことも独占禁止法19条の規定の趣旨から明らかである。」と述べ，公益的な目的を公正競争阻害性の有無の

判断において考慮することを示しました（都営芝浦と畜場事件☆5）。

　エレベーター製造者の系列保守業者からその補修部品の供給を拒否されたユーザー（独立系保守業者を使用）が、補修部品の供給拒否は不公正な取引方法に当たるとして系列保守業者に対し、不法行為に基づく損害賠償請求を求めた事案で、系列保守業者は、補修部品の取り替えは自分自身が行うことがエレベーターの安全性に必要不可欠であり、このような事情は、不公正な取引方法の成立要件である公正競争阻害性の判断で考慮されるべきであると主張しました。この事案について大阪高裁は、「商品の安全性の確保は、直接の競争の要因とはその性格を異にするけれども、これが一般消費者の利益に資するものであることはいうまでもなく、広い意味での公益に係わるものというべきである。したがって、当該取引方法が安全性の確保のため必要であるか否かは、右の取引方法が［公正競争阻害性を持つ］かどうかを判断するに当たり、考慮すべき要因の一つである。」と述べ、商品の安全性は公正競争阻害性の判断において考慮されるとしました（東芝昇降機サービス事件☆6）。

　ガス圧又は空気圧を利用した射的銃（以下「遊戯銃」といいます）について、その改造防止を目的とした事業者団体があり、当該団体は一定の自主基準を定めていました。同様の遊戯銃を製造販売している原告が、その遊戯銃を販売するのにあたり、当該遊戯銃はその自主基準に該当せずユーザーの安全を守るとの理由で、上記団体が当該原告の販売を妨害した事案があります。そこで、当該原告は、上記団体に対し、不当な取引制限をしたこと、又は事業者に不公正な取引方法させたとして不法行為に基づく損害賠償請求をしました。この訴訟において、東京地裁は、「本件自主基準の設定の目的が、競争政策の観点から見て是認しうるものであり、かつ、基準の内容及び実施方法が右自主基準の設定目的を達成するために合理的なものである場合には、正当な理由があり、不公正な取引方法に該当せず、独禁法に違反しないことになる余地がある」とし、「独禁法は、自由競争経済秩序の維持を保護法益としているが、その究極の目的は、一般消費者の利益確保及び国民経済の民主的で健全な発達の促進にあるというべきであるから（同法1条）、安全性の確保されない製品の流通による事故の防止は消費者の利益に適うことであり、本件自主基準の目的は、独禁法の精神と何ら矛盾するものではないというのが相当である。」として、遊戯銃

の安全性についても不公正な取引方法の判断の一要件となるとの見解を示しました（日本遊戯銃協同組合事件☆7）。

近時においては，「特定の市場において反競争性がもたらされるとしても，それに正当化理由があれば，弊害要件は満たさず独禁法違反ではないことになる。」*5として独禁法違反の判断について，競争とは直接関係のない公益的な目的や商品の安全性という正当化理由を考慮するという方向へ進んでいると考えられます。

〔渡邉　新矢〕

■判審決例■

- ☆1　平20・9・16審判審決　集55―380。
- ☆2　最判昭50・7・10民集29―6―888。
- ☆3　東京高判平23・4・22集58―2―1。
- ☆4　最判昭50・7・11民集29―6―951。
- ☆5　最判平元・12・14民集43―12―2078。
- ☆6　大阪高判平5・7・30判時1479―21。
- ☆7　東京地判平9・4・9判時1629―70。

■注　記■

- ＊1　新一般指定の解説100頁。
- ＊2　金井・独禁266頁〔川濱〕。
- ＊3　厚谷・条解101頁。
- ＊4　前掲（＊1）18頁。
- ＊5　白石・講義48頁。

●参考文献●

(1)　厚谷・条解。
(2)　新一般指定の解説。

6 一定の取引分野

独占禁止法でいう「一定の取引分野」又は「市場」とは何ですか。

　独占禁止法は,「公正かつ自由な競争を促進」することが目的ですので,どの場における競争に影響を与えるのかが常に問題となります。競争の存在する場が,「一定の取引分野」又は「市場」と呼ばれるものです。独占禁止法においては競争の場を判断するために,常に「一定の取引分野」又は「市場」の画定が必要となります。「一定の取引分野」又は「市場」は,個々の事例ごとに画定されます。私的独占及び不当な取引制限における「一定の取引分野」を画定する基本的な考え方は,具体的行為や取引の対象・地域・態様等に応じて,その行為にかかる取引及びそれにより影響を受ける範囲を検討して競争が実質的に制限される範囲を「一定の取引分野」とするというものです。

　他方,企業結合については,商品（役務を含みます）及び取引の地域の範囲などについて需要者にとっての代替性という観点から判断し,ある地域において,ある事業者が,ある商品を独占して供給しているという仮定の下で,当該独占事業者が,利潤最大化を図る目的で,小幅ではあるが,実質的かつ一時的ではない価格引上げをした場合に,当該商品及び地域について,需要者が当該商品の購入を他の商品又は地域に振り替える範囲を「一定の取引分野」とします。なお,私的独占・不当な取引制限・企業結合について,商品の代替性,地域の範囲などを判断する考慮事項は変わりません。

☑キーワード

一定の取引分野,市場,商品範囲,地理的範囲,SSNIPテスト,不公正な取引方法と一定の取引分野

解説

1 独占禁止法における「一定の取引分野」又は「市場」の画定

独禁法において「一定の取引分野」との語句が出てくるのは，私的独占の定義（2条5項），不当な取引制限の定義（2条6項），事業者団体による違反行為の一類型（8条1号），株式保有の制限（10条1項・14条），役員兼任の制限（13条1項）ならびに合併及び営業譲受等の制限（15条1項1号・15条の2第1項1号・15条の3第1項1号・16条1項）があります（なお，課徴金算定の関係で7条の2第2項など，及び罰則の関係で構成要件を規定した89条1項2号などにも使用されています）。

これらの条項からわかるとおり「一定の取引分野」は，そこにおける「競争を実質的に制限」したか否かを判断する前提となっており，したがってその範囲を画定する必要が出てきます。独禁法は，「公正かつ自由な競争を促進」することが目的ですので（1条。独禁法の目的については，**Q2**参照），どの場における競争に影響を与えるのかが問題となります。競争の存在する場が，「一定の取引分野」又は「市場」と呼ばれるものです。独禁法においては競争の場を判断するために，常に「一定の取引分野」又は「市場」の画定が必要となります。「一定の取引分野」又は「市場」は，個々の事例ごとに画定されますが，私的独占及び不当な取引制限における「一定の取引分野」と企業結合における「一定の取引分野」とは，その画定の考え方が異なります。

2 排除型私的独占に係る独占禁止法上の指針における「一定の取引分野」

公取委は，平成21年10月28日に「排除型私的独占に係る独占禁止法上の指針」（以下「排除型私的独占ガイドライン」といいます）を公表しました（排除型私的独占ガイドラインについては，**巻末付録**参照）。公取委は，このガイドラインにおいて「一定の取引分野」を画定する基本的な考え方として「排除型私的独占に該当するか否かについては，……排除行為により一定の取引分野における競争に与

える影響がどのようなものであるかという観点から判断される。この場合における一定の取引分野とは、排除行為によって競争の実質的制限がもたらされる範囲をいい、その成立する範囲は、具体的な行為や取引の対象・地域・態様等に応じて相対的に決定されるべきものである。したがって、一定の取引分野は、不当な取引制限と同様、具体的な行為や取引の対象・地域・態様等に応じて、当該行為に係る取引及びそれにより影響を受ける範囲を検討し、その競争が実質的に制限される範囲を画定して決定されるのが原則である。」としています。また、公取委は、「排除型私的独占は、単独の事業者によって行われることが多く、加えて、排除行為は多種多様であり、排除行為として複数の行為がなされることもある。このため、排除型私的独占に係る一定の取引分野の画定については、排除行為に係る取引及びそれにより影響を受ける範囲を検討する際に、必要に応じて、需要者(又は供給者)にとって取引対象商品……と代替性のある商品の範囲……又は地理的範囲……がどの程度広いものであるかとの観点を考慮することになる。」としています(以上、排除型私的独占ガイドライン第3—1—(1))。排除型私的独占ガイドライン案に対するパブリックコメントにおいて、「一定の取引分野」の画定についての考え方を企業結合ガイドラインと同様のものとすべきとの意見に対し、公取委は、排除型私的独占、不当な取引制限における「一定の取引分野」を画定する考え方は具体的な行為や取引の対象・地域・態様に応じて、その行為にかかる取引及びそれにより影響を受ける範囲を検討し、その競争が実質的に制限される範囲を画定して決定されるのが原則としています(「『排除型私的独占に係る独占禁止法上の指針』(原案)に対する意見の概要とこれに対する考え方」第3—1) [1]。そして、この「一定の取引分野」を画定するに際し、主として需要者からみた商品の代替性、供給者の事業地域、需要者の買い回る範囲等を考慮するとしています(排除型私的独占ガイドライン第3—1—(2)及び(3))。商品の代替性、地理的範囲の代替性などは、以下に説明する「企業結合審査に関する独占禁止法の運用指針」と同様の分析により判断されます。

3 企業結合審査に関する独占禁止法の運用指針における「一定の取引分野」

　公取委は、平成19年3月28日に「企業結合審査に関する独占禁止法の運用指針」（以下「企業結合ガイドライン」といいます）を公表し、平成16年5月31日に公表した同指針を改定しました（その後、平成21年1月5日、平成22年1月1日、平成23年6月14日に一部改定されています。企業結合ガイドラインについては、**巻末付録**参照）。

　企業結合ガイドラインは、「一定の取引分野は、企業結合により競争が制限されることとなるか否かを判断するための範囲を示すものであり、一定の取引の対象となる商品の範囲……、取引の地域の範囲……等に関して、基本的には、需要者にとっての代替性という観点から判断される。また、必要に応じて供給者にとっての代替性という観点も考慮される。」としています（企業結合ガイドライン第2-1）。そして、需要者にとっての代替性は、「ある地域において、ある事業者が、ある商品を独占して供給しているという仮定の下で、当該独占事業者が、利潤最大化を図る目的で、小幅ではあるが、実質的かつ一時的ではない価格引上げ……をした場合に、当該商品及び地域について、需要者が当該商品の購入を他の商品又は地域に振り替える程度」を考慮して判断するとしています（同上）。すなわち、もし需要者が価格を引き上げられた商品の代わりに他の商品を購入し、又は他の地域においてその商品を購入するように動くのであれば、その仮定した独占事業者は利潤の最大化を図ることができず、その市場での競争を制限し当該商品について競争価格を相当程度上回る販売価格を設定できる力（市場支配力といいます。Q4参照）がないということになります。反対に、需要者が代替商品の購入、又は他の地域における購入をすることがなければ、その仮定した独占事業者は、当該市場において市場支配力を持ち、競争を制限できることとなります。このような「一定の取引分野」を画定する考え方を、仮定的独占者テスト又はいわゆるSSNIPテストと呼びます。前述の小幅かつ一時的でない価格引上げとは、5％〜10％程度の引上げを1年間程度継続していることを指します（企業結合ガイドライン第2-1注2）。供給者の代替性についても、このような価格の引上げがあった場合に、他の商品の供給者又は他の地域の供給者が追加的費用やリスクを負うことなく、1年間程度以内に参

入できるか否かを判断します。

　また「一定の取引分野」は，取引実態に応じ，ある商品範囲（又は地理的範囲等）について成立すると同時に，それより広い（又は狭い）商品範囲（又は地理的範囲等）についても成立するというように，重層的に成立することがあります。

　企業結合ガイドラインは，この商品の代替性，地域の代替性等について以下の分析をしています。

(1) 商品範囲

　商品（役務を含みます）の範囲は，まず需要者からみた商品の代替性という観点から判断されます。また，必要に応じて供給者が多大の追加費用やリスクを負うことなく短期間に他の商品から当該商品市場へ参入できるかも検討されます。企業結合ガイドラインは，商品の代替性について以下の事項などを考慮に入れて判断するとしています。

(a) 用　　途

　品質，規格，技術的な特徴，物性上の特性などの点から，ある商品は，当該商品と同一の用途に用いられることができるかを考慮します。

(b) 価格・数量の動きなど

　当該商品と他の商品とは，同一用途に使用できますが，価格水準が大きく異なることにより，代替性があるとは考えられない場合があります。また他の商品の用途は同じであっても，設備の変更，使用するのに訓練が必要などの場合にも，その商品は当該商品と代替性があるとは認められない場合があります。当該商品が値上がりした結果，他の商品の販売量が増加し，その結果，その商品が値上がりする傾向にある場合，この商品は当該商品と代替性があると認められる場合があります。

(c) 需要者の認識・行動

　例えば，当該商品と他の商品とは物性上の特性等が異なっているものの，それらはある商品を製造するためにどちらも使用できると需要者が認識していることから，これらの商品は，代替性があると認められる場合があります。

(2) 地理的範囲

　地理的範囲は，商品の場合と同様に，まず需要者からみた代替性という観点から判断されます。例えば，甲地域においてある商品の供給者がその商品の価

格を引き上げたとしても，需要者は乙地域の供給者から輸送上の問題なく当該商品を購入することができるため，結局，甲地域の供給者は当該商品の価格を引き上げられない場合，甲地域と乙地域は同一の地理的範囲に属することになります。また，必要に応じて，商品の場合と同様，供給者について地理的範囲における代替性を判断します。さらに企業結合ガイドラインは，地理的範囲として国際市場を認めています。同ガイドラインは，内外の需要者が内外の供給者と差別することなく取引している場合，供給者が日本において価格を引き上げようとしても，日本の需要者は海外の供給者から当該商品を購入できるため，日本における価格引上げができない場合は，国際市場を認めることができるとしています[*2]。地理的範囲の代替性について以下の事項などを考慮に入れて判断するとしています。

(a) **供給者の事業地域，需要者の買い回る範囲等**

需要者が通常，どの範囲の地域から当該商品を購入しているか，供給者の販売網の地理的範囲はどこかなどの事項を考慮します。

(b) **商品の特性**

例えば，商品の鮮度が問題となる場合，商品が重量物であり輸送に困難を生ずる場合などは，需要者にとり当該商品を購入できる地理的範囲は制限されることになります。

(c) **輸送手段・費用等**

輸送手段に制限がある場合，輸送コストが商品価格に比し高額となる場合などは，需要者にとり当該商品を購入できる地理的範囲は制限されることになります。

(3) **そ の 他**

取引段階，特定の取引の相手方等の事項についても考慮する必要があります。例えば，ある商品について，需要者に大口需要者と小口需要者が存在し，それぞれに特有の取引が行われている場合があります。このような場合に，物流面の制約のため，小口需要者向けの価格が引き上げられたとしても，小口需要者が大口需要者向けの当該商品を購入することができず，大口需要者向けの当該商品が小口需要者向けのその商品の価格引上げを妨げる要因とならないときは，大口需要者向け及び小口需要者向けそれぞれについて，別個の取引分野

が成立することになります。

4 判決・審決に現れた事例

(1) 石油入札価格協定事件☆1

　石油製品の元売り業者が，大口需要者に対する販売について価格の競争を避けるため，一定の価格を基準として販売するよう申し合わせた事例で，大口需要者に対する石油製品の販売方法は，小口又は一般消費者に対する販売方法とは異なり，石油製品元売り業者から直接，大口需要者に対し，入札又は見積合わせという方法で販売されていました。この事例について東京高裁は，「本件石油業者らの石油製品の販売は，いわゆる元売りとして各その傘下配給経路を通じてする一般消費者向けのものとともに，官庁その他のいわゆる大口需要者に対して元売り業者自ら直接これを販売している。大口需要者に対する石油製品の販売は，おおむね本件石油業者ら元売り業者が等しく参加の機会を持つ入札または見積合わせ等に応ずることによってなされるものであるから，これら石油元売り業者らは大口需要者を共通の顧客としてこれに対し同種の商品を供給しまたは供給し得ることにより相互に競争関係に立つものであることは明らかであって，全体としての石油販売市場の中に，さらに大口需要者に対する元売り業者の直接販売という，細分された取引分野が形成され，これが元売り業者の傘下経路を通ずる一般需要者向け販売から区別されるべき1つの競争圏として成立するとみるのを相当とし，この点に『一定の取引分野』が成立する。」と判断しました。本判決は，取引の対象である石油製品市場の中に，石油元売り業者による石油製品の販売市場を認め，さらに大口需要者向け販売という取引の相手方の相違による細分化された市場を認めたものです。

(2) シール談合刑事事件☆2

　社会保険庁が調達する支払通知書等添付用シールについて，指名入札による発注に関して行われた談合事件です。数社がこの入札に参加しましたが，そのうちの1社であるA社はこのシールについての営業を実質的な親会社であるB社に任せていました。なお，このシールの製造・納入は，社会保険庁から入札によって受注するA社らの受注業者，そこから発注を受け，さらに次の段階に

ある業者へ注文を取り次ぐ中通し業者（本件の時点では廃止），そこから発注を受け，さらに注文を取り次ぐ仕事業者などいくつかの取引段階から構成されていました。B社は，この仕事業者であり指名入札には参加しませんでしたが，他の指名入札業者と談合し，落札業者，受・発注価格，仕事業者を含む中間取引段階の業者，利益の配分等を，社会保険庁の発注ごとに取り決めていたものです。本件は，この談合について独禁法違反の刑事事件に問われたものですが，B社は，入札業者と取引段階を異にする仕事業者であるので「一定の取引分野」を構成する事業者ではないと争いました。これに対し，本判決は，「取引は，一定の商品あるいは役務の需要と供給を巡ってなされる二面的・双方的な経済活動であるから，これを単に社会保険庁からの落札・受注のみに限定して一面的に捉えるのは，それ自体誤りである。独禁法の趣旨および社会・経済的取引が複雑化し，その流通過程も多様化している現状を考えると，『一定の取引分野』を判断するにあたっては，主張のように『取引段階』等既定の概念によって固定的にこれを理解するのは適当でなく，取引の対象・地域・態様等に応じて，違反者のした共同行為が対象としている取引およびそれにより影響を受ける範囲を検討し，その競争が実質的に制限される範囲を画定して『一定の取引分野』を決定するのが相当である。」とし，「本件談合・合意の内容は，その取引段階に着目すれば，①社会保険庁から落札・受注する業者とその価格，②落札業者から受注する仕事業者とその価格とに分けることが可能であるとはいえ，指名業者になっていないB社が右談合・合意にその一員として参加している以上，同社に仕事業者として利益を得る機会を与えない限り，①の談合が成立するわけがなく，また被告会社4社の利益を均等化するためには，落札業者の発注価格（仕事業者の受注価格）をも定めなければならない関係にあり，結局①と②は一体不可分のものとして合意されたと見ることができる。そうしてみると，このような合意の対象とした取引およびこれによって競争の自由が制限される範囲は，社会保険庁から仕事業者にいたるまでの間の受注・販売に関する取引であって，これを本件における『一定の取引分野』として把握すべきである。」としています。

(3) 三菱電機ビルテクノサービス事件☆3

大手エレベーター・メーカーの系列に属する保守業者数社が，合意のうえ共

同して保守料金を引き上げ，不当な取引制限を行ったとして審判に付された事件です。被審人である保守業者らは，「それぞれ設立から現在にいたるまで，自社あるいは自社系列メーカー製のエレベーター等だけを対象として保守を行っており，他社製エレベーター等について，同様の内容，程度の保守を行うことは，他社系列メーカーからの技術情報等が得られないため技術的にも困難な面があること，また，そのための継続的，体系的な教育をすることは経済的にも人員的にも無理があること」を理由に，他社製エレベーターの保守業務を行うことは客観的な条件からも経済性の面からみても困難であり，したがって，それぞれの保守業者は，その系列メーカー製エレベーター等の保守業務を別個に行っているので，製造メーカーを問わないエレベーター等の保守業務について「一定の取引分野」は成立しないと争いました。これに対し本審決は，「被審人であるメーカーあるいはメーカー系列の保守業者ら6社が行う保守と独立保守業者のそれとは，その内容，程度において差があるものであるが，①独立保守業者の中には，保守料金を安くすることにより被審人6社のようなメーカーあるいはメーカー系列保守業者に対抗し，顧客を次第に増加させている業者も少なくなく，また，一般的に，エレベーター等は，日常的な給油，清掃等の保守，点検が適切に行われていれば，それほど故障が発生しない構造になっていることもあり，独立保守業者自体も徐々に増加する傾向にあり，顧客の間でも独立保守業者の行う保守も保守として認知され，②顧客であるエレベーター等の所有者等についてみれば，保守について考え方も様々であり，保守料金，保守の技術，当該エレベーター等の機種，階床数，使用頻度，設置年数，使用状況等を勘案して，保守業者を選択する者も少なくなく，一般的には，顧客がメーカーあるいはメーカー系列の保守業者を選択するか独立保守業者を選択するかは固定的ではなく，③被審人6社は，独立保守業者に自社のエレベーター等の保守の顧客を奪われることから，その対策のための会合を開き情報の交換をし，技術の差異を強調するのみでは独立保守業者に対抗できず，保守料金を下げることもまれではないことが認められる。

　右各事実によれば，被審人6社のようなメーカーあるいはメーカー系列保守業者と独立保守業者とは，その行っている保守は機能的，効用的にみて代替性があり，それぞれ自己の顧客を増大しようと努力することによって，相手の顧

客を奪い得る関係にあり、右両事業者間には競争関係があると解することができる。……以上によれば、被審人6社は、他社製のエレベーター等について、少なくとも主要な独立保守業者が行っている程度、内容の保守を行うことができ、そして、被審人6社の行っている保守と主要な独立保守業者の行っている保守とは、競争関係にあるのであるから、結局のところ、エレベーター等の保守という『一定の取引分野』において、被審人6社相互の間には競争があると認めることができる。」と判断し、独立保守業者と競争関係にあることを橋渡しとして本件メーカー系列の保守業者間にも競争が存在すると認定して、「エレベーターの保守業務」という「一定の取引分野」を認めたものです。

　(4)　**NTT東日本事件**[4]

　本件の審決取消訴訟のなかで、被審人は、「一定の取引分野」は戸建て住宅を対象とした光ファイバによる通信サービス（以下「FTTHサービス」といいます）市場ではなく、ADSLサービスやCATVインターネットサービス等を含むブロードバンドサービスであると主張しました。この主張に対し、最高裁は、「ブロードバンドサービスの中でADSLサービス等との価格差とは無関係に通信速度等の観点からFTTHサービスを選好する需要者が現に存在していたことが明らかであり、それらの者については他のブロードバンドサービスとの間における需要の代替性はほとんど生じていなかったものと解されるから、FTTHサービス市場は、当該市場自体が独立して独禁法2条5項にいう『一定の取引分野』であったと評価することができる。」としました。

　(5)　**多摩談合（新井組）審決取消請求事件**[5]

　財団法人東京都新都市建設公社（「公社」）は、多摩地区に所在する市町村から委託を受けるなどして、公共下水道等の土木工事を発注していました。発注は、指名競争入札による方式をとっていました。具体的には、公社は、一定の工事規模について入札参加資格を満たす事業者を登録し、その事業者の中から入札参加希望者を募り、当該希望者から指名競争入札に参加する事業者を指名していました。また、公社は、入札参加資格のある事業者を事業規模等により工種区分ごとにAからEまでのいずれかのランクに格付けし、発注する土木工事の予定価格及び技術的な難易度等を勘案してランクがAからEまでのいずれかの1者による単独施工工事、ならびにランクがいずれもAの2者、A及びB

の2者又はA及びCの2者で結成するJVによる共同施行工事に分けて格付けしたうえ，それぞれ対応する格付けを有する事業者を指名し，指名競争入札を行っていました。これらの工事について，ゼネコンらが受注調整をしたことから公取委は課徴金対象期間（平成9年10月1日から同12年9月27日まで）に売上げのあった33社に対し，課徴金納付命令を出しました。なお，受注調整に参加した工事業者は他にも存在しましたが，平成17年改正以前の独禁法が適用されたため，排除措置命令は除斥期間にかかっており課徴金納付命令だけが出されたものです。公取委は，この件について，課徴金納付命令の対象となった事業者が入札に参加した土木工事を「公社発注の特定土木工事」と定義して，この市場を一定の取引分野としました。しかし，最高裁は「公社発注の特定土木工事を含むAランク以上の土木工事に係る入札市場」を一定の取引分野としたものです。これについては，最高裁判所判例解説は，一定の取引分野についての考え方として「『一定の取引分野』の意義及びその画定に関する従来の基本的な考え方は，次のとおりである。……入札談合事案においては，取引の対象・地域・態様等に応じて，違反者のした共同行為が対象としている取引及びそれにより影響を受ける範囲を検討し，その競争が実質的に制限される範囲を画定して『一定の取引分野』を決定するのが相当である。……〔筆者注：この考え方は〕本来，『一定の取引分野』の画定が，当該市場において競争が実質的に制限されているか否かを判定するための前提として行われるものであることから，本判決は，このような考え方を一般的な考え方としては採用せず，『公社発注の特定土木工事』（本件審決が本件基本合意の対象市場と認定した市場）よりも一般的かつ客観的な市場である『Aランク以上の土木工事』をもって，本件における『一定の取引分野』と画定したものと考えられる。」としています*3。

(6) ウインズ汐留事件☆6

ビルの所有者が間接的にビルの管理を委託していたビル管理業務を営む会社との管理契約を終了しようとした件について，当該ビル管理業者は，その契約の終了が共同の取引拒絶等に該当し不公正な取引方法に当たるとして，独禁法24条に基づき契約の終了を差し止めるよう求めました。このなかで，当該ビル管理業者は，独禁法24条に基づく差止請求については市場の画定は不要であるとの主張をしました。これに対して東京高裁は，「独占禁止法は公正かつ自由

な競争を促進するために競争を制限ないし阻害する一定の行為及び状態を規制する法律であり，競争が行われる場である市場を画定しない限り，公正競争阻害性の判断は不可能であるから，市場の画定を要件とせずに差止請求を認めるべきであるとの主張は採用できないし，差止請求という重大な結果を招来する請求について，市場の画定の主張立証責任を差止請求を求められた側に負わせるべきであるとの主張も採用できない。」として，不公正な取引方法においても「一定の取引分野」の画定が必要であるとしました。

〔渡邉　新矢〕

■判審決例■

- ☆1　東京高判昭31・11・9行裁例集7—11—2849。
- ☆2　東京高判平5・12・14高刑集46—3—322。
- ☆3　平6・7・28審判審決　集41—46。
- ☆4　最判平22・12・17民集64—8—2067。
- ☆5　最判平24・2・20民集66—2—796。
- ☆6　東京高判平19・1・31集53—1046。

■注　記■

- ＊1　「不当な取引制限の事件では，既に特定の商品・役務を対象とする具体的な競争制限行為が存在し，かつ，市場の状況について多くの知見を有する事業者がそれを行っている以上，商品の代替性等に基づいて初めから商品・役務の範囲を画定する必要のある企業結合審査と異なり，この具体的な行為によって競争が制限される範囲を画定すれば，画定された市場の外の商品・役務から競争圧力が加わるようなことは通常ないと考えられる。さらに，行政処分の対象として必要な範囲で市場を画定するという観点からは，共同行為の対象外の商品・役務との代替性や対象内の商品・役務の相互の代替性等の厳密な検証を行うまでの必要はなく，通常は，違反行為者のした共同行為が対象としている取引とそれにより影響を受ける範囲を検討し，競争が実質的に制限される範囲を画定すれば足りる。」（菅久・独禁39頁）とする見解もあります。
- ＊2　鉄鉱石などの採掘及び販売を営む海外の2社が，西オーストラリアにおける鉄鉱石の生産合弁事業の設立を計画した事案において，公取委は，鉄鉱石の供給には海上輸送費がかかるが，供給者は世界各地の需要者へ鉄鉱石を供給し，需要者は世界各地の供給者からそれを調達していることから，「世界海上貿易市場」を地理的範囲として画定しています。

　　　ビーエイチピー・ビリトン・ピーエルシー及びビーエイチピー・ビリトン・リミ

第Ⅰ部◇独占禁止法のキーワード

テッドならびにリオ・ティント・ピーエルシー及びリオ・ティント・リミテッドによる鉄鉱石の生産ジョイントベンチャーの設立（公取委「平成22年度における主要な企業結合事例について」（平成23年6月21日）【事例1】）。
＊3　古田孝夫「最高裁判所判例解説」法曹時報66—11—307。

= ●参考文献● =

(1)　根岸・注釈。
(2)　論点体系独禁。
(3)　菅久・独禁。

ガイドライン

ガイドラインは何のために作成・公表されているのですか。ガイドラインに違反するとどのような制裁があるのですか。

　　ガイドラインは，独占禁止法の運用に関する透明性を確保し，現実の経済活動に関する予測可能性を高め，独占禁止法の違反行為を未然に防止するという目的で作成・公表されています。しかし，ガイドラインは，公取委の運用指針を示したものにすぎませんから，法的拘束力を有するものではありません。したがって，ガイドラインに違反したからといって，それ自体で何らかの制裁を受けるものではありません。

☑キーワード
　事前相談制度

解　説

1 ガイドラインの概要

(1) ガイドラインの目的

　独禁法の適用場面においては，法律の規定が抽象的で難解である反面，現実の経済活動は多様かつ複雑であるため，どのような行為が独禁法に違反するとされるのかがあまり明確ではありません。

65

独禁法は市場における自由で公正な競争を確保するために定められているのですが、どのような行為が市場における競争を阻害するのかが明らかにならなければ、かえって経済活動の予測可能性を害することにもなってしまいます。

そこで公取委は、独禁法の運用に関する透明性を確保し、現実の経済活動に関する予測可能性を高め、独禁法の違反行為を未然に防止するという目的から、様々なガイドライン（独禁法上の指針・事務処理基準など）を作成・公表しています。

(2) ガイドラインの作成・公表

ガイドラインは、過去の審決例を中心として競争阻害的な行為を類型化し、関連団体や有識者の意見などを照会して、公取委が作成・公表します。従来のガイドラインでは、経済活動の内容について、独禁法上問題となる行為に類型化し、原則として違法となるもの、そのおそれのあるもの、原則として違法とならないもの、という3分類に分けていました。

このような3分類方式は、その後のガイドラインでも踏襲されてきましたが、平成3年に公表された「流通・取引慣行に関する独占禁止法上の指針」（以下「流通・取引慣行ガイドライン」といいます）以降は、むしろ原則として違法となるものに重点を置いた複雑な構成になっています。なお、流通・取引慣行ガイドラインは、見直しが行われました。

ガイドラインの目的は、多様かつ複雑な経済活動に対する独禁法の適用ルールについて、先例を踏まえてわかりやすく表現することにありますから、ガイドライン自体が複雑になってしまうことは避けるべきです。もっとも、例えば「流通・取引慣行ガイドライン」では、複雑ながら要件を細かく検討して原則として違法となるものを列挙しており、ガイドラインの目的には合致しているといえるでしょう。

2　主なガイドライン

現在、公取委によって公表されている主なガイドラインには、以下のようなものがあります。

① 「事業者団体の活動に関する独占禁止法上の指針」

（平成7年10月公表）（**Q3**，巻末付録参照）

② 「排除型私的独占に係る独占禁止法上の指針」
　（平成21年10月公表）（**Q33**，巻末付録参照）

③ 「公共的な入札に係る事業者及び事業者団体の活動に関する独占禁止法上の指針」
　（平成6年7月公表）（**Q35**，巻末付録参照）

④ 「流通・取引慣行に関する独占禁止法上の指針」
　（平成3年7月公表。平成27年3月30日改正）（**Q8**，巻末付録参照）

⑤ 「不当廉売に関する独占禁止法上の考え方」
　（平成21年12月公表）（**Q44**参照）

⑥ 「優越的地位の濫用に関する独占禁止法上の考え方」
　（平成22年11月公表）（**Q52**，**Q53**，巻末付録参照）

⑦ 「フランチャイズ・システムに関する独占禁止法上の考え方について」
　（平成14年4月公表）（**Q58**，巻末付録参照）

⑧ 「知的財産の利用に関する独占禁止法上の指針」
　（平成19年9月公表）（**Q12**，巻末付録参照）

⑨ 「共同研究開発に関する独占禁止法上の指針」
　（平成5年4月公表）（**Q66**，**Q67**，巻末付録参照）

⑩ 「標準化に伴うパテントプールの形成等に関する独占禁止法上の考え方」
　（平成17年6月公表）（**Q68**参照）

⑪ 「行政指導に関する独占禁止法上の考え方」
　（平成6年6月公表）（**Q27**参照）

⑫ 「企業結合審査に関する独占禁止法の運用指針」
　（平成16年5月公表）（**Q13**，**Q14**，巻末付録参照）

⑬ 「独占禁止法第11条の規定による銀行又は保険会社の議決権の保有等の認可についての考え方」
　（平成14年11月公表）（**Q13**参照）

3 ガイドラインの効力

(1) ガイドラインの拘束力

　ガイドラインが独禁法の基本的な適用ルールだとはいっても，それは公取委の運用指針を示したものにすぎませんから，法的拘束力を有するものではありません。しかし，ガイドラインは公取委が作成・公表する独禁法の適用基準ですから，公取委が自らガイドラインで示した解釈と異なる運用を行うことはできません。

　したがって，ガイドラインには法的拘束力はありませんが，実務上最も重要なルールであり，具体的な経済活動を行っていくうえでは，常に参照されるべきルールであるといえます。

(2) ガイドライン違反の制裁

　ガイドライン自体には法的拘束力はありませんから，ガイドラインに違反したからといって，ガイドライン違反という制裁（処罰・処分等）はありません。

　しかし，ガイドラインは，公取委が独禁法適用の基本的ルールを定めたものです。したがって，ガイドラインで公取委が「原則として違法となる」と定めた行為を行えば自動的に，「独占禁止法上違法となるおそれがある」と定めた行為を行えば，具体的な審査を経て，独禁法上違法な行為を行ったものとして，公取委が独禁法上の制裁を課すことになります（制裁の内容・手続に関しては，**Q18**以下を参照）。

　ただし，ガイドラインで定められた独禁法の解釈が絶対的なものというわけではありません。経済活動も経済活動を基礎づける国民意識も変化していくものですから，一定時点で定められるガイドラインの内容は絶えず司法審査によって検証されるべきです。

4 事前相談制度

　ガイドラインは具体的なルールを明示しようとはしていますが，現実には，経済活動のほうが多様かつ複雑であって，ガイドラインに具体的に表現されて

いない場合やガイドラインの基準が適用されるかどうかがわからない場合も生じます。

　そのような場合には，事前相談制度が設けてあり，個々の具体的な行為を事前にチェックすることも可能になっています（「事業者等の活動に係る事前相談制度」平成13年10月公表）。これに基づいて書面相談がなされ，公取委も書面で独禁法に抵触しない旨回答した場合には，公取委はこの回答を撤回しない限り，法的措置をとることができません。

　またそのような書面による正式な事前相談制度によらなくても，公取委は口頭ベースの匿名の事前相談にも応じています。

　なお，企業結合に関する事前相談は，「企業結合計画に関する事前相談に対する対応方針」（平成14年12月公表）によるものとされていましたが，平成23年6月にこの事前相談制度が廃止され，平成23年7月以降は，任意の届出前相談を受け付けるだけとなりました。

〔平田　厚〕

8 流通・取引慣行ガイドラインの見直し

流通・取引慣行ガイドラインの見直しが行われたようですが，どのような内容になったのですか。

　流通・取引慣行ガイドラインは，3部構成となっており，第1部は「事業者間取引の継続性・排他性に関する独占禁止法上の指針」，第2部は「流通分野における取引に関する独占禁止法上の指針」，第3部は「総代理店に関する独占禁止法上の指針」となっています。このガイドラインは，流通段階における取引形態の複雑性をも反映しているため，他のガイドラインのように，必ずしも単純な黒条項・灰色条項・白条項の3分類形式とはなっていません。ただし，各行為類型に関して，具体的な行為を列挙し，独禁法上違法となる場合の要件を絞り込んでいますから，考え方は分かりやすいものとなっています。
　もっとも，第2部における再販売価格維持行為及び非価格制限行為に関する規制については，適法・違法性の判断基準及び適法な行為が明確でないとの批判があり，それらを明確化することを目的として，平成27年3月30日に改正されました。

☑キーワード

　垂直的制限行為，競争促進効果，流通調査，選択的流通

Q8◆流通・取引慣行ガイドラインの見直し

解　説

1　ガイドラインの内容と見直し

(1)　ガイドラインの公表

　流通・取引慣行ガイドラインは，正式には「流通・取引慣行に関する独占禁止法上の指針」といい，平成3年7月11日に公表されました。

　日米構造協議等において，日本の流通・取引慣行の複雑性・閉鎖性が指摘されており，また内外価格差との関連でも流通・取引慣行が市場における自由な価格形成を阻害しているのではないかという指摘もなされていました。そこでこのガイドラインは，国民生活に真の豊かさをもたらし，グローバル化した経済活動によって消費者の利益が確保され，わが国の市場が国際的により開放的なものとなるように作成・公表されました。

　このガイドラインは，3部構成となっており，第1部は「事業者間取引の継続性・排他性に関する独占禁止法上の指針」，第2部は「流通分野における取引に関する独占禁止法上の指針」，第3部は「総代理店に関する独占禁止法上の指針」となっています。このガイドラインは，流通段階における取引形態の複雑性をも反映しているため，単純な黒条項・灰色条項・白条項の3分類形式とはなっていません。ただし，各行為類型に関して，具体的な行為を列挙し，独禁法上違法となる場合の要件を絞り込んでいます。

(2)　ガイドラインの見直し

　もっとも，第2部における再販売価格維持行為及び非価格制限行為（総称して「垂直的制限行為」といいます）に関する規制は，①違法性の判断基準があいまいで事業者に委縮効果を与えていること，②違法性の判断にあたり，垂直的制限行為による競争促進効果がどのように考慮されているか不明なこと，③違法性の判断にあたり，ブランド間競争がどのように考慮されているか不明なこと等が指摘されていました。そのため，平成26年6月14日の規制改革会議において，垂直的制限行為に関する適法・違法性の判断基準及び適法な行為を明確化

することを目的として，ガイドラインの見直しが答申され，それが盛り込まれた「規制改革実施計画」が同月24日に閣議決定されたため，ガイドラインの見直しが直ちに図られることとなりました。ガイドラインの改正案については，平成27年2月5日に公表，同年3月6日までパブリック・コメントに付され，同月30日に改正されました。

2 ガイドラインの概要

(1) 第1部の概要

第1部の事業者間取引の継続性・排他性ガイドラインは，わが国の事業者間取引の特徴として，特定の取引先との継続的な取引が多いと指摘されていることを前提に，7つの行為類型について定めています（**巻末付録**の概要表を参照）。

もちろん，取引が継続的に行われていること自体は何ら独禁法上問題となるものではありません。しかし，継続的取引関係が経済合理性を有する選択の結果ではなくして，独禁法上違法な目的のために行われたり，継続的取引関係を背景とした不当な行為が行われたりする場合には，独禁法上問題となります。

概要表で，「市場における有力な事業者」というのは，市場におけるシェアが10％以上又はその順位が上位3位以内であることが目安とされています。逆に言えば，「市場における有力な事業者」がなした場合を問題としている行為類型においては，そのような行為を市場におけるシェアが10％未満で4位以下の事業者が行ったとしても，独禁法上は違法とならないということになります。

また概要表の黒条項欄に掲げてある「市場閉鎖的効果を生じる場合」というのは，「競争者の取引の機会が減少し，他に代わり得る取引先を容易に見いだすことができなくなるおそれがある場合」を指しています。このような場合に該当するかどうかの判断基準については，①対象商品の市場全体の状況，②行為者の市場における地位，③当該行為の相手方の数及び市場における地位，④当該行為が行為の相手方の事業活動に及ぼす影響，などを総合的に考慮するものとされています。

概要表の黒条項欄から読み取れるように，継続的事業者間取引においては，

カルテルに該当するような行為，有力な事業者が行って市場閉鎖的効果を生じるような行為，優越的地位の濫用行為など行為自体の違法性の強い行為を中心として，独禁法上の規制が行われています。

(2) 第2部の概要

第2部の流通分野取引ガイドラインは，第1部の事業者間取引の次の段階である流通段階，主として消費財が消費者の手元に渡るまでの段階における独禁法上のガイドラインを定めています。

このたび流通・取引慣行ガイドラインの見直しにおいて，流通段階における垂直的制限行為につき，基本的な考え方を示しています。メーカーが自社商品を取り扱う卸売業者や小売業者といった流通業者に各種の制限を課す行為には，その程度・態様等によって，競争に様々な影響を及ぼしますが，競争を阻害する効果を生じることもあれば，競争を促進する効果を生じることもあるとされています。

そして，垂直的制限行為に関する適法・違法性の判断基準として，次の事項を考慮して判断するものとされました（なお，各流通段階における潜在的競争者への影響も考慮するものとされています）。①ブランド間競争の状況（市場集中度，商品特性，製品差別化の程度，流通経路，新規参入の難易性等），②ブランド内競争の状況（価格のバラツキの状況，当該商品を取り扱っている流通業者の業態等），③垂直的制限を行うメーカーの市場における地位（市場シェア，順位，ブランド力等），④垂直的制限の対象となる流通業者の事業活動に及ぼす影響（制限の程度・態様等），⑤垂直的制限の対象となる流通業者の数及び市場における地位。

垂直的制限行為によって生じうる競争促進効果の典型例が示され，ア　フリーライダー問題を解消するためにメーカーが一定の地域を一流通業者のみに割り当てる場合（ただし，流通業者の販売促進活動が多数の新規顧客の利益につながって購入量が増大することが期待でき，そうした販売促進活動が商品に特有でその費用が回収不能なもの（埋没費用）であることが必要とされています），イ　メーカーが自社の新商品について高品質であるとの評判を確保するうえで，高品質商品を取り扱うという評判を有している小売業者に限定して新商品を供給する場合，ウ　メーカーが新商品を販売するために，専用設備の設置等の特有の投資を求めるため，一定の地域を一流通業者のみに割り当てる場合，エ　ブランドイメージを

高めるため，商品販売のサービスの統一性や質の標準化を図ろうとする場合，などがあげられています。

垂直的制限行為のうち，取扱い商品・販売地域・取引先等の制限を行う非価格制限行為については，「新規参入者や既存の競争者にとって代替的な流通経路を容易に確保することができなくなるおそれがある場合」や「当該商品の価格が維持されるおそれがある場合」に当たらない限り，通常，問題となるものではないとされています。

また，再販売価格維持行為については，原則として公正な競争を阻害するおそれのある行為であって，「正当な理由」がないのに再販売価格の拘束を行うことは不公正な取引方法として違法となるとしつつも，「正当な理由」がある場合には例外的に違法とならないとしています。「正当な理由」については，「メーカーによる自社商品の再販売価格の拘束によって実際に競争促進効果が生じてブランド間競争が促進され，それによって当該商品の需要が増大し，消費者の利益の増進が図られ，当該競争促進効果が，再販売価格の拘束以外のより競争阻害的でない他の方法によっては生じ得ないものである場合において，必要な範囲及び必要な期間に限り，認められる」とされています。

さらに，流通調査についても項目が新たに設けられ，メーカーが単に自社の商品を取り扱う流通業者の実際の販売価格，販売先等の調査（流通調査）を行うことは，当該メーカーの示した価格で販売しない場合に当該流通業者に対して出荷停止等の経済上の不利益を課す，又は課す旨を通知・示唆する等の流通業者の販売価格に関する制限を伴うものでない限り，通常，問題とはならないことが明確にされました。

わが国の流通段階の取引の特徴として，流通業者がメーカーに依存し，メーカーのマーケティング手段による価格維持効果の発生や閉鎖的流通経路の形成が見られる反面，大規模小売業者がメーカー等に対して購買力を背景とした優越的地位を濫用する行為も見られることが指摘されており，それらに特徴的な12の行為類型について定めていました（ただし，概要表では，優越的地位の濫用行為の5つを1つの欄にまとめています）。平成27年の改正では，これに「選択的流通」という行為類型が加えられ，メーカーが自社の商品を取り扱う流通業者に一定の基準を設定し，当該基準を満たす流通業者に限定して商品を取り扱わせよう

とし，その他の流通業者への転売を禁止する場合のルールを示しました。このルールでは，当該基準が商品の品質保持・適切な使用の確保等消費者の利便の観点から合理的な理由に基づくものと認められ，かつ，他の取扱いを希望する流通業者に対しても同等の基準が適用される場合には，通常，問題とはならないものとされています。

　概要表の非価格的な行為類型で，「市場における有力なメーカー」というのは，第1部の「市場における有力な事業者」と同様，市場におけるシェアが10％以上又はその順位が上位3位以内であることが目安とされています。逆に言えば，「市場における有力なメーカー」がなした場合を問題としている行為類型においては，そのような行為を市場におけるシェアが10％未満で4位以下のメーカーが行ったとしても，独禁法上は違法とならないということになるのは，第1部と同じです。

(3)　第3部の概要

　第3部の総代理店ガイドラインは，第1部及び第2部とは異なり，財の性格にかかわらず，国内地域全域を対象とする総代理店に関する独禁法上のガイドラインを定めています。

　総代理店制の特徴としては，市場への有効な参入手段となる反面，総代理店が特定商品の販売について独占的地位を持つことから，総代理店が流通支配を行って価格調整を行う危険性があります。特に近年では，総代理店制が内外価格差の原因となっているのではないかとの指摘がなされており，競争者間での総代理店契約を締結すること自体の基準と総代理店契約に特徴的な6つの行為類型について定めています。

　概要表の行為類型のうち，並行輸入の不当阻害以外の類型に関しては，第2部と同様な基準が適用されます。また並行輸入の不当阻害に関しては，総代理店制特有の問題があり，並行輸入が競争促進的効果を有するために価格維持の目的をもってそれを阻害する場合には違法とする反面，商標の信用維持の必要性がある場合には並行輸入への対抗策を採ることは違法とならないものとされています。

〔平田　厚〕

第Ⅰ部◇独占禁止法のキーワード

9　私的独占の禁止

どのような場合に私的独占の禁止に該当するのですか。また過去に私的独占に当たるとされた事例はどのようなものですか。

A
　1社あるいはごく少数の企業が，ある市場のシェアのほとんどを占めている場合には，その市場における競争は有効に機能しません。そこで独占禁止法は，事業者が，単独あるいは共同して，他の事業者の事業活動を排除したり，支配することによって，一定の取引分野における競争を実質的に制限することを私的独占と定義し（2条5項），これを禁止しています。後述するとおり，過去において私的独占に該当するとされた事例には，東洋製罐事件，パチンコ製造業者事件などがあり，近年は特に摘発される事例が増えています。

キーワード
　私的独占，排除行為（排除型私的独占），支配行為（支配型私的独占），公共の利益に反して，私的独占の事例，独占的状態に対する措置

解　説

1　私的独占の禁止とは

(a)　私的独占は，不当な取引制限，不公正な取引方法とともに，独禁法が禁

止する行為の三本柱の一つです（3条前段）。そして私的独占とは，事業者が，単独あるいは共同して，他の事業者の事業活動を排除したり，支配することによって，一定の取引分野における競争を実質的に制限すること，すなわち市場支配力を形成したり，行使したりすることをいいます（2条5項）。独禁法は，まず私的独占の禁止を明示するとともに，これを未然に防ぐための規定（合併，株式保有の制限など。**Q13**，**Q14**参照）や，独占状態が既に成立している場合にこれを排除するための規定（独占的状態に対する措置）などを設けています。

(b) 当然のことですが，独禁法はある事業者が，その属している市場において，単に独占的な地位にあるとか，独占的な市場構造になっているといった状態そのものを規制の対象としているのではありません。禁止の対象は，競争が実質的に制限される結果をもたらすような他の事業者に対する排除行為や支配行為です。

以下においては，独禁法上禁止される私的独占の要件について順次解説していきます。

なお，知的所有権の権利の行使と認められる行為（21条）などについては，適用が除外されています（これらに関しては**Q12**，**Q15**及び**Q60**〜**Q68**参照）。

2　行為主体・方法

私的独占の主体は，単独もしくは複数の事業者であり，経済事業を行う限りにおいては国や地方公共団体でも主体となり得ます（事業者については**Q3**参照）。また，複数の事業者が主体となる場合には，契約や協定といった方法（通謀）のほか，合併や事業譲渡，株式保有といった方法（結合）などいかなる方法で行われるかを問わないとされています。なお，結合したり通謀したりする相手方は，必ずしも競争関係にある事業者であるとは限らず，取引先事業者ほかどのような事業者でも含まれます。

3　他の事業者の排除・支配

(a) 排除行為とは，直接行うか第三者を通じて行うかを問わず，他の事業者

の事業活動に不当な制限を加えて事業活動を行うことが困難な状況に至らしめることを意味します。具体的にはダンピングや地域別差別対価あるいは自己の競争者との取引制限といった排他条件付取引等により，他の事業者の事業活動の継続を困難にさせたり，新規参入を困難にさせたりすることです。なお，平成21年改正で，排除型私的独占についても課徴金の対象とされたことから，公取委は，平成21年10月28日，排除型私的独占の成立要件を可能な限り明確化するため「排除型私的独占に係る独占禁止法上の指針」を公表しました（巻末付録参照）。

（b）また支配行為とは，やはり直接，間接を問わず，他の事業者の自由な意思決定に制約を加え，自己の意思に従って事業活動を行わせることを意味します。具体的には，株式所有や役員派遣あるいは取引上の優越的地位の濫用などにより，事業活動の継続を困難にしたり，新規参入を困難にしたりする方法が典型的であるといわれています。

4　公共の利益に反して

（a）条文上は「公共の利益に反して」との要件が掲げられていますが，公取委は，初期の審決（合板入札価格協定事件[1]）以来，一貫して，「公共の利益」とは自由競争を基盤とする経済秩序を維持することそのものを意味するものと解釈しています。そして，当該行為の動機や国民経済における位置づけなどを考慮し，独禁政策以外の立場から何らかの公益性を認めて，これを違法でないとすることは許されないとしています。

（b）また，判例上は「公共の利益に反してとは，原則としては同法の直接の保護法益である自由競争経済秩序に反することを指すが，現に行われた行為が形式的に右に該当する場合であっても，右法益と当該行為によって守られる利益を比較衡量して，一般消費者の利益を確保すると共に，国民経済の民主的で健全な発展を促進するという同法の究極の目的（1条参照）に実質的に反しないと認められる例外的な場合」を除外する趣旨である（石油価格カルテル刑事事件[2]）とされていますが，実際には「公共の利益」を理由に私的独占や不当な取引制限の成立を否定した事案はありません。

5 一定の取引分野，競争の実質的制限

一定の取引分野とは，同種又は類似の商品もしくは役務の取引に関して事業者間において競争が行われる場，すなわち市場を意味します（詳細はQ6参照）。

また，競争の実質的制限とは「競争自体が減少して，特定の事業者または事業者集団が，その意思で，ある程度自由に，価格，品質，数量，その他各般の条件を左右することによって，市場を支配することができる形態が現われているか，または少くとも現われようとする程度に至っている状態をいう」（東宝・スバル事件東京高裁判決☆3），「市場支配力の形成，維持ないし強化という結果が生じ」ること（NTT東日本事件最高裁判決☆4）あるいは「当該取引に係る市場が有する競争機能を損なうことをいい，本件基本合意のような一定の入札市場における受注調整の基本的な方法や手順等を取り決める行為によって競争制限が行われる場合には，当該取決めによって，その当事者である事業者らがその意思で当該入札市場における落札者及び落札価格をある程度自由に左右することができる状態をもたらすことをいうものと解される。」（多摩談合（新井組）審決取消請求事件☆5）とされています（詳細はQ4参照）。

6 過去の事例

これまでに，私的独占の禁止に該当するとされた事案には次のようなものがあります。

＜雪印乳業・農林中金事件☆6＞（排除型）

北海道における集乳量の約80％を占める雪印乳業，北海道バターが，酪農民に対する乳牛導入資金を供給し得る道内唯一の機関であった農林中央金庫及びその融資受付窓口兼保証会社であった北海道信用農業協同組合とともに，他の乳業者に生産乳を供給する単位農協や組合員の融資の申請や保証の申出を認め（させ）なかったという事例

＜東洋製罐事件☆7＞（排除・支配型）

わが国の食罐供給の56％を占める東洋製罐が，①本州製罐，四国製罐，北海

道製罐,三国金属各社の株式を所有し,これら各社に役員を派遣し,下請生産させるなどして,これら4社(4社の供給量を加えるとシェアは74%となる)を自己の意向に従って営業させ,他社の事業活動を支配し,さらに②一部の種類について自ら製罐することを企図した罐詰製造業者に対して,自家製罐できない種類の食罐の供給を停止する等の行為を行ったという事例

<日本医療食協会事件☆8>(排除・支配型)

　厚生大臣から医療用食品の唯一の検査機関として指定を受け,その栄養成分値等の分析検査に合格し,厚生省の了解を得た医療用食品だけが診療報酬の加算対象とされる㈶日本医療食協会が,医療用食品の一次販売業者である日清医療食品(日清)とともに,①登録申請を受け付ける際には,製造業者に対して事前に日清と協議させる,②登録審査に日清を参加させる,③既登録食品と類似する食品の登録を認めない,などの登録方針を設け,さらに他の一次販売業者であったメディカルナックスに対し,新規参入者の排除,販売先,仕入先,販売価格,販売地域等を制限することを内容とする協定書を締結させ,これらを実行したという事例

<パラマウントベッド事件☆9>(排除・支配型)

　東京都財務局発注の特定医療用ベッドについて,そのほとんどを製造・販売していたパラマウントベッド社は,入札に際し,同社の医療用ベッドのみが納入できるような仕様書となるよう働きかけるとともに,その指示により,落札予定者,落札価格を決定させていたという事例

<ノーディオン事件☆10>(排除型)

　カナダ法人のエム・ディ・エス・ノーディオン社は,放射性医薬品の製剤原料モリブデン99の世界市場において,生産数量の過半,販売数量の大部分を占めていたところ,モリブデン99の原料の購入先企業の原子炉が老朽化し,原子炉を建設する必要が生じたことから,その工事のため資金を負担することとなった。そのため,モリブデン99の販売先である日本法人2社に対して,必要数量の全量の購入義務を課した10年間の長期契約を締結させたところ,当該行為が,ノーディオン社の競争事業者を排除するものとされた事例

<ぱちんこ機製造特許プール事件☆11>(排除型)

　国内において供給されるパチンコ機の約90%を供給しているメーカー10社

が，パチンコ機の製造に不可欠な特許の管理を，それら10社で事実上構成する団体に委託し，第三者にはライセンスをしないこと等の方法により，新規参入を抑制していたという事例

＜北海道新聞社事件☆12＞（排除型）

　北海道で発行される一般日刊新聞朝刊の50％以上のシェアを有し，かつ函館地区での同朝夕刊の大部分のシェアを有する北海道新聞社は，①自ら使用する具体的計画がないのに「函館新聞」ほかの新聞題字について，特許庁に対し商標登録を求める出願手続を行ったうえ，その後に新設された函館新聞社に対してその使用中止を要求し，②時事通信社に対して函館新聞社からの配信要請に応じないよう暗に要求して，配信を受けられないようにし，③夕刊の函館地域情報版掲載広告については函館新聞社の広告集稿対象と目される中小事業者を対象とした大幅な割引広告料金を設定して，同社に低廉な広告料金による受注を余儀なくさせ，さらに④テレビ北海道に対し，函館新聞社のテレビコマーシャルに応じないよう求め，これを断念させるなどの行為により，函館新聞社の事業活動を排除したという事例

＜NTT東日本事件☆4＞（排除型）

　NTT東日本が，戸建て住宅向けFTTHサービス（保有の電気通信設備を利用して，加入者回線に光ファイバを用いてインターネット接続回線サービスを行う電気通信役務）の販売にあたり，実質的にユーザー料金を引き下げ，ライバル事業者に対する加入者光ファイバの接続料金を下回る料金を設定することにより，東日本地区における上記サービス分野における競争を実質的に制限したとされた事例

＜ニプロ事件☆13＞（排除型）

　ニプロは，（アンプル用の生地管を輸入した）ナイガイグループに対して，販売価格の引上げ，生地管の受注拒否などの一連の行為によって，その事業活動を排除し，西日本地区における同生地管の供給分野における競争を実質的に制限したとされた事例

＜福井県経済連事件☆14＞（支配型）

　福井県経済連は，平成23年9月頃以降，福井県の補助事業により発注した穀物の乾燥・調製・貯蔵施設の製造請負工事等について，施主代行者として，工事の円滑な施工，管理料の確実な収受等を図るため，当該施設の建設等又は保

守点検等の実績を有する者を受注すべき者（以下「受注予定者」といいます）に指定するとともに，受注予定者が受注できるように，入札参加者に入札すべき価格を指示し，当該価格で入札させていたとされた事例

7 排除措置

（a）公取委は，私的独占に該当すると認めた場合，独禁法8章2節に規定する手続（詳細は**Q18**参照）に従って，一定の排除措置命令を下すことができるとされています（7条）。これまでも，処分前手続として，事業者に対して事前に排除措置命令を行う旨の通知を行い，意見申述及び証拠提出の機会が与えられたうえで，委員会による合議を経て，排除措置命令や次項の課徴金納付命令が下されていましたが，平成25年改正により，処分前手続の充実・透明化が図られました。改正後は，審査担当者とは別の職員から指名される手続管理官の主宰のもとで，処分内容，認定事実，証拠等の説明がなされるとともに，認定事実を立証する証拠の閲覧・謄写（ただし制限あり）が認められることとなり，そのうえで，事業者は口頭もしくは書面により意見申述，証拠提出を行うことができるものとされました（**Q1**参照）。

（b）実際にどのような排除措置が命ぜられるかは，個別事件ごとに異なりますが，通常①違反行為の差止め（協定等が存在する場合はそれらの破棄），②違反行為の実施手段，実効担保手段の差止め，③違反行為をやめたこと等の周知徹底，④将来の不作為あるいは将来の違反行為の反復を予防するための措置，⑤これらの実行報告などがあげられ，極端な場合には，営業（事業）譲渡や所有株式の処分が命ぜられることもあります。

8 課徴金

①支配型私的独占行為のうち，他の事業者（被支配事業者）の事業活動を支配することによる私的独占において，価格，数量，シェア，取引先を制限する場合（7条の2第2項），及び②排除型私的独占行為（7条の2第4項）は，課徴金の対象とされています（**Q21**，**Q24**参照）。

9 独占的状態に対する措置

(a) 事業者が通常の事業活動の結果，競争に打ち勝ち，独占的な地位を獲得するに至ったとしても，当然のことながら，そのことをもって直ちに独禁法上問題とされることはありません。

しかしながら，独占ないし寡占産業の中でも，これらの事業者のシェアが極端に高い分野で，有効な競争がなく弊害が発生している場合には，公取委は，これらの企業に対して，事業の一部の譲渡など競争を回復させるために必要な措置を命ずることができるとされています（8条の4）。

(b) 独占的状態とはどのような場合かという点については，独禁法2条7項に規定があり，①その産業の年間供給額が1000億円超であること，②1位の企業のシェアが50％を超えているか，又は上位2社のシェアが75％を超えていること，③新規参入が難しいこと，④コスト低下，需要の減少などがあっても，価格が下がらないこと，⑤過大な利益を上げているか，また広告費などの支出が過大であること，といった要件に該当する市場の状態をいいます。

(c) もっとも，独占的状態自体は違反行為ではないうえ，事業の一部譲渡のほか，特定資産の譲渡，株式の処分，役員兼任の禁止，特許・ノウハウの公開などといった関係当事者に及ぼす影響の大きな措置が命ぜられることとなるため，例えば，委員長及び委員のうちの3人以上の意見の一致を要する（69条3項）というように，他の違反行為に対する手続に比し，より慎重な手続が定められています。

10 価格の同調的引上げ

平成17年の独禁法改正により，第4章の2（18条の2）は削除され，同条に規定されていた価格の同調的引上げに関して報告を求める制度は廃止されました。

〔福井　琢〕

第Ⅰ部◇独占禁止法のキーワード

■判審決例■

☆1　昭24・8・30審判審決　集1—62。
☆2　最判昭59・2・24刑集38—4—1287。
☆3　東京高判昭26・9・19百選12頁。
☆4　最判平22・12・17民集64—8—2067。
☆5　最判平24・2・20民集66—2—796。
☆6　昭31・7・28審判審決　集8—12。
☆7　昭47・9・18勧告審決　集19—87。
☆8　平8・5・8勧告審決　集43—209。
☆9　平10・3・31勧告審決　集44—362。
☆10　平10・9・3勧告審決　集45—148。
☆11　平9・8・6勧告審決　集44—238。
☆12　平12・2・28同意審決　集46—144。
☆13　平18・6・5審判審決　集53—195。
☆14　平27・1・16排除措置命令（平成27年（措）第2号）審決DB。

10　不当な取引制限の禁止（カルテル，談合）

　不当な取引制限の禁止に該当するのはどのような行為ですか。また，カルテルにはどのような種類がありますか。

　不当な取引制限とは，いわゆるカルテルや談合のことを意味し，事業者が他の事業者と共同して，価格，数量，取引先の獲得などといった競争上の諸要素について，相互にその事業活動を拘束することによって，一定の取引分野における競争を実質的に制限すること，すなわち市場において有効な競争が行われないような状態をもたらすことをいいます（2条6項）。不当な取引制限は，私的独占，不公正な取引方法とともに，独占禁止法が禁止する行為の三本柱のひとつです（3条後段）。わが国の独占禁止法は，事業者間のカルテルを「不当な取引制限」として禁止しているほか，国際カルテル及び事業者団体によるカルテルについても禁止しています（6条・8条1号。これらに関しては**Q16**，**Q39**参照）。

☑キーワード

不当な取引制限，価格カルテル，数量カルテル，談合，共同行為，意思の連絡，相互拘束

解説

1 行為主体

(a) 不当な取引制限は，条文上「事業者が……他の事業者と共同して……相互にその事業活動を拘束」（2条6項）してと規定されていますので，取引段階を同じくする複数の競争関係にある事業者が当事者となる場合が通常です。

(b) 解釈上問題となるのは，取引段階を異にする事業者が，相互にそれぞれの事業活動の拘束を行った場合，例えば製造業者が販売業者の価格協定に関与したといった場合に，当該製造業者の行為も不当な取引制限に該当することになるかという点です。

この点について，公取委は，流通・取引慣行ガイドライン第1部第2の注3において，「（独禁法2条6項でいう）事業活動の拘束は，その内容が行為者（例えば，製造業者と販売業者）すべてに同一である必要はなく，行為者のそれぞれの事業活動を制約するものであって，特定の事業者を排除する等共通の目的の達成に向けられたものであれば足りる。」とし，例えば複数の販売業者と製造業者が，共同して，販売業者の新規参入を妨げるために，製造業者は新規参入者に対する商品供給を拒絶し，販売業者は新規参入者に商品供給する製造業者からの購入を拒絶する場合など4つの具体例を示して，取引段階を異にする事業者の行為も不当な取引制限に該当する場合のあることを示しています。

(c) また，東京高裁は，シール談合刑事事件[☆1]において，事業者を競争関係にある事業者に限定して解釈すべきではないとしたうえで，入札談合の事件であるにもかかわらず，指名業者に選定されていない「日立情報」も「実質的な競争関係にあったものである」ことを認定し，不当な取引制限の当事者に該当すると判断しました。

(d) いずれにしても，取引段階を異にしている事業者であるからといって，必ずしも不当な取引制限の対象にはならないとは限りませんので注意を要します。

2 共同行為

(a) 独禁法2条6項には「契約、協定その他何らの名義をもつてするかを問わず、他の事業者と共同して」と規定されていますので、共同行為の存在が要件のひとつとなります。したがって、単に外形的に行動が一致しているというだけでは不当な取引制限は成立しません。

(b) 条文に明記されているように、協定が取り交わされる場合が共同行為に該当するのは当然ですが、そのような協定がなくても、カルテルの参加当事者間に「共通の意思の連絡」が形成されれば共同行為に該当するものとされています。さらにカルテルの当事者は、明確な形で合意することを避けようとするのが通常ですので、公取委の実務上も判例上も「共通の意思の連絡」は、明示であるか黙示であるかを問わないものとされています。

(c) 過去の具体例においては、以下のような場合でも、意思の連絡があったものと認定されています。

① 数回の会合を重ねて価格についても種々の情報交換が行われた等の事情のもとに、ある者が他の者の行動を予測し、これと歩調をそろえる意思で同一行動に出たという事例（合板入札価格協定事件☆2）

② 会合の連絡又は議事の模様から、同業にある者の常として一様の認識が得られ、それに基づいてその内容が実行に移されたという事例（日本石油ほか10名事件☆3）

③ 情報交換を繰り返した後、具体的な値上げ価格をシェア第1位の会社に一任することとし、その会社がその後の会合において値上げ案を提示し、各社が一致して値上げしたという事例（東洋リノリューム事件☆4）

④ 複数事業者間で相互に同内容又は同種の対価の引上げを実施することを認識ないし予測し、これと歩調をそろえる意思があることを意味し、一方の対価引上げを他方が単に認識するのみでは足りないが、事業者相互で拘束し合うことを明示して合意することまでは必要ではなく、相互に他の事業者の対価の引上げ行為を認識して、暗黙のうちに認容することにより意思の連絡ありとされた事例（東芝ケミカル事件☆5）

⑤ その意思の連絡があるとは，各事業者がかかる意思を有しており，相互に拘束する意思が形成されていることが認められればよく，その形成過程について日時，場所等をもって具体的に特定することまでを要するものではないとされた事例（大石組審決取消請求事件[☆6]）

3 相互拘束

(a)「相互にその事業活動を拘束する」とは，事業者の自由な事業活動や自由な意思決定に対して，何らかの制限を相互に課すことを意味します。通常は，いわゆるカルテル破りを防止するために，実効性を確保するための手段がとられることが多いのですが，法的な拘束を伴わない紳士協定であっても相互拘束に該当します。例えば，最高裁は，石油価格カルテル刑事事件[☆7]において「（合意）内容の実施に向けて努力する意思をもち，かつ他の被告会社もこれに従うものと考えて」いたとして，相互拘束性を肯定しました。

なお，条文には共同拘束と並んで「遂行する」との文言がありますが，一般には，共同拘束と並列的な意味の要件ではない，すなわち相互拘束を伴わない共同遂行は不当な取引制限には該当しないものと解されています（東宝・新東宝事件[☆8]）。しかしながら，東京高裁は，第一次東京都水道メーター談合刑事事件[☆9]において，「遂行行為」を独立の要件であるかのようにも読める判示をしています。

(b) 従来は，相互拘束が成立するためには，その拘束は一方的なものではなく，競争関係にある事業者に共通の内容でなければならないとされていましたが，前述したとおり，現在の公取委は，「相互拘束の内容はすべてのカルテル参加者にとって同一である必要はなく，それぞれの事業活動を制約するものであって，共通の目的の達成に向けられたものであれば足りる」と解しています。

4 その他の要件等

(a) 条文上は「公共の利益に反して」との要件が掲げられていますが，公取

Q10◆不当な取引制限の禁止（カルテル，談合）

委の実務上も判例上も，公共の利益とは，自由競争経済秩序そのものを指すものと解し，他の要件を充足して不当な取引制限に該当する場合に，公共の利益に反しないと判断されたことはありません（詳しくは**Q9**参照）。

(b) 一定の取引分野とは，同種又は類似の商品もしくは役務の取引に関して事業者間において競争が行われる場，すなわち市場を意味します（詳しくは**Q6**参照）。

(c) 競争の実質的制限とは「競争自体が減少して，特定の事業者または事業者集団が，その意思で，ある程度自由に，価格，品質，数量，その他各般の条件を左右することによって，市場を支配することができる形態が現われているか，または少くとも現われようとする程度に至っている状態をいう」（東宝・スバル事件東京高裁判決☆10），「市場支配力の形成，維持ないし強化という結果が生じ」ること（NTT東日本事件最高裁判決☆11）あるいは「当該取引に係る市場が有する競争機能を損なうことをいい，本件基本合意のような一定の入札市場における受注調整の基本的な方法や手順等を取り決める行為によって競争制限が行われる場合には，当該取決めによって，その当事者である事業者らがその意思で当該入札市場における落札者及び落札価格をある程度自由に左右することができる状態をもたらすことをいうものと解される。」（多摩談合（新井組）審決取消請求事件☆12）とされています（詳細は**Q4**参照）。

5 カルテルの種類

不当な取引制限，いわゆるカルテルには様々な種類がありますが，その主なものは以下のとおりです。

(1) 価格カルテル

価格の維持，あるいは引上げを内容とする協定です。価格決定メカニズムを直接阻害するカルテルであり，最も違法性が強いとされています。また一口に価格カルテルといっても，具体的な特定価格を決定する場合だけでなく，標準（目標）価格の決定，最低販売価格等の決定，共通の価格算定方式の決定，割戻し，手数料，値引，マージン率等重要な価格構成要素の決定など様々なものが含まれます。

89

カルテルによって決定された価格が最高価格や適正価格（コストプラス適正な利潤）である場合には，「公共の利益に反」するとはいえないから不当な取引制限には該当しないとの主張もみられますが，そのような解釈は，公取委の実務においても，判例上も認められていません。

(2) **数量カルテル**

生産数量や販売（出荷）数量を制限することを内容とする協定です。生産数量制限カルテルも販売数量制限カルテルも需給関係を操作するものですから，市場への影響は極めて大きく，価格カルテルと同様に違法性の強いものです。

(3) **取引先制限カルテル**

市場における競争は，顧客争奪という形で現れますが，取引先制限カルテルはこれを直接制限する協定です。取引先制限カルテルには以下のように様々な態様があります[*1]。

① 取引先等の固定，配分　従来の取引先を互いに尊重し，安値提示などによる顧客争奪を制限するカルテルです。現状を固定し，その余の新規需要者については，一定の基準により配分するという場合もあります。

② 販売地域の制限　一定の地域ごとに単一もしくは複数の特定事業者を販売業者等と決定するカルテルですが，その制限の態様には様々なものがあります。

③ 入札談合，受注予定者の決定　典型的なものは，公共工事の発注や官公庁の製品購入などの際に実施される入札手続に際して，事前に受注予定者を決定したり，入札価格を決定したりするカルテルです。

もちろん，入札によらない場合や，民間企業が実施する入札の場合にも問題となり得ます。

④ 共同販売　競争関係にある事業者が，共同出資等により設立した会社やこれら事業者を構成員とする組合を通してのみ，製品を販売することとする協定です。

⑤ 共同ボイコット　既存の事業者を市場から排除したり，新規参入事業者の市場への参入を阻害するため，それら特定の事業者と取引しないことを決定する協定です。共同ボイコットは，従来不公正な取引方法に該当するか否かだけが問題とされていましたが（一般指定1項），公取委は流通・取引慣行ガイ

ドラインにおいて,「一定の取引分野における競争を実質的に制限」する場合には,不当な取引制限に該当することを明らかにしました（第1部第2）。

(4) 設備又は技術に関するカルテル

重要な競争手段あるいは要素である設備や技術等を制限する協定です。これに関しても,①設備の新増設等の制限,②生産設備の共同廃棄,③技術開発制限,④いわゆる特許プールなどの技術利用制限など様々な態様があります。また⑤共同研究開発も場合によっては不当な取引制限に該当します。

6 排除措置

(a) 公取委は,不当な取引制限に該当すると認めた場合,独禁法第8章第2節に規定する手続（詳細は**Q18**参照）に従って,一定の排除措置を命ずることができるとされています（7条）。なお,公取委は,排除措置命令を下すに先立ち,事業者から意見申述及び証拠提出を受ける機会を設けています（処分前手続）。処分前手続の詳細については,**Q1**をご参照ください。

(b) これまで命ぜられたカルテルに対する排除措置には,次のようなものがあります。①カルテル協定等の破棄,②カルテルをやめたことの周知徹底,③カルテルの実効確保手段等の破棄,④これらの実行報告,その他再発予防措置として⑤価格,生産数量等について一定期間の報告の義務づけ,あるいは⑥価格の再交渉を命ずる等の場合もあります。

(c) なお,既にカルテル等が破棄されている場合であっても,競争秩序の回復が不十分であるような場合には,なお排除措置をとり得るものとされています（7条2項）。これまでは違反行為がなくなった日から,勧告又は審判手続が開始されることなく3年を経過したときは排除措置をとることができないとされていましたが,平成21年の独禁法改正により,違反行為がなくなった日から5年を経過したときは排除措置をとることができないと改正されました（7条2項ただし書）。

7 課徴金

　以前は，価格カルテル及び価格に影響を与える供給量制限カルテルについて課徴金が課されるものとされていましたが，平成17年の独禁法改正により，これらだけでなく，購入量，シェア，取引先を制限するカルテルでも価格に影響することとなるものについては課徴金が課されることになりました。また，同改正により，課徴金算定率が引き上げられるとともに，課徴金減免制度が導入されました。また，平成21年改正により，課徴金減免制度の拡充や主導的事業者に対する課徴金の割増などの制度改正がなされました（**Q21**～**Q25**参照）。

〔福井　琢〕

■判審決例■

- ☆1　東京高判平5・12・14高刑集46—3—322。
- ☆2　昭24・8・30審判審決　集1—62。
- ☆3　昭30・12・1審判審決　集7—70。
- ☆4　昭55・2・7勧告審決　集26—85。
- ☆5　東京高判平7・9・25判タ906—136。
- ☆6　東京高判平18・12・15百選48頁。
- ☆7　最判昭59・2・24刑集38—4—1287。
- ☆8　東京高判昭28・12・7高民集6—13—868。
- ☆9　東京高判平9・12・24高刑集50—3—181。
- ☆10　東京高判昭26・9・19百選12頁。
- ☆11　最判平22・12・17民集64—8—2067。
- ☆12　最判平24・2・20民集66—2—796。

■注記■

- ＊1　新実務47頁以下。

不公正な取引方法の禁止

不公正な取引方法の規制とはどのようなものですか。また，どのような行為が不公正な取引方法であるとされるのですか。

　不公正な取引方法とは，公正競争を阻害するおそれがあるもののうち，①独占禁止法2条9項1号～5号に列挙される行為，ならびに②2条9項6号に列挙される行為に該当しかつ公正な競争を阻害するおそれがあるもののうち，公取委が指定するものをいいます（新一般指定）。不公正な取引方法は，私的独占，不当な取引制限とともに，独占禁止法が禁止する行為の三本柱のひとつです（19条）。

☑キーワード
　不公正な取引方法，一般指定，公正競争阻害性，正当な理由がないのに，不当に，正常な商慣習に照らして不当に，流通・取引慣行ガイドライン

解　説

1　不公正な取引方法とは

　(a)　不公正な取引方法は，ひとつの行為類型ではなく，公正競争を阻害するおそれがあるもののうち，①法律（2条9項1号～5号）に列挙された5つの類型に該当するもの，ならびに②法律（2条9項6号）に列挙された6つの類型に

該当し，公取委が告示という形で示したものが禁止される行為ということになります。そして上記告示には，すべての業界に一般的に適用される「一般指定」と，特定の業界のみを対象とした「特殊指定」（大規模小売業，新聞業など）とがあります。なお，一般指定については，公取委は，昭和28年に12の類型を告示により指定し（昭和28年一般指定），その後昭和57年に16の類型をあらためて告示により指定していました（昭和57年一般指定）。平成21年の独禁法改正により，不公正な取引方法のうち，法定共同供給拒絶，法定差別対価，法定不当廉売，法定再販売価格維持及び法定優越的地位の濫用の5つの類型が課徴金の対象とされたことから，それら対象行為については，法律で具体的内容を規定することとなりました（2条9項1号～5号）。そして，昭和57年一般指定に該当する不公正な取引方法のうち，上記の5類型以外については，2条9項6号に規定したうえで，平成21年一般指定（以下，単に「一般指定」といいます）により，15の類型として指定されました。

(b) 事業者が，不公正な取引方法を用いることは，前述のとおり，独禁法19条で禁止されていますが，そのほか事業者団体がこれに該当する行為をさせることの禁止（8条5号），これに該当する事項を内容とする国際契約の禁止（6条），これに該当する方法による株式取得の禁止（10条1項），同役員兼任の禁止（13条2項），同合併の禁止（15条1項2号）等各所に規定があります。

2 公正競争阻害性

独禁法2条9項6号柱書には，イ～ヘのいずれかに該当する行為で，かつ「公正な競争を阻害するおそれがあるもの」について，公取委が一般指定で指定することが明記されていますが，2条9項1号～5号に該当する不公正な取引方法についても，「公正競争阻害性」を要件とするものと解されています。公正競争阻害性については，様々な考え方が示されていますが，公取委は，次のように解釈しています[*1]。

① 事業者相互間の自由な競争が妨げられていないこと，及び事業者が競争に参加することが妨げられていないこと（自由な競争）を侵害するおそれがあること（競争の減殺）。

② 競争手段が価格・品質・サービスを中心としたものであること（能率競争）により自由な競争が秩序づけられていることが必要であり（競争手段の公正さの確保），このような観点からみて，競争手段として不公正であること（競争手段の不公正さ）。

③ 取引主体の自由で自主的な判断により取引が行われるという自由な競争の基盤が侵害されること（競争基盤の侵害）。

もちろん，これらは相互に排他的ではなく，同時に複数の事由に該当することもあります（詳しくはQ5参照）。

3 「正当な理由がないのに」「不当に」「正常な商慣習に照らして不当に」

(a) 独禁法2条9項各号ならびに一般指定各号には，「正当な理由がないのに」，「不当に」もしくは「正常な商慣習に照らして不当に」という用語のいずれかが盛り込まれていますが，そのいずれの用語が用いられているかにより解釈上の違いがあります。

(b) 「正当な理由がないのに」という用語が用いられている行為類型は，当該行為類型に外形上該当すれば，原則として公正競争阻害性があると評価されるもので，法定共同供給拒絶（2条9項1号），（供給を受ける場合の）共同の取引拒絶（一般指定1項），法定不当廉売（2条9項3号），法定再販売価格維持（2条9項4号）がこれに当たります。

(c) 一方，「不当に」あるいは「正常な商慣習に照らして不当に」という用語が用いられている行為類型では，当該行為類型に外形上該当しても，直ちに公正競争阻害性があるとは評価されず，当該行為の意図・目的と効果・影響を検討したうえで判断されます（ただし，一般指定12項の拘束条件付取引の中には「正当な理由がないのに」の行為類型にあてはまるものもあるとされています）。具体的には，行為の具体的な態様，商品の特性，流通取引の状況，行為者の市場における地位，集中度などの市場の状況などについて検討することになります。

なお，「流通・取引慣行に関する独占禁止法上の指針」（流通・取引慣行ガイドライン）（平成3年7月11日。最終改定平成27年3月30日）においては，「不当に」といえるか否かの判断の際の重点審査の指標として「市場における有力な事業者」

(市場シェア10％以上，又は順位が上位3位以内）による行為であるか否かの基準を用いています。

(d) 以下においては，行為類型ごとに，簡単に解説しますが，あわせて流通・取引慣行ガイドライン第1部及び第2部の該当する部分を示します。

4 法定の行為類型（課徴金の対象となるか否かについては**Q25**を参照）

(1) 法定共同供給拒絶（2条9項1号）

競争者と共同して，ある事業者に対する供給を拒絶したり，商品，役務の数量や内容を制限したり，あるいは他の事業者をして，そのような行為をさせるといった行為です。新規参入者の市場への参入を妨げたり，既存の事業者を市場から排除しようとすることを目的として行われることが多く，その結果，市場における競争が実質的に制限される場合には，不当な取引制限という強い違法類型に該当することになります。そのような程度に至らない場合であっても，一般に公正競争阻害性が認められますので，原則として不公正な取引方法に該当するものとされています（詳しくは**Q41**及び流通・取引慣行ガイドライン第1部第2参照）。

(2) 法定差別対価（2条9項2号）

地域又は相手方により差別的な対価をもって，商品又は役務を継続して供給し，他の事業者の事業活動を困難にさせるおそれがある行為です。差別対価とは，事業者が，地域（一般消費者が対象）又は相手方により，対価において格差を設ける行為を意味します。もっとも，競争者の価格に対抗して価格を引き下げたり，又は取引の相手方との価格交渉力に応じて価格を設定した結果，価格に違いが生じることは，価格競争を促進する効果をも有するものとされています（詳しくは**Q42**及び流通・取引慣行ガイドライン第2部2参照）。

(3) 法定不当廉売（2条9項3号）

事業者が，その商品あるいは役務を総販売原価（製造原価又は仕入原価に一般管理費と販売諸経費を加えた額）を著しく下回る対価で継続的に販売もしくは提供し，その結果他の事業者の事業活動を困難にさせるおそれのある行為です（詳しくは**Q44**及び流通・取引慣行ガイドライン第2部2参照）。なお，不当廉売に関して

は，「不当廉売に関する独占禁止法上の考え方」（平成21年12月18日公表。最終改定平成23年6月23日）をはじめとして，公取委は，いくつかのガイドラインを公表しています。

(4) 法定再販売価格維持（2条9項4号）

事業者が，相手方とその取引先との価格に制約を加える行為ですが，これを2つの類型に分けており，イでは相手方の販売価格を直接拘束する行為を禁止し，ロでは相手方に対して，相手方の販売先業者の販売価格を拘束させることを禁止しています。再販売価格の拘束は，原則的に公正競争阻害性があるものとされます（詳しくはQ48, Q49及び流通・取引慣行ガイドライン第2部第1，第2―5，第3―2，第4―2参照）。ただし，平成27年に一部改定された流通・取引慣行ガイドラインにおいて，一定の正当な理由がある場合には，違法とはならない旨が明記されました（Q8参照）。

(5) 法定優越的地位の濫用（2条9項5号）

取引上の地位が相手方に優越している事業者が，その地位を利用して相手方に対して，その事業活動を制限し，不利益を強要する行為です。優越的地位にあるとは，相手方にとって自己との取引の継続が困難になることが，事業経営上大きな支障をきたすため，著しく不利益な要請を行っても，相手方がこれを受け入れざるを得ないような場合をいいます。なお，特定の分野における優越的地位の濫用に関する法令等として，下請法，大規模小売業における特殊指定，新聞業における特殊指定があります。また，ガイドラインとしては，「役務の委託取引における優越的地位の濫用に関する独占禁止法上の指針」「大規模小売業者による納入業者との取引における特定の不公正な取引方法」があります（詳しくはQ52, Q53及び流通・取引慣行ガイドライン第1部第5―2，第6―2，第7―2，第2部第4―2，第5参照）。

5　一般指定の行為類型

(1) 共同の取引拒絶（共同ボイコット）（一般指定1項）

競争者と共同して，ある事業者から商品や役務の供給を受けることを拒絶し，あるいはそれらの数量や内容を制限し，もしくは他の事業者をしてそれら

の行為をさせるといった行為です。その他に関しては，上記**4**(1)と同じです。

(2) その他の取引拒絶（一般指定2項）

その他の取引拒絶とは，2条9項1号及び一般指定1項を除いたすべての取引拒絶行為を意味します。単独の取引拒絶の場合（事業者が単独で自己の直接の取引先との取引を拒絶する行為）及び取引先事業者に対して特定の事業者との取引を拒絶させる場合があります（詳しくは**Q41**及び流通・取引慣行ガイドライン第1部第2－3，4，第3，第4，第7－2，第7－3，第2部第1－2，第2－4参照）。

(3) 差別対価（一般指定3項）

法定差別対価（2条9項2号）は，昭和57年一般指定3項のうち，供給に係るものであって，継続して行われ，他の事業者の事業活動を困難にさせるおそれのある行為を対象としています。一般指定3項の対象は，法定差別対価に該当するもののほか，不当に地域又は相手方により差別的な対価をもって，商品もしくは役務を供給し，又はこれらの供給を受けることです。

(4) 取引条件等の差別的取扱い（一般指定4項）

事業者が，ある事業者に対し，対価を除く取引の条件又は実施について，有利又は不利な扱いをする行為です。取引条件としては，取引される商品又は役務の品質，内容，規格，取引数量，取引回数，取引時期，運送条件，引渡条件，決済条件，保証条件などのほか，リベート，販売促進費の支給などが対象となります。また，取引の実施には，商品の配送順序，市場情報の提供の有無など事実上取引に関して行われる取扱いが対象となります*2（詳しくは**Q43**，**Q55**及び流通・取引慣行ガイドライン第2部第1－2，第3－2参照）。

(5) 事業者団体における差別的取扱い等（一般指定5項）

事業者団体あるいは事業者の共同行為（3条後段に該当しない共同行為）により，事業者団体等からの除名，加入拒否等をしたり，差別的に取り扱う結果，その事業者の事業活動を困難にさせる行為です。この類型の差別的取扱いには，取引条件，取引実施等取引にかかるものについてだけでなく，共同事業の遂行，共同施設の利用，その他負担金，制裁措置などを含みます（詳しくは事業者団体ガイドライン参照）。

(6) 不当廉売（一般指定6項）

法定不当廉売（2条9項3号）は，昭和57年一般指定6項のうち，正当な理由

なく，供給に要する費用を著しく下回る対価で継続して供給するものを対象としています。したがって，①「供給に要する費用を著しく下回る対価で」単発的に，あるいは②供給に要する費用未満であり，かつ「供給に要する費用を著しく下回る対価」より高い対価で，継続して，商品又は役務を供給して他の事業者の事業活動を困難にさせるおそれがあるものなどが，一般指定6項の対象となります。

(7) 不当高価購入（一般指定7項）

事業者が，市場価格より著しく高い価格で商品又は役務を購入し，その結果他の事業者の事業活動を困難にさせるおそれのある行為です。

(8) ぎまん的顧客誘引（一般指定8項）

事業者が，自己の供給する商品や役務の内容（品質，企画，原産地，有効期限など）又は取引条件その他について，実際より，あるいは競争者のものより著しく優良又は有利であると顧客に誤認させて，自己と取引させようとする行為です（詳しくは**Q45**参照）。

(9) 不当な利益による顧客誘引（一般指定9項）

正常な商慣習に照らして不当な利益をもって，顧客を自己と取引させようとする行為です。例えば，商品の対価に比べて著しく高い景品をつけて販売するような行為ですが，証券会社が損失補塡を約して顧客との取引を維持した野村證券事件☆1はこの類型に違反するとされた事件です（詳しくは**Q45**参照）。

(10) 抱き合わせ販売等（一般指定10項）

事業者が，相手方（消費者を含む）に対して，その商品又は役務の供給に併せて，他の商品又は役務についても自己又はその指定する業者から購入させたり，あるいは自己又は指定する業者と取引することを強制する行為です（詳しくは**Q46**及び流通・取引慣行ガイドライン第1部第5—2参照）。

(11) 排他条件付取引（一般指定11項）

事業者が，取引の相手方に対して，自己の競争者と取引しないことを条件として取引し，その結果競争者の取引の機会を減少させるおそれのある行為です。買主に対し，自己の競争者から商品もしくは役務の供給を受けないことを条件として行う取引（専売店契約など），売主に対し，自己の競争者に商品・役務を供給しないことを条件として行う取引（一手販売契約など），及び取引関係

にある事業者が相互に相手方に排他的な取引条件を付す取引（一地域一専売店制など）があります（詳しくは**Q47**，**Q56**及び流通・取引慣行ガイドライン第1部第3，第4，第6，第7―3，第2部第2―2，5，第3，第4参照）。

⑿　拘束条件付取引（一般指定12項）

相手方の事業活動に何らかの拘束条件をつけて取引する行為です。拘束の対象には，相手方と第三者との取引に関する拘束と，第三者との取引にかかわらない相手方の事業活動に対する拘束とがあります。また，拘束の内容としては，価格（2条9項4号の法定再販売価格維持に該当しないもの。例えば買主が売主に対して，他の取引先に販売する価格を拘束したり，原材料の供給先に対し，最終製品の販売価格を拘束したりする場合）や取引先（一店一帳合制，安売り業者への販売制限など）などが主なものですが，その他に取引数量の制限，営業方法の制限などがあります（詳しくは**Q50**，**Q51**及び流通・取引慣行ガイドライン第1部第4，第5，第6，第2部第2，第3，第4参照）。

⒀　取引の相手方の役員選任への不当干渉（一般指定13項）

取引上の地位が相手方に優越している事業者が，その地位を利用して相手方に対して，相手方会社の役員（2条3項）の選任について指示したり，承認を受けさせたりする行為です。昭和57年一般指定14項1号～4号は法定優越的地位の濫用（2条9項5号）として法定化されました。一般指定13項は，昭和57年一般指定14項5号を取り出して，指定したものです。

⒁　競争者に対する取引妨害（一般指定14項）

自己又は自己が株主もしくは役員である会社と競争関係にある他の事業者の取引を妨害する行為です（詳しくは**Q54**参照）。

⒂　競争会社に対する内部干渉（一般指定15項）

競争関係にある会社の株主又は役員に対し，いかなる方法をもってするかを問わず，その会社の不利益となる行為をするように不当に誘引し，そそのかし，あるいは強制する行為です。

6　排除措置

(a)　公取委は，不公正な取引方法に該当すると認めた場合，独禁法第8章第

2節に規定する手続（詳細は**Q18**参照）に従って，一定の排除措置を命ずることができるとされています（20条）。公取委は，排除措置命令を下すに先立ち，事業者から意見申述及び証拠提出を受ける機会を設けています（処分前手続）。処分前手続の詳細については，**Q１**をご参照ください。

（b）排除措置として，①違反行為の停止，②契約条項の削除，③実効性確保手段，④保有株式の処分などが命じられます。

7　課徴金

前述のとおり，平成21年改正により，不公正な取引方法のうち，法定共同供給拒絶（20条の２），法定差別対価（20条の３），法定不当廉売（20条の４），法定再販売価格維持（20条の５）及び法定優越的地位の濫用（20条の６）の５つの類型が，課徴金の対象とされました。詳しい内容については，**Q25**を参照してください。

〔福井　琢〕

■判審決例■

☆１　平３・12・２勧告審決　集38―134。

■注　記■

＊１　新実務69頁。
＊２　厚谷・条解124頁。

12 知的財産権と独占禁止法

① 知的財産権と独占禁止法とはどのような関係にあるのでしょうか。
② 不正競争防止法と独占禁止法とはどのような関係にあるのでしょうか。

　独占禁止法21条は，知的財産権の権利の行使と認められる行為には独占禁止法を適用しないと規定しています。他方，ある行為が知的財産権の権利の行使とは認められない場合，その行為には当然ながら独占禁止法が適用されます。ところで，ある行為が外形上，知的財産権の権利の行使と認められるものであっても，その行為の目的，態様，競争に与える影響の大きさを勘案した結果，事業者に創意工夫を発揮させ，技術の活用を図るという知的財産制度の趣旨を逸脱し，又はこの制度の目的に反すると認められる場合には，その行為は，知的財産権の権利の行使とは認められず独占禁止法が適用されます。どのような場合に，知的財産権の権利の行使として認められ独占禁止法が適用されないか，又は権利の行使と認められず独占禁止法が適用されたうえ，問題があるとされるのかについて，公正取引委員会は，平成19年9月に「知的財産の利用に関する独占禁止法上の指針」を公表しています。

　不正競争防止法と独占禁止法は，ともに自由かつ公正な競争行為を確保する役割を果たしていますが，不正競争防止法は主に「競業の公正」を確保しようとする法律であり，他方，独占禁止法は主に「競業の自由」を確保しようとする法律であると理解されています。

Q12◆知的財産権と独占禁止法

☑**キーワード**

知的財産の利用に関する独占禁止法上の指針，権利の行使と認められる行為，権利の消尽，セーフハーバー，パテントプール，マルティプルライセンス，クロスライセンス，標準規格必須特許，FRAND宣言，不正競争防止法

解 説

1　知的財産制度と独占禁止法

　知的財産制度は，権利者が知的財産権の対象となっている発明，考案，意匠などを排他的に支配し，利用できるところに本質があります。そして，権利者は，知的財産権を排他的に支配し，利用できる権限を有することから，他の事業者による当該知的財産権の侵害行為に対して，これを排除し，ひいてはその事業者の事業活動を制限することができます。このようなことから，知的財産制度と独禁法とは抵触するものではないかとの考え方が出てきます。しかし，現在においては，知的財産制度と独禁法とは，双方とも競争を促進することを目的としており，互いに補完しあうものであると考えられています。知的財産制度は，新しい技術などが開発された場合，その開発者にその技術等を一定期間，排他的に支配・利用させることにより研究開発意欲を刺激し，新しい技術を利用した新製品を市場へ生み出し，またその技術を持つことによりある市場に新規参入することが可能となるなど，競争を促進する役割を果たします。知的財産の利用に関する独占禁止法上の指針（以下，本設問において「知財ガイドライン」といいます。このガイドラインについては，**巻末付録参照**）も「技術に係る知的財産制度は，事業者の研究開発意欲を刺激し，新たな技術やその技術を利用した製品を生み出す原動力となり得るものであり，競争を促進する効果が生ずることが期待される。また，技術取引が行われることにより，異なる技術の結合によって技術の一層効率的な利用が図られたり，新たに，技術やその技術を利

103

用した製品の市場が形成され，又は競争単位の増加が図られ得るものであり，技術取引によって競争を促進する効果が生ずることが期待される」としています（知財ガイドライン第1－1）。この競争促進的な効果は，技術にかかる知的財産権だけではなく，ブランドを保護し不正な競争行為を排除する機能を持つ商標権などにも当てはまります。

2　独占禁止法21条

　独禁法21条は，「この法律の規定は，著作権法，特許法，実用新案法，意匠法又は商標法による権利の行使と認められる行為にはこれを適用しない」と規定しています。その趣旨は，知的財産権は，他の事業者がその知的財産権を侵害した場合，「権利の行使」として侵害している他人の事業活動を排除することができることから，このような排除行為について独禁法を適用しないのは当然であることを確認した規定と解釈されています。

　そうであれば，侵害行為を排除することのできる，すなわち，差止めが認められる知的財産権についても上記の規定の適用があると解されています。

　この知的財産について，知的財産基本法2条は，「『知的財産』とは，発明，考案，植物の新品種，意匠，著作物その他の人間の創造的活動により生み出されるもの（発見又は解明がされた自然の法則又は現象であって，産業上の利用可能性があるものを含む。），商標，商号その他事業活動に用いられる商品又は役務を表示するもの及び営業秘密その他の事業活動に有用な技術上又は営業上の情報をいう」としています。

　上述のとおり，独禁法21条は，知的財産権の「権利の行使と認められる行為」には，独禁法は適用されないとしているわけですから，知的財産権法のもとで「権利の行使と認められない行為」には，当然，独禁法が適用されることになります。さらに知的財産権法のもとで，ある行為が形式的には「権利の行使と認められる行為」であっても，その行為が技術等の進歩を奨励し，それを活用するという知的財産制度の趣旨を逸脱し，又はその目的に反すると認められる場合には，やはり独禁法の適用があると解されています。知財ガイドラインも，「技術に権利を有する者が，他の者にその技術を利用させないようにす

る行為及び利用できる範囲を限定する行為は、外形上、権利の行使とみられるが、これらの行為についても、実質的に権利の行使とは評価できない場合は、同じく独占禁止法の規定が適用される。すなわち、これら権利の行使とみられる行為であっても、行為の目的、態様、競争に与える影響の大きさも勘案した上で、事業者に創意工夫を発揮させ、技術の活用を図るという、知的財産制度の趣旨を逸脱し、又は同制度の目的に反すると認められる場合は、上記第21条に規定される『権利の行使と認められる行為』とは評価できず、独占禁止法が適用される」としています（知財ガイドライン第2-1）。知的財産基本法も「知的財産の保護及び活用に関する施策を推進するに当たっては、その公正な利用及び公共の利益の確保に留意するとともに、公正かつ自由な競争の促進が図られるよう配慮するものとする」と規定しています（同法10条）。

3 知的財産の利用に関する独占禁止法上の指針

独禁法が適用される範囲について、何が「権利の行使として認められる行為」であり、何が「権利の行使と認められる行為と評価できない行為」であるのかについて、具体的な事例について判断することはそれほど簡単ではありません。

そこで、公取委は、以前から特許・ノウハウのライセンス契約に関する独禁法上の考え方について「国際的技術導入契約に関する認定基準」（昭和43年5月24日公表）、「特許・ノウハウライセンス契約における不公正な取引方法の規制に関する運用基準」（平成元年2月15日公表）及び「特許・ノウハウライセンス契約に関する独占禁止法上の指針」（平成11年7月30日公表）を策定していました。そして、平成19年には、知的財産のうち技術に関する権利を対象として、その利用にかかる制限行為について独禁法の適用に関する考え方を明らかにした「知的財産の利用に関する独占禁止法上の指針」（「知財ガイドライン」）（平成19年9月28日公表、最終改正平成28年1月21日）を策定しています。

(1) 知的財産の利用に関する独占禁止法上の指針の構成等

知財ガイドラインは、知的財産のうち技術に関するものを対象とするとしています。ここに技術とは、特許法、実用新案法、半導体集積回路の回路配置に

関する法律,種苗法,著作権法におけるプログラムの著作物及び意匠法における物品の形状にかかる意匠として保護される技術,ならびにノウハウとして保護される技術(非公知の技術的知識と経験又はそれらの集積であって,その経済価値を事業者自らが保護・管理するものを指し,おおむね,不正競争防止法上の営業秘密のうちの技術に関するもの)としています(知財ガイドライン第1―2―(1))。そして,知財ガイドラインは,技術の利用に関する制限行為として,①他の者に技術を利用させない行為,②他の者に技術を利用できる範囲を限定して許諾する行為及び③他の者に技術の利用を許諾する際に相手方が行う活動に制限を課す行為をあげ,これについて独禁法上の考え方を述べるとしています(知財ガイドライン第1―2―(2))。知財ガイドラインは,これらの行為について私的独占,不当な取引制限及び不公正な取引方法の観点から検討しています(知財ガイドライン第3及び第4)。特に不当な取引制限の観点からはパテントプール,マルチプルライセンス及びクロスライセンスを検討しています(知財ガイドライン第3―2)。

(2) 独禁法の適用に関する基本的な考え方

知財ガイドラインは,知的財産権の権利の行使と認められる行為については独禁法21条により,同法の適用はないとしている反面,その行為が知的財産制度の趣旨や目的に反している場合には,独禁法の適用があるとしています。また,権利の行使と認められるかどうかの判断にあたっては,権利の消尽にも留意する必要があるとしています。「権利の消尽」とは,ある技術に権利を有する者が,その技術を用いた製品を国内において自らの意思により適法に拡布した後は,他の者がそれを国内で取引する行為は,その技術に関する権利を侵害するものではないとする考え方です。したがって,「権利の消尽」をしている製品について,その取引に制限を課す行為は,一般の製品について制限を課す行為と何ら変わることがなく,独禁法の適用を受けます(知財ガイドライン第2―1)。

まず,技術の利用にかかる制限行為について独禁法上の評価をするため,原則として,その制限行為の影響の及ぶ取引を想定し,影響を受ける取引の行われる市場における競争が減殺されるか否かを検討します。知財ガイドラインは,この市場は技術市場とその技術を用いた製品市場であり,研究開発の市場は考慮しないとしています。そして,この市場の画定は,通常の製品又は役務

と異なることはなく，需要者にとっての代替性という観点から判断されます。ただし，技術市場については輸送面での制約が少なく，他の分野へ転用される場合もあり，現在取引されている市場以外の市場，例えば国際的な市場となることもあります（知財ガイドライン第2—2）。

次に，技術の利用にかかる制限行為が競争を減殺するか否かを判断するのにあたっては，制限行為の態様，その技術の用途や有力性，制限される当事者の市場におけるシェア・順位など，様々な事情を勘案します。そして，有力と認められる技術，例えば技術市場・製品市場において事実上標準となっている技術などは有力な技術となる場合が多く，このような技術に対する制限は，競争を減殺する程度が大きいといえます。反面，その技術を使用した製品のシェアが，市場において合計20％以下である場合，製品シェアが算出できない場合に事業活動に著しい支障を生ずることなく利用可能な代替技術に権利を持っている者が4以上存在する場合には，制限行為の競争減殺効果は軽微であると考えられます。すなわち，製品市場におけるシェアが20％以下，又は代替技術が他に4以上あることは，セーフハーバーとなります。ただし，カルテル行為，再販価格維持，研究開発活動の制限，改良技術の譲渡義務・独占的ライセンス義務を課すことなど一定の行為については，このセーフハーバーは該当しません（知財ガイドライン第2—3ないし5）。また，知財ガイドラインは，競争手段として不当か否か，自由競争基盤の侵害となるか否かを検討する場合には，このセーフハーバーの考え方は該当しないとしています。

(3) 私的独占の観点からの考え方

技術の利用にかかる制限行為が，他の事業者の事業活動を排除し，又は支配することにより，公共の利益に反して，一定の取引分野における競争を実質的に制限する場合は，その制限行為は，私的独占として独禁法違反となります。知財ガイドラインは，以下，3つのケースに分けて私的独占となるか否かを検討しています（知財ガイドライン第3—1）。

(a) 技術を利用させないようにする行為

ある技術に権利を有する者が，他の事業者に対しその技術のライセンスを与えない，又は差止請求訴訟を提起することは，権利の行使として認められる行為です。しかし，パテントプール（パテントプールとは，ある技術に権利を有する複

数の者が，それぞれが有する権利又はその権利につきライセンスする権利を一定の組織体に集中し，その組織体を通じてパテントプールの構成員等が必要なライセンスを受ける仕組みをいいます）を形成し，新規参入者やある特定の事業者に対し，合理的な理由なくライセンスを拒絶すること，多数の事業者が利用している有力な技術を取得し，他の事業者に対しライセンスを拒絶すること（横取り行為），自己が利用する予定もないのに競争事業者が利用する可能性のある技術を買い集め集積し，競争事業者に対しライセンスを拒絶すること（買い集め行為），技術の規格を他の事業者と共同で策定している場合に，自己の有する技術が規格の一部として採用された場合におけるライセンス条件を偽り，規格として採用させ，その後，その条件でのライセンスを拒絶することなどは，他の事業者の事業活動を排除する行為であり，競争の実質的な制限をもたらす場合は，私的独占として独禁法違反となります。

また，後述するように，FRAND宣言をした標準規格必須特許を有する者がFRAND条件でライセンスを受ける意思を有する者に対し，ライセンスを拒絶し，もしくは差止請求訴訟を提起し，又はFRAND宣言を撤回してライセンスを拒絶し，もしくは差止請求訴訟を提起することが当該規格を採用した製品の研究開発，生産又は販売を困難とすることにより，他の事業者の事業活動を排除する行為に該当する場合があることが知財ガイドラインに追加されました[*1]。

(b) 技術の利用範囲を制限する行為

ある技術に権利を有する者が，他の事業者に対し技術の利用範囲を限定してライセンスをすることは，権利の行使として認められる行為です。しかし，他の事業者に技術の利用範囲を守らせる行為は，ライセンシーの事業活動を支配する行為であり，知的財産制度の趣旨を逸脱し，又はその目的に反するような制限，例えば製造数量の上限を定め市場全体の供給量を制限するような場合で，競争の実質的な制限をもたらす場合には，その制限は私的独占として独禁法違反となります。

(c) 技術の利用に条件を付す行為

ある技術に権利を有する者が，その技術をライセンスする際に条件を付す行為（利用範囲の制限ではなく）は，知的財産権の権利の行使とはいえず，独禁法が

Q12◆知的財産権と独占禁止法

当然,適用されます。この条件の内容によっては,ライセンシーの事業活動を支配又は排除する行為となり,一定の取引分野における競争を実質的に制限する場合は,私的独占として独禁法に違反することとなります。例えば,製品の規格にかかる技術又はある製品市場において事業活動を行うのについて必須の技術を有する者が他の事業者へライセンスする際に,代替技術の開発を制限する行為又は代替技術の採用を禁止する行為は,原則としてそれぞれ支配行為又は排除行為に当たり,その取引分野における競争を実質的に制限する場合は私的独占として独禁法違反となります。また,ある技術についてマルティプルライセンス(マルティプルライセンスとは,ある技術を複数の事業者にライセンスすることをいいます)をし,そのライセンス許諾の条件として,各ライセンシーがその技術を用いて供給する製品の販売数量,販売先等を指示して守らせる行為は支配行為に該当し,その取引分野の競争を実質的に制限する場合は,私的独占として独禁法違反となります。

(4) **不当な取引制限の観点からの考え方**

技術の利用にかかる制限が,他の事業者と共同して,相互にその事業活動を拘束し又は遂行するものであり,一定の取引分野における競争を実質的に制限する場合は,不当な取引制限となり,独禁法違反となります。知財ガイドラインは,技術の利用にかかる制限行為が不当な取引制限となりやすい場合として,競争事業者間におけるパテントプール,マルティプルライセンス,クロスライセンス(クロスライセンスとは,技術に権利を有する複数の者が,それぞれ権利を相互にライセンスすることをいいます)における制限をあげています(知財ガイドライン第3―2)。

(a) **パテントプール**

パテントプールは,その方式を採用することにより,多数の権利者とライセンス交渉を行わなければならない手間,及びその結果としてライセンス料が高くなる傾向にあるという不利益を回避し,事業活動に必要な技術の効率的な利用を促進するという利点があります。したがって,パテントプール自体が不当な取引制限に該当するものではありません。しかし,パテントプールという方式を利用して,例えばパテントプールの構成事業者が以下のような制限を行い,その取引分野の競争を実質的に制限する場合は,不当な取引制限に該当し

独禁法違反となります。

 (i) 一定の技術分野において代替技術に当たる技術に権利を持つ者がパテントプールを通じてライセンスをし，ライセンス条件を共同で取り決めること。
 (ii) パテントプールの対象となっている技術の改良を相互に制限すること。
 (iii) ライセンスする相手方を相互に制限すること。
 (iv) 競争事業者間で，必要な技術を利用するためパテントプールを形成し，互いにライセンスを許諾するのと同時に，その技術を利用した製品を供給する価格，数量，供給先などを共同して取り決めること。
 (v) 競争事業者間で，必要な技術を利用するためパテントプールを形成し，他の事業者へは，このパテントプールを通じてのみ互いにライセンスすることとし，新規参入者や，このパテントプールに参加していない事業者へはライセンスしないと取り決めること。

(b) **マルチプルライセンス**

ある技術についてのマルティプルライセンスにおいて，以下のような制限を課すことは，各事業者の事業活動の相互拘束に該当し，一定の取引分野における競争を実質的に制限する場合，不当な取引制限となり独禁法に違反することとなります。

 (i) ライセンサー及び各ライセンシーが共通の制限を受けるとの認識のもとに，その技術の利用範囲，その技術を利用した製品の価格，販売数量，販売先等について制限すること。
 (ii) ライセンサー及び各ライセンシーが共通の制限を受けるとの認識のもとに，その技術の改良・応用研究を制限し，改良技術を生じた場合，その技術についてライセンスをする相手方，代替技術の採用等について制限をすること。

(c) **クロスライセンス**

ある技術について複数の事業者がクロスライセンスをし，かつこれらの事業者が一定の技術分野又は製品市場において合計して高いシェアを占める場合に，各事業者の事業活動について相互に制限を課すことは，パテントプールを形成し，各事業者の事業活動について相互に制限を課すことと同じような効果

を持ち，一定の取引分野における競争を実質的に制限する場合は，不当な取引制限となり独禁法に違反することとなります。以下の例などが，この制限に該当します。
　(i)　その技術を利用した製品の対価，数量，供給先について制限すること，他の事業者に対し，ライセンスを許諾しないと取り決めること。
　(ii)　技術の利用範囲を相互に制限し，各事業者の事業活動の範囲を制限すること。
　(5)　不公正な取引方法の観点からの考え方
　知財ガイドラインは，技術の利用にかかる制限行為を不公正な取引方法の観点から検討するのにあたり，その制限行為が不公正な取引方法に定める行為要件を満たし，かつ公正競争阻害性があるか（公正競争阻害性についてはQ5参照）との点から検討を行うとしています（知財ガイドライン第4−1−(2)）。そして，公正競争阻害性があるか否かは，知財ガイドライン第2−3に述べた競争減殺の分析方法に従い，①競争者等の取引機会を排除し，又は競争者の競争機能を直接的に低下させるおそれがあるか，②価格，顧客獲得等の競争そのものを減殺するおそれがあるかにより判断するとしています。なお，同ガイドラインは，①及び②の判断において具体的な競争減殺効果が発生することは要しないとしています。
　次に，公正競争阻害性については，①及び②の点からの判断に加えて，競争手段として不当かどうか，また自由競争基盤の侵害となるかどうかを検討すべき場合があります（知財ガイドライン第4−1−(3)）。例えば，自己が権利を有する技術の機能・効用について誤認させる行為などは，競争手段として不当であり（一般指定8項），ライセンサーの取引上の地位がライセンシーに対して優越している場合に，ライセンスをするのにあたりライセンシーに不当な不利益を課す行為は，自由競争基盤の侵害となります（2条9項5号）。なお，競争手段として不当か，自由競争基盤の侵害となるかの判断をする場合は，知財ガイドライン第2−5（セーフハーバー）の考え方は適用されません（知財ガイドライン第4−1−(3)）。
　(a)　**技術を利用させないようにする行為**
　ある技術に権利を有する者が，他の事業者に対しライセンスを拒絶する，又

は差止請求訴訟を提起することは，権利の行使と認められます。しかし，他の事業者にとり必須の技術であることを知りながら，この技術を取得したうえで，その事業者に対しライセンス拒絶をすること，ある技術についてライセンス条件を偽るなど不正な手段を使い自己の技術を採用させ，その後，採用した事業者が代替技術を採用できなくなった段階でライセンスを拒絶すること，ある技術が業界の標準技術となっているような場合に，ある特定の事業者に対し合理的な理由なくライセンスを拒絶することにより，競争者の競争機能を低下させ公正競争阻害性がある場合には，不公正な取引方法に該当します（知財ガイドライン第4—2）。

また，後述するように，FRAND宣言をした標準規格必須特許を有する者がFRAND条件でライセンスを受ける意思を有する者に対し，ライセンスを拒絶し，もしくは差止請求訴訟を提起し，又はFRAND宣言を撤回してライセンスを拒絶し，もしくは差止請求訴訟を提起することが当該規格を採用した製品の研究開発，生産又は販売を行う者の取引機会を排除し，又はその競争機能を低下させる場合があります。そのような行為が当該競争を実質的に制限するまでには至らず私的独占に該当しなくとも公正競争阻害性を有するときは不公正な取引方法に該当する（一般指定2項・14項）ことが知財ガイドラインに追加されました[*1]。

(b) **技術の利用範囲を制限する行為**

ある技術に権利を有する者が，全面的なライセンスを与えるのではなく，その一部をライセンス許諾することは，権利の行使と認められます（知財ガイドライン第4—3）。

(i) 権利の一部許諾　権利の区分許諾（例えば特許権のライセンスにおいて製造・販売・使用などのうちいずれかの権利のみをライセンス），技術の利用期間の制限，技術の利用分野の制限（例えば特定の製品のみについてライセンス）は，権利の行使と認められ不公正な取引方法に該当しません。

(ii) 製造にかかる制限　製造を行うことのできる地域を限定すること，最低製造数量・技術の最低使用回数を制限することは，権利の行使と認められ不公正な取引方法に該当しません。しかし，製造数量・技術の使用回数の上限を定める場合，市場全体の供給量を制限する効果がある場合には権利の行使とは

認められず，公正競争阻害性がある場合には，不公正な取引方法に該当します（一般指定12項）。

(iii) 輸出にかかる制限　輸出を禁止すること，輸出地域を制限することは，権利の行使と認められ不公正な取引方法に該当しません。輸出数量の制限は国内市場への還流を制限することとなる場合，ライセンサーの指定した者からのみ輸出する制限を課した場合は，公正競争阻害性があれば不公正な取引方法に該当し（一般指定12項），輸出価格を制限する場合は国内市場の競争に影響がある限り，不公正な取引方法に該当します（一般指定12項）。

(iv) サブライセンス　サブライセンス先を制限することは，権利の行使と認められ不公正な取引方法に該当しません。

(c) **技術の利用に関し制限を課す行為**

ある技術に権利を有する者が，それをライセンスする場合，その技術の機能・効用を保証するため，又は安全性を確保するため，ノウハウの場合は，その機密性を維持するため，種々の制限を付すことがあります。このような制限は，知的財産権において認められている権利とはいえないものが多く，当然，独禁法が適用されるものです。そして，これらの制限が合理的な目的で課されているのか，合理的な目的を持っていたとしてもその範囲を超えているのではないかを検討する必要があります。その結果，ある制限が合理性がなく公正競争阻害性があると判断された場合，その制限行為は不公正な取引方法に該当することになります（知財ガイドライン第4—4）。以下，不公正な取引方法となる行為か否かの観点から3つに分類して検討します。

(i) 原則として不公正な取引方法となるもの

㋐　ライセンスの対象商品の販売価格・再販売価格を制限すること（2条9項4号）。

㋑　ライセンス技術又はその競争技術に関し，ライセンシーが自ら又は第三者と共同して研究開発を行うことを禁止すること（一般指定12項）。ただし，ノウハウの漏洩・流失を防止するため必要な範囲で禁止する場合は，認められます。

㋒　ライセンシーが開発した改良技術について，ライセンサーもしくはライセンサーの指定する事業者へ譲渡する義務，又はライセンサーに独占的ラ

イセンス(権利者自身も実施できないライセンスをいいます)を許諾する義務を課すこと(一般指定12項)。
(ⅱ) 公正競争阻害性がある場合に不公正な取引方法となるもの
(ア) 合理的な範囲を超えて原材料・部品について品質・購入先を制限すること(一般指定10項・11項・12項)。
(イ) 販売にかかる制限
　(a) 国内において知的財産権が消尽している場合,及びノウハウライセンスの場合であって,ライセンスの対象製品の販売地域,販売数量を制限すること(一般指定12項)。
　(b) ライセンスの対象製品の販売相手先を制限すること(一般指定12項)。ただし,種苗法上の品種登録がされた種苗については,収穫物の生産にかかる権利の侵害を防止するためには,販売相手先の制限は認められます。
(ウ) 競争品の製造・販売又は競争者との取引を制限すること(一般指定2項・11項・12項)。ただし,ノウハウライセンスの場合で,そのノウハウの漏洩又は流用を避けるため必要な範囲でこれらの制限を課すことは認められます。
(エ) ライセンサーの権利の有効性について争わない義務(不争義務)を課すこと(一般指定12項)。
(オ) 独禁法上問題となる他の制限行為の実行手段として,ライセンシーに一方的に不利益な解約条件を付すこと(一般指定2項・12項)。
(カ) 計算の便宜上必要であるなどの合理的理由がない技術の利用と無関係なライセンス料を設定すること(一般指定11項・12項)。
(キ) 技術にかかる権利が消滅した後においても,利用について制限をし,又はライセンス料を課すこと(一般指定12項)。
(ク) 技術の効用を保証するために必要であるなどの合理性がないにもかかわらずライセンシーの求める技術以外の技術も一括してライセンスすること(一般指定10項・12項)。
(ケ) プラットフォーム機能(ある技術を前提として,他の技術,製品,サービス等が開発・提供される機能,例えばコンピュータにおけるOSなどをいいます)を有する

技術に，多数の応用技術が開発され競争が行われている技術をそのプラットフォーム機能を有する技術に取り込み，新たな当該技術のライセンスを受けざるを得なくすること（一般指定10項・12項）。
㈰ ライセンシーが有する，又は今後取得する知的財産権の全部もしくは一部を，ライセンサー又はライセンサーの指定する事業者に対し行使せず，もしくはライセンスする義務を課すこと（非係争義務）（一般指定12項）。
㈵ ライセンシーが開発した改良技術について，ライセンサーとの共有とする義務を課すこと（一般指定12項）。
㈶ ライセンシーの開発した改良技術について，ライセンシーに対し，ライセンサーの競争者などにライセンスしないなどライセンス先を制限すること（一般指定12項）。

(iii) 原則として不公正な取引方法とならないもの
㈰ 販売にかかる制限　ライセンサーがライセンシーに対して，特定の商標の使用を義務づける場合で，他の商標の併用を禁止しない場合。
㈪ ライセンス技術に関し最善実施努力義務を課すこと。
㈫ ノウハウについて契約期間中・契約期間後を通じて秘密保持義務を課すこと。
㈬ ライセンサーの権利について争った場合に，契約を解除すること。
㈭ ライセンシーの開発した改良技術について，ライセンシーが特許等の出願を希望しない地域・国において，ライセンサーに出願する権利を与える義務を課すこと。
㈮ ライセンシーが開発した改良技術が，ライセンスされている技術の利用なしには実施できない場合に，その改良技術を相当の対価でライセンサーへ譲渡する義務を課すこと。
㈯ ライセンシーの開発した改良技術について，ライセンサーへ非独占的ライセンスを許諾する義務を課すこと。
㈰ ライセンス技術についてライセンシーが利用する過程で取得した知識又は経験をライセンサーへ報告する義務を課すこと。

4 標準規格必須特許とFRAND宣言

先に記述しましたが、知財ガイドラインは、標準規格必須特許を有する者がFRAND宣言をした場合について、私的独占及び不公正な取引方法の観点からの考え方を追加しています。

(1) FRAND宣言とは

情報通信機器・デジタル家電など技術革新の速い分野では、新製品の市場を迅速に立ち上げ、その製品の需要を拡大させるために機器間の情報伝達方式や接続方法などについて規格を策定し、これを普及させる必要性があります。現在、多くの情報通信機器・デジタル家電分野の競争事業者間でこれらの規格を策定し、普及させる活動を行っています。この活動を標準化活動といいます(**Q68**参照)。この標準化活動において策定された規格は、標準規格と呼ばれています。そして、標準規格を実施するために必要な特許を必須特許と呼んでいます(知財ガイドラインは、この特許を「標準規格必須特許」と定義しています。知財ガイドライン第3—1—(1)オ)。

標準規格を策定する公的な機関や事業者団体(以下「標準化機関」といいます)は、標準規格必須特許の権利行使が規格を採用した製品の研究開発、生産又は販売の妨げになることを防ぎ、標準規格を広く普及させるために、標準規格必須特許のライセンスに関する取扱い等(IPRポリシーと呼ばれています)を定めています。

IPRポリシーでは、通常、規格の策定に参加する者に対し、標準規格必須特許の保有の有無と標準規格必須特許を他の者に公正、妥当かつ無差別な条件(fair, reasonable and non-discriminatory。FRAND条件又はRAND条件と呼ばれています)でライセンスする用意がある意思を標準化機関に対し文書で明らかにすること(FRAND宣言と呼ばれています)を求めています。また、IPRポリシーでは、FRAND宣言がされない場合には、標準規格必須特許の対象となる技術が規格に含まれないように規格の変更を検討することも定められています。

(2) FRAND宣言をした標準規格必須特許権者のライセンス拒絶をめぐる紛争

　FRAND宣言をした標準規格必須特許を有する者がライセンス拒絶をし、訴訟で争われた事案があります。

　米国アップル社の日本法人（後に米国アップル社が吸収）がサムスン（三星電子）に対して、アップル製品の生産、譲渡、輸入行為がサムスンの有する特許権を侵害しておらず、サムスンは不法行為に基づく損害賠償請求権を有しないことの確認を求めた事件（アップル対サムスン債務不存在確認請求事件）です[*2]。サムスンは、第3世代移動通信システムに関し、UMTSという標準規格の必須特許を有し、その標準化機関に対し、FRAND宣言をしていました。ところが、サムスンは、アップル日本法人に対し、必須特許に基づく差止仮処分命令を申し立てたため、アップル日本法人が債務不存在確認請求をしたものです。争点は多数ありますが、上記に関する部分の判示を紹介します。

　第1審[☆1]は、民法に契約締結準備段階における当事者の義務の明示規定はないが、契約交渉に入った者同士の間では、一定の場合には、重要情報を相手方に提供し、誠実に交渉を行うべき信義則上の義務を負うとしました。そのうえで、サムスンは、FRAND宣言した標準規格必須特許につき、FRAND条件でのライセンスを希望する者に対しては、FRAND条件でのライセンス契約締結に向けた交渉を誠実に行うべき義務を負い、アップル社にライセンス提示等がFRAND条件に従ったものかを判断するのに必要な情報を提供することなくアップル社の提示したライセンス条件に具体的対案を示さなかったことは誠実に交渉すべき信義則上の義務に違反するとし、ライセンス交渉過程の諸事情を総合するとアップル社に対する損害賠償請求権の行使は権利濫用で許されないとして、アップル社の請求を認容しました。なお、独禁法違反の主張もありましたが、その点の判断はありません。

　控訴審[☆2]は、本件FRAND条件のもとでのライセンス料相当額を超える部分について、損害賠償請求権を行使することは権利の濫用に当たるが、本件FRAND条件のもとでのライセンス料相当額の範囲内で同権利を行使することは権利の濫用に当たらないとして、一部変更しました。

(3) 知財ガイドラインの改正

　FRAND宣言をした標準規格必須特許を有する者が，FRAND条件でライセンスを受ける意思を有する者に対し，①ラインセンスの拒絶，②差止請求訴訟の提起，③FRAND宣言を撤回したうえでの①，②の行為を行うと，当該標準規格を採用した製品の研究開発，生産又は販売を困難にすることにより，他の事業者の事業活動を排除する場合があり，またその競争機能を低下させる場合があります。したがって，独禁法の観点からは私的独占や不公正な取引方法に該当するおそれがあることから，平成28年の知財ガイドライン改正により，FRAND宣言のもとでのライセンス拒絶・差止請求訴訟の考え方が追加されました（知財ガイドライン第3―1―(1)オ・第4―2―(4)）。

　また，知財ガイドラインは，自らFRAND宣言をした者の行為に限られず，FRAND宣言がされた標準規格必須特許を譲り受けた者や管理を委託された者の行為についても同様であるとしています。

　FRAND条件でライセンスを受ける意思を本当に有している者であるか否かは，特許権の権利の行使として正当であるか否かを判断する重要な要素となりますので，知財ガイドラインはその意思の認定を慎重にすべきものとし，ライセンス交渉における両当事者の対応状況等に照らして，個別事案に即して判断すべきものとしています。両当事者の対応状況の例としては，①具体的な標準規格必須特許の侵害の事実及び態様の提示の有無，②ライセンス条件及びその合理的根拠の提示の有無，③当該提示に対する合理的な対案の速やかな提示等の応答状況，④商慣習に照らして誠実に対応しているか否か，があげられています。

　なお，ライセンスを受けようとする者が標準規格必須特許の有効性，必要性又は侵害の有無を争うこと自体は，商慣習に照らして誠実にライセンス交渉を行っている限りは，FRAND条件でライセンスを受ける意思を有することを否定する根拠とはならないとしています。

5　知的財産権と独占禁止法をめぐる判審決例

(1) 私的独占に該当するとされた事例
(a) パラマウントベッド事件☆3

　日本において医療用ベッドを製造販売している事業者は，パラマウントベッド社ほか2社がありますが，パラマウントベッド社は，国及び地方公共団体が発注する病院向け医療用ベッドのほとんど全てを製造販売していました。東京都の財務局は，都立病院向け特定医療用ベッドの指名競争入札にあたり，原則として複数の製造業者の医療用ベッドが納入可能な仕様書を定めて入札を行っていました。また，その指名競争入札への入札参加者は，医療用ベッドを取り扱っている販売業者ですが，これら3社のベッド製造業者が調達先に含まれるようになっており，パラマウントベッド社は，この財務局発注の特定医療用ベットのほとんどを製造していました。そしてパラマウントベッド社は，東京都財務局が発注する特定医療用ベッドの仕様を定める際に，同社が実用新案権等の工業所有権を有している構造であることを伏せて，その構造を取り込んだ仕様を決定させました。また，パラマウントベッド社は，この特定医療用ベッドの入札において，入札参加販売業者の中からあらかじめ落札予定者及び落札予定価格を決め，落札予定者及び他の入札参加者に対して，それぞれ，入札すべき価格を指示しその価格で入札させていました。このようなパラマウントベッド社の行為について，公取委は，同社は財務局発注の特定医療用ベッドの指名競争入札にあたり，都立病院の入札事務担当者に対し，同社の医療用ベッドのみが適合する仕様書の作成を働きかけるなどによって，その医療用ベッドのみが納入できる仕様の入札を実現して，他の医療用ベッド製造業者の事業活動を排除することにより，また，落札予定者及び落札予定価格を決定するとともに，その落札予定者が当該落札予定価格で落札できるように入札に参加する販売業者に対して入札価格を指示し，指示した価格で入札させて，これら販売業者の事業活動を支配することにより，財務局発注の特定医療用ベッドの取引分野における競争を実質的に制限していることから，これらの行為は私的独占に該当し独禁法違反となるとしました。

第Ⅰ部◇独占禁止法のキーワード

(b) **北海道新聞事件**☆4

　北海道新聞社は，平成9年10月現在，北海道地区において一般日刊新聞朝刊の総発行部数の過半，函館市においては朝刊及び夕刊ともに総発行部数の大部分を占める日刊新聞を発行していました。他方，函館地区において，平成7年11月には函館新聞社が設立され，同新聞社は，平成9年1月から同地区において一般日刊新聞夕刊を発行しました。北海道新聞社は，函館新聞社の新聞発行事業の継続を困難にさせるため以下の対策をとりました。すなわち，北海道新聞社は，

(ⅰ)　地元紙であることを表す新聞題字を，函館新聞社に使用させないよう，自ら使用する具体的な計画がないにもかかわらず，「函館新聞」ほか9件の商標を出願し，

(ⅱ)　自己の契約する通信社に対し，函館新聞社には記事を配信しないよう求め，函館新聞社は，結局，当該通信社からの記事の配信を受けられず，

(ⅲ)　函館新聞社へ広告を出すと思われる企業に対し，自己の採算に合わない低い広告料金を設定して広告を掲載し，

(ⅳ)　自己の出資する地方テレビ局に対し，函館新聞社のテレビコマーシャルを放映しないように要請し，函館新聞社は，結局，このテレビ局を通じて自己のコマーシャルを放映することを断念せざるを得ないという対策をとりました。

　このような北海道新聞社の一連の行為について，公取委は，同新聞社は，函館新聞社の参入を妨害し，その事業活動を困難にする目的で，函館新聞社が使用すると目される複数の新聞題字の商標登録を出願し，その他函館対策と称する一連の行為をして，同社の事業活動を排除することにより，函館地区における一般日刊新聞の発行分野における競争を実質的に制限し，私的独占に該当し独禁法違反となるとしました。

(c) **日本音楽著作権協会（JASRAC）事件**

　㈳日本音楽著作権協会（以下「JASRAC」といいます）は，放送事業者に対し，その管理する楽曲全体について，その利用を包括的に許諾し，管理楽曲の使用回数に関係なく放送等使用料を一定額として徴収していました。しかも，JASRACは，1曲1回ごとの使用料を包括使用料の額に比して著しく高額に設

定していました。このような放送等使用料の徴収方式を採用すると，放送事業者がJASRAC以外の著作権管理事業者が管理する楽曲を放送に使用する場合，その放送事業者は，JASRACに支払う放送等使用料に加えて当該管理事業者へ使用料を支払うことになり，使用料の総額が増加することになります。したがって，その放送事業者は，JASRAC以外の著作権管理事業者が管理する楽曲を使用しなくなります。

公取委は，このようなJASRACの放送等使用料の徴収方式は，他の著作権管理事業者が放送等利用にかかる管理事業を営むことを困難とし，その事業活動を排除することにより管理楽曲の利用許諾分野における競争を実質的に制限することとなり，私的独占に該当し独禁法に違反するとして，排除措置を命じました。これに対し，JASRACが審判請求し，公取委は，本件市場における他の管理事業者の事業活動を排除する効果を有するものではなく，排除型私的独占には該当しないとして排除措置命令を取り消す審決☆5をしました。

そこで，JASRACの唯一の競争者が審決取消訴訟を提起し，JASRACが行訴法22条1項の第三者として参加しました。原審は，JASRACの行為は排除効果を有するとして，審決を取り消しました☆6。

これに対し，公取委が上告受理申立てをしましたが，最高裁は，これを受理したうえで，本件行為が排除効果を有し，原審の判断は是認しうるとして公取委の上告を棄却しました☆7。その理由として，最高裁は，JASRAQはその使用料規程において，放送事業者が個別徴収を選択した場合にはその年間の放送使用料の総額が包括徴収による場合に比して著しく多額となるような高額の単位使用料を定め，これによりほとんど全ての放送事業者が包括徴収による利用許諾契約の締結を余儀なくされ，放送使用料の金額の算定に管理楽曲の放送利用割合が反映されない包括徴収方式を採用して他の管理事業者の管理楽曲の利用を相当期間にわたり継続的に抑制していたと認定したうえで，JASRAQの行為は自らの市場支配力の形成，維持ないし強化という観点からみて正常な競争手段の範囲を逸脱するような人為性を有していたとしました。そして，音楽著作権管理事業が登録制に移行した後もJASRACとの間で当該包括許諾契約を締結しないことが放送事業者にとって想定し難い状況下で，JASRACの包括徴収方式により放送事業者は他の管理事業者の管理楽曲の利用を抑制したこ

と，抑制の範囲がほとんど全ての放送事業者に及ぶこと，その継続期間も相当長期間にわたることをあげ，他の管理事業者が放送事業者に対する管理楽曲の利用許諾分野へ参入することを著しく困難とする効果を有すると認定しました。

(2) 不当な取引制限に該当するとされた事例

(a) コンクリートパイル事件☆8

日本コンクリート工業ほか5社は，プレストレスト・コンクリートパイル（以下「パイル」といいます）を製造・販売していた会社ですが，パイル製造にかかわる有力な特許権及び実用新案権を有しており，他社はこの6社から実施許諾を受けなければパイルの製造ができない状況でした。これら6社は，協議のうえ，それぞれのパイルの出荷比率及び販売数量を定めるとともに，需要者が購買を目的として見積りの提出を求めてきた場合には，出荷比率を基準として受注予定者を決定していました。また，これら6社は，パイルの製造・販売について第三者へ実施許諾する場合には，6社の承認を要することとし，この承認は当該第三者が6社の協定を遵守することを条件としていました。このような各社の技術供与先を含めた出荷比率及び受注の割当方法に関する協定ならびに技術供与に関する条件を決定し実施していることは，パイルの販売分野における競争を実質的に制限しており，不当な取引制限に該当するとされました。

(b) 公共下水道用鉄蓋（日之出水道）事件☆9

本件は，福岡市及び北九州市発注の公共下水道用鉄蓋に関する2件からなる事案ですが，内容がほぼ同一であるため福岡市発注の件について記述します。福岡市は，その発注する下水道用鉄蓋の仕様を定めており，この仕様については日之出水道機器が実用新案を保有していました。福岡市は，この下水道用鉄蓋の製造業者を日之出水道機器ほか6社と定め，これらの製造業者へ下水道用鉄蓋を発注していたものです。日之出水道機器は，その保有する実用新案権を他の6社へ実施許諾するにあたり，実施許諾料として，自己が当該下水道用鉄蓋の総需要量の20%分を販売し，残りの80%を自己を含めた7社で均等配分し販売する取決めを提案し，他の6社は，この取決めに合意しました。日之出水道機器は，合意した販売数量比率は実用新案権の権利の行使として，総需要量の20%を自己へ，残りの80%を自己を含めた7製造事業者へ実施許諾料として

配分したと主張しました。しかし，公取委は，本件は絶対的な数量ではなく本件鉄蓋の年間の総需要量を配分割当てしており，相互に競争することなく決定した割当数量までは販売量が確保，保証されることとなり，日之出水道機器ら相互の販売数量競争を完全に排除することとなり，福岡地区における市型鉄蓋取引の競争を実質的に制限するものであり，独禁法2条6項に該当し，同法3条に違反することは明らかとして，不当な取引制限に該当するとしました。

(3) 不公正な取引方法に該当するとされた事例
(a) **マイクロソフト非係争条項事件**☆10等
マイクロソフト社は，同社のパーソナルコンピュータ基本ソフト「ウィンドウズシリーズ」（以下「ウィンドウズ基本ソフト」といいます）を日本のパーソナルコンピュータ製造メーカーに対し，そのパーソナルコンピュータ（以下「パソコン」といいます）にインストールして販売するライセンスを許諾していました。マイクロソフト社は，このライセンスを許諾するのにあたり，ライセンスを受けるパソコン製造メーカーとの間で，当該パソコン製造メーカーが有するパソコンAV技術（デジタル化された音声・画像をパソコン上で視聴できるようにする技術）に関する特許権をウィンドウズ基本ソフトが侵害していることを理由として，マイクロソフト社及び他のウィンドウズ基本ソフトのライセンシーに対して訴訟等を提起しない旨の条項が入った契約を締結していました。このような契約を締結していたことが，拘束条件付取引（一般指定12項）に該当し，独禁法違反とされました。本件は，審判で争われ審判審決がされています。本件審決は，ウィンドウズ基本ソフトが平成12年当時，パソコン基本ソフトにおいて約90％のマーケットシェアを有し，日本のパソコン製造メーカーは，この非係争条項を含んだライセンス契約の締結を余儀なくされたと認定しています。そして，この非係争条項の入った契約は，各パソコン製造メーカーとの間で平成13年1月1日以降，同16年7月31日まで継続されましたが，平成16年8月1日以降，当該非係争条項はライセンス契約から削除されました。しかし，当該非係争条項が適用された期間にライセンス許諾されたウィンドウズ基本ソフトにおける機能及び特徴部分につき，平成16年8月1日以降に許諾されるウィンドウズ基本ソフトが継承している場合には，その部分について当該非係争条項が適用されるとされていました。本件審決は，このような非係争条項はパソコン製造

メーカーによるパソコンAV技術の研究開発意欲を，平成13年1月1日から平成16年7月31日の期間だけでなく，それ以降も阻害する高い蓋然性があるとして，不当な拘束条件付取引（旧一般指定13項，現12項）であり不公正な取引方法に該当し独禁法違反となると認定したものです。

　また，平成21年度において，公取委は，非係争条項を含んだライセンス契約に関し，排除措置命令を出しました。この件は，クアルコム社が第三世代携帯電話に適用される通信規格CDMAにかかる知的財産権を携帯電話機製造メーカー等へライセンス許諾した事案に関するものです。このライセンス契約には，クアルコム社，同社からその知的財産権にかかる半導体等を購入している顧客及び当該知的財産権に関しライセンス許諾を受けているライセンシーに対し，契約相手方である携帯電話機製造メーカー等は，その有する知的財産権について権利主張しないとの非係争条項が含まれていました。公取委は，この条項について，不当な拘束条件（旧一般指定13項，現12項）に当たるとしてクアルコム社に対し排除措置命令を出しました☆11。本件は，現在，審判で争われています。

(b)　着うた事件

　音楽CD等の制作会社であるソニー・ミュージックエンタテインメントほか4社（以下「本件レコード制作会社」といいます）は，着うた提供事業を行うのにあたり，共同して設立したレーベルモバイル社に業務委託をして同事業を行い，他の着うた提供事業者に対しそのレコード原盤権（著作権法96条の2に定めるレコード制作者の専有する送信可能化権）の利用許諾をしなかったことが共同の取引拒絶による不公正な取引方法（旧一般指定1項，現独禁法2条9項1号）に該当し独禁法違反とされた事案です。着うた提供事業とは，CD等に録音された演奏を携帯電話の着信音として使用できるよう配信するサービスです。この配信サービスをするためには，楽曲等の利用許諾（これらは多くの場合，日本音楽著作権協会（JASRAC）へ利用許諾料を支払うことにより権利処理されます）のほか，当該CD等の制作者であるレコード制作会社からレコード原盤権の利用許諾を得る必要があります。いわゆる着メロ提供事業は，CD等に録音された演奏を着信音とするのではなく，楽曲を電子的に複製して配信するだけなので，JASRACへ利用許諾料を支払うだけで権利処理ができ，この点が着うた提供事業と異なるところ

です。本件レコード制作会社は，レーベルモバイル社以外，レコード原盤権の使用を認める第三者をどの範囲とするかなどの方針を5社の運営会議で検討し，着メロなど競合性の高い業務を行っておらず，5社のビジネスモデルを崩さない第三者であることなどを決めていました。また使用を認める場合でも，利用許諾ではなく業務委託の方式をとり，着うた配信料が値崩れしないよう使用を許諾する第三者を制限していたものです。なお，本件レコード制作会社の着うた配信による売上高合計は，着うた配信にかかる売上高の46％を占めていました。公取委は，これらの行為が共同の取引拒絶となり不公正な取引方法に該当するとして，平成17年3月24日に排除勧告を行いました。この排除勧告に対し，東芝イーエムアイ社を除く4社が審判を請求し，平成20年7月24日に審判審決がなされました。これに対し4社は，審決取消訴訟を提起し平成22年1月29日東京高裁において原告の請求を棄却する判決が出たものです☆12。この判決は，「ここにいう『共同して』に該当するためには，……行為者間相互に当該取引拒絶行為を共同でする意思すなわち当該取引拒絶行為を行うことについての『意思の連絡』が必要となるものと解すべきである。そして，この場合の『意思の連絡』とは，複数事業者が同内容の取引拒絶行為を行うことを相互に認識ないし予測しこれを認容してこれと歩調をそろえる意思であることを意味し，『意思の連絡』を認めるに当たっては，事業者相互間で明示的に合意することまでは必要ではなく，他の事業者の取引拒絶行為を認識ないし予測して黙示的に暗黙のうちにこれを認容してこれと歩調をそろえる意思があれば足りるものと解すべきである。」と述べ，「5社は，それぞれ，他の着うた提供事業者が価格競争の原因となるような形態で参入することを排除するためには他の着うた提供事業者への原盤権の利用許諾を拒絶することが有効であること……を相互に認識し，その認識に従った行動をとることを相互に黙示的に認容して，互いに歩調をそろえる意思であった，すなわち，5社には原盤権の利用許諾を拒絶することについて意思の連絡があったと認めることができるものである。」と認定しています。

　なお，商標権の権利の行使としての並行輸入品の差止め及び並行輸入品の販売を不当に阻害することに関する不公正な取引方法の問題については，**Q57**を参照ください。

6　不正競争防止法と独占禁止法

　不正競争防止法及び独禁法，特に不公正な取引方法に関する規定は，双方とも自由かつ公正な競争行為を確保する役割を果たしています。しかし，不正競争防止法は，「事業者間の公正な競争を確保」することに目的があり，他方，独禁法は，「公正かつ自由な競争を促進し，一般消費者の利益を確保する」ことに目的があります。不正競争防止法のもとでの不正な競争行為に対する救済は，当事者間の民事法的手段によるものであり，独禁法のもとでの不公正な取引方法に対する救済は，公取委という行政機関が競争を回復するために出す措置命令という行政措置です。このような両者の性格から，不正競争防止法は，事業者の営業活動における「競業の公正」を目的とするものであり，独禁法は，市場における「競業の自由」を目的とするといわれています。

〔渡邉　新矢〕

■判審決例■

☆1　東京地判平25・2・28判時2186—154。
☆2　知財高判平26・5・16判時2224—146。
☆3　平10・3・31勧告審決　集44—362（独禁百選（6版）28頁以下）。
☆4　平12・2・28同意審決　集46—144（独禁百選（6版）30頁以下）。
☆5　平24・6・12排除措置命令取消審決　集59—1—59。
☆6　東京高判平25・11・1判時2206—37。
☆7　最判平27・4・28判時2261—122。
☆8　昭45・8・5勧告審決　集17—86。
☆9　平5・9・10審判審決　集40—3・29。
☆10　平20・9・16審判審決　集55—380。
☆11　平21・9・28排除措置命令　集56—2—65。
☆12　東京高判平22・1・29集56—498。

■注　記■

＊1　知財ガイドラインが平成28年1月21日に改正され，標準規格必須特許とFRAND条件に関する部分が追加されました。
＊2　この事件に関し，知財高裁特別部（大合議部）は，標準化機関において定められ

た標準規格に必須となる特許についてFRAND宣言がされた場合の当該特許による差止請求権及び損害賠償請求権の行使に何らかの制限があるかについて，一般に情報又は意見を募集しました（判時2206―75）。

13 企業結合の規制❶―株式保有等

他の会社の株式を保有することについて，独占禁止法上どのような制限がありますか。また，以前に持株会社について一定の制限があると聞いたことがありますが，今はどうなっていますか。

　他の会社の株式を保有することは，企業結合形態のひとつであり，独占禁止法は，9条（事業支配力が過度に集中する会社の規制），10条（会社の株式保有規制），11条（銀行及び保険会社の議決権取得規制），14条（会社以外の者の株式保有規制）の各規定により制限を設けています。このうち，9条と11条は，事業支配力の過度の集中を防止するために設けられている一般集中規制であり，10条と14条は，当該市場の競争の実質的な制限といった効果をもたらすような場合を制限する市場集中規制です。

　現在では，持株会社も，通常の会社と同様の規制を受けるに過ぎず，事業支配力が過度に集中することとなる場合が禁止されています。

☑キーワード

企業結合，株式保有・株式取得，事業支配力の過度の集中，持株会社，企業結合ガイドライン，11条ガイドライン

解　説

1　独占禁止法上の企業結合・集中の規制

　企業結合に関しては，独禁法第4章に様々な制限規定が置かれています。これらの制限規定は，独禁法の禁止する三本柱，すなわち，私的独占，不当な取引制限及び不公正な取引方法の予防，あるいはそれらの禁止規定の補完を目的としています。

　企業集中規制は，通常，それぞれの規制の形態及び内容に応じて，一般集中規制（事業支配力の過度の集中の防止）と市場集中規制（競争の実質的な制限という効果をもたらす結合の防止）に分けられます。第4章の規定のうち，9条及び11条が前者に関する規定，10条及び13条ないし16条が後者に関する規定です。

　株式保有も企業結合のひとつの類型として規制の対象となります。なお，株式保有以外の企業結合のうち，役員の兼任，合併，分割，株式移転，事業譲受けならびに合弁事業に関する規制については**Q14**を参照してください。

2　事業会社の株式保有の制限

　(a)　会社（外国会社を含みます）は，次のいずれかに該当する場合には，他の会社（外国会社を含みます）の株式を取得し，又は所有してはなりません（10条1項）。

　①　株式の保有により，一定の取引分野における競争を実質的に制限することとなる場合

　②　不公正な取引方法により株式を保有する場合

　(b)　どのような場合に(a)①に該当するかについては，**Q37**を参照してください。また，(a)②の例としては，競争会社の株主もしくは役員を不当にそそのかしたり，強制したりして株式を取得したり，ボイコットや不当廉売により競争会社の営業活動に打撃を与え，その不振に乗じて株式を取得する場合などがあ

げられています*1。

3 株式取得に関する事前届出制度

(a) 公取委が前記**2**(a)①に該当することになるか否かを監視できるようにするため，一定の規模以上の株式取得には，公取委に対する事前の届出が必要です（以前は，事後報告制度でしたが，国際的な企業結合が増加し，欧米の制度と合わせる必要性が高まったことなどから，平成21年の独禁法改正により，事前届出制度に変更されました）。そして，事前届出受理の日から30日を経過するまでは当該届出に係る株式の取得をしてはならないという禁止期間が設けられています（10条8項本文）（ただし，必要がある場合には，公取委はこれを短縮できるとされており（10条8項ただし書），実務上は，届出の際に併せて，短縮を必要とする理由を説明した短縮願を提出することになります。また，届出受理後，公取委が株式取得の禁止期間内に審査に必要な報告，情報又は資料の提出を求めた場合には，届出受理後120日を経過した日と公取委が提出を要請した追加報告等を受理した日から90日を経過した日のいずれか遅い日までの期間が審査期間とされ，同期間内に「競争を実質的に制限することとなる」と判断された場合には，予定される排除措置の内容等を記載した事前通知がなされ，当事会社に意見陳述及び証拠提出の機会が与えられます（10条9項・49条5項）。反対に，独禁法上問題ないと判断された場合には，「排除措置命令を行わない旨の通知」がなされます（「私的独占の禁止及び公正取引の確保に関する法律第9条から第16条までの規定による認可の申請，報告及び届出等に関する規則」（以下「届出規則」といいます）9条））。

他方，どのくらい前から届出をすることが許されるかについて，法律上の制限は存在しませんが，提出日と予定日が1年以上離れているなど間隔が大きい場合には，その間に，市場の状況など競争条件に変化が生じるおそれがあるため，届出書の記載事項に変更があった場合には，届出規則7条3項に基づく変更報告書の提出が必要となります（重要な変更の場合には，届出規則7条4項に基づき改めて届出書を提出する必要があります）。なお，株式取得計画の届出を行った当事会社は，公取委の調査の有無にかかわらず，株式取得後に改めて完了報告書を提出しなければなりません（届出規則7条5項）。

(b) 事前届出を要するとされているのは，次の①〜③のすべてを満たす場合

です（10条2項，施行令16条）。

① 他の会社の株式を取得しようとする側（株式取得会社）　ある会社が属する企業結合集団（ある会社の親会社のうち他の会社の子会社になっていない会社（これを最終親会社といいます）及びその子会社から成る集団をいいます）全体の国内売上高を合計した額が，200億円を超える会社。

② 株式を取得される側（株式発行会社）　当該会社及びその子会社の国内売上高を合計した額が50億円を超える会社。

③ 議決権の割合　株式取得後に，株式取得会社の企業集団全体で，株式発行会社の株式に係る議決権を20％又は50％を超えて取得する場合。例えば，初めて株式発行会社の株式を議決権の20％を超えて取得しようとする場合はもちろんのこと，これまで議決権の15％を所有していた場合に，さらに7％取得して22％になるといった場合などが当てはまります（40％所有から15％取得して55％になるといった場合も同様です）。逆に，既に30％保有している会社がさらに15％取得して45％になるといった場合には，届出は不要です。なお，企業集団内部で株式が移動しても，企業集団全体としての保有割合には変更がないことから，同一企業集団に属する他の会社の株式に係る議決権を取得することは，そもそも届出の対象外とされています。

(c) 上記①～③における親会社，子会社の定義については，平成21年の独禁法改正により，従来の形式基準から会社法と同様の実質支配力基準に変更されています（10条6項・7項，届出規則2条の9）。

(d) また上記①における株式取得会社の企業結合集団の国内売上高とは，基本的には，企業結合集団に属するそれぞれの会社等の国内売上高の合計から相互間取引に係る国内売上高を相殺消去したものですが，連結財務諸表提出会社の場合には，その売上高から海外売上高を控除するなどして算出した金額を利用することもできるとされています（届出規則2条の2・2条の3）。また上記②における株式発行会社及びその子会社の国内売上高も，株式保有会社の企業結合集団の国内売上高と同様の算定方法となっています（届出規則2条の4・2条の5）（公正取引710号11頁以下）。

(e) 株式取得に関する計画届出書の様式，提出することを求められる添付資料等については，届出規則2条の6に規定されています。なお，合併又は分割

により株式を取得することになる場合には，それらの届出において，当該株式取得に関する事項を記載すれば，別途株式取得に関する計画届出書を提出する必要はありません。

(f)　なお前記(b)①～③の要件に該当する場合でも，次のような場合には，届出が免除されます（10条2項ただし書，届出規則2条の7）。

① 　株式の分割又は併合や株式無償割当てなどのように，株式保有会社の意思に関係なく，株式発行会社の意思や客観的条件の成就等によって取得する場合（届出規則2条の7第1号～3号）

② 　親会社のない投資事業有限責任組合の非業務執行組合員等となり，組合財産として株式を取得する場合（届出規則2条の7第4号・5号）

③ 　信託に係る株式について，投資一任契約の相手方である投資運用業者や受託者である信託銀行の投資判断により株式を取得する場合（届出規則2条の7第6号・7号）

4　「一定の取引分野における競争を実質的に制限することとなる」とされた事例

(a)　前記 **2**(a)①に違反するとされた事件としては，日本楽器事件[☆1]があります。この事件は，楽器類の製造販売を業とする日本楽器（全国生産シェアが，ピアノ54％，オルガン64％，ハーモニカ28％でいずれも1位）が，自己と競争関係にある河合楽器（同じくピアノ16％，オルガン13％，ハーモニカ7％）の発行済株式総数の24.5％に当たる51万5,000株を取得し，これを自社の材料購入取引先企業に，その後の増資新株とあわせて引き取らせたという事案です。この事案において，公取委は「日本楽器は，自己と競争関係にある河合楽器の株式を間接に所有しており，これによって，ピアノ，オルガン，ハーモニカの製造販売分野における競争を実質的に制限することとなる。」として，独禁法10条1項及び同法17条（9条から16条までに該当する行為の脱法行為を禁止した規定）に違反するものと判断し，日本楽器に対して，取引先企業に取得させた河合楽器の株式のうち，30万株を超える部分を直ちに処分するよう命ずる等の排除措置を命じました。

(b)　このほか，10条1項の規制に違反するとされた審決例はそれほど多くあ

りませんが，公取委が年1回発表している「主要な企業結合事例」によれば，以下に述べる届出前相談（平成23年7月1日以前は事前相談）を通じて，株式取得を断念したり，一定の条件を付されるといった相談事案のあることがわかります（公取委HP参照）。

5 届出前相談

公取委は，平成23年6月14日に「企業結合審査の手続に関する対応方針」を公表し，それまでの事前相談制度を廃止し，平成23年7月1日以降は，任意の届出前相談という形で当事会社からの相談を受け付けることになりました。届出前相談においては，届出書の記載方法等（例えば，国内市場における地位を記載する前提となる「一定の取引分野」に関する公取委の考え方）について相談することができます。ただし，あくまで任意の制度ですので，届出前相談を行わなかったとしても，届出後の審査において不利益に取り扱われることはないとされています。

6 銀行又は保険会社の議決権保有の制限

(a) 銀行業又は保険業を営む会社（外国会社を含みます）は，国内の会社の議決権を，その会社の総株主の議決権の5％（保険会社の場合は10％）を超えて取得又は所有してはならないとされています（11条1項）。このように，銀行又は保険会社の議決権保有が，議決権比率5％（保険会社の場合は10％）という客観的な基準のみにより一律に制限され，事業会社の株式保有の場合のように実質的な要件が設けられていないのは，銀行や保険会社は大きな資金力により他の会社を支配することが容易であること，過去において銀行等を中心とした財閥等の弊害が生じていたことなどを理由とします。また，議決権比率5％を超えて株式を所有することとなる場合には，株式を新たに取得する場合だけでなく，発行会社の増資を引き受けたり，減資の結果として5％（保険会社の場合は10％）を超える場合も含まれます。

なお，平成14年の独禁法改正前は，本規定による規制の対象は，金融会社と

され，銀行及び保険会社のほか，信託業，無尽業，証券業を営む会社も含まれていました。

(b) 独禁法11条の制限には，次のような例外が認められています。

① 独禁法11条1項1号ないし6号に該当する場合

例えば，担保権の実行により株式を取得したり，発行会社の自己株式の取得により5％（保険会社の場合は10％）を超えることとなる場合などです。これらのうち，6号は，平成14年の独禁法改正により新たに追加された規定です。具体的には，デットエクイティースワップなどが，他の国内の会社の事業活動を拘束するおそれがない場合として，「私的独占の禁止及び公正取引の確保に関する法律第11条第1項第6号に規定する他の国内の会社の事業活動を拘束するおそれがない場合を定める規則」（平成14年公取委規則8号）において規定されています。

ただし，1項1号ないし3号及び6号の場合には，1年を超えて5％超の持株比率となる場合は，1年を超える前に公取委の認可を得なければなりません（11条2項）。

② あらかじめ公取委の認可を受けた場合

公取委は，平成14年11月12日に「独占禁止法第11条の規定による銀行又は保険会社の議決権の保有等の認可についての考え方」（以下「11条ガイドライン」といいます）を公表し，どのような場合に認可を受け得るかを明らかにしています（最終改正は平成26年4月1日）。

11条ガイドラインによれば，以下のような場合に独禁法11条1項ただし書による認可を受けることができるとされています。

㈦ 銀行又は保険会社間の合併等による議決権保有割合の増加　本来は合併等の期日までに基準を超える部分の議決権を処分することが原則ですが，下記のいずれかに該当する場合には，一定の期限を付して，認可することとされています。

・株式発行会社の業績が不振であり，議決権保有が信用を維持するために必要であると認められる場合
・基準超過額が大きく，市場での売却に相当の期間を要すると考えられる場合

- 当該株式が上場されていない等により市場での売却が困難で，かつ基準超過額が大きく，売却に相当の期間を要すると考えられる場合
- 以下の会社に該当する場合（原則3年間（中小企業の場合は原則5年間）の条件付）
  (1) 特定調停が成立している会社
  (2) 民事再生計画認可の決定を受けている会社
  (3) 会社更生計画認可の決定を受けている会社
- 投資事業有限責任組合の有限責任組合員となり，組合財産として株式を取得又は所有する場合（ただし，一定の期限付，かつ議決権を行使できない場合その他いくつかの要件が満たされる場合に限られます）
- 投資事業を営む民法上の組合の組合員となり，組合財産として株式を所有等する場合（ただし，一定の要件があります）

(イ) その他（個別認可）　以下の3点を考慮して，個別に認可の可否を検討するものとされています。
- 申請会社による議決権の保有等の必要性
- 当該議決権の保有等による申請会社の事業支配力増大のおそれの有無及びその程度
- 株式発行会社の属する市場における競争への影響

7　会社以外の者の株式保有

　会社以外の者による株式保有についても，前述した事業会社の株式保有の場合と同じく，**2**(a)①，②のいずれかに該当する場合には，他の会社（外国会社を含みます）の会社の株式を取得し，又は所有することが禁止されています（14条）。

　「会社以外の者」とは，会社以外の法人，個人その他をいい，財団法人，会社以外の社団法人，権利能力なき財団又は社団，地方公共団体，公団，公庫，金庫，組合等が含まれ，事業者であるか否かを問いません[*2]。

　なお，平成10年の独禁法の改正により，独禁法14条2項が削除され，会社以外の者の株式所有報告制度は廃止されました。

8 事業支配力が過度に集中することとなる会社の設立及び転化の禁止

　平成9年に独禁法9条が改正されるまでは，純粋持株会社（その事業活動として純粋に他社の事業活動の支配のみを行う会社）は一律全面的に禁止され，事業兼営持株会社（その事業活動として純粋に他社の事業活動を支配するほか，自ら生産・販売その他の事業活動をも行う会社）のみが認められていました。

　しかしながら，この規定は，独禁法が昭和22年に制定されて以来改正されていなかったため，国際競争に対応し，わが国経済の構造改革を進め，事業者の活動をより活発にする等の観点から，経済界を中心に改正の要望が強くなり，平成9年に，純粋持株会社を一律全面的に禁止するのではなく，「事業支配力が過度に集中することとなる」持株会社のみを禁止する内容に改正されました。さらに，このような独禁法の改正を受けて，持株会社の設立方式について，従来は抜け殻方式，買収方式，第三者割当増資方式などの方法によってしか持株会社化できなかったところ，平成11年の商法改正により株式交換制度及び株式移転制度が創設され，現在の会社法に受け継がれています。

　ところが，さらに平成14年の独禁法改正により，再び独禁法9条が改正され，持株会社であろうとなかろうと，「事業支配力が過度に集中することとなる会社」を設立したり（9条1項），そのような会社に転化すること（9条2項）が禁止されることになりました。また同時に，①持株会社，②銀行業，保険業もしくは第1種金融商品取引業を営む会社，③その他の事業会社ごとに，当該会社及びその子会社にかかる総資産基準額を設け，これに該当する会社は，公正取引委員会に報告・届出をしなければならないものとされました（9条4項，施行令15条，私的独占の禁止及び公正取引の確保に関する法律第9条から第16条までの規定による認可の申請，報告及び届出等に関する規則1条の2～1条の4）。

　どのような場合に独禁法9条1項，2項の「事業支配力が過度に集中することとなる」という要件に該当するかについては，独禁法9条3項に規定されており，次の3つの要件を充足する場合であるとされます。

　①　会社グループの形態が次のいずれかに該当すること
　ア　総合的事業規模が相当数の事業分野にわたって著しく大きいこと

イ　資金に係る取引に起因する他の事業者に対する影響力が著しく大きいこと
ウ　相互に関連性のある相当数の事業分野においてそれぞれ有力な地位を占めていること
② 　国民経済に大きな影響を及ぼすこと
③ 　公正かつ自由な競争の促進の妨げとなること

　具体的な判断基準については，公取委が平成14年11月12日に公表した「事業支配力が過度に集中することとなる会社の考え方」（最終改定平成22年1月1日）を参照してください。

〔福井　琢〕

▋判審決例▋

☆1　昭32・1・30勧告審決　集8—51。

▋注　記▋

＊1　厚谷・条解347頁。
＊2　新実務236頁。

第Ⅰ部◇独占禁止法のキーワード

 企業結合の規制❷―株式保有等以外

　役員の兼任，合併，会社分割，株式移転，事業譲受けあるいは合弁事業といった企業結合については，独占禁止法上どのような規制があるのですか。

　役員の兼任，合併，会社分割，株式移転，事業譲受けあるいは合弁事業といった企業結合は，いずれも，関係当事会社の商品あるいは役務の市場における競争を実質的に制限する効果をもたらす可能性があります。このため，独占禁止法は，そのような効果をもたらす企業結合やこれらの行為が不公正な取引方法を手段としてなされることを禁止しています。また，これらの行為を監視する必要から，合併，会社分割，株式移転，事業譲受けあるいはこれらの要素を有する合弁事業に関して，一定の基準に該当する場合には，公正取引委員会に対して，届出をするよう義務づけています。

☑キーワード

　企業結合，役員兼任，合併，会社分割，株式移転，事業譲受け，合弁事業

Q14◆企業結合の規制❷―株式保有等以外

解 説

1 独占禁止法上の企業結合・集中の規制

Q13**1**にも解説されているとおり，いわゆる企業結合に関しては，独禁法第4章において様々な規制が設けられており，設問にあげられた各種の行為は，いずれも企業結合のひとつの類型として規制を受けます（他の企業結合の類型のうち，株式保有に関する規制等（事業支配力が過度に集中することとなる会社に関する規制を含む）については，**Q13**参照）。

2 役員の兼任

(a) 会社（外国会社を含みます）の役員又は従業員は，一定の取引分野における競争を実質的に制限することとなる場合には，他の会社（外国会社を含みます）の役員の地位を兼ねてはならないとされています（13条1項）。また，会社は不公正な取引方法により，自社と国内において競争関係にある他の会社に対し，自社の役員がその会社の役員もしくは従業員の地位を兼ね，又は自社の従業員がその会社の役員の地位を兼ねるべきことを強制してはならないとされています（13条2項）。

上記の「役員」とは，理事，取締役，業務を執行する無限責任社員，監事，監査役もしくはこれらに準ずる者（相談役，顧問，参与等の名称で，事実上役員会にも出席し，法律上の役員とほとんど同一の機能をもって会社の経営に実際上参画している者などをいいます*1），支配人又は本店もしくは支店の事業の主任者（商法上の支配人ではないが営業本部長とか支店長等の名称で，本店又は支店の営業全般を総括的に処理する地位にある商業使用人をいいます*2）をいうとされています（2条3項）。また「従業員」とは，継続して会社の業務に従事する者であって役員以外の者をいうとされています（13条1項の括弧書）。

(b) どのような場合に一定の取引分野における競争の実質的制限をもたらす

(c) 実際に13条に違反するとされた事例としては，広島電鉄事件[☆1]があります。この事案は，広島市内において市電及びバス事業を営む広島電鉄が，同じく市内でバス事業を営む広島バス（広島市内の市電，バス事業を営むのは両者のみ。他の8社の郊外線は代替手段とならない）の取締役3名の所有する広島バス株式の譲渡の申出に応じ，その結果広島バスに対する持株比率が約85％となり，広島バスの取締役5名中3名，監査役1名中1名を自社の役員及び従業員に兼務させたというものですが，公取委は「広島市の主要な地域における軌道及び乗合バスによる旅客運送分野の競争を実質的に制限することとなる」と判断し，独禁法10条1項前段（株式保有の制限）及び13条の規定に違反するとして，広島電鉄に対し，広島バスの株式8万5,000株の処分，及び兼務役員の辞任を命じました。

(d) また，「平成9年度における主要な企業結合事例」には，Y製品の有力な製造・販売業者であるF社が，その発行済株式総数の約30％（株主順位第2位）の株式を保有しており，競争激化により経営が悪化していた同業者G社の再建・安定化を図るため，同社に役員2名を派遣したとの事案が紹介されています。この事案において公取委は，F社が，G社に役員を派遣し，同社の発行済株式総数の約30％に相当する株式を保有することによりF社とG社の間に結合関係が生じており，Y製品の製造・販売分野における競争を実質的に制限することとなるおそれがある旨の指摘を行い，その結果，F社は，公取委に対してG社に対する持株比率を25％未満に引き下げ，役員兼任関係を解消する旨回答しました。

(e) なお，平成10年の独禁法の改正により，独禁法13条3項が削除され，役員兼任届出制度は廃止されました。

3 合　　併

(a) 会社（外国会社を含みます）の合併（吸収合併か新設合併かを問いません）は，次のいずれかに該当する場合には禁止されます（15条1項）。

① 当該合併によって一定の取引分野における競争を実質的に制限すること

となる場合

② 当該合併が不公正な取引方法によるものである場合

なお，どのような場合に「一定の取引分野における競争を実質的に制限することとなる」か，及び具体例については，**Q4**，**Q6**，**Q37**を参照してください。

合併は複数の会社が一つの法人となるため，最も強固な企業結合類型であり，他の類型に比べて問題とされる範囲が広いと解されています。

(b) 合併に関して事前に届出を要するのは，次の①及び②の両方の要件を満たす場合です（15条2項，施行令18条）。合併に関する計画届出書の様式，提出することを求められる添付資料等については，「私的独占の禁止及び公正取引の確保に関する法律第9条から第16条までの規定による認可の申請，報告及び届出等に関する規則」（以下「届出規則」といいます）5条に規定されています。なお，すべての合併会社が同一の企業結合集団に属する場合には届出は不要です（15条2項ただし書）。

① 合併当事会社の一方　当該会社が属する企業結合集団（ある会社の親会社のうち他の会社の子会社になっていない会社（これを最終親会社といいます）及びその子会社から成る集団をいいます）全体の国内売上高を合計した額が，200億円を超える会社。

② 合併当事会社の他方　当該企業結合集団全体の国内売上高を合計した額が，50億円を超える会社。

(c) 上記の事前届出を要する合併の場合には，合併の届出受理の日から30日を経過するまでは合併してはならないとされています（合併の禁止期間。15条3項・10条8項～10項）。ただし，必要がある場合には，公取委はこれを短縮できるとされており（15条3項・10条8項ただし書），実務上，届出の際に併せて，短縮を必要とする理由を説明した短縮願を提出することになります。また，届出受理後，公取委が合併の禁止期間内に審査に必要な報告，情報又は資料の提出を求めた場合には，届出受理後120日を経過した日と公取委が提出を要請した追加報告等を受理した日から90日を経過した日のいずれか遅い日までの期間が審査期間とされ，同期間内に「競争を実質的に制限することとなる」と判断された場合には，予定される排除措置の内容等を記載した事前通知がなされ，

当事会社に意見陳述及び証拠提出の機会が与えられます（15条3項・10条9項・49条5項）。反対に，独禁法上問題ないと判断された場合には，「排除措置命令を行わない旨の通知」がなされます（届出規則9条）。

他方，どのくらい前から届出をすることが許されるかについて，法律上の制限は存在しませんが，提出日と予定日の間隔が大きい場合には，その間に，市場の状況など競争条件に変化が生じるおそれがあるため，実務上は，予定日から遡って6か月を超えない場合に受理されています。

なお，合併の届出を行った当事会社は，公取委の調査の有無にかかわらず，合併の効力が生じた後に，改めて完了報告書を提出しなければなりません（届出規則7条5項）。

4 会社分割

（a）会社（外国会社を含みます）の共同新設分割又は吸収分割は，次のいずれかに該当する場合には禁止されます（15条の2第1項）。
① 当該共同新設分割又は吸収分割によって一定の取引分野における競争を実質的に制限することとなる場合
② 当該共同新設分割又は吸収分割が不公正な取引方法によるものである場合

なお，どのような場合に「一定の取引分野における競争を実質的に制限することとなる」かについては，**Q37**，**Q4**，**Q6**を参照してください。

（b）独禁法15条の2第2項，3項及び施行令19条には，共同新設分割と吸収分割の場合に分けて，公取委に対する事前届出を要する範囲についての詳細な規定が設けられています。なお，以下の基準に該当する場合であっても，すべての共同新設分割あるいはすべての吸収分割をしようとする会社が，同一の企業結合集団に属する場合に，届出が不要とされる点は合併の場合と同じです（15条の2第2項ただし書・3項ただし書）。また，共同新設分割又は吸収分割に関する計画届出書の様式，提出することを求められる添付資料等については，届出規則5条の2に規定されています。
① 共同新設分割

ア　いずれかの全部承継会社が属する企業結合集団全体の国内売上高合計額が200億円を超える場合で，かつ他のいずれかの全部承継会社が属する企業結合集団全体の国内売上高合計額が50億円を超える場合

イ　いずれかの全部承継会社が属する企業結合集団全体の国内売上高合計額が200億円を超える場合で，かついずれかの重要部分承継会社の承継対象部分に係る国内売上高が30億円を超える場合

ウ　いずれかの全部承継会社が属する企業結合集団全体の国内売上高合計額が50億円を超える場合で，かついずれかの重要部分承継会社の承継対象部分に係る国内売上高が100億円を超える場合

エ　いずれかの重要部分承継会社の承継対象部分に係る国内売上高が100億円を超える場合で，かつ他のいずれかの重要部分承継会社の承継対象部分に係る国内売上高が30億円を超える場合

② 吸収分割

ア　いずれかの全部承継会社が属する企業結合集団全体の国内売上高合計額が200億円を超える場合で，かつ承継会社が属する企業結合集団全体の国内売上高合計額が50億円を超える場合

イ　いずれかの全部承継会社が属する企業結合集団全体の国内売上高合計額が50億円を超える場合で，かつ承継会社が属する企業結合集団全体の国内売上高合計額が200億円を超える場合

ウ　いずれかの重要部分承継会社の承継対象部分に係る国内売上高が100億円を超える場合で，かつ承継会社が属する企業結合集団全体の国内売上高合計額が50億円を超える場合

エ　いずれかの重要部分承継会社の承継対象部分に係る国内売上高が30億円を超える場合で，かつ承継会社が属する企業結合集団全体の国内売上高合計額が200億円を超える場合

(c)　なお，共同新設分割又は吸収分割によって事業の重要部分を分割する場合における「重要部分」とは，「事業を承継しようとする会社〔筆者注：譲り受ける側〕ではなく，事業を承継させようとする会社にとっての重要部分を意味し，当該承継部分が一つの経営単位として機能し得るような形態を備え，事業を承継させようとする会社の事業の実態からみて客観的に価値を有していると

認められる場合に限られる。このため、『重要部分』に該当するか否かについては、承継される事業の市場における個々の実態に応じて判断されることになるが、事業を承継させようとする会社の年間売上高（又はこれに相当する取引高等。以下同じ。）に占める承継対象部分に係る年間売上高の割合が5％以下であり、かつ、承継対象部分に係る年間売上高が1億円以下の場合には、通常、『重要部分』には該当しないと考えられる。」（「企業結合審査に関する独占禁止法の運用指針」第1─4─(3)）とされています。

(d) 分割の禁止期間及び審査手続等については、合併の場合と同様ですので、前記の合併に関する記述を参照してください（15条の2第4項）。

5 共同株式移転

(a) 共同株式移転とは、複数の会社が企業結合して、一つの持株会社の下にぶらさがるような場合に利用する制度であり、会社（外国会社を含みます）の共同株式移転は、次のいずれかに該当する場合には禁止されます（15条の3第1項）。

① 当該共同株式移転によって一定の取引分野における競争を実質的に制限することとなる場合
② 当該共同株式移転が不公正な取引方法によるものである場合

(b) 共同株式移転に関して事前に届出を要するのは、次の①及び②の両方の要件を満たす場合です（15条の3第2項、施行令20条）。共同株式移転に関する計画届出書の様式、提出することを求められる添付資料等については、届出規則5条の3に規定されています。なお、すべての共同株式移転の当事会社が同一の企業結合集団に属する場合に届出が不要とされる点は合併の場合と同じです（15条の3第2項ただし書）。

① 共同株式移転のいずれかの当事会社が属する企業結合集団全体の国内売上高を合計した額が200億円を超える会社である場合
② 共同株式移転の他のいずれかの当事会社が属する企業結合集団全体の国内売上高を合計した額が50億円を超える会社である場合

(c) 共同株式移転の禁止期間及び審査手続等については、合併の場合と同様

ですので，前記の合併に関する記述を参照してください（15条の3第3項）。

6 事業の譲受け等

(a) 会社（外国会社を含みます）が，他の会社（外国会社を含みます）の事業の全部又は重要部分の譲受け等独禁法16条1項1号ないし5号の行為を行うことは，次のいずれかに該当する場合には禁止されています。
① 当該事業の譲受け等によって一定の取引分野における競争を実質的に制限することとなる場合
② 当該事業の譲受け等が不公正な取引方法によるものである場合

事業の譲受け等が規制の対象とされるのは，それが全部又は重要部分である場合には，実質的に合併と同様の企業集中化の効果をもたらすおそれがあるからです。事業の重要部分及び事業上の固定資産の重要部分の譲受けにおける「重要部分」の考え方は，**4**(c)と同様です（「企業結合審査に関する独占禁止法の運用指針」第1―6―(3)）。

なお，どのような場合に「一定の取引分野における競争を実質的に制限することとなる」かについては，**Q37**，**Q4**，**Q6**を参照してください。

(b) 事業の譲受け等に関して事前に届出を要するのは，次の①及び②の両方の要件を満たす場合です（16条2項，施行令21条）。事業の譲受け等に関する計画届出書の様式，提出することを求められる添付資料等については，届出規則6条に規定されています。なお，事業の譲受け等の取引当事者が同一の企業結合集団に属する場合に届出が不要とされる点は合併の場合と同じです（16条2項ただし書）。
① 譲受会社が属する企業結合集団全体の国内売上高を合計した額が200億円を超える会社である場合
② 譲渡会社の譲渡対象部分（全部の事業の場合，事業の重要部分の場合，全部の事業上の固定資産の場合もしくは固定資産の重要部分の場合）に係る国内売上高が30億円を超える場合

(c) 事業の譲受け等の禁止期間及び審査手続等については，合併の場合と同様ですので，前記の合併に関する記述を参照してください（16条3項）。

7 合弁事業

　合弁事業には，単なる業務提携にとどまるものから，共同出資会社（2社以上の会社が，共通の利益のために必要な事業を遂行させることを目的として，契約等により共同で設立し，又は取得した会社）を設立する場合まで様々なものがあり，それ自体を別個に取り上げた規定はありませんが，株式の保有，役員の兼任，合併（例えば子会社間），会社分割，株式移転もしくは事業の譲受け等を伴うものである場合には，それぞれ**Q13**及びこの設問に述べたところにより規制されます。

　詳しくは**Q38**を参照してください。

8 届出前相談

　届出前相談については，株式保有と同じですので，**Q13 5**を参照してください。

〔福井　琢〕

■判審決例■

☆1　昭48・7・17同意審決　集20—62。

■注　記■

＊1　厚谷・条解364頁。
＊2　新実務239頁。

15 適用除外制度（消費税転嫁等を含む）

① 独占禁止法が定める適用除外制度には，どのようなものがありますか。
② 他の法律により適用除外とされているものには，どのようなものがありますか。

　独占禁止法には，適用除外制度として，3点が規定されています。すなわち，①知的財産権の行使行為（21条），②中小企業等の組合の行為（22条），③再販売価格維持契約（23条）の3つです。ただし，これら3点の適用除外制度は，いずれも，どんな場合でも，独占禁止法が適用されないわけではないことに注意してください。
　他の法律により適用除外とされているものには，輸出入取引法33条，道路運送法18条などいくつかの法律に適用除外が規定されています。近時消費税の税率アップに併せて，消費税転嫁対策特別措置法が制定されていることに注意してください。

☑キーワード
適用除外制度，知的財産権の行使，中小企業等の組合の行為，消費税転嫁対策特別措置法

第Ⅰ部◇独占禁止法のキーワード

解説

1 適用除外制度とは

　わが国における経済運営は，事業者の自由競争に任せるという自由経済体制を基本としています。このため独禁法は，事業者による競争制限行為を規制し，公正かつ自由な競争を確保することとしています。しかし，競争機能を発揮させるだけでは好ましい経済的効果をもたらさないばかりでなく，一般消費者の利益にも繋がらない産業分野があります。例えば，公益事業のように，市場の自由な経済活動に任せていては国民生活に必要なサービスを安定的に供給できないことがあり得る場合です。このような物資や役務の提供を確保するために政府が民間の経済活動に介入することがあります。この場合には，一方では独占を法的に容認するとともに，他方では独占力の濫用を防止するため，一定の直接規制を行う必要があります。この場合当該産業分野では競争原理が全面的には適用されないことになりますから，これは，競争政策の適用範囲の本来的な限界ともいうことができます。

　また，大企業に対する対抗力を維持するために，中小企業に対し団結を容認することが競争政策上有益である場合があります（例えば，協同組合）。このほか，特許権などの知的財産権を保護することは，技術の進歩を促進するために有益です。これらの場合については，一定範囲で独禁法の禁止規定の適用を除外することが競争政策の立場からも有益なので，独禁法で適用除外の規定が設けられているのです。

　これらの適用除外は，競争政策の本来的な限界ということもできますが，この分野でも，適用除外を認めることの弊害・社会的費用などを考慮し，適用除外の是非や限界を再検討し，立法による制度の改廃や運用の改善によって適用除外制度自体の適用範囲を是正することが必要となります。しかし適用除外とされる分野に対しても可能な範囲で独禁法を適用し，競争原理を導入することも，現実的な改善策です。そのためには，各適用除外規定が適用される限界を

明らかにし，適用除外とされている分野についても独禁法が適用される範囲を明確にする作業が重要な役割を果たすことになります。

2 独占禁止法に規定されている適用除外

(1) 知的財産権の行使行為（21条）

独禁法の規定は，「著作権法，特許法，実用新案法，意匠法又は商標法による権利の行使と認められる行為にはこれを適用しない」こととされています。これらの知的財産権法は，いずれも排他的権利の設定を目的とするものですから，独占の排除を目的とする独禁法とは一見矛盾するようにも見えます。しかし，著作，発明等に排他的権利を認めることは，研究開発意欲を高め，そこに競争促進効果が認められるので，競争政策とは矛盾しないのです。しかし，知的財産権をもって，経済的支配力確保の手段とするようになると，独禁法と矛盾する面が出てくるので，その間の調整を図ることが求められるようになってくるのです。

そこで，この間の矛盾を調整するため，現在では法21条は，形式的には独禁法違反となる場合でも，知的財産権法が保護しようとする開発技術等の保護制度の趣旨を逸脱し，特許法等による権利の行使と認められない行為があれば，独禁法が適用されることを確認する意味で置かれている規定であると解されています（著作権法95条13項参照）。

次に，特許ライセンス契約における種々の競争制限的契約条項に対して独禁法は適用されるかという問題については，様々な考え方があります。すなわち，原則的には知的財産権の保護制度の趣旨である自己の開発努力による成果を保護された権利が，まず自己実施という形で行使される場合にはそれを独占として問擬することはまずあり得ませんが，特許ライセンスという形で他者に使用を許諾する場合には，特許ライセンスが本来持つ独占力の行使を上回って，過度に競争制限的な契約条項を盛ることがあります。このような競争制限的な特許ライセンス契約条項を本来の競争制限規制の観点から排除していかなければなりません。

(2) 中小企業等の組合の行為（22条）

独禁法22条は，①小規模の事業者又は消費者の相互扶助を目的とし，②任意に設立され，組合員が任意に加入又は脱退でき，③各組合員が平等の議決権を有し，④組合員に対する利益配分を行う場合には，その限度が法令又は定款に定められていること，という4つの要件を満たし，かつ，法律の規定に基づいて設立された組合の行為には，独禁法は適用されないと規定しています。このような組合としては，中小企業等協同組合法，農業協同組合法，水産業協同組合法，消費生活協同組合法等に基づく組合があげられます。すなわち，単独では大企業に伍して競争することが困難な小規模事業者や消費者が協同組合を組織して，市場の競争に参加することは公正かつ自由な市場の形成に積極的な貢献をするものですから，独禁法の適用を除外するものとしました。しかし，当該組合が不公正な取引方法を用いる場合や，一定の取引分野における競争を実質的に制限することにより，不当に対価を引き上げるような行為は，適用除外はされないことになっていますのでご注意ください（22条ただし書）。例えば，公取委の「農業協同組合の活動に関する独占禁止法上の指針」（平成19年4月18日（平成23年6月23日改正））の第2部第1—3の記述が参考になります。

なお，近時，「全国病院用食材卸売業協同組合」は，22条2号の要件を満たさないため22条の適用除外は受けないと認定したうえで，8条4号違反とした審決例があります（全国病院用食材卸売業協同組合事件☆1）。

(3) 再販売価格維持契約（23条）

再販売価格維持行為は，不公正な取引方法とされています（一般指定12項）。しかし，①「公正取引委員会の指定する商品であって，その品質が一様であることを容易に識別することができるもの」及び②「著作物」については，例外的に再販売価格維持行為ができるものとされています。①の指定商品は，徐々に削減されてきており，現在では指定商品はすべてなくなりました。②の著作物を再販契約の対象とすることができるとされた趣旨は，定価販売の商慣行が確立していたこと，商品の性質上文化的価値が認められることなどがその理由とされています。

なお，従来自然独占に固有な行為については，性質上の独占行為として独禁法を適用しない扱いとされていましたが，平成12年に，旧法規定が削除され，

独禁法の規制の対象となることとされました(法律第76号。平成12年6月19日施行)。

旧法20条（事業法令に基づく正当な行為）に規定されていた適用除外法は，平成9年に「私的独占の禁止及び公正取引の確保に関する法律の適用除外等に関する法律」により，すべて廃止されました。また不況カルテル（旧法24条の3），合理化カルテル（旧法24条の4）も，従来昭和28年改正法により追加されていましたが，近年適用事例がなく，歴史的使命を終えたものとして，この両適用除外カルテルについては，平成11年7月23日に廃止されました。

3 独占禁止法以外の法令に規定されている適用除外

例えば，輸出入取引法33条，下請代金支払遅延等防止法8条，道路運送法18条などいくつかの法律に適用除外が規定されています。これらはそれぞれの法律の立法趣旨に基づくものですが，しかし，いずれの規定でも，「許可を受けて行う正当な行為」については独禁法の規定を適用しないとか，「不公正な取引方法を用いる場合はこの限りではない」こととされており，特定の政策目的を超えた独禁法違反行為が起きるおそれがある場合には，適用除外とはされていないことにご注意ください。

なお，平成26年4月1日から消費税が5％から8％に増税になる際に，適正に消費税を転嫁できるように，「消費税転嫁対策特別措置法」（平成25年法律第41号）が制定され，転嫁カルテル及び表示カルテルが容認され重要な適用除外例となっていることにご留意ください。

同法で独禁法の適用除外とされる共同行為としては，(1)転嫁カルテルとしての，消費税の転嫁の方法の決定に係る共同行為，(2)表示カルテルとしての消費税についての表示の方法の決定に関する共同行為の2種類のカルテルについて，公取委に届け出る方法によって容認されることになりました。なお，「本体価格を統一することの決定」は，適用除外の対象にはなりません。

また，同法は，3条で中小小売事業者（売手）が，継続して大規模小売事業者（買手）に商品又は役務を供給する場合に，①代金減額，買いたたき，②商品購入，役務利用又は利益提供の要請，③本体価格での交渉の拒否，④報復行為をもって，価格転嫁拒否をする行為を禁止し，違反行為者に対しては，指

導・助言（同法4条），勧告・公表（同法6条）の措置がとられることになっています。

　現実に，公取委から警告が発せられ，公表された事例が相当数に及んでいます[2]。

〔根岸　清一〕

――■判審決例■――

　☆1　平15・4・9勧告審決　集50—335。
　☆2　平26・4・23　JR東日本ステーションリテイリングに対する勧告。

16 国際契約・域外適用・国際的執行協力

国際的契約について独占禁止法はどのような規制をしているのですか。また、外国企業に対して独占禁止法は適用されるのですか。独占禁止法の執行について、国際的な協力はどうなっていますか。

　独占禁止法6条は、「事業者は、不当な取引制限又は不公正な取引方法に該当する事項を内容とする国際的協定又は国際的契約をしてはならない」と定めています。このような国際的契約等を締結した場合には、公正取引委員会からこれを排除するなど必要な措置をとることを命ぜられます。そして、商品又は役務の対価に関する事項を内容とし、又は供給量等を実質的に制限することにより対価に影響することとなる事項を内容とする不当な取引制限に関する国際的協定もしくは国際的契約である場合は、課徴金の納付を命ぜられ、行為者は、2年以下の懲役又は300万円以下の罰金に処せられることもあります。また、再販売価格の拘束など一定の不公正な取引方法に該当する事項を内容とする国際的協定又は国際的契約については課徴金の納付を命ぜられ、全ての不公正な取引方法のうちのいずれかの類型に該当する事項を内容とする国際的協定又は国際的契約は、差止請求訴訟の対象となります。本条に違反する国際的協定又は国際的契約を締結し、かつ不当な取引制限をし、又は不公正な取引方法を自ら用いた事業者は、損害賠償の対象となります。

　独占禁止法を外国で行われた行為にも適用できるかという問題は、講学上、同法の域外適用と呼ばれています。域外適用の可否を考える場合には2つの側面から考える必要があります。すなわち、そもそも独占禁止法の実体的規定を適用できるか（規律（立法）管轄権）、適用できるとして実際に送達などの手続が可能なのか（執行管轄権）という点です。規律（立法）管轄権に関しては、

自国の領土内に発生した行為に対してのみその国の独占禁止法が適用できるとの立場（属地主義）と，自国の領土外における行為であっても，自国内にある程度以上の効果があれば，その国の独占禁止法が適用できるとの立場（効果主義）があります。公正取引委員会は，「外国企業の行為への独占禁止法の適用についての公正取引委員会の審決は，属地主義と効果主義のどちらの考え方を意識して行われたものでもなく，外国企業の行為が，我が国独占禁止法の違反行為規定（「不当な取引制限等」）の構成要件に該当するかの検討を行うことによってなされてきたものである。……国内市場の競争を阻害する行為については，我が国独占禁止法違反を構成するに足る事実があれば，外国所在企業も独占禁止法による規制の対象となると考えることが妥当である。」としています[*1]。

独占禁止法の執行に関する国際的協力として，日本は，既にアメリカ，EU及びカナダと協力協定を締結し，シンガポール，メキシコ，マレーシアなど12か国及びASEANと経済連携協定を締結し，その協定中に反競争的行為に対する執行などに関する協力規定を定めています。さらに公正取引委員会とフィリピン，ベトナム，ブラジル，韓国，オーストラリア及び中国の独占禁止法執行当局との間で反競争的行為に対する執行の協力に関する覚書ないし取決めを締結しています。

☑キーワード

独占禁止法の域外適用，属地主義，効果主義，規律（立法）管轄権，執行管轄権，反競争的行為に関する協定・取決め・覚書，TPP，確約手続

解　説

1　独占禁止法6条

(1)　独禁法の規定

独禁法6条は，「事業者は，不当な取引制限又は不公正な取引方法に該当す

Q16◆国際契約・域外適用・国際的執行協力

る事項を内容とする国際的協定又は国際的契約をしてはならない」と定めています（事業者団体について同様の規定として8条2号があります）。そして，このような国際的協定又は国際的契約（以下，本設問において「国際契約等」といいます）を締結した場合には，公取委からこれを排除するなど必要な措置をとることを命ぜられ（7条・8条の2・20条・61条），商品又は役務の対価に関する事項を内容とし，又は供給量，購買量，市場占有率もしくは取引の相手方を実質的に制限することにより対価に影響することとなる事項を内容とする不当な取引制限に関する国際契約等である場合は，課徴金の納付を命ぜられ（7条の2第1項・8条の3・62条），さらに行為者は，2年以下の懲役又は300万円以下の罰金に処せられることとなり（90条1号），したがって，犯則調査の対象ともなります（101条1項）。次に，共同の取引拒絶（2条9項1号），差別対価（2条9項2号），不当廉売（2条9項3号），再販売価格の拘束（2条9項4号）又は優越的地位の濫用（2条9項5号）に該当し不公正な取引方法を構成する国際契約等は，課徴金が課される対象となります（20条の2～20条の6）。他方，全ての不公正な取引方法のうちのいずれかの類型に該当する事項を内容とする国際契約等は差止請求訴訟の対象となります（24条）。また本条に違反する国際契約等を締結し，かつ不当な取引制限をし，又は不公正な取引方法を自ら用いた事業者は，損害賠償の対象となります（25条1項）。

(2) 独禁法6条の目的

独禁法6条（以下，本項において「本条」といいます）の目的は，不当な取引制限又は不公正な取引方法に該当する事項を内容とする国際契約等が締結されれば，その実施が未だ行われていない時点でも本条を適用し，これを違法にできることにあるとされています。カルテルを実行に移し，一定の取引分野における競争の実質的な制限が生じた場合に独禁法3条後段が成立するという考え方を前提とすると，本条は，不当な取引制限に該当する事項を内容とする国際契約等を締結した段階で，違法とすることができるので予防的効果を持つことになります。さらに，独禁法19条は不公正な取引方法を禁止していますが，行為者である外国事業者に対して，その営業所が日本にないなどの理由で19条が適用できない場合であっても，本条で不公正な取引方法に該当する事項を内容とする国際契約等の相手方である国内事業者を規制することによって，当該不公

正な取引方法を排除できる点で予防的効果を持つことになります。つまり，本条の適用範囲を，独禁法3条や19条のそれより広いものと解釈して，本条は予防的な規定であるとするのが現在の公取委の考え方です*2。ただし，不当な取引制限を内容とする協定（カルテル）の合意時点において違反を認定した最高裁の石油価格カルテル刑事事件☆1，及び平成14年独禁法改正により外国所在企業への送達が可能となったことから，本条の意義について再検討する必要があるかもしれません。

なお，平成9年6月18日までは，一定の国際契約等（技術提携契約，継続的売買契約，合弁事業契約など）を締結した場合には，これを公取委に届け出る義務が課されており（旧6条2項），これにより本条の予防的効果が，より一層担保されていました（平成9年法律第87号により廃止）。

(3) 国際契約等の意義

「国際契約等」であるためには，①契約当事者間に渉外性があること，かつ②契約内容に渉外性があることの2つの要件が必要とされています。契約当事者間に渉外性があるとは，契約当事者のうち一方が外国事業者であり，他方が国内事業者であることをいいます。契約内容の渉外性の有無は，その契約の対象となる物資や技術などについて，日本と外国との間で国際的に移動させることを目的としているか否かによって判断されることになります。次に，国内事業者が締結する第三国貿易に係わる契約については，委託・媒介契約等代行取引の場合には，契約内容の渉外性はありませんが，仕切取引の場合には，契約対象物が実際に日本を経由しなくとも，所有権は国内事業者にいったん帰属するので，当該対象物は，契約上は日本と外国との間で国際的に移動することとなり契約の内容に渉外性があることとなります*3。

2　外国企業に対する独占禁止法の適用

(1) 域外適用についての考え方

わが国の独禁法を外国において行われた行為にも適用できるかという問題は，講学上，わが国の独禁法の域外適用と呼ばれています。域外適用の可否を考える場合には2つの側面から考える必要があります。すなわち，そもそもわ

が国の独禁法の実体的規定を適用できるか（規律（立法）管轄権），適用できるとして実際に送達などの手続が可能なのか（執行管轄権）という点です。規律（立法）管轄権に関しては，①自国の領土内に発生した行為に対してのみその国の独禁法が適用できるとの立場（属地主義）があり，他方，②自国の領土外における行為であっても，自国内にある程度以上の効果があれば，その国の独禁法が適用できるとの立場（効果主義）があります。ところで，わが国の独禁法を適用するためには，違反行為を行った外国企業が日本国内に支店，営業所などを有することが必要である（対人管轄権）との立場もあります。

しかし，公取委が独禁法の域外適用を検討するために開催した独占禁止法渉外問題研究会が公表した『ダンピング規制と競争政策・独占禁止法の域外適用』（前掲*1）においては，「外国企業への独占禁止法適用基準についてのOECD加盟各国における立場が，実質的にみて大差がないものとなってきている状況からみても，外国企業への我が国独占禁止法適用基準を，属地主義あるいは効果主義と分類することにより説明することは必要ではない。外国企業の行為への我が国独占禁止法の適用についての公取委の審決は，属地主義と効果主義のどちらの考え方を意識して行われたものでもなく，外国企業の行為が，我が国独占禁止法の違反行為規定（「不当な取引制限」等）の構成要件に該当するかの検討を行うことによってなされてきたものである。……外国企業が日本国内に物品を輸出するなどの活動を行っており，その活動が我が国独占禁止法違反を構成するに足る行為に該当すれば，独占禁止法に違反して，規制の対象となると考えられる。外国企業の支店あるいは子会社が日本国内に所在することは，独占禁止法適用上の必要条件ではない。したがって，国内市場の競争を阻害する行為については，我が国独占禁止法違反を構成するに足る事実があれば，外国所在企業も独占禁止法による規制の対象となると考えることが妥当である。ただし，我が国独占禁止法の発動については，外国との協調関係等の配慮が必要であり，規制の対象となる外国企業に対して，常に規制措置を発動すべきではない。」としています*4。

次に，執行管轄権に関しては，審判開始決定書の謄本が送達できなかった場合には，執行管轄権が及ばず審決を行うことができないと解されています（三重運賃（外国企業）事件☆2）。そして，独禁法は送達について民訴法の規定を準

用していますが(70条の7)，平成14年改正までは，外国における送達等の規定を準用していなかったために，当該外国企業が日本に支店等を有していない場合には，これに送達できませんでした。しかし，平成14年改正で，外国送達に関する民訴法108条を準用し，かつ公示送達の規定(70条の8)も整備したので外国企業に対しても関係文書(排除措置命令書，審判開始決定書など)を送達できます。また，課徴金納付命令書も外国企業へ送達できますので，当該外国企業の日本における資産に対して，強制執行できることになります。

(2) 外国企業に私的独占を適用した事例

ノーディオン事件

エム・ディ・エス・ノーディオン・インコーポレイテッド(「ノーディオン」)は，放射性医薬品の原料であるモリブデン99を製造・販売する会社で，世界におけるモリブデン99の生産数量の半分以上を占め，かつ販売数量の大部分を占めていました。他方，ベルギー所在のアンスティテュ・ナシオナル・デ・ラディオエレマン(「IRE」)も，モリブデン99の製造・販売をしており，同市場において世界第2位を占めていました。なお，当該放射性医薬品は，モリブデン99以外の原料によって製造することはできないものでした。日本において，このモリブデン99を原料として，当該放射性医薬品を製造・販売している会社は2社あり，いずれも従前ノーディオンから，このモリブデン99を全量購入していましたが，うち1社はIREからもモリブデン99を購入することを検討していました。ところでノーディオンは，モリブデン99の供給を確保するためカナダにおける原子炉等の建設資金を負担することとなり，その資金を確保するために世界中のモリブデン99の需要者との間で排他的供給契約を締結する必要が生じました。そして，ノーディオンは日本の前記2社にも，自己からのみモリブデン99を平成8年から10年間購入する排他的供給契約の締結を求め，その内容の契約を締結しました。以上の事案について公取委は，次のような勧告審決を行いました。「ノーディオンは，我が国の需要者2社との間において，それぞれ，平成8年から10年間，その取得，使用，消費又は加工するモリブデン99の全量をノーディオンから購入する義務を課す契約を締結して，他のモリブデン99の製造・販売業者の事業活動を排除することにより，公共の利益に反して，我が国におけるモリブデン99の取引分野における競争を実質的に制限していた

ものであり，これは，独占禁止法2条5項に規定する私的独占に該当し，独占禁止法3条の規定に違反する。」としたものです（ノーディオン事件☆3）。ノーディオンは，日本国内に支店などの拠点が一切なく，送達場所がない事案でした（平成14年改正前の事案）。しかし，本件では，ノーディオンが日本の代理人弁護士へ公取委からの文書の受領権限を含めて代理権を与えたため，その代理人に対し勧告書及び審決書が送達されました。

(3) 不当な取引制限について本条を適用した事例

不当な取引制限として，本条を適用した国際カルテルに以下のような事案があります。これらの事案の概要は，以下のとおりです。

(a) 化合繊（レーヨン糸）国際カルテル（旭化成）事件

これら事案のうち5件は，化合繊国際カルテル事件として知られるレーヨン糸国際カルテル（化合繊（レーヨン糸）国際カルテル（旭化成）事件☆4）及び他の4種の化合繊の国際カルテルに関するもので，いずれも典型的な国際カルテルである国際市場分割協定を締結したものでした。例えば，レーヨン糸国際カルテル事件では，繊維メーカーである西ヨーロッパの事業者と国内事業者がそれぞれの本国市場を伝統市場として互いにその市場へは輸出しないこと，伝統市場及びアメリカ市場以外を共通市場として双方の輸出数量を制限すること，そして共通市場の地域別に最低価格を設定することという輸出地域，輸出数量及び販売価格を制限する協定を締結したことが本条違反とされました。

(b) フェルト国際カルテル事件☆5

この審決例では，フェルト及びカンバスの製造業者である西ヨーロッパの事業者と国内事業者が輸出価格の下限を設定する協定を締結したことが本条違反とされました。

これら(a)及び(b)の事案では全て，当該国際カルテルが，日本の輸出取引分野における競争を制限したとの認定がなされ，国内事業者だけに対して本条を適用して排除措置が命令されました。これらの事案において，国際カルテルに参加した西ヨーロッパの事業者に対して措置がとられなかった理由は必ずしも明らかではないのですが，西ヨーロッパの事業者は，日本に支店，営業所，事務所等を置いていなかったことから，執行管轄権がなく，独禁法の手続を開始することができない状況にあったのではないかとされています*5。

(c) **人造黒鉛電極事件**（警告）

　昭和電工ほか国内4社及び海外2社は，平成4年5月ころから会合を重ね，他の当事会社（実際にはグループ分けをして，他のグループとの間で合意をしています）が生産販売している地域へは互いに輸出しないこと，また競合する市場については供給割合を固定することを合意し，さらに平成5年3月ころから競合する市場における人造黒鉛電極の販売価格を引き上げる合意をして実施した疑いがあるとされました。また，国内4社は，平成5年10月ころから会合を重ね，国内の同製品の販売価格を引き上げる合意をし，これを実施した疑いがあるとされました。そして，国内4社に対し，国際カルテルについては，独禁法3条又は9条違反の疑いがあるものとして，また国内のカルテルについては，同法3条違反の疑いがあるものとして，平成13年3月18日警告が行われました。この国際カルテルは，アメリカ及びEUで摘発され，カルテル参加者へ重い刑事罰・制裁金が科されています。

(d) **ビタミン国際カルテル事件**（警告）

　この案件も，アメリカ合衆国，EUなど世界各国で一斉に摘発され，重い刑事罰・制裁金などが科された史上最大の国際カルテル事件といわれた件です。日本における事件について公取委は，第一製薬及びエーザイに対して平成13年4月5日に独禁法3条又は本条に違反するおそれがあるとして警告をしました。第一製薬は，ホフマン・ロッシュ社，BASF社と平成3年2月ころから会合を重ね，世界市場及び地域別市場（ヨーロッパ，北アメリカ，日本などの7地域市場）で，各社のビタミンB5の年間販売予定数量を決定し，実施していた疑いがあるとされました。エーザイは，平成3年1月ころからホフマン・ロッシュ社（同社は，BASF社及び当時のロース・プーラン社の代表も兼ねていました）と会合を重ね，世界市場及び地域別市場（ヨーロッパ，北アメリカ，アジア・オセアニア及び中南米の4地域市場）で，各社のビタミンEの年間販売予定数量を決定し，実施していた疑いがあるとされました。この国際カルテルは，カルテル参加企業がアメリカ・EU・カナダの執行当局へ申告し，それに基づいてこれらの国において重い刑事罰又は制裁金という法的措置がとられました。日本において警告で終わった事情として，(ア)日本市場は欧米市場に比較して極めて小規模であることから，大きなシェアを有する日本メーカー2社（日本国内における第一製薬の

Q16◆国際契約・域外適用・国際的執行協力

ビタミンB5のシェアは7割強、エーザイのビタミンEのシェアは4割強）は、需要に対応した販売を行ったこと、(イ)ビタミンB5の合意された販売予定数量と実際の販売実績との間には大きな相違があったこと、(ウ)このカルテルは遅くとも平成11年2月ころまでには終了していたものと認められたこと（公取委の立入検査は平成12年1月）、(エ)外国企業に対して措置をとらなかったのは、それらの日本子会社の関与はみられず、また本社の調査が必要であるところ本社による任意の調査協力が得られなかったこと、及び日本企業が国内において大きなシェアを保有していたことから同社らに警告を行うことで防止措置となると考えられたからとされています*6。しかし、当時、日本の独禁法にはリーニエンシー制度（課徴金減免制度）がなく、外国企業に対する送達規定も整備されておらず、アメリカとの独禁協力協定（後述）締結の直後であったことなどの要因から、この国際カルテルに対し的確な独禁法の適用ができなかったものと考えられます。外国企業に対する送達規定は、前述のように平成14年の改正で手当てされており、また平成17年改正で課徴金の減免制度（課徴金減免制度については**Q23**参照）も導入されましたので、後述のとおり公取委による国際カルテルに対する活発な執行がなされています。

(e) マリンホースに関する国際カルテル事件

日本、アメリカ合衆国、英国、フランス及びイタリアのマリンホース製造業者が国際的に受注調整をしていた事案です。本件で対象となっているマリンホースは、タンカーから石油備蓄基地等へ石油を輸送するときに使用されるゴム製ホース及び付属品です。上記の国に所在する8社は、1999年12月ころ以降、タイ、アメリカ合衆国、英国などにおいて会合を持ち、マリンホースの需要者が見積価格の提示を求める方法によって発注するもの（以下「特定マリンホース」といいます）について受注調整をしていたものです。具体的には、日本、英国、フランス及びイタリアの4か国を特定マリンホースの使用地とする場合は、使用地となる国に本店を置く事業者が受注すべきものとし、その他の地域については、各事業者の受注割合をあらかじめ定めておき、受注をする事業者の選定等をコーディネーターといわれている者へ委任していました（以下「受注予定者」といいます）。そして、これら事業者は、その受注実績、特定マリンホースの見積依頼を需要者から受けたこと、受注希望などの情報をコーディ

161

ネーターへ報告し，コーディネーターは，これらの情報に基づき受注予定者を決定していました。そして，他の事業者は，この受注予定者が受注できるようにより高い価格で見積りを提出するなどしていたものです。これに対し，公取委は，「8社は，共同して，特定マリンホースについて，受注予定者を決定し，受注予定者が受注できるようにすることにより，公共の利益に反して，特定マリンホースのうち我が国に所在するマリンホースの需要者が発注するものの取引分野における競争を実質的に制限していた。」として排除措置命令を日本事業者1社及び外国事業者4社に対して出し（8社のうち2社は，消滅ないしマリンホース事業を譲渡しており，また他の1社は最初に課徴金減免申請を行ったため法7条2項の「特に必要があると認めるとき」に該当しないと判断されたものと思われます），課徴金納付命令を日本事業者1社へ出しました（マリンホースに関する国際カルテル事件☆6）。本件では，日本の1社が最初に課徴金減免申請をしたことにより，課徴金納付命令を受けていません。また，平成22年4月の段階で，これら事業者4社は，アメリカ合衆国において合計約2000万ドルの罰金を科され，9人の実行担当者が起訴ないし拘禁刑の言渡しを受けています。このうち1名の日本人は，2年の拘禁刑を宣告されています。EUにおいては，5グループの事業者が委員会から合計約1億3100万ユーロの制裁金を課されています。本件は，平成14年改正によって外国事業者に対する送達規定が整備された後の事件ですが，日本における代理人に対する送達によって事件処理されています。

(f) テレビ用ブラウン管に関する国際カルテル事件

　日本，韓国，中華民国，タイに本社を持つテレビ用ブラウン管の製造販売業者及びそれらの東南アジア（インドネシア，タイ，マレーシアなど）における子会社（以下「ブラウン管製造子会社」といいます）合計11社が，日本所在のブラウン管テレビ製造業者へ販売するテレビ用ブラウン管の販売価格について，最低販売価格を話し合い合意していた事案です。最初は，一部の親会社及びブラウン管製造子会社が会合を持ち，最低価格について話合いが行われていましたが，その後，全ての当事会社が話合いに参加し，最低販売価格を決めていたものです。会合場所は，タイ，シンガポール，マレーシア，インドネシアなどにおいて行われ，各親会社は，これらの会合で合意した最低価格を日本に所在するブラウン管テレビ製造販売業者と交渉し，その最低価格に基づき取引条件を合意

Q16◆国際契約・域外適用・国際的執行協力

していました。これらブラウン管テレビ製造販売業者は，やはり東南アジアに子会社を持っており，それら子会社に対し，テレビ用ブラウン管製造親会社との間で合意した価格でブラウン管を購入するよう指示し，ブラウン管を購入させていたものです（以下，東南アジアに所在するブラウン管テレビ製造子会社が購入するブラウン管を「特定ブラウン管」といいます）。ブラウン管製造子会社は，それら親会社からテレビ製造販売業者と合意した価格を指示され，ブラウン管をブラウン管テレビ製造子会社へ販売していたものです。この事案について，公取委は，「11社は，共同して，おおむね四半期ごとに次の四半期における特定ブラウン管の現地製造子会社等〔筆者注：ブラウン管テレビ製造子会社〕向け販売価格の各社が遵守すべき最低目標価格等を設定する旨を合意することにより，公共の利益に反して，特定ブラウン管の販売分野における競争を実質的に制限していた。」として，日本事業者及び韓国事業者それぞれ1社へ排除措置命令を，及び外国事業者6社に対して課徴金納付命令を出しました（テレビ用ブラウン管に関する国際カルテル事件☆7）。排除措置命令の対象が2社となったのは，それ以外の事業者が解散し，又はテレビ用ブラウン管事業を譲渡したためです。なお，外国事業者2社が排除措置命令等を送達される直前に，日本における代理人を解任したため，公取委は，これらの事業者へ同命令等を送達することができませんでした。そこで，公取委は，独禁法70条の17（筆者注：現行70条の7）に基づき領事送達をし，結局送達できなかったため，同法70条の18（筆者注：現行70条の8）に基づき公示送達をしました。課徴金納付命令を外国所在の事業者へ送達したのは，初めてと思われます。本事案については，一部の当事会社から排除措置命令及び課徴金納付命令の取消しを求めた審判請求の申立てがありました。これに対し，公取委は，平成27年5月22日に排除措置命令を取り消し違法行為があった旨等を明らかにする審決（筆者注：平成25年改正前66条4項）をし，課徴金納付命令の取消しの申立てについては審判請求を棄却する旨の審決を行いました（同事件☆8）。公取委は，排除措置命令を取り消した理由として，当事会社がテレビ用ブラウン管の製造から撤退していること，テレビ用ブラウン管の需要が急速に衰退していることから排除措置命令を出すための特に必要があると認めるときに該当しないとしています。次に，この審判請求の重要な論点として，本件ブラウン管の供給者及び購入者はともに日本国外に所在

163

する事業者であるから日本における競争の実質的制限は生じていないとの被審人の主張に対する判断でした。これに対し、公取委は、本件ブラウン管の販売先はブラウン管テレビ製造販売会社の東南アジアにある現地製造子会社であるが、当該子会社を統轄し、ブラウン管の購入価格、購入量、購入先を決定し指示をしていたのは日本に所在するブラウン管テレビ製造販売会社本社であることから、本件ブラウン管の需要者は日本にあり、日本における本件ブラウン管の販売分野の競争を実質的に制限したと判断して課徴金納付命令の審判請求を棄却しました。この審決に対して、一部の当事会社が東京高裁へ審決取消請求を申し立てたところ、東京高裁は公取委の判断を支持し「本件において、我が国ブラウン管テレビ製造販売業者は、現地製造子会社等が製造したブラウン管テレビを自社又は販売子会社を通じて販売していたほか、現地製造子会社等が製造するブラウン管テレビの生産、販売及び在庫等の管理等を行うとともに、ブラウン管テレビの基幹部品であるテレビ用ブラウン管について調達業務等を行い、自社グループが行うブラウン管テレビに係る事業を統括するなどしており、必要に応じて現地製造子会社等の意向を踏まえながらも、本件交渉等（筆者注：テレビ用ブラウン管の製造販売親会社との同ブラウン管に関する取引交渉）を行い、本件ブラウン管の購入先及び本件ブラウン管の購入価格、購入数量等の重要な取引条件を決定した上で、現地製造子会社等に対して上記決定に沿った購入を指示して、本件ブラウン管を購入させていたものと認められることは、本件審決が認定するとおりである……そうすると、本件合意（筆者注：本件ブラウン管の最低目標価格等の合意）は、正に本件ブラウン管の購入先及び本件ブラウン管の購入価格、購入数量等の重要な取引条件について実質的決定をする我が国ブラウン管テレビ製造販売業者を対象にするものであり、本件合意に基づいて、我が国に所在する我が国ブラウン管テレビ製造販売業者との間で行われる本件交渉等における自由競争を制限するという実行行為が行われたのであるから、これに対して我が国の独占禁止法を適用することができることは明らかである。」と判断し、請求棄却としました（同事件高裁判決☆9）。本判決は、独禁法の域外適用に関して判断したものではありませんが、裁判所による海外の違反行為についての最初の判断です。

Q16◆国際契約・域外適用・国際的執行協力

(4) 輸出カルテル

　輸出カルテルについて，公取委は，昭和47年8月9日に「輸出カルテルと国際的協定に関する独禁法の解釈について」という文書を公表し，国内事業者と外国事業者との間の国際カルテルを実施するためのものであれば，輸出カルテルにも本条が適用されるとしています。このような場合の輸出カルテルが輸出入取引法5条に従って締結されたものであっても，基礎となる国際カルテルが本条違反であるから，輸出カルテルも同法33条に定める独禁法の適用除外の対象とならず，違法であるとしています。

　なお，輸入カルテルについては，国内事業者によるソーダ灰の輸入数量等を内容とする輸入カルテルに関して，ソーダ灰の「輸入取引分野」における競争を実質的に制限したと認定し，不当な取引制限として3条後段を適用した審決例があります（ソーダ灰輸入カルテル事件☆10)。

(5) 不公正な取引方法に本条を適用した事例

(a) 天野・ノボ事件

　この事件では，デンマークの事業者（ノボ・インダストリー）と被審人である国内事業者（当時，天野製薬）との間に結ばれたアルカラーゼ（洗剤原料用酵素の一種）の継続的購入契約が不公正な取引方法を含むものであるとされました。契約解除による契約終了後も3年間，天野製薬によるアルカラーゼの競合品の製造，販売及び取扱いを禁止する条項が不公正な取引方法に当たるとされ，勧告審決により，天野製薬に対してその条項を削除することを命ずる排除措置が出されました。

　これに対して，ノボ・インダストリーは，審決により契約を破棄されることによる不利益を被ることを理由として，その取消しを求めて東京高裁に提訴し，東京高裁は，審決により契約が直ちに私法上も無効となるのではなく，ノボ・インダストリーは法律上の利益を侵害されておらず，「当事者適格ないし訴えの利益を欠く」として，訴えを却下しました。ノボ・インダストリーはさらに最高裁へ上告しましたが，最高裁は，「勧告審決は，名宛人以外の第三者に対しては拘束力をもたないので」，第三者は勧告審決により「その権利又は法律上の利益を害されることはない」，「勧告審決の趣旨及び性質にかんがみるときは……名宛人以外の第三者に対する関係においては，右第三者を拘束する

ものでないことはもちろん，当該行為が違反行為であることを確定したり，右審決に基づくその名宛人の行為を正当化したりするなどの法律的な影響を及ぼすこともまたないものとして，独禁法上予定されているものと解するのが，相当である。」と述べ，審決取消訴訟における原告適格を有しないとして上告を棄却しました（天野・ノボ事件☆11）。外国事業者を参加させずに本条による規制を行ったことが批判されており，さらに「法の保護に値する利益」を認める，あるいは独禁法70条の3（筆者注：平成25年改正前，現行法削除）により当事者参加を認めることにより訴訟当事者適格を認めることが提案されました＊7。ただし，平成14年改正により外国企業への送達が可能となり，本件のような事案においては，外国企業を名宛人として独禁法の措置がとれるようになったと解されます。

(b) 旭電化工業事件

外国事業者に対して国内事業者がノウハウを供与するために締結したライセンス契約に関連した覚書により，契約終了後に外国事業者による日本向け供給を制限したことが不公正な取引方法に該当し，独禁法19条に違反するとされたものです（旭電化工業事件☆12）。

(6) 企業結合審査への適用

日本経済がグローバル化するとともに，外国企業間の企業結合であっても日本市場における競争に影響を与える可能性のある事例が増えています。公取委は，これらの事例についても日本の独禁法を適用し，競争に与える影響について審査をしています。当然のことながら，これらの企業結合についての審査は，国内企業同士の企業結合と同様の分析をしたうえ，当該企業結合が日本の関連する一定の取引分野における競争を実質的に制限することとなるか否かを判断しています。公取委は，各年のおおよそ6月に前年の主要な企業結合の事例を公表しており，これら外国企業同士の企業結合事例も含まれています（最近の公表事例＊8）。

外国の企業同士の企業結合について執行管轄権が問題となった事案として，BHPビリトンとリオティントの事例があります。

鉄鉱石大手のBHPビリトンは，平成19年11月，やはり鉄鉱石大手のリオティントに対し買収提案をしました。この企業結合が実行されると，結合後の会社

は日本における鉄鉱石輸入市場において約70％のシェアを持つことになり，競争上重大な懸念が生じました。公取委は，BHPビリトンに対し，任意の情報提供を求めましたが，同社はこの提供要請に応じませんでした。そこで公取委は，平成20年9月に同社に対し報告命令を出し，同社は日本に営業所等を有していないため，この報告命令を法70条の17（筆者注：現行70条の7）に基づき領事送達に付しました。しかし，BHPビリトンがこれを任意に受領しなかったため，法70条の18（筆者注：現行70条の8）に基づき公示送達とし，平成20年11月6日に送達の効力が発生しました。報告命令は送達後10日以内に報告をするよう命令していたところから，同社は，11月14日に回答をしました。その後，経済情勢の変化により，BHPビリトンが11月25日買収提案を取り下げる旨発表したため，公取委も審査を打ち切ったものです。

3 独占禁止法の執行協力に関する取決めなど

　日本企業の経済活動がグローバル化し，また現在100か国以上が競争法を制定していることから，独禁法の執行協力に関する取決めが多数の国と締結されています。
　また，競争当局同士もICN（International Competition Network）という組織を持ち，競争法執行の手続及び実体面の調整を促進するため協力をしています[*9]。
　この組織とは別に，二国間あるいは多国間で独禁法の具体的な執行協力に関する取決めが締結されています。
　平成28年3月20日現在，(1)二国間で締結された独禁法に関する協力協定，(2)二国間又は多国間で締結された経済連携協定のなかで取り決められた協力取決め，(3)二国間の競争当局間で取り決められた協力取決めがあります[*10]。さらに，最近締結されたTPP（環太平洋パートナーシップ）協定のなかにも独禁法に関する協力取決めがあります。

(1) 二国間で締結された独禁法に関する協力協定
　平成11年10月7日に，日本とアメリカとの間で「反競争的行為に係る協力に関する日本国政府とアメリカ合衆国政府との間の協定」（以下「日米独禁協力協定」といいます）が締結され，即日に効力が発生しました。

この日米独禁協力協定は，両国の独禁当局が互いに協力することにより次のような効果を持つことが期待されています。すなわち，「第1に，国際的広がりを持つ違反行為に対して効果的に対処できるようになることである。これは，通報規定により，日米両国にまたがる違反行為をお互いに認識することができ，また，協力や調整の規定により（場合によっては執行活動の要請の規定により），当局間の連携を図りやすくなるからである。第2に，日米競争当局間の協力関係が一層深まることである。従来も定期的な意見交換の場を持つことにより，また様々な競争分野での国際会議に同席することにより，両当局は常に接触し連絡を取り合ってはいるが，本協定により両当局の協力する局面が列挙され，いわば協力することが当然のこととなったことと，個別事案での協力や調整は事件担当者が直接行うことが想定されることにより，従来の『社交』にとどまらない関係が構築されていくものと思われる。第3に，米国反トラスト法のいわゆる域外適用に伴う摩擦の回避に役立つことである。数々の通報義務と消極礼譲の規定により，米国当局は日本政府の意見を聴取，考慮する義務を負うため，従来よりも日本政府として米国反トラスト法の執行について自国の利益の観点からのチェックが行いやすくなると思われる。もちろん，この協定により米国法の管轄権に関する解釈が変更されるわけではなく，日本政府として米国政府の法解釈・運用に了解を与えるというものでもないが，起こり得る摩擦に関し，回避のための一つの手段を提供するものと考えられる。」というものです[*11]。

日米独禁協力協定の概要は，

① 通報　　両国の競争当局は，相手国政府の重要な利益に影響を及ぼすことがある執行活動等について相互に通報する（2条），

② 協力　　両国の競争当局は，自国の法令及び重要な利益に合致する限りにおいて，相手国の競争当局に対しその執行活動につき支援を提供する（3条），

③ 調整　　両国の競争当局は，関連する事案について双方が執行活動を行っている場合は，執行活動の調整を検討する（4条），

④ 執行活動の要請　　一方国の競争当局は，相手国の領域内の反競争的行為が自国政府の重要な利益に悪影響を及ぼすと信ずる場合は，相手国の競争当局に対し適切な執行活動を開始するよう要請することができる（5条），

⑤　相手国政府の重要な利益の配慮　　両国政府は，執行活動の前段階において相手国政府の重要な利益を慎重に考慮する（6条），
となっています*12。

次に平成15年7月10日に日本国政府と欧州共同体との間で，「反競争的行為に係る協力に関する日本国政府と欧州共同体との間の協定」（以下「日EC独禁協力協定」といいます）が署名・締結され，同年8月9日に発効しました。日EC独禁協力協定は，日米独禁協力協定とほぼ同じ枠組みで，①通報，②協力，③調整，④執行活動の要請（積極礼譲），⑤重要な利益の考慮（消極礼譲）を定めています。日EC独禁協力協定と日米独禁協力協定との相違は，主としてECと米国との独禁法の制度及び機構の違いから生ずるものですが，日EC独禁協力協定においては，①通報義務の範囲がより限定されている（事前相談の段階での通報義務がないなど），②一方締約国からする執行活動の要請（積極礼譲）に対し，他方締約国はその要請に応ずるか否かについて，他方締約国の競争法及び執行政策のもとで裁量を有することを明記，③提供した情報の使用条件について提供した締約国が指定できるなどの規定，及び構成国当局への情報提供についての規定があるなどの相違があります*13。

なお，公取委は，平成28年3月15日に，欧州連合との執行協力を一層強化し，審査過程において入手した情報の交換ができるよう上記協定の改正をするための交渉の準備を開始することで一致した旨を公表しました*14。

さらに日本国政府は，平成17年9月6日にカナダ政府との間でも，「反競争的行為に係る協力に関する日本国政府とカナダ政府との間の協定」を署名・締結しています。この協定は，同年10月6日に発効し，内容は日米独禁協力協定の枠組みと同様です。

(2)　経済連携協定のなかで取り決められた協力取決め

わが国は，シンガポール，メキシコ，マレーシア，チリ，タイ，インドネシア，フィリピン，スイス，ベトナム，インド，ペルー，オーストラリアと経済連携協定を締結しており，そのなかで独禁法の執行協力の取決めを定めています。協力の内容は，それぞれの国により様々ですが，主として他方の締約国の重要な利益に影響を及ぼすことがある自国の執行活動について通報すること，執行活動における協力・調整などです。また，ASEANとは包括的経済連携協

定を締結し，経済的協力の分野として競争政策を定めています。

(3) 二国間の競争当局間で取り決められた協力取決め

公取委は，中国国家発展改革委員会，オーストラリア競争・消費者委員会，韓国公正取引委員会，ブラジル経済擁護情勢委員会，フィリピン司法省及びベトナム競争庁との間で独禁法の執行協力に関する覚書及び取決めを締結し，それらのなかで競争法の運用に関し，通報，情報交換，執行協力・調整などを定めています。そして，オーストラリア競争・消費者委員会との協力に関する取決めにおいては，今まで他の協力協定等にはない規定である「審査過程において違反被疑事業者等から入手した情報の共有を検討する」旨の規定が置かれています[15, 16]。

(4) TPP（環太平洋パートナーシップ）協定における協力取決め

TPP第16章は，競争政策について定めています。その内容は，競争法令の制定・維持，競争法令の執行について責任を有する当局の維持，競争法令の執行における手続の公正な実施，競争法令の違反による自己の事業・財産に対する私訴に係る権利についての措置の制定・維持，執行協力，消費者の保護，自国の競争法令の執行に関する政策及び実務等の情報についての透明性の確保などが定められています[17]。

そして，競争法令の執行における手続の公正な実施のなかで「競争当局に対し，違反の疑いについて，当該競争当局とその執行の活動の対象となる者との間の合意により自主的に解決する権限を与えること」との規定に基づき，平成28年3月8日にこの合意による解決（以下「確約手続」といいます）に関する法案が閣議決定されました。

確約手続とは，通常の手続による調査開始後，独禁法の規定に違反する疑いのある行為を公取委が了知した場合，当該行為の概要・法令の条項を対象事業者へ通知し，その事業者が適切な排除措置計画を自主的に作成・申請し，その排除措置が確実に実施されると見込まれる場合には，違反行為の認定をせず，当該計画を認定して調査を終了するというものです。ただし，価格カルテル・入札談合等は，この手続の対象とはなりません[18]。

(5) 外国競争当局に対する情報提供の規定

国際的企業結合，国際カルテルなどについて，外国競争当局との協力が必要

となっており，前述したような競争法に関する協力協定が多くの国との間に締結されています。

しかし，これまで独禁法には外国競争当局に対する情報提供を根拠づける規定がありませんでした。そこで，平成21年改正において，この情報提供に関する規定が新設されました（43条の2）。この規定の概要は，以下のとおりです。

① 公取委は，外国競争当局へ情報を提供することができるが，独禁法の適正な執行に支障を及ぼす場合，その他わが国の利益を侵害するおそれがある場合は提供することができない。
② 公取委は，情報を提供するに際し，提供先外国競争当局が相当する情報提供をすることができることを確認しなければならない（相互主義）。
③ 公取委は，提供する秘密情報について，提供先の国の法令によってわが国と同程度の秘密保持が担保されていることを確認しなければならない。
④ 公取委は，提供する情報について，提供先外国競争当局において，その職務の遂行以外の目的で使用されないことを確認しなければならない。
⑤ 提供する情報が，提供先の国における裁判所又は裁判官が行う刑事手続に使用されないよう適切な措置がとられることが必要である。

〔渡邉　新矢〕

■判審決例■

☆1　最判昭59・2・24刑集38—4—1287。
☆2　昭47・8・18審判手続打切決定　集19—57。
☆3　平10・9・3勧告審決　集45—148（独禁百選（6版）32頁）。
☆4　昭47・12・27勧告審決　集19—124（独禁百選（6版）74頁）。
☆5　昭48・1・12勧告審決　集19—144。
☆6　平20・2・20排除措置命令　集54—512（百選186頁）。
☆7　平21・10・7排除措置命令　集56—2—71。
☆8　平27・5・22審判審決（平成22年（判）第2号ないし第7号）審決DB。
☆9　東京高判平28・1・29（平成27年（行ケ）第37号）審決DB。
☆10　昭58・3・31勧告審決　集29—104（独禁百選（6版）48頁）。
☆11　最判昭50・11・28民集29—10—1592（独禁百選（6版）224頁・232頁）。
☆12　平7・10・13勧告審決　集42—163（独禁百選（6版）190頁）。

第Ⅰ部◇独占禁止法のキーワード

■注　記■

* 1　公正取引委員会事務局編『ダンピング規制と競争政策・独占禁止法の域外適用―独占禁止法渉外問題研究会報告書』67頁（大蔵省印刷局，1990）。
* 2　厚谷・条解242〜243頁。
* 3　特許・研究開発の解説294〜296頁。
* 4　前掲（* 1）67頁。
* 5　NBL659号15頁。
* 6　公正取引608号84頁以下。
* 7　前掲（* 2）248頁。
* 8　公正取引委員会「平成26年度における主要な企業結合事例について」（平成27年6月10日）。
* 9　http://www.jftc.go.jp/kokusai/kaigai/icn.html（公取委HP）。
*10　http://www.jftc.go.jp/kokusai/kokusaikyoutei/index.html（公取委HP）。
*11　公正取引590号 4 頁以下。
*12　公正取引591号22頁以下。
*13　公正取引636号12頁以下。
*14　http://www.jftc.go.jp/houdou/pressrelease/h28/mar/160315.html（公取委HP）。
*15　http://www.jftc.go.jp/houdou/teirei/h27/4_6/kaikenkiroku150513.html（公取委HP）。
*16　多数の日本の自動車部品会社が広範な自動車部品について価格カルテル・受注調整をしたとの被疑事件で，2010年から，日本，米国，EU，中国，ブラジル，南アフリカなど多数の国の執行当局が調査を開始し，個人を含む違反者に対し厳しい刑事罰，高額の制裁金を課しています。違反事業者は，主として日本企業であり，海外事業者の関与はほとんどありませんでしたが，史上最大の国際間に亘る執行が行われた事案となりました。
*17　http://www.cas.go.jp/jp/tpp/pdf/2015/13/151105_tpp_zensyougaiyou.pdf 56〜57頁（首相官邸HP）。
*18　http://www.jftc.go.jp/soshiki/kyotsukoukai/kokkai/index.html（公取委HP）。

●参考文献●

(1)　公正取引委員会事務局編『ダンピング規制と競争政策・独占禁止法の域外適用―独占禁止法渉外問題研究会報告書』（大蔵省印刷局，1990）。
(2)　厚谷・条解。
(3)　金井・独禁。
(4)　白石・講義。
(5)　菅久・独禁。

第Ⅱ部

独占禁止法の手続

Q17 公正取引委員会の手続❶―組織と権限

「公正取引委員会が○○社に立入検査」という新聞記事をよく見かけますが，公正取引委員会とはどのような組織なのでしょうか。また，独占禁止法について公正取引委員会はどのような権限を持っているのでしょうか。

公正取引委員会は，独占禁止法の目的達成のために設置された国の行政機関です。公正取引委員会は，独占禁止法違反行為に対し，排除措置を命令したり課徴金の納付を命令する権限を持っています。公正取引委員会は，独占禁止法違反行為の事実を解明するために「立入検査」などの強制調査を行うことができます。

☑キーワード

公正取引委員会の組織と権限，審査，審判

解　説

1　委員会

公取委は，独禁法1条の目的を達成することを任務とする国の行政機関です（27条1項）。具体的な事案に対し独禁法に基づき行政処分を行うとともに，独禁法に基づく競争政策を推進するという政策官庁としての業務を行っていま

175

す。公取委は，独禁法上，その運用に関して独占的な地位を与えられていることから，「独禁法の番人」ともいわれています。公取委は，もともと第二次大戦直後の占領時代に米国の連邦取引委員会（FTC）をモデルに作られたといわれています。

公取委は，委員長と委員4名の計5名をもって組織されています（29条1項）。合議体としての委員会が行政庁となる点で，通常の独任制の行政庁（例えば外務大臣）とは異なっています。一般には，後述する事務総局を含めて「公正取引委員会」と呼ばれていますが，正確には「公正取引委員会」とは，委員長と委員4名の計5名をもって組織されている合議体を意味します。

公取委は内閣府の外局として内閣総理大臣の所轄に属していますが（27条2項），公取委の委員長と委員には特別に職権行使の独立性[*1]が保障されています（28条）。職権行使の独立性を確保するため，委員長と委員の身分保障（31条）と報酬の保障（36条2項）も法定されています。

2　委員長と委員

公取委の委員長と委員は，内閣総理大臣が衆参両議院の同意[*2]を得たうえで任命することとされています（29条2項）。委員長は，国務大臣と同様にいわゆる認証官として，その任命について天皇が認証します（同条3項）。

独禁法は委員長と委員の資格要件として「年齢が35年以上で，法律又は経済に関する学識経験のある者」と定めています（同条2項）。

委員長と委員の任期は5年です（30条1項）。委員長と委員の定年は70歳と定められています（同条3項）。

3　事務総局

公取委には，その事務処理機関として，事務総局が置かれています（35条1項）。従来は事務局制をとっていましたが，平成8年の独禁法改正により事務総局制に格上げされました。

事務総局の長は，事務総長です（同条2項）。事務総局には，官房のほか「経

済取引局」と「審査局」の2つの局が設置されています（同条4項・6項）。大きく分けると、「経済取引局」は独禁法違反行為を未然に防止する業務を行う部門、「審査局」は実際に発生した独禁法違反事件を摘発する業務を行う部門と考えればよいでしょう。

「経済取引局」には取引部が設置されています。取引部は不公正な取引方法、事業者団体、再販売価格維持、下請法に関する業務などを行っています。そのほか経済取引局は合併等の企業結合、各種の調査に関する業務なども行っています。

「審査局」は、独禁法違反事件の調査と審査、課徴金の算定などを行っています。審査局には犯則調査を担当する犯則審査部が設置され、刑事告発を予定する事件を専門に扱います（犯則調査について詳しくはQ20参照）。

以上のほか、独禁法には、事務総局の職員には法律専門家（検察官又は弁護士の資格を有する者）を加えなければならないこと（35条7項）が定められています。実際、検察官や裁判官が事務総局に出向し、審査手続等を担当しています。弁護士も事務総局の職員として任期付きで採用されるようになり、訴訟関

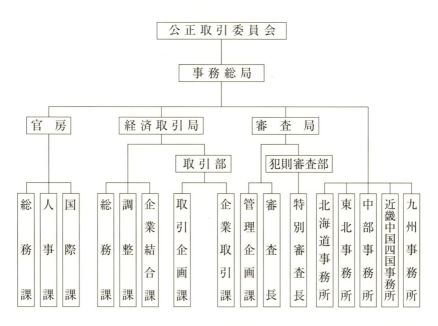

係等の事務を担当しています。

　事務総局の地方機関としては，北海道・東北・中部・近畿中国四国・九州の5つの地方事務所が設置され，それぞれ管轄地区の経済取引及び審査業務を担当しています（35条の2）。

　事務総局の職員の定員は，最近は審査部門を中心に増加傾向にあり，平成27年には838人[*3]となっています。

4　準司法的権限

　公取委は，独禁法違反行為に対し，排除措置を命じたり課徴金の納付を命令する権限を持っています。これらは，その性質においては行政処分ですが，司法機関に類似する手続を採用しているため，準司法的権限と呼ばれています。

　公取委が行う準司法的権限は「審査」と「審判」の2つの手続に分かれていました。

　「審査」とは，独禁法違反の疑いがある場合に違反事実を解明するために公取委が行う調査活動のことです（審査について詳しくは**Q18**，**Q19**参照）。公取委は，審査に必要な強制調査を行う権限を有しています（47条）。設問の「立入検査」は，この強制調査権の一つです。審査の結果，公取委が独禁法違反の事実があると認めた場合には，排除措置命令や課徴金納付命令という行政処分が行われます。審査は，検察の犯罪捜査・訴追の機能と類似しているため，事務総局に出向している検察官が様々な形で助言を行っています。

　「審判」とは，排除措置命令や課徴金納付命令の行政処分に不服のある事業者に対する事後審査の手続であり，裁判類似の手続が採用されていました。しかし，審判に対しては公取委が検察官役（審査官）と裁判官役（審判官）を兼ねているという批判が強く，このため平成25年12月に審判を全面的に廃止する法律が国会で成立し平成27年4月から施行されています（詳しくは**Q1**参照）。

5　準立法的権限

　公取委は，その内部規律・事件の処理手続及び届出・認可又は承認の申請そ

の他の事項に関する必要な手続について規則を定める権限を持っています（76条1項）。この規則制定権は、公取委に広汎な自律権を認める趣旨で準立法的権限と呼ばれています。実際にも審査に関する規則など手続に関する規則等が制定されています。

　そのほか、独禁法は、不公正な取引方法の一部を告示という形式で指定する権限を公取委に与えています（2条9項6号・72条）。この権限も実質的には公取委の準立法的権限に含まれます。不公正な取引方法の指定には、業界全般に適用される一般指定と、特定の業界だけに適用される特殊指定とがあります。

6　その他の権限

　公取委が有するその他の権限としては、管理業務・調査業務に関する権限・公聴会の開催・国会に対する意見提出権などがあります。

　調査業務とは、公取委が経済官庁としての基礎資料を充実させるために事業活動や経済実態を調査するものです。調査業務に関する権限としては、一般的な調査のための強制的権限（40条・94条の2）・調査嘱託の権限（41条）が認められていますが、通常は任意調査として行われています。

　公聴会の開催は、不公正な取引方法の特殊指定の場合（71条）や競争回復措置命令の手続の場合（64条5項）には公取委が必ず行わなければならないとされていますが、その他にも公取委は必要に応じて公聴会を開いて一般の意見を求めることができます（42条）。また、最近、公取委はガイドラインを決定する際に事前に原案を公表して広く意見を求めるという運用をしています。

　公取委は、国会に対して、独禁法の施行状況を毎年報告しなければならず、また、独禁法の目的を達成するために必要な意見を提出することができるとされています（44条）。ただし、いずれの場合にも内閣総理大臣を経由しなければならないとされています。前者の報告については、年次報告書として一般に公表されています。しかし、後者の意見については、これまで提出した例はありません。

〔柄澤　昌樹〕

第Ⅱ部◇独占禁止法の手続

■注　記■

*1　公取委の委員長と委員に職権行使の独立性が保障されている点については，一般に以下のとおり説明されています。

　「公取委の独立性について，行政権は内閣に属するとの憲法65条との関係で疑義を呈する向きもあったが，違反事件の処理にあたって，その判断に政治的中立性と高度の専門性を要し，そのために合議制がとられていることから，独立性の保障は合理的な根拠があり，委員長・委員の任命や行政機関としての規模・資源などについて人事・予算面からの内閣によるコントロールは可能であるから，内閣が行政権の行使について国会に対して連帯責任を負う憲法66条3項の規定に反することにもならない。」（金井・独禁480頁）。

*2　公取委の委員長と委員の任命に衆参両議院（国会）の同意が必要とされている点については，一般に以下のとおり説明されています。

　「内閣からある程度独立した地位にある結果として，国民の代表機関たる国会との関係は，通常の行政機関に比し，より直接性を帯びることとなり，国会の間接的な監督の手段として，委員長・委員の任命に国会の同意を要すること（29条2項）があるほか，公取委に国会に対する年次報告提出義務（44条1項）および意見提出権（同条2項）が定められている。」（金井・独禁480頁）。

*3　事務総局の職員の定員が838人というのは，平成27年4月10日に公布された行政機関職員定員令の一部を改正する政令に基づく定員です。

Q18 公正取引委員会の手続❷──審査手続

① 公正取引委員会が行う「審査」というのは何でしょうか。また「排除措置命令」「警告」「注意」というのはどういうものなのでしょうか。

② 平成26年12月に「独占禁止法審査手続についての懇談会報告書」という報告書が公表されたようですが、どのような内容なのでしょうか。

① 公正取引委員会は、独占禁止法違反の情報を把握すると、関係者から情報を収集するなどの内偵活動を行います。その結果、審査の必要を認めたときは、審査官を指定して事件の審査を行います。審査官は、立入検査を行うなど審査のために必要な調査を行います。審査が終了すると、公正取引委員会は、排除措置命令・警告・注意・打切りのいずれかの事件処理をします。

　以上については、**1**～**7**で解説することとします。

　なお、平成25年の独占禁止法の改正法（**Q1**参照）には排除措置命令の事前手続を充実・透明化する内容（意見聴取手続の新設）が含まれていますが、この点については**Q19**で解説することとします。

② 「独占禁止法審査手続についての懇談会報告書」は、平成26年12月24日に公表されたものですが、その内容は、公正取引委員会が行う審査手続において事件関係人が十分な防御を行うことを確保するという観点から、立入検査や供述聴取に関連する論点について検討を行ったものです。報告書の概要を一覧表としてまとめると、■表1のようになるでしょう。

　以上については**8**で解説することとします。

第Ⅱ部◇独占禁止法の手続

☑キーワード
審査，排除措置命令，警告，注意，立入検査，供述聴取

解説

1 事件の端緒

　公取委が独禁法違反の事件を処理するためには，まず，その情報を把握する必要があります。これを「事件の端緒」といいます。事件の端緒には，次の2つがあります。
　① 一般人からの公取委に対する申告（45条1項）
　② 公取委自らの職権探知（45条4項）
　実際に大部分を占めるのは①です。通常，独禁法違反の行為によって不利益を受けている立場にある会社等が公取委に申告します。ときには独禁法違反行為をしている業界の内部告発としての申告もあります。平成14年からはインターネットを利用して申告することもできるようになりました。また，平成17年の独禁法改正により導入された課徴金減免制度に基づく申請は，①の一種といえるでしょう。①の申告があった場合には公取委は「必要な調査」をしなければなりません（45条2項）。
　また，公取委の事務総局（経済取引局）では一般の行政官庁と同様に経済実態を調査したり各種の届出や報告を受理したりしていますが，行政指導だけでは不十分であるとして経済取引局から審査局に移管されて正式に独禁法違反事件として処理されるケースもあります。これは②に該当します。そのほか，公取委の審査官がある独禁法違反事件について立入検査を行ったところ，たまたま別の独禁法違反事件に関係する資料も見つけるというケースもありますが，これも②に該当します。

2 立件

　公取委が申告又は職権探知により事件の端緒に接したときは、まず事務総局の段階で予備調査を行います。事件の端緒だけでは十分な情報が揃わないのが通常です。そこで、公取委は、独禁法違反の疑いが濃厚かどうか関係者から情報を収集するなどの内偵活動を行います。

　公取委の事務総局審査局長は、事件の端緒に接したときは、審査の要否について意見を付して委員会に報告します（審査規則7条1項）。その報告書には①端緒、②事実の概要、③関係法条が記載されます（同条2項）。

　事件の審査を開始するかどうかは、委員会の裁量に委ねられています。必要な補充調査をしても独禁法違反の事実があると認められない場合には「端緒不相当」として処理されることになります。

　委員会として審査の必要を認めたときは、事務総局の審査局及び地方事務所の職員の中から審査官を指定して事件の審査を行わせることになります（法47条2項）。この段階で担当審査官が決まり、審査長あるいは上席審査専門官をトップとする事件審査チームが構成され、事件番号も付くわけです。これを「立件」といいます。

3 任意調査と強制調査

　(a)　審査官は、事件の審査のために必要な調査を行うことができます。調査には任意調査と強制調査とがあります。

　任意調査は、相手方の任意の協力を前提として行うもので、比較的軽微な事件について用いられます。これに対して、強制調査には、行政調査と犯則調査の2種類があります。犯則調査については**Q20**で説明しますので、ここでは行政調査としての強制調査について説明します。

　(b)　行政調査としての強制調査は、相手方が正当な理由なく調査を拒否する場合には、刑事罰（94条・95条）の適用がある調査です。いわゆる間接強制であって、犯則調査のように直接的・物理的な強制力を行使できるわけではあり

第Ⅱ部◇独占禁止法の手続

ません。したがって，審査官は，相手方に対して刑事罰の心理的圧迫をもって説得し，相手方から調査の承諾を得る必要があります。

審査官は，行政調査としての強制調査について，次の権限を持っています（47条1項）。

① 出頭命令・審尋・報告命令（同項1号）
② 鑑定命令（同項2号）
③ 提出命令・留置（同項3号）
④ 立入検査（同項4号）

通常，審査は以下のような手順で行われます。

まず，審査官は，予告なしに「立入検査」を実施します。立入検査の結果，事件審査に必要な帳簿書類その他の物件について「提出命令」を出します。審査官は，提出された物件を「留置」したうえで証拠物として整理し，独禁法違反事実が裏付けられるかどうかを検討します。審査官は，関係者からの事情聴取を行います。この場合，通常は関係者に任意による供述を求めて任意の供述調書（審査規則13条）を作成するのがほとんどですが，「出頭命令」をかけたうえで「審尋」（事情聴取）を行う場合もあります。

(c) 行政調査としての強制調査に対して，具体的にどのように対応したらよいかについては，**Q28**で説明します。

4　審査結果の報告

審査が終了すると，審査局長は委員会に対して審査結果を報告します（審査規則23条1項）。その報告書には①端緒，②審査経過，③事実の概要，④関係法条，⑤審査官の意見が記載されます（同条2項）。

委員会は，審査報告書を合議して，その事件をどのように処理するかを決定します。実務上，審査局長は，委員会の合議の際に委員会に対して審査官の意見を代表して具申しています。

公取委の事件処理としては，排除措置命令・警告・注意・打切りの4つがあります。

5 排除措置命令

　公取委は，審査の結果，違反行為があると認める場合には，違反行為者に対し，違反行為を排除し違反行為の再発防止を図るために必要な措置をとるように命令する行政処分を行うことができます（7条・8条の2・17条の2・20条）。これが「排除措置命令」です。

　排除措置の内容は，例えば，カルテルの場合であれば，カルテルの破棄のほか破棄事実を周知徹底するための関係先への通知・公表などです。公取委の立入検査等によって既に違反行為がなくなっている場合にはカルテルの破棄を命令することはできませんが，カルテル破棄の事実を周知徹底するために関係先へ通知・公表をするように命令することは可能です（7条2項）。ただし，違反行為がなくなった日から5年を経過したときは，排除措置を命令することはできません（同項ただし書）。

6 警告・注意・打切り

　(a)　「警告」とは，独禁法違反行為を完全に認定することはできないけれども独禁法に違反するおそれがある行為があったと認められる場合に，その行為を取りやめること又はその行為を再び行わないようにすることその他必要な事項を指示することをいいます（審査規則26条1項括弧書）。警告は，その趣旨及び内容を示した審査局長名義の文書を交付して行われます（同項・2項）。また，警告は，排除措置命令や課徴金納付命令と同様に公表されます。

　本来，独禁法違反行為の疑いがあるにもかかわらず，警告という行政指導で済ませてしまうことが独禁法の趣旨目的にかなうものであるかどうかは批判のあるところです。しかし，課徴金制度が導入されて以降，公取委は事件処理について慎重になったといわれています。警告の件数は昭和51年以降に年次報告書に掲載されましたが，これは課徴金制度の導入とほぼ同時期でした。警告は，課徴金との関係では刑事事件の起訴猶予処分と同様な働きをしていると考えることもできるでしょう。

(b) 「注意」とは，独禁法違反行為の存在を疑うに足りる証拠は得られなかったけれども独禁法違反につながるおそれのある行為がみられた場合に，独禁法違反行為の未然防止を図る観点から注意を喚起することをいいます。

「打切り」とは，独禁法違反行為を認定する証拠が不十分であり審査をしても打開の目処が立たない場合や，独禁法違反行為が存在しないことが明らかである場合に，審査手続を打ち切ることをいいます。

注意・打切りについては，競争政策上公表することが望ましい事案で関係事業者から公表について了解を得た場合又は事業者が公表を望む場合には公表するとされています。

(c) 平成25年度に審査が完了した事件は140件でしたが，その内訳は次のようになっています。

① 排除措置命令等　　18件
② 警告　　　　　　　 1件
③ 注意　　　　　　 114件
④ 打切り　　　　　　 7件

7　申告者に対する通知

独禁法違反の申告が書面で具体的な事実を指摘して行われた場合，すなわち，申告書に違反行為者の氏名，違反行為の具体的な態様，時期，場所などが記載されている場合には，公取委は申告した者に対して，その事件についてどのような処理をしたのかを速やかに通知しなければなりません（45条3項，審査規則29条）。申告は匿名でも認められています。しかし，当然のことですが，匿名の申告には通知制度は適用されません。この制度は昭和52年の独禁法改正により導入されました。申告者は事件の処理に強い関心をもっているわけですから，その期待に応えるために通知を行うのは当然でしょう[*1]。平成25年度には7,959件の通知が行われました。

8　独占禁止法審査手続についての懇談会報告書

「独占禁止法審査手続についての懇談会報告書」は平成26年12月24日に公表されました。この報告書の公表に至る経緯は以下のとおりです。

平成25年の独禁法改正（その内容について詳しくは**Q1**参照）は，附則16条に以下のとおりの規定を置きました。

「政府は，公正取引委員会が事件について必要な調査を行う手続について，我が国における他の行政手続との整合性を確保しつつ，事件関係人が十分な防御を行うことを確保する観点から検討を行い，この法律の公布後1年を目途に結論を得て，必要があると認めるときは，所要の措置を講ずるものとする。」

この規定を受けて内閣府に懇談会（座長は宇賀克也東大教授）が設置され，同懇談会で上記の検討が行われましたが，平成25年改正法が平成25年12月13日に公布されたことから，公布後1年後である平成26年12月24日に「独占禁止法審査手続についての懇談会報告書」が公表されるに至ったのです。

この報告書の概要を一覧表としてまとめると■表1のとおりとなりますが，この■表1を見ると分かるように，報告書では独禁法違反事件について公取委が行う審査手続の流れに沿って，「(1)　立入検査に関する論点」と「(3)　供述聴取に関連する論点」との2つに分けて検討が行われています。

まず，報告書では「(1)　立入検査に関する論点」として，
① 立入検査時の弁護士の立会い
② 立入検査時における提出物件の謄写
③ 立入検査に関する指針等への記載及び事業者への周知
④ 立入検査当日に従業員への供述聴取を行うこと

の4つの論点が具体的に検討されています。

このほか，本来からすれば「(1)　立入検査に関する論点」に含まれるものですが，報告書では「(2)　弁護士・依頼者間秘匿特権」について独立した論点として検討が行われています。

次に，報告書では「(3)　供述聴取に関連する論点」として，
① 供述聴取時の弁護士の立会い

第Ⅱ部◇独占禁止法の手続

■表1 「独占禁止法審査手続についての懇談会報告書」の概要

(1)	立入検査に関連する論点	
	①	立入検査時の弁護士の立会い
		事業者は立入検査において弁護士を立ち合わせることができるが,弁護士の立会いを事業者の権利として認めるものではなく,事業者は弁護士が到着しないことを理由に立入検査を拒むことはできない。
	②	立入検査時における提出物件の謄写
		立入検査当日における提出物件の謄写については,これを事業者の権利として認めることは適当ではなく,運用上,日々の営業活動に用いる必要があると認められる物件について,立入検査の円滑な実施に支障がない範囲で謄写が認められる。立入検査の翌日以降は公取委の事務所において提出物件の謄写が認められる。
	③	立入検査に関する指針等への記載及び事業者への周知
		公取委は,立入検査の法的根拠・法的性質や上記①②につき指針等に明記して公表するとともに,必要な事項につき立入検査着手時に書面で事業者に伝えることが適当である。
	④	立入検査当日に従業員への供述聴取を行うこと
		公取委による実態解明のために必要であることから,立入検査当日に従業員への供述聴取を行わないといった,事業者のリニエンシー申請に対する配慮をする必要はない。
(2)	弁護士・依頼者間秘匿特権	
	依頼者である事業者が弁護士との間の一定のコミュニケーションについて行政当局の調査手続における提出又は開示を拒むことができる権利(弁護士・依頼者間秘匿特権)については十分検討に値する制度であるが,その根拠及び適用範囲が明確でなく,また,その実現にあたって実態解明機能を阻害するおそれがあることから,現段階で弁護士・依頼者間秘匿特権を導入することは適当ではない。	

(3)	供述聴取に関連する論点	
	①	供述聴取時の弁護士の立会い
		供述人は身柄拘束を受けているわけではなく，休憩時間に弁護士と相談できること，従業員たる供述人に萎縮が生じることによる実態解明機能への影響が懸念されることなどから，認めるべきとの結論には至らなかった。
	②	供述聴取過程の録音・録画
		不当な供述聴取が行われていないか事後に検証する手段としての有効性を否定するものではないものの，供述人に萎縮効果が生じ実態解明機能が損われるとの懸念が払拭できないことなどから，認めるべきとの結論には至らなかった。
	③	調書作成時における供述人への調書の写しの交付
		実態解明プロセスの段階で調書の写しを交付すると他の事業者との間で又は事業者内の供述人間で共有され，供述調整に用いられる可能性が否定できないことなどから，認めるべきとの結論には至らなかった。
	④	供述聴取時における供述人によるメモの録取
		上記③の調書の写しの交付と同様に供述調整に用いられる可能性が否定できないこと，簡単な単語や項目のみに限定するとしても，その線引きは実務上困難であることなどから，認めるべきとの結論には至らなかった。
	⑤	自己負罪拒否特権
		自己負罪拒否特権については，供述義務を課す審尋において検討すべきところ，他の行政制裁との整合的な説明が困難であること，公取委の実務上，行政調査段階で作成された調書は犯則調査で使用されておらず，犯則調査手続において改めて調書を取っていることなどから，認めるべきとの結論には至らなかった。
	⑥	供述聴取過程の改善
		公取委は，次の(a)～(e)につき指針等に明記して公表するとともに，必要な事項につき供述聴取を実施する前に書面で供述人に伝えることが適当である。
			(a)	審査官は，供述聴取を行う際には，それが任意のものであるか間接強制権限による審尋であるかを供述人に対して明確にしたうえで行う。
			(b)	聴取時間の目安を示す。
			(c)	供述聴取に支障が生じない範囲内で，食事時間等の休憩は供述人が弁護士に相談できる時間となるよう配慮しつつ適切に確保する。休憩時間には供述人が弁護士等の外部の者と連絡を取ることや記憶に基づいてメモを作成することが妨げられないことを供述人に対して明確にする。
			(d)	調書の読み聞かせの段階で誤りがないかを問い，供述人が増減変更の申立てをしたときは，審査官がその供述を調書に記載することを供述人に対して明確にする。
			(e)	供述聴取において供述人が審査官の対応に不満がある場合に苦情を受け付ける仕組みを公取委内部に整備する。

② 供述聴取過程の録音・録画
③ 調書作成時における供述人への調書の写しの交付
④ 供述聴取時における供述人によるメモの録取
⑤ 自己負罪拒否特権
⑥ 供述聴取過程の改善

の6つの論点が具体的に検討されています。

懇談会においては，担当大臣から「公正取引委員会の実態解明機能の確保」と「調査を受ける者の防御権の確保」のバランスに留意するという視点が示されていました。しかしながら，実際に報告書の結論を見ると，ほとんどの論点で「公正取引委員会の実態解明機能の確保」を重視して，公取委による現在の実務を追認する結論となっています。

もっとも，報告書では，立入検査や供述聴取に関する指針等を公表するとともに，必要な事項については事業者や供述人に対して書面で伝えることが適当である，という結論が示されています（その後，公取委は平成27年12月25日に，「独占禁止法審査手続に関する指針」と「事業者等向け説明資料」を公表しました）。

以上のほか，報告書の内容については，詳しくは■表1を参照してください。

〔柄澤　昌樹〕

━━■注　記■━━

＊1　一般人から公取委に対する申告（報告）については以下のような手続も設けられています。
　「2000（平成12）年10月から，公取委は，事件処理を担当する審査局とは別に官房に審理会を設置し，一般人からの報告の処理について申出がある場合，再点検する体制・手続をとっている。」（金井・独禁486頁）。

19 公正取引委員会の手続❸—意見聴取手続

排除措置命令・課徴金納付命令の事前手続については，平成27年4月から「意見聴取手続」という新しい制度が導入されたと聞きました。「意見聴取手続」とはどのようなものでしょうか。

　平成25年改正法は，審判手続を廃止したことから，排除措置命令・課徴金納付命令（不利益処分）の事前手続を充実するために「意見聴取手続」という制度を新たに設けることとしました。審判手続の廃止と意見聴取手続の制度の新設は，平成27年4月1日から施行されています。

　改正前の独禁法の事前手続（旧法49条3項〜5項）は，行政手続法29条〜31条に規定する不利益処分に対する「弁明の機会の付与」に相当する手続でしたが，改正法の意見聴取手続（改正法49条〜60条）は，行政手続法15条〜26条に規定する不利益処分に対する「聴聞」を参考にして作られた制度です。

　改正法の意見聴取手続では企業側の防御権の確保も配慮されますが，意見聴取手続は，あくまでも不利益処分（排除措置命令・課徴金納付命令）の事前手続であって，処分前手続として迅速かつ効率的な進行が要求されます。したがって，審判手続の廃止と意見聴取手続の新設は同時期に行われた制度改正ですが，意見聴取手続は審判手続に代わるものではないことに留意する必要があります。

　■表1は，意見聴取手続の全体的な流れをまとめたものですので，参考にしてください。

☑キーワード
　意見聴取手続，意見聴取規則，審判，平成25年改正法，証拠の閲覧・謄写

第Ⅱ部◇独占禁止法の手続

解　説

1　意見聴取手続の制度の新設

　従来，公取委の不利益処分（排除措置命令・課徴金納付命令）については，公取委の内部において，
　①　処分の前に企業側から意見を聴く事前手続（処分前手続）（旧法49条3項～5項）
　②　処分の後に不服のある企業が請求したときに開始される裁判に類似した審判手続（処分後の手続）（旧法52条以下）
の2つの手続が設けられていました。
　しかしながら，平成25年改正法（本問では単に「改正法」といいます）は，②の審判手続を廃止したことから，公取委には①の事前手続だけが残されることになりました（審判手続の廃止について詳しくはQ1参照）。そこで，改正法は，①の事前手続を充実させるために，処分前手続として「意見聴取手続」という制度を新たに設けることとしました（改正法49条～60条）。この「意見聴取手続」について，公取委は，改正法が②の審判手続を廃止したことに伴い，審判手続の審決で示されていた公取委による最終的な判断が不利益処分（排除措置命令・課徴金納付命令）において示されることになったため，①の処分前手続のさらなる充実を図る観点から整備したものだ，と説明しています。
　改正法は，行政手続法の第3章（不利益処分）の適用除外を規定しています（改正法70条の11）が，改正法が新たに設けた「意見聴取手続」については，行政手続法第3章第2節で規定する「聴聞」の手続を基本としつつ，独禁法違反事件の特色や合議制である公取委の特色等を踏まえて独禁法において独自に規定している，と説明されています。もっとも「意見聴取手続」は，不利益処分（排除措置命令・課徴金納付命令）の対象となるすべての企業から，その処分の前に意見を聴く制度であり，あくまでも①の処分前手続に位置づけられるものです。したがって「意見聴取手続」は，不利益処分（排除措置命令・課徴金納付命

令）の後に，その処分に不服のある企業が請求したときに開始される制度であった，改正法によって廃止された②の審判手続（処分後の手続）とは，本質的に異なるものであることに注意が必要です＊1。

2 意見聴取手続の義務づけ

改正法は，排除措置命令・課徴金納付命令（不利益処分）に先立って公取委に事前手続として「意見聴取手続」を行うことを義務づけました。すなわち，公取委が不利益処分（排除措置命令・課徴金納付命令）をしようとする場合には，必ず，当該処分の名宛人となるべき者について意見聴取を処分前に行わなければなりません（改正法49条・62条4項）。

ここで事前手続として「意見聴取手続」を行わなければならない排除措置命令には，独禁法上のすべての排除措置命令が含まれます。したがって，私的独占や不当な取引制限に係る排除措置命令はもちろんのこと，不公正な取引方法や企業結合に係る排除措置命令についても必ず事前手続としての「意見聴取手続」が行われることになります。

なお，警告・注意については行政処分ではないことから，「意見聴取手続」の対象とはされていません＊2。

3 意見聴取規則の内容

「意見聴取手続」の制度を新設した改正法は，平成27年4月1日に施行されました。この改正法の施行に伴い必要となる「公正取引委員会の意見聴取に関する規則」（本問では「意見聴取規則」又は単に「規則」といいます）も改正法とともに同年4月1日に施行されました。

「意見聴取規則」の内容はどのようなものでしょうか。

意見聴取規則の条文は全部で25条ですが，これらの条文の内容を分析すると，3つの構成部分から成り立っています。

すなわち，意見聴取規則は，

① 総則の規定（規則1条〜8条）

② 不利益処分のうち排除措置命令の事前手続の具体的な内容を定める規定（規則9条〜22条）
③ 不利益処分のうち課徴金納付命令等の事前手続に関する準用規定（規則23条〜25条）

の3つの構成部分から成り立っています。

4 意見聴取手続の流れ

「意見聴取手続」の流れはどのようになっているのでしょうか。

■表1は意見聴取手続の全体的な流れをまとめたものです。意見聴取手続は，■表1のとおり，

① 意見聴取手続の開始（意見聴取通知）
② 証拠の閲覧・謄写
③ 意見聴取手続の主宰（意見聴取官）
④ 意見聴取の期日
⑤ 意見聴取調書・意見聴取報告書の作成・提出
⑥ 不利益処分（排除措置命令・課徴金納付命令）

という流れで行われます。

■表1では，意見聴取手続の①〜⑥の流れの概要を示したうえで，それぞれの箇所で問題となる平成25年改正法の条文や意見聴取規則の条文を掲げていますので，参考にしてください。

以下，①〜⑥の流れに沿って「意見聴取手続」の内容を解説することとします。

■表1　意見聴取手続の流れ

	意見聴取手続の流れの概要		平成25年改正法の条文	意見聴取規則の条文
①	意見聴取手続の開始（意見聴取の通知）	不利益処分（排除措置命令・課徴金納付命令）の名宛人となるべき者に対し意見聴取を実施する旨の通知を行うことにより，意見聴取手続が開始される。	改正法50条（意見聴取の通知） 〃51条（代理人）	規則9条（意見聴取の通知） 〃10条（意見聴取の期日等の変更） 〃11条（代理人）

Q19◆公正取引委員会の手続❸—意見聴取手続

②	証拠の閲覧・謄写の申請	上記①の意見聴取の通知を受けた者（当事者）は，公取委の認定した事実を立証する証拠の閲覧・謄写を求めることができる。	改正法52条（証拠の閲覧・謄写）	規則12条（証拠の閲覧の手続） 〃13条（証拠の謄写の手続） 〃様式第1号（証拠の閲覧・謄写申請書）
③	意見聴取手続の主宰（意見聴取官）	公取委の指定する職員（指定職員＝意見聴取官）が意見聴取の手続を主宰する。	改正法53条（指定職員による意見聴取の主宰）	規則14条（意見聴取を主宰する職員の指定の手続） 〃15条（事務補助員）
④	意見聴取の期日	意見聴取の最初の期日の冒頭で，事件を担当した審査官等が，予定される排除措置命令の内容等を当事者に対して説明する。 当事者は，意見聴取期日に出頭して意見を述べ証拠を提出し，意見聴取官の許可を得て審査官等に質問することができる。	改正法54条（意見聴取の期日） 〃55条（出頭に代わる陳述書等の提出） 〃56条（続行期日の指定） 〃57条（当事者の不出頭等の場合における意見聴取の終結）	規則16条（期日に先立つ書面等の提出） 〃17条（意見聴取の期日における意見陳述等の制限及び秩序維持） 〃18条（証拠の提出方法） 〃19条（陳述書の記載事項）
⑤	意見聴取調書・意見聴取報告書の作成・提出	意見聴取官は，上記④の期日における意見陳述等の経過を記載した調書（意見聴取調書），当該意見聴取に係る事件の論点を整理して記載した報告書（意見聴取報告書）を作成し，公取委に提出する。	改正法58条（調書等の作成） 〃59条（意見聴取の再開）	規則20条（意見聴取調書及び意見聴取報告書の記載事項等） 〃21条（意見聴取調書及び意見聴取報告書の作成の通知） 〃22条（意見聴取調書及び意見聴取報告書の閲覧の手続） 〃様式第2号（意見聴取調書・意見聴取報告書の閲覧申請書）
⑥	不利益処分（排除措置命令・課徴金納付命令）	公取委は，上記⑤の意見聴取調書・意見聴取報告書の内容を十分に参酌して不利益処分（排除措置命令・課徴金納付命令）に係る議決を行う。	改正法60条（公正取引委員会の参酌義務）	

5 意見聴取手続の開始（意見聴取手続の流れ・その1）

(1) 意見聴取通知

意見聴取手続は，公取委の「意見聴取通知」によって開始されます。

(a) **意見聴取通知書の記載事項**

公取委は，意見聴取を行うにあたっては，意見聴取の期日までに相当な期間を置いて，排除措置命令の名宛人となるべき者に対し，

① 予定される排除措置命令の内容
② 公取委の認定した事実及びこれに対する法令の適用
③ 意見聴取の期日及び場所
④ 意見聴取に関する事務を所掌する組織の名称及び所在地
⑤ 事件名
⑥ 意見聴取に係る事件について公取委の認定した事実を立証する証拠の標目

を書面で通知しなければなりません（改正法50条1項，規則9条）。この書面を「意見聴取通知書」といいます。

これに対して，課徴金納付命令の場合には，上記①と②に代えて

⑦ 納付を命じようとする課徴金の額
⑧ 課徴金の計算の基礎及び課徴金に係る違反行為

を書面で通知することになります（改正法62条4項，規則23条）。

(b) **「相当な期間」とは何か**

上記(a)のとおり，意見聴取の通知を行う場合には，意見聴取の期日（後記 **8**）までに「相当な期間」を置かなければならない，とされています（改正法50条1項柱書）。

ここで「相当な期間」とは，具体的にどのくらいの期間を意味するのでしょうか。

この点，公取委は「相当な期間」は原則として2週間程度と説明していました[*3]。しかしながら，企業側は，意見聴取の期日までに証拠の閲覧・謄写（後記 **6**）を行い，当該証拠を検討したうえで期日における意見申述や証拠の提出・

審査官等に対する質問（後記8(2)）を準備しなければなりません。そうすると，企業側の防御権の保障の観点からすれば，2週間程度では短すぎるといわざる得ないでしょう。

(2) 意見聴取の期日の変更——「やむを得ない理由がある場合」

上記(a)③のとおり，意見聴取通知書には「意見聴取の期日及び場所」が記載されていますが，当事者は，やむを得ない理由がある場合は，これらの変更についてその理由を記載した書面を提出して申し出ることができます（規則10条1項・2項）。

この「やむを得ない理由がある場合」とは，具体的にどのような場合でしょうか。

この点，公取委の担当官は，「たとえば，災害，病気等の理由により期日への出頭に差し支えが生じた場合などが考えられる」と説明しています*4。このような例外的な場合に限定されてしまうのかどうか，今後の運用が注目されます。

(3) 代理人

意見聴取の通知を受けた者（当事者）は，意見聴取手続にあたり代理人を選任することできます（改正法51条）。この代理人の選任については，弁護士に限られていませんし，公取委の承認も必要とされていません。この点は，従来の事前手続（旧審査規則27条）とは異なっていますので，注意する必要があります。

代理人が弁護士に限られていない理由については，意見聴取手続は訴訟での第1審に相当する審判手続とは異なるからだと説明されています。

なお，代理人の資格は書面（委任状）で証明することになります（規則11条1項）。

6 証拠の閲覧・謄写（意見聴取手続の流れ・その2）

(1) 証拠の閲覧・謄写の手続

意見聴取の通知を受けた者（当事者）は，公取委に対し，意見聴取に係る事件について公取委の認定した事実を立証する証拠の閲覧を求めることができます（改正法52条1項前段）。

また，当事者は，閲覧の対象となる証拠のうち，自社が提出した物証及び自社の従業員の供述調書について謄写を求めることができます（同項前段の括弧書）。

当事者が証拠の閲覧・謄写を要求できるのは，「意見聴取の通知を受けた時から意見聴取が終結するまでの間」です（同項前段）。

公取委は，第三者の利益を害するおそれがあるときその他正当の理由があるときでなければ，当事者からの閲覧・謄写を拒むことはできません（同項後段）。具体的にどのような場合が「第三者の利益を害するおそれがある場合その他正当の理由があるとき」に該当するのでしょうか。この点，公取委は，具体例として，

① 新たな事件審査の端緒となる情報など，その情報の類型を説明するだけでも，今後の審査活動に重大な支障を来すおそれがある情報が含まれている場合
② 当事者が閲覧又は謄写した自社従業員の供述調書の内容をもって当該従業員に対して懲戒等の不利益取扱いを行う可能性があるとき

をあげています[*5]。

(2) 証拠の閲覧・謄写の趣旨

上記(1)の証拠の閲覧・謄写の手続は，意見聴取手続の当事者が，公取委が事実を認定するために用いた証拠を確認したうえで，自己の意見を陳述し，自己に有利な証拠を提出できるよう防御権の内容の充実を図る観点から整備されたものです。

改正前の事前手続では，規則レベルで「証拠について，説明するものとする」と規定されていたにとどまり（旧審査規則25条），実務上も企業側に証拠を閲覧させることはあっても謄写を認めることはありませんでした。したがって，改正法が当事者に公取委の認定した事実を立証する証拠の閲覧・謄写権を認めたことは，当事者の防御権の保障に資するものとして高く評価することができるでしょう。

(3) 証拠の閲覧・謄写申請書

証拠の閲覧・謄写に関する手続としては，当事者は，具体的には，規則が定める様式第1号による書面（証拠の閲覧・謄写申請書）を公取委に対して提出して

行うことになります(規則12条1項・13条2項)。

様式第1号には,「本申請書による証拠の閲覧・謄写の目的は,意見聴取手続又は排除措置命令等の取消訴訟の準備のためであり,その他の目的のために利用はいたしません。」という誓約文が記載されています。この誓約文について,公取委の担当官は,

① 当事者が,優越的地位の濫用に係る事件の意見聴取に際して閲覧した取引先従業員の供述調書等の内容をもって当該取引先事業者に対して有形無形の報復を行うこと

② 謄写した自社従業員の供述調書の内容をもって当該従業員に対して懲戒等の不利益取扱いを行うこと

は「その他の目的」に当たる利用となるので留意が必要である,と説明しています[6]。

(4) 証拠の閲覧・謄写の日時・場所・方法の指定

公取委は,証拠の「閲覧」「謄写」について日時・場所を指定することができます(改正法52条3項)。

また,公取委は,証拠の「閲覧」について,その方法を指定することができます(規則12条2項)。この点,公取委は,「法律上閲覧のみ認められている証拠については,閲覧に当然に付随する行為を超えて,実質的に謄写と同視できるような行為は,認められません」と説明しています[7]。

これらの日時・場所・方法を指定したときは,公取委は,速やかにその旨を当事者に通知しなければなりません(同条3項前段)。この通知は,書面で行うことは要求されていませんので,電話により口頭で行うこともできます。

ただし,日時・場所・方法の指定につき,公取委は,当事者の意見陳述等の準備を妨げることがないように配慮する必要があります(同条3項後段)。

なお,改正前の証拠(提出命令の対象物件)の「謄写」(旧審査規則18条)の具体的な方法は,公取委の庁舎内にコピー機を搬入して謄写を行うというものでした。この点,改正後の証拠の「謄写」の具体的な方法がどうなるのかが問題となります。これについて,公取委は,「謄写の方法としては,公正取引委員会と(謄写)請求者の双方の負担の軽減に配慮し,DVD等の電磁的記録媒体による方法について検討を進めています」と説明しています[8]。

(5) 「閲覧」の対象となる証拠

閲覧の対象となる証拠は、「意見聴取に係る事件について公正取引委員会の認定した事実を立証する証拠」です（改正法52条1項前段）。

(a) **企業側にとって有利な証拠も「閲覧」対象となるか**

閲覧の対象となる証拠には、公取委の認定した事実を立証する証拠（企業側にとって不利な証拠）だけでなく、企業側にとって有利な証拠も含まれるのでしょうか。

この点、積極に解することができるのであれば、企業側は、公取委が認定した事実を否定する方向に働く証拠についても閲覧を請求できることになります。これについては、行政手続法18条と同様に積極に解する余地があるという見解もあります[*9]。

しかしながら、公取委は、「公正取引委員会が事実を認定するために用いた証拠が開示されている必要があり、かつ、それで足りる」と説明しています[*10]ので、消極に解していると思われます。

(b) **「閲覧」対象外の証拠を取消訴訟で提出することの可否**

公取委は、閲覧の対象としなかった証拠を、後の取消訴訟で提出することができるのでしょうか。

これについては、公取委が取消訴訟で新たな証拠を自由に提出できるとすれば、意見聴取手続において企業側に防御の機会を与えた意味が損なわれ事前手続の形骸化につながるから、意見聴取手続で閲覧の対象としなかった証拠を公取委が後の取消訴訟で提出できないと考えるべきである、という見解もあります[*11]。

しかしながら、公取委は、「取消訴訟で新たに争点となった事項、当事者から反証があった事項等について、証拠の標目に記載しなかった証拠を（後の取消訴訟で）提出することは当然あり得る」と説明しています[*12]。

(6) 「謄写」の対象となる証拠——自社証拠に限定

「謄写」の対象となる証拠は、上記(5)の「閲覧」の対象となる証拠、すなわち「意見聴取に係る事件について公正取引委員会の認定した事実を立証する証拠」のうち、「当事者若しくはその従業員が提出したもの又は当該当事者若しくはその従業員の供述を録取したものとして公正取引委員会規則で定めるも

の」(改正法52条1項前段括弧書)に限られています。

このように「謄写」の対象となる証拠は，自社が提出した物証及び自社従業員の供述調書などの，いわゆる自社証拠に限られています。すなわち，他社が提出した物証及び他社の従業員の供述調書については，当事者は，「閲覧」を請求できるだけであって，「謄写」を請求することはできません。その理由については，公取委が事実の認定に用いる証拠の中には企業秘密等も含まれている可能性が高く「謄写」の対象につき慎重を期する必要があるからだ，と説明されています。この点は批判があるところです。

なお，意見聴取規則13条1項は，上記の改正法の規定を受けて「謄写」の対象となる証拠について，

① 留置物件・任意提出物件(同項1号)
② 領置物件・差押物件(同項2号)
③ 審尋調書・供述調書(同項3号)
④ 質問調書(同項4号)

を定めています。

7 意見聴取手続の主宰(意見聴取手続の流れ・その3)

改正前の事前手続は，審査官と企業側との二者で行われており，第三者は介在していませんでした。

これに対して，改正法により導入された意見聴取手続は，公取委が事件ごとに指定する職員(指定職員)が，第三者として主宰することになりました(改正法53条1項)。意見聴取手続が公正かつ適切に行われる必要があることから，その事件について審査官の職務を行ったことのある職員等は指定職員になることはできません(同条2項)。

指定職員の氏名は，原則として，意見聴取の通知の際に併せて当事者に対して通知(規則14条1項・4項)されると説明されています。

改正法が国会で審議された際には，「意見聴取手続を主催することとなるいわゆる手続管理官については，手続の透明性・信頼性を確保する観点から，その権限・義務を明確化するとともに，その指定に当たっては中立性を確保する

よう努めること」という内容の附帯決議がつけられました。

この附帯決議にもあるように，改正法が施行される前には，指定職員は「手続管理官」という名称になるといわれていましたが，結局，指定職員の名称は「意見聴取官」となりました。

もっとも，意見聴取官（指定職員）は，意見聴取期日（後記**8**）において手続を主宰したうえで論点を整理するにとどまり，意見聴取報告書（後記**9**）にも論点を整理して記載するだけであって，不利益処分（排除措置命令・課徴金納付命令）の原因となる事実に対する当事者の主張に理由があるかどうかについて自らの「意見」を意見聴取報告書に記載することはありません。この点，行政手続法の聴聞の場合には，不利益処分の原因となる事実に対する当事者の主張に理由があるかどうかについて，聴聞の主宰者が自らの「意見」を報告書に記載するよう義務づけられている（行政手続法24条3項）のとは異なっています。

8 意見聴取の期日（意見聴取手続の流れ・その4）

意見聴取期日における意見聴取は非公開です（改正法54条4項）。非公開の理由については，「意見聴取手続は裁判の第一審に相当する手続とされていた現在の審判とは異なり，処分を争うか否かにかかわらずすべての名宛人となるべき者を対象とする手続であり，かつ，意見聴取で取り上げられる内容には事業者の秘密や従業員のプライバシーに係る情報が含まれていることも配慮したものである。」と説明されています[*13]。

また，意見聴取期日における秩序を維持するため，意見聴取官（指定職員）は，意見聴取の進行を妨害し又はその秩序を乱す者に対し退場を命ずるなど適当な措置をとる権限を有しています（規則17条2項）。

(1) **審査官による説明**

意見聴取官（指定職員）は，最初の意見聴取期日の冒頭において，審査官等に，

① 予定される排除措置命令の内容
② 公取委の認定した事実
③ 主要な証拠

④　法令の適用

を意見聴取の期日に出頭した当事者に対し説明させることになります（改正法54条1項）。

上記①～④の説明の対象となる事項のうち，①②④は意見聴取通知書（前記 5 (1)(a)）にも記載されている事項です。これに対して，③（主要な証拠）は意見聴取通知書には記載されていない事項です。

以上は排除措置命令の場合の冒頭での説明事項ですが，課徴金納付命令の場合には，意見聴取官は審査官等に，

①　納付を命じようとする課徴金の額
②　課徴金の計算の基礎及び課徴金に係る違反行為
③　主要な証拠

を説明させることになります（改正法62条4項）。

(2)　当事者の意見陳述・証拠提出，審査官に対する質問
(a)　**当事者の権能**

当事者は，自らの防御権を行使するため，意見聴取期日に出頭して意見を述べ証拠を提出し，意見聴取官（指定職員）の許可を得て審査官等に質問することができます（改正法54条2項，規則18条）。

改正前の事前手続では，企業側は審査官から提出書類等について事前説明を受けた後に，その説明内容を踏まえて意見書や証拠を提出するのが通常でした。しかしながら，改正後の意見聴取手続では，上記のとおり当事者は期日に意見を述べ証拠を提出することになりますので，意見聴取期日が1回しか開かれないとすれば，当事者は審査官からの説明を聞く前に，意見聴取で述べる意見や提出する証拠等を準備しなければならないことになります。

また，上記のとおり，当事者は，意見聴取期日に出頭して意見陳述・証拠提出する権能を有するといっても，期日に出頭することが法律上義務づけられているわけではありません。そこで，当事者は，意見聴取期日への出頭に代えて，意見聴取官に対し，期日までに陳述書（意見を記載した書面）や証拠を提出することもできます（改正法55条，規則18条・19条）。

(b)　**意見聴取官の権能**

意見聴取官（指定職員）は，意見聴取期日において必要があると認めるとき

は，当事者に対して質問をし，意見の陳述，証拠の提出を促すとともに，審査官等に対し説明を求めることができます（改正法54条3項）。

具体的にどのような場合が「意見聴取の期日において必要があると認めるとき」に該当するのでしょうか。これについて公取委の担当官は，
① 意見聴取の期日におけるやりとりを整理・促進する必要があるとき
② 当事者の主張や審査官の説明が不十分であると認めるとき
③ そのほか意見聴取官が必要と認めるとき

が該当すると説明しています[*14]。この点，意見聴取官の中立性を理由に，意見聴取官は当事者に不利な質問はすべきでないという見解もあります[*15]。

意見聴取官は，
① 意見聴取期日に出頭した者が事件の範囲を超えて，意見を陳述し又は証拠を提出するとき
② その他意見聴取の適正な進行を図るためやむを得ないと認めるとき

は，その意見の陳述又は証拠の提出を制限する権限を有しています（規則17条1項）。これは，意見聴取手続の迅速かつ効率的な進行を担保するためと説明されています。

(3) 期日に先立つ書面等の提出

意見聴取官（指定職員）は，必要があると認めるときは，意見聴取期日に先立ち，当事者に対し，
① 期日において陳述しようとする事項を記載した書面
② 提出しようとする証拠
③ 審査官等に対し質問しようとする事項を記載した書面

の提出を求めることができます（規則16条）。

このような規定に対しては，実質的に当事者の意見陳述，証拠提出等の準備期間を制限し，これらの権利を侵害するものだという批判もあります。この点，公取委は，「規則16条は，意見聴取の期日前に，期日において陳述しようとする意見を記載した書面等の提出を受けることにより，指定職員の事前準備を充実させ，当事者の適切な意見陳述を促すなど，意見聴取手続を迅速かつ効率的に進行できるようにするものであって，期日に向けた当事者の準備を制限するものではありませんし，仮に提出がなかったとしても期日当日における意

見陳述等が制限されるものではありません。」と説明しています[*16]。

(4) 意見聴取期日の続行

意見聴取官（指定職員）は，当事者による意見陳述等の結果，なお意見聴取を続行する必要があると認めるときには，さらに新たな意見聴取期日を定めることができます（改正法56条）。

具体的にどのような場合が「なお意見聴取を続行する必要があると認めるとき」に該当するのでしょうか。この点，公取委の担当官は，
① 当事者が意見陳述を終えていないと意見聴取官が判断する場合
② 事案の内容，審査官の説明とそれに対する当事者の質問等に照らし，当事者が意見陳述を行うのに一定期間を置くことが必要と意見聴取官が判断する場合

を例示しています[*17]。

9 意見聴取調書・意見聴取報告書の作成・提出（意見聴取手続の流れ・その5）

意見聴取官（指定職員）は，
ア 意見聴取期日における当事者の意見陳述等の経過を記載した調書（意見聴取調書），
イ 当該意見聴取に係る事件の論点を整理して記載した報告書（意見聴取報告書）

を作成し，公取委に提出します（改正法58条1項〜4項）。当事者は意見聴取調書・意見聴取報告書の閲覧を求めることができます（同条5項，規則21条・22条）が，これらを謄写することまでは認められていません。

アの「意見聴取調書」は，期日ごとに作成されるものであり，意見聴取官の評価を含まず，意見陳述等の経過を忠実に記載する調書です（改正法58条1項，規則20条1項〜3項）。

これに対して，イの「意見聴取報告書」は，意見聴取手続が終結した後に作成されるものであり，意見聴取官が委員会の判断の参考に資するよう事件の論点（審査官と当事者の双方の意見が対立している点）を整理して記載する報告書です（改正法58条4項，規則20条4項〜5項）。

改正前の事前手続においても，企業側からの質問があれば，審査官はある程度の説明をしていましたが，そのやり取りが調書や報告書の形で残るということはありませんでした。このため，後の審判になってから事前手続での説明内容を巡って企業側と審査官との間で争いが生じることもありました。改正法の意見聴取調書・意見聴取報告書は，事前手続の透明化を図るものであって，こうした紛争の発生を防止する役割を果たすことになるでしょう。

　企業側としては，意見聴取官から意見聴取調書・意見聴取報告書の作成の通知（規則21条1項）があったときには，直ちに「意見聴取調書・意見聴取報告書の閲覧申請書」（規則様式第2号）を提出することにより閲覧を行い（規則22条），これらの内容に誤りがあった場合には書面で事実上の異議を申し立てる必要があります。この点，公取委も，「当事者が意見聴取調書又は意見聴取報告書を閲覧した結果，誤りがあると考えた場合には，その旨を事実上公正取引委員会に申し出ること，また，当該意見聴取調書又は意見聴取報告書に係る処分の取消訴訟においてその誤りを主張することが考えられます」と説明しています[18]。

10　排除措置命令・課徴金納付命令（意見聴取手続の流れ・その6）

　公取委は，排除措置命令・課徴金納付命令の議決をするときは，意見聴取官（指定職員）から提出された意見聴取調書・意見聴取報告書を十分に参酌しなければならないとされています（改正法60条・62条4項）。これは，公取委が排除措置命令・課徴金納付命令（不利益処分）につき最終判断する際には，意見聴取調書・意見聴取報告書の内容を十分に考慮し汲み取る必要があるという趣旨です。

　公取委は，意見聴取調書・意見聴取報告書の記載内容に基づき，事前手続における当事者の主張を検証することになります。この点からしても，意見聴取調書・意見聴取報告書にどのような内容が記載されているかは，当事者にとって極めて重要です。

〔柄澤　昌樹〕

Q19◆公正取引委員会の手続❸──意見聴取手続

■注 記

* 1 　審判手続は民事訴訟手続と同様に長期化し、だいたい2年くらいはかかっていました。改正法によって導入された意見聴取手続を審判手続に引き寄せて捉える見解もありますが、公取委委員長は国会答弁において、「（意見聴取）手続にかかる時間経過につきましても、以前の事前審判制度のような、ある程度の期間を要するということにはならない、期間的にももっと短期間のもので済むのではないかと思っております」と述べています。
* 2 　もっとも警告は、公表という事実上の不利益を伴うため、企業側にあらかじめ意見を述べ証拠を提出する機会が付与されています（審査規則26条～27条）。
* 3 　平成17年10月6日公取委「公正取引委員会の原案に寄せられた意見と公正取引委員会の考え方」。
* 4 　萩原泰斗「意見聴取規則の概要」NBL1046号74頁。
* 5 　平成27年1月16日公取委「『公正取引委員会の意見聴取に関する規則』（案）に対する意見の概要及びそれに対する考え方」番号15・16。
* 6 　前掲（＊4）。
* 7 　前掲（＊5）の番号4。
* 8 　前掲（＊5）の番号9。
* 9 　村上・条解709頁。
* 10 　前掲（＊5）の番号10～12。
* 11 　荒木優子＝坂井雄介「命令前の公取委への反論と証拠閲覧」ビジネス法務2014年8月号139頁。
* 12 　前掲（＊5）の番号2。
* 13 　菅久（独禁（初版）245頁。
* 14 　横手哲二「改正独占禁止法の概要」商事法務2023号31～32頁。
* 15 　前掲（＊11）。
* 16 　前掲（＊5）の番号22。
* 17 　前掲（＊14）の32頁。もっとも同論文は、「競争秩序の早期回復という公益の観点からは意見聴取を迅速に進めていく必要があることから、当事者の意見を十分に聴取しつつ、意見聴取手続がいたずらに長くなることのないよう、手続管理官が適切に意見聴取手続を主宰することが重要である」とも述べています。
* 18 　前掲（＊5）の番号28～31。

第Ⅱ部◇独占禁止法の手続

20　公正取引委員会の手続❹―犯則調査・刑事告発・刑事罰

① 独占禁止法に違反した場合，刑事処分を受ける可能性はあるのでしょうか。
② 平成17年の独占禁止法改正により犯則調査権限が導入されたとのことですが，どのような内容ですか。

①　私的独占・カルテル・入札談合などの独占禁止法違反行為には刑事罰の規定があります。平成21年の独占禁止法改正は，私的独占・カルテル・入札談合の刑事罰につき，懲役刑の上限を3年から5年に引き上げました。ただし，不公正な取引方法には刑事罰の規定はありません。

②　平成17年の独占禁止法改正は，独占禁止法89条から91条までの刑事罰に係る事件を犯則事件と定義して，犯則事件の存否とその内容を解明するため，公正取引委員会に犯則調査権限を付与しました。この改正により，公正取引委員会の犯則審査部の職員は裁判官の発行する令状によって臨検・捜索・差押えをすることができるようになりました。

告発，刑事罰，犯則調査

Q20◆公正取引委員会の手続❹──犯則調査・刑事告発・刑事罰

解説

1 独占禁止法と刑事罰

　私的独占・カルテル・入札談合などの独禁法違反行為には，排除措置命令や課徴金納付命令のような行政措置のほか刑事罰も法定されています。
　すなわち，独禁法は，私的独占又は不当な取引制限をした者及び独禁法8条（事業者団体に対する規制）1号に違反して一定の取引分野における競争を実質的に制限した者は5年以下の懲役又は500万円以下（事業者又は事業者団体については5億円以下）の罰金に処する，と規定しています（89条・95条）。平成21年の独禁法改正により懲役刑の上限が3年から5年に引き上げられました。3年を超える懲役刑には執行猶予を付けることができませんから（刑法25条），改正後は実刑判決も十分に考えられます（もっとも，これまで実刑判決が実際に言い渡されたことはありません）。なお，罰金は課徴金とは別に科せられるということにも注意が必要です。
　これに対して，不公正な取引方法には刑事罰の定めはありません。これは，不公正な取引方法が取引社会において普通に行われている取引方法のうち公正な競争を阻害するおそれがあるものに限り違法とされるため，刑事罰を科するほどの悪質性はないと考えられるからだと説明されています。
　独禁法に違反した場合に科せられる刑事罰ないし秩序罰をまとめると■表1のとおりになります。

2 処罰の対象者

　独禁法において刑事罰をもって禁止される行為（不当な取引制限）を，ある会社の役員や従業員が業務として実行した場合について考えてみましょう。
　この場合，事業者である会社が処罰されるのは当然です。独禁法において刑事罰をもって禁止される行為（不当な取引制限）は，本来は事業者に向けられた

第Ⅱ部◇独占禁止法の手続

■表1　独禁法違反行為に対する刑事罰・秩序罰

実体的規定に違反する罪		
	①3条（私的独占，不当な取引制限）に違反する罪（89条1項1号・同条2項・95条・95条の2）	5年以下の懲役又は500万円（事業者については5億円）以下の罰金
	②8条1号（事業者団体が一定の取引分野における競争を実質的に制限すること）に違反する罪（89条1項2号・同条2項・95条・95条の3）	5年以下の懲役又は500万円（事業者団体については5億円）以下の罰金
	③6条又は8条2号（不当な取引制限に該当する事項を内容とする国際的協定等をすること）に違反する罪（90条1号・95条・95条の2・95条の3）	2年以下の懲役又は300万円以下の罰金
	④8条3号又は4号（事業者団体による事業者の数の制限等）に違反する罪（90条2号・95条・95条の3）	2年以下の懲役又は300万円以下の罰金
	⑤11条（銀行業・保険業を営む会社による議決権の取得等の規制）に違反する罪（91条・95条・95条の2）	1年以下の懲役又は200万円以下の罰金
手続的規定に違反する罪		
	⑥確定した排除措置命令等に従わない罪（90条3号・95条・95条の2・95条の3）	2年以下の懲役又は300万円（事業者又は事業者団体については3億円）以下の罰金
	⑦届出等に関する規定に違反する罪（91条の2・95条）	200万円以下の罰金
	⑧秘密保持義務違反の罪（93条）	1年以下の懲役又は100万円以下の罰金
	⑨47条（事件調査のための強制処分）等に違反する罪（94条・95条）	1年以下の懲役又は300万円以下の罰金
	⑩40条（一般的調査のための強制権限）の処分に違反する罪（94条の2）	20万円以下の罰金
	⑪秘密保持命令（81条）に違反する罪（94条の3）	5年以下の懲役もしくは500万円以下の罰金又は併科
秩序罰		
	⑫排除措置命令違反に対する過料（97条）	50万円以下の過料
	⑬緊急停止命令違反に対する過料（98条）	30万円以下の過料

ものだからです。もっとも，法人である会社については罰金刑のみであり懲役刑を科すことはできません。

　しかし，刑事責任を問われるのは会社だけではありません。不当な取引制限を実際に実行した役員や担当者も処罰されます。この場合，罰金刑だけではなく懲役刑も規定されており，実際にも懲役刑が科されるのが普通です。もっとも，これまでの事件はすべて執行猶予付きの懲役刑であり，実刑判決が言い渡されたことはありません。

　このほか，下水道談合事件[☆1]のように，発注者側である下水道事業団の公務部次長が談合行為を幇助していたとして処罰された事案もあります。

3　刑事告発

　一般の刑事罰については誰でも刑事告発することができますが，独禁法89条から91条までの刑事罰について刑事告発できるのは公取委だけです（96条1項）。これは，独禁法に関する公取委の専門的判断を尊重する趣旨によるものとされています。

　しかしながら，このように公取委に専属告発権があることは，実際上，独禁法違反行為に対する刑事罰の発動を抑制する効果をもってきました。というのは，従来，公取委は刑事上の措置について消極的な立場をとってきたからです。通説も，公取委は刑事告発するかどうかについて裁量権を有していると解しています。現に刑事告発が行われた例は，昭和49年の石油カルテル事件を例外としてほとんどありませんでした。しかも，石油カルテル事件では，検察庁との協議が不十分なまま刑事告発したため捜査に時間がかかり，公取委と検察庁との間で不協和音が生じたといわれています。

　しかし，日米構造問題協議で独禁法違反行為に対し刑事罰を積極的に活用するという方針が打ち出されました。平成2年に公取委も，価格カルテル・入札談合・共同ボイコット[*1]その他の違反行為であって国民生活に広汎な影響を及ぼすと考えられる悪質かつ重大な事案や，違反行為を反復して行っている業界の事案等については積極的に刑事罰を求めて刑事告発を行う方針である，と宣言しました。そして，平成3年に公取委は検察庁との間で告発問題協議会を

設置して刑事告発について意見や情報を交換する体制を作りました。また，平成17年には刑事告発を積極化するために公取委に犯則調査権限を導入する改正が行われました。

こうして公取委は平成2年から平成26年までに15件の刑事告発を行っています。この中には独禁法違反行為を行った役員や担当者が逮捕された事案もあります（ダクタイル鋳鉄管シェアカルテル事件☆2）。現在では，独禁法違反行為に対するペナルティとして刑事罰にも十分配慮しておく必要があるでしょう。

4 犯則調査権限

(1) 犯則調査権限の導入理由

独禁法違反に関する刑事事件も，本来であれば，他の犯罪の場合と同様に刑事訴訟法に従って手続が行われるはずです。しかし，独禁法89条から91条までの刑事罰に係る事件（犯則事件*2）については事案の解明に専門的知識・経験が必要とされることから，平成17年改正は通常の犯罪とは異なって犯則調査権限を導入しました。

犯則調査権限は，行政機関が違反事件を刑事法的に処理することを目的として調査を行う権限であり，もともと国税犯則取締法や金融商品取引法等に設けられている制度です。従来，租税や証券取引等の分野と比較して，独禁法の分野において刑事告発の件数が少ないのは，公取委に犯則調査権限が付与されていないことが一因ではないか，という意見がありました。また，公取委が立入検査等の行政調査の結果に基づき刑事告発を行うことは適正手続の観点から問題である，という批判もありました。

そこで，平成17年改正は，刑事告発を行うための新たな調査権限として公取委に犯則調査権限を付与したのです。

(2) 犯則調査と行政調査との相異点

行政調査は，犯罪捜査のために認められたものと解釈してはならない，と明記されています（47条4項）。したがって，行政調査には令状主義（憲法35条）や供述拒否権（憲法38条1項）の保障は及びません。これに対して，犯則調査は，行政手続の一種ですが，犯罪捜査の目的で行われ刑事告発によって刑事手続に

移行することが当然の前提とされているので、実質的には刑事手続としての性格を有します。したがって、犯則調査には令状主義や供述拒否権の保障が及ぶと解されます。

また、行政調査は、罰則による間接強制が認められるにすぎず、相手方の抵抗を排除して物理的に実力行使を行うことはできません。これに対して、犯則調査においては、相手方の抵抗を実力で排除して調査することができます。

(3) 犯則調査と行政調査との関係

公取委に犯則調査権限が付与されたために犯則調査と行政調査が併存することになります（ただし、犯則調査と行政調査とが同一事件につき並行して行われることはありません）。そこで、以下のような問題が考えられます。

① 行政調査により収集された資料を刑事手続における証拠として用いることができるか。

② 犯則調査により収集された資料を行政処分を行うための資料として用いることができるか。

最高裁は、国税庁の犯則調査に関する事件ですが、

① 行政調査を端緒として犯則調査に移行することは許される、

② 犯則調査により得た資料を用いて行政処分を行うことは許される、

と判示しています。

しかしながら、犯則調査と行政調査とは調査目的を異にしているので、行政調査を犯則調査目的で行うことや、犯則調査を行政調査目的で行うことは、適正手続の保障の観点から、いずれも許されないことは当然です。

このため、公取委事務総局審査局の中に犯則調査を行う部門として犯則審査部が設置され、犯則審査部と通常の審査局（行政調査部門）との間にはファイアーウォール（防火壁）が設けられています。すなわち、犯則事件調査職員として犯則調査を行うことができるのは犯則審査部の職員に限られます（犯則規則2条）。反対に、犯則審査部の職員を行政調査を行う審査官として指定することはできません。また、行政調査部門が入手した調査結果がたまたま犯則調査の端緒となると考えられる場合であっても、行政調査を行う審査官は、犯則審査部の職員に直接報告してはならず、審査局長に報告して指示を受けるべきものとされています（犯則規則4条4項）。その結果、犯則調査が開始された場合

には，審査手続（行政調査）は中断することになります。

(4) 犯則調査の開始

審査局長は，犯則事件の端緒に接したときは，①端緒，②事実の概要，③関係法条をできるだけ明らかにして委員会に報告します（犯則規則4条1項・2項）。この報告を受けて，委員会は必要があると認めた事件について犯則審査部の職員（犯則事件調査職員）をして当該事件の調査にあたらせることになります（同条3項）。

(5) 犯則調査権限の内容

(a) **質問・検査・領置（任意調査権）**

犯則事件調査職員は，犯則調査のため必要があるときは，犯則嫌疑者・参考人に対して出頭を求めて質問し，犯則嫌疑者・参考人の所持する物件・帳簿・書類等を検査し，又は犯則嫌疑者・参考人が任意に提出した物等を領置することができます（101条1項）。「必要があるとき」とは客観的に必要性が認められるという意味であって，必要性の認定が犯則事件調査職員の自由な裁量に委ねられているわけではありません。客観的に必要性が認められない場合に質問・検査等を行うことは違法となります。

犯則調査手続は犯罪捜査を目的としているという意味で実質的には刑事手続に準ずる手続ですから，犯則事件調査職員の質問に対しては当然に憲法38条1項の供述拒否権の保障が及ぶと解されます。ただし，犯則嫌疑者にあらかじめ供述拒否権の保障を告知することは，独禁法上は義務づけられていません。

出頭要求・質問・検査は任意調査ですから，これらを直接に強制する方法はありません。したがって，犯則嫌疑者の身体を拘束（逮捕）して質問・検査等行うことは許されません。

犯則事件調査職員は，質問・検査をした場合には調書を作成しなければなりません（111条）。作成した調書は相手方に提示して署名押印を求める必要があります。また，領置をした場合には目録を作成しなければなりません（112条）。作成した目録は相手方にその謄本を交付する必要があります。

犯則事件調査職員は，犯則事件の調査に際し官公署・公私の団体に照会して必要な事項の報告を要求することもできます（101条2項）。

(b) **臨検・捜索・差押え**（強制調査権）

　犯則事件調査職員は，犯則事件を調査するため必要があるときは，裁判官があらかじめ発する許可状（令状）により，臨検・捜索・差押えをすることができます（102条1項）。臨検とは，営業所・住居その他の場所に立ち入ることをいいます。捜索とは，犯則嫌疑者等の身体や所持品を調べて探索することをいいます。差押えについては，郵便物や電話の通信記録等も対象とすることができます（103条）。これらの強制処分は犯則嫌疑者以外の第三者（参考人）に対して行うことも許されると解されます。

　臨検・捜索・差押えは，犯罪調査のための強制処分ですから，憲法35条の適用があり，裁判官の発行する令状が必要です。独禁法が臨検・捜索・差押えについて裁判官の許可状をあらかじめ得ることを要求しているのはそのためです。現行犯・準現行犯のように裁判官の許可状なしに臨検・捜索・差押えをすることは認められていません。犯則事件調査職員が許可状を請求する場合には，犯則事件が存在すると認められる資料（例えば，内偵の報告書等）を裁判官に提供しなければなりません（102条3項）。犯則事件調査職員は，臨検・捜索・差押えにあたって許可状を相手方に提示する必要があります（105条）。

　犯則事件調査職員は，臨検・捜索・差押えをするため必要があるときは，ドア・金庫・机の鍵を強制的に開けるなど必要な処分をすることができます（107条1項）。

　臨検・捜索・差押えに対し抵抗が予想される場合には，犯則事件調査職員は，警察官の援助を要請することができます（110条）。また，臨検・捜索・差押えに対し相手方から暴行・脅迫があれば，公務執行妨害罪が成立します。

　臨検・捜索・差押えをする場合には，その場所の所有者・管理者等を立ち会わせなければなりません（109条1項）。また，臨検・捜索・差押えは，原則として日没から日の出までの時間は実施することができません（104条）。

　犯則事件調査職員は，臨検・捜索・差押えをした場合には調書を作成しなければなりません（111条）が，差押えをした場合には目録も作成しなければなりません（112条）。作成した調書は相手方に提示して署名押印を求める必要があります（111条）。また，作成した目録は相手方にその謄本を交付する必要があります（112条）。

(6) 犯則調査の終了

犯則事件調査職員は，犯則事件の調査を終えたときは，委員会に調査結果を報告します（115条）。その報告書には①端緒，②調査の経過，③事実の概要，④関係法条，⑤犯則事件調査職員の意見が記載されます（犯則規則5条）。

委員会は，犯則調査により犯罪の心証を得たときは，検事総長に対して刑事告発を行うことになります（74条1項）。刑事告発がされると，事件は，公取委の手を離れて検察庁の手に移り，刑事訴訟法の定める手続によって処理されることになります。したがって，犯則事件調査職員が領置・差押えした物件は，目録と一緒に検察官に引き継がれることになります（116条1項）。これらの物件は検察官が刑事訴訟法の規定によって押収したものとみなされます（同条3項）。

なお，犯則事件につき検察官が犯則事件調査職員と合同して捜査を行うこともありますが，これは違法でないと解されています*3。

〔柄澤　昌樹〕

■判審決例■

☆1　東京高判平8・5・31判タ912—139（独禁百選（6版）260頁）。
☆2　東京高判平12・2・23集46—733。

■注　記■

＊1　その後，平成21年の独禁法改正を受けた告発方針の改定で，告発の対象となる違反行為として私的独占が新たに明記されています。これは，公取委の私的独占に対する規制強化の方向性を窺わせるものだ，といわれています。

＊2　犯則調査権限の対象となる刑事罰（独禁法89条から91条まで）は，公取委の専属告発の対象となる刑事罰と一致しています。

＊3　この点，白石・講義238頁は以下のとおり説明しています。
　「刑事訴訟手続そのものを取り扱う検察当局としては，公取委の行政調査部門と情報・資料のやりとりをすることは憲法上の疑念が大きいのに対して，公取委の犯則調査部門と情報・資料のやりとりをしても憲法上の疑念はない。……そのように制度を設計しているからである。そこで，公取委が犯則調査をおこなっているのと並行・合同して検察当局が捜査をおこなうことも許されるということになる。」

21 公正取引委員会の手続❺—課徴金制度の概要

「公取委,○○社に○○円の課徴金納付命令」という新聞記事をよく見かけますが,課徴金とは何でしょうか。どのような場合に課徴金を取られるのでしょうか。

A

　課徴金とは,一定の独占禁止法違反行為が行われた場合に違反行為者に対し次のような計算方法によって算定した金額を国庫に納付させる行政上の措置です。
　「課徴金の額」＝「課徴金の算定期間における課徴金の算定の基礎となる商品・役務の売上額(購入額)」×「課徴金の算定率」
　もともと課徴金の対象となるのは「不当な取引制限」(カルテル・入札談合)だけでしたが,平成17年・平成21年の独占禁止法の改正により「私的独占」や「不公正な取引方法」の一部も課徴金の対象となりました。

キーワード

課徴金,小売業・卸売業に対する軽減算定率,中小企業に対する軽減算定率

解 説

1　課徴金制度の創設

　課徴金制度は，昭和52年の独禁法改正により導入されました。当時，カルテル事件が多発しましたが，審決で命じられる排除措置は将来に向かってカルテルを破棄させることができるだけで，それまでカルテルの実行によって得られた経済的利益はカルテル参加者の手元に残される結果となっていました。このためカルテルの「やり得」として批判され，カルテル等の「不当な取引制限」を対象として課徴金制度が創設されたのです。

　課徴金制度の趣旨について，最判平17・9・13（日本機械保険連盟事件☆1）は「独禁法の定める課徴金の制度は，昭和52年法律第63号による独禁法改正において，カルテルの摘発に伴う不利益を増大させてその経済的誘因を小さくし，カルテルの予防効果を強化することを目的として，既存の刑事罰の定め（独禁法89条）やカルテルによる損害を回復するための損害賠償制度（独禁法25条）に加えて設けられたものであり，カルテル禁止の実効性確保のための行政上の措置として機動的に発動できるようにしたものである。」と判示しています[*1]。

2　課徴金の対象の拡大と制度の複雑化

　課徴金は，昭和52年の制度創設から長年にわたって「不当な取引制限」（カルテル・入札談合）だけをその対象としてきました（7条の2第1項）。

　しかしながら，平成17年・平成21年の法改正で課徴金の対象が「不当な取引制限」だけではなく「私的独占」や「不公正な取引方法」の一部にも拡大されました。すなわち，平成17年改正（平成18年1月4日施行）では「私的独占」のうち支配型（支配型私的独占）が課徴金の対象とされました（同条2項）。そして，平成21年改正（平成22年1月1日施行）では，「私的独占」のうち排除型（排除型私的独占）も課徴金の対象とされ（同条4項），また，「不公正な取引方法」の一部

Q21◆公正取引委員会の手続❺─課徴金制度の概要

■表１　課徴金制度の全体像

		原則的な算定率	小売業・卸売業に対する軽減算定率	中小企業に対する軽減算定率（7条の2第5項）	調査開始前に短期間で違反行為をやめた事業者に対する軽減算定率（7条の2第6項）	違反行為を繰り返した事業者に対する加重算定率（7条の2第7項）	課徴金減免制度（7条の2第10項～第18項）	違反行為を主導した事業者に対する加重算定率（7条の2第8項）
〔平成17年改正により新設〕 →〔平成17年改正により新設〕					〔平成17年改正により新設〕			〔平成21年改正により新設〕
〔平成17年改正により新設〕私的独占に係る課徴金	不当な取引制限に係る課徴金（7条の2第1項）	10%	小売業 3％　卸売業 2％	○	○	○	○	○
	事業者団体の構成員に対する課徴金（8条の3）	10%	小売業 3％　卸売業 2％	○	○	×	○	×
	支配型私的独占に係る課徴金（7条の2第2項）	10%	小売業 3％　卸売業 2％	×	×	○	×	×
	排除型私的独占に係る課徴金（7条の2第4項）	6%	小売業 2％　卸売業 1％	×	×	○	×	×
〔平成21年改正により新設〕不公正な取引方法に係る課徴金	法定の「共同の取引拒絶」「差別対価」「不当廉売」「再販売価格の拘束」に係る課徴金（20条の2～20条の5）	3%	小売業 2％　卸売業 1％	×	×	×	×	×
	法定の「優越的地位の濫用」に係る課徴金（20条の6）	1%	×	×	×	×	×	×

（注）○は制度の適用（準用）があるもの，×は制度の適用（準用）がないものを意味します。

も課徴金の対象とされました（20条の2～20条の6）。

　課徴金の対象の拡大とともにその制度も複雑になりました。すなわち，平成17年改正では，「違反行為を繰り返した事業者に対する加重算定率」（7条の2第7項）のように課徴金を増額させる制度や，「調査開始前に短期間で違反行為をやめた事業者に対する軽減算定率」（同条6項），「課徴金減免（リーニエンシー）制度」（同条10項以下）のように課徴金を減額・減免させる制度が設けられました。また，平成21年改正では課徴金を増額させる制度として「違反行為を主導した事業者に対する加重算定率」（同条8項）が追加されました。もっとも，これらの増額・減額・減免の制度は，「私的独占」にも適用される「違反行為を繰り返した事業者に対する加重算定率」を除いては，「不当な取引制限」だけに適用される制度です。

　■表1は以上のように拡大・複雑化した課徴金制度の全体像を整理したものですので参考にしてください。

　なお，本問では課徴金の共通な制度について説明することとし，「不当な取引制限」「私的独占」「不公正な取引方法」に係る課徴金の制度については**Q22**，**Q24**，**Q25**でそれぞれ説明します。また，「課徴金減免制度」については**Q23**で説明します。

3　課徴金の算定方式

　課徴金の額は，以下で説明するように「課徴金の算定期間」における「課徴金の算定の基礎となる商品・役務の売上額（購入額）」に一定の「課徴金の算定率」をかけるという方式により算定されます。

　排除措置命令は「命ずることができる。」（7条）と規定されているのに対して，課徴金納付命令は「命じなければならない。」（7条の2）と規定されています。したがって，課徴金を課すかどうかについて公取委には裁量の余地はありません。独禁法に規定された要件に該当する限り，課徴金は一定の方式により算定され，必ず課されることになります[*2]。前掲最判平17・9・13も「課徴金制度が行政上の措置であるため，算定基準も明確なものであることが望ましく，また，制度の積極的かつ効率的な運営により抑止効果を確保するために

は算定が容易であることが必要である」と判示しています。

(1) 課徴金の算定期間

「課徴金の算定期間」は，独禁法違反行為に係る「始期」から「終期」までの期間（実行期間・違反行為期間）です。これは，課徴金の算定の基礎となる商品・役務の売上額（購入額）を独禁法違反行為に係る期間に限定することによって，期間の面から違反事業者の経済的利得と課徴金額との対応関係を確保しようとするものです。

ただし，期間が3年を超えるときは「終期」から遡って3年間とします。「課徴金の算定期間」は3年がその上限となっているわけです。

なお，違反事業者が複数いる場合であっても「課徴金の算定期間」は個々の事業者ごとに判断されます（岡崎管工事件☆2）。

(2) 課徴金の算定の基礎となる商品・役務の売上額（購入額）

(a) 「課徴金の算定期間」における商品・役務の売上額（購入額）が課徴金の算定の基礎となります。

この点，「課徴金額の計算が，対象となる商品役務の売上額または購入額に算定率を乗ずるという方式を採っているため，売上額または購入額が零であれば課徴金額も零となるので，売上額や購入額がおよそ生じない類型の行為は，課徴金対象とはならないことになる。その例として，対象商品役務について違反行為者が自己内取引のみしか行っていない場合，国際市場分割協定に参加して日本に所在する需要者に向けた供給をおこなわないという拘束を受けた場合，などを挙げることができる。」という指摘があります*3。

具体的にどのような「商品・役務の売上額（購入額）」が課徴金の算定の基礎となるかについては**Q22**（不当な取引制限），**Q24**（私的独占），**Q25**（不公正な取引方法）を参照してください。

(b) 売上額（購入額）の算定方法は，企業会計上の一般的な売上高の計上方法と同じく，商品の引渡時点を基準とするのが原則です。ただし，契約してから引き渡すまで長期間を要する商品のように引渡時点基準と契約時点基準とで定型的に「著しい差異を生ずる事情があると認められるとき」には，例外として，契約時点を基準とする売上額の算定方法によります*4。また，一定の要件を満たす値引き・返品・リベート（割戻し）については，一般的な企業会計

上の考え方に従って売上額（購入額）から控除されます（施行令5条～10条・22条～31条）。

前掲最判平17・9・13は，独禁法7条の2第1項の「売上額」の意義について「企業会計上の概念である売上高は，個別の取引による実現収益として，事業者が取引の相手方から契約に基づいて受け取る対価である代金ないし報酬の合計から費用項目を差し引く前の数値であり，課徴金の額を定めるに当たって用いられる上記売上額は，この売上高と同義のものというべきである。」と判示しています。

(c) 課徴金の算定の基礎となる売上額に消費税相当額は含まれるのでしょうか。この点，消費税相当額は，法的性質上，商品の販売価格の一部であること等から，課徴金の算定基礎に消費税相当額を含めて計算するのが実務の取扱いです。

(3) 課徴金の算定率

(a) 原則的な算定率

「課徴金の算定率」については「不当な取引制限」「私的独占」「不公正な取引方法」のうち，どの類型の独禁法違反行為かにより異なった算定率が定められています（前掲■表1参照）。原則的な算定率は「不当な取引制限」の10％（7条の2第1項）が最高で，法定の「優越的地位の濫用」の1％（20条の6）が最低です。

(b) 小売業・卸売業に対する軽減算定率

小売業・卸売業のように利益率が低い業種については上記(a)の原則的な算定率が軽減されます（7条の2第1項・8条の3・7条の2第2項・4項・20条の2～20条の5）。例えば「不当な取引制限」に係る課徴金の原則的な算定率は10％ですが，小売業は3％，卸売業は2％にそれぞれ軽減されます。卸売業の算定率が最も軽減されているのは，卸売業の取引が商品を右から左に流通させ，その流通サービスに対して収益を受けるという側面が強く，一般に見かけ上の売上額に対し利益率が小さいことが考慮されているためです。

したがって，どの業種に該当するかによって課徴金の金額が大きく変わってきます。業種の判断については，日本標準産業分類のように形式的な側面のみから行われるのではなく，独禁法違反行為の対象となった事業について実質

な側面から行われます（金門製作所課徴金事件☆3）。

なお，「小売業・卸売業に対する軽減算定率」は，■表1のとおり，法定の「優越的地位の濫用」に係る課徴金（20条の6）には設けられていません。

(c) 中小企業に対する軽減算定率

「不当な取引制限」に係る課徴金については，Q22の表のとおり中小企業に対する算定率が大企業の半分以下に軽減されています（7条の2第5項・8条の3）。これは，中小企業は大企業に比べて一般に利益率が低いことを踏まえたものと説明されています。中小企業の定義については業種によって異なる基準が規定されています（7条の2第5項1号～6号）。「中小企業に対する軽減算定率」の場合，違反事業者の主たる事業がどの業種であるかによって業種の判断がなされます。この点，違反行為の対象となった事業がどの業種であるかによって業種の判断がなされる上記(b)の「小売業・卸売業に対する軽減算定率」と異なっています。

なお，「中小企業に対する軽減算定率」は，■表1のとおり，「私的独占」「不公正な取引方法」に係る課徴金には適用されません。

(4) その他

以上の計算方法により算定された金額が100万円に満たない場合には，いわゆる裾切りとして課徴金納付命令の対象にはなりません（7条の2第1項ただし書・8条の3・7条の2第2項，4項ただし書・20条の2～20条の6ただし書）。例えば10％の「課徴金の算定率」が適用される企業においては「課徴金の算定の基礎となる商品・役務の売上額」が1,000万円未満であれば課徴金は課されません。

また，算定された金額に1万円未満の端数があるときは切り捨てられます（7条の2第23項・8条の3・20条の7）。

4 課徴金と罰金刑が併科される場合の調整措置

平成17年改正により，同一の事業者に対して課徴金と罰金刑が併科される場合には罰金額の半分を課徴金の額から控除する調整措置が新たに設けられました。具体的には，罰金刑の確定の前後で区別し，違反事業者に対し既に罰金刑が確定している場合には，本来の課徴金の額から罰金額の2分の1を控除した

額を課徴金として納付を命じます（7条の2第19項）（名古屋市発注地下鉄工事入札談合事件☆4）。反対に課徴金納付命令が行われた後に罰金刑が確定したときは，本来の課徴金の額から罰金額の2分の1を控除した額に課徴金額を変更する審決をしたうえで納付された課徴金の一部を違反事業者に対して還付します（63条）。

　罰金刑が科されるのは「不当な取引制限」と「私的独占」に限られ，「不公正な取引方法」には罰金刑などの刑罰が科されることはありません（89条）。したがって，実際に課徴金と罰金刑との調整が行われるのは「不当な取引制限」と「私的独占」に限られます。

　このような調整措置を新設した理由については，課徴金と刑事罰は趣旨・目的・性質・内容が基本的に異なるから憲法上の二重処罰の問題は生じないが，課徴金は違反行為の防止を目的とし刑事罰は違反行為の抑止（一般予防）も期待されるという意味で両者に共通する部分が存在することは否定できないので，政策的判断として，罰金額の半分を控除することにより違反行為の防止という行政上の目的を達成するうえで必要以上に過重な負担を課すことにならないようにした，と説明されています*5。

5　合併・事業承継と課徴金納付命令

　課徴金納付命令の対象となる事業者が合併により消滅した場合であっても，合併後存続する法人又は合併により新設された法人に対して課徴金を課すことができます（7条の2第24項・20条の7）。

　また，平成21年改正により，公取委の調査開始以後に会社分割や事業譲渡を行った場合には法律で定める一定の要件を満たせば事業を承継した子会社等に対して課徴金を課すことができるようになりました（7条の2第25項・20条の7）。これは，公取委の調査開始後に会社分割や事業譲渡を行い独禁法違反の対象事業の全部を同一企業グループ内の子会社等に移動させたうえで自らは清算して課徴金を逃れる，という脱法行為を防ぐための改正です。

6 課徴金納付命令の除斥期間

　課徴金納付命令の除斥期間は5年です。すなわち，実行期間（違反行為期間）の終了した日から5年を経過したときは，課徴金を課すことはできません（7条の2第27項・20条の7）。従来，課徴金納付命令の除斥期間は3年とされていましたが，平成21年改正により5年に延長されました[*6]。

7 課徴金の納期限

　課徴金の納期限は，課徴金納付命令書の謄本を公取委が発送した日から7月を経過した日までです（62条3項）。納期限までに課徴金を納付しない場合には年14.5％の延滞金が課されます（69条2項）。

　なお，課徴金納付命令に不服がある場合には，6月以内に公取委を被告として東京地方裁判所に取消訴訟を提起することができますが（**Q1参照**），課徴金納付命令の取消訴訟を提起したとしても，課徴金納付命令が効力を失うことはありません。したがって，課徴金納付命令に不服があり取消訴訟を提起する場合であっても，延滞金の発生を回避するためには，課徴金を納期限までに納付しておく必要があります。

8 課徴金制度の実情

　課徴金制度が創設された昭和52年度から平成25年度まで，8,587の事業者に対し，総額で3670億9425万円の課徴金納付が命じられました。課徴金の算定率の引上げ等の影響により，近年，課徴金は高額化してきています（自動車運送船舶運航運賃カルテル事件[☆5]）。平成25年度の課徴金納付命令の総額は302億4283万円（181事業者）です。

　以上はいずれも「不当な取引制限」（カルテル・入札談合）に対する課徴金ですが，最近では法定の「不公正な取引方法」のうち法定の「優越的地位の濫用」に対する課徴金の事案もいくつか見られるようになりました。もっとも「私的

独占」に課徴金が課された実例はまだありませんし、また法定の「優越的地位の濫用」を除く法定の「不公正な取引方法」（法定の「共同の取引拒絶」「差別対価」「不当廉売」「再販売価格の拘束」）に課徴金が課された実例もまだありません。

　課徴金は税法上損金とはなりません（法人税法55条4項3号）から、課徴金として国庫に納めた分も課税対象となります。巨額の課徴金の納付を命じられると、その企業が「課徴金倒産」する危険性も現実問題として考えざるを得ないでしょう。

〔柄澤　昌樹〕

====■判審決例■====

☆1　最判平17・9・13民集59―7―1950。
☆2　平17・9・28審判審決　集52―109。
☆3　平11・7・8審判審決　集46―3（独禁百選（6版）68頁）。この審決も「被審人の本件家庭用マイコンメーターに関する事業活動は、独占禁止法第7条の2第1項の課徴金算定における業種の認定としては、自ら製造するものではないが製造業と同視し得る」ことを理由として原則的な算定率が適用されると判断しています。
☆4　平19・11・12課徴金納付命令　集54―596。この事件で、課徴金と罰金刑が併科される場合の調整措置が最初に行われました。
☆5　平26・3・18課徴金納付命令　判例集未登載。この事件における日本郵船㈱に対する課徴金は131億0107万円でしたが、これは1事業者当たりの課徴金の最高額です。

====■注　記■====

＊1　課徴金制度については、昭和52年の導入当時の経緯等を根拠に、課徴金制度の趣旨は不当利得の剥奪であるから課徴金の額は実際の不当利得の額に近づけるべきである、という見解もありますが、最判平17・9・13（前掲☆1）は「課徴金の額はカルテルによって実際に得られた不当な利得の額と一致しなければならないものではない」と判示しています。
＊2　これに対しては、違反行為の重大性・悪質性、企業のコンプライアンス努力等の情状に応じて課徴金を加減できる制度に改めるべきではないか、という反対論もあります。平成26年12月に公表された「独占禁止法審査手続についての懇談会報告書」37頁においても「裁量型課徴金制度」の導入の検討が提唱されています。
＊3　白石・独禁508頁。
＊4　この点、菅久・独禁217～219頁は以下のとおり説明しています。
　　「企業の通常の会計処理では、引き渡し基準で売上額が管理されている。一方、

Q21 ◆ 公正取引委員会の手続❺──課徴金制度の概要

違反行為の影響を受けた売上額を正確に把握しようと思えば，契約基準で計算することが適当であるようにも思われる。しかしながら，①企業会計原則上，売上額の計上は一般的に引き渡し時点を基準に計上されており，契約時点で売上額を計上しているわけではないこと，②引き渡し基準で売上額を算定する場合，算定対象期間前の違反行為の影響を受けなかった契約に基づく引渡しが算定対象期間後に行われると，この売上額が対象に含まれる一方，違反行為の影響を受けた契約に基づく引渡しが算定対象期間後に行われると，その売上額は対象から除かれることになるが，前者と後者の額は概ね異ならないことになるとみられることから，原則として引渡基準により売上額を算定し，ただし，契約基準に基づいて算定した場合とその売上額が大きく異なることとなる事情がある場合に限り，契約基準を用いることとされている。……一般的には，契約から引き渡しまでの期間が長く，必ずしも多くない契約が時間的に偏在する取引が多い公共工事の入札談合事案では，契約基準が採用されることが多い傾向にある。」

＊5　これに対して，そもそも課徴金と罰金刑の併科は憲法上の二重処罰の禁止に抵触するという観点から，米国式の刑事罰かEU式の行政罰のいずれかに一本化すべき，あるいは刑事罰と課徴金を併科するのであれば事件開始時にどちらかに振り分けるべき，という批判もあります。

＊6　この点，菅久・独禁216頁は以下のとおり説明しています。
「課徴金の算定対象となる期間は，違反行為の実行としての事業活動がなくなる日から遡って最大3年間であるので，実際には最大8年前（3年＋5年）の売上が課徴金の対象となる可能性があることになる。」

22 公正取引委員会の手続❻―不当な取引制限に係る課徴金

「不当な取引制限」に係る課徴金は，平成17年・平成21年の独占禁止法改正で制度が見直されたと聞きましたが，どのような点が見直されたのでしょうか。そもそも「不当な取引制限」に係る課徴金はどのような内容になっているのでしょうか。

　「不当な取引制限」に係る課徴金は，平成17年・平成21年の独占禁止法改正により大幅な制度改正が行われました。

　平成17年の改正独占禁止法は，「不当な取引制限」に係る課徴金について課徴金の算定率を全般的に引き上げるとともに「違反行為を繰り返した事業者に対する加重算定率（50％加算）」「調査開始前に短期間で違反行為をやめた事業者に対する軽減算定率（20％軽減）」「課徴金減免（リーニエンシー）制度」を新たに設けるなどの内容の制度改正を行いました*1（平成18年1月4日施行）。

　平成21年の改正独占禁止法は，「不当な取引制限」に係る課徴金について「主導的な役割を果たした事業者に対する加重算定率（50％加算）」を新たに設けるとともに「課徴金減免制度」を拡充する内容の制度改正を行いました（平成22年1月1日施行）。

　なお，「不当な取引制限」に係る課徴金制度の全体像については**Q21**の■表1を参照してください。また，「課徴金減免制度」については**Q23**を参照してください。

☑キーワード

　不当な取引制限に係る課徴金，調査開始前に短期間で違反行為をやめた事業者に対する軽減算定率，違反行為を繰り返した事業者に対する加重算定率，違反行為を主導した事業者に対する加重算定率

Q22◆公正取引委員会の手続❻─不当な取引制限に係る課徴金

解 説

1 不当な取引制限に係る課徴金の適用範囲

(a) 課徴金の対象となるのは「不当な取引制限」のうち，いわゆる対価要件を満たす，次の①〜④です。

① 価格カルテル・入札談合　商品・役務の対価に係るもの（7条の2第1項1号）

② 供給量カルテル・購入量カルテル　供給量又は購入量を実質的に制限することにより商品・役務の対価に影響することとなるもの（同項2号イ）

③ シェア制限カルテル　シェア（市場占有率）を実質的に制限することにより商品・役務の対価に影響することとなるもの（同号ロ）

④ 取引先制限カルテル　取引の相手方を実質的に制限することにより商品・役務の対価に影響することとなるもの（同号ハ）

(b) 以上のうち②③④については平成17年改正により適用範囲が見直されました。すなわち，従来，②については「供給量カルテル」に限られていましたが，平成17年改正により「購入量カルテル」についても新たに課徴金の対象とされました（溶融メタル購入カルテル事件☆1）。「購入量カルテル」であっても対価に影響することとなるカルテルであれば「価格カルテル」と同様に不当な経済的利益を得ているからという理由です。また，平成17年改正により③④が追加され，「シェア制限カルテル」や「取引先制限カルテル」についても課徴金の対象範囲に含まれることが明確化されました。

(c) ①の「入札談合」については，一般に受注予定者が入札する価格で受注できるようにする行為であって，受注予定者が受注する価格を定めている行為と考えられますので，「対価に係るもの」に該当し課徴金の対象になる，と解されています*2。

②③④の「カルテル」については，独禁法7条の2第1項2号のイ・ロ・ハの実質的制限行為に該当すれば，通常は「対価に影響する」と考えられますの

229

で，これらの行為が証明されれば課徴金の対象となり，反対に対価への影響がなかったことが示されれば課徴金の対象とはならない，と解されています。

(d) 事業者団体の独禁法8条1号・2号違反についても「不当な取引制限」に係る課徴金の規定は準用されます（8条の3）。この場合には事業者団体ではなく事業者団体を構成する事業者に対して課徴金が課されます。これは，実際に違反行為の経済的利得が帰属するのは構成事業者である，あるいは，構成事業者は違反行為者に準じるものである，という考え方によるものです。

2 不当な取引制限に係る課徴金の算定期間

(a) 「不当な取引制限」に係る課徴金の算定期間は，違反行為の「実行としての事業活動を行った日」（始期）から，違反行為の「実行としての事業活動がなくなる日」（終期）までの期間です。この期間を「実行期間」といいます。「実行期間」の上限は3年です（7条の2第1項本文・8条の3）。

(b) 違反行為の「始期」は，事業者が違反行為の内容に沿った事業活動を行った日です。ただし，違反行為の内容が取引先との間で実現したことは必要とされていません（チッソ事件☆2）。実務上，値上げカルテルでは値上げの予定日，入札談合では合意後に最初に入札に参加した日が，それぞれ「始期」と認定されることが多い，とされています。

これに対して，違反行為の「終期」は，違反行為の相互拘束力が解消され競争制限的な事業活動が行われなくなった日です☆3。

(c) 「不当な取引制限」に係る課徴金については，実務上，違反行為の「終期」が重要な問題となります。なぜなら，違反行為の「始期」は，通常の場合，公取委に摘発されたときには過去の事実となっていて動かすことができないのに対して，違反行為の「終期」はいつ到来するか明確でないことが多いからです。公取委の審査手続は長期間にわたることが多いので，そのまま放置していると排除措置が命じられるまで「終期」が到来せずに課徴金がどんどん加算される結果になってしまいます。そこで，公取委の立入検査後に直ちに企業側が自主的にカルテル等を破棄することがよく行われます。

3 不当な取引制限に係る課徴金の算定の基礎となる商品・役務の売上額（購入額）

(a) 「不当な取引制限」に係る課徴金の算定の基礎となるのは，実行期間における違反行為の対象とされた商品・役務の売上額です（7条の2第1項本文・8条の3）。違反行為の対象であれば定型的に違反行為の影響を受け事業者に不当な経済的利得が発生すると考えられるからです。

(b) 価格カルテルについて，カルテル成立後に販売が開始された新製品の売上高を控除すべきかどうかが問題となった事案（中国塗料事件☆4）があります。

公取委は，新製品であってもカルテル対象商品と同一の範疇に属するものであり，かつ従来品と代替性・競合性が認められるのであれば，新製品は従来品の価格に連動するはずだから，カルテル成立時に新製品を合意の対象からあえて除外したことを窺わせる特段の事情のない限り（前掲☆4），新製品の売上高も課徴金の対象とすべきである，と判断しました。

(c) 購入量カルテルの場合には売上額は存在しませんから，購入額が課徴金算定の基礎とされることになります（7条の2第1項本文・8条の3）。

もっとも，購入額を基礎とすると，購入価格を低くすればするほど不当な経済的利得が大きくなるにもかかわらず反対に課徴金額が小さくなる，という問題もあります。しかし，これについては禁止規定の実効性確保のためにやむを得ないと説明されています。

4 不当な取引制限に係る課徴金の算定率

(1) 基本的な算定率

「不当な取引制限」に係る課徴金の算定率は，原則として10%です。ただし，利益率が低い業種については算定率が軽減され，小売業は3%，卸売業は2%となっています。したがって，10%の算定率が適用されるのは製造業等ということになります（7条の2第1項本文・8条の3）。

また，中小企業については算定率が半分以下に軽減され，製造業等は4%，小売業は1.2%，卸売業は1%となります（7条の2第5項・8条の3）。

以上の算定率は，次の表のとおり平成17年の独禁法改正により全般的に引き上げられたものです。

		平成17年独禁法改正後 （平成18年1月4日以降）	平成17年独禁法改正前
製造業等	大企業	10％	6％
	中小企業	4％	3％
小売業	大企業	3％	2％
	中小企業	1.2％	1％
卸売業	大企業	2％	1％
	中小企業	1％	1％

(2) 調査開始前に短期間で違反行為をやめた事業者に対する軽減算定率

公取委の調査開始日（通常は立入検査や臨検・捜索の日）の1月前の日までに事業者が違反行為をやめた場合には，課徴金の算定率が20％軽減されます（7条の2第6項）。これは，企業が短期かつ早期にカルテル・談合行為をやめようとするインセンティブを与える趣旨で平成17年改正により新設された制度です。例えば，10％の算定率が適用される企業が公取委の立入検査より1月前の日までにカルテルをやめていた場合には，算定率は8％に軽減されます[*3]。

この制度は，課徴金減免制度とは異なり，違反行為をやめた事業者が公取委に情報を提供する必要はありませんし，適用事業者が5社に限定されるということもありません。また，課徴金減免制度のように「単独で」は要件となっていませんから，カルテル参加者が共同でカルテルを破棄したような場合であっても全事業者につき一律20％軽減されます。また，この制度は独禁法8条（事業者団体に対する規制）1号・2号違反にも準用されます（8条の3）。

これに対して，違反行為をやめた事業者の違反行為の実行期間が2年以上である場合（7条の2第6項本文）や，違反行為をやめた事業者が後記(3)の「違反行為を繰り返した事業者」又は後記(4)の「違反行為を主導した事業者」に該当する場合（同項ただし書）には，この20％軽減算定率の制度の適用を受けることはできません。

実務的には，事業者が具体的にどのような行動をとった場合に「違反行為をやめた」と公取委に認定してもらえるか，という問題があります。これについ

ては，カルテル参加者が共同でカルテルを中止したケース，事業者が単独でカルテルから離脱したケース等，個別事案に応じて具体的な判断が必要となるでしょう。

(3) 違反行為を繰り返した事業者に対する加重算定率

公取委の調査開始日（通常は立入検査や臨検・捜索の日）から遡って過去10年以内に課徴金納付命令等を受けたことがある事業者には50％加算した算定率が適用されます（7条の2第7項）。例えば，10％の課徴金算定率が適用される事業者について過去10年以内に「不当な取引制限」を理由として課徴金納付命令を受けたことがある場合には，算定率は15％に加重されます。これも平成17年改正により新設された制度です☆5。

このように違反行為を繰り返した事業者に対する算定率を50％加算することを規定したのは，違反行為を繰り返す事業者が少なからず見られたからです。50％加算する理由は，繰り返し違反行為を行っている場合は一般の違反行為よりも不当な経済的利得の水準が高いからと説明されています。

なお，この加重算定率は独禁法8条（事業者団体に対する規制）1号・2号違反には準用されません（8条の3）。その理由は，課徴金納付命令を受けるのは構成事業者であるところ実際に違反行為を繰り返したのは事業者団体であり法的主体が異なるからと説明されています。

(4) 違反行為を主導した事業者に対する加重算定率

「不当な取引制限」を主導した事業者についても50％加算した算定率が適用されます（7条の2第8項）。これは平成21年改正により新設された制度です。「幹事」など主導的な役割を果たす事業者の存在は「不当な取引制限」の実行・存続を容易にするので，違反行為をより効果的に抑止するため，このような制度を設けたのです。50％加算する理由については，上記(3)の「違反行為を繰り返した事業者に対する加重算定率」やEUにおける制裁金の平均加算率（4割弱）を踏まえたと説明されています。

50％加算される事業者については，条文上，

① 違反行為をすることを企て，かつ，他の事業者に対し違反行為をすること又はやめないことを要求することにより，違反行為をさせ又はやめさせなかった者（7条の2第8項1号）

② 他の事業者の求めに応じて継続的に他の事業者に対して違反行為に係る商品・役務の対価等を指定した者（同項2号）

③ 違反行為を容易にすべき重要な行為をした者（同項3号）

が対象となると規定されています。これについては，条文上の対象が広汎であり*4実際にどのような事業者を主導的な役割を果たしたと認定するのか明らかではない，という批判もありますが，上記①②③いずれも加重された事件☆6,☆7,☆8が実際に発生しています。

前記(3)で述べたように「違反行為を繰り返した事業者」は50％加算されますが，そのような事業者がさらに「違反行為を主導」していた場合には50％＋50％＝100％と計算して2倍に加重した算定率が適用されます（同条9項）。このように2倍に加重された事件☆9も実際に発生しています。

なお，この加重算定率は独禁法8条（事業者団体に対する規制）1号・2号違反には準用されません（8条の3）。

〔柄澤　昌樹〕

■判審決例■

☆1　平20・10・17課徴金納付命令は「購入量カルテル」に課徴金を課した初めての事件です（公正取引709号20頁）。

☆2　平19・6・19審判審決　集54―86。この審判は，「独占禁止法第7条の2第1項は，実行期間の始期につき『当該行為の実行としての事業活動を行った日』と規定しているが，この趣旨は，不当な取引制限の合意の拘束力の及ぶ事業活動が行われた日以降について，具体的に実現された値上げの程度等を捨像して，当該合意に基づく不当な利得の発生を擬制し，これを違反行為者から課徴金としてはく奪しようとするものである。かような課徴金制度における実行期間の趣旨にかんがみれば，値上げカルテルの合意により値上げ予定日が定められ，その日からの値上げへ向けて交渉が行われた場合には，当該予定日以降の取引には，上記合意の拘束力が及んでいると解され，現実にその日に値上げが実現したか否かに関わらず，その日において当該行為の実行としての事業活動が行われたものとするのが相当である」と判示しています。

☆3　平19・6・19審判審決（前掲☆2）は，「独占禁止法第7条の2第1項は，実行期間の終期につき『当該行為の実行としての事業活動がなくなる日』と規定している。不当な取引制限は，違反行為者間の合意による相互拘束状態の下に，競争を実質的に制限する行為をいうから，この終期は，そのような相互拘束力が解消されて，もはや，かような競争制限的な事業活動がされなくなった時点を指すものと解

される。したがって，この終期は，典型的には，違反行為者全員が不当な取引制限行為の破棄を明示的な合意により決定した時点や，一部の違反行為者が不当な取引制限の合意から明示的に離脱した時点を指すというべきであり，単に違反行為者の内部で違反行為を中止する旨決定しただけでは足りず，原則として，違反行為者相互間での拘束状態を解消させるための外部的徴表が必要となる。しかし，上記のような終期の趣旨にかんがみれば，違反行為者全員の外部的徴表を伴う明示的合意がない場合であっても，違反行為者全員が，不当な取引制限の合意を前提とすることなく，これと離れて事業活動を行う状態が形成されて固定化され，上記合意の実効性が確定的に失われたと認められる状態になった場合には，やはり，当該行為の実行としての事業活動がなくなり，終期が到来したということができる。」と判示しています。

☆4　平8・4・24審判審決　判時1567—73〔中国塗料事件〕。これに対し，平11・11・10審判審決　集46—119〔東京無線タクシー協同組合事件〕は，東京無線タクシー協同組合の組合員向け取引について価格カルテルの対象からあえて除外したと同視し得る特段の事情を肯定し，課徴金の納付を命ずることはできない，と判断しました。

☆5　平19・6・29課徴金納付命令　集54—567。この事件のうち三井化学に対する命令は「違反行為を繰り返した事業者に対する加重算定率」が最初に適用された事例です。

☆6　7条の2第8項1号により加重された事件は，平25・12・20課徴金納付命令〔地中送電ケーブル工事受注調整関電工課徴金事件〕です。

☆7　同項2号により加重された事件は，平24・10・17課徴金納付命令〔高知談合土佐国道事務所発注分事件〕です。

☆8　同項3号により加重された事件は，平25・12・20課徴金納付命令〔東京電力本店等発注架空送電工事事件〕です。

☆9　前掲（☆6）。

■注　記

＊1　平成17年改正は基本的に「アメ」と「ムチ」の内容から成り立っていると説明されています。すなわち，「不当な取引制限」に係る課徴金算定率の全般的引上げ，「違反行為を繰り返した事業者に対する加重算定率」の新設が「ムチ」の制度改正です。これに対して，「調査開始前に短期間で違反行為をやめた事業者に対する軽減算定率」の新設，「課徴金減免制度」の新設が「アメ」の制度改正です。

＊2　この点，菅久・独禁209頁は以下のとおり説明しています。
　「受注予定者以外の者は入札を辞退するなど必ずしも入札参加者間で入札価格の調整を行っていない入札談合もみられるが，受注予定者以外の者が行う協力は，結局，受注予定者が一定の価格で受注できるようにするためのものであることから，この場合でも，『対価に係るもの』に該当する。」

*3　ただし，小売業で「中小企業に対する軽減算定率」の適用を受ける場合だけは20％軽減である1.2％×（1－0.2）＝0.96％とはせずに1％に切り上げています。

*4　公取委の担当官も，主導的な役割を果たす事業者の概念（7条の2第8項1号〜3号）が「課徴金減免制度」の欠格事由である違反行為の強要・離脱妨害（同条17項3号）の概念よりも広いことを認めています（藤井宣明「平成21年改正独占禁止法の解説」商事法務1870号8頁）。

Q23 公正取引委員会の手続❼—課徴金の減免制度

平成17年の独占禁止法改正により課徴金の減免（リーニエンシー・leniency）制度が創設され，平成21年の独占禁止法改正により課徴金の減免制度の拡充が行われたということですが，それぞれどのような内容ですか。

　課徴金減免制度とは，不当な取引制限（カルテル・談合）に参加していた企業が自ら違反事実を公正取引委員会に申請した場合には，本来，違反企業に課されるべき課徴金を全額免除したりその一部を減額する，という制度です。違反事実を自主的に申請した企業の課徴金を減免することによって公正取引委員会によるカルテル・談合の摘発を容易にするとともに企業に対しカルテル・談合からの離脱にインセンティブを与える，という趣旨で平成17年の独占禁止法改正により創設されました（平成18年1月4日施行）。

　課徴金減免制度については，平成21年の独占禁止法改正により，適用事業者数の拡大（最大3社から5社へ），企業グループの共同申請の制度の導入，という内容の制度の拡充が行われました（平成22年1月1日施行）。

キーワード

課徴金減免（リーニエンシー）制度，不当な取引制限に係る課徴金

解　説

1　課徴金減免制度の創設理由

　課徴金減免制度は，公取委が不当な取引制限（カルテル・談合）の端緒となる情報を得るうえで有効である，という考えに基づき創設されました。カルテル・談合は密室で物証を残さないように行われるため，公取委としても違反事実を探知することは難しいからです。

　もともと課徴金減免（リーニエンシー・leniency）制度は米国で採用され各国に広まりましたが，従来日本には減免制度がなかったため，国際カルテルの参加企業が日本の公取委に対してのみ情報を提供しない，という事態も発生しました[1]。このため国際カルテルを摘発するためにも減免制度を創設する必要があると指摘されていました。

　もっとも，課徴金は一率の金額を必ず違反行為者から徴収する制度とされているため，そもそも課徴金を減免することが許されるのか，という反対論もありました。これに対して，公取委は，カルテル・談合は密室の行為で発見・解明が困難であることを踏まえると減免制度の創設は自主申請した違反行為者から課徴金を徴収しないことを上回る国民的利益が得られる，と説明しました。

　また，日本では司法取引の伝統がなく課徴金減免のような制度は好ましくない，という反対論もありました。これに対して，公取委は，課徴金減免制度の導入にあたっては一定の要件に該当すれば非裁量的に適用される取引の要素のない透明で客観的な制度となるように配慮した，と説明しました。

　当初，課徴金減免制度は，日本のように調和や協力を重視する文化社会において「企業文化」に反する制度としてビジネス界に受け入れられないのではないか，という議論もありました。けれども実際には，課徴金減免制度の導入以降，順調に申請件数を推移させ，多くの事件に減免が適用されています。現在では課徴金減免制度はカルテル・談合の摘発に大きな成果をあげていると評価されています。

2　課徴金減免制度の適用範囲

(1) 不当な取引制限のみ適用の対象となること

　課徴金減免制度の適用を受けることができるのは「不当な取引制限」（7条の2第1項）を行ったことにより課徴金を納付すべき事業者です（同条10項～13項）。事業者団体が独禁法8条1号・2号の行為をした場合には，事業者団体の構成事業者に課徴金納付が命じられることになりますが，この場合の構成事業者にも課徴金減免制度は適用されます（8条の3）。

　他方，平成17年改正・平成21年改正により「私的独占」や「不公正な取引方法」の一部にも課徴金納付が命じられることになりましたが，これらについては課徴金減免制度の適用はありません。「合意の当事者の中から情報提供者が出るかもしれないという疑心暗鬼を利用して情報提供を得ようとする制度であるので，単独で行われる行為には課徴金減免制度の適用はない」*2からです。

　以上についてはQ21の■表1を参照してください。

(2) 軽減算定率・加重算定率との関係

　課徴金減免制度と，課徴金の軽減算定率・加重算定率の制度とは，全く別の制度です。したがって，課徴金の軽減算定率・加重算定率の制度の適用を受けるからといって課徴金減免制度の対象から除外されるということはありません。

　すなわち，それぞれの要件を満たすのであれば，課徴金減免制度と「調査開始前に短期間で違反行為をやめた事業者に対する軽減算定率」（7条の2第6項）の両方の適用を受けることも可能です。例えば，10％の課徴金算定率が適用される企業が2番目に課徴金減免申請をした場合（50％減額）において，この軽減算定率（20％軽減）の要件を満たすときには，10％→8％（20％軽減）→4％（50％減額）となります。

　また，「違反行為を繰り返した事業者に対する加重算定率」（同条7項）や「主導的な役割を果たした事業者に対する加重算定率」（同条8項）の適用を受ける場合であっても，課徴金減免制度の適用を受けることができます*3。例えば，カルテルにつき主導的な役割を果たし50％加算される企業であっても，1番目

に課徴金減免申請をした場合には，課徴金の全額免除を受けることができます。

3 課徴金減免制度の内容

(1) 課徴金減免制度の概要

課徴金減免制度の概要をまとめると，■表1のようになります。その基本的な仕組みは「より早く情報を提供した事業者により大きく課徴金を減額するというところにある」[*4]と説明されています。

課徴金減免制度の適用を受けられるのは，公取委の調査開始日の前後を通じて，最大5社（公取委の調査開始日前に申請した企業がいなかった場合には最大3社）までとされています。したがって，6番目（公取委の調査開始日前に申請した企業がいなかった場合には4番目）以降に申請しても，課徴金は減免されません。

このように減免の対象企業が限定されているのは，どの企業も減免措置を受けられるとカルテル参加企業がそろって申請する可能性があり不正抑止の効果が弱まってしまうからだと説明されています。もっとも，何社のカルテルであるかは関係ありませんから，5社（又は3社）のカルテルであれば参加企業の

■表1　課徴金減免制度の概要

（平成21年改正法により新設）

企業の申請の時期 \ 企業の申請の順位	1番目	2番目	3番目	4番目	5番目
公取委の調査開始日前	100％免除（注1）	50％減額	30％減額	30％減額（注3）	30％減額（注3）
公取委の調査開始日以後	30％減額（注2・注3）			×	×

（注1）　ここに該当する企業とその役員・従業員等に対しては公取委が刑事告発を行わない方針を公表している[*5]。
（注2）　ただし，公取委の調査開始日前に申請した企業と合わせて最大5社までの範囲でしか減額は認められない。
（注3）　既に公取委によって把握されている事実以外の事実を報告すること（情報の未知性）が減額の要件となる。

Q23◆公正取引委員会の手続❼—課徴金の減免制度

全社が何らかの形で減免を受けるということもあり得ます。

(2) **公取委の調査開始日前の申請**

　公取委の調査開始日前において課徴金を納付すべき企業が公取委に1番目に申請した場合には，課徴金の全額が免除されます（7条の2第10項）。公取委に2番目に申請した企業は課徴金が50％減額され（同条11項1号），公取委に3番目に申請した企業は30％減額されます（同項2号）。いずれの場合にも，既に公取委が独自に同様の情報を把握していたとしても減免されます。1番目の企業については，2番目・3番目の企業と比べて減免率の差を大きく設けて申請のインセンティブを高めようとしています。さらに，1番目の企業については，公取委に対する自首に相当することを理由として，公取委が刑事告発を行わないという方針を公表しています[*5]。

　また，平成21年改正により，調査開始日前に公取委に4番目・5番目に申請した企業についても，3番目の企業と同様に30％減額されることになりました（同項3号）。ただし，4番目・5番目に申請した企業については，3番目までの企業とは異なり，既に公取委が把握している情報を提供しても減額は認められません。4番目・5番目に申請した企業については，公取委の調査開始日以後の申請の場合（後記(3)）と同様に情報の未知性が要件とされているわけです。

(3) **公取委の調査開始日以後の申請**

　公取委の調査開始日前において公取委に対し申請した企業がいなかった場合にはどうなるでしょうか。例えば，公取委の立入検査を受けて慌てて減免制度の適用を受けようとして申請するようなケースです。

　このような場合であっても，調査開始日から起算して休日を除き20日以内（課徴金規則5条）に公取委に申請すれば，3番目までの企業については課徴金が30％減額されます（7条の2第12項）。ただし，調査開始日以後の申請の場合には情報の未知性が要件とされていますので，既に公取委が把握している情報を提供しても減額は認められません[*6]。また，調査開始日前に申請した企業がいた場合には，その企業も含めて5番目までに申請したことが必要です。例えば，調査開始日前に3社が申請している場合には，調査開始日以後の申請で30％減額されるのは2社に限られます。

　30％という減額率は，課徴金算定率の軽減制度（同条5項）の軽減率20％と

241

比較すると，10%高いものとなっています。これは課徴金減免制度が単にカルテル等から離脱するだけではなく，公取委に必要な情報を提供することまで要求されているからだと説明されています。

(4) グループ内企業による共同申請制度（単独申請の例外）

公取委に対する申請は「単独で」（7条の2第10項1号等）行わなければならないので，カルテル参加企業が「共同で」申請しても無効です。課徴金減免制度をカルテル参加企業が「談合」して利用しようとしても認められないわけです。

ただし，同一の企業グループ内における複数の企業が子会社等[*7]の関係にある場合には一定の範囲で例外として共同で申請をすることができます（同条13項）。この場合には共同で申請したグループ内企業に1つの順位が割り当てられます。例えば，グループ内企業3社が1番目に共同で申請すれば，3社とも1番目の順位が割り当てられ課徴金の全額が免除されます。これは平成21年改正により新たに導入された制度です。

4 課徴金減免制度の実務上の諸問題

(1) 課徴金減免制度の手続に関する問題

(a) 課徴金減免制度の手続の概要をまとめると，■表2のようになります。

(b) 課徴金減免制度の仕組みは，企業の申請時期が公取委の調査開始日の前かどうかで大きく異なっていますので，どの時点を基準として前後を決めるのかが重要な問題となります。これについては，企業に対する立入検査や犯則調査権限に基づく臨検・捜索・差押えの「処分が最初に行われた日」を基準として（7条の2第6項），これらの処分が行われる前日までが「調査開始日前」，これらの処分が行われた日以後が「調査開始日以後」ということになります。したがって，まだ公取委が内偵を行っている段階であれば調査開始日前として課徴金の全額が免除される可能性がある，ということになります。

(c) 企業が調査開始日前に申請する場合には，第一報として違反行為の概要だけを記載した「報告書」（様式第1号）を公取委にファックスする，その後に指定された期限内（通常は休日を除いて10日程度）に詳細な「報告書」（様式第2号）

Q23◆公正取引委員会の手続❼—課徴金の減免制度

■表2　課徴金減免制度の手続の流れ

(1)	課徴金減免申請の内容と方式	
	公取委の調査開始日前の減免申請	公取委の調査開始日以後の減免申請
	①　企業は，様式第1号による報告書をファックスで公取委に提出する（課徴金規則1条）。公取委は，その提出の順位及び様式第2号による報告・その提出期限を企業に通知する（同2条）。 ②　企業は，様式第2号による報告書及び資料を上記提出期限までにファックス等（注）の方法で公取委に提出する（同6条）。	①　企業は，様式第3号による報告書をファックスで公取委に提出する（課徴金規則4条1項・2項）。また，企業は，資料をファックス等（注）の方法で公取委に提出する（同6条）。これらの提出は，公取委の調査開始日から20日（休日等を除く）を経過した日までに行われる必要がある（同5条）。
(2)	公取委による申請企業に対する通知とその後の協力要請	
	①　公取委は，企業に対して，報告及び資料の提出を受けた旨，減免申請の順位等を通知する（法7条の2第15項）。 ②　公取委は，企業に対して，事実の報告・資料の提出を追加して求めることができる（同条16項）。企業がこれに応じないなどした場合には減免を受けることができない（同条17項2号）。	
(3)	課徴金免除の通知書・課徴金納付命令書での減額	
	①　公取委が課徴金の納付を命じないこととしたときは，企業に対して，その旨を通知する（法7条の2第18項）。 ②　課徴金の額が減額されるときは，その旨が課徴金納付命令書に記載される（法62条1項）。	

　（注）　ファックス送信のほか，持参・書留郵便等による送付の方法が認められている。

と「資料」を公取委に提出する，という2段階のシステムになっています[*8]。

　これに対して，企業が調査開始日以後に申請する場合には，調査開始日から20日（休日等を除く）以内を提出期限として詳細な「報告書」（様式第3号）を公取委にファックスするとともに「資料」を公取委に提出する，という1段階のシステムになっています。

　なお，様式第1号・第2号・第3号の報告書に記載すべき事項については，後記の(2)(b)及び■表3で説明します。

　(d)　様式第2号の「報告書」と「資料」の提出又は様式第3号の「報告書」と「資料」の提出を公取委が受理した場合には，公取委は企業に対し速やかに文書をもってその旨を通知することになっています（7条の2第15項）。

　この点，いったん申請を公取委に受理してもらったとしても企業はその後も

公取委の調査に協力し続けなければならないのか、ということが問題となります。これについては、申請した企業は、公取委が課徴金納付命令を他の企業に出すまで公取委の要求する追加報告に応じる必要がある（同条16項）、これに応じないと減免の資格を剥奪されることがある（同条17項2号）という仕組み（追加報告要請の制度）になっています[*9]。

(2) 提供すべき情報の内容に関する問題

(a) 法文には「違反行為に係る事実の報告及び資料の提出」と規定されています（7条の2第10項1号・同条11項1号・2号）が、課徴金減免制度の適用を受けるためには、企業は公取委に対し具体的にどのような情報を提供する必要があるのでしょうか。

この点については、違反行為に関与した担当者が知っている情報も含め違反行為者であれば知り得る情報を提供することが必要である、とされています。また、違反行為を立証するに足りる情報までは必要ないが、公取委が調査を開始するに足りる情報であることは最低限必要である、とされています。

(b) 公取委に具体的にどのような内容の情報を提供すべきかについては、課徴金規則が3種類の「報告書」の様式を規定しています（様式第1号・第2号・第3号）。これらの様式に記載すべき事項を整理すると■表3のとおりです。なお、これらの「報告書」をそれぞれどのような場合に公取委に提出するかについては、前記(1)で説明したとおりです。

様式第1号の「報告書」には違反行為の概要だけを記載すれば足ります。様式第1号の「報告書」は、企業が調査開始日前に第一報としてファックスするものだからです。これに対して、様式第2号・第3号の「報告書」には詳細な事項を記載しなければならないようになっています。例えば、様式第2号・第3号の「報告書」には、申請企業において違反行為に関与した役職員の氏名等を記載する必要があります。カルテル・談合は単独では行うことができませんから、様式第2号・第3号の「報告書」には、共同してカルテル・談合を行っていた相手方企業において違反行為に関与した者の氏名等も記載しなければなりません（米国のディスカバリとの関係については後掲[*10]を参照）。また、様式第1号の「報告書」には「資料」の記載は必要はありませんが、様式第2号・第3号の「報告書」には「提出資料の名称、資料の内容の説明（概要）」を記載する

Q23◆公正取引委員会の手続❼─課徴金の減免制度

■表3　課徴金減免に係る報告書に記載すべき事項

公取委の調査開始日前に提出する報告書に記載すべき事項		公取委の調査開始日以後に提出する報告書に記載すべき事項
様式第1号	様式第2号	様式第3号
報告する違反行為の概要	(1) 報告する違反行為の概要	(1) 報告する違反行為の概要
(1) 当該行為の対象となった商品又は役務	① 当該行為の対象となった商品又は役務	① 当該行為の態様
(2) 当該行為の態様	② 当該行為の態様	② 共同して当該行為を行った他の事業者の氏名又は名称及び住所又は所在地
(3) 開始時期（終了時期）	③ 共同して当該行為を行った他の事業者の氏名又は名称及び住所又は所在地	③ 開始時期（終了時期）
	④ 開始時期（終了時期）	
	(2) 報告者（連名の場合には各報告者）において当該行為に関与した役職員の氏名等	(2) 報告者（連名の場合には各報告者）において当該行為に関与した役職員の氏名等
	(3) 共同して当該行為を行った他の事業者において当該行為に関与した役職員の氏名等	(3) 共同して当該行為を行った他の事業者において当該行為に関与した役職員の氏名等
		(4) 当該行為の対象となった商品又は役務
		(5) 当該行為の実施状況及び共同して当該行為を行った他の事業者との接触の状況
	(4) その他参考となるべき事項	(6) その他参考となるべき事項
	(5) 提出資料（注）の名称・内容の説明（概要）	(7) 提出資料（注）の名称・内容の説明（概要）

（注）　提出資料の例としては、①会合のメモ，営業日報，連絡文書等，②関係者の報告書等があげられている。

必要があります。

(c) すべての「報告書」の様式には「正当な理由なく，下記の報告を行った事実を第三者に明らかにはいたしません。」という記載がありますが，これは課徴金規則8条で申請企業に義務づけられている秘匿義務を申請の際に改めて周知徹底するためのものです。

申請企業に秘匿義務を課したのは，申請の事実が他の違反行為者に伝わると証拠隠滅や口裏合わせ等が行われ調査の妨げとなる危険があるためです。ただし，弁護士に相談する場合や子会社が親会社の法務部門に相談する場合等の正当な理由が認められる場合には秘匿義務は解除されます。

(3) 申請の順位に関する問題

(a) 公取委に対する申請の順位は具体的にどうやって決めるのでしょうか。この点については，申請の順序の決定に公平性と透明性を確保するために，第一報の報告書（様式第1号・第3号）の提出方法をファックスに限り，それに用いる公取委の電話回線も1本（03-3581-5599）に限定した（課徴金規則1条2項）うえで単純にファックスによる報告書の受信の先後によって順位を決定する（同7条）というシステムを採用しています。これは，申請の順位について争いが生じないようにするための工夫です。

ただし，様式第1号の報告書をファックスした企業が提出期限内に様式第2号の報告書や資料を提出できなかった場合には「違反行為に係る事実の報告及び資料の提出を行った」という要件を満たさないことになりますから，結局，その企業は課徴金の減免を受けることができません。したがって，この場合には，その後に様式第1号の報告書をファックスした企業の順位が繰り上がることになります。

(b) 企業はどのような方法により申請の順位を知ることができるのでしょうか。申請に先立って，公取委は，特定事件の申請の有無や順位に関し企業側からの匿名による照会に応じてくれるのでしょうか。

この点については，企業側が申請前に事前相談してきた場合には公取委の課徴金減免管理官がその時点で想定される特定事件の申請の順位を教示する，この場合には企業の代理人弁護士が企業名を秘匿して事前相談することも認める[11]というシステムになっています。

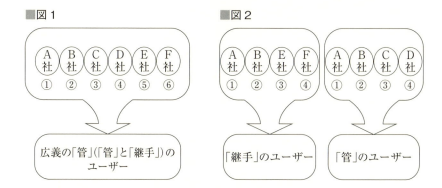

(c) 申請の順位は「違反行為をした事業者のうち」で決めることになります（法7条の2第10項～第12項）。そのため，何をもって1個の違反行為とするかによって申請の順位が変動することが考えられます。

例えば，■図1のように「管」のメーカーであるA社からF社までの6社が価格カルテルを行っていた場合において，■図1のような順位で申請がなされた事例を考えてみましょう。いずれも公取委の調査開始日前の申請と仮定します。

この場合には6番目に申請したF社は，本来であれば，課徴金減免を受けることはできないでしょう。けれども，■図2のように「管」と「継手」の2個の市場に分けられるとすれば，「継手」を製造していないC社とD社の2社が「継手」という市場では「違反行為をした事業者」から除かれる結果，F社は4番目の申請者として30％の減免を受ける可能性が生じます。

このように課徴金減免制度の導入が「市場の画定」という独禁法違反の要件論に影響を及ぼす，という指摘がなされています[12]。

(4) 減免の資格剥奪等に関する問題

(a) 企業が公取委の調査開始日前に申請を行う場合には調査開始日以後[13]において違反行為をしていないこと（7条の2第10項2号・同条11項4号），企業が公取委の調査開始日以後に申請を行う場合には申請日以後において違反行為をしていないこと（同条12項2号）がそれぞれ減免の要件とされています。それでは，具体的に企業がどのような行動をとった場合に違反行為をしていないと認定してもらえるのでしょうか。

この点については，企業が減免制度の適用にあたって取締役会等で違反行為を行わない旨の意思決定を行ったうえで違反行為に参加していた社内関係者（営業部門等）に周知徹底すれば違反行為をしていないと認める，企業が他の違反行為者に離脱を伝える必要はない，とされています（本田技研工業発注ワイヤーハーネス事件☆1）。他の違反行為者に離脱を伝えると，他の違反行為者は減免申請を疑って証拠を隠滅する危険性があるからです。

　(b)　いったん申請が公取委に受理された後であっても，企業の申請に虚偽の内容が含まれていたとき（同条17項1号）や，申請した企業が違反行為を他社に強要したり違反行為からの他社の離脱を妨害したりしていたとき（同項3号）は，公取委が減免の資格を剥奪することができる，という制度になっています。それでは，具体的にどのようなケースについて「虚偽」「強要」「妨害」と認定されることになるのでしょうか。

　この点については，企業が故意に違反事実を隠したり，事実をねじ曲げて自分にとって有利になるような報告を行ったことが明らかな場合などが「虚偽」なのであり，企業が知り得た情報を包み隠さず提供しているのであれば，仮に公取委の調査結果と違っていたとしても減免の資格を剥奪することはない，とされています。

　また，「強要」「妨害」についても，他の企業に対して何らかの圧力をかけることによって，その企業を違反行為に引きずり込んだり，違反行為から抜けようとするのを阻止したような場合をいうのであって，単に幹事会社としてカルテル・談合の調整を行っていた時期があったとしても，そこまでの行為を行っていなければ減免の資格を剥奪することはない，とされています*14。

　(c)　先順位で申請した企業の資格が剥奪された場合には後順位で申請した企業の順位が繰り上がるのでしょうか。

　この点については，繰り上げを認めるべきであるという見解もあります。このような見解によれば，例えば，後順位で申請した企業が，先順位で申請した企業の報告には虚偽の内容が含まれているとか，先順位で申請した企業にカルテル参加を強要されたとか，カルテルからの離脱を妨害されたとか主張して，自社に対する課徴金納付命令を審判や訴訟で争う，というような事態も発生するでしょう。

しかしながら、公取委は、法文上、繰り上げは認められない、と解釈しています。すなわち、先順位で申請した企業の資格が剥奪された場合であっても「報告及び資料の提出」の順位の事実が変わるわけではないから後順位の企業の繰り上げは認められない、と解釈しています[*15]。したがって、このような解釈によれば、後順位で申請した企業が審判や訴訟において先順位で申請した企業の資格が剥奪されるべきだとして争うことは認められない、ということになります。

(5) その他の問題

(a) 課徴金減免は企業（具体的には代表取締役）が公取委に申請しなければなりませんから、社員個人が公取委に内部告発しても課徴金減免制度は適用されません。反対に、社員個人が公取委に内部告発した後に企業が公取委に申請した場合であっても、独禁法の定める要件を満たせば課徴金の全額が免除されることもあり得ます。

(b) 公取委は、申請をした企業名や提出された報告書・資料の内容を公開することはありません。民訴法220条4号ロの文書として裁判所に対しても申請の内容は開示されません。

ただし、公共工事の入札における指名停止措置の適用等を考慮して、課徴金減免制度の適用を受けた企業から申出がある場合には、企業名や減免率を公表する取扱いになっています。課徴金減免制度の適用が公表された場合には、一般に指名停止期間は通常の2分の1となります。

5　課徴金減免制度への対応策

課徴金減免制度の導入後は、企業の間では他社に先駆けて公取委に対して申請しなければならないという「申請の競争」が発生します。申請した企業の数が5社（又は3社）に達した場合には、以後、公取委に情報を提供しても、課徴金の減免を受けることはできないからです。ですから、企業の法務部門や弁護士は、自社がカルテルや談合に関与しているのではないかとの情報に対してのんびりと対応することは許されません。至急に社内調査を行って事実を迅速に確認する必要があります。

企業の法務部門や弁護士は，そもそも違反事実が存在するのかどうか，証拠は確実であるのか，公取委にとって違反事実の立証は可能なのか，申請した場合に本当に減免を受けることができるのか，他社にカルテル参加を強要したり，カルテルからの離脱を妨害したことはなかったか等について早急に検討したうえで，公取委に申請するかどうか極めて短期間のうちに判断する必要があります。申請をためらって減免の利益を享受できなかった場合には，担当取締役が株主代表訴訟で民事責任を問われる可能性もあるでしょう。

　申請によって担当者個人が刑事罰を受けるという犠牲のうえで企業が課徴金減免という経済的利益を享受するという事態が発生することもあり得ます。ですから，企業として課徴金の減免を受けるために申請する際には，企業と担当者との間で利益が相反する可能性についても十分に配慮しておく必要があるでしょう。

　そして，申請すべきという結論になれば，公取委に提出する報告書や資料に事実と相違する内容が含まれないように細心の注意を払う必要があります。また，カルテル・談合の違反行為から直ちに離脱することができるように社内体制の整備に万全を期したうえで申請する必要があります。

〔柄澤　昌樹〕

=======■判審決例■=======

☆1　平24・1・19課徴金納付命令　集58―1―266・372。
☆2　平23・12・15審判審決　集58―1―140・153〔光ファイバカルテル事件〕。

========■注　記■========

＊1　平13・4・5公取委警告〔ビタミン国際カルテル事件〕。
＊2　菅久・独禁236頁。
＊3　もっとも，課徴金減免の欠格事由として違反行為の強要・離脱妨害が規定されています（7条の2第17項3号）ので，「主導的役割を果たした事業者」と「強要・離脱妨害をした事業者」との関係が問題となりますが，これについては以下のように説明されています。
　「主導的役割の概念は違反行為の強要・離脱妨害よりも広いものと考えられる。したがって，主導的役割の要件を満たす事業者が違反行為の強要等を行っていた場合には，課徴金減免申請をしても減免は行われないが，主導的役割を果たした事業

者について，違反行為の強要等を行っていたとまでは認められない場合には，（課徴金減免申請が適切に行われれば）課徴金減免が認められるということになる。」（藤井宣明「平成21年改正独占禁止法の解説」商事法務1870号8頁）。
* 4　前掲（＊2）。
* 5　独占禁止法違反に対する刑事告発及び犯則事件の調査に関する公正取引委員会の方針（平21・10・23公取委）。
* 6　具体的にどのような場合に「情報の未知性」の要件を満たすのかが実務上問題となりますが，これについては「営業担当者の証言を整理して，カルテルの合意に至る経緯，合意内容，実施状況の詳細を説明する報告資料を作成・提出すれば，これらは，一般的には立入検査時の処分によって，直ちに把握されるものとは限らない場合も多いものと考えられ，本号の要件を満たすこととなろう」と説明されています（諏訪園貞明編著『平成17年改正独占禁止法』80頁（商事法務，2005））。
* 7　「この場合における『子会社等』とは，子会社（間接保有により子会社とみなされる会社を含む。），親会社及び兄弟会社（当該事業者と親会社が同一である他の会社）をいい，その範囲は，予見可能性を確保するため，明確かつ簡易に判断できる必要があることから，議決権保有比率50％超（間接保有を含む。）という形式的な基準により定義されている（新法第7条の2第13項第1号）」（伊永大輔＝稲葉僚太「カルテル規制の強化等について」公正取引706号17頁）。
* 8　「この2段階の報告システムを採っている理由は，最初から詳細な社内調査に基づく完全な報告を要求すると，より詳細な報告書を作成しようとして慎重な社内調査をしている間に，比較的簡易な報告書を作成した企業に先に申請をされてしまうことになり，慎重な社内調査をした企業が後順位になってしまい，いわば『正直者が馬鹿をみる』ことになってしまうためです。」（品川武＝岩成博夫『独占禁止法における課徴金減免制度』50頁（公正取引協会，2010））。
* 9　実際にも，平22・6・9課徴金納付命令（シャッター製造業者カルテル事件）では，追加報告に応じないことを理由に減免の資格を剥奪されたといわれています。
*10　「様式第2号と様式第3号の記載事項は，違反行為に関与した従業員の氏名や違反行為の具体的な内容等詳細にわたるものである。このため，米国における3倍額賠償請求訴訟において（申請事業者が所持している）こうした提出した文書の控えについてディスカバリが命じられる可能性がある。この場合，申請事業者が公正取引委員会に報告した詳細な内容がそのまま申請事業者を被告とする米国の3倍額賠償請求訴訟において利用されることとなり，課徴金減免申請を行ったことによって却って高額の賠償を強いられることになりかねない。このようなリスクがあることから課徴金減免申請自体を躊躇する事業者が出てくることが懸念された。このため，このようなリスクがある事案においては，様式第2号と様式第3号の一定の記載事項について，口頭による報告をもって代えることができることとなっている。」（菅久・独禁241頁）。
*11　「企業名については匿名の場合であっても相談を受け付けていますが，『今申請したら何番目の申請者になるのか』という問い合わせについては，ある程度具体的な

違反行為の中身（対象となる商品又は役務，違反行為の態様及び時期）について特定できないと回答のしようがありませんし，全く無関係の第三者であるかどうかの判断も必要ですので，匿名の相談の場合であっても，違反行為が特定でき，違反行為の当事者からの照会であると信じることができる程度の具体的な内容について説明していただく必要があります。」（前掲書（＊8）41～42頁）。

＊12　白石忠志「課徴金減免制度と独禁法違反要件論」NBL869号12頁以下。

＊13　調査開始日前の申請において違反行為の中止が要求されるのは「調査開始日以後」であって「申請日以後」ではないことに注意が必要です。これは調査開始前に違反行為の中止を要求すると，申請の事実を他の違反行為者が察知して証拠の隠滅等を行うおそれがある，という配慮によるものです。

＊14　前掲（＊3）。

＊15　本文と類似の問題ですが，先順位で申請した企業の中に，違反行為者ではあるものの裾切りに該当するため，あるいは実行期間中に売上額が存在しないため，結果として課徴金の納付が命じられない企業がいた場合には，後順位者で申請した企業の順位は繰り上がるのか，ということも問題となります。

このような場合も公取委（前掲☆2）は，本文と同様に順位の繰り上げは認められないと解釈しています。

24 公正取引委員会の手続❽—私的独占に係る課徴金

平成17年・平成21年の独占禁止法改正で「私的独占」も課徴金の対象とされるようになったと聞きましたが，どのような内容になっているのでしょうか。

　平成17年の独占禁止法改正により「支配型私的独占」も課徴金の対象とされるようになりました（平成18年1月4日施行）。また，平成21年の独占禁止法改正により「排除型私的独占」も課徴金の対象とされるようになりました（平成22年1月1日施行）。「支配型私的独占」も「排除型私的独占」も，「不当な取引制限」と同様に競争を実質的に制限するものであって競争秩序に与える影響が大きいため，いずれも課徴金の対象とされるように改正されたのです。

　もっとも，「支配型私的独占」も「排除型私的独占」も，これまで課徴金の納付が命じられた事件はありません。

☑キーワード

　私的独占に係る課徴金，違反行為を繰り返した事業者に対する加重算定率，支配型私的独占，排除型私的独占，排除型私的独占ガイドライン

解説

1 私的独占に係る課徴金の適用範囲

(1) 平成17年の独禁法改正により「支配型私的独占」も課徴金の対象とされるようになりました。すなわち、他の事業者の事業活動を「支配」する私的独占（支配型私的独占）であって、被支配事業者が供給する商品・役務について「その対価に係るもの」あるいは「供給量」「市場占有率」「取引の相手方」のいずれかを実質的に制限することにより「その対価に影響することとなるもの」については、課徴金納付命令の対象となりました（7条の2第2項）。

「支配型私的独占」は「不当な取引制限」と同様の競争制限効果をもたらすという理由で課徴金の対象とされるように改正されたものです。「支配型私的独占」については、その違反行為の態様が「不当な取引制限」に類似しているため、「不当な取引制限」と同様に「その対価に係るもの」等の対価要件が付けられています。

(2) 平成21年の独禁法改正により「排除型私的独占」も課徴金の対象とされるようになりました。すなわち、他の事業者の事業活動を「排除」する私的独占（排除型私的独占）についても課徴金納付命令の対象となりました（7条の2第4項）。「排除型私的独占」については「支配型私的独占」とは異なって「その対価に係るもの」等の対価要件は付けられていません。

いったん「排除型私的独占」によって他の事業者の事業活動が排除されてしまうと、排除措置命令だけでは正常な競争状態への回復は期待できません。そのため、違反行為の抑止を図る必要があるとして「排除型私的独占」にも課徴金を導入する改正が行われたのです。

「支配型私的独占」と「排除型私的独占」の両方を備えた私的独占もありますが、そのような場合には「支配型私的独占」に係る課徴金の規定（同条2項）が適用されます。

2 排除型私的独占ガイドライン

「排除型私的独占」は正当な事業活動との区別が難しいものが多いといわれています。そこで，公取委は，平成21年10月に「排除型私的独占」について法運用の透明性と事業者の予見可能性の向上を図るとして「排除型私的独占に係る独占禁止法上の指針」(排除型私的独占ガイドライン) を公表しました。

排除型私的独占ガイドラインでは，公取委が「排除型私的独占」として事件の審査を行うかの判断にあたり，

① 行為開始後において行為者が供給する商品のシェアがおおむね2分の1を超える事案であって，かつ，

② 市場規模，行為者による事業活動の範囲，商品の特性等を総合的に考慮すると，国民生活に与える影響が大きいと考えられる事案

について「優先的に審査を行う」とされています。

排除型私的独占ガイドラインの内容（一覧表）については**巻末付録**を参照してください。

3 私的独占に係る課徴金の算定期間

「支配型私的独占」に係る課徴金の算定期間は，「不当な取引制限」と同様に，違反行為の実行としての事業活動を行った日（始期）から実行としての事業活動がなくなる日（終期）までの「実行期間」(最大で3年間) とされています（7条の2第2項）。

これに対して「排除型私的独占」に係る課徴金の算定期間は，違反行為をした日（始期）から違反行為がなくなる日（終期）までの「違反行為期間」(最大で3年間) とされています（同条4項）。

このように課徴金の算定期間について「支配型私的独占」(不当な取引制限)と「排除型私的独占」とで異なる概念が用いられているのはなぜでしょうか。この点，「不当な取引制限の場合は違反行為の始期について実行の有無にかかわらず『合意時説』が判例であると信じられており，違反行為の始期と実行の

始期が異なると考えられているのに対し，排除型私的独占や不公正な取引方法においてはそのような懸隔がないため複雑な概念構造とするのが避けられたものであろう」*1という指摘がなされています。

4 私的独占に係る課徴金の算定の基礎となる商品・役務の売上額

(1)「支配型私的独占」に係る課徴金の算定の基礎となる売上額は，違反行為の「実行期間」における対象商品・役務の売上額です。支配する独占事業者が被支配事業者に供給した商品・役務の売上額（■図1の売上額①）だけではなく，「当該一定の取引分野」において支配する独占事業者が供給した商品・役務の売上額（■図1の売上額②）も，課徴金の算定の基礎となります（7条の2第2項）。

(2)「排除型私的独占」に係る課徴金の算定の基礎となる売上額は，「違反行為期間」における対象商品・役務の売上額です。排除する独占事業者が「当該一定の取引分野」において供給した商品・役務の売上額（■図2の売上額①）だけではなく，排除する独占事業者が「当該一定の取引分野」において他の事業者に供給した商品・役務の売上額（■図2の売上額）も，課徴金の算定の基

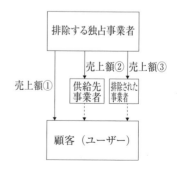

礎となります（7条の2第4項）。

(3) 「支配型私的独占」「排除型私的独占」いずれについても、「当該一定の取引分野」の範囲をどのように画定するかによって課徴金の算定額に大きな差が出てくることになるでしょう。

この点、「たとえば、東日本の顧客すべてを需要者とする市場を検討対象市場とするのか、それとも、競争が激しい東京のみを除いて『東京以外の東日本の顧客』を需要者とする市場を検討対象市場とするかによって、課徴金額に著しい差が出る場合があろう。」という指摘があります*2。

(4) 排除型・支配型いずれについても、私的独占が購入市場においてなされたとしても、商品・役務の購入額は課徴金の算定の基礎とはなりません。この点は購入量カルテルが課徴金の算定の基礎とされていること（**Q22**）との関係で立法論として批判のあるところです*3。

5 私的独占に係る課徴金の算定率

(1) 私的独占に係る課徴金の算定率は、支配型と排除型とで異なった算定率となっています。

「支配型私的独占」に係る課徴金の算定率は、「不当な取引制限」に係る課徴金の原則的な算定率と同様に、製造業等は10％、小売業は3％、卸売業は2％とされています（7条の2第2項）。

これに対して「排除型私的独占」に係る課徴金の算定率は、製造業等は6％、小売業は2％、卸売業は1％とされています*4（同条4項）。

私的独占であるということに鑑み、支配型・排除型いずれについても「中小企業の軽減算定率」（**Q21** 3 (3)(c)）は設けられていません。

(2) 「不当な取引制限」に係る課徴金に適用される「違反行為を繰り返した事業者に対する加重算定率」（7条の2第7項）は、支配型・排除型いずれの私的独占にも適用されます。例えば、過去10年以内に「不当な取引制限」を理由として課徴金納付命令を受けたことのある製造業者が「支配型私的独占」をした場合の算定率は10％から15％に加重されます。同様に「排除型私的独占」をした場合の算定率は6％から9％に加重されます。

それでは「不当な取引制限」に係る課徴金に適用される「調査開始前に短期間で違反行為をやめた事業者に対する軽減算定率」(同条6項),「主導的な役割を果たした事業者に対する加重算定率」(同条8項)及び「課徴金減免(リーニエンシー)制度」(同条10項以下)はどうでしょうか。これらの制度は支配型・排除型いずれの私的独占にも適用されません。これらの制度はカルテル・談合等の「不当な取引制限」が共同行為であるという特殊性に着目して設けられているからでしょう。もっとも,このうち「課徴金減免制度」については,「不当な取引制限」に該当すると考えて減免申請した事業者に対して公取委が「私的独占」と構成すれば課徴金減免制度の適用が受けられない,という問題点も指摘されています。

　(3)　私的独占に係る課徴金の算定率については以上のとおりですが,**Q21**の■表1にその内容を整理していますので参照してください。

〔柄澤　昌樹〕

　　■注　記■

* 1　白石・独禁519頁。
* 2　白石・講義161頁。
* 3　前掲(* 1) 509頁。
* 4　「排除型私的独占」に係る課徴金の算定率の根拠については,「排除型私的独占により形成されるであろう独占的な地位は,独占的・寡占的な構造を持つ市場における市場占有率上位企業の地位に近似すると考えられることから,当該企業の売上高営業利益率を参考に,基準算定率は6%(製造業等)と設定された。」という説明がなされています(小俣栄一郎=辻郷「排除型私的独占及び不公正な取引方法に関する規制の強化等について」公正取引706号9～10頁)。
　　なお,平成17年の独禁法改正により「不当な取引制限」に係る課徴金の算定率が引き上げられましたが(**Q22❹**参照),「排除型私的独占」に係る課徴金の算定率は,平成17年改正により引き上げられる前の「不当な取引制限」に係る課徴金の原則的な算定率と同一です。

Q25 公正取引委員会の手続❾―不公正な取引方法に係る課徴金

平成21年の独占禁止法改正で「不公正な取引方法」も課徴金の対象とされるようになったと聞きましたが、どのような内容になっているのでしょうか。

　平成21年改正の独占禁止法は、「不公正な取引方法」のうち「共同の取引拒絶」「不当廉売」「再販売価格の拘束」「差別対価」「優越的地位の濫用」の5類型の一部を法律で規定したうえで、これらの法定行為類型を課徴金の対象としました（平成22年1月1日施行）。

　もっとも「共同の取引拒絶」「不当廉売」「再販売価格の拘束」「差別対価」の4つの法定行為類型は、過去10年以内に同一の法定行為類型の違反行為を行ったとして公正取引委員会の排除措置命令等を受けたことが課徴金の課される要件となっています（累積違反課徴金型）。

　これに対して、法定の「優越的地位の濫用」は一度の違反行為だけで直ちに課徴金が課されます。したがって、法定の「優越的地位の濫用」については特に留意する必要があるでしょう。実際にも、法定の「優越的地位の濫用」に課徴金の納付が命じられた事件がいくつか発生しています。

☑キーワード
　共同の取引拒絶に係る課徴金、不当廉売に係る課徴金、再販売価格の拘束に係る課徴金、差別対価に係る課徴金、優越的地位の濫用に係る課徴金

第Ⅱ部◇独占禁止法の手続

解　説

1　不公正な取引方法に係る課徴金の適用範囲

　平成21年の独禁法改正により「不公正な取引方法」も課徴金の対象とされるようになりました。けれども「不公正な取引方法」が課徴金の対象とされるようになったといっても，そのすべてが課徴金の対象となるわけではありませ

■表1　不公正な取引方法の改正に関する一覧表

旧一般指定	不公正な取引方法の類型	課徴金の対象となるもの（○）と課徴金の対象とならないもの（×）の区別	
1項	共同の取引拒絶	法2条9項1号	○
		新一般指定1項	×
2項	その他の取引拒絶	〃　　2項	×
3項	差別対価	法2条9項2号	○
		新一般指定3項	×
4項	取引条件等の差別取扱い	〃　　4項	×
5項	事業者団体における差別取扱い等	〃　　5項	×
6項	不当廉売	法2条9項3号	○
		新一般指定6項	×
7項	不当高価購入	〃　　7項	×
8項	ぎまん的顧客誘引	〃　　8項	×
9項	不当な利益による顧客誘引	〃　　9項	×
10項	抱き合わせ販売等	〃　　10項	×
11項	排他条件付取引	〃　　11項	×
12項	再販売価格の拘束	法2条9項4号	○
13項	拘束条件付取引	新一般指定12項	×
14項	優越的地位の濫用	法2条9項5号	○
		新一般指定13項	×
15項	競争者に対する取引妨害	〃　　14項	×
16項	競争会社に対する内部干渉	〃　　15項	×

ん。課徴金の対象となるのは「不公正な取引方法」のうち独禁法2条9項1号～5号で規定された5類型（法定行為類型）に限られます。すなわち，平成21年改正法は，従来，昭和57年の公取委告示（一般指定）で規定されていた16類型の「不公正な取引方法」のうち「共同の取引拒絶」「不当廉売」「再販売価格の拘束」「差別対価」「優越的地位の濫用」の5類型の一部を法律で規定したうえで，これらの法定行為類型に限って課徴金の対象としました（20条の2～20条の6）。課徴金の対象となる行為類型を法律で規定したのは，課徴金を賦課する以上，公取委の告示（一般指定）ではなく法律（独禁法）でその要件を書く必要があるとされたためです。

　平成21年の独禁法改正に伴い，16類型の「不公正な取引方法」を規定していた「一般指定」も改正されました。その結果，平成21年の独禁法改正後の「不公正な取引方法」は，①改正後の独禁法2条9項1号～5号で規定された課徴金の対象となる5類型，②改正後の一般指定（新一般指定）で規定された課徴金の対象とはならない15類型，という2種類に分かれることになりました。上記①及び②と改正前の一般指定（旧一般指定）で規定されていた16類型の「不公正な取引方法」との関係は相当に複雑です。■表1はこれらの関係を整理したものですので参考にしてください。

2　不公正な取引方法のうち5類型のみを課徴金の対象とする理由

　旧一般指定では16類型の「不公正な取引方法」が規定されていました。そのうち「共同の取引拒絶」「不当廉売」「再販売価格の拘束」「差別対価」「優越的地位の濫用」の5類型だけを課徴金の対象とするのはなぜでしょうか。この点について，公取委の担当官は「①私的独占の予防規制とは位置付けられていないものや②違法性が明確であるもの（あるいは要件を限定することによりその違法性を明確にできるもの）に限定して課徴金の対象としている」と説明しています[*1]。

　「不公正な取引方法」を課徴金の対象とすることについては，企業にとって自らの行為が正当な事業活動なのか違反行為なのかを区別することが難しく企業の事業活動に過度の萎縮をもたらすのではないか，という反対意見がありま

した。これに対しては「不公正な取引方法」のうち「正当な理由がないのに」と規定され違法性が明確である類型（共同の取引拒絶，不当廉売，再販売価格の拘束）については課徴金の対象としても問題ない，という反論がありうるでしょう[*2]。また，最も市場に影響が大きい「価格」を手段とするものであって抑止力を強化すべきとの意見が強い類型（不当廉売）については明確化の観点から要件を絞り込めば課徴金の対象としても問題ない，という反論もありうるでしょう。公取委は，このような反論の立場を前提として前記②のように「違法性が明確であるもの」（共同の取引拒絶，不当廉売，再販売価格の拘束）と「要件を限定することによりその違法性を明確にできるもの」（不当廉売）を課徴金の対

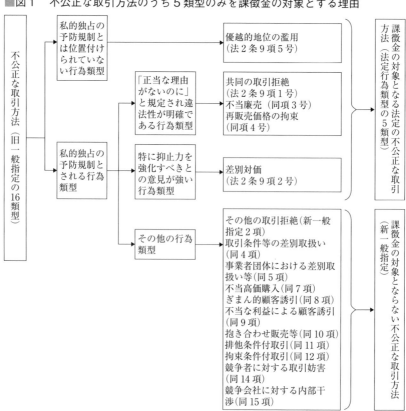

■図1　不公正な取引方法のうち5類型のみを課徴金の対象とする理由

象とする，という改正を行ったものと考えられます。

また，「不公正な取引方法」は公正競争阻害性を要件として私的独占の予防規制と位置づけられていることからすれば，競争の実質的制限を要件とする「排除型私的独占」を課徴金の対象とすれば足りるのではないか，という反対意見もありました。これに対しては「不公正な取引方法」のうち私的独占の予防規制とは位置づけられていない類型（優越的な地位の濫用*3）については「排除型私的独占」を課徴金の対象としても抑止効果は及ばない，という反論がありうるでしょう。公取委は，このような反論の立場を前提として前記①のように「私的独占の予防規制とは位置付けられていないもの」（優越的な地位の濫用）を課徴金の対象とする，という改正を行ったものと考えられます。

以上のような公取委の考え方を図解すると■図1のようになるでしょう。

3 課徴金の対象となる法定化された不公正な取引方法の要件

課徴金の対象となる法定化された5類型の「不公正な取引方法」の要件については，以下に述べるとおり，「再販売価格の拘束」を除いて，旧一般指定で規定されていた要件よりも狭くなっているので注意が必要です。その結果，旧一般指定で規定されていた「共同の取引拒絶」「不当廉売」「差別対価」「優越的地位の濫用」の4類型については，①課徴金の対象となる法定行為類型の要件（2条9項1号～5号），②課徴金の対象とならずに引き続き新一般指定で規制される行為類型の要件（2条9項6号，新一般指定1項・3項・6項・13項），という2種類の異なる要件が規定されることになりました。以上の関係も相当に複雑です。■表2はこれらの要件を規定する条文の異同を整理したものですので参考にしてください。

(1) 法定の「共同の取引拒絶」の要件

■表2の①のとおり，旧一般指定1項で定められていた「共同の取引拒絶」のうち「供給」に係るもの（共同の供給拒絶）が法定化されました（2条9項1号）。「供給」に係るものに限定したのは「排除型私的独占」に倣ったものと説明されています*4。

したがって，課徴金の対象となる法定の「共同の取引拒絶」（2条9項1号）

第Ⅱ部◇独占禁止法の手続

■表2　課徴金の対象となる5類型の不公正な取引方法の要件の対照表

	平成21年独禁法改正前
	旧一般指定の要件
①共同の取引拒絶	（共同の取引拒絶） 1　正当な理由がないのに，自己と競争関係にある他の事業者（以下「競争者」という。）と共同して，次の各号のいずれかに掲げる行為をすること。 　一　ある事業者に対し取引を拒絶し又は取引に係る商品若しくは役務の数量若しくは内容を制限すること。 　二　他の事業者に前号に該当する行為をさせること。
②差別対価	（差別対価） 3　不当に，地域又は相手方により差別的な対価をもって，商品若しくは役務を供給し，又はこれらの供給を受けること。
③不当廉売	（不当廉売） 6　正当な理由がないのに商品又は役務をその供給に要する費用を著しく下回る対価で継続して供給し，その他不当に商品又は役務を低い対価で供給し，他の事業者の事業活動を困難にさせるおそれがあること。
④再販売価格の拘束	（再販売価格の拘束） 12　自己の供給する商品を購入する相手方に，正当な理由がないのに，次の各号のいずれかに掲げる拘束の条件をつけて，当該商品を供給すること。 　一　相手方に対しその販売する当該商品の販売価格を定めてこれを維持させることその他相手方の当該商品の販売価格の自由な決定を拘束すること。 　二　相手方の販売する当該商品を購入する事業者の当該商品の販売価格を定めて相手方をして当該事業者にこれを維持させることその他相手方をして当該事業者の当該商品の販売価格の自由な決定を拘束させること。
⑤優越的地位の濫用	（優越的地位の濫用） 14　自己の取引上の地位が相手方に優越していることを利用して，正常な商慣習に照らして不当に，次の各号のいずれかに掲げる行為をすること。 　一　継続して取引する相手方に対し，当該取引に係る商品又は役務以外の商品又は役務を購入させること。 　二　継続して取引する相手方に対し，自己のために金銭，役務その他の経済上の利益を提供させること。 　三　相手方に不利益となるように取引条件を設定し，又は変更すること。 　四　前三号に該当する行為のほか，取引の条件又は実施について相手方に不利益を与えること。 　五　取引の相手方である会社に対し，当該会社の役員（私的独占の禁止及び公正取引の確保に関する法律（昭和二十二年法律第五十四号）第二条第三項の役員をいう。以下同じ。）の選任についてあらかじめ自己の指示に従わせ，又は自己の承認を受けさせること。

Q25◆公正取引委員会の手続❾―不公正な取引方法に係る課徴金

平成21年独禁法改正後	
課徴金の対象となる法定行為類型の要件（法2条9項1号～5号）	課徴金の対象とならずに引き続き新一般指定で規制される行為類型の要件
一 正当な理由がないのに，競争者と共同して，次のいずれかに該当する行為をすること。 イ ある事業者に対し，供給を拒絶し，又は供給に係る商品若しくは役務の数量若しくは内容を制限すること。 ロ 他の事業者に，ある事業者に対する供給を拒絶させ，又は供給に係る商品若しくは役務の数量若しくは内容を制限させること。	（共同の取引拒絶） 1 正当な理由がないのに，自己と競争関係にある他の事業者（以下「競争者」という。）と共同して，次の各号のいずれかに掲げる行為をすること。 一 ある事業者から商品若しくは役務の供給を受けることを拒絶し，又は供給を受ける商品若しくは役務の数量若しくは内容を制限すること。 二 他の事業者に，ある事業者から商品若しくは役務の供給を受けることを拒絶させ，又は供給を受ける商品若しくは役務の数量若しくは内容を制限させること。
二 不当に，地域又は相手方により差別的な対価をもつて，商品又は役務を継続して供給することであつて，他の事業者の事業活動を困難にさせるおそれがあるもの	（差別対価） 3 私的独占の禁止及び公正取引の確保に関する法律（昭和二十二年法律第五十四号。以下「法」という。）第二条第九項第二号に該当する行為のほか，不当に，地域又は相手方により差別的な対価をもつて，商品若しくは役務を供給し，又はこれらの供給を受けること。
三 正当な理由がないのに，商品又は役務をその供給に要する費用を著しく下回る対価で継続して供給することであつて，他の事業者の事業活動を困難にさせるおそれがあるもの	（不当廉売） 6 法第二条第九項第三号に該当する行為のほか，不当に商品又は役務を低い対価で供給し，他の事業者の事業活動を困難にさせるおそれがあること。
四 自己の供給する商品を購入する相手方に，正当な理由がないのに，次のいずれかに掲げる拘束の条件を付けて，当該商品を供給すること。 イ 相手方に対してその販売する当該商品の販売価格を定めてこれを維持させることその他相手方の当該商品の販売価格の自由な決定を拘束すること。 ロ 相手方の販売する当該商品を購入する事業者の当該商品の販売価格を定めて相手方をして当該事業者にこれを維持させることその他相手方をして当該事業者の当該商品の販売価格の自由な決定を拘束させること。	（規定なし）
五 自己の取引上の地位が相手方に優越していることを利用して，正常な商慣習に照らして不当に，次のいずれかに該当する行為をすること。 イ 継続して取引する相手方（新たに継続して取引しようとする相手方を含む。ロにおいて同じ。）に対して，当該取引に係る商品又は役務以外の商品又は役務を購入させること。 ロ 継続して取引する相手方に対して，自己のために金銭，役務その他の経済上の利益を提供させること。 ハ 取引の相手方からの取引に係る商品の受領を拒み，取引の相手方から取引に係る商品を受領した後当該商品を当該取引の相手方に引き取らせ，取引の相手方に対して取引の対価の支払を遅らせ，若しくはその額を減じ，その他取引の相手方に不利益となるように取引の条件を設定し，若しくは変更し，又は取引を実施すること。	（取引の相手方の役員選任への不当干渉） 13 自己の取引上の地位が相手方に優越していることを利用して，正常な商慣習に照らして不当に，取引の相手方である会社に対し，当該会社の役員（法第二条第三項の役員をいう。以下同じ。）の選任についてあらかじめ自己の指示に従わせ，又は自己の承認を受けさせること。

265

は「供給」に係るもの（共同の供給拒絶）に限られます。「購入」に係る「共同の取引拒絶」（新一般指定1項＝共同の購入拒絶）は課徴金の対象とはなりません。

(2) 法定の「差別対価」の要件

■表2の②のとおり，旧一般指定3項で定められていた「差別対価」のうち「供給」に係るものであって「継続」して行われ「他の事業者の事業活動を困難にさせるおそれがあるもの」が法定化されました（2条9項2号）。これは法定の「不当廉売」の要件に合わせたものと説明されています[*5]。「差別対価」は「不当に」の類型ですが，このように「正当な理由がないのに」の類型である「不当廉売」の要件（2条9項3号）と同等に要件を限定することにより違法性を明確にできるという考え方（前記2）に基づくものです。

したがって，課徴金の対象となる法定の「差別対価」（2条9項2号）は，「供給」に係るものであって「継続」して行われ「他の事業者の事業活動を困難にさせるおそれがあるもの」に限られます。「共同の取引拒絶」と同様に「購入」に係る「差別対価」（新一般指定3項）は課徴金の対象とはなりません。

(3) 法定の「不当廉売」の要件

■表2の③のとおり，旧一般指定6項で定められていた「不当廉売」のうち同項前段に該当する行為が法定化されました（2条9項3号）。これは旧一般指定6項前段が「正当な理由がないのに」と規定され違法性が明確であるからと説明されています[*6]。

したがって，課徴金の対象となる法定の「不当廉売」（2条9項3号）は，「商品又は役務をその供給に要する費用を著しく下回る対価で継続して供給」するものであって「他の事業者の事業活動を困難にさせるおそれがある」ものに限られます。旧一般指定6項後段（「不当に」の類型）は課徴金の対象とはなりません（新一般指定6項）。

公取委は平成21年12月18日に「不当廉売に関する独占禁止法上の考え方」（不当廉売ガイドライン）を公表しました。不当廉売ガイドラインは法定の「不当廉売」の要件のうち「供給に要する費用を著しく下回る対価」に特に重点を置いて公取委の考え方を明らかにしたものとされています。したがって，法定の「不当廉売」の要件について詳しくはこのガイドラインを参照してください。

(4) 法定の「再販売価格の拘束」の要件

■表2の④のとおり，旧一般指定12項で定められていた「再販売価格の拘束」については，その全部が法定化されました（2条9項4号）。これは「再販売価格の拘束」が「正当な理由がないのに」と規定され違法性が明確であるからと説明されています*7。

したがって，課徴金の対象となる法定の「再販売価格の拘束」（2条9項4号）は，旧一般指定12項で定められていた「再販売価格の拘束」の全部ということになります。

なお，「再販売価格の拘束」は「商品」を問題としているから，無体物であって「商品」に該当しないものを拘束しても法2条9項4号には該当しない，この場合には新一般指定12項（拘束条件付取引）が適用され課徴金の対象とならない，という指摘*8があります。

(5) 法定の「優越的地位の濫用」の要件

■表2の⑤のとおり，旧一般指定14項で定められていた「優越的地位の濫用」については，同項のうち5号を除いた行為が法定化されました（2条9項5号）。5号を除いた理由は5号の規制実績が近年ないためと説明されています*9。なお，旧一般指定14項3号及び4号と法2条9項5号ハとは法文上の表現が異なっています（法文上，ハの「その他取引の」より前に下請取引を意識した行為が列挙されています）が，「3号及び4号は要件を明確化して2条9項5号ハに一本化された」と説明されていますので*10，実質的な相異はないと考えてよいでしょう。

したがって，課徴金の対象となる「優越的地位の濫用」（2条9項5号）は，旧一般指定14項のうち5号を除いた行為ということになります。

4　法定化された不公正な取引方法に課徴金を賦課する要件（10年以内の繰り返し要件等）

(1) 4つの法定行為類型の要件（累積違反課徴金型）

「共同の取引拒絶」「不当廉売」「再販売価格の拘束」「差別対価」の4つの法定行為類型について課徴金が課せられるためには，公取委の調査開始日（通常は立入検査日）を起算日として遡って過去10年以内に同一の法定行為類型を理由

として公取委の排除措置命令等を受けたことが要件となっています（20条の2～20条の5のそれぞれ1号・2号）。すなわち、これらの4類型においては10年以内に2度繰り返した再犯の事業者に対して2度目のみに課徴金が課されるにとどまります。このため4類型は「累積違反課徴金型」とも呼ばれています。ここで「同一の法定行為類型」とは、例えば、法定の「再販売価格の拘束」であれば、課徴金の賦課要件としては、過去10年以内に法定の「再販売価格の拘束」や旧一般指定12項の「再販売価格の拘束」で行政処分を受けたことが必要である、ということを意味します[*11]。したがって、4類型について課徴金が課されることは実際問題としてほとんど考えられないでしょう。

この点について、公取委の担当官は、「不公正な取引方法」の法益侵害（公正競争阻害性）は「ある程度において公正な自由競争を妨げるものと認められる場合で足りる」とされており、私的独占の予防規制と位置づけられる4類型が事業者の日常の取引活動と密接に関連する行為類型であることも踏まえて、事業者の合法な経済活動を萎縮させないように繰り返しがあったときのみ課徴金の対象とする制度とした、と説明しています[*12]。

(2) 法定の「優越的地位の濫用」の要件

他方、法定の「優越的地位の濫用」については10年以内に2度繰り返したことは課徴金の賦課要件とされていません（20条の6）。したがって、法定の「優越的地位の濫用」については一度の違反行為だけで課徴金が課されることになります[*13]。

このように法定の「優越的地位の濫用」だけ課徴金の賦課要件が異なっているのはなぜでしょうか。この点については「優越的地位濫用だけが他の4類型とは異なる別格の扱いを受けた最大の原因は、優越的地位濫用行為は弊害がいかに大きくとも独禁法上の私的独占には該当しないと考えられている点にある。今回の改正により、すべての私的独占が課徴金の対象となった。他の4類型のように、弊害が大きければ私的独占にも該当する行為類型は、優越的地位濫用ほどの扱いをするには及ばないとされたのである。」という指摘があります[*14]。平成21年改正法の条文を見ても、法定の「優越的地位の濫用」（20条の6）については、「共同の取引拒絶」「不当廉売」「再販売価格の拘束」「差別対価」の4つの法定行為類型の規定（20条の2〜20条の5）とは異なって、私的独

占又は不当な取引制限に基づいて課徴金を課される場合には「その納付を命ずることができない」というただし書の規定が設けられていません。

近年，公取委は「優越的地位の濫用」について中小企業に不当な不利益をもたらすものとして積極的に摘発を進めています。実際にも，法定の「優越的地位の濫用」に課徴金の納付が命じられた事件☆1,☆2,☆3,☆4,☆5がいくつか発生しています。したがって，法定の「優越的地位の濫用」については実務上，特に留意して対応する必要があるでしょう。

5　法定化された不公正な取引方法に係る課徴金の算定期間

法定の「不公正な取引方法」に係る課徴金の算定期間は「当該行為をした日から当該行為がなくなる日までの期間」（最大で3年間）とされています（20条の2～20条の6の各本文）。

これまで「不公正な取引方法」について「当該行為がなくなる日」（終期）を具体的にいつとみるのか曖昧なことが少なくありませんでした。けれども，今後は課徴金の算定に大きく影響することから，「不当な取引制限」（Q22**2**参照）と同様に「終期」が重要な争点になるでしょう。

6　法定化された不公正な取引方法に係る課徴金の算定の基礎となる商品・役務の売上額（購入額）

法定の「不公正な取引方法」については，何が課徴金の算定の基礎となるのでしょうか。この点については，「共同の取引拒絶」「不当廉売」「再販売価格の拘束」「差別対価」の4つの法定行為類型と，法定の「優越的地位の濫用」とで異なっています。

(1)　4つの法定行為類型に係る課徴金の算定基礎

4つの法定行為類型に係る課徴金，すなわち，法定の「共同の取引拒絶」「不当廉売」「再販売価格の拘束」「差別対価」については，「当該行為において当該事業者が供給した」商品・役務の売上額がその算定の基礎となります（20条の2～20条の5の各本文）。

ただし，法定の「再販売価格の拘束」に係る課徴金については「商品」の売

上額だけがその算定の基礎となります（20条の5本文）。これは，旧一般指定12項と同様に法定の「再販売価格の拘束」（2条9項4号）が「商品」のみを規制対象としているためです。

(2) 法定の「優越的地位の濫用」に係る課徴金の算定基礎

法定の「優越的地位の濫用」に係る課徴金については，4つの法定行為類型のように違反行為に係る特定の商品・役務の売上額を算定の基礎とするのではなく，「当該行為の相手方との間における」取引額のすべてがその算定の基礎となります。また，「売上額」だけではなく「購入額」も課徴金の算定の基礎となります（20条の6本文）。

例えば，法定の「優越的地位の濫用」が，違反行為者の販売先に対する販売力を背景として押し付け販売を行っていたという場合には，（押し付けた商品の売上額だけではなく）「当該行為の相手方」である販売先に対するすべての商品等の「売上額」が課徴金の算定の基礎になります。

また，法定の「優越的地位の濫用」が，違反行為者の購入先に対する購買力を背景として協賛金を支払わせた場合には，（支払わせた協賛金の額ではなく）「当該行為の相手方」である購入先からのすべての商品等の「購入額」が課徴金の算定の基礎になります。

(3) 課徴金の算定基礎をめぐる問題点

法定の「不公正な取引方法」について，具体的に課徴金をどのように算定するかは重要な課題となるでしょう。

この点については「課徴金という『お金の問題』が絡むと，これまでは黙って公取委の排除措置命令等に従った違反者も，黙ってはいなくなる可能性が増す。例えば，違反だという評価を受ける『当該行為』（20条の2～20条の6）の範囲は厳密にはどこまでなのか，などといったことを詰める必要が生じ，その当然の結果として，市場画定が必要となろう。……また，優越的地位濫用の事例においても，濫用行為の標的となっている者のうち行為者との取引必要性がなく優越的地位が成立しないものは，『当該行為の相手方』（20条の6）に該当しないと考えざるを得ず，そうであるとすれば，どの範囲の相手方が当該事案の真の検討対象に含まれるのかを確定する必要が生ずる。……優越的地位濫用の事例では，課徴金計算の段階で，問題行為をしてはならない相手方と，しても

よい相手方との区別が，公取委のお墨付きで，行為者に明示されることとなる。」という指摘がなされています[15]。

7 法定化された不公正な取引方法に係る課徴金の算定率

(1) 法定の「不公正な取引方法」に係る課徴金の算定率も，**Q21**の■表1のとおり「共同の取引拒絶」「不当廉売」「再販売価格の拘束」「差別対価」の4つの法定行為類型と，法定の「優越的地位の濫用」とで異なっています。

すなわち，4つの法定行為類型に係る課徴金の算定率は原則として3％です。ただし，「不当な取引制限」に係る課徴金と同様に利益率が低い業種について算定率が軽減され，小売業は2％，卸売業は1％となっています。したがって，3％の算定率が適用されるのは製造業等ということになります（20条の2～20条の5の各本文）。

これに対して，法定の「優越的地位の濫用」に係る課徴金の算定率は，業種にかかわらず一律[16]，1％です（20条の6本文）。

以上の算定率はいずれも「過去の違反事件において推計された不当な利得が売上額（取引額）に占める割合を参考に設定された」と説明されています[17]。

(2) 算定率だけを比較すると，法定の「優越的地位の濫用」の方が4つの法定行為類型よりも低いのですが，前記**6**で述べたとおり，法定の「優越的地位の濫用」については課徴金の算定の基礎が「当該行為の相手方との間における」取引額すべてに拡大されているため，実際の課徴金は法定の「優越的地位の濫用」の方が高額になることも考えられます。

この点については「例えば，コンビニ本部が加盟店に対し弁当の見切り販売を禁止していたとしよう。これが優越的地位濫用とされたならば，20条の6にいう売上額は，ロイヤルティの額など，コンビニ本部の加盟者に対する売上額の全体となるであろう。弁当の額ではない。それに対し，見切り販売禁止が弁当の小売競争を妨げたと構成すれば，算定率10％の支配型私的独占か算定率3％の再販売価格拘束であるが（7条の2第2項・20条の5），この場合はコンビニ本部の加盟者に対する弁当の売上額（そもそもコンビニ本部が加盟者に弁当を売っているのか否かも含め）を問題とすることになる可能性が高い。」という指摘があ

ります*18。

(3) **Q21**の■表1のとおり，法定の「不公正な取引方法」に係る課徴金については，すべての類型で「中小企業の軽減算定率」は設けられていません。

また，「不当な取引制限」に係る課徴金に適用される「調査開始前に短期間で違反行為をやめた事業者に対する軽減算定率」(7条の2第6項)「違反行為を繰り返した事業者に対する加重算定率」(同条7項)「主導的な役割を果たした事業者に対する加重算定率」(同条8項)「課徴金減免（リーニエンシー）制度」(同条10項以下)はいずれも，法定の「不公正な取引方法」に係る課徴金のすべての類型で適用がありません。

〔柄澤　昌樹〕

■判審決例■

☆1　平23・6・22課徴金納付命令　集58—1—312〔山陽マルナカ事件〕。
☆2　平23・12・13課徴金納付命令　集58—1—352〔トイザらス事件〕。
☆3　平24・2・16課徴金納付命令　集58—1—384〔エディオン事件〕。
☆4　平25・7・3課徴金納付命令　集60—1—435〔ラルズ事件〕。
☆5　平26・6・5課徴金納付命令（平成26年（納）第113号）審決DB〔ダイレックス事件〕。

■注　記■

*1　藤井宣明＝稲熊克紀編著『逐条解説平成21年改正独占禁止法』16頁（商事法務，2009）。
*2　このような見解に対しては以下のような批判もあります。
「そもそも昭和57年当時において既に，〈正当な理由がないのに類型〉と〈不当に類型〉の差は『かなり』か『ニュートラル』かの『大ざっぱ』な区別に過ぎず，〈正当な理由がないのに類型〉において証明責任が転換されるわけでもないことが，明言されていた」（白石忠志「不公正な取引方法に係る課徴金の導入と定義規定の改正」ジュリスト1385号38〜39頁）。
*3　このほか景品表示法上の「不当表示」も「私的独占の予防規制とは位置付けられていないもの」に該当しますが，これについては景品表示法上の「不当表示」に関する権限が公取委から消費者庁に移管されたため平成21年の独禁法改正からは除かれました。
　その後，平成26年11月27日に公布された不当景品類及び不当表示防止法の一部を改正する法律（平成26年法第118号）により，「不当表示」についても課徴金制度が

＊4 　小俣栄一郎＝辻郷「排除型私的独占及び不公正な取引方法に関する規制の強化等について」公正取引706号11～12頁。
＊5 　前掲（＊4）。
＊6 　前掲（＊4）。
＊7 　前掲（＊4）。
＊8 　白石・講義186頁。
＊9 　前掲（＊4）。
＊10　萩原浩太「私的独占の禁止及び公正取引の確保に関する法律の一部を改正する法律の概要(上)」NBL908号38頁。
＊11　これは以下の説明にもあるように「違反行為を繰り返した事業者に対する加重算定率」（7条の2第7項）における取扱いとは異なっています。
　　　「不公正な取引方法の累積違反課徴金では，違反類型の襷掛けは認められず，2条9項のなかの同じ号の違反行為を繰り返した場合のみ適用される。不当な取引制限・私的独占を繰り返した場合の加重算定率（改正後は7条の2第7項）が，違反行為の襷掛けを認め，例えば，前回が不当な取引制限で今回が排除型私的独占であっても適用されるのと，対照的である。」（前掲（＊2）の白石論文37頁。）
＊12　前掲（＊10）。
＊13　もっとも，法定の「優越的地位の濫用」については「継続してするものに限る」という課徴金の賦課要件が規定されています（20条の6本文）。前掲（＊4）の小俣論文では，継続性の要件を設けた趣旨について「優越的地位の濫用行為があれば直ちに課徴金の納付を命じられるということになれば，事業活動に過度の萎縮をもたらす可能性があり，更には，中小事業者との取引が敬遠されることにもなりかねないと考えられる」からだと説明されています。
＊14　白石忠志「優越的地位濫用規制の概要」ビジネス法務2009年11月号60頁。
＊15　前掲（＊2）の白石論文41頁。
＊16　「優越的地位の濫用」に係る課徴金に「小売業・卸売業に対する軽減算定率」が設けられていない理由については，「優越的地位の濫用」に係る課徴金が「相手方取引先との取引額に着目したものである」ためと説明されています（前掲（＊1）の解説書90頁）。
＊17　前掲（＊4）。
＊18　前掲（＊14）の白石論文66頁。

第Ⅱ部◇独占禁止法の手続

排除措置命令の取消訴訟

平成25年改正後の現行法は，審判制度を廃止しましたが，排除措置命令・課徴金納付命令に不服がある場合，どのような手続をとればよいのでしょうか。

　排除措置命令・課徴金納付命令に不服がある場合，東京地方裁判所へこれら命令の取消しを求める訴訟を提起することになります。この訴訟は，行政事件訴訟法3条1項に規定する「抗告訴訟」に該当し，同訴訟法に定める手続に従い進められることになります。この抗告訴訟は，東京地方裁判所の管轄に専属すると定められています。

　上記抗告訴訟（以下「取消訴訟」といいます）に関して，行政事件訴訟法のもとで排除措置命令・課徴金納付命令をあらかじめ出させないよう差止めの訴えを提起すること，これら命令が出た後，取消訴訟の提起と同時に執行停止の申立てをすることなどが考えられます。そして，取消訴訟を提起する場合，そもそも誰が取消訴訟を提起できるのか，排除措置命令・課徴金納付命令が違法であることの主張・立証責任は，原告が負担するのか公正取引委員会が負担するのか，これら命令は同委員会の裁量として司法審査の対象となるのか，取消訴訟において公正取引委員会は同命令の適法性について，従前の主張に替えて又は追加して異なった主張ができるのかなど，行政訴訟一般の問題が生ずることになります。

☑キーワード

　行政事件訴訟法，取消訴訟，抗告訴訟，原告適格，差止めの訴え，仮の差止め，執行停止，裁量処分，理由の差替え

解説

1 はじめに

　平成25年の独禁法改正により，審判制度が廃止されました。かねてから審判制度は，「公正取引委員会が審査を経て課徴金納付命令等の処分を下し，これに不服がある場合は審判を申し立てることとなるが，その審判の主宰者も公取委である。公取委がいわば検察官と裁判官を兼ねるような仕組みとなっており，不服申立ての仕組みとして極めて中立性・公平性を欠くものである。」[*1]として，その公正性に疑問が投げかけられていました。そのため，平成21年改正独禁法附則20条1項は，「審判手続に係る規定について，全面にわたって見直すものとし」と規定し，今回の改正で審判制度は廃止されたものです。

(1) 排除措置命令・課徴金納付命令に対する取消訴訟の概略

(a) 東京地方裁判所への取消訴訟の提起

　排除措置命令・課徴金納付命令に対して不服がある場合は，東京地方裁判所へこれら命令を取り消すよう訴えを提起することになり，この訴えは同裁判所の管轄に専属することになります（85条1号）。この訴えは，行訴法上の抗告訴訟であり（同法3条1項），排除措置命令・課徴金納付命令（以下「排除措置命令等」といいます）があったことを知った日から6月以内に提起する必要があります（行訴法14条1項）。東京地裁は，この訴えにつき3人の裁判官の合議体で審理及び裁判をし，又は5人の裁判官の合議体で審理及び裁判をすることもできます（86条）。

　平成25年改正前独禁法（以下「旧法」といいます）においては，排除措置命令等に対して不服がある場合は，これらの命令書の送達から60日以内に公取委に対し，審判の請求をし（旧法49条6項・50条4項），当該審決に対し不服がある場合は，審決書の送達後，30日以内に東京高等裁判所へ審決の取消しの訴えを提起することとなっていました（旧法77条1項）。そして東京高裁は，この訴えにつき5人の裁判官による特別合議体を設け審理・裁判をするとしていました（旧

法87条)。

旧法及び現行法のもとにおいても，公取委が取消訴訟の被告となることには変更ありません（77条・88条，旧法78条）*2。

(b) **不服申立ての手数料**

旧法のもとでの審判請求は無料でした。また，審決に対する不服申立てである東京高裁への審決取消訴訟は財産権上の請求でないことから，手数料（貼用印紙額）は，13,000円でした。しかし，現行法のもとでの東京地裁への取消訴訟は，異なった取扱いとなります。すなわち，排除措置命令に対する東京地裁への取消訴訟は，財産権上の請求ではないことから貼用印紙額は13,000円です。他方，課徴金納付命令に対する取消訴訟は財産権上の請求となり，通常の訴訟と同様，課徴金額により貼用印紙額が算定されます。

(c) **課徴金の納付期限及び延滞金**

課徴金納付命令は，その名あて人に課徴金納付命令書の謄本が送達されたときに効力を発生し，その納期限は謄本を発する日から7月を経過した日とされています（62条2項・3項）。

そして，この納期限を徒過したときは，公取委の督促をもって納期限の翌日から納付まで年14.5％の割合による延滞金が課されます（69条2項）。旧法のもとでも課徴金納付命令はその名あて人に課徴金納付命令書の謄本が送達されたときに効力を発生するとされていたことには変わりありません（旧法50条2項）。他方，その納期限は，謄本を発する日から3月を経過した日とされており（旧法50条3項），延滞金は14.5％，又は「基準割引率および基準貸付利率」（公定歩合）に4％を加算した割合によるとされていました（旧法70条の9第3項，旧独禁法施行令32条）。

以下の表で，現行法と旧法との違いを示します。

項目 ＼ 旧法・現行法	旧法	現行法
排除措置命令等に対する不服申立て	審判請求（49条6項・50条4項）	東京地裁へ取消訴訟の提起（85条1号，行訴法3条1項）
不服申立期間	排除措置命令書等の送達のあった日から60日以内（同上）	排除措置命令等があったことを知った日から6月以内

審決に不服があった場合	審決書の謄本の送達があったときから30日以内に東京高裁へ取消訴訟の提起（70条の2第3項・77条1項・85条1号）	
東京地裁の判決に不服があった場合		判決書の送達があったときから2週間以内（行訴法7条，民訴法285条）に東京高裁へ控訴
裁判所の構成	東京高裁における5人の裁判官（87条2項）	東京地裁の3人又は5人の裁判官（86条1項・2項）
不服申立ての手数料	審判請求……無料 審決取消訴訟（抗告訴訟）の提起……13,000円（財産権上の請求とならない）	排除措置命令に対する抗告訴訟……13,000円 課徴金納付命令に対する抗告訴訟（財産権上の請求となる。例えば10億円の課徴金……3,020,000円）
課徴金納付期限及び延滞金	納期限：謄本を発する日から3月を経過した日（50条3項） 延滞金：年14.5％，又は公定歩合に4％を加算した割合（70条の9第3項，旧独禁法施行令32条）	納期限：謄本を発する日から7月を経過した日（62条2項・3項） 延滞金：年14.5％（69条2項）

(2) 実質的証拠法則・新証拠提出の制限に関する規定の廃止

　旧法においては，公取委の認定した事実は，これを立証する実質的証拠があるときには，裁判所を拘束するとされ（旧法80条），公取委が正当な理由なく当該証拠を採用せず，又は公取委の審判のおいて重大な過失なく証拠を提出することができなかった場合に限り，新証拠を取消訴訟に提出できるとしていました（旧法81条）。現行法においては，これらの規定は廃止されました。したがって，今後，裁判所は，公取委の事実認定に拘束されることなく，通常の訴訟と同様に最初から事実を認定し，また当事者も制限を受けることなく新証拠を提出できることになります。ただし，行訴法は，民訴法を準用していますので（行訴法7条），新証拠の提出にあたっては，時機におくれた攻撃防御として制限されることもあります（民訴法157条）。

(3) 訴訟の審理期間・併合

旧法下での審判に要した平均期間は，平成26年度で32.4か月，同25年度で16.5か月，同24年度で16.8か月となっています[*3]。他方，行政訴訟第1審において，その審理期間に要した平均期間は，平成26年度で14.7か月，平成24年度で13.9か月となっています[*4]。

したがって，今後，東京地裁における取消訴訟は，かなり早いペースで審理が行われることになると思われます。また，裁判所は，併合要件を満たしている請求について弁論の併合をすることができます（民訴法152条1項）。例えば，同一の公共工事について談合が行われた場合，それに対する排除措置命令の取消訴訟について，裁判所は弁論を併合することが考えられます。

2 差止めの訴え・仮の差止め・執行停止

排除措置命令が出された場合，確定前であってもこれに従わないときは50万円以下の過料に処せられます（97条）。また，課徴金納付命令については納期限に納付しない場合には，先に述べたように延滞金が課されます。旧法のもとでは，排除措置命令について審判請求がなされた場合，公取委による執行停止があり（旧法54条），また排除措置命令が確定するまでは東京高裁へ一定の担保を供託して執行の免除を受けることができました（旧法70条の6）。

公取委による執行停止は例がありませんでしたが，裁判所による執行免除は，ほぼ全て認容されていました。現行法においては審判制度の廃止とともに，これらの制度も廃止されました。

(1) 差止めの訴え・仮の差止め

先に述べましたように，排除措置命令等は，その謄本が名あて人に送達されたときに効力を発生し（61条2項・62条2項），これらの命令に従わない場合，過料・延滞金が課されます。

また，排除措置命令が出されることにより事業上の信用が損なわれ，また官公庁の工事について指名停止を受けるなどの不利益が発生します。

差止めの訴えは，処分が出された後に取消訴訟を提起し，執行停止を求めるのでは十分な救済を得られない場合に，命令が出されないよう差止めを求める

制度です。

(a) 差止めの訴え

(ア) 要　件　行訴法3条7項は，「この法律において『差止めの訴え』とは，行政庁が一定の処分又は裁決をすべきでないにかかわらずこれがされようとしている場合において，行政庁がその処分又は裁決をしてはならない旨を命ずることを求める訴訟をいう。」と定め，それを受けて同法37条の4は具体的な要件を定めています。

これらの条項による差止めの訴えが認められる要件は，以下のとおりです。

①差止めを求める対象が一定の処分又は裁決であること（処分性）（行訴法3条7項），②原告には行政庁が一定の処分又は裁決をしてはならない旨を命ずることを求めるにつき法律上の利益を有すること（原告適格）（行訴法37条の4第3項），③一定の処分又は裁決がされようとしていること（処分の蓋然性）（行訴法3条7項），④一定の処分又は裁決がされることにより重大な損害を生ずるおそれがあること（損害の重大性）（行訴法37条の4第1項），⑤その損害を避けるために他に適当な方法がないこと（補充性）（同項ただし書）です*5。

そして「行政庁がその処分若しくは裁決をすべきでないことがその処分若しくは裁決の根拠となる法令の規定から明らかであると認められ又は行政庁がその処分若しくは裁決をすることがその裁量権の範囲を超え若しくはその濫用となると認められるときは，裁判所は，行政庁がその処分又は裁決をしてはならない旨を命ずる判決をする。」ことになります（行訴法37条の4第5項）。

排除措置命令等は，「公権力の主体たる国または公共団体が行う行為のうち，その行為によって，直接国民の権利義務を形成しまたはその範囲を確定することが法律上認められているもの」（ごみ焼場設置条例無効確認等請求事件☆1）に該当しますので処分性があるといえます。これら命令の名あて人は，原告適格を有することは明らかです（行訴法9条1項）。処分の蓋然性ですが，公取委による意見聴取手続（49条以下）が開始された場合，排除措置命令等が出る可能性は高く蓋然性の要件は満たされると考えられます。「他に適当な方法がないこと（補充性）」の要件については，いったん排除措置命令等が出されると重大な損害が生ずることが多く「損害をさけるために他に適当な方法がない」ことが通常ですから，この要件も満たされるといえます。なお，補充性の要件に

ついては被告に主張・立証責任があります*6。

最後に、行訴法38条1項は、取消判決の効力に関する同法32条を準用していないため、差止訴訟に勝訴しても、判決の効力は第三者に及びません。例えば、情報公開法に基づく開示決定の差止めの訴えの場合のように、差止めが認められたとしても第三者が後に開示の義務づけの訴えを提起することは妨げることができません。したがって、当該第三者を訴訟参加させる（行訴法22条）、又は訴訟告知により当該第三者に参加的効力を及ぼすことが必要です。

(イ) 裁判例　「一定の処分又は裁決がされることにより重大な損害を生ずるおそれがあること（損害の重大性）」について最高裁は、「処分の差止めの訴えについて行政事件訴訟法37条の4第1項所定の『重大な損害を生ずるおそれ』があると認められるためには、処分がされることにより生ずるおそれのある損害が、処分がされた後に取消訴訟又は無効確認訴訟を提起して執行停止の決定を受けることなどにより容易に救済を受けることができるものではなく、処分がされる前に差止めを命ずる方法によるのでなければ救済を受けることが困難なものであることを要する。」としています（国歌斉唱義務不存在確認等請求事件☆2）。

この事案は、都立高校の校長が教職員に対し、卒業式・入学式等の学校行事にあたり国旗に向かい起立をして国歌を斉唱する職務命令を出したことに関連するものです。この職務命令に違反した場合は、懲戒処分の対象となり、違反の都度、累積的に加重される懲戒処分を受けることとなっていました。すなわち、初回は戒告、次は減給、その後は停職処分へと加重されることとなります。この懲戒処分に対し、当該教職員が差止めを求めたところ、最高裁は、懲戒処分がなされた後、取消訴訟を提起しても確定までには相当の時間を要し、その間、学校行事が年2回以上行われる間に、上記のような累積的な加重された懲戒処分がなされ「重大な損害を生ずるおそれ」があるとして差止めを認めました。

次に、保健医療機関の指定を受けた歯科医院及び保険医の指定を受けた歯科医師について保険医療機関及び保険医の指定を取り消す処分に対して、保険医らが差止めを求めた事案があります。この事案について、裁判所は、「保険診療ができなくなれば診療報酬が大幅に減少し、歯科医院の経営が破綻するおそ

Q26◆排除措置命令の取消訴訟

れもあり，この処分後に取消訴訟を提起し，併せて執行停止の申立をしても決定までに一定の期間を要し，その間における保険診療はできず，患者に対し保険診療ができないことの説明をすることなどにより歯科医師としての信用を損ない，かつこの処分が公表される。従って，この処分後に執行停止を得たとしても，歯科医師としての社会的評価や信用が直ちに回復することは困難であり，また患者が戻る可能性も低い。」として「重大な損害を生ずるおそれ」があると認定しました（保健医療機関指定取消処分差止等請求事件☆3。ただし，処分に違法性はないとし，請求棄却となっています）。

(ウ) 独禁法における考察　これらの判例を見ると，排除措置命令等がいったん出されると，信用が著しく毀損され，また一定の事業形態（ビジネス・スキーム）が直ちに毀損するなどの場合，「重大な損害を生ずるおそれ」があると考えられます。

最後に，差止訴訟は，処分の違法性を争うことになりますから（行訴法37条の4第5項），第5項の要件がないことを根拠に請求棄却となった場合，事実審の口頭弁論終結時における訴訟物について，後の取消訴訟へ既判力が及ぶことになります*7。

ただし，差止訴訟において，例えば「排除措置命令をしてはならない。」との請求をし，請求棄却となった場合であっても，後日，具体的な内容を持った排除措置命令のある項目について，「裁量権の範囲を超え若しくはその濫用となると認められる」場合は，取消訴訟を提起できると考えられます。

(b) 仮の差止め

(ア) 要　　件　　差止め訴訟の本案判決を待っていたのでは償うことができない損害を生ずるおそれがある場合に迅速かつ実効的な権利救済を可能にするため，一定の要件のもとで，裁判所が行政に対し，処分をすることを仮に差し止める制度が設けられています*8。

すなわち，「差止めの訴えの提起があった場合において，その差止めの訴えに係る処分又は裁決がされることにより生ずる償うことのできない損害を避けるため緊急の必要があり，かつ，本案について理由があるとみえる」場合には，仮の差止めが認められます（行訴法37条の5第2項）。

この要件は，①差止訴訟が提起されていること，②償うことのできない損害

を避けるため緊急の必要があること，③本案について理由があるとみえること，消極要件として④公共の福祉に重大な影響を及ぼすおそれがないことに分けることができます。

これらの要件の存在は，疎明による立証となります（行訴法37条の5第4項・25条5項）。なお，上記④の要件は，被告が疎明することになります。

上記②の「償うことのできない損害」とは，「およそ金銭賠償が可能なものがすべて除かれるものではなく，社会通念に照らして金銭賠償のみによることが著しく不相当と認められるような場合を含むものと解されている。」とされています[*9]。そして，「償うことのできない損害」は，差止訴訟における「重大な損害」に当たるものよりもその重大さの程度が大きいものを想定していると解されています[*10]。

「本案について理由があるとみえること」とは，「本案について勝訴の見込みがあることを意味するものとは解し難く，仮の義務付け等の申立てに対する決定をする時点において，本案における訴訟手続がなお進行することを前提に，双方の当事者の主張の内容およびこれらの疎明をするために提出された証拠に基づき判断すると，本案における申立人の請求が理由があると一応認められることをいうものと考えられる。」とされています[*11]。

（イ）裁判例　行政事件特例法における事例ですが，最高裁は，「処分の執行に因り生ずべき償うことのできない損害」について「原状回復不能の損害のみを指すものではなく，金銭賠償不能の損害を意味する」場合もあるとしています（行政処分執行停止申請事件[☆4]）。

広島県知事による鞆の浦の公有水面埋立免許付与処分について景観利益を有する者が仮の差止めを求めた事案について，広島地裁は，「『償うことができない損害を避けるため緊急の必要がある』場合については，当該行政処分それ自体によって直接的に発生する損害が償うことのできないものである場合がこれに当たるのはもちろんであるが，当該行政処分それ自体ではなくこれに基づく執行によって発生する損害であっても，それが償うことのできない損害であり，かつ，当該行政処分がなされた以降間もない時期に同執行が着手されることが見込まれる等の事情から当該行政処分がなされた後直ちに取消訴訟を提起すると同時に執行停止を申し立てて執行停止の決定を受けたとしても，その損

害の発生を防止できない場合もこれに当たると解するのが相当である。」としています。すなわち，当該免許が付与されれば，すぐに水面の埋立工事が開始されるような事情がある場合，水面が埋め立てられれば景観を回復するのはほぼ不可能であるので「償うことができない損害を避けるため緊急の必要がある」と認めました。しかし，最終的には，本案である差止訴訟が長期間継続しており，審理も尽くされていたことから，埋立免許の付与がなされても，取消訴訟を提起すると同時に執行停止を申し立て，工事着手前にその許否を得ることができるとして「緊急の必要性がない」と判断し，仮の差止めの申立てを却下しました（埋立免許仮の差止め申立事件☆5）。

(ウ) **独禁法における考察**　差止めの訴えを提起する必要がある場合は，通常，「償うことができない損害を避けるため緊急の必要」があると考えられます。

(2) **執行停止**

排除措置命令等がなされると，それらは直ちに効力を生じますので，取消訴訟の提起と同時に執行停止の申立てをする必要があります。

(a) **要　件**

執行申立ては，行訴法25条に定めるところによります。その要件は，①処分について適法な取消訴訟が提起されていること，②処分，処分の執行又は手続の続行により生ずる重大な損害を避けるため緊急の必要があるとき（行訴法25条2項）が積極要件であり，③公共の福祉に重大な影響を及ぼすおそれがあるとき，又は本案について理由がないとみえるとき（同条4項）が消極要件となっています。要件①及び②については原告が疎明し，③については被告が疎明することになります（同条5項）。

平成16年の行訴法改正前は，上記の「重大な損害」との要件は「回復の困難な損害」というより厳しい要件となっていましたが，改正により要件が緩和されました。すなわち「執行停止については，『重大な損害を避けるため緊急の必要があるとき』の要件における『重大な損害』の要件に関しては，『回復の困難な損害』とされていたのと比べて，損害が財産的なものである場合や社会的信用といったものに関係する場合についても執行停止の申立てが認容される可能性を高めたものとして評価できる」とされています*12。

本条は，執行停止の内容として，①処分の効力の停止，②処分の執行の停止，③手続の続行の停止という3種類の停止ができるとし，②又は③によって目的が達成できる場合には，処分の効力の停止はできないとしています（行訴法25条2項ただし書）。執行停止の効果は処分時に遡らず，将来に向かってのみ生ずると解するのが通説・判例です*13。したがって，例えば課徴金納付命令が出された場合，その納期限から執行停止時までの延滞金は発生することになります。

また，執行停止決定又はこれを取り消す決定は，第三者に対しても効力を生じます（行訴法32条2項）。

(b) 裁判例

(ｱ) 認容された事案　所属弁護士会から弁護士としての非違行為について懲戒処分を受け，当該弁護士からそれを不服として日本弁護士連合会へ審査請求をしたところ，それを棄却する裁決を受けた弁護士が，その裁決の取消訴訟を提起するとともに，当該懲戒処分の執行停止を求めた事案があります。

この事案において最高裁は，当該弁護士は「その所属する弁護士会から業務停止3月の懲戒処分を受けたが，当該業務停止期間中に期日が指定されているものだけで31件の訴訟案件を受任していたなど本件事実関係の下においては，行政事件訴訟法25条3項所定の事由を考慮し勘案して，上記懲戒処分によって相手方〔筆者注：当該弁護士〕に生ずる社会的信用の低下，業務上の信頼関係の毀損等の損害が同条2項に規定する『重大な損害』に当たるものと認めた原審の判断は，正当として是認することができる。」としました（執行停止決定に対する許可抗告事件☆6）。本件は，平成16年の行訴法改正後，最高裁が「重大な損害」について，初めて明示的な判断を行ったものであり，「重大な損害」を柔軟に認めたものと解されています*14。

旧法70条の15に基づき，利害関係人から審判手続の事件記録の閲覧謄写請求をしたところ，公取委がそれを認める決定をしたことに対し，この処分の取消しを求め，それと併せて執行停止を求めた事案があります。裁判所は，同条は独禁法違反による被害者が将来，違反者に対して損害賠償請求等をするために便宜をはかり，独禁法違反の抑止的効果を挙げることもひとつの目的であるとしました。そのうえで，上記閲覧謄写を認める処分の執行停止によってこの目

Q26◆排除措置命令の取消訴訟

的を阻害することになるか否かと,閲覧謄写を認めることにより執行停止を求める当事者にあたえる損害を比較衡量すべきとし,「本件申請人〔筆者注:閲覧謄写を申請した当事者〕に対して本件書証の開示部分を謄写した書面が交付されれば,申立人〔筆者注:閲覧謄写決定の執行停止を求めている当事者〕は,音楽著作物の利用者との間の音楽著作物の利用許諾契約の内容などの申立人の事業運営上の重要事項や,申立人の音楽著作権に係る著作権等管理事業の実務についての独占禁止法上の問題点等に関するその顧問弁護士との間におけるやり取りの内容を,本件申請人に知られることになる。このように,申立人の事業運営上の重要事項等が競争事業者である本件申請人に知られることによって,申立人の事業運営に著しい支障が生じるおそれがあると一応いうことができる。そして,このような損害は,その性質上,一旦生じてしまえば,たとえ後に本案事件において勝訴判決を得たとしても,原状を回復することが不可能又は著しく困難なものであるといえる。」として執行停止を認めました。

また,「本案について理由がないとみえるとき」の要件について,本案である取消訴訟は原審の東京地裁において審理され理由がないとして請求棄却となっていましたが,東京高裁は,「申立人が原判決に対し控訴を提起し,今後,控訴審において本件処分の適法性について審理がされることや,独占禁止法70条の15第1項の謄写許否事由の存否については,原判決が我が国で初めての裁判例であって,高等裁判所以上のレベルでの裁判例が存在しないことを考慮すると,本件処分の適法性については,現時点で申立人から新たな法的主張や疎明方法が提出されていないことを考えても,なお,控訴審での審理を経る必要がない程度に申立人の本案事件での主張に理由がないことが明らかであるとまでいうことはできない」として「本案について理由がないとみえるとき」までは該当しないと判示しています(執行停止申立事件(本案・平成25年(行コ)第80号事件記録閲覧謄写許可処分取消請求控訴事件)☆7)。

「本案について理由がないとみえるとき」との要件に関する他の裁判例として,介護保険法に基づき県知事から介護等サービス事業者の指定を受けていた事業者が,その指定を取り消す処分に対し,その取消しを求め,それと併せて執行停止を申し立てた案件において,岡山地裁は,「申立人〔筆者注:処分の取消しを求めている原告〕は,不正の手段により指定を受けたとの事実認定には誤り

があると主張しており，また，仮に，形式的に取消処分の根拠規定に該当する事実が認められるとしても，申立人は，本件各処分の内容が明らかに重きに失すると主張しているのであるから，事実誤認の有無及び本件各処分内容についての裁量権逸脱の有無については，今後の主張・立証を経て判断をしなければ決し得ないというべきである。そうだとすれば，本件は現段階において『本案について理由がないとみえるとき』に該当するとはいえない。」としています（執行停止の申立事件（基本事件・当庁平成20年（行ウ）第4号指定取消処分等取消請求事件）☆8）。

(ｲ) 却下された事案　課徴金納付命令に対して執行停止を申し立てた事案があります。この事案において東京高裁は，「独占禁止法54条の2第1項〔筆者注：平成17年改正前独禁法〕の規定による課徴金の納付を命ずる審決についても，行政事件訴訟法25条2項の適用があると解したとしても，申立人主張に係る本件審決の執行により生ずる損害が，同条項にいう重大な損害ということはできないのであって，これを避けるための緊急の必要があるといえず」として，申立てを却下しています（平成20年（行タ）第7号（基本事件・平成19年（行ケ）第44号）。そのほか，平成20年（行タ）第8号（基本事件・平成19年（行ケ）第45号）☆9）。

(c) 独禁法における考察

上記のとおり，課徴金納付命令は金銭的損害であり，取消判決が出た後でも比較的容易に損害を回復することができるので，執行停止はまず認められないと考えられます。

他方，私的独占，不公正な取引方法に該当するとして一定の事業形態（ビジネス・スキーム）を取りやめることを命令する排除措置命令が出された場合，顧客，流通経路等を失う可能性があり「重大な損害」として執行停止が認容される可能性があります。

ちなみに，執行申立てに対する認容率は，平成24年度で32.7％，同25年度で16.5％，同26年度で17.2％でした*15。

3 原告適格

(1) 原告適格とは

「取消訴訟における原告適格とは，個別具体の事件において取消訴訟を提起する資格」をいいます[*16]。行訴法は，原告適格について処分の取消しの訴えは，取消しを求めるのについて「法律上の利益を有する者」に限り提起できると定めています（行訴法9条1項）。したがって，排除措置命令等の名あて人に原告適格があることに疑いはありません。次に，名あて人でない第三者が取消訴訟を提起できるかについて，原告適格が問題となります。

平成16年行訴法改正の前は，裁判所は，原告適格について極めて厳格に判断してきており，私人の救済が十分でないという問題がありました。そのため平成16年改正で，原告適格を柔軟に解釈できるよう解釈規定が設けられました（行訴法9条2項）。同項は，裁判所は上記「法律上の利益」を判断するのにあたり，①処分等の根拠となる法令の規定の文言だけでなくその法令の趣旨・目的を考慮し，②当該処分等において考慮されるべき利益の内容・性質を考慮しなければならないと定めています。そして，当該法令と趣旨・目的を共通にする関連法令の趣旨・目的，当該処分等が根拠法令に違反して出された場合に害される利益の内容，性質，態様及び程度を考慮しなければならないとしています。

(2) 裁 判 例

平成16年行訴法改正後，第三者の原告適格について，最高裁として初めて判断を示した事案があります。東京都内を走る私鉄の一部を高架とする都市計画事業について建設大臣が認可しましたが，その認可の取消しを求めた事案です。認可の取消しを求めた原告は，当該都市計画事業区域内に土地・建物の所有権等の利用権を持っている者ではなく，当該事業によって環境に著しい影響を及ぼすおそれのある地域に住む住人でした。これらの住人が「法律上の利益を有する者」に該当するかが争われました。最高裁は，「都市計画事業の認可に関する都市計画法の規定の趣旨及び目的，これらの規定が都市計画事業の認可の制度を通して保護しようとしている利益の内容及び性質等を考慮すれば，

同法は，これらの規定を通じて，都市の健全な発展と秩序ある整備を図るなどの公益的見地から都市計画施設の整備に関する事業を規制するとともに，騒音，振動等によって健康又は生活環境に係る著しい被害を直接的に受けるおそれのある個々の住民に対して，そのような被害を受けないという利益を個々人の個別的利益としても保護すべきものであるとする趣旨を含むと解するのが相当である。」とし，「都市計画事業の事業地の周辺に居住する住民のうち当該事業が実施されることにより騒音，振動等による健康又は生活環境に係る著しい被害を直接的に受けるおそれのある者は，当該事業の認可の取消しを求めるにつき法律上の利益を有する者として，その取消訴訟における原告適格を有するものといわなければならない。」と判断しました（小田急線連続立体交差事業認可処分取消請求事件[☆10]）。

　この最高裁判例を引用して，独禁法において原告適格を認めた裁判例があります。音楽著作権管理事業を営む事業者の行為が排除型私的独占に該当するとして，公取委は排除措置命令等を出しましたが，これを不服として当該事業者は審判を申し立て，排除措置命令等の取消審決を得ました。この審決を不服として競業事業者である他の音楽著作権管理事業者は，その取消訴訟を東京高裁へ提起しました。独禁法のもとで，この競業事業者は審決取消訴訟の原告適格があるかが問題となりました。これについて東京高裁は，「事業者により私的独占又は不当な取引制限等の行為がされたにもかかわらず，排除措置命令を取り消す審決がされた場合を想定すると，同取消審決等は……一般的公益を害するだけでなく，少なくとも，一定の範囲の競業者等に対する関係では，公正かつ自由な競争の下で事業活動を行うことを阻害し，当該取引分野における事業活動から排除するなど，必然的に個別利益としての業務上の利益を害し，また害するおそれを生じしめることになる。」とし，続けて「そのような観点から独占禁止法を見ると，①排除措置命令確定後における，違反行為を行った事業者の無過失責任制度（同法25条，26条），②利害関係人に対する事件記録閲覧謄写等の手続（同法70条の15）〔筆者注：現行法削除〕，③損害賠償請求訴訟における公正取引委員会への損害額の求意見制度（同法84条）等の諸規定は，……違反行為者の過失や損害額の算定に関する被害者側の立証の負担を軽減させ，また，被害者が損害賠償請求等の訴訟を遂行するに当たって必要となる資料の

入手を容易にすることにより，違反行為により損害を受けた競業者等（被害者）との関係で，損害の塡補を適正，迅速かつ容易に受けられるようにすることも，その趣旨及び目的としていると解することができる。……独占禁止法の排除措置命令を取り消す審決がされた場合等に一定の範囲の競業者等が害される利益の内容及び性質や，排除措置命令等に関連して設けられた上記諸規定（同法25条，26条，70条の15，84条）等の趣旨及び目的も考慮すれば，独占禁止法の排除措置命令等に関する規定（同法7条，49条6項〔筆者注：現行法削除〕，66条〔筆者注：現行法削除〕）は，第一次的には公共の利益の実現を目的としたものであるが，競業者が違反行為により直接的に業務上の被害を受けるおそれがあり，しかもその被害が著しいものである場合には，公正取引委員会が当該違反行為に対し排除措置命令又は排除措置を認める審決を発することにより公正かつ自由な競争の下で事業活動を行うことのできる当該競争者の利益を，個々の競業者の個別的利益としても保護する趣旨を含む規定であると解することができる。」として，著しい業務上の被害を受けるおそれがあると認められる競争事業者については原告適格があるとしています（イーライセンスによる審決取消等請求事件☆11）。

なお，この案件は，上告され最高裁の判決が出ていますが，原告適格の部分については，何ら判断されていないので，最高裁の判断は分かりません。

(3) 独禁法上の考察

上記の高裁の判決により，独禁法は，第一次的には公共の利益の実現を目的としたものであると同時に，個々人又は個々の事業者の利益の保護をも目的としているとの解釈がなされたことになります。したがって，独禁法のもとでの排除措置命令等の行政処分により著しい損害を受ける可能性のある第三者は，当該行政処分の取消訴訟の原告適格が認められると考えることができます。

4 主張・立証責任・裁量処分

(1) 主張・立証責任

現行法においては，公取委の出した排除措置命令等を違法として，東京地裁へ取消訴訟を提起することになります。そこで，主張・立証責任は，排除措置

命令等が違法として取消しを求める側（原告）にあるか，同命令等は適法として公取委にあるかが問題となります。

　主張責任があるとは，当該主張をしない場合には，主張をしない当事者に対して不利益な判断が下される立場にあるということです。同様に，立証責任があるとは，主張を根拠づける事実の存在を証明しない場合には，当該事実はないものとして取り扱われ，当該当事者に対し不利益な判断が下される立場にあるということです。

　かつては，行政行為は原則として適法の推定を受けるので，その違法を争う原告に主張・立証責任があるとの考え方がありましたが，現在では，この考え方をとる見解はありません。

　現在では，「行政処分については，行政過程の説明責任の反映として，私人の権利を制限したり，私人に義務を課したりする処分を行う場合には，行政庁に理由提示義務が一般的に課されていること（行政手続法8条・14条）に照らし，行政過程の説明責任が司法過程においても貫徹されるべきという観点から，適法要件を具備していることの主張責任は被告が負うべきとする説も有力である。」とされています[*17]。

　立証責任については，現在，種々の学説があり，裁判実務においてそのうちの一説だけにより判断をしているわけではなく，具体的事例により立証責任を分配していると思われます[*18]。

(2) 裁量処分

　行政庁の裁量処分について，司法審査が及ぶかという問題があります。この点について，行訴法30条は，「行政庁の裁量処分については，裁量権の範囲をこえ又はその濫用があった場合に限り，裁判所は，その処分を取り消すことができる。」と規定しています。そして，最高裁は，「法が処分を行政庁の裁量に任せる趣旨，目的，範囲は各種の処分によって一様ではなく，これに応じて裁量権の範囲をこえ又はその濫用があったものとして違法とされる場合もそれぞれ異なるものであり，各種の処分ごとにこれを検討しなければならない」としています（在留期間更新不許可処分取消請求事件〔マクリーン事件〕☆12）。

　「裁量権の範囲をこえ又はその濫用があった」か否かを判断するにあたって，裁判例はいくつかの判断枠組みをつかっています。すなわち，以下のよう

な場合は、「裁量権の範囲をこえ又はその濫用があった」としています。
　(a)　判断の基礎とした重要な事実に誤認があり、判断が全く事実の基礎を欠くか、又は事実に対する評価が明白に合理性を欠き社会通念に照らして著しく妥当性を欠く場合（前記マクリーン事件）。
　(b)　考慮すべき事項を考慮せず、考慮すべきでない事項を考慮して判断するとか、また、その判断が合理性を持つ判断として許容される限度を超えた不当なものである場合（広島県公立小学校長降任事件☆13）。
　(c)　専門技術的な調査審議及び判断を基にしてされた行政庁の判断に不合理な点があるか否かという観点から審査し、当該調査審議に用いられた具体的審査基準に不合理な点があるか、又は当該具体的な審査基準に適合するとした専門審査会の調査審議及び判断の過程に看過し難い過誤、欠落があり、行政庁の判断がこれに依拠したと認められる場合（伊方発電所原子炉設置許可処分取消請求事件☆14）＊19。

　裁量処分の取消訴訟においては、「被告行政庁が裁量権の範囲を逸脱しこれを濫用したことについて、原告が主張・立証責任を負うとする見解が一般的」とされています＊20。

　しかし、前記伊方発電所の件では、具体的審査基準、調査審議及び判断の過程が問題となるところから、最高裁は、「被告行政庁がした右判断に不合理な点があることの主張、立証責任は、本来、原告が負うべきものと解されるが、当該原子炉施設の安全審査に関する資料を全て被告行政庁の側が保持していることなどの点を考慮すると、被告行政庁の側において、まず、その依拠した前記の具体的審査基準並びに調査審議及び判断の過程等、被告行政庁の判断に不合理な点のないことを相当の根拠、資料に基づき主張、立証する必要があり、被告行政庁が右主張、立証を尽くさない場合には、被告行政庁がした右判断に不合理な点があることが事実上推認されるというべきである。」として主張、立証責任の転換をしています（前掲☆14）。

(3)　主張・立証責任・裁量処分についての独禁法上の考察

　課徴金の賦課は、法令によって要件、計算基礎、額が決まっており裁量が入る余地がなく、事実認定の問題として司法審査に服することは明らかです。次に、ある行為が独禁法違反に該当するか否か、すなわち、行為要件を構成する

事実があるか，競争の実質的制限又は公正競争阻害性を基礎づける事実はあるかは事実認定の問題であり，それら事実を構成要件へ当てはめることは法解釈の問題ですので，司法審査に服することは明らかです。

独禁法違反行為が認められたとして，法的措置をとるか，どのような法的措置（排除措置命令の内容）をとるかは，公取委による専門的な判断としての裁量となると考えられます。

公取委の裁量処分でない部分，すなわち，課徴金の賦課，独禁法違反行為の認定についての主張・立証責任は，従前どおり公取委にあると考えられます。審判制度が廃止され，取消訴訟による審査となったということだけで主張・立証責任が転換する合理性はなく，また，課徴金，排除措置命令という不利益処分を私人に課す処分の性質上からも，そう考えることができます。

公取委の専門的な判断による裁量にわたる部分についての違法性判断は，先に述べたように，一般的には，その取消しを求める原告にあると考えられます。そして，当該裁量処分は，「裁量権の範囲をこえ又はその濫用があった」場合に違法となることから，原告は先に述べた判断枠組みにそって，その違法性を主張・立証することになります。他方，先の伊方発電所に関する最高裁の判断に基づき，公取委の側に多くの証拠があることから，公取委は当該裁量処分について相当程度その不合理でないことの主張・立証を尽くす必要があることを，原告は裁判所へ主張することも必要です。

(4) 独禁法・景品表示法に基づく裁量処分に関する裁判例

(a) 郵便番号自動読取区分機類の入札において，入札に参加していた事業者らが談合を繰り返していたため，公取委は不当な取引制限に当たるとして排除措置命令等を出し，当該事業者らはこれを争い審判手続となりました。審判において公取委は，不当な取引制限の禁止規定に違反する行為は既になくなっているものの，特に必要があると認め，独禁法54条2項の規定〔筆者注：平成17年改正前のもの。現行法では削除〕に基づき排除確保措置を命ずる審決を出しました。これに対し，当該事業者らは，審決取消訴訟を提起し，原審は公取委の認定事実からは「特に必要があると認めるとき」の要件を認めることができないとして審決を取り消しました。原審の判断に対し，最高裁は，まず「特に必要があると認めるとき」の判断は競争政策について専門的な知見を有する公取委

の専門的裁量が認められるとし，そのうえで当該事業者らが発注者からの情報を進んで受け入れ，長年，談合を繰り返していたこと，自発的に違反行為を取りやめたわけではないこと，区分機類の市場は寡占状態にあること等の事実を公取委は認定していることから「特に必要があると認めるとき」との判断は合理性を欠くものではなく，裁量権の範囲を超え又は濫用があったといえないとしました（郵便番号自動読取機審決取消請求事件☆15）。

(b) 前記**2**(2)の執行停止において挙げた裁判例のうち，事件記録閲覧謄写許可処分取消請求事件において，東京地裁は，公取委の裁量処分について判断しています。旧法70条の15は，利害関係人が審判の事件記録について閲覧謄写を請求でき，公取委は「第三者の利益を害するおそれがあると認めるときその他正当な理由」がない限りこれを認めなければならない旨，規定していました。東京地裁は，「第三者の利益を害するおそれがあると認めるときその他正当な理由」についての判断は公取委の合理的な裁量に委ねられており，その判断が重要な事実の基礎を欠き又は社会通念に照らして著しく妥当性を欠くと認められるなど，公取委に与えられた裁量権の範囲を逸脱し又はこれを濫用したものである場合には違法となるとしています（事件記録閲覧謄写許可処分取消請求事件☆16）。

(c) 独禁法の案件ではなく，不当景品類及び不当表示防止法（消費者庁へ移管前の法）（「景表法」）に関する案件です。不当な原産国表示を付した製品を販売した事業者が景表法4条1項3号〔筆者注：現行4条1項3号〕違反とされ，同法6条1項〔筆者注：現行6条1項〕の排除命令を受けました。公取委は，その排除命令において誤認排除措置として日刊紙における告知を求めましたが，事業者は既にウェブサイトにおいて告知しているので，日刊紙における告知は不要として争いました。これについて裁判所は，どのような内容の排除措置をとるように命じるかについて公取委に広範な裁量権が与えられているとして事業者の主張を退けました（ベイクルーズ原産国表示審決取消請求事件☆17）。

5　理由の差替え

(1) 理由の差替えが可能な範囲

理由の差替えとは，取消訴訟の被告である行政機関が処分時に根拠とした理

由では処分の適法性を維持できなくなった場合に，他の理由を根拠に当該処分の適法性を主張・立証することをいいます。そして，このような理由の差替え・追加がどこまで許されるかとの問題があります。他方，理由の差替えを一切認めず，又はその範囲を狭く解した場合には，紛争の一回的解決とならず，行政機関は理由を替えて同一の処分を繰り返すことになります。

独禁法との関係では，旧法58条2項に「審査官は，……原処分の原因となる事実及び法令の適用……について変更……の必要があると認めるときは，これを主張することができる。ただし，被審人の利益を害することとなる場合は，この限りでない。」と規定し，廃止された「公正取引委員会の審判に関する規則」28条1項は「審査官は，事件の同一性を失わせることとならない範囲内において……原処分の原因となる事実及び法令の適用についての主張を変更することができる。」と定めていました。

実際，旧法8条1号違反の主張に追加して同条4号違反の主張を認め，4号違反を認定している事案もあります。

取消訴訟においては，処分の同一性を失わせるような理由の差替えは許されないとされています。すなわち，「処分理由の差替えは訴訟物の範囲内でしか許されないから，処分理由を差し替えることにより処分の同一性が失われる場合には，その訴訟物とは関係のない処分理由により当該処分の適法性を基礎付けようとすることになるので差替えは許されない。」とされています[*21]。

(2) 裁 判 例

(a) 個人タクシーの免許期限の変更申請に対し，当該申請人は刑罰に処せられたことを理由に拒否した事案で，当該行政機関は，取消訴訟における高裁で変更の許可は公衆の利益に反するとの理由で拒否するとの予備的主張をしました。これについて当該高裁は，審査基準の転換，すなわち理由の差替えは許されないとしましたが，最高裁は，「一般に，取消訴訟においては，別異に解すべき特別の理由のない限り，行政庁は当該処分の効力を維持するための一切の法律上及び事実上の根拠を主張することが許される」としました（免許期限変更不許可処分取消請求事件☆18)。

(b) 青色申告書提出承認の取消処分の事案について，最高裁は，備付帳簿書類等の種類・記載項目・記載方法等の外形的事由による取消処分と備付帳簿書

類等の記載事項の真実性を疑うに足りる不実記載の存在等の内容に関する事由による取消処分とは、「処分庁においてその承認取消を相当とするかを認定判断すべき事項を異にすること明らかであるから、両者それぞれ別個の取消処分を構成するものと解すべき」として理由の差替えを認めませんでした（行政処分取消請求事件☆19）。

 (c) 理由を付記した行政処分において、理由の差替えが許されるかとの問題があります。これに関して情報公開条例に基づいた情報公開請求事案があります。市の情報公開条例に基づきある情報の公開を請求したところ、市は、当該情報を公開することは市又は国の機関の一定の事務事業及び将来の当該事業の妨げとなるとの理由を付記して拒否し、その後の訴訟において市の意思決定過程における情報であるから公開できないとの理由を追加したので、この追加は許されないとして争われました。これについて最高裁は、この条例における理由付記の趣旨は「非公開の理由〔筆者注：情報を非公開とする理由〕の有無について実施機関の判断の慎重と公正妥当性を担保してそのし意を抑制するとともに、非公開の理由を公開請求者に知らせることによって、その不服申立に便宜をあたえる」ところにあり、それを超えて記載した理由以外の理由を非公開決定処分の取消訴訟において主張することを禁止する趣旨を含むと解することはできないとして、理由の追加を認めました（公文書一部公開拒否処分取消請求事件☆20）。

(3) 独禁法上の考察

公取委は、排除措置命令等を行う場合、当該処分の適法要件の全てについて検討・認定しています。したがって、当該認定を基礎づける事実及びその法的構成の範囲内では理由の差替えは許されることになると考えられます。しかし、それを超えて、例えば、競争の実質的制限として違法とした事案を、公正競争阻害性がある事案として違法とするとの理由の差替えは、処分の同一性がないものとして許されないと考えられます。

排除措置命令等は、意見聴取手続を経て出されます。この手続の関係で、理由付記に関する問題と同様の問題が生じます。すなわち、処分の同一性を害さない範囲でも、意見聴取手続のなかで公取委が主張した理由と異なった理由を取消訴訟において主張できるかとの問題です。

排除措置命令等の名あて人は、意見聴取手続において公取委主張の理由につ

いて攻撃防御を行い，当該理由について不服があるとして取消訴訟を提起している以上，意見聴取手続における理由と異なった理由への差替え・追加は許されないと考えるべきでしょう。

6 その他の問題点

(1) 証拠の収集

抗告訴訟手続は，民事訴訟手続を準用していますので（行訴法7条），証拠の収集の手段として文書提出命令（民訴法221条）及び文書送付嘱託（民訴法226条）の活用が考えられます。

独禁法に関連する訴訟における文書提出命令については，既にいくつかの裁判例があります。

談合に参加したことにより課徴金を課された会社の株主から代表訴訟が提起された事案で，公取委の保有する供述調書及び報告命令等に基づく報告書が文書提出命令の対象となりました。

この提出命令の申立てに対し，当該会社及び公取委は，代表訴訟にかかる証明事項との関連性・必要性がないこと，また公取委は当該文書には営業秘密，個人のプライバシー等が含まれており，これを民事訴訟において開示することになると，今後の調査において供述等を得ることができず「公務の遂行に著しい支障を生ずるおそれがある」（民訴法220条4号ロ）として反論しました。裁判所は，一定の文書について関連性・必要性を認め，また，審判は公開されることから供述人は将来，自己の供述が決して公開されることはないとの信頼のもとに供述しているわけではない等の理由で提出命令を出しています（五洋建設文書提出命令申立事件☆21，☆22）。他方，裁判所は，課徴金減免申請にかかる文書について，公取委の終局処分が未了であることから審査の密行性が害され，公務の遂行に著しい支障が生ずる具体的なおそれがあるとして開示を認めませんでした（住友電工文書提出命令申立事件☆23）。

民訴法に基づく文書提出命令等とは別に，「行政機関の保有する情報の公開に関する法律」に基づき，公取委に証拠等の開示を請求することも活用すべきです。

なお，公取委は，損害賠償請求訴訟に関してどのような基準で資料を提供するかを通達で示しています[*22]。

(2) 開示された証拠の閲覧・謄写制限

開示を受けた証拠について，訴訟記録の閲覧・謄写制限に関する問題があります。民訴法は，訴訟記録中に営業秘密等が含まれている場合，第三者による訴訟記録の閲覧・謄写を制限することができると規定しています（民訴法92条，民事訴訟規則34条）。しかし，閲覧・謄写制限の対象となる営業秘密等は，訴訟当事者のものに限られており訴訟当事者でない第三者の営業秘密等は対象となっていません。独禁法案件において文書提出命令にかかる証拠には第三者の営業秘密等が含まれている場合も想定でき，これをどのように保護するかについて問題があります。

先に述べた公取委の通達[*23]においても，公取委には守秘義務（法39条）があることから「事業者の秘密」が含まれる資料については開示しないとしています。

(3) 釈明処分

行訴法23条の2は，民訴法151条釈明処分の特則として設けられました。民訴法における釈明処分の対象は，「訴訟書類又は訴訟において引用した文書その他の物件で当事者の所持するもの」に限られますが，行訴法における釈明処分は，「訴訟において引用した文書」かつ「当事者の所持する」との限定はなく，当事者でない行政庁の保有する資料も開示の対象となっています（行訴法23条の2第1項2号）。また，「釈明処分の対象となる資料について厳密な特定は必ずしも必要でなく，釈明処分を行う時期，訴訟手続の段階，その必要性等に応じて適切かつ可能な範囲で特定すれば足りる……訴訟の早期に事案の全体像を把握したいという場合であれば，対象となる資料の特定は『○○処分に関する一件記録』という程度でもよい」とされています[*24]。さらに，「法23条の2の釈明処分の対象となる資料の範囲については，『例えば裁量基準を明らかにする資料など，一件記録に含まれないような資料でありましても，処分または裁決に際して行政機関相互の連絡調整の過程で参照されたり，あるいは処分または裁決の判断に際して依拠されたようなものにつきましては，この資料に含まれる』」と解されています[*25]。

したがって，取消訴訟を提起する当事者は，この釈明処分を活用すべきです。

(4) 第三者の訴訟参加

行訴法22条1項は，「訴訟の結果により権利を害される第三者があるときは，……その第三者を訴訟に参加させることができる。」と規定しています。ここに「訴訟の結果により権利を害される」とは，厳密な意味における権利に限られず，法律上保護された利益も含まれると解されています[*26]。したがって，排除措置命令等の名あて人が取消訴訟を提起した場合，当該違反行為から損害を受けた被害者・取引先等は本条に基づき，訴訟参加できることになります。

〔渡邉　新矢〕

■判審決例■

☆1　最判昭39・10・29民集18―8―1809。
☆2　最判平24・2・9判タ1371―99。
☆3　大阪地判平20・1・31判タ1268―152。
☆4　最決昭27・10・15民集6―9―827。
☆5　広島地決平20・2・29判時2045―98。
☆6　最決平19・12・18判時1994―21。
☆7　東京高決平25・3・15（平成25年（行タ）第9号）審決DB。
☆8　岡山地決平20・1・30裁判所HP。
☆9　東京高決平20・1・31（平成20年（行タ）第7号及び第8号）審決DB。
☆10　最判平17・12・7民集59―10―2645。
☆11　東京高判平25・11・1判時2206―37。
☆12　最判昭53・10・4民集32―7―1223。
☆13　最判昭48・9・14民集27―8―925。
☆14　最判平4・10・29民集46―7―1174。
☆15　最判平19・4・19判タ1242―114。
☆16　東京地判平25・1・31裁判所HP。
☆17　東京高判平20・5・23集55―842。
☆18　最判昭53・9・19判時911―99。
☆19　最判昭42・4・21裁判集民事87―237。
☆20　最判平11・11・19民集53―8―1862。
☆21　東京地決平18・9・1金判1250―14。
☆22　東京高決平19・2・16金判1303―58。

☆23 　大阪地決平24・6・15判時2173—58。

```
━━━■注　記■━━━━━━━━━━━━━━━━━━━━━━━━━
```

＊1 　「独占禁止法改正法案（審判廃止）の早期再提出・成立を求める」
　　　http://www.keidanren.or.jp/policy/2013/028.html
＊2 　「国の利害に関係ある訴訟についての法務大臣の権限等に関する法律」（昭和22年12月17日法律第194号）の特則となります。
＊3 　公正取引委員会「公正取引委員会における平成27年度の政策評価結果について」（平成27年8月31日）。
　　　http://www.jftc.go.jp/houdou/pressrelease/h27/Aug/150831_2.html
＊4 　最高裁判所「裁判の迅速化に係る検証に関する報告書」（第5回）（平成25年7月12日公表）。
　　　http://www.courts.go.jp/about/siryo/hokoku_05_about/index.html
　　　最高裁判所「裁判の迅速化に係る検証に関する報告書」（第6回）（平成27年7月10日公表）。
　　　http://www.courts.go.jp/about/siryo/hokoku_06_about/index.html
＊5 　徳地淳「差止めの訴え」藤山雅行＝村田斉志編『新・裁判実務大系25行政訴訟〔改訂版〕』244頁以下（青林書院，2012）。
＊6 　南博方原編著『条解行政事件訴訟法〔第4版〕』791頁（弘文堂，2014）。
＊7 　南・前掲（＊6）796頁。
＊8 　司法制度改革推進本部行政訴訟検討会「行政訴訟制度の見直しのための考え方」（平成16年1月6日）。
　　　http://www.kantei.go.jp/jp/singi/sihou/kentoukai/gyouseisosyou/siryou/040106kangaekata.html
＊9 　改正行政事件訴訟法施行状況検証研究会報告書65頁（平成24年11月）。
　　　http://www.moj.go.jp/content/000104296.pdf
＊10　南・前掲（＊6）813頁。
＊11　南・前掲（＊6）824頁。
＊12　研究会・前掲（＊9）43頁。
＊13　宇賀克也『行政法概説Ⅱ行政救済法〔第4版〕』291頁（有斐閣，2013）。
＊14　宇賀・前掲（＊13）286頁。
＊15　最高裁判所事務総局行政局「平成24年度行政事件の概況」法曹時報65巻9号（2013）60頁，同「平成25年度行政事件の概況」法曹時報66巻9号（2014）76頁，同「平成26年度行政事件の概況」法曹時報67巻9号（2015）100頁。
＊16　宇賀・前掲（＊13）185頁。
＊17　宇賀・前掲（＊13）236頁。
＊18　「このように現在の裁判実務は，法律要件分類説に立っているというよりは，二分説又は個別説的な発想をベースにしつつ，他の要素も取り込んで判断をしている

第Ⅱ部◇独占禁止法の手続

と理解するのが正しいと思われる。」南・前掲（＊6）241頁。
*19 谷口豊「裁量行為の審査方法」藤山＝村田編・前掲（＊5）314・315頁。
*20 谷口・前掲（＊19）319頁。
*21 司法研修所編『改訂行政事件訴訟の一般的問題に関する実務的研究』204頁（法曹会，2000）。
*22 平成27年3月31日事務総長通達第7号「独占禁止法違反行為に係る損害賠償請求訴訟に関する資料の提供等について」。
*23 前掲（＊22）。
*24 最高裁判所事務総局行政局監修『行政裁判資料78号　改正行政事件訴訟法執務資料』56頁（法曹会，2005）。
*25 前掲（＊24）57頁。
*26 南・前掲（＊6）463頁。

=●参考文献●=

(1) 藤山雅行＝村田斉志編『新・裁判実務大系25行政訴訟〔改訂版〕』（青林書院，2012）。
(2) 南博方原編著『条解行政事件訴訟法〔第4版〕』（弘文堂，2014）。
(3) 宇賀克也『行政法概説Ⅱ行政救済法〔第4版〕』（有斐閣，2013）。
(4) 司法研修所編『改訂行政事件訴訟の一般的問題に関する実務的研究』（法曹会，2000）。

Q27 行政指導と独占禁止法

当社は，監督官庁から行政指導を受けましたが，その内容はどう考えても独占禁止法に抵触するように思われます。どうしたらよいでしょうか。

行政指導であれば，まずは行政手続法に基づき監督官庁に対し書面の交付を求めてみるのがよいでしょう。これにより監督官庁も今一度行政指導の内容を吟味検討するでしょうから，独占禁止法違反となるおそれがあれば，その行政指導を撤回するかもしれません。しかし，監督官庁がその行政指導を撤回することなく，書面を交付することもあり得ます。その場合には，書面交付を受けたからといって，監督官庁の独占禁止法についての解釈が正しいとは限りませんし，その解釈が公正取引委員会を拘束するわけでもありません。そこで，公正取引委員会が公表している考え方に照らして十分検討し，それでもなお，違法と判断したときは，断固拒否する姿勢が求められます。

キーワード

行政手続法，考え方

解説

1 行政指導と競争制限

　行政指導とは，行政機関が行政目的の達成のため一定の作為又は不作為を国民に指導，勧告，助言等の形で要請したり誘導したりすることです。行政指導は，行政処分とは異なり，法的な強制力はないので，事業者側の協力を前提とします。

　過去においては，行政指導が競争制限のために使われ，通産省の勧告による操業短縮（勧告操短）や投資調整，減産指導などが行政指導により行われていました。

　行政指導と独禁法違反との関係について問題になった代表例としては，石油危機の際に，石油業法に基づき需給調整を行う任務を有する通産省の行政指導に基づき，事業者団体である石油連盟が会員である精製会社とそのグループに原油処理量を割り当てたこと（石油生産調整刑事事件）と精製会社が昭和48年の値上げを合意したことを公取委が刑事告発した石油カルテルに関する事件（石油価格カルテル刑事事件）があります。

　石油生産調整刑事事件についての東京高裁判決☆1は，一般論としては行政指導に従ったことが独禁法違反の違法性阻却事由になり得るが，本件生産調整は石油業法が許容する運用措置といえないとしました。

　また，石油価格カルテル刑事事件についての最高裁判決☆2は，通産省が値上げについて行政指導していたことから，値上げの上限に関する業界の希望案を合意するにとどまらず，通産省の了承を得られることを前提として，了承された限度一杯まで各社一致して石油製品の価格を引き上げることまで合意したとすれば，独禁法違反となることを判示しています。

　どちらの事件についても，結論としては，独禁法違反行為の故意がなかったとして，無罪となりましたが，行政指導に従っていても，行政指導の陰に隠れて行っても刑事告発を受ける可能性があることに留意すべきです。

2 行政手続法

行政手続法（平成6年施行）は，処分，行政指導及び届出に関する手続ならびに命令等を定める手続に関し，共通する事項を定めることによって，行政運営における公正の確保と透明性の向上を図り，もって国民の権利利益の保護に資することを目的としています（同法1条1項）。行政指導についても，行政機関の任務又は所掌事務の範囲を逸脱してはならず，内容はあくまで相手方の任意の協力によってのみ実現されるものであることに留意しなければなりません（同法32条1項）。また，行政機関は，行政指導に従わなかったことを理由として，不利益な取扱いをしてはならず（同条2項），口頭の行政指導について相手方から要求があったときは，行政指導の趣旨，内容，責任者を明確にした書面を交付しなければならない（同法35条1項・2項）としています。

3 公正取引委員会の考え方

行政手続法の制定を受けて，公取委は，「行政指導に関する独占禁止法上の考え方」（以下「考え方」といいます）を平成6年に公表しています。公取委は，それ以前には，個々の事案ごとに事前に関係行政機関と調整を図り，問題点を指摘し，改善等を要望してきましたが，それらの調整事例や審査の過程で認められた事例を踏まえて，「考え方」を作成公表しました。

「考え方」においても，事業者又は事業者団体の行為については，たとえそれが行政機関の行政指導により誘発されたものであっても，独禁法の適用が妨げられるものではないことと，事業者等が行政指導に従って独禁法上問題のある行為を行った場合に直接法的責任を問われるのは，行政指導に従った事業者等であることを前提としています。以下「考え方」について説明します。

(1) 行政指導と独禁法との関係についての基本的な考え方

法令に具体的な規定がある行政指導については，行政指導がその法律の目的等に合致したものでなければならず，行政指導を受けたものが個々に判断し従う限り独禁法上の問題とはなりませんが，行政指導に誘発された行為が独禁法

違反行為に該当すれば，適用除外規定がない限り，独禁法が適用されます。

次に，法令に具体的規定がない行政指導については，行政指導の目的，内容，方法等によっては公正かつ自由な競争を制限し，阻害するとともに独禁法違反行為を誘発する場合さえあるとしています。

具体的には，行政指導の目的が過度の競争の防止，需給調整，価格低下の抑制，事業者間の利害調整，業界の秩序維持といった場合と行政指導の内容が参入・退出，商品又は役務の価格，数量，設備等についての事業者の自由な活動を制限するおそれのある場合には，市場メカニズムに直接的な影響を及ぼすこととなります。また，内容に具体性のある行政指導は，その方法が事業者団体を通じて行う場合に違反行為を最も誘発しやすく，個別事業者に対する行政指導でも，特定の事業分野の主導的事業者に行うものや特定の事業分野の相当数の事業者に画一的基準を定める等の方法で行うときなどに独禁法違反行為を誘発するおそれがあります。

(2) 行政指導の諸類型と独禁法

法令に具体的規定がない行政指導に関し，独禁法上問題を生じさせるおそれのある行政指導を次の4類型に分けて具体的に示しています。

(a) **参入・退出に関する行政指導**

公正かつ自由な競争の維持促進のために参入・退出の自由が保障されるべきとの観点から，この種の行政指導について行政機関に注意を求めています。そのうえで，次のような行政指導は，独禁法上（3条・8条1号・3号・4号）問題を生じさせるおそれがあるとしています。

（例1）　参入にあたり，当該事業分野の既存事業者や事業者団体の同意を得ることを求め，又は参入の条件についてこれらのものと調整するよう指導すること。

（例2）　参入にあたり，既存事業者との利害調整の観点から，当該事業分野の事業者団体に加入するよう指導すること。

（例3）　事業活動を遂行するために必要な公的機関からの融資等の手続に，需給調整，事業者間の利害調整等の観点から，当該事業分野の事業者団体に関与させること。

(b) **価格に関する行政指導**

　公正かつ自由な競争の維持促進のために商品又は役務の価格設定が事業者の自主的判断に委ねられている必要があるとの観点から，この種の行政指導について行政機関に注意を求めています。そのうえ，次のような行政指導は，独禁法上（3条・8条1号・4号・5号・19条）問題を生じさせるおそれがあるとしています。

　（例1）　価格の引上げ又は引下げについて，その額・率（幅）等目安となる具体的な数字を示して指導すること。

　（例2）　価格が低下している状況等において，安値販売，安値受注又は価格の引下げの自粛を指導すること。

　（例3）　価格等通常各事業者の営業上の秘密である事項につき事業者団体を通じて報告を求めること。

　（例4）　製造業者もしくは流通業者又はそれらの団体に対し，小売価格等その取引の相手方の販売価格を安定させるよう指導すること。

　（例5）　価格について事前届出制がとられている場合に，目安となる具体的な数字を示して届出事項について指導したり，事業者間又は事業者団体で調整をさせたり，事業者団体に一括して届出をさせたり，事業者団体を経由して届出をさせること。

(c) **数量・設備に関する行政指導**

　公正かつ自由な競争の維持促進のためには，数量・設備に関する事業活動が事業者の自主的な判断に委ねられる必要があるとの観点から，この種の行政指導について行政機関に注意を求めています。そのうえで，独禁法上（3条・8条1号・3号・4号）問題を生じさせるおそれがある行政指導の例をあげています。

　（例1）　生産・販売数量，輸入・輸出数量，減産率（幅），原材料の購入数量等について目安となる具体的な数字を示して指導すること。

　（例2）　短期の需給見通し等具体的な目安を示して生産・販売数量，輸入・輸出数量，設備の新増設等に関する事業計画を提出させること。

　（例3）　構成事業者の個々の取引における数量等通常各事業者の営業上の秘密とされている事項について事業者団体を通じて報告を求めること。

（例4） 短期の需給見通しの作成にあたって，事業者間又は事業者団体において，供給計画に関する意見交換等を行わせること。

（例5） 設備投資又は設備廃棄の時期又は規模に関し輪番制等の具体的な目安を示して指導すること。

（例6） 生産・販売数量，輸入・輸出数量，設備の新増設等につき事前届出制がとられている場合に，具体的な目安を示して指導したり，事業者間又は事業者団体で調整させたり，事業者団体に一括して届出をさせたり，事業者団体を経由して届出をさせること。

(d) **営業方法，品質・規格，広告・表示等に関する行政指導**

これらの事項は，事業者が創意工夫を発揮して行う重要な競争手段であり，行政指導によりこれらの事項について事業者の活動が不当に制限されないよう行政機関に注意を求めています。

法令の遵守，社会公共への配慮等のための行政指導や商品生産・流通又は役務の供給合理化のための品質規格等の制限や標準化の指導は，原則として，独禁法上問題となりません。

しかし，行政指導を受けて事業者が共同して，又は事業者団体が決定した基準等が，需要者の利益を不当に害し，又は構成事業者等にその遵守を強制するものであれば，それらの行為は独禁法上問題となります。また，事業者が共同して，又は事業者団体が行政指導を受けて価格等の取引条件まで決定すれば，遵守を強制しなくても当該決定は独禁法上問題となります。行政機関は，これらのことに十分留意すべきとしています。

(3) **許認可等に伴う行政指導についての独禁法上の考え方**

参入・退出，価格，数量，設備等に関し，許認可等により規制されているときは，その規制は，法令に規定された要件のみに基づき行われるべきであり，その要件を超えた観点を加えて許認可等の運用をすることで事業者の自由な事業活動を制限し，公正競争を制限したり，阻害することのないよう十分留意すべきとしています。法令に規定された許認可等の運用にあたって行政指導を行う場合でも，その行政指導の内容や方法によっては，事業者又は事業者団体による独禁法違反行為を誘発する場合があることと事業者又は事業者団体に対し許認可等の申請内容や手続に関与するよう指導する場合には，それらの者によ

る独禁法違反行為を誘発するおそれがあることを指摘しています。そのうえで，独禁法上問題を生じさせるおそれがある行政指導の例をあげています。

（例1） 参入の許認可等の申請に際し，当該事業分野の既存事業者や事業者団体の同意を得ることを求め，又は参入の条件についてこれらのものと調整するよう指導すること。

（例2） 参入の許認可等の申請に際し，既存事業者との利害調整の観点から，当該事業分野の事業者団体に加入するよう指導すること。

（例3） 複数の事業者から参入の許認可等の申請がある等の場合に，申請事業者間又は当該事業分野の事業者団体等において調整するよう指導すること。

（例4） 法律上個々の事業者が自主的な判断で行うべき価格等に関する許認可等の申請について，構成事業者の委任を受けて事業者団体が一括して申請するよう指導すること。

（例5） 法律上個々の事業者が自主的な判断で行うこととされている価格等に関する許認可等の申請につき，事業者間又は事業者団体で調整をさせ，当該事業分野の事業者団体を経由し，又は既存事業者や事業者団体の同意を得たうえで申請するよう指導すること。

〔小林　覚〕

■判審決例■

☆1　東京高判昭55・9・26判時983—22。
☆2　最判昭59・2・24刑集38—4—1287・判時1108—3。

28 立入検査・犯則調査への対応

① 同業他社が公正取引委員会の立入検査を受けたと聞きました。立入検査とはどういうものですか。万が一，当社にも立入検査があったときは，どのようなことに注意して対応したらよいのでしょうか。
② また，犯則調査による臨検・捜索・差押えというのもあるようですが，この場合にはどのように対応したらよいのでしょうか。

(1) 立入検査とは，公正取引委員会の審査官が事件関係人の営業所その他必要な場所に立ち入り，業務及び財産の状況，帳簿書類その他の物件を検査することをいいます。立入検査を受けた場合，審査官から被疑事実やその適用条文の説明をよく聞いて，押収される書類等をその範囲に限定してもらうよう審査官と交渉することが必要です。

(2) 公正取引委員会の犯則審査部の職員は，犯則事件の調査のために裁判所の発行する令状に基づいて嫌疑者等の営業所・住居その他の場所について臨検・捜索・差押えをすることができます（**Q20**参照）。この場合には，職員に対して令状の提示を請求して，令状に記載されている事項をよく確認したうえで，臨検・捜索・差押えの対象を被疑事実と関連性のある範囲に限定してもらうよう交渉することが(1)と同様に必要となります。

(3) カルテル・談合事件の場合には，課徴金減免申請（**Q23**参照）をするかどうか早急に検討する必要があります。

☑キーワード

立入検査，犯則調査，課徴金減免申請，押収書類の閲覧謄写，供述聴取

Q28◆立入検査・犯則調査への対応

解　説

1　立入検査とは何か

　独禁法は，公取委に対して，事件関係人の営業所その他必要な場所に立ち入り，業務及び財産の状況，帳簿書類その他の物件を検査できる権限を与えています（47条1項4号）。これを立入検査（立入調査）といいます。実際には，委員会が自ら立入検査をすることは困難なので，事務総局審査局や地方事務所の職員が審査官として指定され，立入検査を行っています（同条2項）。

　立入検査は，一斉に，かつ，突然なされるのが通常です。大規模なものになると，全国にわたって数十社を一斉に立入検査することもあります[1]。

2　立入検査を拒否できるか

　審査官は，最初に立入検査の対象となった部門の責任者に面会して身分証明書（審査官証）を提示し（47条3項），立入検査について同意を求めたうえで，その責任者を通じて従業員に対し立入検査に協力するよう指示します。

　審査官は，立入検査に際して，①事件名，②法の規定に違反する被疑事実の要旨，③関係法条を記載した文書を関係者に交付します（審査規則20条）。

　このように審査官は，立入検査の理由となる被疑事実を説明し，相手方の承諾を得て，関係者の立会いのもとに立入検査を行う建前になっています。この点，裁判所の令状を取ったうえで，相手方が拒否しても直接強制できる権限を有する警察・検察の捜索・差押えとは異なります。

　しかし，独禁法には，立入検査を拒否したり妨害したりした場合には検査妨害罪として1年以下の懲役又は300万円以下の罰金に処せられるという規定があります（94条4号）。相手方が拒否した場合，審査官は，この罰則の心理的圧迫をもって立入検査を強制（間接強制）しようとします[2]。したがって，実際上，立入検査を拒否することは困難でしょう。

立入検査の際に，審査官が帳簿書類その他審査に必要な物件を発見した場合には，これらの物件を所持者に対し提出させることができます。実際には，審査官は，従業員の机やロッカー等を検査し，必要な書類その他の物件を1か所に集めたうえで，その中から最終的に提出させるものを絞り込んでいく作業を行います。

所持者に対して強制的に提出させる場合には，審査官が提出を命令して提出物件を「留置」します（47条1項3号）。具体的には，提出命令の対象となる書類その他の物件を記載した目録を添付した提出命令書を立入検査の現場で審査官が責任者に交付するという形で行います。これに対して，書類その他の物件を任意に提出させる場合には，審査官が所持者に提出を依頼して提出物件を「領置」します。審査官は，検査調書・留置（領置）調書を作成します（48条）。

このように立入検査は，必要な物件の留置（領置）という手続も並行的に行うため，対象物件が大量であるときには，早朝に開始された立入検査の終了が深夜に及ぶということもあります。

審査官の立入検査処分・提出命令処分等に対して不服がある場合には，処分を受けた日から1週間以内であれば，公取委に異議の申立てをすることができます（審査規則22条）。これは審査官の処分について行政手続法・行政不服審査法の適用が除外されていること（70条の11・70条の12）の代替措置とされています。

3 立入検査の対象

立入検査の対象となるのは，通常，事件関係人の営業所です。一般に事件に関係する証拠資料は，事件関係人の営業所に存在すると考えられるからです。事件関係人とは，独禁法違反行為をした疑いのある事業者や事業者団体等を意味します。しかし，事件関係人以外の営業所であっても，立入検査の対象となる場合があります。例えば，違反に加功している事業者の営業所で，そこに事件に関係する証拠資料が存在すると考えられる場合です。

問題は，事件関係人の役員や従業員の自宅についても，立入検査の対象となるかどうかという点です。これについては「証拠書類が自宅に存在することに

ついて合理的・客観的事情があり立入り検査の必要性がとくに認められることのほか，私的利益の侵害の程度との比較衡量において社会通念上相当な限度内であることを要する」という制限的な見解もあります*3。しかし，実際には役員や従業員の自宅に対しても立入検査が行われることはあるようです。また，従業員等から証拠書類が自宅にあるという供述を得ると，正式な立入検査としてではなく，審査官が従業員等に同行して自宅にある証拠書類を提出させる，という対応もしているようです。

4 立入検査の対応方法

(1) 被疑事実等の告知

立入検査の対象，時間，方法については，独禁法上，明文の規定はありません。しかし，当然のことながら，具体的違反事件の審査に必要な限度にとどまるべきものと考えられます。

審査官は，審査官証という身分証明書を提示して立入検査を行います（47条3項）。審査官証には指定された事件名等が記載されています。また，審査官は，立入検査をする場合には被疑事実の要旨等を記載した文書を関係者に交付するものとされています（審査規則20条）。

したがって，立入検査を受けた場合には，まず，審査官から交付される文書に記載されている被疑事実の要旨等の内容やその説明をよく聞いて，押収される書類の範囲を明らかにしてもらうことが必要です。これによって，押収される書類をその事件に関係するものに絞ってもらうように審査官と交渉することも可能となります。

(2) 弁護士の立会い

立入検査が行われた場合，法務部門や顧問弁護士に速やかに連絡をとって立ち会ってもらうことが望ましいでしょう。しかし，審査官は，その間，立入検査を待ってくれるわけではないので，立会いが間に合うかどうかは問題です。実務上も，公取委は，立入検査に弁護士が立ち会うことは可能であるとしていますが，弁護士が立ち会う権利があるとまでは認めていません。

平成26年12月に公表された「独占禁止法審査手続についての懇談会報告書」

(詳しくはQ18❽参照)においても，事業者は立入検査において弁護士を立ち会わせることができるが，弁護士の立会いを権利として認めるものではなく，事業者は弁護士が到着しないことを理由に立入検査を拒むことができない，という内容が記載されています。

(3) 押収書類の閲覧謄写

大量の重要書類が押収されることが多いので，今後の業務に障害が生じないように，押収書類のコピーをとることを認めるよう要求すべきです。必要最低限の書類をコピーすることは実務上も認められているようです。この点，前記の報告書（詳しくはQ18❽参照）には，立入検査当日における提出物件の謄写については，これを事業者の権利として認めることは適当ではなく，運用上，日々の営業活動に用いる必要があると認められる物件について，立入検査の円滑な実施に支障がない範囲で謄写が認められる，という内容が記載されています。

提出命令の対象となった書類等については，立入検査の後日に命令を受けた者が閲覧謄写することのできる権利が原則として認められています（審査規則18条1項）。ただし，この場合，公取委は命令を受けた者の意見を斟酌して閲覧謄写の日時・場所・方法を指定することになります（同条2項）。したがって，企業側としては，押収書類を審査手続における防御活動に用いるために，早期かつ全面的に閲覧謄写を認めるよう要求すべきことになります。これに対して任意提出した書類等については閲覧謄写権の規定はありませんが，任意提出の場合に取扱いを異にする合理的な理由はありませんから，任意提出した書類等についても閲覧謄写を要求すべきでしょう。

また，審査官がどのような書類を押収したか確認するために，留置（領置）調書の目録の写しを交付するように審査官に対して請求することが必要です。この点，提出命令により「留置」した書類等については目録の写しを添付した通知書を差出人に交付することが審査官に義務づけられています（審査規則16条）。

立入検査後に今後の対策を検討するために，審査官がどのような書類を押収したか再現しようとすることがあります[*4]。しかし，これはどの程度実益があるかは問題です。というのは，人間の記憶は曖昧ですから，書類にどのよう

な記載がなされていたかを思い出すことは，著しく困難なことです。しかも，実際には営業所等にある関係書類はほとんどすべて押収され，どのような書類が押収されたのか正確にはわからないのが実態です。他方，実務上，公取委は，立入検査に先立って数か月の内偵調査を行い，独禁法違反行為の存在がほぼ間違いないと判断したうえで立入検査を行っているのが通常です*5。例えば，カルテル事件の場合には，カルテル協定書などの直接的な証拠が押収されなくても，担当者の手帳等の間接的な証拠の積み重ねによってカルテルの存在を立証することも十分に可能です。そうした意味では，どのような証拠が押収されたか一喜一憂するのではなく，実際にカルテルを行っていたかどうかを調査して，もし行っていたのであれば，課徴金の額を増やさないためにも早期にカルテルを破棄し，あるいはカルテルから離脱するなどの対応をする方が賢明でしょう。

(4) 課徴金減免の申請

カルテル・談合事件について立入検査があった場合には，公取委の調査開始日以後の課徴金減免申請（事後申請）をすべきかどうかを早急に検討する必要があります*6。公取委の立入検査前に申請した企業が5社に満たない場合には，立入検査日から起算して休日を除き20日以内に課徴金減免の申請をすれば30％の課徴金の減額を受けることができるからです（**Q23**参照）。

この点については「立入検査後の場合は，そもそも違反の蓋然性が相当高い。加えて，近時は，調査開始日前の減免申請者による情報提供を端緒として立入検査が行われることが多い。社内調査の結果，違反の事実が存在する疑いを否定できるだけの明確な証拠がない限り，また，減免申請によって得られるメリットが無視できる程度のものであると断言できない限り，企業の経営判断としては，株主代表訴訟に伴うリスクを軽減するためにも，減免申請を行う以外の選択肢は，基本的にはないだろう。」という指摘があります*7。

もっとも，「実務上は，立入検査のあった日の夕方ころまでに調査開始日後の減免申請を行うケースが増えているようである」と指摘されている*8ように事後申請においては立入りを受けた企業間で申請順位を巡る熾烈な競争が生じることが多いので，申請をする場合には時間的にも極めて困難な作業を覚悟する必要があるでしょう。

5 取調べの対応方法

(1) 任意の取調べと強制的な取調べ（審尋）

審査官は，事件関係人又は参考人に対して，出頭を命令して強制的に取調べ（審尋）をする権限を持っています（47条1項1号）。この場合，出頭を拒否したり虚偽の陳述をした場合には，1年以下の懲役又は300万円以下の罰金に処せられるという規定があります（94条1号）。

実際には，任意に出頭を求めてその供述を録取した供述調書（審査規則13条）を作成することが多いようです。もっとも，当初認めていたのに後に否認に転じたような場合には，審査官が任意の取調べから強制的な取調べ（審尋）に切り替えて審尋調書（審査規則11条）を作成するということもあるようです。罰則付きの強制的な取調べ（審尋）か，任意の取調べかは，出頭命令書を交付されたかどうかによって区別することができます。

(2) 取調べの時期

かつては審査官が立入検査後に押収した書類を検討したうえで関係者の取調べを開始していたので，関係者が呼び出されるまである程度の時間がありました。企業側はその間に事件関係者に事情聴取をしてその後の対策を検討していました。けれども，最近では，立入検査当日，営業所等を検査するのと同時に，従業員等に審査官が公取委まで出頭するよう要求して取調べを行うことが多いようです。

この点，前記の報告書（詳しくはQ18**8**参照）には，公取委の実態解明のために必要であることから，立入検査当日に従業員への供述聴取を行わないといった，企業側のリーニエンシー申請に対する配慮をする必要はない，という内容が記載されています。

(3) 取調べ時に注意すべき事項

通常，取調べは審査官2名で行います。1名の審査官が主として聴取を担当し，他の1名がこれに立ち会って調書の浄書を行います。供述調書は審判の際に重要な証拠として利用されます。したがって，取調べを受ける場合には，供述調書の内容をよく確認しなければなりません。審査官の質問が誘導や誤導に

わたる場合もないわけではありませんので、その点も注意しなければなりません。なお、取調べに弁護士が立ち会うことは実務上認められていません。この点、前記の報告書（詳しくはQ18❽参照）にも、供述人は身柄拘束を受けているわけではなく、休憩時間に弁護士と相談できること、従業員たる供述人に萎縮が生じることによる実態解明機能への影響が懸念されることなどから、供述聴取時の弁護士の立会いについては認めるべきとの結論には至らなかった、という内容が記載されています。

　審査官としては、供述調書の内容について「供述人に読み聞かせ、又は供述人に閲覧させて、誤りがないかどうかを問い」供述人が「調書に誤りのないことを申し立てたときは、これに署名押印することを求める」ことにより、その信憑性の確保を図るという建前になっています（審査規則13条によって準用される11条1項・2項）。したがって、いったん供述調書に署名押印した後に、審判手続において、その信憑性を争っても認められる可能性はほとんどありません。供述調書の内容をよく聞いて事情聴取の際に話した内容と供述調書の内容とが違っていないかどうかを十分に確認する必要があります。供述調書の内容が誤っている場合には、当然のことですが、「増減変更の申立て」（訂正の申立て）をしてその旨を調書に記載するよう要求しなければなりません（審査規則13条によって準用される11条1項）。

(4) 取調べから帰ってきたら何をすべきか

　取調べから帰った後で供述調書の内容に誤りがあることに気が付いた場合には、その誤りを訂正する上申書を直ちに審査官に提出しておくべきでしょう。

　供述調書の閲覧謄写は実務上認められていません。この点、前記の報告書（詳しくはQ18❽参照）にも、調書作成時における供述人への調書の写しの交付については、実態解明プロセスの段階で調書の写しを交付すると他の事業者との間で又は事業者内の供述人間で共有され、供述調整に用いられる可能性が否定できないことなどから、認めるべきとの結論には至らなかった、という内容が記載されています。

　したがって、取調べから帰ってきたら、記憶が鮮明なうちにできるだけ詳しく何を聞かれたかを報告書としてまとめておくとよいでしょう[*9]。このような報告書を分析することによって、公取委がどのような見通しのもとに取調べ

を行っているか，審査手続の山場はどの辺りかを予測することも可能となります。

　この点，前記の報告書（詳しくは**Q18❽**参照）には，供述聴取時における供述人によるメモの録取については，供述調整に用いられる可能性が否定できないこと，簡単な単語や項目のみに限定するとしても，その線引きは実務上困難であることなどから，認めるべきとの結論には至らなかった，という内容が記載されています。他方で，前記の報告書には，休憩時間には供述人が弁護士等の外部の者と連絡を取ることや記憶に基づいてメモを作成することが妨げられないことを供述人に対して明確にする，という内容も記載されています。したがって，今後は，実務上，取調べの休憩時間を活用しながら，審査官から何を聞かれたかを再現するように努めることになるでしょう。

❻　供述聴取過程の改善

　前記の報告書（詳しくは**Q18❽**参照）には，公取委は，次の(a)〜(e)につき指針等に明記して公表するとともに，必要な事項につき供述聴取を実施する前に書面で供述人に伝えることが適当である，という内容が記載されています。

(a)　審査官は，供述聴取を行う際には，それが任意のものであるか間接強制権限による審尋であるかを供述人に対して明確にしたうえで行う。

(b)　聴取時間の目安を示す。

(c)　供述聴取に支障が生じない範囲内で，食事時間等の休憩は供述人が弁護士に相談できる時間となるよう配慮しつつ適切に確保する。

(d)　調書の読み聞かせの段階で誤りがないかを問い，供述人が増減変更の申立てをしたときは，審査官がその供述を調書に記載することを供述人に対して明確にする。

(e)　供述聴取において供述人が審査官の対応に不満がある場合に苦情を受け付ける仕組みを公取委の内部に整備する。

　審査官の立入検査や取調べの対応方法を検討する際には，以上のような報告書の内容や，公取委が公表する指針等の内容を十分に踏まえておく必要があるでしょう（その後，公取委は平成27年12月25日に，①「独占禁止法審査手続に関する指

針」、②「事業者等向け説明資料」、③「任意の供述聴取に係る苦情申立制度の導入について」などを公表しました)。

7　犯則調査の対応方法

　犯則調査の対応方法についても、基本的には以上に述べたところと同じように考えればよいでしょう。
　しかしながら、犯則調査は刑事告発を目的とする強制手続です。したがって、犯則調査は、立入検査等の行政調査と異なり、調査につき調査対象者の同意も不要ですし、役員や従業員の自宅も当然に調査の対象になります。玄関ドアやロッカー・金庫等の鍵がない場合であっても強制的に鍵を開けられてしまいます。
　犯則調査における臨検・捜索・差押えの際には、許可状（令状）の提示を求めることができます（105条）。許可状には、①犯則嫌疑者の氏名、②犯則の事実、③臨検すべき場所、④捜索すべき場所・身体・物件、⑤差し押さえるべき物件等が記載されています（102条4項）。したがって、許可状に記載されている事項をよく確認したうえで、臨検・捜索・差押えの対象を犯則調査の嫌疑事実と関連性のある範囲に限定してもらうように犯則審査部の職員と交渉することが必要となります。なお、犯則調査により差し押さえられた書類等については行政調査の場合と異なり閲覧謄写権は認められていません。
　犯則調査における取調べ（法文上は質問）については、これを拒否しても、調査対象者の身体を拘束（逮捕）して行うことはできませんし[*10]、行政調査のような罰則（94条1号）の適用もありません。犯則調査における取調べの際には、犯則嫌疑者は供述拒否権を行使することができます。もっとも、法律上の建前はそのとおりですが、実際に犯則調査における取調べで供述を拒否することは困難でしょう。犯則調査における取調べに弁護士等が同席することは認められません（108条）。

〔柄澤　昌樹〕

第Ⅱ部◇独占禁止法の手続

■注　記■

*1　立入検査とマスコミ報道との関係について，公取委は以下のとおり説明しています（平15・7・23事務総長記者会見記録）。
「私どもの調査権限は，他の捜査機関との比較で考えていただくと分かりやすいと思いますけれども，独占禁止法に違反するという合理的な疑いがあるという段階で職権を行使するわけでありますが，立入検査は，事件の審査のスタート時点に行われるものですので，その後，別の事実関係が明らかになることもあり得ますから，私どもの方で事案を公表した上で立入検査を行うということは，妥当ではないと言えます。ただし，立入検査をいたしますと，マスコミの方々がそういった事実を把握されて，当方に問い合わせが来ることが多いわけですが，そういった場合に，実際に起こった事実についての確認をしませんと，仮に間違った情報がさらに増幅して流れるおそれもあります。したがいまして，私どもは，当方から立入の事実については公表しませんけれども，マスコミの方々から，例えば本日どこどこへ立ち入ったとの情報があるが事実かという照会に対しましては，事実関係の確認をさせていただいております。」

*2　これまで立入検査を拒否・妨害したとして実際に処罰された事例はないようです。

*3　厚谷・条解515頁。

*4　なお，「当局からの一斉呼び出しや立入検査を受けて，他の同業者等と連絡を取り合って情報交換する例もあるが，他の同業者等が自社以上に詳細に情報を把握している可能性は高くない上，カルテル等の事案では，他の同業者との情報交換につき口裏合わせ等の証拠隠滅行為であるとの疑いを抱かれ得ることから，一般的には，差し控えた方がよい。」という指摘があります（木目田裕＝藤井康次郎「企業犯罪捜査，犯則調査等の動向と企業の対応」NBL842号15頁）。

*5　平成17年5月23日に刑事告発された国土交通省発注鋼橋上部工事入札談合事件では，公取委は，受注調整の会合の当日に立入検査を行ったため，普段は関係者の自宅にあった証拠書類を押収することができた，と報じられました。

*6　本文の解説は調査開始日以後の課徴金減免申請（事後申請）について述べたものですが，調査開始日前の課徴金減免申請（事前申請）の「契機」として「自社，グループ会社又は競争会社が公取委の調査対象となったことに端を発して，隣接する商品に違反がないかを社内調査して申請する場合……立入検査に伴う文書等の留置後，審査対象外の商品の違反事実をうかがわせる文書等が公取委に発見され，これを審査の過程で示されるなどして課徴金減免制度の利用を示唆される場合……などが考えられる」という指摘もあります（前掲書（*4）同頁）。

*7　石田英遠＝山島達夫「リニエンシー申請のプロセスとリスク判断」BUSINESS LAW JOURNAL2009年6月号44〜45頁。

*8　前掲（*7）。

9　ただし，「取調べ内容のヒアリングについては，複数の取調べ対象者を同席させないこと，ヒアリング結果等の記録については後日の捜索差押え等で押収される可能性があることなど，留意すべき点がある」という指摘があります（前掲書（

4）同頁）。
*10 この点については「犯則調査手続は一見すると刑事捜査手続と近似しているが，犯則嫌疑者等の身柄の拘束をすることができない点で決定的に異なる。そして，そうであるがゆえに必ずしも公取委の審査権限を強化するものではないとの指摘をする向きもあるが，この点については，公取委が犯則調査手続による捜索・差押えにより物証類を確保し，検察官が逮捕・勾留により犯則嫌疑者等の身柄を拘束するという合同調査の手法が考えられることに注意を要する。」という指摘があります（多田敏明「独占禁止法の手続的側面に関する改正」自由と正義2005年12月号37頁）。

29 違反事件の申告方法

当社の取扱い商品についてメーカーから販売価格の指示がありました。当社は，この指示に従わず自由に価格を設定したところ，メーカーから商品の供給を停止されました。メーカーのこの行為は，独占禁止法に違反するものと思われますので，公正取引委員会にやめさせてほしいのですが，どのようにしたらよいですか。

　独占禁止法に違反する行為があった場合，誰でも，公正取引委員会に対し，違反事実を報告し，適当な措置をとるよう求めることができます（45条）。貴社は公正取引委員会に対し通報（申告）し，独占禁止法違反行為をやめさせるための適当な措置をとるよう求めることができます。

　貴社の申告を受けた公正取引委員会は，事件について必要な調査をしなければならないことになっていますし，貴社が申告を書面で行った場合には，公正取引委員会は，その結果を申告者である貴社に通知しなければならないことになっていますので，うやむやのうちに公正取引委員会の調査が終わってしまうという心配もありません。

☑キーワード

報告（申告），報告者に対する通知

解説

1 独占禁止法違反行為があったら

　公取委は独禁法違反行為があった場合，その違法行為をやめさせ，適正な行為を行わせる役目を負っていますが (27条)，公取委が独禁法違反の事実を発見するには，次の3通りの仕方があります。これを公取委の側からいいますと，事件の端緒ということになりますが，事件の端緒は，①一般からの申告 (45条)，②公取委自身の職権探知，③中小企業庁長官からの調査請求 (中小企業庁設置法4条7項) の3つがあります。なお，課徴金減免制度の導入により，違反行為者が自らの違反事実を報告することにより課徴金の減免を受けることができるようになりましたが (7条の2第10項～18項)，この制度を利用する事業者からの報告が端緒として重要な意味を持つことになりました。

　本問では，メーカーからの出荷停止にあった貴社が公取委に独禁法違反行為の報告を行って，この違反行為をやめさせたいというのですから，①の一般からの申告ということになります。

　この場合，貴社はまず公取委に出向いたり，電話をする必要があります。公取委の事務を処理するための事務所が，現在東京の本局のほかに，札幌，仙台，名古屋，大阪，福岡に各地区事務所が設けられており，そのほか広島と高松に各支所が置かれ，沖縄県には沖縄総合事務所の中に公正取引室がありますので，貴社を管轄する事務所にまず連絡をとることから始めましょう。

2 申告書の提出

　次に，一般の申告は，口頭でもできることになってはいますが，実際は書面を提出する扱いになっています。また，申告にあたっては必ずしも，貴社の住所，氏名を明かさず匿名でも構わないことになっていますが，これも是非違反行為をやめさせたいというのであれば，住所，氏名を明らかにして申告するこ

とが望ましいのです。これは，申告自体の真摯性，正確性を担保するためにも必要ですが，もっと重要なことは，申告者に対しては処分結果の通知がなされることになっているのですが(45条3項)，この通知は，申告が①書面でなされ，②申告者の住所，氏名が記載され，③違反行為をしたと思われる者の氏名又は名称，④違反行為の具体的な態様，時期，場所その他の事実が記載されている場合に行われることになっているからです。

そこで，申告書には何を記載するかということになりますが，①申告者の住所，氏名，②違反行為（をしていると疑われる）者の住所，氏名又は名称，③違反の疑いのある具体的事実についての以下の事項。(a)だれが（違反行為をした企業名，担当者名など），(b)だれと共に（共同行為者がいる場合はその氏名），(c)いつ（違反行為の日時），(d)どこで（違反行為の場所），(e)だれに対して（被害者，本問の場合は貴社ということになります），(f)なぜ（違反行為の動機など），(g)いかなる方法で（違反行為の手口，本問では出荷停止），(h)何をしたか，を記載します。

なお，違反行為を証明するに足るような資料（写真，チラシ，文書の写しなど）があれば，これも申告書に添付してください。

3　調査の開始

このような申告がありますと，公取委は貴社に詳しく事情を聞き，具体的な調査活動に入ります。調査にあたっては相手方の協力があれば任意にも行われますが（任意調査と呼ばれています），任意の協力が得られなかったり，不十分な場合は強制調査を行うこともできます（正式調査と呼ばれています）(47条)。

強制調査の具体的内容は，公取委が職員の中から指名した審査官が，関係企業に立入調査をしたり，物件を提出させたり，関係者を呼び出して事情を聴取するなどのことが行われます。

また，違反の内容が犯則事件に当たるということになれば，臨検，捜索，差押え等の強制手続も行われることになります（独禁法第12章犯則事件の調査等参照）。

そして，違反行為が確認されれば，公取委は法律上の措置として，排除措置命令を発し（7条・61条），当該違反行為が既に終了していた場合でも，違反行為の終了後3年以内であれば，特に必要があるときにはこれに対しても排除措

置命令を発することができます（7条2項）。この排除措置命令は命令書謄本を違反者に送付して行われます（61条）。

また，法律上の措置をとらない場合でも，その他の措置として，警告等の行政措置をとることがあります（審査規則26条〜28条）。

なお公取委は，独禁法第12章の手続の結果犯則の心証を得たとき，その他独禁法違反の犯罪があると思料するときは，検事総長に告発しなければなりません（74条）。この告発を受けた後に公訴を提起しない処分をした場合，検事総長は，遅滞なく法務大臣を経由して，その旨を理由を付して内閣総理大臣に報告しなければなりません。

4 報告者の法的地位

45条2項は，「前項に規定する報告があったときは，公正取引委員会は，事件について必要な調査をしなければならない」と規定されていますが，この規定によって，報告者には，公取委に対し調査請求権が発生するかということが問題になった事案につき，判例は，同項の規定は，公取委に審査手続開始の職権発動を促す端緒に関する規定にとどまり，報告者に対して，公取委が適当な措置をとるように要求する具体的請求権を付与したものではないとしています（エビス食品企業組合事件☆1）。

5 報告者に対する通知

先に紹介しましたように，要件の整った申告書によってなされた申告に対しては，公取委は申告者に措置結果を通知しなければならないこととされています（45条3項，審査規則29条）。

6 申告の処理結果に不満がある場合

申告した結果について通知を受けたものの，貴社がその結論に対し納得がいかないなど，報告者から申告の処理に係る疑問，苦情その他の申出を受け付け

るため,公取委の本局,地方事務所及び支所に,申出受付窓口が設置されています。受け付けた申出は審理会で点検し,その結果を申出の日から原則として2か月以内に申出をした人(貴社のこと)に連絡をすることとされています。ただ,措置をとらない旨の決定は,上述のエビス食品企業組合事件において,抗告訴訟の対象となる行政処分には当たらないとされていることに注意してください。

〔根岸　清一〕

■判審決例■

☆1　最判昭47・11・16民集26—9—1573。

Q30 民事的救済❶——損害賠償請求訴訟

独占禁止法25条は，損害賠償について定めているとのことですが，民法等に基づく損害賠償と何が異なるのですか。

　独占禁止法25条に基づく損害賠償請求権は，無過失責任であり，故意過失は要件となっていませんが，裁判上この請求権を行使するためには，独占禁止法違反行為があったことについての排除措置命令等の公正取引委員会の判断が確定していることが必要です。

　この損害賠償請求訴訟は，平成25年改正により，東京高裁の管轄であったものが東京地裁の管轄となり，3名又は5名の合議体で審理されることとなりました。

　実際の裁判例では，25条に基づくものも民法709条に基づくものも被害者に損害が発生したことや独占禁止法違反行為と損害の発生との間に相当因果関係があることの立証が厳格に求められていたために，以前は，ほとんどの裁判例が損害賠償請求を否定していました。

　しかし，現在では，独占禁止法25条に基づく損害賠償請求を認めた裁判例もありますし，民法709条に基づく損害賠償を認める裁判例は，近年増加する傾向にあります。

☑ キーワード

　無過失責任，民法709条，排除措置命令等の確定

解　説

1　無過失責任

　ある者が何らかの独禁法違反行為を行った場合には，その行為により損害を被った被害者は，その独禁法違反行為が不法行為であるとして，民法709条に基づき損害賠償を請求することができます。しかし，そのためには，不法行為の要件である侵害行為が故意又は過失に基づくこと，違法性のあること，損害が生じたこと，侵害行為と損害との間に相当因果関係があることを被害者において立証しなければなりません。

　ところで，独禁法は，3条（私的独占の禁止と不当な取引制限），6条（不当な取引制限又は不公正な取引方法を内容とする国際的協定・国際的契約），19条（不公正な取引方法）の規定に違反する行為をした事業者及び8条の規定に違反する行為をした事業者団体は，被害者に対し，損害賠償の責めに任ずる（25条1項）との損害賠償責任を定めています。しかも，この損害賠償責任については，「事業者及び事業者団体は，故意又は過失がなかったことを証明して，前項に規定する責任を免れることができない。」（同条2項）として，無過失責任であることを明らかにしています。

　独禁法がこのような制度を設けた趣旨は，独禁法違反行為による被害者の損害を塡補することと独禁法違反行為により違反者側に生じた経済的利益の不当な配分を原状に復することにあるとされています。被害者により損害賠償請求権が行使されれば，事業者にとっては，公取委による排除措置という行政処分とともに独禁法違反行為に対する抑止となるというわけです。しかし，その法的性質は，故意過失以外の点では一般の民事上の不法行為に基づく損害賠償と同じであり，損害の発生，違反行為と損害との相当因果関係が要件となります。

2 その他の特色

(1) 損害賠償の義務者と請求権者

損害賠償の請求権者は，事業者による私的独占，不当な取引制限又は不公正な取引方法の被害者，国際的協定等において不当な取引制限もしくは不公正な取引方法が行われたことによる被害者，事業者団体による8条の禁止行為*1の被害者です。

25条のいう「被害者」とは，事業者又は事業者団体の独禁法違反行為の直接の相手方に限られるのか，直接の相手方に限られず，一般消費者まで含まれるのかという問題があります。この点については，松下電器事件判決（後掲**4**(1)）は，一般消費者は不公正な取引方法がなければ適正な価格で商品を購入できたのであり，適正な価格との差額の損害を被った被害者として原告適格があるとして，一般消費者まで含まれるとしており，他にも同様に判断した判決があります。

(2) 排除措置命令等の確定

25条に基づくこの請求権は，排除措置命令が確定するか，又は排除措置命令がされなかった場合には課徴金納付命令（事業者団体が不当な取引制限又は違法な国際的協定等をした場合の構成事業者に対するものは除かれます）が確定した後でなければ，裁判上これを主張することができません（26条1項）。すなわち，25条の対象とする独禁法違反行為が存在したとの何らかの公取委の判断が確定することを裁判上行使するための要件とするものです。

平成25年の改正により審判制度が廃止されたので，改正法が適用される事件については，命令のあったことを知った日から6月以内に取消訴訟を提起（行訴法14条1項）しなければ，命令が確定します。取消訴訟が提起された場合には，その判決の確定時に確定します。

(3) 消滅時効

請求権行使の前提となる排除措置命令又は課徴金納付命令が確定した日から3年で消滅時効が完成します（26条2項）。

(4) 公取委への意見請求

　25条による損害賠償に関する訴訟が提起されたとき（84条1項）又は25条による損害賠償の請求が相殺のため裁判上主張されたとき（同条2項）は，裁判所は公取委に対し，25条に規定する違反行為によって生じた損害の額について，意見を求めることができます。この裁判所の求意見に対し，公取委が損害賠償請求訴訟に積極的に協力するとの観点から充実した意見書を提出すれば，被害者側にとって有利な資料となり得ます。

　なお，平成21年改正により，裁判所の求意見は義務ではなくなりましたが，その後も求意見はなされているようです。もっとも，84条に基づき提出された公取委の意見書に記載された公取委の判断は，裁判所を拘束するわけではなく，公取委の意見書は，裁判官の自由心証による判断の対象となる資料の一部にすぎません。

(5) 記録の閲覧謄写

　従前は，利害関係人は，公取委に対し，審判手続が開始された後に，事件記録の閲覧謄写等を求めることができるとされ，この場合には，公取委は，第三者の利益を害するおそれがあると認めるときその他正当な理由があるときに限り，事件記録の閲覧謄写を拒むことができました（旧70条の15）。

　平成25年改正により，審判手続が廃止されたことに伴い，そのような規定も廃止されました。

(6) 管　轄

　第1審の管轄裁判所は，従前は東京高等裁判所でしたが，平成25年の改正により東京地方裁判所（85条の2）と定められています。その審理は，3人の裁判官の合議体で行われることを原則とし（86条1項），その決定により5人の合議体とすることもできるようになりました（同条2項）。

3　損害賠償請求の問題点

　25条が，事業者又は事業者団体の故意過失を被害者において主張立証しなくてよい，としたことは先に述べたとおりです。しかし，私的独占，不当な取引制限，不公正な取引方法などの独禁法違反行為は，過失によって行われるもの

ではなく，通常は事業者等の故意行為によるものです。しかも，それらに対する排除措置命令等の確定があってはじめて裁判上行使できるわけですから，もともと被害者としては，事業者等の故意過失の存在を主張立証することはさほど困難ではありません。

しかしながら，以前は25条に基づく損害賠償を認めた判決は見当たらず，民法709条に基づく損害賠償請求についても，上告審で取り消された鶴岡灯油事件の控訴審判決（後掲**5**(1)）がある程度でした。その原因は，損害及び因果関係の立証が厳しく求められたためでした。

しかし，近年は，25条に基づく請求を一部認容した判決も現れていますし，民法709条に基づく請求を認容した例もかなり出てきました。以下，具体的な事件について概観します。

4 独占禁止法25条に関する裁判例

(1) 松下電器事件☆1

松下電器産業㈱が再販売価格を維持する目的で代理店に対しその取引先との取引について拘束条件を付けていたとして，公取委が昭和46年3月に不公正な取引方法（拘束条件付取引）に該当し19条に違反する旨の同意審決をしました。その後，松下系列の小売店から松下製のカラーテレビを購入した一般消費者8名が25条に基づき損害賠償請求をしました。

判決は，一般消費者も被害者であり，原告となり得るとしたものの，公取委の審決の事実認定が損害賠償請求訴訟を審理する裁判所を拘束するものではないとし，損害額の立証については，松下電器の独禁法違反行為によりほとんどすべての「ナショナル製品」の小売価格が影響を受けたことを推定し得るが，原告らが購入価格のうち被告の違反行為によって不当に高く維持された部分を明らかにすること，その前提として拘束条件が付されずに公正かつ自由な競争下で形成される代理店の卸価格と小売店の小売価格がいくらであるかを明らかにする必要があるとしました。そして，原告ら主張の適正な小売価格は認められず，公取委の意見書も原告らの主張する損害の資料とすることはできないとして，結局，原告らの請求は棄却されました。

(2) 東京灯油事件

消費者（主婦連，川崎生協の会員ら）98名が石油元売業者6社に対し，6社を含む12社が昭和48年に5回にわたり石油製品の値上げ協定を締結し実施したために，高い灯油を購入せざるを得なくなり，損害を被ったとして25条に基づく損害賠償を求めて，昭和49年東京高裁に提訴しました。

第1審判決[☆2]は，被告6社を含む元売12社が元売仕切価格を値上げする協定を締結したものの，民生用灯油に関し実施されたのは，48年8月の協定のみであり，通産省等の「指導上限価格」が設定されていたことや協定実施の前後から49年3月までは顕著な値上がり要因があったこと等から，協定の実施がなくても48年10月から49年3月までの想定元売仕切価格が現実の元売仕切価格を下回ったとは断定できず，原告らが損害を被ったとはいえないとして請求を棄却しました。なお，公取委が裁判所に提出した意見書は，昭和48年1月から49年3月までの灯油の小売価格の上昇は審決で認定した独禁法違反行為が一因であることは疑いなく，灯油購入者の損害額は購入価格と不当な取引制限の行われた直前の購入価格との差額に基づいて算定すべきとしていましたが，同判決は，これも排斥しました。

上告審判決[☆3]は，最終消費者が元売業者に損害賠償を求めるためには，①価格協定に基づく元売仕切価格の引上げが卸売価格への転嫁を経て最終消費段階の現実の小売価格の上昇をもたらしたという関係があることのほかに，②価格協定の実施がなければ，現実の小売価格よりも安い小売価格が形成されていたことが必要であり，被害者である消費者に①と②の双方について主張立証責任があるとしました。そして，②で問題とする想定購入価格（価格協定がなければ形成されていたであろう小売価格）について，協定実施から消費者の商品購入までに小売価格に影響を及ぼす顕著な経済的要因があるときは，実施直前の小売価格のみから想定購入価格を推認することは許されないとの一般論を明らかにしたうえで，原審が直前の小売価格をもって想定購入価格と推認しなかったことと想定購入価格が現実小売価格を下回ったか否か不明であると判断したことを是認し，②が認められないとして上告を棄却しました。

(3) ニプロ事件

平成10年当時，アンプル生地管はA社が日本で唯一製造しており，その国内

シェアは93％でした。ニプロ㈱は，A社の西日本の代理店として，アンプル管をA社から一手に仕入れアンプル加工業者15社に販売していました。当時，海外製アンプル生地管は，安価であるものの新たにそれに基づくアンプルを採用することには，製薬会社としては，検査等を要するため，海外製アンプル管由来の製品への切り替えには慎重でした。このような状況下でナイガイ㈱とその子会社が輸入されたアンプル生地管を扱っていました。公取委は，ニプロ㈱がアンプル用生地管の取引に関し，ナイガイ㈱とその子会社の輸入生地管の取扱いをやめさせ，又は一定限度に制限する目的で，①ナイガイ㈱に対する販売価格のみを引き上げ，手形サイトの短縮及び特別値引きの取りやめを申し入れた行為，②ナイガイ㈱からの発注について輸入生地管と同種であるとの理由で拒絶した行為，③代金引上げを前提にナイガイ㈱に担保差入れ又は現金決済を取引条件とした行為は私的独占に該当し3条に違反するとの審決をしました☆4（違反行為はなくなっているとして排除措置は命じられていません）。

　本件は，ナイガイ㈱とその子会社がニプロ㈱を被告として，独禁法25条に基づき同社の私的独占による損害として18億9,244万余円の賠償請求をした事案です。

　東京高裁☆5は，ニプロ㈱の行為は，自己の市場支配力の形成，維持ないし強化という観点からみて正常な競争手段の範囲を逸脱するような人為性を有するものであり，原告らの事業活動を著しく困難にする効果をもつものであったとして排除行為該当性と実質的な競争制限を認めました。しかし，本件違反行為がなければA社製生地管の値段が下落したと認めることができないとしました。そのため，一部の取引についての本件行為がなければ必要のなかった費用，慰謝料，弁護士費用などに限り，ナイガイ㈱については5,000万円余，子会社については8,329万円余の損害賠償請求が認容されました。

(4) セブン−イレブン・ジャパン事件

　㈱セブン−イレブン・ジャパン（以下「セブンイレブン」といいます）のフランチャイズ・チェーンの加盟店（コンビニエンス・ストア）契約では，品質が劣化しやすい食品等について廃棄された商品の原価相当額が加盟店の負担となる仕組みになっていたために，加盟店の中にはその経営判断で販売価格を値引きして消費者に販売（見切り販売）したり，販売しようとするものがありました。

公取委は，平成21年6月22日，セブンイレブンが加盟店に見切り販売の取りやめを余儀なくさせて，加盟店の廃棄に係る商品の原価相当額の負担を軽減する機会を失わせる行為を優越的地位の濫用であるとし，見切り販売に対する制限行為の取りやめ等を命じました。その命令の確定後，4名のコンビニエンスストアの経営者がセブンイレブンに対し，見切り販売の妨害行為によって損害を被ったとして，東京高裁に25条に基づき損害賠償請求訴訟を提起しました。

東京高裁☆6は，セブンイレブンが推奨価格での販売を求める助言・指導の域を超えて見切り販売が加盟店契約違反行為であると指摘したり，契約更新ができなくなるなどの不利益が生ずることを告げるなどして経営上の判断に影響を及ぼす事実上の強制を加え，加盟店オーナーの価格決定権行使が妨げられ，見切り販売の取りやめを余儀なくさせていると評価できる場合には，排除措置命令の認定した違反行為に含まれるとしました。そのうえで，個別の違反行為（優越的地位の濫用）を認定し，4名に対し，100万円から600万円の損害賠償を命じました。

5 民法709条に基づき損害賠償を認めた例

近時，民訴法248条*2を使うなどにより，認容判決が増えつつあります。

(1) 鶴岡灯油事件

山形県鶴岡市の鶴岡生協の組合員ら1,654名が石油連盟と石油元売会社12社を被告として，被告らの独禁法違反行為により従前より高い価格で灯油を購入せざるを得なくなったとして，民法709条に基づき総額389万円余の損害賠償を求めて昭和49年に提訴した事件です（昭和49年2月に石油連盟と元売12社に対する勧告審決が出ていました）。

第1審判決☆7は，石油連盟が輸入原油の処理量の総枠と会員である各社の配分比率を決めたことは，通産省の行政指導に応じたものであっても違法であり，事業者団体の違反行為*3に該当し，主要会員である元売業者12社（シェア85%）が48年8月に民生用灯油等について価格協定を結び共同して一斉値上げをしたことが，「不当な取引制限」に該当し，石油連盟と元売12社の一般不法行為における故意も認定しました。

しかし、元売12社の価格カルテルに基づく一斉値上げと原告らの損害との間に相当因果関係はないとして請求を棄却し、石油連盟の生産調整も原告らの損害との因果関係は認められないとしました。

控訴審判決☆8は、元売12社の価格協定については、元売価格が上昇すれば小売価格の引上げが行われることは当時の業界において顕著な事実であったとの公取委の意見書を傾聴に値するとし、昭和48年1月から49年3月までの民生用灯油の小売価格の上昇は審決で認定された独禁法違反行為が一因であることは疑いないとしたうえで、当該地区の白灯油の小売価格の値上がりは価格協定に基づく元売仕切価格の引上げによって生じたと推定しました。さらに、損害額は、現実購入額と想定購入額の差額であるが、想定購入価格は、特段の事情がない限り、価格協定直前の小売価格をもって想定購入価格と解するのが相当とし、損害賠償の請求を認めました。なお、石油連盟に対する請求については、各生産調整は、損害発生との因果関係を欠くとして、否定しました。

最高裁の上告審判決☆9は、本件では違反行為の存否とはかかわりなく勧告を応諾したことがうかがわれるから、勧告審決が存在するとの事実のみから違反行為が存在すると推認することはできないとして、その点を判断しなかった原審判決を理由不備として破棄しました。

そのうえで、因果関係と損害額の主張立証については、東京灯油事件の上告審判決を引用し、同様な考え方を述べています。その結果、直前の価格をもって想定購入価格と推認する前提要件を欠くとして、本件協定がなければ現実の小売価格よりも安い小売価格が形成されていたとは認められないとして、損害賠償請求を否定しました。

(2) **USEN損害賠償請求事件**☆10

この事件は、国内1位の有線音楽放送事業者であるUSENが2位のキャンシステム（両者で9割のシェア）に対し、各種法令違反のほか、不当廉売による損害賠償として143億円の損害賠償を求めたのに対し、キャンシステムがUSENに対し、違法な従業員の引抜き行為のほか、差別対価及び不当な顧客誘引を手段とする私的独占があったとして114億円の損害賠償を求めて反訴を提起したものです。

判決は、USENが主張する不当廉売の事実を認めるに足る証拠はないとし

て，本訴請求を棄却しました。そのうえで，①USENは，キャンシステムの従業員に虚偽の事実を告げ，同社を退職して別の会社へ移籍するよう勧誘し，1,630名のうち496名を移籍させた，②引き抜いた従業員をしてキャンシステムの顧客に虚偽の事実を告げさせ，又は他の需要家と差別して有利な条件を提示させ，同社との受信契約を破棄し，USENと受信契約を締結するよう勧誘したことを認定しました。これらUSENの行為は，差別対価という不公正な取引方法を手段として，キャンシステムの事業活動を排除する私的独占であり，従業員の引抜き行為は，単なる転職の勧誘を超えた社会的相当性を逸脱する行為で不法行為を構成するとし，その結果キャンシステムは2年分の営業利益を失ったとして，20億5,000万円余の限度で反訴請求を認容し，USENに損害賠償を命じました。

(3) ストーカ炉談合（津島市）事件☆11

津島市ほかの自治体の設置した一部事務組合が三菱重工に対し，ごみ焼却施設の建設工事の指名競争入札で同社ほかが談合し，同社が249億円で落札したことにより損害を被ったとして民法709条に基づき損害賠償を求めた事案です。裁判所は，原告に損害が生じたことは認められるものの，仮定的事実である想定落札価格の証明は，極めて困難であるから，損害の性質上その額を立証することが極めて困難である場合に該当するとして民訴法248条を適用し，弁論の全趣旨及び証拠調べの結果に基づき，相当な損害を認定すべきであるとしました。そのうえで，過去の入札談合・カルテル事件の約9割の事件の不当利得の推計値が売上額の8％以上であるとの公取委の推計結果を重要な判断資料として斟酌すべきとし，その他の一切の事情を考慮して損害額に最も近いと推測できる額は，契約金額の8％に相当する額であるとして，19億9,920万円の損害賠償の請求を認容しました。

〔小林　覚〕

■判審決例■

☆1　東京高判昭52・9・19高民集30—3—247。
☆2　東京高判昭56・7・17判時1005—32・行裁例集32—7—1099。
☆3　最判昭62・7・2判時1239—3。

☆4　平18・6・5審判審決　集53―195。
☆5　東京高判平24・12・21集59―2―256。
☆6　東京高判平25・8・30判時2209―12。
☆7　山形地鶴岡支判昭56・3・31判時997―18。
☆8　仙台高秋田支判昭60・3・26判時1147―19。
☆9　最判平元・12・8民集43―11―1259。
☆10　東京地判平20・12・10判時2035―70。
☆11　名古屋地判平21・8・7判時2070―77。

■注　記■

＊1　8条は事業者団体の禁止行為として，①一定の取引分野における競争を実質的に制限すること，②6条に規定する国際的協定又は国際的契約をすること，③一定の事業分野における現在又は将来の事業者数を制限すること，④構成事業者の機能又は活動を不当に制限すること，⑤事業者に不公正な取引方法に該当する行為をさせるようにすることを規定しています。

＊2　民訴法248条「損害が生じたことが認められる場合において，損害の性質上その額を立証することが極めて困難であるときは，裁判所は，口頭弁論の全趣旨及び証拠調べの結果に基づき，相当な損害額を認定することができる。」

＊3　前注（＊1）。

民事的救済❷―株主代表訴訟

会社が独占禁止法に違反し，課徴金の納付を命じられた場合には，会社の取締役は，株主から代表訴訟を提起され，損害賠償を命じられることはありますか。

　会社の独占禁止法違反行為により，会社が課徴金の納付を命じられ，又は罰金を科されてそれらを支払った場合や被害者に対して損害を賠償した場合等には，会社の法令違反行為により会社に損害が生じます。その場合には，株主が取締役を被告にして損害を会社に賠償するよう求める株主代表訴訟が考えられます。

　取締役の損害賠償責任が認められる要件のひとつとして，取締役の故意又は過失があります。取締役に独占禁止法違反行為を行うことについての故意や過失がなければ，損害賠償責任は否定されますが，独占禁止法違反行為の中でも，例えば談合行為であれば，実行者の故意に基づく違法行為なので，取締役について，少なくとも過失を認めることは，比較的容易でしょう。実際に談合事件に関連して代表訴訟が提起され，和解で終わった例が多く見られます。

☑キーワード

株主代表訴訟，取締役の責任

解 説

1 株主代表訴訟

　株式会社の取締役は，会社からその経営を委任されており（会社法330条），その職務遂行については，会社に対し善管注意義務及び忠実義務を負っています（同法355条）。また，取締役は，法令又は定款に違反する行為をしたときは，連帯して会社に対し，会社が被った損害額について賠償すべき責任があります（同法423条1項）。この取締役の会社に対する責任の履行を確実にするため，株主による代表訴訟の制度が設けられています。すなわち，6か月（これを下回る期間を定款で定めた場合にあっては，その期間）前から引き続き株式を有する株主は，会社に対し書面その他の法務省令で定める方法により，取締役の責任を追及する訴えの提起を請求することができます（同法847条1項）。この株主からの訴えの請求の相手方は監査役設置会社では監査役であり（同法386条2項1号），会社が取締役に対し提起する訴訟においては，取締役ではなく監査役が会社を代表します（同条1項）。
　株主からの訴え提起の請求があったにもかかわらず，請求の日から60日以内に会社が取締役に対する責任追及の訴えを提起しないときは，訴え提起を請求した株主自らが会社のために訴えを提起できます（同法847条3項）。なお，60日の経過を待っていては会社に回復することができない損害が生じるおそれがあるときは，株主は直ちに会社のために訴えを提起することができます。ただし，訴えがその株主や第三者の不正な利益を図り又は会社に損害を加えることを目的とする場合はできません（同条5項）。
　代表訴訟の制度は従前からありましたが，訴訟提起のための貼用印紙額が高額になるかどうかについて疑義があり，以前はあまり利用されていませんでした。平成5年の商法改正により，代表訴訟における訴訟の目的の価額の算定については財産権上の請求でないとみなすことが定められ，会社法にも引き継がれています（同法847条の4第1項）。これにより，どんなに高額な損害賠償を請

求する代表訴訟を提起する場合であっても，貼用印紙の額は，一律1万3,000円で足ります（民事訴訟費用等に関する法律3条・4条2項）。そのため，現在では，かなりの数の代表訴訟が提起され，取締役に対する高額な賠償を認める判決も出ています。

また，平成26年の会社法改正により，多重代表訴訟も認められ完全親会社等の株主は，その子会社の取締役の責任を追及することも可能になりました（同法847条の3）。

2 取締役の責任追及の要件

取締役は，その任務を怠ったときは，株式会社に対し，これによって生じた損害を賠償する責任を負います（会社法423条1項）。この責任は，任務懈怠について取締役に故意又は過失があることを前提とします。

しかし，取締役が経営の専門家としてその専門的知識に基づいて判断を下したにもかかわらず，経済状況の変化等のため，たまたま会社に損害が生じることもあり得ることから，経営上の過失を認定するにあたっては，合理的な判断に基づく行為については，取締役の責任を否定すべきであるとの考え方があります。この考え方は，アメリカ法の経営判断の法則を導入しようとするものであり，これに基づく判決もあります。

取締役の合理的な判断を尊重するということになれば，法令定款違反行為があれば直ちに取締役に賠償責任を問えることにはならず，損害賠償が認められるのは，到底合理的判断とはいえない行為に限定されることになります。

3 独占禁止法違反行為と代表訴訟

独禁法違反行為により損害を被った被害者は，独禁法25条に基づき又は民法709条に基づき損害賠償を請求することができるので（詳細は**Q30**参照），株式会社が独禁法違反行為を行い損害を被れば，被害者はその会社に損害賠償を求めることができます。

株式会社が独禁法違反行為の被害者に損害賠償を行えば，今度は会社に損害

が生じますし,独禁法違反行為により罰金を科されたり,課徴金を納付させられたときなども,やはり会社に損害が生じます。このようにして株式会社が独禁法違反行為を行い,それにより会社に損害が生じたといえるときは,その会社の株主は,会社に独禁法違反行為を行わせた取締役に対する株主代表訴訟の提起を検討することになります。

4 野村證券株主代表訴訟事件

独禁法違反行為に関する株主代表訴訟としては,証券会社が顧客に損失補塡をした行為についての一連の判決があります。

(1) **日立製作所ほかに対する損失補塡**

野村證券が平成2年に日立製作所ほかの取引先に対する営業特金による損失合計160億円について損失補塡をしたとして,平成6年に提起された事件の第1審[*1]は,次のように判示しました。

野村証券が重要な地位を占める一部顧客に対して,当該顧客との取引関係の維持を図りつつ,営業特金を解消するために行った損失補塡行為は,当時の証券取引法では禁止されていなかったが,不公正な取引方法のうちの不当な顧客誘引(一般指定15項・当時)に該当するので独禁法19条に違反するとしました。その理由として,一部顧客に損失補塡をすることは,一般に,市場の公正な価格形成を妨げる危険性のある行為であり,正常な商慣習に照らして不当な利益の供与に当たり,一部の顧客との取引関係の維持を図る行為は,ひいては他の競争者の支配下に入りうる顧客の引き抜きを図る行為と同視することができるから,それ自体が競争者の顧客を自己と取引するように誘引することにも当たることをあげています。

しかし,同判決は,本件の取締役が独禁法19条に違反することを認識していたとはいえないとして,取締役の責任(商法266条1項5号・当時)についての過失を否定しました。損失補塡行為は証券取引法等に基づき大蔵省に監督されていると認識しており,当時独禁法に違反するという認識がなくても,やむを得なかったというものです。

また,取締役による経営判断は,おのずから広い範囲に裁量が及ぶというべ

きであり，当時の状況では，取締役の経営判断には，その判断の過程に著しく不合理な点があるとはいえないから，取締役としての善管注意義務又は忠実義務を怠ったものとはいえないとして請求を棄却しました。

控訴審[☆2]も当時損失補填が反社会性の強い行為であると認識されていなかったとして，第1審の結論を是認しました。

(2) 東京放送に対する損失補填

野村證券が東京放送に対し営業特金の損失3億6,000万円を補填したとして平成4年に訴訟が提起された事件の上告審判決[☆3]も同様な判断を示しています。

5 談合事件と代表訴訟

野村證券事件においては，損失補填行為が当時の証券取引法に違反する行為ではなかったことが取締役の責任を否定するうえで重要であったと思われます。

これに対し，談合行為は，従前かなり蔓延していたとはいえ，不当な取引制限に対する罪として5年以下の懲役又は500万円以下の罰金が科される犯罪行為です（独禁法89条）。談合行為は，実行者の故意に基づき行われる行為なので，取締役について少なくとも独禁法違反行為として認識しなかったことについての過失を認めることは，比較的容易であると思われますし，犯罪行為を行わせることが取締役の経営判断として容認されることもあり得ません。そのため，判決に至らず和解で終了する例が多く見られます。

(1) 大林組談合事件（埼玉土曜会）

大林組が埼玉土曜会談合事件により平成4年に勧告審決を受け，1,902万円の課徴金を納付し，それによる指名停止・辞退により公共工事を受注できなくなったことにより1億円の損害が会社に生じ，また，同年10月仙台市長に1,000万円の賄賂を提供したことによる指名停止・辞退により1億円の損害が会社に生じたとして，同社の株主が同社の取締役に対し，2億2,902万円を請求する株主代表訴訟を平成6年に大阪地裁に提起しました。

訴状によれば，同社は海上埋立土砂建設協会の代表幹事であった当時，同協

会が独禁法8条1項1号（現8条1号）違反に問われ平成元年にも勧告審決を受けており，独禁法違反行為を繰り返している旨が指摘されています＊1。本件は，その後和解で終了しました。

(2) 下水道談合事件に関するもの

日立製作所は，重電メーカー8社とともに日本下水道事業団への電気設備工事の入札について談合し，平成7年，公取委から約1億7,000万円の課徴金納付を命じられこれを支払い，平成8年には東京高裁☆4で独禁法違反として罰金6,000万円の有罪判決（担当者は懲役10月，執行猶予2年）を受け確定しました。

同社の株主が事件当時の取締役3名に対し，課徴金と罰金相当額の損害を会社に賠償するよう株主代表訴訟を東京地裁に提起し，平成11年12月21日，取締役の1人が談合を阻止できなかった責任を認め，1億円を会社に支払うこと等の内容で和解が成立しました。

(3) 大林組談合事件

旧防衛施設庁発注の岩国米軍基地工事，和歌山県発注のトンネル工事，名古屋市営地下鉄工事，枚方市発注の清掃工場建設工事の大林組による各入札談合について，同社の株主が平成20年6月，歴代15名の取締役に対し，総額12億8,000万円余の支払を求めて大阪地裁に提訴しました。平成21年6月1日，会社は独禁法遵守体制を強化する，解決金2億円を支払う等の内容で和解が成立しました。

(4) 鋼橋上部工事入札談合刑事事件

鋼橋上部工事入札談合の刑事事件について，平成19年9月，東京高裁が三菱重工に対し，不当な取引制限違反として罰金5億6,000万円の支払を命じ☆5，有罪が確定しました。これにより同社の指名停止措置等による受注減等で同社が損害を被ったとして，同社の株主が取締役ら7名に対し35億円を会社に支払うよう求めて東京地裁に提訴しました。平成22年3月31日，会社による再発防止策の策定や解決金1億6,000万円の支払などを内容とする和解が成立しました。

このほかにも，同様な株主代表訴訟があり，住友重機械工業，石川島播磨重工業，神戸製鋼所，日立造船などが株主との間で和解しています。

6　海外でのカルテル事件に関するもの

　海外でのカルテル事件に関連し，日本で提訴されたものとして，三菱商事株主代表訴訟事件[6]があります。

　三菱商事は，アメリカの黒鉛電極メーカーを教唆・幇助して黒鉛電極のカルテルを維持・形成させたとして，アメリカ合衆国連邦裁判所に起訴され，平成13年，罰金1億3,400万ドルを支払い，その後，カルテルの被害者にも民事訴訟の和解金4,500万ドルを支払いました。

　三菱商事の株主が支払を余儀なくされた罰金，和解金及び弁護士費用の合計1億9,900万ドルの損害を会社に与えたとして同社の役員に同額を会社に支払うよう求めて東京地裁に提訴しました。しかし，裁判所の再三にわたる釈明にもかかわらず，原告らは，役員らの善管注意義務違反の内容をその根拠となる違法行為の予見可能性及び回避可能性を具体的に特定して主張しなかったとして，請求棄却となりました。

〔小林　覚〕

■判審決例■

☆1　東京地判平10・5・14判時1650—145。
☆2　東京高判平11・1・27金判1064—21。
☆3　最判平12・7・7判時1729—28（独禁百選（6版）250頁）。なお，第1審－東京地判平5・9・16判時1469—25，控訴審－東京高判平7・9・26判時1549—11。
☆4　東京高判平8・5・31高刑集49—2—320。
☆5　東京高判平19・9・21集54—773。
☆6　東京地判平16・5・20判時1871—125。

■注　記■

＊1　別冊商事法務175号「株主代表訴訟事例集」593頁。

32 民事的救済❸―私法上の効力と差止め

① 当社は，A社と契約を締結しましたが，後日検討したところ，独占禁止法の不公正な取引方法の禁止に違反する条項が規定されていました。この場合には，その契約は当然に無効なのでしょうか。当社がそれを理由に履行しないこともできますか。

② 取引先が独占禁止法に違反している場合には，損害賠償請求のほかに違反行為の差止めを請求することもできますか。

① 独占禁止法違反の法律行為が無効であるかについては争いがありますが，未だ独占禁止法に反する内容の契約を締結しただけで，履行していない段階であれば，相手方に無効を主張することができると考えます。

② 平成12年の改正により不公正な取引方法の禁止に該当する行為については，その違反行為によって著しい損害を生じ，又は生じるおそれがあるときは，差止請求ができるようになりました。また，平成21年の改正により差止訴訟における証拠開示手続の制度が設けられました。

　それでも，「著しい損害」が差止めの要件とされていることから，仮処分を除き差止めが認められた裁判例はこれまでありませんでしたが，近時認める判決が現れました。

☑キーワード

私法上の効力，差止め，著しい損害

第Ⅱ部◇独占禁止法の手続

解　説

1　独禁法違反と私法上の効力

　独禁法に違反する法律行為が有効であるか無効であるかについては，独禁法に明文の規定がないので，解釈により決するほかありません。

　この点については，争いがあります。主なものとしては，違反行為を無効にすることで独禁法の趣旨を達成することができるとする無効説，私法上も無効とすれば法律関係が混乱するのでそのような混乱を防止するために原則有効とすべきであるとする有効説，独禁法違反行為が履行される前には私法上も無効とすべきであるが，いったん履行された後には私法関係の混乱を防ぐためにその違反行為に基づく新たな法律関係を無効であるとして否定できないとする相対的無効説などです。また，近年は，独禁法の違反行為の違法性の程度も様々であるから，独禁法に違反する行為を一律に無効又は有効とすべきでなく個別に検討すべきであるとの立場が有力とされています。

　判決例としては，中小企業等協同組合法に基づく信用協同組合の組合員に対する貸付が両建預金であり優越的地位の濫用であるとして争われた岐阜商工信用組合事件の最高裁判決[1]があります。同判決は，本件両建預金が独禁法19条違反の不公正な取引方法であることを認めたうえで，「独禁法19条に違反した契約の私法上の効力については，その契約が公序良俗に反するとされるような場合は格別として，……同条が強行法規であるからとの理由で直ちに無効であると解すべきではない。」としました。これは基本的には有効説に立つものと解されます。

　また，花王化粧品販売事件の控訴審判決[2]は，傍論としてではありますが，「独禁法に違反する私法上の行為の効力は，強行法規違反の故に直ちに無効となるとはいえないが，違反行為の目的，その態様，違法性の強弱，その明確性の程度等に照らし，当該行為を有効として独禁法の規定する措置に委ねたのでは，その目的が充分に達せられない場合には，公序良俗に違反するものとして

民法90条により無効となるものと解される。」としています。

2 設問①について

1に述べたところからすれば，その条項に基づく履行がなされていない間は，相手方であるA社やさらにその取引先等である第三者の利益を保護する必要はありませんから，無効説や相対的無効説からは，独禁法違反行為により無効であると主張することができます。

また，個別的に考える立場や花王化粧品販売事件の控訴審判決の立場からも，独禁法違反の目的があり，その態様や違法性の程度が強いために，その行為を有効とすると独禁法の目的が十分に達せられない場合には，やはり契約条項は無効であると主張することができます。

3 設問②について

(1) 損害賠償請求

A社の独禁法違反行為により貴社が損害を被ったときは，民法709条又は独禁法25条に基づきA社に対し損害賠償を請求することが考えられます。もっとも，後者に基づき請求するためには，確定した排除措置命令等が存在することが必要です（26条1項。**Q30**参照）。

(2) 差止請求

私人による差止請求は，独禁法違反行為による被害者の救済手段の充実と独禁法違反行為に対する抑止的効果の強化という2つの観点から有用であることから，差止制度が平成12年改正法で設けられました。

(a) 差止請求権

「第8条第5号又は第19条の規定に違反する行為によってその利益を侵害され，又は侵害されるおそれがある者は，これにより著しい損害を生じ，又は生ずるおそれがあるときは，その利益を侵害する事業者若しくは事業者団体又は侵害するおそれがある事業者若しくは事業者団体に対し，その侵害の停止又は予防を請求することができる。」(24条)としています。すなわち，事業者団体

が「事業者に不公正な取引方法に該当する行為をさせるようにすること」により利益を侵害され，又は侵害されるおそれがある者と事業者の不公正な取引方法により利益を侵害され又は侵害されるおそれがある者が請求権者となります。しかしながら，差止め（侵害の停止又は予防）を請求できるのは，違反行為により著しい損害を生じたときと著しい損害を生ずるおそれがあるときに限られます。

また，差止めの対象も不公正な取引方法に限定されており，同じ独禁法違反行為でも私的独占と不当な取引制限は，対象とされていません。この点については，導入時から議論があったところです。

(b) **証拠開示手続**

差止訴訟を提起しても，相手方の資料が入手できないために立証が困難となったり，不当廉売を理由とする場合のように，相手方の原価といった相手方の営業秘密についての資料が入手できないと立証ができず，勝訴が困難となってしまいます。そこで，平成21年の改正で差止訴訟における書類の提出命令と秘密保持命令等が新たに設けられました。なお，これらの制度は，特許法（105条・105条の4）等と同様のものです。

(ア) **書類の提出命令** 24条に基づく訴訟の当事者から，相手方に対する侵害行為の立証のため必要な書類の提出の申立てがあったときは，裁判所は，その書類を所持する当事者に対し，書類の提出を命じることができます。ただし，所持者に提出を拒む正当な理由があればこの限りではありません（80条1項）。

この命令は，民訴法219条以下の文書提出命令の特則であり，文書提出命令では，対象とならない営業秘密（民訴法220条4号ハ・197条1項3号）や自己使用文書（同法220条4号ニ）も対象とすることができます。

この正当理由があるか否かを判断するために必要があれば，裁判所は，書類を裁判所に提示させることができます。これによって提示された書類については，何人も開示を求めることができません（独禁法80条2項）。しかし，提示させた場合において，裁判所がその書類を開示してその意見を聴くことが必要であると認めたときは，当事者，当事者が法人であるときは代表者，当事者の代理人，使用人その他の従業者，訴訟代理人又は補佐人に対してその書類を開示

することができます（同条3項）。これにより，裁判官以外の目に触れない民訴法による文書提出命令と異なり，場合によっては，相手方当事者などの裁判所以外の者の目に触れることになります。

　また，これらの規定は，24条に基づく訴訟における侵害行為の立証に必要な検証の目的物について準用されます。

　(イ)　秘密保持命令等　　24条の訴訟において，訴訟当事者が保有する営業秘密について，当事者の申立てにより，裁判所は，当事者，その関係者，訴訟代理人又は補佐人に対し，訴訟以外に使うことと秘密保持命令を受けた者以外へ開示することの禁止を決定で命じることができます。ただし，秘密保持命令の申立て前に，当事者等が，既に提出され，又はこれから提出されるべき準備書面の閲読や既に取り調べられ，又は取り調べられるべき証拠の取調べや開示以外の方法でその営業秘密を取得し，又は保有していたときは除外されます。

　この秘密保持命令を申し立てる当事者は，(i)既に提出され，又はこれから提出されるべき準備書面や既に取り調べられ，又は取り調べられるべき証拠（これには，提出命令による提出後に開示された書類も含まれます）の内容に営業秘密が含まれること，(ii)その営業秘密が当該訴訟以外に使われたり，開示されると営業秘密に基づく当事者の事業活動に支障が生ずるおそれがあり，その防止のため営業秘密の使用又は開示を制限する必要があることの双方に該当することを疎明しなければなりません（81条1項）。

　また，民訴法に基づく訴訟記録の閲覧謄写との関係での手当てがなされています。まず，秘密保持命令が発せられても，民訴法に基づく閲覧謄写が当然に制限されるわけではありません。そこで，秘密保持命令を申し立てる当事者としては，民訴法92条1項に基づく訴訟記録の閲覧謄写の制限も申し立てる必要があります。しかし，民訴法92条1項に基づく訴訟記録の閲覧謄写の制限は，訴訟当事者以外の者には及びますが，訴訟当事者は対象となりません。そのため，秘密保持命令が発せられていても，秘密保持命令の対象となっていない当事者がいる場合には，その当事者により営業秘密が記載された訴訟記録の閲覧・謄写が行われ，営業秘密を守ることができなくなってしまいます。そのような事態を避けるため，秘密保持命令が発せられた訴訟の訴訟記録について，民訴法92条1項の決定があった場合に，秘密保持命令を受けていない当事者か

ら秘密記載部分についての閲覧等の請求があったときは，裁判所書記官は，閲覧等の制限を申し立てた当事者に請求があった旨を通知しなければならないとしています（独禁法83条1項）。そして，閲覧等の請求があった日から，2週間を経過するまでは，裁判所書記官は，閲覧等をさせてはならないとしています（同条2項）。これにより，秘密保持命令を申し立てた当事者は，閲覧等の請求を行った当事者に対する秘密保持命令の申立てが可能となります。

秘密保持命令に違反すると5年以下の懲役又は500万円以下の罰金に処せられます（94条の3第1項）。

(c) **担保の請求**

差止請求の訴えが提起されたときは，被告は，裁判所に対して相当の担保を立てるべきことを原告に命じるよう請求することができます。裁判所は，被告のこの請求を認めるときは，決定で相当の担保を立てるべきことを原告に命じます（78条1項）。なお，担保請求の申立てをするには，被告は，訴えの提起が不正の利益を得たり，他人に損害を加える等の不正の目的によるものであることを疎明する必要あります（同条2項）。

これらの規定により，濫訴を防止するとともに正当な差止請求が不当に制限されることのないようにしています。

(d) **公取委への通知等**

裁判所は，差止請求の訴えが提起されたときは，その旨を公取委に通知するものとされています（79条1項）。また，裁判所は，公取委に当該事件に関する独禁法の適用その他の必要な事項について意見を求めることができます（同条2項）。他方，公取委は，裁判所の許可を得て，裁判所に対し，その事件に関する独禁法の適用その他の必要な事項について，意見を述べることができます（同条3項）。これにより，公取委の意見を述べる機会が一定の限度で保障されています。

(e) **裁判管轄**

差止請求については，①民訴法上の管轄のある各地裁に訴えを提起することができることを前提としたうえで，さらに併せて，②東京地裁にはすべての差止請求について管轄が認められ，③東京高裁以外の7高裁所在地の7地裁には，各高裁管内の地裁に普通裁判籍か財産上の請求の管轄があるときは，管轄

が認められます（84条の2第1項）。すなわち，地元の地裁，高裁所在地の地裁，東京地裁のいずれかに訴訟を提起することができます。

(f) 移　　　送

他の裁判所に同一又は同種の行為による差止訴訟が係属しているときは，裁判所は，当事者や証人の住所等の事情を考慮して，申立て又は職権で他の管轄裁判所へ移送することができます（87条の2）。

以上より，取引先が貴社に対し不公正な取引方法を用い，これにより貴社に著しい損害が生じたり，生じるおそれがあるときは，独禁法に基づき，その差止請求が可能です。

4　差止請求に関する裁判例

差止請求の要件として「著しい損害」が規定されていることから，これまで仮処分を除き認められた裁判例はありませんでしたが，近時認容した判決が現れました。

(1) 肯　定　例

神鉄タクシー事件

神戸鉄道の子会社である神鉄タクシーは，神戸鉄道の鈴蘭台駅前と北鈴蘭台駅前のタクシー待機場所を同社の専用乗り場であるとして使ってきました。ところが，この土地が神戸市の所有地であり，市道の車道部分であることから，神戸市は，近年，神鉄タクシーに対し，専用乗り場等の表示をやめるよう指導していました。

タクシー事業者である原告らがこの乗り場に車両を乗り入れたところ，神鉄タクシーの乗務員らが割り込んだり，立ちはだかる等をして，利用者の乗車を妨害しました。

そこで，原告らは，そのような妨害行為の差止めを独禁法24条に基づき求めるとともに損害賠償を求めて神戸地裁に提訴しました。

1審の神戸地裁は，損害賠償（慰謝料）は認めたものの差止請求は棄却しました[☆3]が，控訴審の大阪高裁は，原告らと神鉄タクシーとは一般指定14項の競争関係にあり，神鉄タクシーの妨害行為は，不当な取引妨害に当たるとした

うえ，延べ4日間にわたりタクシー利用者と旅客運送契約を締結する機会をほぼ完全に奪ったのであり，今後も完全に奪うことが予想され，損害の内容，程度，独禁法違反行為の態様等を総合勘案すると，独禁法19条違反行為によって利益を侵害され，侵害されるおそれがあることによって生じる損害は著しいものというべきとして，差止めと損害賠償を認容しました☆4。

(2) 否 定 例

(a) **日本テクノ事件**☆5

　日本テクノ㈱は，電気工作物の自動遠隔監視システムであるESシステムを開発し販売する事業者であり，オリックス㈱は，その割賦販売を扱っていました。日本テクノからESシステムを購入した顧客は，それまで電気管理技術者との間で締結していた電気保安業務委託契約を解約し，日本電気保安協会（略称．日電協）所属の電気管理技術者との間で新たに業務委託契約を締結するようになりました。そこで，解約された電気管理技術者らが原告となり，日本テクノに対しては，①その顧客に原告らとの契約を解約させて日電協所属の技術者と新たな契約を締結させたことは不当な取引妨害である，②日電協所属技術者の受託報酬は原価割れの不当廉売である，③日本テクノの宣伝はぎまん的顧客誘引である，④ESシステムの販売と日電協所属の技術者の業務委託契約は抱き合わせ販売であると主張して，24条に基づき，解約の働きかけ等の不当な取引妨害や電気保安業務委託契約の締結をしてはならない等の差止めを求めました。また，日本テクノとオリックスに対しては，被告らが顧客と原告らとの契約を解約させて日電協所属の技術者との契約を締結させたのは，債権侵害であり共同不法行為であるとして損害賠償を求めました。

　本判決は，①日本テクノが日電協所属の技術者の委託を受け契約締結の代行や報酬の代理回収を行っているものの，顧客に対する勧誘に用いられた手段が客観的に見て顧客の自由な意思決定に支障を来す程度といえない以上不当な取引妨害とはいえない，②日電協所属の技術者の報酬が原価割れとは認められないから不当廉売に当たらない，③日本テクノの勧誘に顧客の商品及び役務の選択の意思決定を誤らせるような虚偽は公示されていないからぎまん的顧客誘引に当たらない，④商品と役務が抱き合わされているともいえないとして，24条に基づく請求をすべて退けました。また，原告らとの契約の解約を代行したと

しても顧客の自由意思を不当に束縛して原告らの債権を侵害したともいえないとして，日本テクノらに対する損害賠償請求も退けました。

(b) **LPガス販売差別対価差止請求（ザ・トーカイ）事件**☆6

静岡市を本拠地とするLPガス販売業者である㈱ザ・トーカイは，静岡県では需要家との契約件数は1位でシェアは約8.7％でした。同社は，東京都など首都圏へ進出し首都圏の会社と業務提携したうえ，静岡県では一般家庭用LPガスを主として10㎥当たり5,700円から6,200円で販売し，首都圏では既存顧客には6,000円前後で販売しながら新規顧客に対し4,300円で販売していました。この行為を差別対価に当たるとしてLPガス販売業者である18社が原告となり，ザ・トーカイと提携先1社を被告として，4,300円程度での販売，販売委託等の差止めを求めて提訴しました。

本判決は，市場において価格差があることは，業者間の能率競争，市場における需給調整が機能している現れとみることができるから，その価格差が不当廉売を含むものであることが明らかな場合は格別，原価割れでないことに争いがなく，不当廉売の主張もない事案では小売業者の価格決定を萎縮させることのないよう公正競争阻害性の判断は慎重に行う必要があるとしました。そのうえで，東京都などでは多数のLPガス販売業者が存在し，顧客は比較的自由に解約し他の業者と契約することができるので，被告が同一市場で価格差を設けても，それに合理的理由がなければ顧客は他の業者と契約できる，被告の価格差は市場における競争状況や供給コストの差を反映したものと推認され，競争減殺効果が生じていると認めるに足りる証拠はない，として請求を棄却しました。

(c) **三光丸事件**☆7

長年にわたり家庭用配置薬である三光丸を仕入れ販売している業者10社は，新規契約の締結に応じなかったとして三光丸の製造販売元から既存の商品供給契約を解約されました。そこで，10社は，製造販売元を被告として，商品供給契約の解約は，単独の取引拒絶に該当することを理由に出荷停止の禁止と商品引渡しを24条の差止請求として求め，さらに解約は無効であるとして商品供給契約上の地位の確認，原告らの申込みに対する承諾の意思表示をなすこと，必要数量の商品引渡しを求めました。

本判決は,「侵害の停止又は予防を請求することができる」との文理からすると, 24条は相手方に直接的な作為義務を課すことは予定していないし, 直接的な作為義務を認めたとしても強制執行は不可能であり, 法制度上想定されないとして, 同条に基づく引渡請求については, 不適法として却下しました。

　また, 取引拒絶行為は認められるが, その理由となった新契約の条項だけからは, 原告が主張する拘束条件付取引, 優越的地位の濫用と認められないから, 取引拒絶に公正競争阻害性はないとして, 出荷停止の差止請求を棄却しました。

　さらに, 注文に対する承諾の意思表示の義務づけの一般民事上の請求についても, 給付請求を認めれば足り, 承諾請求には必要性が認められないことを理由に不適法として却下し, 結局, 原告8社についての既存契約に基づく買主の地位の確認のみを認容しました。

(d)　関西国際空港新聞販売事件[8]

　関西地区では, 即売ルート（駅, 空港, コンビニ等での不特定の者への販売）で販売されるほとんどの全国紙5紙は, 卸売5社を通じて販売されていたところ, 空港島の販売窓口一本化のため卸売5社が出資して設立された関西国際空港新聞販売㈱（以下「関空販売」といいます）は, 全国紙5紙を卸売会社5社から購入し空港島内の売店と航空会社へ販売していました。エアポートプレスサービス㈱（以下「エアポート社」といいます）は, 卸売5社に対して購入を申し込みましたが, 空港島での販売は, 関空販売を通して行うとの理由で, すべて拒否されました。エアポート社が公取委に独禁法違反であると報告したところ, 関空販売は定款の目的事項から空港島内での新聞の販売を削り, 販売は卸売5社が行い, 関空販売は仕訳や配送等を受託業務として行う形に改め, これを受けて公取委も注意にとどめました。

　そこで, エアポート社は, 関空販売と卸売5社による共同の取引拒絶（旧一般指定1項）であるとして, 関空販売に対し空港島での新聞販売の中止を, 卸売5社に対し, 空港島内での販売のための供給申込みの拒絶の中止を求めて提訴しました。1審の大阪地裁が請求を棄却し, エアポート社が控訴しました。

　大阪高裁は, 次の理由で差止めを否定し, 控訴を棄却しました。まず, 関空販売は, 卸売5社と競争関係にないから, 5社の取引拒絶をもって, 関空販売

を共同の取引拒絶の主体とみることはできないとしました。次に，5社が共同して取引拒絶をしたことは，認められるが，エアポート社は，5社から仕入れている他の卸売業者から供給を受けることが可能であり，現に受けているから，公正競争阻害性がないとしました。さらに，念のためとして，「著しい損害」については，差止めを認めるには損害賠償を認める場合よりも高度の違法性が必要であり，損害賠償の場合よりも被侵害利益が大きく，侵害行為の悪性が高い場合に差止めは認められるとしたうえで，著しい損害はないとしました。

(e) **下関市福祉バス事件**☆9

旧豊北町（現下関市）が当初無償で，その後低廉な料金（200円）で福祉バスを運行させたことにより，利用者が激減した小規模なタクシー会社2社が豊北町に対し，バスの運行は不当廉売であり，タクシー事業が成り立たないとして，民法709条に基づく損害賠償と独禁法24条に基づく一定金額以下でのバス運行の差止めを求めました。

本判決は，無償運行は有償運行の準備行為であるから，無償期間も町は事業者である，道路運送法80条1項ただし書による許可は有償運送が市場に与える影響や不当廉売該当性について考慮しているわけではないから，同法の許可があっても独禁法の適用が除外されるわけではないとして，これらの点については，町の主張を排斥しました。そのうえで，不当廉売に該当するか否かについては，200円の運賃が供給に要する費用を著しく下回る対価であることを否定できないが，民間業者の新規参入が期待できないこと，バスとタクシーでは役務内容が異なり，福祉バスの利用者が少数であることからその影響は原告らを廃業に追い込むほどではないこと等から，廉売行為には，正当の理由があり，不当廉売には該当しないとして，請求を棄却しました。

〔小林　覚〕

■判審決例■

☆1　最判昭52・6・20民集31―4―449。
☆2　東京高判平9・7・31判時1624―55。
☆3　神戸地判平26・1・14集60―2―214。

第Ⅱ部◇独占禁止法の手続

- ☆4 　大阪高判平26・10・31判時2249—38。
- ☆5 　東京地判平16・3・18判時1855—145。
- ☆6 　東京地判平16・3・31判時1855—79。
- ☆7 　東京地判平16・4・15判時1872—69。
- ☆8 　大阪高判平17・7・5集52—856。
- ☆9 　山口地下関支判平18・1・16集52—918。

第Ⅲ部

独占禁止法のケース・スタディ

33　長期の購入義務を課す売買契約

　当社（A社）は，乙製品の原料である甲製品を製造・販売しています。乙製品を製造するためには，甲製品は不可欠であり，他の原料に代替することはできません。一方，甲製品は乙製品の原料以外に用途はなく，また輸送費がかかるため，海外からの輸入品はありません。甲製品の製造業者は，当社（国内販売シェア60％で第1位）のほか3社（2位22％，3位10％，4位8％）あり，その品質には大差がないため，乙製品の製造業者（国内8社）は，いずれも甲製品を複数の製造業者から購入しています。

　半年ほど前から，乙製品の需要が急激に伸び，今後も長期的に好調な販売が予想されることから，乙製品の製造業者であるB社ほか数社は，原料である甲製品を確保するため，相次いで，当社に対して，甲製品の購入量の大幅な増加（合計で現在の約2倍）を求めてきました。当社には，現在，甲製品の製造余力はほとんどありませんので，これらの需要に応ずるためには，約100億円を投資して，新たなプラントを建設する必要があります。そこで，B社らに対して，新規プラント操業開始後3年間の継続的甲製品購入契約の締結を求め，その中に，ア）甲製品の3年間の製品売買単価，イ）毎月の最低購入義務数量を盛り込みたいと考えていますが，独占禁止法上問題があるでしょうか。

　設問のA社は，日本における甲製品の販売シェアの60％を有するトップ企業であり，またB社らに要請する契約内容は，B社らに対して，3年間というある程度の長期に亘って，甲製品の購入義務を課し，その結果，A社の競争事業者が甲製品の販売先を失う可能性があることから，私的独占の禁止（排除型）に反する可能性があります。また，私的独占の禁止に反しない場合であっても，

> 排他条件付取引（もしくはその他の拘束条件付取引）や優越的地位の濫用に該当する可能性があります。

☑キーワード

長期購買契約，排除型私的独占，排他条件付取引，拘束条件付取引，優越的地位の濫用

解説

1 排除型私的独占の該当性

(a) 独禁法は，私的独占を禁止していますが（2条5項），そのうち排除型私的独占とは，事業者が他の事業者の事業活動を排除する行為（以下「排除行為」といいます）により，公共の利益に反して，一定の取引分野における競争を実質的に制限することを意味します。

そして，排除行為とは，他の事業者の事業活動の継続を困難にさせたり，新規参入者の事業開始を困難にさせたりする行為であって，一定の取引分野における競争を実質的に制限することにつながる様々な行為をいうとされています（公取委が平成21年10月28日に公表した「排除型私的独占に係る独占禁止法上の指針」（以下「排除型私的独占ガイドライン」といいます）第2－1－(1)）。過去にどのような事例が摘発されているかについては，**Q 9**を参照してください。

(b) 事業者の行為が，排除型私的独占に該当するか否かについては，「排除型私的独占ガイドライン」が参考となりますが，設問の行為については，そのうち「第2－3 排他的取引」に該当するとされる可能性があります。同ガイドラインにおいて，排他的取引とは「ある事業者が，相手方に対し，自己の競争者との取引を禁止し，又は制限することを取引の条件とすることにより，競争者が当該相手方に代わり得る取引先を容易に見いだすことができない場合に

は，その事業活動を困難にさせ，競争に悪影響を及ぼす場合がある。」とされ，「自己の競争者と取引しないことを明示的な契約内容とする行為だけでなく，自己の競争者との取引を禁止し又は制限することを実質的に取引の条件とする行為も含まれる。例えば，自己との取引について一定の取引数量を達成することを条件とする際に，当該取引数量を取引先の取扱能力の限度に近い水準に設定する場合には，自己の競争者との取引を禁止し又は制限することを実質的に取引の条件としているとみることができ，当該行為は排他的取引となる。」とされています（同ガイドライン第2―3―(1)）。

(c) 設問において，A社は，B社らに対して，継続的購入契約を締結することを求め，その中に，新規プラント操業開始後の3年間に亘り，毎月の最低購入義務数量を課すという規定を盛り込もうとしています。実際に，どのような数量を最低購入義務数量とするかが問題となりますが，当該B社ら乙製品製造業者のそれぞれの毎月の需要量のすべて，もしくはすべてに近い数量とする場合には，結果として，他の甲製品の製造業者は，B社らに対して，甲製品を全く，あるいはほとんど販売することができなくなります。したがって，このような場合には，上記(b)のとおり，排除行為に該当すると判断される可能性があります。そして他の甲製品の製造業者がその販売先である乙製品の製造業者を容易に見出すことができないといった競争者の事業活動を困難にさせるか否かを判断するにあたっては，商品に係る市場全体の状況（市場集中度，商品の特性，規模の経済，商品差別化の程度，流通経路，市場の動向，参入の困難性等），行為者及び競争者それぞれの市場における地位（各商品シェア，その順位，ブランド力，供給余力，事業規模等），行為の期間及び相手方の数・シェア，行為の態様（取引の条件・内容，行為者の意図・目的等）などを総合的に考慮して判断するとされています。設問の場合，後記(d)のとおり，甲製品の国内における販売市場を前提に検討することになりますが，①甲製品の製造・販売業者は4社しかなく，②甲製品の品質には各社によって大きな違いがないこと，③A社は60％の市場シェアを占めており，④競争者のシェアはA社のそれと比較して3分の1程度以下であること，⑤購入を義務づけられる期間が3年間といった比較的長期に亘るといった点は，排除行為への該当性を肯定する方向に働くものと思われます。また，B社らの数が少なければ肯定する方向に，多ければ否定する方向に働き，提示

する固定価格が，過去及び現在の相場価格と比較して高ければ肯定する方向に，安ければ否定する方向に働くでしょう。一方で，他の競争者に製造余力がある，あるいは事業規模としても，プラントの増設をすることが可能であるといった事情があれば，排除行為を否定する方向に働き，またそもそも，A社の目的が，新規需要に応じるため，100億円もの資金を投下して新プラントを増設し，その投下資本の回収を図るために，取引量の増大を求めてきた乙製品の製造業者に対して，注文をキャンセルされることを避けるため，継続的購入を求めるということには一定の合理性が認められ，排除行為の該当性を否定する方向に働くものと思われます。

(d) 私的独占の禁止は，一定の取引分野における競争を実質的に制限する場合にのみ成立しますので，上記の検討の結果，排除行為に該当するとされる場合であっても，「一定の取引分野における競争の実質的制限」，すなわち，「競争自体が減少して，特定の事業者または事業者集団がその意思で，ある程度自由に，価格，品質，数量，その他各般の条件を左右することによって，市場を支配することができる状態を形成・維持・強化すること」に該当しない場合には成立しません。なお，一定の取引分野の捉え方については**Q6**を，競争の実質的制限の該当性については**Q4**を，それぞれ参照してください。設問の場合には，①甲製品を他の原料に代替することはできないこと，②輸送費がかかるため，海外からの輸入品はないこと，及び甲製品の品質には大差がないことから，甲製品の国内における販売市場が一定の取引分野とされます。そして競争を実質的制限すると認められる場合には，A社の行為が排除型私的独占に該当するとされる可能性があります

(e) 設問に関しては，ノーディオン事件[☆1]が参考になります。この事件は，X社が，専ら放射性医薬品の原料として使用されるA製品の世界における生産数量の過半を製造し，販売数量の大部分を販売しており，また放射性医薬品はA製品以外の原料によって製造することができないという事情のもとで，A製品の原料調達先の会社の製造設備（原子炉）の老朽化による代替原子炉建設資金の大部分を負担する必要が生じたため，その資金を回収する必要に迫られ，A製品の全量をX社から購入して放射性医薬品を製造している事業者2社に対して，10年間のA製品排他的購入契約を締結させたという事案です（さらに，そ

Q33◆長期の購入義務を課す売買契約

のうちの1社は，長期購入契約を非排他的なものとするよう繰り返し要請しましたが，X社はその要請を拒否したため，A製品の取引条件で不利になることを懸念し，排他的購入契約を締結することを余儀なくされたと認定されています）。この事案において，X社の行為は，他のA製品の製造販売業者の事業活動を排除するものであり，私的独占の禁止（3条）に違反すると判断されました。

(f) 設問の場合には，A社のシェアが60％であり，上記(e)の事例ほど高くないことは，競争の実質的制限の該当性を否定する方向に働きますが，B社らが3年間という比較的長期間に亘り，固定価格による購入条件を受け入れなければ，B社らにとっては，甲製品の必要数量を調達できず，受け入れざるを得ないという点は，肯定する方向に働くものと思われます。

したがって，他の甲製品の製造業者の製造余力，増設の可能性，過去の競争の状況（活発な競争が行われていたか否か）などの要素によっては，排除型私的独占に該当すると判断される可能性も否定できません。

検討の結果，排除型私的独占に該当すると認められない場合であっても，不公正な取引方法（2条9項）に該当するとされる可能性があります。設問の場合に問題となりうるのは，排他条件付取引（もしくはその他の拘束条件付取引）と優越的地位の濫用です。

2 排他条件付取引（もしくはその他の拘束条件付取引）の該当性

(a) 「相手方が競争者と取引しないことを条件として当該相手方と取引」する行為を排他条件付取引といいます（一般指定11項）。前述のとおり，甲製品の需要者であるB社らにとって，その需要量のほぼ全量をA社から購入するよう義務づけられる場合には，この排他条件付取引に該当する可能性があります。この場合の公正競争阻害性は「競争者の取引の機会が減少し，他に代わり得る取引先を容易に見いだすことができなくなるおそれがある場合」に認められます（流通・取引慣行ガイドライン第1部第4—2）。

そして，同ガイドラインは，市場における有力な事業者が排他条件付取引を行い，これによって競争者の取引の機会が減少し，他に代わりうる取引先を容易に見出すことができなくなるおそれがある場合に違法になるとしており，市

場における有力な事業者については，シェアが10％以上又はその順位が上位3位以内であることが一応の目安とされています。また，上記要件に該当するか否かは①対象商品の市場全体の状況（市場集中度，商品特性，製品差別化の程度，流通経路，新規参入の難易性等），②行為者の市場における地位（シェア，順位，ブランド力等），③当該行為の相手方の数及び市場における地位，④当該行為が行為の相手方の事業活動に及ぼす影響（行為の程度，対応等）等を考慮して判断されるとされています。

(b) A社は，甲製品の国内における販売市場において有力な事業者に該当しますので，設問のア），イ）といった規定を含む継続的購入契約を締結させる行為について，上記諸要素を考慮した結果，公正競争阻害性が認められるとされる場合には，排除条件付取引とされることになります。A社と継続的購入契約を締結させられる乙製品製造業者の数が多く，A社の競争者にとって，甲製品の販売先が大幅に減少するということになるといった場合には，排他条件付取引に該当すると判断される可能性があります。なお，公取委の実務においては，完全に競争業者との取引を禁止するといった取引条件ではなく，設問のように，需要者の需要量の大半をA社から購入することを義務づけ，結果として競争業者を排除する効果がもたらされるという場合には「その他の拘束条件付取引」（一般指定12項）を適用しています。

3 優越的地位の濫用の該当性

(a) 優越的地位の濫用（2条9項5号）とは，自己の取引上の地位が相手方に優越していることを利用して，正常な商慣習に照らして不当に，同号イないしハのいずれかに該当する行為をすることを意味します。「自己の取引上の地位が相手方に優越している」とは，一般には，市場支配的な地位又はそれに準ずる絶対的に優越した地位である必要はなく，取引の相手方との関係で相対的に優越した地位であれば足りると解されています（「優越的地位の濫用に関する独占禁止法上の考え方」第2参照）。ただし，商取引においては，一方の当事者の立場が他方の当事者の立場に優越しているという場合が多々あり，そのような場合をすべて優越的地位にあると認定することは適当ではありません。要するに，甲

が取引先である乙に対して優越した地位にあるとは，乙にとって甲との取引の継続が困難になることが事業経営上大きな支障をきたすため，甲が乙にとって著しく不利な要請等を行っても，乙がこれを受け入れざるを得ないような場合に限られます。そして，この判断にあたっては，乙の甲に対する取引依存度，甲の市場における地位，乙にとっての取引先変更の可能性，その他甲と取引することの必要性を示す具体的事実を総合的に考慮するとされ，大企業と中小企業との取引だけでなく，大企業同士，中小企業同士の取引においても，認められる場合があるとされています。

(b) 設問の場合，乙製品の製造には甲製品が不可欠であること，A社が60％の市場シェアを有していることといった事情があるため，B社らにとってA社は優越的地位にあると判断される余地はありますが，乙製品の製造業者が，複数の事業部門を有しており，乙製品の製造・販売が自社の事業の一部に過ぎないといった場合には，取引の継続が困難になることが事業経営上大きな支障をきたすため，A社がB社らにとって著しく不利な要請等を行っても，B社らがこれを受け入れざるを得ないとまでいえるかは疑問です。さらに，仮にA社がB社らにとって優越的地位にあるとされる場合であっても，「正常な商慣習（公正な競争秩序の維持・促進の立場から是認されるもの）に照らして不当に」といえる場合でなければ優越的地位の濫用には該当しません。「正常な商慣習に照らして不当に」といえるか否かについては，個別事案ごとに判断されますが，設問のように，B社らの要請に基づいて甲製品を増産するための多額の投下資本の回収が，B社らの注文キャンセルによって困難となることを避けるため，3年に限り，B社らに購入義務を課すことは，必ずしも「正常な商慣習」に反するとまではいえないのではないかと思われます。

ただし，日本トイザらス事件[☆2]において，公取委は，行為者の濫用行為を相手方が受け入れている事実が認められる場合には，当該受入れについての特段の事情がない限り，「取引の継続が困難になることが事業経営上大きな支障をきたす」ことに結びつく重要な要素になるとの判断を示しており，本問のような場合でも，優越的地位の濫用に該当すると判断される可能性も否定できません。

〔福井　琢〕

第Ⅲ部◇独占禁止法のケース・スタディ

■判審決例■

☆1　平10・9・3勧告審決　集45―148。
☆2　平27・6・4課徴金納付命令一部取消審決（平成24年（判）第6号及び第7号）審決DB。

Q34 価格カルテル

当社が製造販売しているX製品は，購入先企業の力が強く，なかなか値上げに応じてもらえません。そこで，当社の営業担当者は数年前より，国内の同業者A〜D社の営業担当者らと3か月に1回の割合で会合を持ち，四半期ごとのX製品の値上げ率についての情報を交換し，その結果に基づいて購入先企業と値上げ交渉を行っています。このような行為はカルテルとして規制されるのでしょうか。

　5社の営業担当者が四半期ごとに行われる会合において，X製品の値上げ率を決定し，同決定に基づいて各社が購入先企業に対してX製品の値上げを申し入れたといった場合はもちろんのこと，たとえ契約や協定といった明示の方法により値上げ率を合意することはなかったとしても，X製品の価格動向や需要見通し，各社の希望する値上げ率等についての情報が交換され，その結果関係者の間で，暗黙のうちに値上げ時期や値上げ率についての具体的な内容が了解されるに至り，その了解に基づいて各社がそれぞれの購入先企業に対して値上げの申入れを行い，その結果，X製品の国内市場における競争が実質的に制限された場合には，カルテルに該当すると考えられます。

☑ キーワード

価格カルテル，意思の連絡，相互拘束，競争の実質的制限

解説

1 カルテルとは

（a）カルテルという言葉は法律上の用語ではなく，独禁法上は主として「不当な取引制限」のことを意味します。そして，不当な取引制限とは，事業者が他の事業者と共同して，価格，数量，取引先の獲得などといった競争上の諸要素について，相互にその事業活動を拘束することによって，一定の取引分野における競争を実質的に制限することであり（2条6項），独禁法3条により禁止されています。

（b）不当な取引制限の中でも，価格の維持，あるいは引上げを内容とする価格カルテルは，価格決定メカニズムを直接阻害する効果をもたらすため，最も違法性が強いとされています。以前は，価格カルテル及び価格に影響を与える供給量制限カルテルについて課徴金が課されるものとされていましたが，平成17年の独禁法改正により，価格に影響を与える場合には，購入量，シェア，取引先を制限するカルテルについても課徴金が課されることになりました（7条の2）。

（c）本問の場合には，X製品の競合メーカー5社の営業担当者が定期的に会合を持ち，四半期ごとのX製品の値上げ率についての情報を交換し，その結果に基づいて購入先企業と値上げ交渉を行っているとのことですから，不当な取引制限に該当する可能性があります。

2 意思の連絡

（a）不当な取引制限の行為要件としては，独禁法2条6項において「契約，協定その他何らの名義をもつてするかを問わず，他の事業者と共同して」と規定されていますので，参加者当事者間に「意思の連絡」を通じて「共通の意思が形成されること」が必要です（詳しくは**Q10**参照）。

(b) 本問において、5社の営業担当者が四半期ごとに行われる会合において、X製品の値上げ率を決定し、同決定に基づいて各社が購入先企業に対してX製品の値上げを申し入れたのであれば、明示の「意思の連絡」が存在したことになります。

しかしながら、営業担当者らが上記会合において契約や協定といった明示の方法により値上げ率を合意することはなかったという場合には、それでもなお「意思の連絡」という要件を満たすことになるか否かが問題となります。

(c) 「意思の連絡」については、判審決上、明示であるか黙示であるかを問わないものとされています。例えば、合板入札価格協定事件☆1において、公取委は「(担当者らが数回の会合を重ねて価格についての種々の情報交換が行われた等の)事情の下に、或る者が他の者の行動を予測し、これと歩調をそろえる意思で同一行動に出たような場合には、これらの者の間に……意思の連絡がある」ものと認定しています。また、東芝ケミカル事件☆2において、東京高裁は「『意思の連絡』とは、複数事業者間で相互に同内容又は同種の対価の引上げを実施することを認識ないし予測し、これと歩調をそろえる意思があること」であるとしたうえで「一方の対価引上げを他方が単に認識するのみでは足りないが、事業者間相互で拘束し合うことを明示して合意することまでは必要でなく、相互に他の事業者の対価の引上げ行為を認識して、暗黙のうちに認容することで足りる。」としています。

(d) さらに「意思の連絡」の立証は、実際のカルテルが協定書の存在といった直接証拠のないケースがほとんどであることから、①何らかの会合、電話連絡といった当事者間の事前の連絡、接触の存在、②その結果として、ある程度具体的な共通の意思が形成されたとみられること、③事後の行動の一致がみられること、の3点ならびに背景事情や動機その他の間接事実の積み重ねによりなされることになります*1。この点、前記東芝ケミカル事件においては「8社が事前に情報交換、意見交換の会合を行っていたこと、交換された情報、意見の内容が本件商品の価格引上げに関するものであったこと、その結果としての本件商品の国内需要者に対する販売価格引上げに向けて一致した行動がとられたこと」を認定し、「特定の事業者が、他の事業者との間で対価引上げ行為に関する情報交換をして、同一又はこれに準ずる行為に出たような場合には、

右行動が他の事業者の行動と無関係に，取引市場における対価の競争に耐えうるとの独自の判断によって行われたことを示す特段の事情が認められない限り」意思の連絡があるものと判断されています。

(e) 要するにこれらの判審決例からすれば，事業者間において，数量その他の競争上の諸要素についての情報交換がなされ，その結果，参加事業者間に競争制限に係る暗黙の了解もしくは共通の意思が形成されれば，意思の連絡という要件は満たされると判断されるものと解されます。

したがって，本問の場合においても，5社の営業担当者の会合において，X製品の価格動向や需要見通し，各社の希望する値上げ率等についての情報が交換され，その結果関係者の間で，暗黙のうちに値上げ時期や値上げ率についての具体的な内容が了解されるに至り，その結果各社がそれぞれの購入先企業に対して値上げの申入れを行えば，「共通の意思」は形成されたと判断されます。

3 相互拘束

本問の場合には，特にカルテル破りを防止するための実効性を確保する手段がとられていませんが，「相互にその事業活動を拘束し」（2条6項）との要件は，「（合意）内容の実施に向けて努力する意思をもち，かつ他の被告会社もこれに従うものと考えて」いるといった紳士協定であっても満たされるとされています（石油価格カルテル刑事事件[*3]）。

4 競争の実質的制限

(a) 独禁法2条6項における「競争の実質的制限」とは「競争自体が減少して，特定の事業者または事業者集団が，その意思で，ある程度自由に，価格，品質，数量，その他各般の条件を左右することによって，市場を支配することができる形態が現われているか，または少くとも現われようとする程度に至っている状態をいう」（東宝・スバル事件東京高裁判決[*4]），「市場支配力の形成，維持ないし強化という結果が生じ」ること（NTT東日本事件最高裁判決[*5]）あるいは「当該取引に係る市場が有する競争機能を損なうことをいい，本件基本合意

のような一定の入札市場における受注調整の基本的な方法や手順等を取り決める行為によって競争制限が行われる場合には，当該取決めによって，その当事者である事業者らがその意思で当該入札市場における落札者及び落札価格をある程度自由に左右することができる状態をもたらすことをいうものと解される。」(多摩談合（新井組）審決取消請求事件☆6) とされています（詳細はQ4参照）。したがって，本問における5社が，X製品の国内市場における供給業者のすべてである場合にはもちろん，他にX製品のメーカー等が存在し，5社の市場シェアの合計が50％程度であったとしても，その中に上位の市場シェアのメーカーが含まれており，他の業者も値上げに追随したといった事情が認められる場合には，競争制限効果が認められるものと考えられます。

(b) しかしながら，例えばX製品については，購入企業の立場が非常に強く，5社が一定の値上げを一斉に申し入れたにもかかわらず，結局その要求は通ることなく，各社とも従来どおりの価格で販売せざるを得なかったという場合にはどうなるでしょうか。この問題は，違反の成立時期とも関連する難しい問題です。最高裁は，石油価格カルテル刑事事件☆3において，「事業者が他の事業者と共同して対価を協議・決定する等相互にその事業活動を拘束すべき合意をした場合において，右合意により，……一定の取引分野における競争が実質的に制限されたものと認められるとき」に不当な取引制限に関する独禁法89条1項1号の罪が既遂に達するとしていますが，ラップ価格カルテル刑事事件☆7において，東京高裁は，業界のそれまでの価格引上げ合意が実現しなかったことのある経緯，シェア争いが激しく相互に不信感が強いという特殊事情のもとに「単に販売価格を引き上げるとの合意があったという程度では，いまだ各社を拘束する協定となるものではない」としています。

したがって，結局値上げを実現することはできなかったという場合には，競争の実質的制限という要件を満たしていない，すなわち「その意思である程度自由に，価格，数量その他各般の条件を左右することによって，市場を支配することが出来る形態があらわれようとする程度」にも至っていないと解される余地があります。しかし，それは結果論であって，値上げに成功すれば不当な取引制限に該当する可能性がある以上，そのような行為を行うべきではないことは当然です。実際，「甲県において建設資材Xのメーカー30社を会員とする

事業者団体であり，甲県内で建設資材Xのメーカーの80％が加入しているA協会が，原油価格の高騰に伴う原材料費の値上がり等のため，これらを製品価格に転嫁することを検討し，A協会として，道路工事業者，土木工事業者などの取引先事業者に対して，業界の窮状を訴えると共に，価格是正を求める要請文書を発出すること」というケースにおいて，公取委は「独禁法上問題となるおそれがある」と回答しています（相談事例集平成16年度事例12）。

(c) いずれにしても，「競争の実質的制限」という効果を生ずるか否かは，その前提として「一定の取引分野」すなわち市場をどのように捉えるかという問題も含め，大変難しい問題です。この点については，**Q6**，**Q4**，及び公取委が平成16年5月31日に公表した「企業結合審査に関する独占禁止法の運用指針」（最終改定平成23年6月14日）を参照してください。

(d) なお，平成17年の独禁法改正により，一定の条件のもとに，違反事業者が公取委に所要の情報提供等を行った場合には，課徴金を減免するという制度が導入されました（7条の2第7項～9項）。この制度の導入により，前述した「共通の意思の形成」の立証に必要な証拠の収集が，容易になるのではないかと予想されていましたが，実際にも，改正法が施行された平成18年1月4日から平成26年度末までに合計836件の申請がなされました（公取委が平成27年5月27日に公表した「平成26年度における独占禁止法違反事件の処理状況について」による）。

〔福井　琢〕

■判審決例■

☆1　昭24・8・30審判審決　集1—62。
☆2　東京高判平7・9・25判タ906—136。
☆3　最判昭59・2・24刑集38—4—1287。
☆4　東京高判昭26・9・19百選12頁。
☆5　最判平22・12・17民集64—8—2067。
☆6　最判平24・2・20民集66—2—796。
☆7　東京高判平5・5・21高刑集46—2—108。

■注　記■

＊1　厚谷・条解65頁以下。

35 入札談合と制裁

当社を含むメーカー5社は，10年程前，特定の電子機器の入札で，今後の入札はA社の指示に従うという内容の申し合わせを口頭で行い，それ以降，入札が実施されるたびごとにA社のファックスによる指示を守って入札しています。実際の入札に参加するのは，各社の窓口商社なのですが，このような行為は独占禁止法上どのような判断を受けるのでしょうか。

　当該機器のメーカー5社は「今後の入札はA社の指示に従う」という内容の申し合わせを口頭で行っており，さらにこの基本ルールに従って現実の入札のたびにA社のファックスによる指示がなされているわけですから，意思の連絡の要件は満たされています。したがって，本問のメーカー5社が，特定の電子機器の指名業者のすべてであれば，5社による談合行為により，当該入札における落札価格が左右されることは明らかですので，そのような場合には競争制限効果が認められ，不当な取引制限に該当します。なお，本問のメーカー5社は，いずれも入札の指名業者とはなっておらず，指名業者となっているのは各社の窓口商社となっていることから，このような場合でも一定の取引分野における競争を実質的に制限しているといえるのかが問題となりますが，たとえ指名業者になっていないメーカー5社であっても，窓口商社に対する指示を行っている場合には，不当な取引制限の行為主体となり得るものと判断されます。

☑キーワード

入札談合，制裁，意思の連絡，競争の実質的制限，入札適正化法，営業停止，入札参加資格停止，指名停止，損害賠償，株主代表訴訟

解説

1 入札談合とは

(a) 入札談合とは，公共工事の発注や物品調達等の入札に際し，指名を受けた事業者間において，あらかじめ何らかの方法により受注予定者を決定することをいい，当該受注予定者が落札できるようにするため，入札参加者間で入札価格の調整がなされるのが通例です。入札談合という言葉は独禁法上の用語ではなく，独禁法上は不当な取引制限に該当するものとして禁止されています（2条6項・3条・8条1号）。

(b) 入札談合には，個別の発注あるいは物品調達ごとに行われるものもありますが，一般的には，○○県発注の土木工事についてとか，○○市が発注する○○設備工事について，あるいは○○庁の調達する備品について，といった一定の範囲の入札に関して，過去に指名を受けた実績のある業者間で協議を行い，受注予定者の決定方法等に関する基本的なルールを決め，これに基づいて，個々の入札案件についての談合行為が実施されるのが普通です。

(c) なお，刑法96条の6第2項の談合罪の場合には，「公正な価格を害し又は不正な利益を得る目的」という要件が必要ですが，独禁法で問題とされる談合行為は，そのような目的を有しているか否かを問いません。

2 意思の連絡

(a) 独禁法2条6項には「契約，協定その他何らの名義をもつてするかを問わず，他の事業者と共同して」と規定されていますので，入札談合を不当な取引制限違反とするためには，参加当事者間に「意思の連絡」を通じて「共通の意思が形成されること」が必要です。

(b) 本問においては，まず約10年前，特定の電子機器の入札で，当該機器のメーカー5社が「今後の入札はA社の指示に従う」という内容の申し合わせを

口頭で行っており、さらにこの基本ルールに従って、それ以後に行われた現実の入札のたびにA社のファックスによる指示がなされているわけですから、意思の連絡の要件は満たされています。この点、現実の入札の際に行われているのは「A社のファックスによる指示」だけであるため、意思の連絡を通じて共通の意思が形成されたとはいえないのではないかという疑問を持たれるかもしれませんが、板ガラス価格協定事件☆1においては、電話による連絡でもかまわないとされており、さらに基本ルールを合意している以上、個別の入札の際には一方的にファックスを受け取っただけであっても基本ルールに従って入札に参加するわけですから、やはり意思の連絡は認められます。

　また、10年前の申し合わせは口頭で行われていますが、独禁法2条6項においては「契約、協定その他何らの名義をもつてするかを問わず」とされていますので、単なる口頭の申し合わせであっても共同行為に該当します。

　なお、平成17年の独禁法改正により、一定の条件のもとに、違反事業者が公取委に所要の情報提供等を行った場合には、課徴金を減免するという制度が導入されました。これにより、従来物証が残っていないため立証が難しいとされていた「共通の意思の形成」に関する証拠の収集が容易になることが予想されましたが、実際にも、改正法が施行された平成18年1月4日から平成26年度末までに合計836件の申請がなされました（公取委が平成27年5月27日に公表した「平成26年度における独占禁止法違反事件の処理状況について」による）。

3　一定の取引分野における競争の実質的制限

　(a)　「一定の取引分野」については、**Q6**に詳しく解説されていますが、入札の場合には、個々の1回の入札であっても一定の取引分野として認められ、また前述のとおり繰り返し行われる特定の発注者あるいは調達機関の一定の範囲の工事の発注や物資の調達をもって一定の取引分野と認定される場合もあります。

　(b)　次に「競争の実質的制限」については、**Q4**に詳しく解説されていますが、競争の実質的制限とは「競争自体が減少して、特定の事業者または事業者集団が、その意思で、ある程度自由に、価格、品質、数量、その他各般の条件

を左右することによって，市場を支配することができる形態が現われているが，または少なくとも現われようとする程度に至っている状態をいう」（東宝・スバル事件東京高裁判決☆2），「市場支配力の形成，維持ないし強化という結果が生じ」ること（NTT東日本事件最高裁判決☆3）あるいは「当該取引に係る市場が有する競争機能を損なうことをいい，本件基本合意のような一定の入札市場における受注調整の基本的な方法や手順等を取り決める行為によって競争制限が行われる場合には，当該取決めによって，その当事者である事業者らがその意思で当該入札市場における落札者及び落札価格をある程度自由に左右することができる状態をもたらすことをいうものと解される。」（多摩談合（新井組）審決取消請求事件☆4）とされています（詳細は**Q4**参照）。本問のメーカー5社が，特定の電子機器の指名業者のすべてであれば，5社による談合行為により，当該入札における落札価格が左右されることは明らかですので，そのよう場合には競争制限効果が認められます。

(c) しかしながら，本問のメーカー5社は，いずれも入札の指名業者とはなっておらず，指名業者となっているのは各社の窓口商社となっていることから，このような場合でも一定の取引分野における競争を実質的に制限しているといえるのかが問題となります。

この点，公取委は低食塩次亜塩素酸ソーダ入札等談合事件☆5において「①大阪市水道局などの発注者は，競争入札又は見積り合せの方法により低食塩次亜塩素酸ソーダ（以下「ソーダ」といいます）を発注していること，②発注者は，あらかじめ競争入札参加の資格要件を満たす者として登録している販売業者の中から個々の入札の参加者を指名していること，③ソーダのメーカー10社は②の指名業者のうち特定の者を，主に自社が直接又は販売代理店を介して供給するソーダを販売する者（以下「窓口商社」といいます）とし，窓口商社と各メーカーとはおおむね固定的な関係にあること（メーカーA社と商社a社，メーカーB社と商社b社といった具合），④ソーダのメーカー10社は，競争入札等のつど，それぞれ自社の窓口商社に対して，応札すべき金額の基礎となるソーダKg当たりの価格を直接又は販売代理店を通じて指示していたこと，⑤『窓口商社』は，指示された単価に購入予定数量又は購入数量を乗じた金額等で応札していたこと」を認定したうえで，指名業者になっていないメーカー10社の行為により，

「大阪市発注のソーダの下水処理場向け取引分野における競争を実質的に制限した」と判断しています。

したがって，本問のような指名業者になっていないメーカー5社であっても，上記事案と同じく，窓口商社に対する指示を行っている場合には，不当な取引制限の行為主体となり，競争制限効果が認められます。

4 公共の利益に反して

条文上は「公共の利益に反して」との文言があるため，入札談合を正当化するため「対象となる商品又は役務の質を確保するためとか，受注の均等化を図るためとか，各事業者の営業活動や既往の受注との継続性や関連性を尊重するために必要な行為であり，従って公共の利益に反しない。」といった議論もみられますが，公取委の実務上も判例上も「公共の利益」とは基本的に自由競争経済秩序維持そのものを指すとしており，このような議論は認められません（**Q9**参照）。

したがって，本問の5社の行為については，いかなる理由によっても正当化できるものではありません。

5 入札ガイドライン

入札等いかなる事業者や事業者団体の活動のうち，どのような行為が独禁法上問題とされるかについて，公取委は，平成6年7月5日に「公共的な入札に係る事業者及び事業者団体の活動に関する独占禁止法上の指針」（入札ガイドライン）を公表し，「原則として違反となるもの」「違反となるおそれがあるもの」「原則として違反とならないもの」に分けて該当する行為や参考例を示しています（最終改定平成27年4月1日）（**巻末付録**参照）。

6 入札談合防止への取組

平成12年に「公共工事の入札及び契約の適正化の促進に関する法律」が公布

され，発注者に対して，①毎年度の発注見通しの公表，②入札・契約に係る情報の公表，③施工体制の適正化，④不正行為に対する措置，が義務づけられました。また，平成14年には，「入札談合等関与行為の排除及び防止に関する法律」(官製談合防止法)が公布され，いわゆる官製談合をなくすべく，制度として，公取委が発注機関に対して改善措置要求を行えるようになり，さらに同法は平成18年に改正され，法令の名称が「入札談合等関与行為の排除及び防止並びに職員による入札等の公正を害すべき行為の処罰に関する法律」に改正されたうえで，発注機関職員に対する刑罰規定が創設されるなど厳しい規定が設けられました。また，公取委は，平成5年のシール談合事件，同7年の下水道談合事件，同9年の水道メーター談合事件，同11年の防衛庁ジェット燃料談合事件，同15年の水道メーター談合事件，同17年の橋梁建設工事談合事件，同18年の和歌山県建設工事談合事件，同19年の名古屋市地下鉄工事談合事件と，次々と刑事告発して，談合に対する厳しい姿勢を示しています。

7 制　裁

　入札談合は，独禁法に基づく刑事罰や排除措置・課徴金の対象とされていることはもちろんですが (これらについては，**Q20〜Q23参照**)，それら以外にも，営業停止，入札参加資格停止，指名停止といった行政処分が下されたり，発注者などから損害賠償請求を受けたり，株主から代表訴訟を提起されたりすることが考えられます。

(1) 監督官庁による処分

(a) 事業者によっては，当該事業を営むについて，各種業法により，監督官庁の許可を受けたり，免許を受けたりする必要があります。建設業者であれば，その営業所の所在地により国土交通大臣もしくは都道府県知事の許可 (建設業法3条) が必要であり，銀行であれば，内閣総理大臣の免許 (銀行法4条) が必要であるといった具合です。これらの事業者は，同時に，監督官庁による監督を受ける立場にあり，各種業法には，事業者が，法令に違反した場合に，許可や免許の取消し，営業停止などの監督官庁の処分に関する規定が設けられています。

(b) 例えば，建設業者が入札談合など独禁法等に違反した場合には，事情によって異なりますが，国土交通大臣又は都道府県知事は，30日～1年の営業全部又は一部の停止を命ずることができるとされています（建設業法28条）。そして，国土交通省は，「建設業者の不正行為等に対する監督処分の基準について」（平成14年3月28日国総建第67号，平成24年10月24日改定）により，以下のような基準を設けています。

① 不正行為等に関する建設業者の情状が特に重い場合→許可の取消し
② 代表権のある役員が刑に処せられた場合→1年間の営業停止
③ その他の者が刑に処せられた場合→60日以上（代表権のない役員や支店長などが刑に処せられたときは120日以上）の営業停止
④ 独禁法に基づく排除措置命令又は課徴金納付命令が確定した場合→30日以上の営業停止

(2) 発注者による入札参加資格停止，指名停止
(a) わが国においては，国あるいは地方公共団体が，契約の相手方を選定する場合，一般競争入札を原則としています（会計法29条の3第1項，予算決算及び会計令第7章第2節，地方自治法234条1項）。そして，各行政機関（発注者等）は，業者が独禁法に違反したり，刑法の談合罪で逮捕，起訴されたりした場合には，一般競争入札に参加させないことができるものとしています（予算決算及び会計令71条1項2号，地方自治法施行令167条の4第2項2号）。指名競争入札により契約の相手方を選定する場合（会計法29条の3第3項・5項）にも，予算決算及び会計令98条により，上記規定が準用されています。

(b) 例えば，建設工事に関する入札参加資格停止期間，指名停止期間は，各発注機関がそれぞれ独自に定めることになっていますが，そのガイドラインとなる中央公共工事契約制度運用連絡協議会が作成した「工事請負契約に係る指名停止等の措置要領　中央公共工事契約制度運用連絡協議会モデル」（中央公契連指名停止モデル）においては，事情によって異なりますが，通常は1か月～12か月という期間が定められており，最長期間は3年間となっています。

(3) 発注者からの損害賠償請求，違約金請求
(a) 発注者は，入札談合が行われた場合，そのような談合行為がなければ，もっと安い金額で契約することができたとして，談合をした事業者に対し，損

害賠償等を請求することができます。請求根拠としては，民法709条の不法行為，独禁法25条，民法703条・704条の不当利得などが考えられますが，近年では，あらかじめ契約書において違約金条項（契約金額の10％～20％程度とするものが多い）を設け，それに基づいて請求する場合も多くなっています。

　(b)　上記のような損害賠償請求に関しては，以下のような特徴がみられます。

　　①　入札談合に関する行政事件や刑事事件が発生すると，直接の対象とされていない地方公共団体も含めた全国の多数の地方公共団体の入札について，摘発された事業者に対する訴訟が提起される。

　　②　違約金条項に基づく請求を除き，民訴法248条を活用して，契約金額の10％程度が損害として認められる。

　(c)　いわゆる官製談合事件に関しては，発注者から損害賠償請求，不当利得返還請求あるいは違約金請求がなされる場合において，事業者側から過失相殺（民法722条2項）あるいはそれに準じた反論がなされる場合があります。このような反論については，これを否定する裁判例[☆6, ☆7, ☆8]（なお，東京高判平23・7・28により控訴棄却（判例集未登載））と肯定する裁判例[☆9]とがあります。一言で官製談合といっても，その実態は千差万別です。発注者側が主導し，業者側はそれに従わざるを得なかったといった場合には，大幅な過失相殺等による減額が認められるべきではないかと思われます。

(4)　株主代表訴訟

事業者が入札談合により摘発を受けると，事業者には以下のような損害が発生し，あるいは発生する可能性があります。

　①　支払を命じられた罰金
　②　支払を命じられた課徴金
　③　営業停止あるいは入札参加資格停止等の期間の逸失利益

そこで，事業者の株主が，上記損害は取締役等の任務懈怠により生じたものであるとして，取締役等が会社に賠償するよう求める場合があります（会社法423条・847条）。取締役等が直接当該独禁法違反行為に加担したことを理由とする場合，部下や他の取締役に対する監視義務を怠ったことを理由とする場合及び違反行為を防止するための適切な措置を講ずべきであったのにこれを怠った

ことを理由とするもの（内部統制構築義務違反）が考えられます。

〔福井　琢〕

===■判審決例■===

☆1　昭50・12・9勧告審決　集22―92。
☆2　東京高判昭26・9・19百選12頁。
☆3　最判平22・12・17民集64―8―2067。
☆4　最判平24・2・20民集66―2―796。
☆5　平11・1・25勧告審決　集45―160。
☆6　札幌地判平19・1・19裁判所HP。
☆7　東京地判平19・11・27判例集未登載。
☆8　東京地判平23・1・28判時2117―20。
☆9　大阪地判平21・3・3判時2046―100。

第Ⅲ部◇独占禁止法のケース・スタディ

36 業務提携（非ハードコアカルテル）

　日本国内において，X製品（汎用品でA級グレードとB級グレードの2種類がある）を製造・販売している化学会社は7社ですが，各社の製品の品質には大差がなく，ユーザーはいずれも複数のメーカーから購入しています。各社の国内販売シェアは，1位A社26％，2位B社22％，3位C社20％，4位D社14％，5位E社8％，6位F社6％，7位G社4％です。当社（B社）は，下記のような業務提携を検討中ですが，独禁法上問題はないでしょうか。

(1)　B社は広島県のコンビナート内に，C社は茨城県のコンビナート内に，それぞれX製品の製造工場を有していますが，輸送コストを減らすため，静岡県以東のB社の顧客に対してはC社の製品を出荷してもらい，反対に，愛知県以西のC社の顧客に対してはB社の製品を出荷し，半年締めで，両社の委託出荷量の差を清算すること。

(2)　事業の選択と集中のため，A級グレードについては，C社は生産をやめ，B社に生産を委託し，C社ブランドで販売する，反対に，B級グレードについては，B社は生産をやめ，C社に生産を委託し，B社ブランドで販売すること（B社はA級グレードについては引き続きB社ブランドでの販売も継続し，C社はB級グレードについては引き続きC社ブランドでの販売も継続する）。

　設問のようなケースは，いわゆる非ハードコアカルテルと呼ばれ，独占禁止法上は，これを正面から制限する規定はありません。しかしながら，このような業務提携が行われることによって，X製品の国内市場における競争を実質的に制限する効果を招来する場合には，独占禁止法上問題とされる可能性があります。

Q36◆業務提携（非ハードコアカルテル）

☑ **キーワード**

業務提携，非ハードコアカルテル，情報交換，事業者団体ガイドライン，共同研究開発，共同購入，共同生産，共同販売，玉の融通，専門化協定

解　説

1　ハードコアカルテルと非ハードコアカルテル

　設問のような計画は，製品の販売価格を合意したり，生産量を調整したりといった本来のカルテル行為そのものではありません。このような計画自体は，輸送コストの削減とか（⑴の場合），強い分野への事業の集中（⑵の場合）といった競争促進効果を有する反面，B社とC社とは競争事業者ですから，両者間での業務提携の内容によっては，市場における競争制限効果を招来するおそれがあります。このように，一定の効率性達成目的（競争促進効果ないし正当化事由）は認められるものの，他方で「一定の取引分野における競争の実質的な制限」という効果をもたらす可能性のある共同行為のことを非ハードコアカルテルと呼んでいます。このような非ハードコアカルテルに対して，いわゆる本来のカルテル，すなわち「競争制限（価格引上げないし産出量削減）のみを目的とし，あるいは，客観的に反競争効果が明白で，しかも，これを補うような競争促進効果ないし正当化事由を持ちえないことが外見上明らかなカルテル」のことをハードコアカルテルと呼んでいます[*1]。この点については，公取委が平成7年10月30日に公表した「事業者団体の活動に関する独占禁止法上の指針」（最終改定平成22年1月1日）（以下「事業者団体ガイドライン」といいます）第2―9（情報活動），第2―11（共同事業）ならびに公取委が毎年公表している「独占禁止法に関する相談事例集」及び随時公表している「事業者団体の活動に関する主要相談事例」が参考になります。

　なお，企業間の業務提携のうち，合弁事業に関しては，**Q38**を参照してください。

2 基本的な判断の枠組み

　上述のとおり，非ハードコアカルテルには，一定の効率性達成目的（競争促進効果）が認められる一方で，競争制限効果が認められますので，その両者を総合考量して，独禁法上問題となるか否かを判断することになります。そこで，まず効率性達成目的（競争促進効果）はあるか（例えばコスト削減等）といった当事者の当該業務提携の目的・動機を検討し，そのような目的・動機が認められる場合には，次に，そのような目的・動機は，当該業務提携以外の方法により達成できないものか，すなわち「より競争制限的でない他の代替的手段がないか」を検討します。そして，以上の要件をいずれも満たしていると判断される場合には，次に，通常のカルテルと同様に，市場の画定（商品・役務と地理的範囲）をしたうえで，当該業務提携により生じ得る競争制限効果を検討（競争の実質的制限の有無）することになります。この検討に際しては，以下のような点を総合考量することになります。

① 競争制限効果の内容（価格の硬直化，生産数量調整，市場分割・顧客分割と同様の結果招来，価格・生産量といった情報交換，競争者・競合者排除といった効果が発生するおそれ）
② 業務提携企業の合計シェアと競合他社のシェア
③ 取扱全体数量に対する対象品の割合
④ 取引先の価格交渉力
⑤ 競合品／代替品の競争圧力（新規参入）

　なお，業務提携に関する相談事例において「問題あり」とされた事例は，業務提携企業の合計シェアが40％以上のものが多く，一般的には，合計シェアが20％未満であれば，そのような業務提携を通じて，対象製品あるいは競合する他の製品に関する販売価格や生産量についての暗黙の合意が認められるような場合を除き，独禁法上問題ありと判断される可能性は低いものと考えられます。

Q36◆業務提携（非ハードコアカルテル）

3 非ハードコアカルテル（業務提携）の種類と競争制限効果

　非ハードコアカルテル，すなわち競争事業者間における業務提携には，情報交換，共同研究開発，原材料の共同購入，共同生産，共同保管，共同販売，共同配送そのほか様々な形態があり，それぞれの形態ごとに問題点は異なります。

　① 情報交換　競争事業者間あるいは競争事業者により構成される事業者団体において，様々な情報交換がなされる場合がありますが，独禁法上問題となりうるのは，価格や生産量・販売量に関する情報交換がなされ，それにより，競争事業者相互間で，将来の価格等重要な競争手段の具体的な内容に関して予測を可能とするような効果を生ずる場合です（事業者団体ガイドライン第2─9，相談事例集平成11年度事例6，平成17年度事例13，事業者団体の活動に関する主要相談事例平成8年度事例16，平成23年度事例12など）。

　② 共同研究開発　共同研究開発自体は，研究開発コストの軽減，リスク分散，期間短縮を図ることができ，技術革新の促進に寄与するという意味で競争促進効果を有するものです。このことから，公取委が平成5年4月20日に公表した「共同研究開発に関する独占禁止法上の指針」（最終改定平成22年1月1日）の第1においても，競争事業者間で共同研究開発を行うことは原則として問題ではないとされ，寡占産業における複数の事業者又は競争事業者の大部分が参加し，市場における競争制限効果を生ずる場合が問題となるとしています。一方，共同研究開発の実施に伴う取決め，例えば成果を利用して製造した製品の販売先の制限といった取決めについては，不当な取引制限や不公正な取引方法との関係で問題となる場合が多いため，類型ごとに判断基準が示されています（相談事例集平成16年度事例5，事例6，平成23年度事例5，平成25年度事例8ほか）。詳しくは，**Q66**，**Q67**を参照してください。

　③ 原材料の共同購入　原材料メーカーの立場が強い場合，需要家である競争事業者が共同して取引条件の交渉をし，購入価格の引下げに成功すれば，競争事業者の原価の低減につながり，競争力の強化に結び付くという意味で競争促進効果を有しています。一方，ある原材料の需要家のほとんどが共同して

購入交渉をすることは，購買市場における競争を制限する効果を招来しかねません し，当該原材料の販売原価に占める割合が高く，利益率の低い商品の場合には，競争事業者の販売価格の均一化につながりかねません。公取委の公表している相談事例集においても，購入市場における合計市場占拠率が小さいケースでは，独禁法上の問題はないとされていますが（相談事例集平成12年事例10，相談事例集平成14・15年度事例6，事例7，相談事例集平成17年度事例9など）合計市場占拠率が6割に上るケースにおいて，問題となり得るとの回答がなされたものがあります（相談事例集平成13年事例9）。

④ 共同生産　共同生産は，スケールメリットが得られるなどの競争促進効果が認められる一方，生産規模の統合による競争単位の減少といった問題を招来するおそれがあり，さらに，製品原価は同一になりますから，販管費や利益が少ない製品の場合には，競争事業者の販売価格の均一化につながることになります。設問のような業務提携も，共同生産の一種と解されています。

⑤ 共同販売　共同販売は，取引に要する費用の削減，販売促進活動の合理化といった競争促進効果が認められる一方，必然的に競争事業者間で価格，生産量の調整を図ることになるため，共同事業の類型の中で，最も問題となる可能性が高いとされています。このため，相談事例集においても，独禁法上の問題ありとされたケースが多く見られます（相談事例集平成22年度事例4，事業者団体の活動に関する主要相談事例平成11年度事例7，事例23など）。また，共同販売が独禁法3条違反に該当するとされた事例としては，日本油脂ほか6名事件[1]などがあげられます。

4　設問の検討

（a）　設問(1)の事例は，いわゆる「玉の融通」といわれる業務提携の類型です。B社とC社のシェアの合計は42％であり，また通常は，販売価格ではなく，製造原価をベースに委託生産量の清算をするものと考えられますので，製造コストなど企業活動を行ううえで重要な情報を互いに知り得ることとなるといった競争制限効果が認められます。しかしながら，輸送コスト削減という効率性達成目的（競争促進効果）が認められ，かつ他にも有力な競争業者が複数存在し

ていることから，①販売活動自体は，従来と変わらず独自に行い，互いに一切関与せず，②B社及びC社それぞれのX製品全体数量に対する対象品の割合がそれほど高くないといった場合には，独禁法上の問題はないと考えられます（相談事例集平成13年度事例7，事例8参照）。

(b) 設問(2)の事例は，いわゆる専門化協定（specialization）といわれる業務提携の類型です。事業の集中により，生産設備の統廃合や受託する製品の規模拡大による固定費の削減などといった効率性達成目的（競争促進効果）が認められるとともに，設問(1)と同じく，他に有力な競争事業者が複数存在していることから，上記(a)①②の場合には，独禁法上の問題はないと思われるかもしれません。しかしながら，専門化協定は，OEMによって，それぞれのグレードの製造原価が共通することとなり，しかも，短期間で元の製品を製造するようにすることが可能であるといった事情が認められない場合には，市場から有力な競争単位が減ることにつながるという競争制限効果を招来します。したがって，A級グレードにおけるC社のシェアが非常に低く，またB級グレードにおけるB社のシェアも非常に低いといったように，もともと競争単位として重要ではないといった場合でなければ，独禁法上問題ありと判断される可能性があります。

〔福井　琢〕

■判審決例■

☆1　昭50・12・11勧告審決　集22—97。

■注　記■

＊1　金井・独禁（4版）66頁。

第Ⅲ部◇独占禁止法のケース・スタディ

37 合　併

当社は，国際競争に打ち勝つため，A社と合併したいと考えているのですが，独占禁止法上どのような点を考慮しなければなりませんか。

　合併を行うことが独占禁止法に違反しないか否かは，独占禁止法15条により規制され，当該合併により，一定の取引分野における競争を実質的に制限することとなる場合及び当該合併が不公正な取引方法によるものである場合には，合併自体が認められません。具体的にどのような場合に禁止されるかについて，公正取引委員会は，企業結合ガイドラインを公表して，その考え方を示しています。なお，一定の場合には，事前に公正取引委員会に届出をする必要があります。

☑キーワード

企業結合ガイドライン，企業結合審査の対象，一定の取引分野の画定，市場，競争の実質的制限，水平型企業結合，ハーフィンダール・ハーシュマン指数（HHI）

解　説

1　「企業結合ガイドライン」

公取委は，平成16年5月31日に，「企業結合審査に関する独占禁止法の運用

指針」(以下「企業結合ガイドライン」といいます)を公表し,独禁法第4章の10条1項,13条1項,14条,15条1項1号,15条の2第1項1号及び16条1項本文における「一定の取引分野における競争を実質的に制限することとなる場合」に該当するか否かの判断基準について,公取委としての考え方を示しています。その後,平成19年3月28日の大きな改定を含めて5回の改定がなされています(最終改定は平成23年6月14日)。この企業結合ガイドラインによれば,合併,株式保有等の企業結合が独禁法上許されるか否かは,①どのような場合が企業結合審査の対象となるか,②「一定の取引分野」をどのように画定するか,③どのような場合に競争を実質的に制限することとなるか,の順で検討するものとされていますので,以下においては,これらの内容を解説することにより,設問に対する回答にかえることとします。

また,公取委は,企業結合に関する届出前相談(平成23年7月1日より以前は事前相談)又は届出のあったもののうちの一部を,毎年「主要な企業結合事例」として公表しています(以下「結合事例集」といいます)。企業結合を行おうとする場合には,結合事例集における公取委の判断内容が参考になります。

なお,合併に関する事前届出制度については,**Q14**を参照してください。

2 企業結合審査の対象

合併は,他の企業結合の方法である株式保有や役員兼任などと比較して,最も強固な結合関係であると解されています。したがって,一応企業結合審査の対象になると考えられます。もっとも,①専ら相互会社を株式会社に組織変更する目的で行う合併などのような場合には,原則として企業結合審査の対象とはならないとされています(企業結合ガイドライン第1-3-(3))。また,②すべての合併をしようとする会社が同一の企業結合集団(10条2項に規定されていますが,「ある会社の親会社のうち他の会社の子会社になっていない会社(これを最終親会社といいます)及びその子会社から成る集団を意味します」)に属する場合には,当該企業結合集団に属する会社等以外の他の株主との結合関係が形成・強化される場合を除き,原則として企業結合審査の対象とはならないとされています(企業結合ガイドライン第1-3-(3))。子会社同士や兄弟会社と子会社の合併などがこれ

に当たります。

3　一定の取引分野の画定

　(a)　「一定の取引分野」とは，いわゆる市場を意味し，①一定の取引の対象となる商品・役務の範囲，②取引の地域の範囲（地理的範囲）等に関して，基本的には，需要者にとっての代替性という観点から判断されます（必要に応じて，供給者にとっての代替性という観点も考慮されます）（以下の内容も含めて企業結合ガイドライン第2）。そして，需要者にとっての代替性については，平成19年の改定で，いわゆる仮定的独占者基準といわれる考え方が示されました（それまでは，これに近い考え方が「地理的範囲」の冒頭に記述されていました）。この考え方は，ある地域において，ある事業者が，ある商品を独占して供給しているという仮定のもとで，当該独占事業者が，利潤最大化を図る目的で，小幅ではあるが，実質的かつ一時的ではない価格引上げ（通常引上げ幅5～10％程度，期間1年程度のものを指すとされる）をした場合に，当該商品・役務及び地域について，需要者が当該商品・役務の購入を他の商品又は地域に振り替える程度を考慮して，他の商品・役務又は地域への振替の程度が小さいために，当該独占事業者が価格引上げにより利潤を拡大できるような場合には，その範囲をもって，当該企業結合によって競争上何らかの影響が及び得る範囲とするものです。詳しくは，**Q6**を参照してください。

　(b)　商品又は役務の範囲は，まず需要者から見た商品・役務の代替性という観点から画定されますが，商品・役務の効用等の同種性の程度と一致することが多いとされています。例えば，甲と乙の2つの商品があり，需要者にとってその2つの商品の効用等の同種性の程度が大きければ大きいほど，甲が値上げされれば，需要者は乙を購入しますから，2つの商品は同一の範囲に属することになります。また，それまで乙を供給していた事業者が多大な追加的費用やリスクを負うことなく，短期間のうちに，値上げされた甲の製造・販売に転換しうるという場合にも，2つの商品は同一の範囲に属することになります。なお，商品・役務の効用等の同種性の程度について評価を行う場合には，それぞれの商品・役務の①用途，②価格，数量の動き等，③需要者の認識・行動と

いった事項を考慮にいれるものとされています。

なお，公取委では，相談事例集などにおける「一定の取引分野」の判断例を整理した表をホームページにおいて公表していますので，参考にしてください。

この点が問題となった具体例としては，王子製紙㈱と神崎製紙㈱の合併事例をあげることができます。この事例において公取委は，製紙業全体で「一定の取引分野」が成立すると解するとともに，キャストコート紙についてはそれ以外の品種と製造設備が異なり，価格差等が大きいとの理由により，またアート紙及びコート紙についても品質面において差異があり，用途が異なる等需要者側において機能及び効用をそれぞれ区分して認識している実態にあること，少なからず価格差があること，供給面での品種間の流動性が乏しいとみられることを理由として，製紙業全体とは別に，それぞれの品種ごとに「一定の取引分野」が成立すると判断しています（平成5年度結合事例集）。

(c) 「地理的範囲」についても，まず需要者から見た各地域で供給される商品・役務の代替性の観点から判断されますが，需要者及び供給者の行動や当該商品の輸送に係る問題の有無等から判断できることが多いとされています。例えば，甲地域における供給者が，ある商品について値上げした場合に，甲地域の需要者が，輸送上の問題を生ずることなく乙地域の供給者から当該商品を購入することが予測されるために，乙地域の供給者の存在が甲地域における価格引上げの妨げとなる場合，甲地域と乙地域は同一の地理的範囲に属すると判断されます。さらに，平成23年の改定では，国境を越えて地理的範囲が画定される場合についての考え方が新しい項目としてあげられ，上記の考え方が，国境を超える場合にも当てはまるとされ，また，その例として，「内外の主要な供給者が世界（又は東アジア）中の販売地域において実質的に同等の価格で販売しており，需要者が世界（又は東アジア）各地の供給者から主要な調達先を選定しているような場合は，世界（又は東アジア）市場が画定され得る。」との記述が加わっています。なお，需要者及び供給者の行動や当該商品の輸送に係る問題の有無等について評価を行う場合には，①供給者の（販売網等の）事業地域や供給能力，需要者の買いまわる範囲等，②商品の特性（商品の鮮度，破損性，輸送の困難性等），③輸送手段とその費用等といった事項を考慮に入れるとされ

ています。

　この点に関する具体例としては，小野田セメント㈱と秩父セメント㈱の合併ならびに住友セメント㈱と大阪セメント㈱の合併事例をあげることができます。これらの事案において公取委は，影響を受ける地域を全国だけでなく，セメントが重量物であり，販売価格に占める輸送コストの比率が高く，輸送距離に限度があるため，一般的に，各メーカーの物流体制や営業体制は支店を単位として運営されていることから，各ブロックにおけるセメントの販売分野にも「一定の取引分野」が成立すると判断しました（平成6年度結合事例集事例5）。

4　競争を実質的に制限することとなる場合

　(a)　まず，企業結合ガイドライン第3―1では，「競争を実質的に制限することとなる」とは，「企業結合により市場構造が非競争的に変化して，当事会社が単独で又は他の会社と協調的行動をとることによって，ある程度自由に価格，品質，数量，その他各般の条件を左右することができる状態が容易に現出し得るとみられる場合」であるとしています。この点は，事前規制であることから，独禁法3条の私的独占や不当な取引制限の場合より若干緩やかに認定されることになりますので注意を要します。

　(b)　企業結合ガイドライン第3―2では，「競争を実質的に制限することとなる場合」に該当するか否かを判断するにあたり，当該企業結合の形態を次の3つに分けて考えています。

　①　水平型企業結合　　同一の一定の取引分野において競争関係にある会社間の企業結合をいう。

　②　垂直型企業結合　　例えば，メーカーとその商品の販売業者との間の合併など取引段階を異にする会社間の企業結合をいう。

　③　混合型企業結合　　例えば，異業種に属する会社間の合併，一定の取引分野の地理的範囲を異にする会社間の株式保有など水平型企業結合又は垂直型企業結合のいずれにも該当しない企業結合をいう。

　公取委は，上記3つの類型ごとに，「競争を実質的に制限することとなる場合」に該当するか否かを判断する際の検討の枠組みや判断要素が異なるとして

います。そして，水平型企業結合は，一定の取引分野における競争単位の数を減少させるので，競争に与える影響が最も直接的であり，垂直型企業結合や混合型企業結合に比べ，一定の取引分野における競争を実質的に制限することとなる可能性は高いとされています。そこで，以下においては，水平型企業結合の場合について，企業結合ガイドラインを引用しながら説明することにします。

5 水平型企業結合による競争の実質的制限（企業結合ガイドライン第4）

(a) 基本的考え方

水平型企業結合は，一定の取引分野における競争単位の数を減少させるので，競争に与える影響が最も直接的であるとされます。水平型企業結合が競争を実質的に制限することとなるか否かは，当事会社グループの単独行動による場合と当事会社グループを含めた複数の競争者が協調的行動をとることによる場合の2つの観点から検討され，前者の観点からは問題とならなくても，後者の観点からは問題となる場合があります。

① 単独行動による競争の実質的制限

商品が同質的なものである場合，例えば，当事会社グループが当該商品の価格を引き上げたとき，他の事業者が当該商品の価格を引き上げなければ，需要者は購入先をそれらの他の事業者に振り替えてしまうので，通常当事会社グループの売上げは減少し，他の事業者の売上げが拡大することになり，結局当事会社グループが当該商品の価格等をある程度自由に左右することになるとはいえないとされます。しかしながら，他の事業者の生産・販売能力が小さい等の事情がある場合には，他の事業者は当該商品の価格を引き上げなければ売上げを拡大することはできないので，競争を実質的に制限することとなるとされています。

また，商品が差別化されている場合には，あるブランドの商品の価格が引き上げられた場合，需要者はそれに代わるものとして，価格が引き上げられたブランドの商品の次に需要者にとって好ましいブランドの商品を購入することになると考えたうえで，当事会社グループが「次に需要者にとって好ましいブラ

ンドの商品」の販売もしているときには，この売上げの増加で，価格を引き上げたブランドの商品の売上げ減少分を補うことができるとして，このような場合には競争を実質的に制限することとなるとされています。

② 協調的行動による競争の実質的制限

例えば，事業者甲が商品の価格を引き上げた場合，他の事業者乙，丙等は，事業者甲の価格引上げに追随して商品の価格を引き上げる方が，そのまま当該商品の価格を引き上げないことにより獲得できると見込まれる一時的な利益よりも大きいと考え，そのように行動することが，集中度等の市場構造，商品の特性，取引慣行等から各事業者が互いの行動を高い確度で予測できるような場合，競争を実質的に制限することとなるとされます。

③ 競争を実質的に制限することとならない場合

次のような場合には，通常は競争を実質的に制限することとはならないものとされています。平成19年の改定前までは，市場シェアを中心にセーフハーバーが設けられていましたが，改定により，水平型企業結合の場合には，ハーフィンダール・ハーシュマン指数（以下「HHI」といいます）によってセーフハーバーが設けられています（垂直型企業結合及び混合型企業結合の場合には，市場シェアも併用されています）。このHHIというのは，当該一定の取引分野における各事業者の市場シェアの2乗の総和によって算出されるものです。この場合の市場シェアは，原則として販売数量を基準に算定されますが，当該商品にかなりの価格差がみられ，かつ，価額で供給実績等を算定するという慣行が定着していると認められる場合などにおいては販売金額を基準に算定されます。

なお，以下の基準に該当しない場合であっても，過去の事例に照らせば，企業結合後のHHIが2,500以下であり，企業結合後の当事会社グループの市場シェアが35％以下の場合には，競争を実質的に制限することとなるおそれは小さいと通常考えられるとされています。

　ア　企業結合後のHHIが1,500以下である場合
　イ　企業結合後のHHIが1,500超2,500以下であって，かつHHIの増分が250以下である場合
　ウ　企業結合後のHHIが2,500を超え，かつHHIの増分が150以下である場合

「競争を実質的に制限することとなるおそれがある」とされた具体的事例と

しては、新日本製鐵㈱と住友金属工業㈱の合併のケースをあげることができます。この事例においては、両社の重複する約30の事業分野についての分析がなされ、そのうち、①無方向性電磁鋼板（市場シェア新日本製鐵約40％で第1位、住友金属約15％で第3位）、②高圧ガス導管エンジニアリング業務（市場シェア新日本製鐵100％孫会社約30％で第2位、住友金属の100％子会社約30％で第3位）について、競争を実質的に制限することとなると判断されました。その結果、両社は上記①及び②の両事業分野に関して公取委に対して問題解消措置の申出を行い、その履行を前提として、合併が認められました（平成23年度結合事例集事例2）。

(b) **単独行動による競争の実質的制限についての判断要素**
① 当事会社グループの地位及び競争者の状況
　ア　市場シェア及びその順位　　企業結合後の当事会社グループの市場シェアが大きい場合、それが小さい場合に比べそれだけ当該企業結合の競争に及ぼす影響が大きいものとされます。
　イ　当事会社間の従来の競争の状況等　　従来当事会社間で競争が活発に行われてきたことや当事会社の行動が市場における競争を活発にしてきたことが、市場全体の価格引下げや、品質揃えなどの向上につながってきたと認められる場合には、たとえ結合後の市場シェアやその順位が高くなかったとしても、競争に及ぼす影響が大きいとされます。
　ウ　共同出資会社の扱い　　出資会社の業務と分離させる場合には、影響は少ないとされます。
　エ　競争者のシェアとの格差　　企業結合後の当事会社グループの市場シェアと競争者の市場シェアとの格差が大きい場合には、それが小さい場合に比べ、競争に及ぼす影響が大きいとされます。
　オ　競争者の供給余力及び代替性　　競争者の供給余力が十分でない場合には、競争に及ぼす影響が小さいとはいえないとされます。
　カ　国境を越えて地理的範囲が画定される商品の扱い　　当該地理的範囲を基準にして、上記ア〜オを検討することとされます。
② 輸　　入
　輸入圧力が十分働いていると判断される場合には、当該企業結合が一定の取引分野における競争を実質的に制限することとなるおそれは小さいものとされ

ます。

　輸入圧力が十分働いているか否かは，a制度上の障壁の程度，b輸入に係る輸送費用の程度や流通上の問題の有無，c輸入品と当事会社グループの商品の代替性の程度，d海外の供給可能性の程度といった輸入に係る状況をすべて検討のうえ，商品が値上げされた場合には，おおむね2年以内に輸入の増加が生じ，自由に価格等を左右することを妨げられる要因となるか否かで判断されます。

　この点に関する具体例としては，三井石油化学工業㈱と三井東圧化学㈱との合併のケースをあげることができます。このケースでは，合併新会社のフェノールの販売シェアが57.3%で第1位，かつ販売分野での競争者が3社に減少するという事案であったにもかかわらず，フェノールについては，メーカーによる品質の差がなく，ユーザーの使い慣れ等の問題もないこと，ロット・荷姿・運搬・保管の面で問題が少なく，主なユーザーに輸入の経験があることから，ユーザーは容易に輸入を増やすことができると考えられ，また，輸入価格，輸出価格及び国内価格がほぼ同水準で推移しており，国内市場及び海外市場共通の価格形成が行われているとみられる等を認定し，そのまま合併が認められています（平成9年度結合事例集事例2）。

③　参　　入

　参入が容易であると判断されるといった事情は，当事会社グループの価格支配力を否定する方向に働きます。参入圧力が十分働いているか否かは，a制度上の参入障壁の程度，b実態面での参入障壁の程度，c参入者の商品と当事会社の商品の代替性の程度，d参入可能性の程度といった参入に係る状況をすべて検討のうえ，おおむね2年以内に参入が行われ，自由に価格等を左右することを妨げられる要因となるか否かで判断されます。

④　隣接市場からの競争圧力

　隣接市場において十分に活発な競争が行われている場合には，競争を促進する要素として評価しうる場合があるとされます。

⑤　需要者からの競争圧力

　需要者が，当事会社グループに対して，対抗的な交渉力を有している場合には，当事会社グループの価格支配力を否定する方向に働きます。

⑥　総合的な事業能力

　当該企業結合後の当事会社グループの市場シェアのほか，原材料調達力，技術力，販売力，信用力，ブランド力，広告宣伝力等の総合的な事業能力の変化をみるものであり，企業結合後の競争力が著しく高まるような場合には，影響が大きいものとされます。

⑦　効率性

　当該企業結合による規模の経済性，生産設備の統合，工場の専門化，輸送費用の軽減及び研究開発の効率化等の効率性の改善が競争に及ぼす影響の程度をみるものであり，企業結合の結果，競争を促進する方向に作用すると認められる場合には，これを考慮するとされます。

⑧　当事会社グループの経営状況

　当事会社グループの全体あるいはその一部が，業績不振に陥っており，近い将来において倒産し市場から退出する蓋然性が高い場合には，競争を実質的に制限することとなるおそれは小さいと考えられます。また，企業結合ガイドラインには，同様の理由により，競争を実質的に制限することとならない場合の基準が記載されています。

（c）協調的行動による競争の実質的制限についての判断要素

　以下の説明においては，単独行動による競争の実質的制限についての判断要素の箇所で説明した内容と基本的に同じ場合には，項目のみ列挙するにとどめます。

①　当事会社グループの地位及び競争者の状況

　ア　競争者の数等　　競争者の数が少ない又は少数の有力な事業者に市場シェアが集中している場合には，競争に及ぼす影響が大きいとされます。

　イ　当事会社間の従来の競争の状況等

　ウ　競争者の供給余力

　エ　共同出資会社の扱い

②　取引の実態等

　ア　取引条件等　　価格，数量など競争者の取引条件に関する情報が容易に入手できるときには，競争者の行動を高い確度で予測しやすいので，協調的行動がとられやすいとされています。

イ　需要動向，技術革新の動向等　　需要の変動が大きい場合や技術革新が頻繁であり，商品のライフサイクルが短い場合などには，協調的行動がとられにくいとされています。
　　ウ　過去の競争の状況
　　③　輸入，参入及び隣接市場からの競争圧力
　　④　効率性及び当事会社グループの経営状況

6　垂直型企業結合及び混合型企業結合による競争の実質的制限について

　垂直型企業結合及び混合型企業結合は，一定の取引分野における競争単位を減少させないので，市場の閉鎖性・排他性，協調的行動等による競争の実質的制限の問題を生じない限り，通常，一定の取引分野における競争を実質的に制限することとなるとは考えられないとされます。具体的な判断基準については企業結合ガイドライン第5を参照してください。

7　問題解消措置

　公取委が，当該合併を計画どおり実施した場合には一定の取引分野における競争を実質的に制限すると判断した場合でも，当事会社が，事業譲渡，輸入・参入を促進する措置等を講ずることによって，問題を解消することができる場合があるとされています。その具体的内容としては，結合事例集を参照してください。

〔福井　　琢〕

38　合弁会社（共同出資会社）

当社とA社は，X製品の製造・販売会社ですが，日本国内では，競争会社7社中当社が4位（シェア約14％），A社が5位（シェア約8％）です。今般両社は上位のメーカー（1位約26％，2位約22％，3位約20％）に対抗するため，両社が出資して別会社（B社）を設立し，両社のX製品の製造部門を譲渡しようと考えています。このような計画は独占禁止法上認められるでしょうか。なお，6位のメーカーと7位のメーカーの国内シェアは，それぞれ約6％と約4％です。

　　独占禁止法上特に共同事業だけを取り上げた規定は存在しませんが，設問の場合には，事業会社の株式保有の制限（10条1項），事業譲受け等の制限（16条1項）に違反しないか否か，また，役員が出資会社それぞれから派遣される場合には，役員兼任の制限（13条1項）に違反しないかどうかを検討する必要があります。なお，設問の事例の場合，その設立，運営に関する契約，協定，合意等の内容によっては，不当な取引制限（3条）や不公正な取引方法（19条）に該当しないか否かを検討する必要もあります。

☑キーワード

合弁会社，共同出資会社，共同事業，企業結合ガイドライン

解説

1 共同事業

　共同事業には，単なる業務提携にとどまるものから，設問のように合弁会社（共同出資会社）を設立する場合まで様々なものがあります。公取委が平成16年5月31日に公表した「企業結合審査に関する独占禁止法の運用指針」(以下「企業結合ガイドライン」といいます。最終改定は平成23年6月14日）の第1—1—(1)ウによれば，共同出資会社とは，「2以上の会社が，共通の利益のために必要な事業を遂行させることを目的として，契約等により共同で設立し，又は取得した会社」を意味し，設問の場合のB社はまさにこれに該当します。独禁法上特に共同事業だけを取り上げた規定は存在しませんが，設問の場合には，共同出資会社であるB社を設立し，B社に対して，貴社とA社のそれぞれのX製品製造部門の事業を譲渡するわけですから，事業会社の株式保有の制限（10条1項），事業譲受け等の制限（16条1項）に違反しないか否かを検討する必要があります。仮に，設問の計画が事業の譲受けの方法によるのではなく，共同新設分割の方法による場合には，15条の2第1項に違反しないか否かという問題になります。また，おそらくB社の役員は，貴社とA社のそれぞれから派遣されるものと思われますので，役員兼任の制限（13条1項）に違反しないかどうかも検討しなければなりません。なお，設問の事例の場合，その設立，運営に関する契約，協定，合意等の内容によっては，不当な取引制限（3条）や不公正な取引方法（19条）に該当しないか否かを検討する必要もありますが，ここでは検討の対象から除くこととします（これらの点について詳しくは**Q4**，**Q10**，**Q11**，**Q34**等を参照）。

2 「企業結合ガイドライン」

　(a)　設問の事例では，事業会社の株式保有の制限（10条1項），事業譲受け等

の制限（16条1項）（計画内容によっては，共同新設分割の制限（15条の2第1項）及び役員兼任の制限（13条1項））に違反しないか否かを検討する必要があると指摘しましたが，いずれもそれぞれの条文で規定されている「一定の取引分野における競争を実質的に制限することとなる場合」に該当するか否かという問題の検討が中心となります。

(b)　この問題については，企業結合ガイドラインに基づいて検討する必要があります。企業結合ガイドラインに基づく検討は，①どのような場合が企業結合審査の対象となるか，②「一定の取引分野」をどのように画定するか，③どのような場合に競争を実質的に制限することとなるか，の順に行われますが，①については**Q13**及び**Q14**を，②については**Q6**及び**Q37**に詳しい解説がありますので，それらを参照してください。以上を踏まえて，設問の事例を検討します。

3　設問の検討

(a)　はじめに，設問の事例が，企業結合審査の対象となるか否かについて検討します。株式保有の観点からは，貴社とA社（及びそれぞれとB社）間の取引関係，業務提携その他の契約等の関係を考慮して，企業結合審査の対象となる企業結合であるか否かを判断することになります（企業結合ガイドライン第1—1—(1)ウ）。設問の場合にはX製品の製造分野としては貴社とA社の事業活動が統合されるわけですから，「企業結合審査の対象となる企業結合」であると考えられます。次に事業の譲受け等の観点からは，独禁法16条1項1号及び同項2号の「重要部分の譲受け」に該当するか否かが問題となります。「重要部分」とは，譲受会社ではなく譲渡会社にとっての重要部分を意味し，当該譲渡部分が一つの経営単位として機能し得るような形態を備え，譲渡会社の事業の実態から見て客観的に価値を有していると認められる場合に限られ，譲渡される事業の市場における個々の実態に応じて判断されることになるとされています。しかしながら一方では，譲渡会社の年間売上高（又はこれに相当する取引高等）に占める譲渡対象部分に係る年間売上高の割合が5％以下であり，かつ譲渡対象部分に係る年間売上高が1億円以下の場合には，通常「重要部分」には該当しな

いと考えられるとされていますので（企業結合ガイドライン第1―6―(3)，第1―4―(3)），貴社及びA社それぞれのX製品の年間売上高がいずれも各社の5％以下で，かつ1億円以下の場合には「企業結合審査の対象となる企業結合である」とは考えられず，それ以上である場合に該当する余地があります。共同新設分割の場合にも同様に考えられます（企業結合ガイドライン第1―4―(3)）。

　役員兼任との関係では，貴社とB社，A社とB社で兼任する役員が，双方に代表権を有する場合や，B社の役員総数に占める貴社もしくはA社の役員又は従業員の割合が過半数である場合などには，「企業結合審査の対象となる企業結合」と考えられます（企業結合ガイドライン第1―2―(2)）。

　(b)　次に②の「一定の取引分野」の画定について検討します。一定の取引分野は，取引対象商品又は役務，取引の地域（地理的範囲）等に関し，基本的には，需要者にとっての代替性という観点から画定するものとされます（企業結合ガイドライン第2）。例えばX製品と機能又は効用が同種であるYという製品があれば，X製品とY製品全体で考えなければなりませんし，またX製品の特性上長時間の輸送に耐えられないということであれば，耐えられる範囲内の地域ごとに「一定の取引分野」を考えなければなりません。さらにメーカーにより品質の違い（必ずしも良否という意味ではありません）があり，ユーザーにとって使い慣れの問題があれば，ユーザーごとに「一定の取引分野」が成立することもないとはいえません。したがって，X製品の代替品，特性，取引実態その他を検討したうえでなければ「一定の取引分野」は画定できないことになりますが，次の③は，そのように画定された「一定の取引分野」に基づいて，市場シェア等を検討することになりますので，以下においては一応X製品の日本全国市場を一定の取引分野と仮定したうえで検討することにします。なお，「一定の取引分野」の画定については，詳しくは，**Q37**及び**Q6**を参照してください。

　(c)　最後に，③について検討します。「一定の取引分野における競争を実質的に制限することとなる」とは，企業結合により市場構造が非競争的に変化して，当事会社が単独で又は他の会社と協調的行動をとることによって，ある程度自由に価格，品質，数量，その他各般の条件を左右することができる状態が容易に現出し得るとみられる場合のことです（企業結合ガイドライン第3―1―

Q38◆合弁会社（共同出資会社）

(2))。企業結合ガイドラインにおいては、「競争を実質的に制限する場合」の判断基準について、詳細に記述していますので、その点については、**Q37**を参照してください。

(d) また、③については、企業結合ガイドラインにおいて、共同出資会社についての独立した項目が設けられています（第4―2―(1)ウ、第4―3―(1)エ）。それらの箇所においては、共同出資会社に関する競争上の問題について、以下のような考え方が示されています。

① 出資会社が行っていた特定の事業部門の全部を共同出資会社によって統合することにより出資会社の業務と分離させる場合

出資会社と共同出資会社の業務の関連性は薄いと考えられるので、例えば、ある商品の生産・販売、研究開発等の事業すべてが共同出資会社によって統合される場合には、共同出資会社について、市場シェア等を考慮することになる。

② 出資会社が行っていた特定の事業部門の一部が共同出資会社によって統合される場合

共同出資会社の運営を通じ出資会社相互間に協調関係が生じる可能性があるので、共同出資会社に係る出資会社間の具体的な契約の内容や結合の実態、出資会社相互間に取引関係がある場合にはその内容等を考慮する。例えば、ある商品の生産部門のみが共同出資会社によって統合され、出資会社は引き続き当該商品の販売を行う場合、共同出資会社の運営を通じ出資会社相互間に協調関係が生じるときには、出資会社の市場シェアを合算する等して競争に及ぼす影響を考慮することになる。他方、出資会社は引き続き当該商品の販売を行うが、共同出資会社の運営を通じ出資会社相互間に協調関係が生じることのないよう措置が講じられている場合には、競争に及ぼす影響はより少ないと考えられる。ただし、生産費用が共通となることから価格競争の余地が減少し、他の出資会社を含め競争者と協調的な行動をとる誘因が生じると考えられるので、このような場合、出資会社が他の出資会社を含め競争者と協調的な行動をとるとみられるかどうかを考慮することとなる。

(e) また、企業結合ガイドラインには、以下のように、市場における競争を実質的に制限することとはならない場合があげられています。ただし、これら

以外の考慮すべき要素もありますので,実際の検討にあたっては,必ず企業結合ガイドラインを参照してください。なお,HHIとは「ハーフィンダール・ハーシュマン指数」のことを意味し,当該一定の取引分野における各事業者の市場シェアの2乗の総和によって算出されるものです。この場合の市場シェアは,原則として販売数量を基準に算定されますが,当該商品にかなりの価格差がみられ,かつ,価額で供給実績等を算定するという慣行が定着していると認められる場合などにおいては販売金額を基準に算定されます。

　ア　企業結合後のHHIが1,500以下である場合
　イ　企業結合後のHHIが1,500超2,500以下であって,かつHHIの増分が250以下である場合
　ウ　企業結合後のHHIが2,500を超え,かつHHIの増分が150以下である場合

　なお,以上の基準に該当しない場合であっても,過去の事例に照らせば,企業結合後のHHIが2,500以下であり,企業結合後の当事会社グループの市場シェアが35％以下の場合には,競争を実質的に制限することとなるおそれは小さいと通常考えられるとされています。

　設問の事例では,貴社とA社がB社を設立した後のHHIは下記のとおりとなります。

676（26×26）＋484（22×22）＋400（20×20）＋484｛(14＋8)×(14＋8)｝
＋36（6×6）＋16（4×4）＝2096

　そして,HHIの増分は,224＝｛(14×8)×2｝です。

　したがって,設問の事例では,上記のイに該当しますので,通常は市場における競争を実質的に制限することとはならないものとされます。また,2社の共同事業の目的が,生産の合理化による上位メーカーへの対抗という点にあることは,競争促進効果をもたらすものと考えられますし,製造部門の統合により原価面では共通化するものの,販売自体については従来どおり,貴社とA社がそれぞれ独自に行うのであれば,競争への影響は少ないと考えられるでしょう。

Q38◆合弁会社(共同出資会社)

4 参考事例

　公取委は,例年6月に,前年度における主要な企業結合事例を公表しており,公取委HPで確認することができます。特に,平成19年度における主要な企業結合事例に関する平成20年6月公表分以降は,HHIに基づく評価がなされていますので,大変参考になります。これらの公表分の中には,一定の取引分野における競争を実質的に制限することとなると評価された事例も存在します。

5 届　出

　株式保有については,平成21年改正により,それまでの事後報告制度から事前届出制度になりましたが,会社分割について届出を行う場合には,その中で記載すればよいものとされています。また事業の譲受けについても,公取委に対する届出制度が設けられています。いずれにしても,どのような場合に届出が必要となるかについては,**Q13**及び**Q14**を参照してください。

〔福井　琢〕

39 事業者団体❶──価格制限行為・情報活動

① A組合は，甲製品の事業協同組合ですが，その地域の甲製品の市況回復を図るために，臨時総会で共同受注事業として，あらかじめ甲製品の需用者ごとに見積価格を提示して契約すべき者として組合員の1社を割り当て，その販売価格を入札の予定価格概算のために公表されている価格からの値引き率10％以内と定めました。そのうえで，運営委員会で需用者ごとに契約予定者として割り当てる組合員を記載した一覧表を定めました。なお，A組合の構成員が扱う甲製品の販売金額がその地域の甲製品の販売金額のほとんどを占めています。A組合の行為は，独占禁止法に違反しますか。

② 石油製品の販売事業者の団体であるB組合は，会議において各事業者が取り扱っている乙製品の仕入価格の上昇の見通しについて情報交換をしたり，その小売価格の引上げについて検討しました。そのうえで，組合員の乙製品の小売価格の引上げの目処となる価格を決定しました。これらの行為は独占禁止法上の問題となりますか。

① 事業者団体が標準料金や価格設定の基準を定めることは，原則として独占禁止法に違反すると考えられます。契約すべき組合員と公表されている価格からの値引き率10％以内と定める行為は，事業者団体が取引できる構成員とその販売価格についての基準を定めるものであり，同法8条に違反します。

② 事業者団体の情報活動は，特段独占禁止法上の問題にならないものの方が広いといえます。しかし，B組合の情報活動は，競争関係にある事業者間の重要な競争手段に具体的に関係する内容であり，独占禁止法に違反するおそれがあります。さらに，B組合は，乙製品の値上げの目処となる価格を決定

しており，これは，①と同様に価格設定の基準となるものの決定なので，同法8条に違反します。

☑ **キーワード**

事業者団体，ガイドライン，価格制限行為，情報活動

解　説

1　事業者団体と独占禁止法

　事業者団体とは，「事業者としての共通の利益を増進することを主たる目的とする二以上の事業者の結合体又はその連合体をいい」，社団法人，財団法人，組合等の形態を含む（2条2項。**Q3**参照）とされています。

　独禁法は，事業者団体による①一定の取引分野における競争を実質的に制限すること，②不当な取引制限又は不公正な取引方法に該当する国際的協定又は国際的契約をすること，③一定の事業分野における現在又は将来の事業者数を制限すること，④構成事業者の機能又は活動を不当に制限すること，⑤事業者に不公正な取引方法に該当する行為をさせることを禁じています（8条）。

　8条の規定のうち1号は，具体的な行為ではなく，一定の取引分野における競争を実質的に制限する行為を規定しています。そのため，2号以下の行為を行った結果として，一定の取引分野における競争を実質的に制限する結果となったときは，1号との重複適用が問題となります。

　また，事業者団体による1号の行為と構成事業者によるカルテルといずれに該当するのか，あるいは双方に該当するのかが判然としない場合もあります。

2　ガイドライン

　事業者団体に関するガイドラインとして「事業者団体の活動に関する独占禁

止法上の指針」(平成7年10月30日公取委。以下「事業者団体ガイドライン」といいます)が公表されています。事業者団体ガイドラインは、事業者団体のどのような行為が独禁法違反となるかについて、具体的な例をあげながら明らかにするとの趣旨から、原則として違反するもの、違反となるおそれがあるもの、原則として違反とならないものの3類型に分け、審決における行為を「具体例」又は「違反とされた具体例」として掲げ、仮定の例を「例」として掲げているという特色があります。

したがって、事業者団体の行為を検討する際には、事業者団体ガイドラインを検討する必要があります。

事業者団体ガイドラインは、①価格制限行為、②数量制限行為、③顧客、販路等の制限行為、④設備又は技術の制限行為、⑤参入制限行為等、⑥不公正な取引方法、⑦種類、品質、規格等に関する行為、⑧営業の種類、内容、方法等に関する行為、⑨情報活動、⑩経営指導、⑪共同事業、⑫公的規制、行政等に関連する行為の12の行為について規定しています。

3 事業者団体の価格制限行為

事業者団体が、その事業者団体を構成する事業者の供給する商品の価格について、一定水準に決めたり、維持・引上げを行ったりする行為は、独禁法に違反します。このような価格制限行為は、市場における競争を実質的に制限する場合には、独禁法8条1号(一定の取引分野における競争を実質的に制限すること)に違反し、そのような程度に至らない場合であっても、同条4号(構成事業者の機能又は活動を不当に制限すること)又は5号(事業者に不公正な取引方法に該当する行為をさせるようにすること)に違反します。

事業者団体ガイドラインは、価格制限行為の具体的な形態や手段・方法として、次のような6つの参考例をあげています。そして、これらの参考例に該当する行為は、原則として、独禁法に違反するとされています。

① 最低販売価格を決定すること。
② 値上率や値上幅を決定すること。
③ 標準価格、目標価格等の価格設定の基準となるものを決定すること。

④ 具体的な数値、係数等を用いて構成事業者に価格に関する共通の具体的な目安を与える価格算定方式を設定すること。
⑤ 構成事業者が商品を販売業者に供給する際の価格の設定の基準となる当該商品の需要家渡し価格、小売価格等を決定すること。
⑥ 構成事業者とその取引の相手方との価格に関する交渉を、団体で行い、又は構成事業者に共同して行わせること。

①の具体例としては、㈳四日市医師会が自由診療料金であるインフルエンザ予防接種料金を1件につき3,800円以上とする旨決定し会員に遵守させた行為が独禁法8条1項1号（当時）違反に該当するとされたもの[1]があります。

4 設問①について

設問①では、A組合の臨時総会と運営委員会で、需用者ごとに見積価格を提示して契約することができる組合員を決め、さらに公表価格からの値引き率は10％以内としています。

A組合は、このような行為を「共同受注事業」と称しているようですが、これはA組合として何らかの事業を行うものではなく、所属する組合員の取引について、取引の相手方とその最低販売価格を決めて守らせようとする行為にほかなりません。したがって、独禁法22条の「組合の行為」には該当せず、独禁法の適用除外の対象とはなりません。

そのうえで、A組合の構成員による甲製品の販売金額の合計額がその地域での甲製品の販売金額のほとんどを占めていることから、A組合の行為は、事業者団体による「一定の取引分野における競争を実質的に制限する行為」（8条1号）に該当すると考えられます。

本設問は、網走管内コンクリート製品協同組合に対する排除措置命令[2]に基づくものです。この事件では、課徴金納付も命じられています。

なお、本設問では、このような販売方法について臨時総会で決めたうえに、運営委員会で需用者ごとに契約予定者として割り当てる組合員を記載した一覧表まで定めていることから、組合員がこれに拘束されることは明らかであり、価格制限行為の実行性の確保は問題となりませんが、より緩やかな取決めとす

ることもあります。この点について，事業者団体ガイドラインは，価格制限行為の実効性を確保するためによく用いられる手段として，次のような3つの参考例をあげています。

① 事業者に対して，価格制限行為の内容に従うよう要請，強要等を行い，又は価格制限行為に協力しない事業者に対して，取引拒絶，団体内部における差別的な取扱い，金銭の支払，団体からの除名等の不利益を課すこと。

② 価格制限行為の内容の実施を確保するため，安値品の買上げを，団体として行い，又は構成事業者に行わせること。

③ 価格制限行為の内容の実施を監視するために，取引価格，取引先等構成事業者の事業活動の内容について，情報の収集・提供を行い，又は構成事業者間の情報交換を促進すること。

また，事業者団体の市場支配力が強い場合には，私的独占の禁止（3条）に該当することもあります。そのような具体例としては，事業者団体が工事の入札について受注予定者が受注できるよう入札参加者の入札価格を指示していた行為について，事業者団体が事業者の事業活動を支配していたとして私的独占に当たるとした福井県経済農業協同組合連合会に対する排除措置命令があります☆3。

5 事業者団体の情報活動

　事業者団体が商品，技術動向，市場環境等いろいろな情報を集め，これを構成事業者，関連団体，消費者等に提供することは，よく見られる行為です。その目的も様々であり，構成事業者や消費者の利便のためであったり，その業界の実態を把握したり，紹介するなどです。事業者団体ガイドラインも，「情報活動のうち，独占禁止法上特段の問題を生じないものの範囲は広い」ことを明らかにしています。

　そのうえで事業者団体ガイドラインは，違反となるおそれがある行為と原則として違反とならない行為に分けて規定しています。

Q39◆事業者団体❶——価格制限行為・情報活動

(1) 違反となるおそれがある行為

　事業者団体の情報活動を通じて，競争関係にある事業者間において，現在又は将来の事業活動に係る価格等重要な競争手段の具体的な内容に関して，相互間での予測を可能にするような効果を生ぜしめる場合があり，重要な競争手段に具体的に関係する内容の情報活動については，違反となるおそれがあるとしています。すなわち，事業者団体が構成事業者との間で「各構成事業者の現在又は将来の事業活動における重要な競争手段に具体的に関係する内容の情報」の収集・提供を行うことや構成事業者間の情報交換を促すことは，違反となるおそれがあります。

　そのうえで，事業者団体の情報活動が①事業者団体ガイドラインの規定する各制限行為（価格制限行為，数量制限行為，顧客，販路等の制限行為，設備又は技術の制限行為，参入制限行為等）につながる場合，又は②各制限行為に伴う場合には，独禁法8条の違反となるとしています。

　また，事業者団体のこのような情報活動を通じて，構成事業者間で，価格，数量，顧客・販路，設備等に関する競争の制限についての合意が形成され，事業者が共同して市場における競争を実質的に制限する場合には，これら事業者の行為は，独禁法3条（不当な取引制限）違反となります。

　事業者団体ガイドラインは，このような違反とされた具体例として大分県石油商業組合大分支部に対する件☆4，ほかをあげています。

(2) 原則として違反とならない行為

　事業者団体ガイドラインは，次のような行為は，原則として独禁法違反とならないとしています。

① 消費者への商品知識等（例．正しい使用方法）に関する情報の提供
② 技術動向，経営知識等に関する情報の収集・提供
③ 事業活動に係る過去の事実に関する情報の収集・公表
④ 価格に関する情報の需用者等のための収集・提供
⑤ 価格比較の困難な商品又は役務の品質等に関する資料等の提供
⑥ 概括的な需要見通しの作成・公表
⑦ 顧客の信用状態に関する情報の収集・提供

ただし，それらがすべて原則として違反とならないとしているわけでなく，

例外的に除外されているものがあるので注意が必要です。例えば、③については、概括的な情報を構成事業者から任意に収集し、客観的に統計処理し、個々の事業者の数量や金額を明示することなく概括的に需用者を含めて提供することが求められています。しかも、そのような条件を充たしても、価格に関するものと価格制限行為の監視のための情報活動は除くとされています。

6　設問②について

　事業者団体による情報活動は、むしろ特段独禁法上の問題にならないものの範囲が広いことは事業者団体ガイドラインも認めるところです。
　しかし、B組合の情報活動の対象は、構成員である各事業者が取り扱っている「乙製品の仕入価格の上昇の見通し」についてであり、これは、競争事業者間で取り扱っている乙製品の価格の一要素をなす仕入価格に関するもので、重要な競争手段の具体的な内容に関するものです。したがって、独禁法違反となるおそれのある行為です。
　また、B組合が「小売価格の引上げについて検討」することは、単なる情報活動ではなく、価格制限行為について検討するものです。さらに、乙製品の値上げの目処となる価格の決定は、設問①でも述べたように「価格設定の基準となるものの」を決定する行為であり、これら、B組合の行為は、乙製品の市場について競争を実質的に制限する場合には、同法8条1号違反となります。競争を実質的に制限していない場合でも、8条4号（構成事業者の機能又は活動を不当に制限すること）等の問題となります。

〔小林　覚〕

―■判審決例■―

☆1　平16・7・27勧告審決　集51―471。
☆2　平27・1・14排除措置命令（平成27年（措）第1号）審決DB。
☆3　平27・1・16排除措置命令（平成27年（措）第2号）審決DB。
☆4　昭55・2・7勧告審決　集26―92。

40 事業者団体❷──参入規制・自主規制

① 甲協会は，A県内に営業所を有するバス事業者の団体で，県内の主要駅の駅前にa市が設置したバスターミナルの管理運営をa市から委託され，その維持費用は利用者から徴収した料金と甲協会の会員が支払った会費によりまかなわれています。今回，次の事項を検討していますが，独占禁止法上問題はないでしょうか。

　ア　バスターミナルの利用者を甲協会の会員に限定し，県内に営業所を持たないバス事業者には利用させないようにすること。

　イ　バスターミナルの利用者は限定しないが，利用料金については，会員の価格よりも非会員の価格を高く設定すること。

② 乙組合は，エアソフトガン（遊戯銃）の製造事業者やエアソフトガンを扱う問屋等で構成されています。

　ア　乙組合は，エアソフトガンの威力と弾丸の重量に関する安全規格に関する規約を作成し，組合員に対し，その基準に合格したエアソフトガンには乙組合が交付したシールを貼ることを義務づけ，かつ，シールを貼っていないエアソフトガンを取り扱わないことを申し合わせています。乙組合のこのよう行為は，独占禁止法に違反しますか。

　イ　それらの基準が厳格に守られていないにもかかわらず，乙組合は，非組合員であるB社の製品には組合の定めたシールが貼られていないとして，全国の問屋に対しB社の製品の使用・販売の中止を申し入れたり，B社の製品を取り扱っている小売店に対しては，問屋を通じて組合のシールが貼られていない製品を取り扱わないように，もし取り扱えばシールが貼られた製品を出荷しないと通知しました。このような行為は，独占禁止法に違反しますか。

① バス事業者にとって，主要駅前のバスターミナルを利用できるかどうかは，バス事業を行ううえで重要な問題であり，利用できないことにより，場合によっては，A県内でのバス事業に新たに参入することやその事業からの撤退を考えざるを得なくなります。

アでは，県外に営業所を有するバス事業者に対する参入制限行為として独占禁止法8条の問題となります。

イでは，バスターミナルの維持費用は利用者から徴収した料金だけではなく，甲協会の会員の支払った会費が充てられていることから，維持費用の一部を甲協会を通じて負担している会員と全く負担していない非会員との間で利用料金に合理的な差を設けることは独占禁止法上問題になりません。しかし，維持費用を負担していることからは，説明できないほどに大きな差を設けるのであれば，差別的取扱いであり，独占禁止法上問題となり得ます。

② ア 乙組合の自主規約を設定した目的がエアソフトガンを安全に使用することにあり，その規格がその目的を達成するために合理的に必要とされる範囲であれば，乙組合の規約を設定する行為は，独占禁止法に違反しません。検査に合格した製品にシールを貼ることとシールを貼っていない製品を取り扱わないことを組合員間で申し合わせた点については，自主規制を強制しているのではないかとの点が問題となります。しかし，競争を阻害するものでないことが明らかであれば，この点も独占禁止法違反とはなりません。

イ 自主規約が厳格に守られていないのに，非組合員であるB社の製品にシールが貼られていないことを理由として，問屋に対しB社製品の使用・販売の中止を申し入れたり，B社製品を取り扱っている小売店に対し，シールが貼られていない製品を取り扱えば，シールが貼られた製品を出荷しないと申し入れる行為は，独占禁止法8条に違反します。

☑キーワード

事業者団体，ガイドライン，参入制限行為，自主規制

Q40◆事業者団体❷——参入規制・自主規制

解 説

1 参入制限行為等

　ある市場に新規参入するか，ある市場から撤退するかは，本来，個々の事業者の自主的な判断に委ねられるべきです。一定の範囲の同業者が，自分たちだけで市場を支配しようとして，新規参入を制限したり，他の事業者を排除するような参入制限行為等は明らかに自由な競争秩序を阻害します。

　「事業者団体の活動に関する独占禁止法上の指針」（以下「事業者団体ガイドライン」といいます）は，事業者団体による参入制限行為等（新たに事業者が参入することを著しく困難とさせ，又は既存の事業者を排除すること）として，(1)商品又は役務の供給制限，(2)商品又は役務の取扱い制限，(3)不当な加入制限又は除名を規定しています。

　そして，事業者団体のそれらの行為が市場における競争を実質的に制限すれば，8条1号（一定の取引分野における競争を実質的に制限すること）に該当し，市場における競争を実質的に制限するまでには至らない場合には，そのような行為は，原則として8条3号（一定の事業分野における現在又は将来の事業者の数を制限すること），同条4号（構成事業者の機能又は活動を不当に制限すること），又は同条5号（事業者に不公正な取引方法に該当する行為をさせるようにすること）に該当するとしています。

　以下，参入制限行為等として問題となる行為をあげます。

　(1)　商品又は役務の供給制限

　構成事業者や構成事業者の取引先事業者に，特定の事業者に対する商品又は役務の供給の制限をさせるようにすることです。滋賀県生コンクリート工業組合（第一次）事件☆1では，組合の地区内で生コンクリートの製造設備の新増設を計画している非構成事業者に対してセメントを供給することのないようセメント製造業者に要請し，非構成事業者による生コンクリートの製造設備の新増設を阻止したことが，8条1項3号（当時）違反とされました。

(2) 商品又は役務の取扱い制限

構成事業者や構成事業者の取引先事業者に，特定の事業者が供給する商品又は役務について，その供給を受けることの制限をさせるようにすることです。例えば，製造業者を構成事業者とする団体が，構成事業者の競争者の新規参入を妨げるために，構成事業者の取引先である販売業者に対し，新規参入者から商品の供給を受けないよう圧力を加えることなどがこれに当たります。

(3) 不当な加入制限又は除名

団体に加入しなければ事業活動を行うことが困難な状況において，不当に，団体への事業者の加入を制限し，又は団体から事業者を除名することです。

不当な加入制限又は除名に当たるおそれが強い例として，社会通念上合理性のない高額に過ぎる入会金や負担金を徴収すること，一定地域における店舗等の数の制限や既存の店舗等と一定の距離を保つことを内容とする加入資格要件を設定すること，団体への加入について，事業の地域，分野等について特に直接的な競合関係にある構成事業者の了承，推薦等を得ることを条件とすることがあげられています。

具体例としては，次のような事件があります。

岡崎青果商業協同組合事件[☆2]では，卸売市場を開設している3社が組合の加入者でなければ仲買人としないとしていたため，組合に加入しなければ卸売市場から青果物を仕入れることができず，青果物の販売業を営むことが困難な状況でした。そのうえで，組合への新規加入者の資格として，その店舗が既存組合員の店舗から300メートル以上の間隔があることを原則とする等の制限を設けて組合への加入を制限したことが，8条1項3号（当時）違反とされました。

加入制限や除名ではありませんが，次のような例があります。

四日市医師会事件[☆3]では，会員が医療機関の開設や移転，病床の増設，診療科目の変更や増設を行う場合には，医療機関の偏在と会員相互の調整を図ることを目的として設置されている医療機関適正配置委員会に申し出て助言や指導相談を受けることとしました。そのうえで，診療所の開設や科目の増設の場合には，既存医療機関との距離を500メートル以上，病院は1,000メートル以上とする委員会内規を定めてこれを制限していたことが構成事業者の機能又は活

動を不当に制限するものとして8条1項4号(当時)に違反するとされました。

なお，医師会の行為に関しては，「医師会の活動に関する独占禁止法上の指針」(昭和56年8月8日)が公表されています。

2 公的規制，行政等に関連する行為

事業者団体ガイドラインは，公的規制，行政等に関連する行為についても，次のような行為については，独禁法上問題となり得るとしています。

(1) 許認可，届出等に関連する制限行為

事業活動に対して許認可，届出等による公的規制が行われる場合に，事業者団体が，構成事業者に係る価格，設備等について制限し，これにより市場における競争を実質的に制限することは，8条1号に違反します。また，市場における競争を実質的に制限するまでには至らない場合でも，構成事業者に係る価格，設備等について制限することは，原則として8条4号(構成事業者の機能又は活動を不当に制限すること)に違反します。

構成事業者に係る価格，設備等について制限する行為の例としては，①タクシー運賃等の引上げについて，構成事業者の認可申請すべき内容を決定し，これに基づいて構成事業者に認可申請をさせた例，②最高額及び最低額の幅をもって許認可等を受けている料金について，その幅の中で構成事業者が収受する料金を決定し，又はその維持もしくは引上げを決定した例，③掲示の義務がある料金について，実際にはそれを下回った料金が収受されているにもかかわらず，掲示料金どおりに収受するよう決定した例などがあげられています。

(2) 公的規制分野における規制されていない事項に係る制限行為

事業者の参入や店舗設置については規制されていても，料金については規制されていない場合に事業者団体が構成事業者が供給する役務の料金を決定するといった行為です。

(3) 公的業務の委託等に関連する違反行為

行政機関等が公的事業の実施のための一定の業務等を事業者団体に委託する場合に，事業者団体がその業務の実施に際して，事業者間で差別的な取扱いをすることは独禁法上問題となります。

その例として，事業者団体が公的業務を実施する際に，非構成事業者等特定の事業者を不当に差別的に取り扱う等して，新たに事業者が参入することを制限し，もしくは既存の事業者を排除し，又は構成事業者の機能もしくは活動を不当に制限することは，8条1号，3号，4号の問題となり得ることが示されています。

(4) 行政指導により誘発された行為

行政指導に誘発されて事業者団体が独禁法上問題となる行為を行ったとしても，独禁法の適用が妨げられることはありません。

(5) 入札談合

公共的な入札において，入札参加者等を構成事業者とする事業者団体が入札に係る受注予定者，最低入札価格等を決定するといった行為は，独禁法違反となります。

3 設問①アについて

バスターミナルの利用をA県に営業所を有しないバス事業者に認めないことについては，何ら合理的理由はありません。これは，事業者団体ガイドラインでは，参入制限等の行為や公的規制，行政等に関連する行為の中の公的業務の委託等に関連する違反行為の問題となります。

甲協会がa市から運営を委託されているバスターミナルの利用を制限したために，非会員であるA県外のバス事業者がA県内でのバス事業に参入できなかったり，撤退を余儀なくされるのであれば，市場における競争を実質的に制限する事業者団体の行為として，8条1号に違反することになります。

これに対し，このバスターミナルを利用できなくても，非会員がA県内のバス事業に参入することが可能であり，また，撤退には至らないという場合には，8条1号には該当しませんが，8条3号の「一定の事業分野における現在又は将来の事業者の数を制限すること」等が問題となり得ます。

4　設問①イについて

　甲協会は，a市からバスターミナルの管理を委託されており，その維持費用の一部は甲協会の会員の支払った会費が充てられています。したがって，維持費用の一部を負担していない非会員のバスターミナルの利用料と維持費用の一部を会費を通じて負担している会員のバスターミナル利用料に差があるからといって直ちに不当な差別的取扱いとはいえず，独禁法に違反するものではありません。

　しかし，非会員と会員の料金の違いが維持費用の負担の有無に照らしても合理的とはいえないほど大きい場合には，事業者団体ガイドラインが公的業務の委託等に関連する違反行為の例としてあげる非構成事業者等特定の事業者を不当に差別的に取り扱うことになります。

　非会員に対する利用料金が不当に高いために，非会員が事実上このバスターミナルを使用できないためにA県のバス事業に参入できなかったり，バス事業から撤退を余儀なくされるときは，甲協会の行為は，8条1号「一定の取引分野における競争を実質的に制限すること」に該当します。

　また，競争の実質的制限までは認められなくとも，8条3号の「一定の事業分野における現在又は将来の事業者の数を制限すること」等が問題となります。

5　規格等に関する自主規制等，自主認証・認定等

　事業者団体の行う規格等に関する自主規制等と自主認証・認定等については，事業者団体ガイドラインは，「種類，品質，規格等に関する行為」の中で規定しています。それによれば，自主規制等も自主認証・認定等も独禁法上の問題を特段生じないものが多いことを認めつつ，多様な商品又は役務の開発・供給等に係る競争を阻害する場合には，独禁法8条3号，4号，5号の違反が問題となり，市場における競争を実質的に制限すれば，8条1号の違反となるとしています。

それでは、どのようにして競争阻害性が判断されるのでしょうか。

　まず、自主規制等の競争阻害性は、競争手段を制限し需用者の利益を不当に害するかどうか、事業者間で差別的なものではないかとの判断基準に照らし、社会公共的な目的等正当な目的に基づいて合理的に必要とされる範囲内かどうかとの要素も勘案して判断されるとしています。

　次に、自主認証・認定等については、以上の判断に加えて、①自主認証・認定等の利用が構成事業者の判断に委ねられずに強制されているとき、②事業者にとって自主認証・認定等を受けなければ事業活動が困難な状況で特定の事業者による利用を正当な理由なく制限するときには、いずれも独禁法上問題となるおそれがあるとしています。

　以上に基づき、違反となるおそれがある行為と原則として違反とならない行為が示されています。

　①　違反となるおそれがある行為
　ア　特定の商品等の開発・供給の制限
　イ　差別的な内容の自主規制
　ウ　自主規制等の強制（自主規制等がその内容から競争を阻害するおそれのないことが明白である場合を除く）
　エ　自主認証・認定等の利用の制限　　自主認証・認定等を受けなければ事業活動が困難な状況において、特定の事業者による自主認証・認定等の利用を正当な理由なく制限することです。

　②　原則として違反とならない行為
　ア　規格の標準化に関する基準の設定　　需用者の利益に合致した規格の標準化に関する自主的な基準を設定することです。ただし、①のイ、ウに該当するものを除きます。
　イ　社会公共的な目的に基づく基準の設定　　環境保全や安全確保等の目的に基づいて合理的に必要とされる商品等に関する自主的な基準を設定することです。ただし、①のイ、ウに該当するものを除きます。
　ウ　規格の標準化等に係る基準についての自主認証・認定等　　ア、イのように独禁法上問題のない基準・規約等につき、周知や普及促進を行い、又は基準・規約等への適合について、自主認証・認定等を行うことです。ただし、①

Q40◆事業者団体❷──参入規制・自主規制

のウ，エに該当するものを除きます。

6 設問②アについて

　本設問は，非組合員である原告が協同組合の行為は独禁法違反であり，不法行為となるとして損害賠償を求めた日本遊技銃協同組合事件☆4に基づくものです。

　まず，エアソフトガンの安全性を守るために，組合が自主規約を設定することは，社会公共的な目的に基づく基準の設定であり，その内容が安全性確保の目的から合理的に必要なものであれば，事業者団体ガイドラインでいう原則として違反とならない行為になります。

　次に，自主規約において，その基準を充たした製品には，シールを貼ることとそのシールが貼られていない製品を販売しないことを申し合わせた点については，自主規制の強制とも考えられますが，その目的がエアガンによる事故を防止するという安全確保であり，それに相応しい内容であるならば，その内容から競争を阻害しないことが明白な場合として，独禁法違反となるおそれのある行為に該当しないといえます。もっとも，その真の目的が安全性確保ではなく，競争阻害にあれば，当然，独禁法違反が問題となります。

　日本遊技銃協同組合事件の判決もこれらの行為については，「安全検査を経ていないエアーソフトガンによる事故を防止して消費者及びその周辺の安全を確保すること並びに事故発生により広範な規制が行われることを防止する目的であると認められ」，独禁法の精神とも矛盾しないとして，基準の設置目的は正当なものとしています。

　また，同事件では，エアソフトガンの威力と弾丸の重量について定めた自主基準の内容について，合理性がないとはいえないとしました。

　以上より，②アの行為は，独禁法違反にはならないと考えられます。

7 設問②イについて

　B社は，非組合員ですから，乙組合の自主基準を遵守する必要もありません

し、B社の製品は乙組合の検査を受けていないのですから、乙組合所定のシールも貼られてはいません。だからといって、直ちに、B社の製品が危険であることにはなりません。乙組合の自主基準を充たしていないことやその基準に基づく検査を受けていないことと安全性を有しない危険な製品であることとは別の問題だからです。

それにもかかわらず、乙組合が全国の問屋に対しB社の製品の使用・販売の中止を申し入れたり、B社の製品を取り扱っている小売店に対し、組合のシールが貼られていない製品を取り扱えば、組合のシールが貼られた製品を出荷しないとする行為は、自主規制の目的を逸脱した行為であり、独禁法8条違反となり得ます。

日本遊技銃協同組合事件の判決は、被告組合のそのような行為については、自主規制の目的の達成の実施方法として相当なものであるとは到底いえないから、「事業者に不公正な取引方法に該当する行為をさせるようにすること」(8条1項5号。当時)に該当し、問屋や小売店に原告製品の取扱いをしないように申し入れ、また原告と取引したときは組合員からの製品供給をしないと告げた行為は、組合員のシェアが100％に近いことから、8条1項1号(当時)に該当するとしました。そのうえで、不法行為に基づき被告組合及び理事長個人に対して1,846万1,634円の損害賠償責任を認めました。

以上より、設問②イの行為は、独禁法に違反すると考えます。

〔小林　覚〕

= ■判審決例■ =

☆1　昭58・9・30同意審決　集30—50。
☆2　昭41・1・13勧告審決　集13—99。
☆3　平16・7・27勧告審決　集51—471。
☆4　東京地判平9・4・9判時1629—70。

Q41 取引拒絶

当社は，系列外ルートでの商品販売を一切禁止していますが，系列外のA社がその商品を販売しはじめています。そこで当社はA社に商品を販売しないように系列会社に指示しています。A社が系列内のB社に商品を注文したところ，B社が販売を拒絶したとして，A社は，当社とB社を独占禁止法違反で訴えると騒いでいます。当社はB社に対し，A社へ商品を販売しないこととする指示を破棄しなければならないのでしょうか。

　ある事業者に対し取引を拒絶したり，取引に係る商品やサービスの数量や内容を制限したり，あるいは他の事業者にこれらの行為をさせることは，場合によっては，不公正な取引方法に当たります（不公正な取引方法一般指定1項・2項参照）。

　流通・取引慣行ガイドラインでは，市場におけるシェアが10％以上の又はその順位が上位3位以内であるところの市場における有力なメーカーが，取引先販売業者に対し，自己の競争者と取引しないようにさせることは，違法性を帯びると指摘しています。

　そのうえ平成21年法改正により，正当な理由がないのに自己と競争関係にある他の事業者（競争者）と共同して，事業者に対し取引を拒絶させようとすることは，共同の取引拒絶と認定され，課徴金の対象とされることになりました（20条の2）。

　貴社がB社に対し，A社に商品を販売しないように指示した行為は，単に系列を維持するためだけの目的であれば，不当な取引拒絶であると判断されるおそれがあります。

☑キーワード

共同の取引拒絶，単独の取引拒絶，共同の供給拒絶

解 説

1 取引拒絶とは

　取引先の選択は，本来事業者の営業の自由の一内容に属する問題ですから，個々の事業者が単独で行う取引拒絶は何ら問題とならないはずです。また，代金未払や品不足の場合にも取引拒絶は行われ得るものですから，それ自体は通常の経済活動の一環と見られます。ところで，取引拒絶はそれにより相手方事業者は当該商品を入手できないという不利益を受けるわけですから，相手方に対する統制効果は大きなものになります。これによって価格維持効果が期待できるわけです。そこで，取引拒絶が，価格維持等の不当な目的を達成するために行われる場合は，やはり違法性を帯びることになります。すなわち，取引拒絶の意図・目的をも総合的に考慮して，公正競争を阻害するに至るような場合には，その行為は違法性を帯びることになるわけです。

　これを不公正な取引方法として，「不当に」取引を拒絶する行為として類型化しています。

2 共同の取引拒絶とは

　一般指定1項は，「共同の取引拒絶」を規制し，同2項は，「その他の取引拒絶」すなわち「単独の取引拒絶」を規制しています。

　「共同の取引拒絶」とは，競争関係にある事業者が共同して取引を拒絶するものであり，条文上も「正当な理由がないのに」と規定し，原則違法の類型とされています。

　取引拒絶の形態としては，自ら直接取引を拒絶する「直接の取引拒絶」（一般指定1項1号）と，他の事業者に取引を拒絶させる「間接の取引拒絶」（同項2号）があります。

　共同の取引拒絶がありますと，当該事業者は，直接・間接の如何を問わず，

他の取引先を容易に見つけ出すことが難しく，市場から排除されてしまうおそれが高くなります。

3　正当な理由

　一般指定1項は，「正当な理由がないのに」行われる取引拒絶を，不公正な取引方法としています。逆にいえば，「正当な理由」がある場合には，公正競争阻害性は認められず，不公正な取引方法には当たりません。
　例えば，食品安全基準を満たさない原材料を供給する事業者からは仕入れをしないように共同で取引を拒絶する場合や，玩具の安全に関する合理的な品質基準を設けて，これに合致しない商品の取扱いを中止するよう小売店に呼びかける行為は，「正当な理由」に当たるものと考えられます（日本遊戯銃協同組合事件☆1）。

4　単独の取引拒絶

　単独の取引拒絶は，一般指定2項に，「その他の取引拒絶」と規定されています。ここでは，「不当に」行われた取引拒絶を規制しており，原則違法の類型とはされていません。
　一般的には，単独の行為では，相手方が容易に代わりの取引先を見出し難くなるとか，そのおそれがあるとは一般的にいえるわけではないので，当該取引拒絶が，他の取引先を容易に見出し難くさせたり，そのおそれがあるものである場合に，はじめて「不当に」取引を拒絶したものと判断されることになります。

5　取引拒絶行為が違法性を帯びる場合

　個々の業者が行う取引拒絶行為が違法性を帯びる場合として，一般に次のような場合があげられています（流通・取引慣行ガイドライン）。
　すなわち，第1は，市場におけるシェアが10％以上の又はその順位が上位3

位以内であるところの市場における有力なメーカーが，取引先販売業者に対し，自己の競争者と取引しないようにさせることによって，競争者の取引の機会が減少し，他に代わり得る取引先を容易に見出すことができなくなるようにするとともに，その実効性を確保するため，これに従わない販売業者との取引を拒絶することであり，第2は，市場における有力な原材料メーカーが自己の供給する原材料の一部の品種を取引先完成品メーカーが自ら製造することを阻止するため，当該完成品メーカーに対し従来供給していた主要な原材料の供給を停止すること，第3は，市場における有力な原材料メーカーが，自己の供給する原材料を用いて，完成品を製造する自己と密接な関係にある事業者の競争者を当該完成品の市場から排除するために，当該競争者に対し従来供給していた原材料の供給を停止すること，の3つの場合です。

6　直接の取引拒絶と間接の取引拒絶

　単独の取引拒絶の場合でも，取引拒絶の態様として，直接の取引拒絶と間接の取引拒絶があります。直接の取引拒絶とは，例えばメーカーが値引き販売を行っている小売業者に販売している卸売業者に対する取引を拒絶する場合であり，間接の取引拒絶とは，例えばメーカーが値引き販売を行っている小売業者に販売している卸売業者に対し，当該小売業者との取引を拒絶させる場合です。

7　共同の供給拒絶

　平成21年独禁法改正により，共同の供給拒絶の一部の行為については，課徴金が課されることになったことに注意しなければなりません。
　この課徴金が課されることになる共同の供給拒絶行為（特定共同供給拒絶）は，原則3％（小売業は2％，卸売業は1％）の課徴金が課されることになります。
　すなわち，①正当な理由がないのに，②競争者と共同して，③次のいずれかに該当する行為をした場合，イ．ある事業者に対し，供給を拒絶し，又は供給に係る商品若しくは役務の数量若しくは内容を制限すること。ロ．他の事業者

に，ある事業者に対する供給を拒絶させ，又は供給に係る商品若しくは役務の数量若しくは内容を制限させること，④当該行為者が，過去10年以内に同一の違反行為につき処分を受けたことがある場合です（改正法20条の2）（詳細についてはQ21参照）。

8 判審決例

単独の取引拒絶が問題となった事例としては，①日本で唯一の生地管製造業者であるN社の西日本地区の独占代理店である㈱ニプロは，㈱ナイガイの輸入生地管の取扱いの継続又は拡大を牽制し，これに対して制裁を加える目的の下で，㈱ナイガイに対してのみ，N社製の生地管の価格を公定価格まで引き上げ，特別値引きを全廃するなど，他の業者との取引条件に比べて明らかに不利益な取引条件に変更しようとしたり，N社に対してだけ担保の差入れ又は現金取引に応じない限り取引に応じない旨を申し入れたニプロ事件☆2，②NTT東日本は，光ファイバ設備を用いた通信サービス（FTTHサービス）を提供するにあたり，他の通信事業者もFTTHサービス事業に参入するにあたっては，NTT東日本が設置した光ファイバに接続する必要があったが，NTT東日本が利用者に対して設定した加入料が月額5,800円であったところ，他の通信事業者に対する接続料金をメディアコンバータの接続料金を加えた6,328円と設定したため，新規事業者が一般利用者を獲得するためには，必ず逆ザヤが生じることになったため，他の事業者がFTTHサービス事業に参入することは，事実上著しく困難になったことを認定したNTT東日本事件☆3などがあります。

直接の取引拒絶が問題となった審決例としては，①北海道内において乳牛導入等資金の主要な供給者である農林中央金庫が，これと密接な関係にある雪印乳業，北海道バターのいずれかに原乳を供給する農協又はその組合員にのみ乳牛導入等資金を融資することとし，他の乳業メーカーと取引する者に対しては，取引先が両会社でないという以外の格別の理由がないのに融資を拒否した雪印乳業・農林中金事件☆4，②大正製薬㈱が，取引の相手方に対して他のチェーンに加入することを禁止し，指示に従わない者に対する取引を拒絶した第二次大正製薬事件☆5，③岡山県南生コン協同組合が，密接な取引関係のあ

る生コン卸商協同組合に加入した販売業者との間だけで取引基本契約を締結し，卸商協同組合に加入しない者とは，取引をしないこととした岡山県南生コンクリート協同組合事件[☆6]，④下水管のトンネル敷設の事業者で有利な工法を利用している業者が，より劣った他の工法のみしか利用できない業者を共同で締め出したロックマン工法事件[☆7]，などがあげられます。

9 回　　答

　そこで，本問に対する回答は，単に系列外取引に当たるというほか何らの理由がないのであれば，貴社が市場におけるシェアが10％以上の又はその順位が上位3位以内であるところの市場における有力なメーカーである場合には，違法な取引拒絶であると判断されるおそれが高くなるものと思われます。

〔根岸　清一〕

――■判審決例■――

☆1　東京地判平9・4・9判タ959―115。
☆2　平18・6・5審判審決　集53―195。
☆3　最判平22・12・17集57―2―215。
☆4　昭31・7・28審判審決　集8―12。
☆5　昭30・12・10勧告審決　集7―99。
☆6　昭56・2・18勧告審決　集27―112（百選112頁以下）。
☆7　平12・10・31勧告審決　集47―317（百選108頁以下）。

差別対価

　当社は，首都圏でLPガスを一般家庭に販売していますが，今回新規の顧客に対しては，従前の価格よりも4割程度安く販売することを計画したところ，同じ首都圏でLPガスを販売する当社より小規模な事業者数十社から，不当な差別対価による販売だから，そのような販売や宣伝を即時中止せよと申入れを受けました。当社の販売シェアは数パーセントですし，安いといっても原価割れをしているわけでもありません。
　当社の販売行為は，本当に独占禁止法上の問題となるのでしょうか。なお，当社は，これまで，不当な差別対価であるとして公正取引委員会から問題とされたことはありません。

　独占禁止法は，不当に地域又は相手方により差別的な対価で取引をすることを不公正な取引方法として禁じています。本問では，相手方により対価に差異があることは間違いありません。しかし，相手方により対価が異なるからといって直ちに独占禁止法が問題とする不当な差別対価となるわけではありません。不当な差別対価といえるためには，公正競争阻害性が必要であり，そのためには，価格差の程度，価格差を設けた目的，市場における状況その他の事情を検討する必要があります。
　貴社が差異を設けた目的は，新規顧客を開拓するためであり，その価格が原価割れをするほどでなく，貴社のシェアが低いことなどから，独占禁止法が問題とする不当な差別対価には，該当しないと考えられます。
　なお，平成21年の改正により，差別対価による取引のうち，継続して商品や役務を提供するもので，他の事業者の事業活動を困難にするおそれのあるものについては，課徴金の対象とされることになりました。

☑ キーワード

不公正な取引方法，差別対価，不当廉売

解説

1 不当な差別対価

　商品や役務の対価は，原則として売り手が自由に設定することができるのであって，現実の取引では，価格差で競争が行われていることも多くみられます。したがって，地域や相手方により価格に差異が生じたとしても，それが直ちに不当な差別対価となるわけではありません。すなわち，価格は，取引数量や決済方法などの取引条件，他の事業者との競争環境等に応じて変わってくるのが通常ですから，価格に差異があること自体が直ちに独禁法上問題となるわけではありません。

　では，どのような場合に規制の対象となるのでしょうか。この点については，市場における有力な事業者や取引上相対的に強い立場に立つ事業者が価格その他の取引条件について差別することにより，競争者や差別を受ける相手方等の競争機能に直接かつ重大な影響を及ぼすなど競争秩序に悪影響を及ぼす場合には，規制の必要があるとされています。

　差別対価は，地域によるものと相手方によるものがありますし，売り手が行う場合と買い手が行う場合があります。

　相手方については，事業者に限られず，消費者も含まれます。この点で，事業者に限定している一般指定4項の差別的取扱いと異なります。

2 法定の差別対価とそれ以外の差別対価

　不公正な取引方法については，平成21年改正により，課徴金の対象となるものとして独禁法に規定された法定の5類型と，それ以外の行為で従前どおり課

徴金の対象とはならないものとして6類型の行為について一般告示で指定されたものがあります（**Q11**参照）。差別対価には，この法定の差別対価（2条9項2号）と告示により指定された差別対価（同6号イ）があります。

(1) 法定の差別対価

法定の差別対価は，「不当に，地域又は相手方により差別的な対価をもつて，商品又は役務を継続して供給することであつて，他の事業者の事業活動を困難にさせるおそれがあるもの」（2条9項2号）です。これは，排除措置命令の対象となる（20条1項）ほかに，課徴金納付命令の対象となります（20条の3）。

従来の差別対価による取引のうち，商品又は役務を継続して供給する型の行為について，他の事業者の事業活動が困難となるおそれがあるものに限って課徴金の対象としました。なお，調査開始日から遡って10年以内に差別対価で排除措置命令を受け，それが確定している場合に課徴金納付命令が発せられます（同条1号）。この場合における課徴金の額は，3年間の売上額の原則として3％，小売業では2％，卸売業では1％に相当する額です（20条の3）。

(2) それ以外の差別対価

それ以外の差別対価については，従前どおり，一般告示に指定されており，排除措置命令の対象となります。すなわち，法2条9項の1号から5号に規定されたもののほか，不当な対価をもって取引する行為であって，公正な競争を阻害するおそれのあるもののうち，公取委が指定するもの（2条9項6号イ）です。これを受けて一般指定3項は，法2条9項2号に該当する行為のほか，「不当に，地域又は相手方により差別的な対価をもつて，商品若しくは役務を供給し，又はこれらの供給を受けること」としています。これは，(1)と異なり，商品又は役務を供給するものに加え，商品又は役務の供給を受けることも含まれますが，「他の事業者の事業活動が困難となるおそれ」までは必要なく，公正競争阻害性があれば足ります。

3 公正競争阻害性

差別対価は，「不当に」行われることが要件なので，市場の競争に及ぼす影響を個別具体的にみることになります。

流通・取引慣行ガイドラインは，不当廉売とともに不当な差別対価が不公正な取引方法として禁止されていることと不当廉売とこれに関連する差別対価については，公取委が昭和59年に公表した「不当廉売に関する独占禁止法上の考え方」によるとしています。

「不当廉売に関する独占禁止法上の考え方」は，「地域又は相手方による差別的な廉売」として，①有力な事業者が，競争者を排除するため，当該競争者と競合する販売地域に限って廉売を行う場合，②競争者の取引（得意）先に対してのみ廉売を行うなどして，競争者の顧客を奪取するような場合等は一般指定3項（旧）の差別対価に該当するおそれがあるとしています。①の有力な事業者か否かはシェアが10％を超えるか，又は市場において3位以内であるかを目安に判断されます。

また，不当廉売に限らず，競争減殺のおそれがあるとして公正競争阻害性が認められる典型例として，「競争の反映ないし結果とは認められない価格差等によって，自己の競争者の事業活動を困難にさせ，又は取引の相手方を競争上著しく有利又は不利にさせるおそれがある場合」と「競争者の商品の取扱い制限，廉売の防止等独占禁止法上違法又は不当な行為・目的の達成・実効性確保のために用いられる場合」があげられています[*1]。

4 判審決例

(1) 第二次北国新聞社事件[☆1]

本事件は，昭和28年に指定された一般指定の告示の時代のものです。

新聞業については，「新聞業における特定の不公正な取引方法」により，日刊新聞の発行又は販売を業とする者が自己の商品たる新聞につき，地域又は相手方により異なる定価を付し，又は割引することが不公正な取引方法に指定されています。北国新聞社は，石川県での新聞の総販売部数の6割を占める最も有力な新聞社でしたが，富山県の富山新聞社を合併し，石川県における北国新聞よりも安い定価で富山県において富山新聞を発行販売していました。公取委はその行為を地域的定価差別であるとして審判を開始するとともに，本件行為を放置しては通常の手続による排除措置ではその法益侵害を回復できないおそ

れがあるとして東京高裁に緊急停止命令を申し立てました。東京高裁では、北国新聞と富山新聞が同一の新聞といえるかが主として争われましたが、富山新聞が北国新聞の富山版として扱われていたこと等から両新聞は同一のものであり、地域的定価差別となるから独禁法19条に違反するおそれがあるとされました。

(2) 東洋リノリューム事件☆2

ビニル床タイルの2ミリ厚もの（以下「タイル」といいます）の製造業者で国内の販売数量の大部分を占めていた東洋リノリューム㈱、ほか3社は、他の2社と合計6社でビニルタイル工業会を結成していました。また、この4社は、タイルの購入者である工事店を組合員とするビニルタイル工事協同組合を各地区に設立し運営することに援助を行っていました。昭和49年後半ごろからタイルの需要が減退したために、4社は、タイルの価格改定について、共同して価格を決定し、供給計画を互いに告知し合って需給の適合を図るといったカルテル行為とともに、工事店のビニルタイル工事協同組合への加入を促進するため、タイルの取引価格について、協同組合に加入しない工事店に対するものを協同組合員に対するものよりも1枚当たり4円程度高くして供給しました。

公取委は、昭和54年、4社に対し、共同して価格を決定し需給の適合を図った行為を不当な取引制限に当たるとし、また、東洋リノリューム、ほか2社に対し、正当な理由がないのに相手方により差別的な対価をもって供給したとして、これらの行為をやめるよう勧告し、4社がこれを応諾したので、同趣旨の審決がなされました。

(3) LPガス販売差別対価差止請求事件

(a) ザ・トーカイ事件

静岡市を本拠地とするLPガス販売業者である㈱ザ・トーカイは、静岡県では需要家との契約件数は1位でシェアは約8.7％でした。同社は、東京都等首都圏へ進出し首都圏の会社と業務提携したうえ、静岡県では一般家庭用LPガスを主として10㎥当たり5,700円から6,200円で販売し、首都圏では既存顧客には6,000円前後で販売しながら新規顧客に対し4,300円で販売していました。この行為を差別対価に当たるとしてLPガス販売業者である18社が原告となり、ザ・トーカイと提携先1社を被告として、4,300円程度での販売と販売委託等

の差止めを求めて提訴しました。

控訴審裁判所[*3]は，1審[*4]同様一般家庭用LPガスを同時期に相手方によって価格に差を設けて販売していたことを認定したうえで，小売業者間の公正競争阻害性の判断の仕方について，売り手が自らと同等かそれ以上に効率的な業者が市場において立ち行かなくなるような価格政策をとっているかどうかにより判断されるべきであり，市場において価格差があることは，業者間の能率競争，市場における需給調整が機能している現れとみることができるから，その価格差が不当廉売を含むものであることが明らかな場合は格別，原価割れでないことに争いがなく，不当廉売の主張もない事案では小売業者の価格決定を萎縮させることのないよう公正競争阻害性の判断は慎重に行う必要があるとしました。そのうえで，東京都等では多数のLPガス販売業者が存在し，顧客は比較的自由に解約し他の業者と契約することができるので，被告が同一市場で価格差を設けてもそれに合理的理由がなければ顧客は他の業者と契約できると考えられる，そうだとすると，被告の価格差は市場における競争状況や供給コストの差を反映したものと推認され，競争減殺効果が生じていると認めるに足りる証拠はない，として請求を棄却しました。

(b) **日本瓦斯事件**

LPガス販売業者である日本瓦斯㈱が一般家庭顧客向け新規契約については10㎥当たり3,505円から4,404円で販売し，従来からの顧客に対しては5,000円台で販売していたところ，LPガス販売会社2社が原告となり，差別対価であるとして，4,195円以下の廉価の設定，宣伝，販売，販売委託の差止めを求めて提訴しました。

控訴審裁判所[*5]は，1審[*6]同様，差別対価についての公正競争阻害性の判断の仕方については，上記(a)と同様の見解を示したうえ，LPガス市場には価格競争が進展してきており新規参入に規制・障害がないこと，東京都等には多数のLPガス事業者が存在し，被告の標準価格を下回る価格による販売も行われていること，被告のシェアは数％であり，標準価格が総販売原価を下回るとの証拠もないこと，標準価格は新規顧客一般に対するもので既存業者からの切替用に設定されたものでないこと，顧客も比較的自由に解約できることなどを認定し，被告の販売価格差はLPガスに競争原理が導入され，全体として安値

に移行する過程において市場の競争状況の違い及び供給コストの差を反映するものと推認でき、本来非効率な業者が自らと同程度に効率的な業者を排除するために能力を超えた価格設定を行っているものと認められないとして、公正競争阻害性を否定し、請求を棄却しました。

5 相手方による差別対価の成否

貴社は、同じ首都圏の顧客のうち、新規顧客に対する販売価格を従前から取引のある顧客に対する販売価格よりも4割程度安くしようとしているので、「相手方」により価格に差異を設けていることとなります。

しかし、その目的は、シェアの低い貴社が新規顧客を獲得としようというもので、いわば競争促進的なものです。しかも、その手段は、4割安いといっても原価割れするような価格ではなく、相当なものといえます。

よって、公正競争阻害性の要件を欠き、独禁法が禁じる不当な差別対価には該当しないと考えます。したがって、過去に同種の違反行為を行ったことのない貴社については、課徴金の対象とならないことはもとより、排除措置命令の対象ともなりません。

なお、本問は、前記日本瓦斯事件を参考にしたものですが、同判決は、「本件価格差は本来非効率な業者が自らと同程度に効率的な業者を排除するために能力を超えた価格設定を行っているものと」認められるか否かを問題にしています。

〔小林　覚〕

■判審決例■

☆1　東京高決昭32・3・18行裁例集8―3―443（独禁百選（6版）130頁）。
☆2　昭55・2・7勧告審決　集26―85（独禁百選（6版）132頁）。
☆3　東京高判平17・4・27集52―789。
☆4　東京地判平16・3・31判時1855―79。
☆5　東京高判平17・5・31集52―818。
☆6　東京地判平16・3・31判時1855―88。

第Ⅲ部◇独占禁止法のケース・スタディ

■注　記■

　＊1　新一般指定の解説47頁。

●参考文献●

　(1)　百選56事件（114頁・村上政博）。

Q43 差別的取扱い

当社は販売店を系列化し，仕入高の多寡によってリベートを支払っています。系列外取引を行うと，当社の支払うリベートの割合は非常に低くなりますので，事実上系列外取引をすることができなくなったA社が独占禁止法違反を理由として裁判を起こしてきました。このようなリベートは独占禁止法上問題になるのでしょうか。

貴社が市場において有力なメーカーである場合に，貴社によるこのようなリベート供与のためにA社が貴社以外の代替的流通経路を容易に確保することができなくなるおそれがあれば，不公正な取引方法のひとつである差別的取扱いに該当し違法となります。

キーワード

不公正な取引方法，差別的取扱い，リベート

解 説

1 取引条件等の差別的取扱い

平成21年改正法は，不公正な取引方法を課徴金の対象となるものとそれ以外のものに分けました。法は，課徴金の対象とならない不公正な取引方法になり得るものとして，6つの行為類型を掲げています。その行為類型のひとつとし

て，「不当に他の事業者を差別的に取り扱うこと。」が規定されており（2条9項6号イ），これに該当し，公正な競争を阻害するおそれがあるもののうち，公取委が指定するものが不公正な取引方法となります。

公取委は，これを受けて，取引条件等の差別的取扱いとして，「不当に，ある事業者に対し取引の条件又は実施について有利な又は不利な取扱いをすること。」を指定しています（一般指定4項）*1。

取引条件・実施についての差別的取扱いは，「不当に」なされたものに限られます。この場合の「不当に」とは，単に合理的な差別かどうかということではなく，公正競争阻害性があるかどうかで判断されます。もっとも，競争上重要な要素である対価についての差別と異なり，取引条件や実施には，重要なものからそうでないものまで様々なものがあります。また，対価以外の取引条件や実施をどう決めるかは基本的には取引の自由です。そのため，「取引量や配送条件等の取引条件が取引先事業者ごとに違うのは当然にあり得るし，これらを反映して異なる価格を設定することも，公正な競争秩序を維持する観点から不当に差別的なものとはいえない。」と指摘されています*2。

では，どのような場合に公正競争阻害性が認められるかですが，「取引の相手方によって，取引条件または実施を差別することが，特定の事業者の排除や競争段階への悪影響をもたらすなど，競争秩序に悪影響を有する場合」*3ということになります*4。

対象は，差別対価と異なり「事業者」に限られています。

「取引の条件」とは，商品や役務の内容，品質，規格，取引数量，取引回数，引渡条件，保証，支払条件，リベート等であらゆる取引条件に関する差別的取扱いが対象となります。

また「取引の実施」における差別的取扱いとは，取引条件にはされていないものの取引に関連して行われる取扱いのことで，商品の配送順序や陳列方法，市場情報の提供，試供品の提供等について差別を設けることです。

なお，取引の成立に関する差別的取扱いについては，共同の取引拒絶（一般指定1項）又はその他の取引拒絶（同2項）の規定がありますし，対価については差別対価（同3項）がありますので，それらの行為は，そちらで規制されると考えられてきましたが，後述するとおり差別対価を含めて差別的取扱い（同

4項）とした例もあります。このほか事業者団体における差別的取扱い（同5項）も別に規定があります。

2　差別的取扱いの審決例

昭和57年の指定がなされる以前には，「ある事業者に対し，正当な理由がないのに，取引の条件または実施について，著しく有利な取扱をし，または著しく不利な取扱をすること。」とされていました。(1)及び(2)は，旧指定（昭和28年）の時代のものです。

(1)　第二次大正製薬事件☆1

大正製薬が他社のチェーン組織には加入しないことや自社製品の優先的販売等を義務づけた約定書を取引先に差し入れさせ，その義務を履行した者に対してのみ，割戻金を支払い，約定書を提出しても履行しない者については取引補償金を没収するなどの行為を行ったことが問題とされました。

公取委は，大正製薬がそのような規定を約定書に設けている点を正当な理由がないのに相手方の取扱いに著しい差別を設けたものであって，旧一般指定（昭和28年）の2に該当し，独禁法19条に違反する旨を勧告審決において認定しています。なお，同審決では，拘束条件付取引，優越的地位の濫用なども認定されています。

(2)　浜中村主畜農業協同組合事件☆2

昭和31年に北海道の浜中村主畜農業協同組合は，組合長理事が取締役を務める北海道バターよりも高値での生乳の購入を申し入れた明治乳業との取引を行った一部の組合員に対し，販売委託の拒絶，現金取引への移行，融資の拒絶等を行いました。公取委は，このような行為は，事業者団体の内部において特定の事業者を不当に差別的に取り扱うことにより，その事業者の事業活動に著しく不利益を与えるものとして旧一般指定（昭和28年）の3に該当し独禁法19条に違反するとしました。

(3)　オートグラス東日本事件☆3

北海道，東北，信越及び関東地方において，国産自動車向け補修ガラスの卸売り分野で1位を占めるオートグラス東日本は，取引先のガラス商のうち積極

的に輸入品を扱う者に対し，国産品（社外品）の卸価格を10％～15％引き上げ，また，配送回数を減らしました。公取委は，これを取引の条件又は実施につき不当な取扱いをするものであるとして，そのような行為をやめることとそれらと同様な行為による不利な措置を採ってはならない等の排除措置を命ずる勧告審決を行い，オートグラス東日本はこれを応諾しました。この事案は，差別対価の行為も合わせて一般指定4項の違反としたものです。

3 流通・取引慣行ガイドライン

流通・取引慣行ガイドラインは，第2部「流通分野における取引に関する独占禁止法上の指針」中に「リベートの供与」の章を設けています（リベートについてはQ55参照）。

その中で流通業者の事業活動に対する制限の手段としてのリベートの供与は，排他条件付取引（一般指定11項），再販売価格の拘束（法2条9項4号）又は拘束条件付取引（一般指定12項）に当たることを述べたうえで，差別的取扱いとして独禁法上問題となり得ることが示されています。すなわち，「流通業者がいくらで販売するか，競争品を取り扱っているかどうか等によってリベートを差別的に供与する行為それ自体も，流通業者に対する違法な制限と同様の機能を持つ場合には，不公正な取引方法に該当し，違法となる（一般指定四項（取引条件等の差別取扱い））。」としています。

4 リベート支払と差別的取扱い

リベートを支払うこと自体は違法ではありませんし，誰に対し，どのようにリベートを支払うかも本来自由です。系列化自体が違法というわけでもありません。

しかし，本問では，リベートを仕入高の多寡によって支払っていたところ，系列外取引を行ったA社に対するリベートの割合が非常に低くなった結果，A社は系列外取引が事実上できなくなったというのですから，著しく累進的なリベートが設定されていたものと思われます。

著しく累進的なリベートとは、例えば、数量リベートを供与するにあたり、一定期間の流通業者の仕入高についてランクを設け、ランク別に著しく累進的な供与率を設定するものです。著しく累進的なリベートを設定すると流通業者はその製品の競争品を扱っていては高額なリベートの供与を受けられなくなるため、競争品を取り扱わなくなり、リベート供与が競争品の取扱い制限としての機能をもつことになります。

そこで、前記ガイドラインは、流通業者に対する著しく累進的なリベートの供与が競争品の取扱い制限としての機能をもつこととなる場合も、競争品の取扱い制限についての考え方に従って違法性の有無を判断するとしています。また、前記ガイドラインは、占有率リベートについても述べています。占有率リベートとは、流通業者の一定期間における取引額全体に占める自社商品の取引額の割合や、流通業者の店舗に展示されている商品全体に占める自社商品の展示の割合(占有率)に応じて供与するものです。そして、占有率リベート自体が違法となるわけではなく占有率リベートの供与が競争品の取扱い制限としての機能をもつこととなる場合は、競争品の取扱い制限についての考え方に従って違法性の有無を判断するとしています。

前記ガイドラインの競争品の取扱い制限についての考え方は、市場における有力なメーカーが流通業者の競争品の取扱いを制限することとなり、その結果、新規参入者や既存の競争者にとって代替的な流通経路を容易に確保することができなくなるおそれがある場合に不公正な取引方法となるとしています。

以上より、市場における有力なメーカーが占有率リベート又は著しく累進的なリベートを供与し、これによって流通業者の競争品の取扱いを制限することとなり、その結果、新規参入者や既存の競争者にとって代替的な流通経路を容易に確保することができなくなるおそれがある場合には、拘束条件付取引、排他条件付取引、取引条件等の差別的取扱いといった不公正な取引方法に該当し、違法となるとしています。

よって、本問では、貴社が市場において有力なメーカー、すなわち関連市場におけるシェアが10%以上であるか、又は上位3位以内のメーカーであって、このようなリベート供与のために貴社の取引先であるA社が貴社以外の代替的流通経路を容易に確保することができなくなるおそれがあれば、不公正な取引

方法に該当し違法となります。

〔小林　覚〕

===■判審決例■===

☆1　昭30・12・10勧告審決　集7—99（独禁百選（3版）124頁）。
☆2　昭32・3・7勧告審決　集8—54（独禁百選（6版）136頁）。
☆3　平12・2・2勧告審決　集46—394（百選120頁）。

===■注　記■===

＊1　これに対し，差別対価については，一定のものが課徴金の対象とされました（2条9項2号・20条の3。**Q42**参照）が，課徴金の対象とならないものも残されています（2条9項6号ロ・一般指定3項）。
＊2　菅久・独禁127頁。
＊3　根岸・注釈381頁。
＊4　「取引拒絶と同様の効果をもたらすような差別的取扱いが問題とされている」（菅久・独禁127頁）との考え方も同様の見解と思われます。

44　不当廉売

　当社は宅配便業者です。A社は一般郵便事業を独占している会社ですが，当社と競争関係に立つ一般小包郵便について，非常に安い新料金体系でサービスを開始しました。消費者にとっては，このような競争は利益になるのかもしれませんが，当社にとっては大きな打撃となっています。このような行為は独禁法上問題にならないのでしょうか。また，当社がより低価格で対抗して顧客を取り返そうとした場合にも独占禁止法上問題となるのでしょうか。

　独占禁止法は，不当廉売を禁止しています。不当廉売規制の目的は，直接的な消費者の利益保護や弱小事業者の保護ではなく，公正な競争秩序そのものを維持することにあり，あくまでも正常な競争手段とはいえない安売り行為を禁止することにあります。したがって，非常に安い価格でサービスを提供したとしても，それだけでは独占禁止法上の問題にはなりません。また，他社に対抗した廉価販売であったとしても，不当廉売として周辺の関連事業者に対して影響を与える限り，独占禁止法上の問題になるものとされています。

☑ キーワード
　略奪価格設定行為，影響要件，価格・費用基準，スタンドアローンコスト

解 説

1 不当廉売の禁止

(1) 不当廉売の規制

　独禁法2条9項3号は,「正当な理由がないのに,商品又は役務をその供給に要する費用を著しく下回る対価で継続して供給することであって,他の事業者の事業活動を困難にさせるおそれがあるもの」を不当廉売として禁止しています。

　また,独禁法2条9項3号に該当する行為のほか,「不当に商品又は役務を低い対価で供給し,他の事業者の事業活動を困難にさせるおそれがあること」を不公正な取引方法のひとつに定めています（一般指定6項）。

　さらに,平成21年の改正によって,特定の不当廉売を繰り返した場合には課徴金の納付を命ずることができることとされました（20条の4）。この場合の課徴金は,売上額に100分の3（小売業の場合は100分の2,卸売業の場合は100分の1）を乗じて得た額に相当する金額となります。

　不当廉売規制に関するガイドラインとしては,昭和59年11月20日にガイドラインが公表されていましたが,平成21年12月18日に新しい「不当廉売に関する独占禁止法上の考え方」（以下「不当廉売ガイドライン」といいます）が公表されました。

(2) 不当廉売規制と消費者の利益

　独禁法の目的は,公正かつ自由な競争を維持・促進することによって,消費者の利益を確保するとともに国民経済の民主的で健全な発達を促進することにあります（1条）。したがって,独禁法2条9項3号の不当廉売規制の目的も,独禁法の目的に合致するものでなければなりません。

　確かに一時的な安売り行為は,消費者の利益となる場合もあります。しかし,強力な事業者が正常な競争手段とはいえないような安売り行為を行って競争業者を市場から駆逐し,その後にその独占的となった力を利用することとな

ると，結局は消費者の利益とはなりません。そのような行為は，諸外国でも「略奪価格設定行為」等として規制されています。

また，不当廉売規制は，企業の効率性が劣っているために価格競争に対抗できない事業者を保護するものでもありません。そのような事業者を保護することは，競争秩序を阻害し，かつ，消費者にも不利益を与えることは明らかです。

したがって，不当廉売規制の目的は，直接的な消費者の利益保護や弱小事業者の保護ではなく，公正な競争秩序そのものを維持することにあり，あくまでも正常な競争手段とはいえない安売り行為を規制することにあります。

2 不当廉売規制の要件

(1) 価格・費用基準と継続性

不当廉売規制の要件は，独禁法2条9項3号の場合，費用を著しく下回る対価（価格・費用基準）で継続的に（継続性）商品・役務を供給すること，他の事業者の事業活動を困難にさせるおそれがあること（影響要件），及び，正当な理由がないこと，です。一般指定6項の場合，不当に低い価格で商品・役務を供給すること（価格・費用基準），及び，他の事業者の事業活動を困難にさせるおそれがあること（影響要件）で，独禁法2条9項3号のルールに準じて考えることができます。

まず価格・費用基準については，不当廉売ガイドラインでは，独禁法2条9項3号の「供給に要する費用」とは総販売原価を指しているとしていますが，総販売原価を下回っていても，供給を継続した方が当該商品の供給に係る損失が小さくなる場合には合理的だとしています。したがって，「供給に要する費用を著しく下回る対価」とは，価格設定についての経済合理性がない場合を指しているのであり，この経済合理性の有無については，廉売の対象となった商品を供給することによって発生する費用と価格との比較によって判断するのが適当だとされています。従来の判決・審決例には，販売原価を812円としたうえで500円の販売価格が不当廉売に該当するとしたもの（中部読売新聞社事件[☆1]），155円ないし160円の仕入価格に対して100円等の販売価格が不当廉売に該当す

るとしたもの（マルエツ・ハローマート事件[☆2]）などがありました。

次に，継続性の要件については，不当廉売ガイドラインでは，「相当期間にわたって繰り返して廉売を行い，又は廉売を行っている事業者の営業方針等から客観的にそれが予測されることであるが，毎日継続して行われることを必ずしも要しない。」とされています。

(2) 影響要件等

影響要件については，独禁法2条9項3号は，「他の事業者の事業活動を困難にさせるおそれがある」ことを要件としています。不当廉売ガイドラインでは，この点について，「現に事業活動が困難になることは必要なく，諸般の状況からそのような結果が招来される具体的な可能性が認められる場合を含む趣旨」であり，具体的には，「他の事業者の実際の状況のほか，廉売行為者の事業の規模及び態様，廉売対象商品の数量，廉売期間，広告宣伝の状況，廉売対象商品の特性，廉売行為者の意図・目的等を総合的に考慮して，個別具体的に判断される。」とされています。

従来の判例では，「具体的な場合における行為の意図・目的，態様，競争関係の実態及び市場の実態等総合考慮して判断すべきである。」としています（都営芝浦と畜場事件[☆3]）。

また，独禁法2条9項3号は，「正当な理由がない」ことを要件としています。不当廉売ガイドラインでは，「正当な理由」がある場合として，①「需給関係から廉売対象商品の販売価格が低落している場合，廉売対象商品の原材料の再調達価格が取得価格より低くなっている場合において，商品や原材料の市況に対応して低い価格を設定したとき」，②「商品の価格を決定した後に原材料を調達する取引において，想定しがたい原材料価格の高騰により結果として供給に要する費用を著しく下回ることとなったとき」，③「生鮮食料品のようにその品質が急速に低下するおそれがあるものや季節商品のようにその販売の最盛期を過ぎたものについて，見切り販売をする必要がある場合」，④「きず物，はんぱ物その他の瑕疵（かし）のある商品について相応の低い価格を設定する」場合，などがあげられています。

「正当な理由」がある場合は，不当廉売ガイドラインで例示されたものに限られるものではなく，新規参入・新商品の販売などで競争促進的効果を有する

場合なども論じられています。また,「正当な理由」に公益目的が含まれるかどうかにも争いがあります(前掲都営芝浦と畜場事件,お年玉付き年賀葉書事件[*4])。ただし,競争他社に対抗するためだけでは,一般的には廉売行為の正当な理由とはならないと解されています。

3 不当廉売の判決例等

(1) 「ゆうパック」事件

設問のように,非常に安い価格でサービスを提供する場合,総販売原価を下回る採算割れ販売を行っているときには,経済合理性が認められず,不当廉売に該当しうることになります。「ゆうパック」事件における東京高裁の判断[*5]も,「市場価格を下回る対価で役務等を供給することは,その対価が事業者の効率性によって達成したものであれば,他の事業者の効率向上を刺激するものであって競争を阻害するものではないが,供給費用を下回る対価で商品又は役務を提供すること(採算割れ販売)は,経済合理性に欠け,競争事業者を排除する競争阻害的効果を有する」としています。

ただし,「供給に要する費用を著しく下回る対価」とは,総販売原価を下回っていても,供給を継続した方が当該商品の供給に係る損失が小さくなる場合には合理的だとしており,廉売の対象となった商品を供給することによって発生する費用と価格との比較によって判断するのが適当だとされています。

「ゆうパック」事件では,そもそも商品又は役務の対価が総販売原価を上回っているときには,事業者の効率性によって達成した対価とみることができるのであって,不当廉売とはならないものと判断されています。ただし,かつて独占していた一般郵便事業と隣接している小包郵便事業とは費用が共通しているため,総販売原価を定めるにあたって,この共通費用をどのように処理するべきかが問題になりました。つまり,隣接部門に単体で参入した場合の費用(スタンドアローンコスト)を前提とするのか,それとも共通費用を適切に配賦して総販売原価を見るのかが争われました。競争上のイコールフッティング確保の観点からはスタンドアローンコスト方式が適切だとする意見もありましたが,東京高裁は,共通費用配賦方式が企業会計上一般的であるとして,スタン

ドアローンコスト方式の採用は否定しました。

(2) マルエツ・ハローマート事件

マルエツ・ハローマート事件では，有力なスーパーマーケットであるマルエツとハローマートが，牛乳の廉売による集客効果を考慮して，相互に対抗的な販売価格の引下げを繰り返しました。当時の牛乳の仕入価格は155円ないし160円，牛乳専売店での仕入価格は185円程度で販売価格が190円から230円程度であったところ，両社は昭和56年9月中旬から11月上旬まで，1本目は100円，2本目からは150円という著しく低い価格で販売したという事件です。

この事件では，公取委は不当廉売に該当するものとして，①牛乳をその仕入価格を著しく下回る価格で販売する行為をやめること，②今後そのような行為と同様な行為を行わないことをそれぞれの商圏内の牛乳販売事業者及び一般消費者に周知徹底させること，などを内容とする排除措置を命じています。大手スーパー同士の対抗的な廉売行為は，周辺の劣位の中小零細規模の牛乳専門店の事業活動を困難化するため，正当化されないことを明確にしたものといえます。

4 不当廉売に対する近年の規制

近年は，景気の低迷による「価格破壊」が進んでいましたが，不当廉売としての規制を受けないよう，販売促進計画を立てる必要があります。

コンピュータ・システムの入札事件（平成元年「注意」，平成14年・平成15年「警告」），ガソリンスタンドにおける廉売事件（平成4年・平成14年・平成16年「警告」），缶ビール廉売事件（平成4年「注意」，平成6年・平成14年・平成15年・平成16年「警告」），大手ディスカウント・ショップによる家電製品廉売事件（平成10年・平成16年「警告」），インターネットオークション運営補助業務の入札事件（平成17年「警告」），普通揮発油廉売事件（平成18年・平成19年「排除措置」「警告」），公共工事安値入札事件（平成19年・平成20年「警告」）などが相次いでいました。

これらの動きを受けて，平成21年12月18日に，酒類の流通，ガソリン等の流通，家庭用電気製品の流通に関しては，具体的な不当廉売の考え方が示されています（「酒類の流通における不当廉売，差別対価等への対応について」「ガソリン等の流

通における不当廉売，差別対価等への対応について」「家庭用電気製品の流通における不当廉売，差別対価等への対応について」）。

〔平田　厚〕

■判審決例■

☆1　東京高決昭50・4・30高民集28—2—174。
☆2　昭57・5・28勧告審決　集29—13・18。
☆3　最判平元・12・14民集43—12—2078。
☆4　大阪高判平6・10・14判時1548—63，最判平10・12・18集45—467。
☆5　東京高判平19・11・28判時2034—34。

第Ⅲ部◇独占禁止法のケース・スタディ

 顧客誘引

① 当社は，有価証券の取引により損失を被った大口顧客からその損失を穴埋めしてくれなければ当社との取引をやめると言われています。当社としては，この要求に応じても，今後の取引継続により利益を上げることができるので，損害は生じません。
　このような行為が金融商品取引法に違反することはわかりますが，独占禁止法上も問題になるのですか。
② ぎまん的顧客誘引とはどのようなものですか。

① 貴社が行おうとしている行為は，金融商品取引法が禁ずる損失補塡に該当するのみならず（同法39条），貴社や競争者の地位によっては不当な利益による顧客誘引に該当し，独占禁止法19条違反となるおそれがあります。また，金融商品取引法の前身である証券取引法が損失補塡を禁じていなかったころとは異なり，法律が損失補塡を禁じ，しかも独占禁止法違反とする複数の判審決例が存在する現在では，独占禁止法違反との認識を欠いたことに過失がないともいえず，損失補塡により会社に損害を与えた場合には，株主代表訴訟で敗訴する可能性もあります。
② ぎまん的顧客誘引とは，自己の供給する商品又は役務の内容又は取引条件その他これらの取引に関する事項について，実際のものや競争者に係るものよりも著しく優良又は有利であると顧客に誤認させることにより，競争者の顧客を自己と取引するように不当に誘引することです。ぎまん的顧客誘引については景品表示法が関係しますが，一般消費者に限らず顧客が誤認する行為を対象とする点で景品表示法と異なります。なお，ぎまん的顧客誘引には表示を手段とするものと，

448

表示を伴わないものとがあります。

☑キーワード

不公正な取引方法，不当な利益による顧客誘引，正常な商慣習，損失補塡，金融商品取引法，ぎまん的顧客誘引，景品表示法

解　説

1　不当な利益による顧客誘引

(1)　正常な商慣習

　不公正な取引方法のひとつとして，不当な利益による顧客誘引が指定されています。すなわち，「正常な商慣習に照らして不当な利益をもって，競争者の顧客を自己と取引するように誘引すること。」（一般指定9項）が不公正な取引方法に該当します。これは，独禁法2条9項6号ハの「不当に競争者の顧客を自己と取引するように誘引し，又は強制すること。」という規定を受けて指定されたものです。不当な利益を提供する行為は，顧客の商品選択の自由を損ねるので，これを放任すれば良質廉価な商品や役務を提供する事業者が競争上優位に立てず，競争秩序に悪影響を及ぼすことになります。

　しかし，経済上の利益の提供自体は通常の取引において行われており，経済上の利益提供行為のすべてが直ちに不当と判断されるわけではありません。その業界における正常な商慣習が考慮され，「正常な商慣習に照らして不当な利益」を提供する行為が公正競争阻害性のある行為として規制対象となります。この場合の「正常な商慣習」は，当該業界に現に存在する商慣習に限られるわけではなく，公正な競争秩序を維持するという観点から是認される商慣習をいうと解されています。

(2)　顧客の誘引と景品表示法

　誘引の方法については，直接的であるか，間接的であるかは問いません。

顧客の誘引という点では，景表法の規制があります。景表法は，平成21年の改正により，商品及び役務の取引に関連する不当な景品類及び表示による顧客の誘引を防止するため，一般消費者による自主的かつ合理的な選択を阻害するおそれのある行為の制限及び禁止について定めることにより，一般消費者の利益を保護することを目的とする（同法1条）と改められました。改正前は，景表法は独禁法の特別法とされていましたので，景表法が優先して適用される関係にありましたが，改正後は，そのような関係はありません。

景表法上の景品類は，事業者が自己の供給する商品又は役務の取引に付随して相手方に提供することが要件とされるのに対して，不当な利益による顧客誘引には，そのような制限がありませんので，顧客を誘引する手段として提供されれば，自己の供給する商品又は役務の取引に付随していなくても規制対象となり得ます。オープン懸賞については，「広告においてくじの方法等による経済上の利益の提供を申し出る場合の不公正な取引方法」（昭和46年7月2日公取委告示第34号）により最高額が1,000万円に規制されていましたが，平成18年4月にこの告示は廃止されました。しかし，不当な利益による顧客誘引と認められるような内容のオープン懸賞であれば，不当な顧客誘引の規制対象となります。

(3) 排除対象

不当な顧客誘引として独禁法による排除の対象となるかどうかについては，競争手段として不公正であるかという行為の質的側面のみならず，行為の広がりという量的側面が考慮されます。具体的には，当該行為の相手方の数，当該行為の反復継続性，当該行為の伝播性等を考慮することが必要とされています[*1]。

2　判審決例

(1)　綱島商店事件[☆1]

ルームクーラーの販売店である綱島商店が特別感謝セールとして展示即売会での購入者と予約者に対し，購入金額に応じ1台につき16万5,000円相当のカラーテレビを提供し，又は2万5,000円相当の団体旅行に招待しました。公取委は，勧告審決において，当時の業界の1台ごとの景品は，おおむね5,000円

どまりであったことから、これらの提供行為は、旧指定（昭和28年）6の不当な利益による顧客誘引に該当するとしました。

(2) 野村證券事件☆2

公取委は、平成3年、勧告審決において野村證券が顧客との取引関係を維持し、又は拡大するため、一部の顧客に対して損失補填等を行っていたことは、投資家が自己の判断と責任で投資をするという証券投資における自己責任原則に反し、証券取引の公正性を阻害するものであって、証券業における正常な商慣習に反するものと認められ、一般指定9項に該当するとしました。

なお、証券取引法は、損失が生じた場合にその補填を約束する等の損失保証は従前から罰則をもって禁じていましたが、損失が生じた後に補填する、いわゆる損失補填行為については、平成3年の改正によって初めて禁止したものであり、この事件の行為は、当時の証券取引法上は禁止されていませんでした。

また、同時期の同様の行為を一般指定9項に該当するとした大和證券事件、日興證券事件、山一證券事件もあります。

(3) 野村證券事件（損失補填株主代表訴訟①）

(2)の野村證券事件の勧告審決後に、野村證券の株主が同社の取締役を被告として、同社が平成2年3月東京放送㈱に対し、いわゆる営業特金に基づく有価証券売買により生じた損失約3億6,000万円を補填したことにより会社に損害を与えたとして、そのうちの1億円を会社に返還するよう平成4年東京地裁に提訴した事件☆3です。

判決は、勧告審決同様に市場における有力な事業者である野村證券が有力な顧客との取引関係を維持、拡大するために損失補填を行うことは、正常な商慣習に照らして不当な利益をもって競争者の顧客を自己と取引するように誘引するという不公正な取引方法に該当し、独禁法19条に違反するとしました。しかし、不当な利益による顧客誘引に該当する行為によって会社が被った損害を認定するにあたっては、競争者の顧客を自己と取引するよう誘引するに際して一定の支出をしたことが会社に対してどのような損害を与えたかという観点から、支出額のみならず、その行為によって会社に生じた利益をも総合考慮してこれを行うのが相当であるとしたうえ、会社に損害が発生していないとして請求を棄却しました。

控訴審判決[4]も、独禁法19条は競争者の利益を保護することを意図した規定であって、同条違反の行為により損害を被るのは、当該会社ではなく、競争者であるから、同条違反が当然に商法266条1項5号の法令違反に含まれると解するのは相当でないとして、当時取締役が不公正な取引方法に該当し独禁法に違反するとの認識をもつまでに至らなかったことはやむを得ない点があるとして第1審の結論を是認しました。

上告審判決[5]は、控訴審判決と異なり、「独禁法19条の規定は、同法1条所定の目的達成のため、事業者に対して不公正な取引方法を用いることを禁止するものであって、事業者たる会社がその業務を行うに際して遵守すべき規定にほかならないから、本規定にいう法令に含まれる」として、独禁法19条違反の行為は商法266条1項5号（当時）にいう法令に違反する行為に含まれるとしました。しかし、損失補塡の決定、実施時に独禁法違反の認識を欠いたことに過失があったとすることもできないとして、損害賠償責任を否定した控訴審判決を結論において是認できるとしました。

(4) 野村證券事件（損失補塡株主代表訴訟②）

野村證券が(3)の事件と同時期である平成2年に日立製作所ほかの取引先に対し営業特金による損失合計160億円を補塡した行為につき、株主が返還を求めて平成6年東京地裁に提訴した事件[6]です。

この事件についても東京地裁は、不公正な取引方法の一般指定9項に該当し独禁法19条に違反するが、当時の取締役には独禁法違反であることの認識がなかったことについての過失はない等の理由で請求を棄却し、控訴審[7]もこれを是認しています。

3 ぎまん的顧客誘引

独禁法2条9項6号ハの「不当に競争者の顧客を自己と取引するように誘引し、又は強制すること。」との関係では、これまで述べた不当な利益による顧客誘引（一般指定9項）とともにぎまん的顧客誘引も不公正な取引方法として指定されています（一般指定8項）。

ぎまん的顧客誘引とは、「自己の供給する商品又は役務の内容又は取引条件

その他これらの取引に関する事項について，実際のもの又は競争者に係るものよりも著しく優良又は有利であると顧客に誤認させることにより，競争者の顧客を自己と取引するように不当に誘引すること。」です。

　ぎまん的顧客誘引についても，従前は，優良誤認や有利誤認を不当表示として禁止していた景表法が独禁法との関係で特別法として優先適用されていました。しかし，平成21年の景表法改正により，公正な競争を確保する目的から一般消費者の利益を保護する目的に変更され，消費者庁に移管されました。すなわち，景表法は，一般消費者に誤認される表示であって，一般消費者の自主的かつ合理的な選択を阻害するおそれのある表示を不当表示として禁じています。これに対し，ぎまん的顧客誘引は，表示を伴うか否か，一般消費者か事業者かを問わず「顧客」を誤認させ，競争者の顧客を自己と不当に取引させる行為を規制対象としている点が異なります。

　ぎまん的顧客誘引が問題とされる取引としては，表示を手段とするとは限らないマルチ商法やマルチまがい商法など顧客を誤認させることを伴う不当な取引があります。顧客を会場に同行し，知人を勧誘すれば高収入が得られるとして40万円前後のダイヤモンドを購入させた行為について，ぎまん的顧客誘引に該当し，訪問販売法の趣旨に反するとして損害賠償請求が認められた例（ベルギー・ダイヤモンド損害賠償請求事件☆8）があります。

　また，フランチャイズ・システムについても，加盟店募集にあたってぎまん的顧客誘引が問題となり得ます（フランチャイズについては**Q58**参照）。

〔小林　覚〕

▬判審決例▬

☆1　昭43・2・6勧告審決　集14—99。
☆2　平3・12・2勧告審決　集38—134（独禁百選（6版）146頁）。
☆3　東京地判平5・9・16判時1469—25。
☆4　東京高判平7・9・26判時1549—11。
☆5　最判平12・7・7判時1729—28。
☆6　東京地判平10・5・14判時1650—145。
☆7　東京高判平11・1・27金判1064—21。
☆8　東京高判平5・3・29判時1457—92。

第Ⅲ部◇独占禁止法のケース・スタディ

■注　記■

＊1　新一般指定の解説59頁以下参照。

抱き合わせ販売等

① 当社のX商品は、非常に売れ行きがよいのですが、Y商品は、さっぱり売れません。そこで、X商品とY商品をセットにして販売しようと思います。何か問題はありますか。

② 中小企業である当社は、大企業のA社にX商品を販売してきました。最近、A社では、Y商品を発売しましたが、未だ知名度が低くあまり売れていないようです。すると、A社の購買担当者が当社の営業担当者を呼びつけY商品の購入を勧めました。当社の営業担当者がY商品は要らないと答えたところ、「うちはお宅のX商品を大量に買っているんだから、Y商品を買ってくれて当然ではないか。」と強く言われ、当社は、Y商品をむりやり買わされました。こういう行為は許されるのでしょうか。

① このような行為は、人気商品が欲しい顧客に対し不人気商品まで購入させるもので、X商品とY商品との間に特別の関係がない限り、市場や取引量等の状況次第では、顧客の商品・役務の選択の自由を妨げるおそれのある競争手段として不公正な取引方法となる可能性があります。それを避けるためには、X商品とY商品を別々でも購入できるようにする必要があります。

② 大企業であるA社は、中小企業である貴社がY商品は要らないと明確に拒絶しているにもかかわらず、X商品を買っているのだからY商品を買って当然であるとしています。このようなA社の行為は、一般指定10項のその他の取引強制に該当し違法となる可能性が高いと思われます。

☑ キーワード

不公正な取引方法，抱き合わせ販売，その他の取引強制

解説

1 抱き合わせ販売

　不公正な取引方法の一般指定10項は，独禁法2条9項6号ハ（「不当に競争者の顧客を自己と取引するように誘引し，又は強制すること。」）を受けて，抱き合わせ販売等について規定しています。すなわち，「相手方に対し，不当に，商品又は役務の供給に併せて他の商品又は役務を自己又は自己の指定する事業者から購入させ，その他自己又は自己の指定する事業者と取引するように強制すること。」を不公正な取引方法のひとつとしています。このうち，「相手方に対し，不当に，商品又は役務の供給に併せて他の商品又は役務を自己又は自己の指定する事業者から購入させ」ることがいわゆる抱き合わせ販売であり，それ以外の取引の強制とともに不公正な取引方法として指定されています。なお，商品と商品の抱き合わせだけでなく，商品と役務（例．建築用建材と定期点検契約[*1]），役務と役務の抱き合わせも含まれます。

　抱き合わせ販売は，通常は，自己のある商品（以下，役務を含みます）が市場において有力な場合に行われます。また，自己の商品が市場で品不足になって，購入する側の購買意欲が強い場合も同様です。市場で有力な商品や品不足になっている商品を主たる商品として，市場で有力でない商品や市場に豊富な商品を従たる商品として抱き合わせて販売するわけです。

　抱き合わせ販売が行われると買い手は，本来購入する必要のない従たる商品をやむなく購入するわけですから，適正かつ自由な商品選択ができなくなるおそれがあります。また，従たる商品の分野では競争事業者が不当に顧客を奪われ，公正競争を阻害するおそれがあります。それ以外の取引強制についても同様です。

2 公正競争阻害性

抱き合わせ販売等の取引強制も「不当に」行うことが要件です。したがって，個別的に公正競争阻害性が判断されます。

抱き合わせ販売等の取引強制の公正競争阻害性については，第1に，顧客の商品・役務の選択の自由を妨げるおそれのある競争手段であり，価格・品質・サービスを中心とする能率競争の観点からみて競争手段として不公正であるかどうかが中心となります。競争に及ぼす影響は要件ではありませんが，独禁法規制対象行為であるから，抱き合わせ販売等の行為の対象とされる相手方の数，当該行為の反復継続性，行為の伝播性等行為の広がりを考慮するとされています[*2]。第2に，特に抱き合わせ販売においては，主たる商品の市場における有力な事業者が行って，従たる商品の市場における自由な競争を減殺するおそれがあるとの側面があり，この側面を重視するときには，当該行為の客観的な競争減殺効果の判断の有無が中心となるので，従たる商品等がある程度，実質的な量，金額であり，当該市場における競争に影響を及ぼすものであるかどうかを考慮することになります（前掲[*2]）。競争減殺効果は，具体的には主たる商品の市場シェア・順位，従たる商品の市場シェア，競争者の状況，当該行為の対象となる顧客数等を考慮します。これらのどれを重視するかは，個別具体的に判断することになります。

3 抱き合わせ販売とならない場合

2つの商品が組み合わされることにより，別個の特徴をもつ単一の商品となる場合は，抱き合わせ販売とはいえません。この点については，1997年から98年にかけて，アメリカ合衆国において，マイクロソフト社が基本ソフトに閲覧ソフトを抱き合わせたか否かをめぐる事件で，両ソフトは統合商品となっているかどうかという形で争われました。

2つの商品を組み合わせて販売しても，その一方で顧客が両商品を別々に購入できるのであれば，抱き合わせ販売となりません。顧客に不要な商品等の購

入を強いることにはならないからです。また，複数の商品等を組み合わせて販売することは，その組み合わせによっては，顧客にとって便利なこともありますし，経済的に有利なこともあります。

　2つの商品の間に機能上密接な補完関係がある場合にも公正競争阻害性は認められません。その例としては，レンタカーと自動車保険があげられています（前掲＊2）。しかし，自動車保険をかけないでレンタカーを借りるのも自由であるとする反対意見もあります。

　技術的理由から1つの商品にもう1つの商品が必要な場合も同様です。

4　その他の取引強制

　流通・取引慣行ガイドラインは，事業者がその購買力を利用して取引の相手方に対し購入を強制することなどは，行為者の市場における地位，行為者と相手方との関係，市場構造，要請又は申入れの程度・態様から，相手方が当該事業者からの商品等の購入を余儀なくされることになる場合は，一般指定10項に該当し違法となる旨を規定しています。具体的な行為としては，「購入の意思のない旨を明らかにした者に対して，自己が相手方から役務の提供を受けていることを告げて自己の商品の購入を要請し，これを購入させること」や「相手方から購入する旨の申出がないにもかかわらず，一方的に商品を送付し，その販売代金を買掛金と相殺すること」をあげています。また，行為者が自らの購買力のみならず，自己と密接な関係にある事業者の購買力を利用する場合には，これらが併せ考慮されることになります。

5　判審決例

(1)　人気商品と不人気商品の抱き合わせ
(a)　光陽事件☆1

　取引先小売業者に対し，人気があった携帯用ゲーム機であるゲームボーイ又はその人気ゲームソフトであるドラゴンクエストⅣと在庫になっていた他の家庭用テレビゲーム機用ゲームソフトを抱き合わせて販売したとされた事案で

す。

(b) 藤田屋事件☆2

　ゲームソフト二次卸売業界において約10%のシェアを占める同社が、ドラゴンクエストⅣの人気がありその絶対量が不足していることから、従前の取引実績に応じてその供給量を各小売店に配分し、それ以上の量の購入希望店に対しては他の在庫ソフトを抱き合わせ販売したものです。公取委は、抱き合わせ販売を申し入れた小売店のうち相当数が応じなくても、需要が供給を大きく上回り、取引先小売業者が1本でも多く獲得したいと希望し、かつ新規の取引先から容易に入手し難い状況のもとで行われたものであり、客観的にみて少なからぬ顧客（25店を相当上回る）が他の商品の購入を余儀なくされるものと認めることができるので「購入させること」に該当するとしました。また、抱き合わせ販売は小売業者の強い希望で行ったもので、彼らは自己の判断で購入し何ら損害を被っていないから、「購入させること」に当たらないとの藤田屋の主張に対しては、個別主観的に個々の顧客が取引を強制されたかどうかではなく、客観的にみて少なからぬ顧客が他の商品の購入を余儀なくされるかどうかで判断するとしました。

(c) 日本マイクロソフト事件☆3

　マイクロソフト社が表計算ソフトとして市場占拠率1位であったエクセルの搭載等を希望するパソコンメーカーに対し、エクセルのほかにワード（ワープロソフト）又はアウトルック（スケジュール管理ソフト）を搭載すること等を求め、エクセルのみの搭載等を拒否した行為が抱き合わせ販売に当たるとされました。

(2) その他の抱き合わせ

東芝昇降機サービス事件

　東芝製のエレベーターを自己のビルに設置しているX_1がその保守点検を独立業者X_2に行わせていたところ、部品交換が必要になったので、東芝の子会社である東芝エレベーターテクノス（旧商号東芝昇降機サービス）に部品の注文をしたところ、東芝エレベーターテクノスが保守部品のみの販売はしない、取替え調整工事も併せて発注しなければ応じないとしたので、X_1及びX_2が不公正な取引方法に該当するとして民法709条に基づき損害賠償請求をしました。

第1審の大阪地裁[4]は，一般指定15項の競争者に対する取引妨害に当たるとしましたが，控訴審である大阪高裁[5]は，「一般指定によれば，右の行為は，その15項ではなく，10項に該当するというべきである。」として抱き合わせ販売と認定しました（部品の納期を3か月先に指定した行為については15項に該当するとしています）。すなわち，「本件各部品とその取替え調整工事とは，それぞれ独立して取引の対象とされている。そして，安全性確保のための必要性が明確に認められない以上，このような商品と役務を抱き合わせての取引をすることは，買い手にその商品の選択の自由を失わせ，事業者間の公正な能率競争を阻害するものであって，不当というべきである。」としました。

〔小林　覚〕

■判審決例■

☆1　平2・10・12勧告審決　集37—39。
☆2　平4・2・28審判審決　集38—41（百選140頁）。
☆3　平10・12・14勧告審決　集45—153（独禁百選（6版）150頁）。
☆4　大阪地判平2・7・30判時1365—91。
☆5　大阪高判平5・7・30判時1479—21（百選138頁）。

■注　記■

＊1　相談事例集平成24年度事例1。
＊2　新一般指定の解説63頁。

排他条件付取引——専売店制

当社は機械の製造をしている業界第1位のメーカーです。当社は，販売店に特約店契約を締結させて他社商品を販売しないようにさせています。しかし，不景気なので特約店のA社が他社商品の取扱いを開始しました。当社としては，A社が他社商品を取り扱った以上，特約店契約を解除しなければ他の販売店に対し示しがつかないと思っていますが，独占禁止法上問題となるのでしょうか。

　事業者が1社のみとの取引を条件に他の事業者と取引契約を結ぶ行為を，排他条件付取引と呼び，供給者側が自己の競争者からの商品・役務の供給を受けないことを条件とする場合を，専売店契約と呼びます。
　専売店制には，販売促進効果がある反面，他の競争業者との取引機会を奪うという競争制限効果もあります。
　そこで，市場における有力なメーカーが取引先販売業者に対し，独占禁止法上不当な目的を持って自己の競争者と取引しないように強要し，これに従わない販売業者との取引を拒絶する行為は，これによってA社の通常の事業活動が困難になるおそれがある場合は，不公正な取引方法に当たると解されています。
　さらに，当該行為が，一定の取引分野における競争を実質的に制限することになる場合は，「排除型私的独占」と認定され，課徴金納付命令の対象とされることになります。

☑キーワード

排他条件付取引，専売店制，流通・取引慣行ガイドライン

解 説

1 専売店制の意義・目的

　事業者が1社のみとの取引を条件に他の事業者と取引契約を結ぶ行為を，排他条件付取引と呼び，これが競争制限や価格維持の手段とされる場合には，「不当な」排他条件付取引として，不公正な取引方法とされます（一般指定11項）。

　本問のように，供給者側が自己の競争者からの商品・役務の供給を受けないことを条件とする場合を，排他的特約店契約とか，専売店契約と呼びます。

　専売店契約は，メーカーあるいは販社等の卸売業者が販売業者に対して競合商品の取扱いを禁止し又は制限する制度です。このような制度を採用する目的は様々ありますが，一般的には，①販売の拡充を図ること，②メーカー側が流通網を把握し，価格維持を図ること，③専門的能力による販売や充実したアフターサービスを行わせること等を目的とする，といわれています。

　何よりも専売店制をとることによって，メーカーにとっては，販売店が自社製品のみを真剣に販売してくれることを期待でき，販売店にとってはメーカーからの様々な販売促進に対する支援を期待できるというメリットがあります。

2 専売店制の弊害

　しかし一方では，専売店制は，専売店制を形成する過程において，従来競争者と取引していた併売店を専売店に切り換えさせ，競争者が既存の流通経路を利用する可能性を排除する場合や，専売店制を実施することによって，関係する流通経路の重要な部分が競争者にとって閉鎖的状態におかれる場合には，競争者の取引機会を減少させるという競争制限効果が生じるというデメリットが発生してきます。

3 専売店制が正当化される場合

専売店制には上記のような弊害があり得ますが、また前記のような存在意義があることから、たとえ排他条件付取引であっても、そのような排他条件付取引を行うにあたって正当化事由が認められる場合には、その排他条件は単純に「不当に」とはいえず、公正競争阻害性は認められません。したがって、そうした場合には「不公正な取引方法」とはされません。

「流通・取引慣行ガイドライン」は、排他条件付取引に正当な理由が認められる場合として、例えば、「完成品製造業者が部品製造業者に対し、ノウハウを供与して部品を製造させている場合で、そのノウハウの秘密を保持し、又はその流用を防止するために必要であると認められるときに自己にのみ販売させること」をあげています。

判例としては、コンビニエンスストアのフランチャイズ契約締結にあたって、フランチャイザーがフランチャイジーに対し、競業関係に立つ他のフランチャイザーとフランチャイズ契約を締結することを制限するのは、フランチャイズ契約関係の継続に固有の営業秘密の保護という必要性に出たものであり、その制限の範囲も合理的限度にとどまっていると解されるので、不公正な取引方法には該当しないとしたものがあります（ニコマート事件[1]）。

4 審決例

そこで、専売店制が違法性を帯びる場合を検討しますと、その取引形態は行為者が売手か買手かによって、次のように分けられます。

(1) 排他的供給契約（行為者が売手の場合）

買手に対し、自己の競争者から商品・役務の提供を受けないことを条件とする契約で、専売店契約とか、排他的特約店契約ともいわれます。この形態は、売手が買手と排他的供給契約を結びますと、買手は他の売手とは取引ができなくなります。この形態で問題になった事例としては、①製図機械の3分の2を供給している武藤工業㈱が、販売業者に対し、競合品を取り扱わないように指

463

示し，さらに自己の競争者から製図機械の供給を受けないことを条件として販売業者と取引していた行為が違法と認定された武藤工業事件[☆2]，②フランスベッド社が，同社と一定額以上の取引をしているチェーン会会員業者に対し，自社製ベッドと類似する他社製ベッドの取扱いを禁止した行為を違法としたフランスベッド事件[☆3]，③訪問販売出版社中最も有力な事業者である学習研究社は，学習参考書，学習百科事典，保育用品等の販売にあたり，取引先訪問販売業者による競争品の取扱いが増加してきたので，取引先訪問販売業者に対して，他社の商品を一切取り扱わないこと，これに違反した場合には取引契約を即時解約されても異議を述べない旨の念書を提出させた行為が違法と認定された学習研究社事件[☆4]，④精米機業界で最大のシェアを有する東洋精米機製作所が販売業者との間で競争品の取扱い制限などを内容とする特約店契約を締結したことが問題となり，しかも再販売価格維持を伴わない専売店制については，厳格な公正競争阻害性の立証が必要であると判断された東洋精米機事件[☆5]などがあります。

(2) 排他的受入契約（行為者が買手の場合）

売手に対し，自己の競争者に商品・役務を供給しないことを条件とする契約で，例えば，販売業者がメーカーから商品を購入する場合に，当該メーカーが自己の競争者である他の販売業者には当該商品を供給しないという条件を付すような例です。一手販売契約ともいわれます。この形態は，買手が売手と排他的受入契約を結びますと，売手は他の買手とは取引ができなくなります。この形態で問題になった事例としては，大分県酪農業協同組合事件[☆6]があります。本件は，大分県内で唯一の生乳生産者団体である大分県酪が，県内の乳業者が大分県酪から生乳の供給を受けていない業者からの乳飲料の委託製造及び製品の取扱いをやめさせたことが違法と認定されました。

5　排除型私的独占

平成21年独禁法改正により，排除型私的独占については，課徴金納付命令が課されることになりました。

排除型私的独占とは，事業者が他の事業者の事業活動を排除する行為によ

Q47◆排他条件付取引——専売店制

り，公共の利益に反して，一定の取引分野における競争を実質的に制限する行為を指します。

排除型私的独占を行った事業者に対しては，法7条の2第4項により，売上額の6％（小売業の場合は2％，卸売業の場合は1％）に相当する課徴金の納付が命じられます。

従来は，当該行為が「不公正な取引方法」に該当するか否かが主要な注目点でしたが，今後は，取引拒絶の場合であっても，課徴金の対象とならない「不公正な取引方法」にとどまる行為であるか，課徴金の対象である「排除型私的独占」に該当する行為であるか，厳格に判断することが求められることになります。

排除型私的独占については，ガイドラインによれば4つの類型があるとされていますが，本問に関係するのは，そのうちの「排他的取引」の類型に当たるか否かが問題となります。相手方に対し，自己の競争者との取引を禁止し，又は制限することを取引の条件とする行為は，排除行為に該当し得る可能性があります。

当該排除行為により，他に代わり得る取引先を容易に見出すことができない競争者の事業活動を困難にさせる場合には，当該行為は排除行為と判断されます（**Q41**参照）。

具体例としては，日本で唯一の注射用アンプル用生地管製造メーカーであるA社から，西日本での供給を一手に引き受けているY社が，アンプル用生地管を独自に輸入もしているX社に対し，輸入生地管の取扱いの継続又は拡大を牽制する意図で，X社に対して，X社が輸入している生地管と同品種のアンプル用生地管の供給を拒絶したことが，競争者である外国の生地管製造業者の事業活動を排除するものであると認定されたニプロ事件[☆7]，日本国内シェア第1位のパソコン用CPU製造メーカーの日本子会社Y社が，国内のパソコン製造販売メーカー5社（合計でCPUの国内総販売数量の約77％）に対し，他の競合CPUを採用しない等の条件を受け入れれば，割戻金又は資金の提供を約束した行為が競争者の事業活動を排除するものであると認定されたインテル事件[☆8]があります。

6 回　　答

　本問の検討にあたっては，まず最初に取引先事業者に対する自己の競争者との取引の制限は，事業者相互間の自由な競争が妨げられ，市場閉鎖が生じる場合には違法となるとされていることを念頭に置かなければなりません。本問のようなシェア第1位のメーカーが，単に示しがつかないというだけの理由で，特約店契約を解除する場合は，他に正当な理由がない限り，公正競争阻害性により違法と認定されるおそれが強いといわざるを得ません。
　さらに，A社が他に取引先を容易に見つけられないような状況下で行われたとしたら，排除型私的独占として，課徴金納付命令が発せられるおそれも強いものといわざるを得ません。

〔根岸　清一〕

　　■判審決例■
☆1　東京高判平8・3・28判時1573—29。
☆2　昭49・11・22勧告審決　集22—148。
☆3　昭51・2・20勧告審決　集22—127（独禁百選（6版）156頁以下）。
☆4　昭54・12・20同意審決　集26—74。
☆5　東京高判昭59・2・17行裁例集35—2—144（百選142頁以下）。
☆6　昭56・7・7勧告審決　集28—56（百選144頁以下）。
☆7　平18・6・5審判審決　集53—195。
☆8　平17・4・13勧告審決　集52—341。

48　再販売価格の拘束❶―流通経路調査

　当社は，個々の商品ごとに流通経路を明らかにさせる表示が付されたA社の商品を販売しています。これは再販売価格を維持する目的ではなく，商品の卸売業者の販売価格及び販売先を確認するアフターサービスの必要性のためであると説明を受けています。このような販売方法を行っていると，当社まで独占禁止法違反とされてしまう危険はないのでしょうか。

　商品に番号を付すこと自体は，独占禁止法上違反になるものではありません。欠陥商品対策やアフターサービスのために，その商品が，いつどこでどのように製造されたのかを知るために番号を付すことは合理性を持つからです。しかし，安売り業者に販売した卸売業者に対して，安売り業者に販売しないよう要請し，出荷停止等による圧力をかけるために商品に番号を付している場合，安売り業者への流通ルートを遮断して，再販売価格維持の実効性を生じますから，再販売価格の拘束として，原則として違法とされます。ただし，再販売価格の拘束を禁止されているのは，拘束する側であって拘束される側ではありません。

☑キーワード
　安売り業者，流通調査，間接的な拘束

解説

1 再販売価格の拘束の禁止

(1) 独禁法の原則

独禁法2条9項4号は,「自己の供給する商品を購入する相手方に,正当な理由がないのに,次のいずれかに掲げる拘束の条件を付けて,当該商品を供給すること」とされ,「イ 相手方に対しその販売する当該商品の販売価格を定めてこれを維持させることその他相手方の当該商品の販売価格の自由な決定を拘束すること」及び「ロ 相手方の販売する当該商品を購入する事業者の当該商品の販売価格を定めて相手方をして当該事業者にこれを維持させることその他相手方をして当該事業者の当該商品の販売価格の自由な決定を拘束させること」を禁止しています。

再販売価格の拘束についても,平成21年の改正により,特定の再販売価格拘束を繰り返した場合に課徴金の納付を命ずることができることとされました(20条の5)。この場合の課徴金も,売上額に100分の3(小売業の場合は100分の2,卸売業の場合は100分の1)を乗じて得た額に相当する金額となります。

したがって,メーカーが,マーケティングの一環として流通段階での価格の安定を図るため,流通業者に対して,再販売価格を一定の価格とするよう拘束することは,流通業者間の価格競争を減少・消滅させることになりますから,不公正な取引方法として原則として違法とされています。

ただし,「正当な理由」がある場合には,例外的に違法とならないとされています。「正当な理由」については,流通・取引慣行ガイドラインの改正において明確化されています。改正されたガイドラインによれば,「メーカーによる自社商品の再販売価格の拘束によって実際に競争促進効果が生じてブランド間競争が促進され,それによって当該商品の需要が増大し,消費者の利益の増進が図られ,当該競争促進効果が,再販売価格の拘束以外のより競争阻害的でない他の方法によっては生じ得ないものである場合において,必要な範囲及び

必要な期間に限り，認められる」とされています。
 (2) 拘束の態様
　独禁法は，販売業者の自由な価格決定を「拘束すること」を禁止していますから，どのような行為が拘束に該当するかが問題となります。
　一般に，メーカーが希望小売価格を参考価格として示している限りは，独禁法上問題とされることはありません。流通業者や消費者にとっても，そのような参考価格は有益な目安となるものだからです。しかし，単なる参考価格を示すことを超えて，指示小売価格を守らせるように，何らかの人為的手段によって実効性を確保している場合には，再販売価格の拘束があるものと認められ，原則的に違法とされます（流通・取引慣行ガイドライン第2部第1参照）。
　流通・取引慣行ガイドラインでは，再販売価格の拘束の態様につき，①メーカーと流通業者との間の合意による場合，②制裁その他の何らかの人為的手段を用いることによる場合，をあげています。この②には，「商品に秘密番号を付すなどによって，安売りを行っている流通業者への流通ルートを突き止め，当該流通業者に販売した流通業者に対し，安売り業者に販売しないように要請すること」が例示のひとつとしてあげられています。
 (3) 流通経路明確化の表示
　商品に番号を付すこと自体は，独禁法違反になる行為ではありません。欠陥商品対策やアフターサービスのために，その商品が，いつ，どこで，どのように製造されたのかを知るために必要な場合が考えられるからです。しかし，アフターサービスのために，卸売業者の販売価格や販売先を確認して，流通経路を明確化する必要性があるかどうかは問題です。
　独禁法上問題となるのは，安売り業者への供給を停止したいという目的で，そのような表示から，安売りされた商品がどの卸売業者からどのような流通ルートを通じていくらで流通していったのかを調査する場合です。調査にとどまる限りは，それだけでは販売業者に対する拘束が再販売価格維持の実効性確保にまで至っているとはいえません。しかし，その調査の結果，安売り業者に販売した卸売業者に対して，安売り業者に販売しないよう要請し，出荷停止等による圧力をかけることは，安売り業者への流通ルートを遮断して，再販売価格維持の実効性を生じますから，再販売価格の拘束として，原則として違法と

されます。

このような安売り業者排除の番号表示に対する過去における審決には，オールドパー事件[1]などがあります。

(4) 拘束の程度

ただし，どの程度の拘束で，違法な「再販売価格の拘束」がなされたといえるかについては議論があります。

この点について最高裁は，第一次育児用粉ミルク（和光堂）事件[2]の判決において，「必ずしもその取引条件に従うことが契約上の義務として定められていることを要せず，それに従わない場合に経済上なんらかの不利益を伴うことにより現実にその実効性が確保されていれば足りる」と判示しています。

そこで，経済的不利益を伴うことが必要か，実効性が確保されていればそれだけで足りるか，という議論がなされていますが，公取委は，流通・取引慣行ガイドラインで基本的に実効性が確保されていれば足りるとする立場に立っています。

小売業者について登録制を採用し，調査の結果，指示小売価格を守っていなかった場合には登録を取り消す場合には，その後の取引を拒絶され，出荷停止という制裁を受ける可能性があることは明らかです。したがって，登録制を採用することは，原則として，再販売価格を維持するために実効性を確保しているものと解されます。ナイキジャパン事件[3]では，小売業者の登録制の下で，人気商品を優先的に供給する店舗を定め，指示に従わない場合にはそこから外すとしていたことが拘束に該当するとされています。

また，資生堂再販事件[4]では，試供品を提供して指示に従わせていたことが拘束に該当するとされています。流通・取引慣行ガイドラインでは，制裁その他の何らかの人為的手段として，「b　メーカーの示した価格で販売する場合にリベート等の経済上の利益（出荷価格の引下げ，他の製品の供給等を含む。以下同じ。）を供与する場合，又は供与する旨を流通業者に対し通知・示唆する場合」をあげています（第2部第1—2—(3)[2]）。したがって，経済的な不利益のみならず，経済的な利益をもって実効性を確保していれば足りるとされています。

さらに，第一次育児用粉ミルク（和光堂）事件では，メーカーの市場占拠率

が低いために登録制による拘束には実効性がないと主張されました。ちなみに和光堂の市場占拠率は，10％以下と認定されています。この点について，最高裁は，「市場占拠率のいかんにかかわりなく，相手方たる卸売業者と小売業者との取引を拘束するものであると認定したことは，なんら不合理なものではない」と判示しています。公取委も，流通・取引慣行ガイドラインで，市場占拠率にかかわらず再販売価格維持の実効性が確保されていれば足りるとする立場に立っています。

(5) 流通・取引慣行ガイドラインの内容

平成27年3月30日，流通・取引慣行ガイドラインが改正され，第2部の非価格制限行為の一類型として，「流通調査」という項目が新たに設けられ，メーカーが単に自社の商品を取り扱う流通業者の実際の販売価格，販売先等の調査（流通調査）を行うことは，当該メーカーの示した価格で販売しない場合に当該流通業者に対して出荷停止等の経済上の不利益を課す，又は課す旨を通知・示唆する等の流通業者の販売価格に関する制限を伴うものでない限り，通常，問題とはならないことが明確にされました。

設問のような流通調査が商品の卸売業者の販売価格及び販売先を確認するアフターサービスの必要性のためであって，メーカーの示した価格で販売しない場合に当該流通業者に対して出荷停止等の経済上の不利益を課し，又は課す旨を通知・示唆する等の流通業者の販売価格に関する制限を伴うものでない限り，違法なものではないと考えることができます。

2 再販売価格の拘束違反の対象

(1) 間接的な拘束

独禁法が禁止しているのは，取引の相手方を拘束することと定めていますが，メーカーが直接の取引先でない小売業者に対して，直接に価格を指示して守るように要請する場合があります。このように間接的な場合であっても，日産化学事件☆5において，独禁法が禁止している「相手方」には直接の取引先だけでなく間接の取引先が含まれるとされています。

(2) 拘束される側

　独禁法において再販売価格の拘束を禁止されているのは，拘束する側であって拘束される側ではありません。

　したがって，以上のような安売り業者への供給停止に関して，拘束される流通業者までが独禁法違反（再販売価格の拘束）として取締りの対象となるものではありません。

〔平田　　厚〕

■判審決例■

☆1　昭53・4・18勧告審決　集25―1。
☆2　最判昭50・7・10民集29―6―888。
☆3　平10・7・28勧告審決　集45―130。
☆4　平7・11・30同意審決　集42―97。
☆5　平18・5・22排除措置命令　集53―869。

49 再販売価格の拘束❷―委託販売

メーカーであるA社は販売価格を決め，当社に商品の販売を委託しています。契約書では，委託期間を終了した場合の返品は認めているものの，委託期間内の損傷については過失の有無を問わず当社に責任を負わせています。当社がA社に契約書の見直しを交渉したところ，委託販売であればこのような条項は違法にはならないと主張して，一切取り合ってくれません。本当に違法とはならないのでしょうか。

　委託販売とは，商品が受託者に引き渡されてもその所有権は委託者に留保されており，商品が販売された時点で販売代金を委託者に支払う義務が発生するような取引形態のことです。したがって，実質的にみてメーカーが販売していると認められる場合には，メーカー自身が価格を決めて売ることと変わりありませんから，通常，違法とはなりません。しかし，委託期間内の損傷について過失を問わずに一方的に流通業者に責任を負わせていますから，優越的地位の濫用等に該当しないかも問題となります。

☑ キーワード

リスクと計算，優越的地位の濫用

解説

1 委託販売と再販売価格の拘束

(1) 委託販売の意味

　委託販売とは，商品が受託者に引き渡されてもその商品の所有権は委託者に留保されており，商品が第三者に販売された時点で，商品の所有権は委託者から購入者に直接移転し，購入者は販売代金を委託者に支払う義務が発生するような取引形態のことを指しています。

　委託販売では，通常は，受託者は，受託商品の保管や代金の回収等について委託者に対して善良な管理者としての注意義務を負っていますが，その範囲を超える受託者に帰責事由がない商品の滅失や毀損，売れ残りなどのリスクを負うことはなく，商品の取引が委託者のリスクと計算において行われることになります。

　しかし，委託販売といっても，受託者である流通業者が単なるメーカーが販売するにあたっての取次にすぎないような場合から，再販売価格拘束の脱法行為として委託販売形態が採られているような場合まで，様々な形態があるといってよいでしょう。

　したがって，委託販売を独禁法上どのように位置づけるべきかについては，委託販売の具体的な内容に即して実質的に判断しなければなりません。

(2) 流通・取引慣行ガイドラインの規律

　流通・取引慣行ガイドラインでは，

　① 委託販売の場合であって，受託者は，受託商品の保管，代金回収等についての善良な管理者としての注意義務の範囲を超えて商品が滅失・毀損した場合や商品が売れ残った場合の危険負担を負うことはないなど，当該取引が委託者の危険負担と計算において行われている場合，

　② メーカーと小売業者（又はユーザー）との間で直接価格について交渉し，納入価格が決定される取引において，卸売業者に対し，その価格で当該小売業

者（又はユーザー）に納入するよう指示する場合であって，当該卸売業者が物流及び代金回収の責任を負い，その履行に対する手数料分を受け取ることとなっている場合など，実質的にみてメーカーが販売していると認められる場合，のいずれかであって，

「メーカーの直接の取引先が単なる取次ぎとして機能しており，実質的にみてメーカーが販売していると認められる場合」には，「メーカーが当該取引先に対して価格を指示しても，通常，違法とはならない。」と定めています（流通・取引慣行ガイドライン第2部第1—2—(7)）。

2　違法とならない委託販売

(1) 違法とならない委託販売の要件

メーカーが商品の購入者と直接的に価格交渉を行わない通常の委託販売の場合には，メーカーが販売価格を指示しても違法とはならないための要件としては，次のようにまとめることができます。

① 商品の所有権がメーカーに留保されていること
② 商品が販売された時点までは流通業者に代金支払義務がないこと
③ 商品の保管・代金回収等につき，善良な管理者としての注意義務の範囲を超えて商品が滅失・毀損した場合，流通業者が危険負担を負うものでないこと
④ 商品が売れ残った場合につき，流通業者が危険負担を負うものでないこと

(2) 本問の要件充足性

本問では，委託販売として，委託期間が終了した場合の返品も認めていますから，上記の要件の①②④は一応満足しているといえるでしょう。しかし，委託期間内の損傷については，流通業者の過失の有無を問わずに，流通業者に責任を負わせていますから，上記の③の要件については問題があります。

第二次育児用粉ミルク（森永乳業）事件[☆1]では，委託販売の形式を採用しているとしても，所有権をいったん卸売業者に帰属させて卸売業者から購入者に移転させるものとしており，メーカーが委託者としてのリスクを負っていな

いものとして，真正の委託販売とは認められないとしています。

　もっとも，他の要件を満足している場合，③の要件を満足していないからといって，直ちに再販売価格を拘束するための違法な行為だということはできません。したがって，その商品の性質や取引数量などをも考慮して違法性を判断することになるものと思われます。ただし，市場における優越的な地位を有しているメーカーが一方的にそのような条件を押し付けている場合には，優越的地位の濫用に該当する可能性もあります。この点については，**Q53**を参照してください。

〔平田　厚〕

━━━━■判審決例■━━━━

☆1　昭52・11・28審判審決　集24—106。

Q50 拘束条件付取引❶――一店一帳合制（帳合取引）の義務づけ，仲間取引の禁止，競争品の取扱い制限

(1) A社は当社に商品を販売する際に，当社の販売先である小売業者を指定し，それ以外の小売業者には販売してはならないと定めています。さらに，当社の同業者へも販売してはならないと定めています。

(2) A社は，最近業界での販売シェアが10％を超え，当社に対し，A社製品のみを取り扱うよう申し入れてきました。同時にA社製品の販売量を最低月額1億円を下回らないように申し入れてきました。この申入れに対して，当社が拒絶した場合，何らかの制裁を行うことまで言及してきています。

A社のこのような制限は，独占禁止法上許されるのでしょうか。

(1) 一店一帳合制（帳合取引）とは，メーカーが卸売業者に対して，その販売先である小売業者を特定し，小売業者に特定の一卸売業者以外の者とは取引できなくさせる制度であり，要はブランド内の卸売業者と小売業者の取引ルートを1対1に固定する制度です。

この制度により，卸売業者の取引先が固定されるため，卸売業者間の競争は行われにくくなります。その結果，メーカーによる価格維持行為が行いやすくなるという競争制限効果をもたらすことから，市場における有力なメーカーが行う一店一帳合制（帳合取引）は，価格維持効果を目的とする等，独禁法上不当な目的をもったものである場合は，違法とされます。

メーカーが流通業者に対し，商品の横流しをしないように指示する，いわゆる仲間取引を禁止することも，安売りの防止を意図するなど，価格維持のおそれがある場合には，不公正な取引方法とされます。

(2) 業界でのシェアが10％以上の事業者は，流通・取引慣行ガ

> イドラインによれば，市場における有力な事業者になるため，次のような検討が必要になります。
> ① 販売店に対する自社製品のみの取扱い義務づけは，これによって新規参入者や既存の競争者にとって代替的な流通経路を容易に確保することができなくなるおそれがある場合は，不公正な取引方法に該当し，違法となります。
> ② 義務づける最低販売数量次第では，販売店は，競争品を事実上取り扱えなくなるので，流通業者の取扱い能力の限度に近い販売数量の義務づけを行うことは流通品の取扱い制限に該当する可能性があります。

☑キーワード

排他条件付取引，一店一帳合制（帳合取引），競争品の取扱い制限

解　説

1　一店一帳合制（帳合取引）の意義と目的

　一店一帳合制とは，メーカーが卸売業者に対して，卸売業者間においてその販売先が競合しないように，その販売先である小売業者を特定し，小売業者に特定の一卸売業者以外の者とは取引できなくさせる制度です。

　メーカーは何故このようなことをするのでしょうか。メーカーとしては，自社の製品が自社の販売網を経由し，自社の指定した価格で消費者に販売されるシステムが確立していれば，安定した利潤が確保でき，メーカー，流通業者双方に利益をもたらしてくれるからです。すなわちメーカーの流通系列化の手段として，一店一帳合制が用いられるわけです。

　流通・取引慣行ガイドラインは，メーカーが流通業者に対し帳合取引の義務づけを行い，これによって当該商品の価格が維持されるおそれがある場合には，不公正な取引方法に該当し（一般指定12項（拘束条件付取引）），違法となると

Q50◆拘束条件付取引❶——一店一帳合制（帳合取引）の義務づけ，仲間取引の禁止，競争品の取扱い制限

しています。なぜならば，このような行為は厳格な地域制限（**Q51**参照）と同様に，メーカーが卸売業者にとって一定の販売先である小売業者を割り当てる代償として，その販売先への積極的な販売を行わせ，販売を促進させるという面がある一方，卸売業者がその取引先小売業者に対して独占的な地位を得て，価格を高く維持することに繋がりやすい面が避けられないからです。

2 競争品の取扱い制限

流通・取引慣行ガイドラインでは，市場における有力なメーカーが競争品の取扱い制限を行い，「これによって新規参入者や既存の競争者にとって代替的な流通経路を容易に確保することができなくなるおそれがある場合には，不公正な取引方法に該当し，違法となる。」としています。

市場における有力なメーカーとは，当該市場におけるシェアが10％以上又はその順位が上位3位以内である場合が一応の目安として判断されます。

シェア10％未満又は順位4位以下の下位業者や新規参入者が競争品の取扱い制限を行っても，通常は新規参入者や既存の競争者にとって代替的な流通経路を容易に確保できなくなるおそれはないから，違法とはならないとされています。

3 流通系列化の功罪

流通系列化は，一方において流通の近代化・合理化の促進が図られ，これによって消費者にもアフターサービスの充実，品質管理等の面でメリットがありますが，他方において流通段階における競争が制限されるため，消費者利益が損なわれることや，販売業者が特定のメーカーに属する結果，経営合理化や多角的発展が阻害されるなどのデメリットがあるとされています。流通系列化は，流通網が特定のメーカーに囲い込まれることから，新規参入が極めて困難になることが指摘されています。

4 審決例

　一店一帳合制に関する審決例においては，白元事件[*1]以後，一店一帳合制それ自体が独立の行為として違法とされています。

　仲間取引の禁止についても，再販売価格維持行為と一体的に行われた仲間取引の禁止について，不当な拘束条件付取引に当たるとされた，エーザイ事件[*2]や，ソニー・コンピュータエンタテインメント（SCE）事件[*3]があります。

　そのほかに，全国農業協同組合連合会（以下「全農」といいます）事件では，全農は会員に対する青果物用段ボール箱の供給事業を行っているところ，わが国の青果物用段ボール箱の供給ルートとしては，全農から経済連を経て単協に供給される系統ルートと，段ボール箱製造業者から直接又は販売業者を経て需要者に供給される系統外ルートが存在するところ，系統ルートについては，全農は指定メーカー別にその納入地域をおおむね経済連の事業区域ごとに指定し，「指定県」と称していることを前提に，全農は系統ルートによる段ボール箱の供給数量の維持拡大を図るため，神奈川県の指定メーカーAが，指定県でない長野県で，系統ルートよりも低価格で20単協に供給した行為に対して，販売の取りやめを求め，以後Aをして指定を取りやめ，最終的には取引を停止する旨申し渡したため，Aは指定県以外への販売を取りやめたり，指定メーカーであるBやCが，それぞれ系統ルート以外で段ボール箱を販売したところ，上記と同様の申し入れを行って，販売を取りやめさせたりした件につき，一般指定12項に該当し，独禁法19条に違反するとされました[*4]。

　また，山口県経済連は，山口県内の農協を会員として，会員に対する農薬及び肥料の供給その他の経済事業を行っている者であるところ，会員農協が仕入れる農薬及び肥料の大部分を供給しており，また会員農協は，農家が購入する農薬及び肥料の大部分を供給しているところ，会員農協の仕入高全体に対する自己からの仕入比率（経済連利用率）等を基準に会員農協に奨励金（リベート）を支給してきたところ，現実には経済連利用率を90％以上とする基準を適用し続けた行為が，会員農協と農薬及び肥料を供給する自己の競争者との取引を不当に拘束する条件を付けて会員農協と取引しているものであって，一般指定12項

Q50◆拘束条件付取引❶──一店一帳合制（帳合取引）の義務づけ，仲間取引の禁止，競争品の取扱い制限

に該当し，独禁法19条に違反するとされました（山口県経済農業協同組合連合会事件☆5）。

5　回　答

よって，設問の回答は，原則として，そのような定めは許されないということになります。

〔根岸　清一〕

───■判審決例───

☆1　昭51・10・8勧告審決　集23─60。
☆2　平3・8・5勧告審決　集38─70。
☆3　平13・8・1審判審決　集48─3。
☆4　平2・2・20勧告審決　集36─53（百選166頁以下）。
☆5　平9・8・6勧告審決　集44─248（百選162頁以下）。

51 拘束条件付取引❷──販売地域制限，販売方法制限

(1) A社は専門特約店と準特約店の区別を設け，専門特約店には販売地域を定めて，販売地域外での販売を禁止しています。A社は当社に対してこの販売地域を守らなければ，特約店契約を解除するといっていますが，独占禁止法上このような制限は許されるのでしょうか。

(2) また，A社は，当社が出したA社の希望小売価格よりも低い価格を設定した安売り広告について，この広告を取りやめなければ，特約店契約を解除するといっていますが，独占禁止法上このような制限は許されるのでしょうか。

(1) 流通業者の販売地域に関する制限（テリトリー制）は，原則として違法とはならない責任地域制や販売拠点制もありますが，厳格な地域制限の場合は，市場における有力なメーカーが行い，これによって当該商品の価格が維持されるおそれがある場合には，不公正な取引方法に該当し，違法となります。さらに，地域外顧客への販売制限の場合は，メーカーが有力であると否とに関係なく，これによって当該商品の価格が維持されるおそれがある場合に違法とされます。

よってA社が，市場における有力なメーカーであり，これによって当該商品の価格が維持されるおそれがある場合には，A社のこのような制限は，不公正な取引方法に該当し，違法となりますから，許されません。

(2) メーカーが，小売業者に対し，店頭，チラシ等で表示する価格について制限し，それによって価格が維持されるおそれがある場合には，違法な販売方法の制限というべきですから，A社が貴社に対し，「安売り広告の禁止」を申し入れる行為は，出荷停止等を伴う場合は，違法な申出と判断されること

Q51◆拘束条件付取引❷――販売地域制限，販売方法制限

になります。

☑ **キーワード**
排他条件付取引，販売地域の制限，販売方法の制限，選択的流通

解　説

1　テリトリー制とは

　流通業者の販売地域に関する制限（いわゆるテリトリー制のことです）については，「流通・取引慣行ガイドライン」に詳しく述べられています。それによると販売地域制限の拘束には，①責任地域制（メーカーが流通業者に対して，一定の地域を主たる責任地域として定め，当該地域内において，積極的な販売活動を行うことを義務づけること），②販売拠点制（メーカーが流通業者に対して，店舗等の販売拠点の設置場所を一定地域内に限定したり，販売拠点の設置場所を指定すること），③厳格な地域制限（メーカーが流通業者に対して，一定の地域を割り当て，地域外での販売を制限すること），④地域外顧客への販売制限（メーカーが流通業者に対して，一定の地域を割り当て，地域外の顧客からの求めに応じた販売を制限すること）の4種類に分類されるとされています。

　上記のうち，①の責任地域制と，②の販売拠点制については，厳格な地域制限や地域外顧客への販売制限に該当しない限り，違法とはならないとされています。

2　厳格な地域制限

　③の厳格な地域制限は，市場における有力なメーカーが流通業者に対し厳格な地域制限を行い，これによって当該商品の価格が維持されるおそれがある場

合には，不公正な取引方法に該当し，違法となる（一般指定12項（拘束条件付取引））とされています。

ここにいう「市場における有力なメーカー」とは，当該市場におけるシェアが10％以上，又はその順位が上位3位以内であることが一応の目安になります。シェアが10％未満で，かつ上位4位以下の事業者が行う厳格な地域制限には，当該商品の価格が維持されるおそれは通常ないので，違法とはなりません。

次に，「当該商品の価格が維持されるおそれがある場合」に当たるかどうかについては，以下の4つの要素を総合的に考慮して判断されます。

(a) 対象商品をめぐるブランド間競争の状況（市場集中度，商品特性，製品差別化の程度，流通経路，新規参入の難易性等）
(b) 対象商品をめぐるブランド内競争の状況（価格のバラツキの状況，当該商品を取り扱っている流通業者の業態等）
(c) 制限の対象となる流通業者の数及び市場における地位
(d) 当該制限が流通業者の事業活動に及ぼす影響（制限の程度・態様等）

なお，新商品のテスト販売や地域土産品の販売にあたり販売地域を限定する場合は，通常，これによって当該商品の価格が維持されるおそれはないので，違法とはならないとされています。

3 地域外顧客への販売制限

④の地域外顧客への販売制限については，メーカーが有力であると否とに関係なく，これによって当該商品の価格が維持されるおそれがある場合に違法とされます。これは，③よりも④の場合の方が価格維持効果がより強い場合に当たるからです。

4 販売方法の制限

メーカーが小売先に対して，販売方法の制限を行う行為は，必ずしも独禁法上問題となるわけではありません。例えば，商品の安全性を確保したり，品質

の保持，商標の信用性の維持等，当該商品の適切な販売のための合理性が認められる制限であれば，他の取引小売業者に対するものと同一の制限である限り問題とはなりません。

しかし，メーカーが小売業者の販売方法に関する制限を手段として，小売業者の販売価格，競争品の取扱い，販売地域，取引先等についての制限を行っている場合には，それぞれの制限について本書の他の設問においていわれることが，そのまま当てはまることになります。例えば，当該制限を遵守しない小売業者のうち，安売り業者に対してのみ，当該制限事項を遵守しないことを理由に出荷停止等を行う場合には，通常，販売方法の制限を手段として販売活動について制限を行っていると判断されることになります。

5 選択的流通

前記**4**に記載した販売方法の制限について，平成27年3月に改正された流通・取引慣行ガイドラインは，合理的な一定の販売方法を要求することにより，販売先を制限できる場合があることを記述しています。これによると，当該要求する基準を満たさない安売り業者に対しては対象となる商品を取り扱わせなくとも通常，独禁法上問題がないとしています。

すなわち，メーカーは，自社製品が高品質であるとの評判や，自社製品のブランドイメージを高めるため流通業者にサービスの統一やサービスの質の標準化を要求し，また製品の質を確保するためになど専用設備の設置等を要求する場合があります。このような要求を流通業者へ課すことによりブランド間競争が活発となり，また消費者へ優良な商品を提供することができる場合があります。

メーカーがこのような基準を流通業者へ課し，当該基準を満たさない流通業者へ自社製品の転売を禁止するような流通制度を選択的流通と呼びます。

選択的流通が認められるためには，商品を取り扱う流通業者に関して設定される基準が，その商品の品質の保持，適切な使用の確保等，消費者の利益の観点からそれなりに合理的な理由に基づくものであり，かつ，当該商品の取扱いを希望する他の流通業者に対しても同等の基準が適用されることが必要です。

そして，メーカーがこの選択的流通を採用した結果として，特定の安売り業者等が基準を満たさず，当該商品を取り扱うことができなかったとしても，独禁法上，通常，問題となりません。

6 広告・表示方法の制限

また，販売方法のひとつである広告・表示の方法について，次のような制限を行うことは，流通・取引慣行ガイドラインによって，不公正な取引方法に該当するとされています。その理由はこれによって価格が維持されるおそれがあるからです。すなわち，①メーカーが小売業者に対して，店頭，チラシ等で表示する価格について制限し，又は価格を明示した広告を行うことを禁止すること，②メーカーが自己の取引先である雑誌，新聞等の広告媒体に対して，安売り広告や価格を明示した広告の掲載を拒否させることです。

この①，②のような制限は，価格を直接拘束するものではありませんが，価格の有利さを顧客にアピールする重要な手段である広告・表示を制限するものであり，価格競争を阻害するものだからです。

7 判審決例

販売地域の制限の事例としては，①国内のエックス線フィルムの約53％を供給している富士写真フイルム㈱の完全子会社で，エックス線フィルムの販売業者である富士エックスレイ㈱が，専門特約店との間で締結した取引契約書の中で，専門特約店の販売地域，販売価格，競合品の取扱い制限などを定め，これを守らせていた行為の排除措置を命じた審決例（富士写真フイルム事件[1]）があり，②製薬会社が，配置薬販売業者に対し，従来の取引規定を改め，販売地域を指定し，その地域内でのみ売薬の配置を行うものとするとともに，得意先の氏名等の顧客情報を報告させる条項を設けた事案につき，厳格な地域制限が拘束条件付取引に該当するためには，(a)当該事業者が市場における有力な事業者であること，(b)その者が課す制約が事業活動の不当な制限となること，(c)その制限を通じて価格維持の効果が生じることが必要であると判示した判決例（三

光丸事件[2]）があります。

販売方法が問題となった審決例としては，①ヤマハ発動機㈱の関東甲信越地区の販社であるヤマハ東京㈱が，モーターサイクルの滞留在庫について，メーカー希望小売価格とは別に，実勢小売価格を参考にして小売業者の販売価格の目安となる価格（小売目安価格）を順次定めるとともに，取引先小売業者及び同卸売業者に対し，一部の車種について，店頭ビラ，チラシ及びモーターサイクルの専門雑誌による広告において，同社の定めた小売目安価格を下回る価格表示を行わないようにさせていたヤマハ東京事件[3]，②家電メーカー4社（松下，日立，ソニー及び東芝）のそれぞれの販売子会社が，新型家電製品を取引する際に，量販店に対し，量販店が行う新聞の折り込みチラシや店頭に掲げるビラに掲載する家電製品の価格表示を制限したソニーネットワーク販売事件[4]，③電気通信事業者である東北セルラーが，同社の代理店が携帯電話機の販売価格を店頭表示する場合に，同社が定めた下限価格を下回る価格表示を行わないよう制限した事件[5]，④浜北市医師会が広告自粛規程を制定して会員の広告方法等を制限した事件[6]などがあります。

また判例としては，安売り広告の事案ではありませんが，販売方法の制限の事例として，資生堂東京販売（富士喜）事件[7]があげられます。この事案では，化粧品の販売方法として対面販売やカウンセリング販売を義務づける特約店契約条項が「不当な拘束条件付取引」に当たるかが争われましたが，化粧品という商品の特性に着目し，このような販売方法の制限を設けるにつき，それなりに合理的な理由の認められる本件については，「不当な拘束条件付取引」には当たらないと判示しました。

8 回　答

設問の(1)については，以上により，**1**の③（厳格な地域制限）のケースに当たりますから，A社が市場における有力なメーカーであり，当該商品の価格が維持されるおそれがある場合には，A社の行為は許されないものとなります。

設問の(2)については，A社がこのような申入れを行うことは，不公正な取引方法に当たり違法である可能性が高いものといわざるを得ません。

第Ⅲ部◇独占禁止法のケース・スタディ

〔根岸　清一＝渡邉　新矢〕

■判審決例■

☆1　昭56・5・11勧告審決　集28―10（百選160頁以下）。
☆2　東京地判平16・4・15判時1872―69。
☆3　平3・7・25勧告審決　集38―65。
☆4　平5・3・8勧告審決　集39―246。
☆5　平9・11・5勧告審決　集44―275（独禁百選（6版）184頁以下）。
☆6　平11・1・25勧告審決　集45―185（独禁百選（6版）94頁以下）。
☆7　最判平10・12・18民集52―9―1866（百選158頁以下）。

52 優越的地位の濫用❶—押し付け販売・協賛金の強要

当社は業界のリーダーである販売業者A社からA社の主催するイベントの入場券を買わされたり、協賛金を支払わされたりしています。最近では販売員の派遣まで義務づけられています。独占禁止法上このような行為は許されるのでしょうか。

　　取引上優越した地位にある小売業者が、納入業者に対し協賛金等を負担させる場合であって、協賛金の負担額や算出根拠が明確になっていないため、納入業者にあらかじめ負担額等が計算できない不利益が生ずる場合や、納入業者の販売促進に直接寄与しない催事のための協賛金を要請する場合など、正常な商慣習に照らして、不当に納入業者に不利益を与えるときは、不公正な取引方法に当たって違法となります。

　また、取引上の地位が自社に対し劣っている納入業者に対し、あらかじめ派遣の条件を定めず、かつ派遣のために通常必要な費用を負担することなく、その従業員を派遣させる行為は、不公正な取引方法に当たります。

　なお、平成21年法改正により、継続して優越的地位の濫用行為があったときは、当該行為の期間における、当該行為の相手方との間の取引額の100分の1に相当する金額の課徴金を納付しなければならなくなりました。

　設問において、A社から貴社の売上増進に直接寄与しないイベントの入場券を買わされたり、算出根拠のはっきりしない協賛金の支払要請を受けたり、あらかじめ従業員派遣の条件を定めず、かつ通常必要な費用が負担されない場合は、独占禁止法上違法な要請であり許されない行為というべきでしょう。

第Ⅲ部◇独占禁止法のケース・スタディ

☑キーワード

優越的地位の濫用，押し付け販売，協賛金の強要，特殊指定

解　説

1　独占禁止法2条9項5号

　独禁法は，その2条9項5号において，継続して取引する相手方に対し，正常な商慣習に照らして，当該取引に係る商品等以外の商品等を購入させることや，自己のために金銭，役務の提供その他の経済上の利益を提供させることは，優越的地位の濫用に当たると規定しています。

　ここに優越的地位とは，市場における圧倒的な支配的地位を有する独占又は寡占というような絶対的な優越性はもとよりですが，これに限らず一方が他方より相対的に優越することにより相手方に不当に不利益を課し得るような取引上の相対的優越性も指します。

　要は競争秩序の基盤を侵害する行為を禁止することです。取引主体が取引の諾否及び取引の条件について，自由かつ自主的に判断することができなくなれば，自由な競争の基盤が侵害されることになって，結果公正競争阻害性があるといわざるを得なくなります。

　取引上の優越性は，取引先選択の可能性，当事者間の総合的事業能力の格差，市場の状況，取引される商品・役務の特性等を考慮して，個別に判断されます。一般的には，優越した事業者が多く見受けられるものとしては，融資先に対する金融機関，一般小売店に対する寡占メーカー，下請事業者に対する親事業者，新聞販売店に対する新聞社，納入業者に対する大規模小売業者等があるといわれています。

2 優越的地位濫用ガイドライン（平成22年11月30日公表）

　優越的地位濫用ガイドラインは，小売業者が納入業者に対して，催事，広告等の費用負担のためのいわゆる協賛金などの金銭的負担を要請する場合や従業員の派遣の要請が，優越的地位の濫用に当たるか否かを判断するには，小売業者と納入業者が共同して商品キャンペーンのための催事や広告を行う場合，そのための費用について協賛金等を負担することが，納入商品の販売促進につながるなど納入業者にとっても直接の利益となる場合や，従業員の派遣を要請するにあたっては，事前に派遣の条件を定め，かつ当該従業員を派遣するために通常要する費用を下回らない費用を負担する場合であれば問題はありませんが，優越的地位にある小売業者が一方的な都合で納入業者に対しこのような要請を行う場合には，納入業者に不当な不利益を与えることになりやすく，優越的な地位の濫用として問題を生じやすいとしています。なぜなら，納入業者にとって当該小売業者との取引が困難になることが事業経営上大きな支障をきたすため，当該小売業者の要請が自己にとって著しく不利益なものであっても，これを受け入れざるを得なくなるからです。

3 判断基準

　いかなる場合が優越的地位の濫用に当たるかといいますと，取引上優越した地位にある小売業者が，以下のような場合に，納入業者に対して協賛金等を負担させること（従業員の派遣要請も含みます）は，優越的地位の濫用に当たり，違法となると考えられています。
① 協賛金等の負担額及びその算出根拠，使途等について，取引当事者間で明確になっていない場合であって，納入業者にあらかじめ計算できない不利益を与えることとなる場合
② たとえ協賛金等の条件が，取引当事者間で明確になっていても，次のような5つの場合は違法となります。
　(a) 納入業者の商品の販売促進に直接寄与しない催事，売場の改装，広告

等のための協賛金等を要請すること。
(b) 納入業者にとって商品の販売促進やコストの削減に寄与するなど納入業者が得る直接の利益の範囲を超えて協賛金等を要請すること。
(c) 小売業者の決算対策のために協賛金等を要請すること。
(d) 一定期間に一定の販売量を達成した場合に納入業者にリベートを要請すること。
(e) 納入業者が負うべき責任がないにもかかわらず、納入業者が商品を納入した後において、その商品の納入価格の値引を要請すること。

4 課徴金納付命令

平成21年法改正により、継続して優越的地位の濫用行為があったときは、当該行為の期間における、当該行為の相手方との間の取引額（取引額は、取引の対象となる商品・役務について限定されていないため、当該違反行為の取引に限られないこととなります。すなわち相手方との取引額全体となります）の100分の1に相当する金額の課徴金を納付しなければならなくなったことに、とりわけ注意が必要となりました。

なぜ優越的地位の濫用に対し課徴金が導入されたかといいますと、違反者に不当利得が生じる蓋然性が高く違反行為への誘因が強いことと、現実に法的措置事案が相当数に上っていることだといわれています。

現実に、後述のエディオン事件ではおよそ40億円もの課徴金が課されています。

5 審決例

この点が問題となった審決例としては、①著名な百貨店である三越がその納入業者に対して、自己の店舗の売場改装、各種催事等の費用を負担させ、また、自己の販売する商品又は役務を購入させていた点が違法とされた三越事件[☆1]、②コンビニエンス・ストア業界第2位のローソンが、日用品納入業者に対し、標準棚割商品の一定個数を総額1円で納入するよう強要したローソン事件[☆2]、

③業界第1位の家電量販店が，自己の店舗のオープンに際し，あらかじめ納入業者との間で派遣の条件を定めることなく，かつ従業員派遣に通常要する費用を負担することなく，納入業者の従業員の派遣を要請した点を違法としたヤマダ電機事件☆3，課徴金納付命令についての審決例としては，④2億円超の課徴金納付を命ぜられた第1号事案の山陽マルナカ事件☆4，⑤前述のエディオン事件（40億4,796万円の納付命令）☆5，⑥子供・ベビー用品の小売業者として第1位の売上を有するトイザらス社に対して，2億2,218万円の課徴金納付を命じた審決があげられます☆6。

6 特殊指定

なお，独禁法2条9項5号はあらゆる業種に適用される優越的地位の濫用行為規制ですが，特定の分野における優越的地位の濫用行為規制に関する法令等が別に定められています。①下請法，②百貨店業における特殊指定，③新聞業における特殊指定，④大規模小売業者に対する特殊指定です。④の指定は，大規小売業者の行う，不当な返品，不当な値引，納入業者の従業員等の不当使用，不当な経済上の利益の収受，等の行為を禁止しています。

これらの分野では，一般指定の前に，下請法又は特殊指定が優先的に適用になることをご留意ください。

7 回　答

そこで本問の回答は，A社のイベント入場券の購入要請や，協賛金支払要請が貴社の売上増に直接寄与することがない限り，A社の要請は違法な要請であり独禁法上許されないということになると思われます。

〔根岸　清一〕

■判審決例

☆1　昭57・6・17同意審決　集29—31（独禁百選（6版）192頁以下）。
☆2　平10・7・30勧告審決　集45—136（独禁百選（6版）194頁以下）。

第Ⅲ部◇独占禁止法のケース・スタディ

　　☆3　平20・6・30排除措置命令　集55—688。
　　☆4　平23・6・22課徴金納付命令　集58—1—312（現在審判で係争中）。
　　☆5　平24・2・16課徴金納付命令　集58—1—384（現在審判で係争中）。
　　☆6　平27・6・4課徴金納付命令一部取消審決（平成24年（判）第6号及び第7号）
　　　　審決DB。

53 優越的地位の濫用❷―セブン‐イレブン・ジャパン事件

　当社は，コンビニエンスストアを営むフランチャイズ事業者であり，業界第1位の地位にあります。

　当社が，加盟店に提供する商品のうち，デイリー商品（主に食品等の品質が劣化しやすい商品で，原則として毎日店舗に提供されるもの）については，当社の決定する推奨価格を守るとともに，メーカー等が定める消費期限又は賞味期限より前に，当社が独自の基準で販売期限を定めており，この期限を過ぎたデイリー商品はすべて破棄するように加盟店には指導しています。

　また，当社が加盟店から徴求するロイヤリティーの額は，加盟店の売上額から商品原価相当額を差し引いた額に一定の率を乗じて算定しています。そのため，この破棄商品については，ロイヤリティーの額を特に減額する等の措置をとっていません。

　ところが，加盟店の中には，破棄すべき商品を見切り商品として，割引販売する店が出始めたので，これを禁止しようと思いますが，独占禁止法上許されるのでしょうか。

　　加盟店が見切り販売を行うことを禁止したり，見切り販売を取りやめなければフランチャイズ契約上の地位を失うなどの不利益が及ぶような措置をとる場合は，業界第1位の事業者は，加盟店との間で優越的地位にあるものと見られますので，加盟店が自らの合理的な経営判断に基づいて破棄に係るデイリー商品の原価相当額の負担を軽減する機会を失わせる行為は，独占禁止法2条9項5号に違反するおそれが高いものと思われます。

　　優越的地位の濫用を認定されますと，当該濫用行為が終了した

日から遡って3年間における当該行為の相手方との間における売上額の原則1％について課徴金納付命令を受けることになります。

☑キーワード

優越的地位の濫用，優越的地位濫用ガイドライン

解　説

1　独占禁止法2条9項5号

　独禁法は，その2条9項5号において，自己の取引上の地位が相手方に優越している事業者が，継続して取引する相手方に対し，正常な商慣習に照らして不当に，当該取引に係る商品等以外の商品等を購入させることや，自己のために金銭，役務の提供その他の経済上の利益を提供させること，あるいは，取引の継続を要件とせずに，不当な返品・受領拒否，要求拒否等に対する不利益取扱い等，取引の相手方にとって不利益となるように取引の条件を設定し，もしくは変更し，又は取引を実行することは，優越的地位の濫用に当たるものと規定しています。

　ここに優越的地位とは，例えば取引関係にあるA社とB社の間で，A社との取引の継続が困難になることが，B社にとって事業経営上大きな支障を来すために，A社がB社にとって著しく不利益な要請等を行っても，B社が受け入れざるを得ないような場合に，A社はB社に対して優越的な地位にあるとされます。

　市場における圧倒的な支配的地位を有する独占又は寡占というような絶対的な優越性はもとよりですが，これに限らず一方が他方より相対的に優越することにより相手方に不当に不利益を課し得るような取引上の相対的優越性も指します。

　取引上の優越性は，取引先との取引依存度，取引先の市場における地位（取

引先の市場におけるシェア，その順位等），取引先変更の可能性，その他取引先との取引の額，取引先の今後の成長の可能性，当該取引商品の重要性，取引先との取引による信用の確保，取引先との事業規模の差等を考慮して，個別に判断されます。一般的には，優越した事業者が多く見受けられるものとしては，融資先に対する金融機関，一般小売店に対する寡占メーカー，下請事業者に対する親事業者，新聞販売店に対する新聞社，納入業者に対する大規模小売業者等があるといわれています。

優越的地位の濫用行為があると，上記の例で，取引の相手方たるB社の自由な判断による取引を阻害するとともに，B社はA社に対し競争上不利となる一方で，A社はB社に対し競争上有利になるおそれが生じるので，自由な競争秩序を乱すおそれがあるために禁じられています。

2 優越的地位濫用ガイドライン（平成22年11月30日公表）

優越的地位濫用ガイドラインは，第1に優越的地位の濫用規制についての基本的な考え方，第2に「自己の取引上の地位が相手方に優越していることを利用して」の考え方，第3に「正常な商慣習に照らして不当に」の考え方，第4に優越的地位の濫用となる行為類型について，公正取引委員会の考え方を，「具体例」及び「想定例」を掲げつつ，具体的に明らかにして，解説しています。

3 課徴金納付命令

継続して優越的地位の濫用行為があったときは，違反行為から遡って3年間における当該事業者の当該行為の相手方との間における売上額の原則1％について課徴金納付命令を受けます（20条の6）。課徴金の対象となる違反行為は，「継続してするもの」に限られており，独禁法2条9項5号は，取引の継続性を要件としますが，ここでは違反行為の継続性が要件とされています。

優越的地位の濫用に対する課徴金は，他の不公正な取引方法と異なっており，①1回目から課されること，②課徴金額が売上額の原則3％ではなく1％

であること，③売上額とは，違反行為の取引に限定されず，相手方との取引額全額であること，④違反行為者が相手方から商品を購入する場合の売上額（購入額）も含まれることに注意が必要です。

4　審決例

　本問に即した審決例としては，コンビニエンス業界最大の事業者であるX社の加盟者は，ほとんどすべてが中小小売業者であるところ，X社は，加盟者との間で，加盟店基本契約を締結しており，加盟店契約終了後少なくとも1年間は，X社以外のコンビニエンス事業のフランチャイズチェーンには加盟することができないと定められていました。加盟者にとっては，X社との取引を継続することができなくなると事業経営上大きな支障を来すことになり，加盟者はX社からの要請に従わざるを得ない立場にあるので，X社は加盟者に対して優越しているとしたうえで，食料品等の食品等の品質が劣化しやすい商品で，原則として毎日店舗に提供される商品については，X社独自の廃棄基準を設定し，当該商品の消費期限もしくは賞味期限前に当該商品を廃棄すること，廃棄処分は加盟者の負担で行うこと，加盟者が当該商品を「見切り販売」することについて，X社が加盟者に対し，「見切り販売」の取りやめを余儀なくさせ，加盟者が自らの合理的な経営判断に基づいて自己の負担を軽減する機会を失わせている行為が，優越的地位の濫用と判断された事例（セブン‐イレブン・ジャパン事件[☆1]）があげられます。

　これに対して，セブン‐イレブンは，本部が廃棄商品原価の15％を負担することとしたうえ，仕入れ価格を下回る価格による見切り販売により発生した損失分は加盟店が負担すること等の是正措置を講じる旨を公取委に報告することによって，本件は終了しました。

5　回答

　そこで本問の回答は，優越的地位にある貴社が，加盟店の行う見切り販売を禁止することは，加盟店が自らの合理的な経営判断に基づいて自己の負担を軽

Q53◆優越的地位の濫用❷——セブン‐イレブン・ジャパン事件

減する機会を失わせているものとして，優越的地位の濫用に当たるものと判断されるおそれが高いものといえます。

〔根岸　清一〕

■判審決例■

☆1　平21・6・22排除措置命令　集56—2—6。

第Ⅲ部◇独占禁止法のケース・スタディ

 取引妨害

　当社は，先代からの競争相手であるA社から商品を購入した業者に対しては，当社の商品を供給しないことを決め，業者はすべての商品を当社もしくはA社からしか購入せざるを得なくなっています。このような当社の方針は独占禁止法上問題となるのでしょうか。

　貴社が市場における有力な事業者である場合，貴社の取引業者に対し，貴社の先代からの競争相手であるA社から商品を購入した場合には，貴社の商品を供給しないという競争者に対する取引妨害（一般指定14項）を行った場合，これによって競争者の取引機会が減少し，他に代わり得る取引先を容易に見出すことができないときには，貴社の方針は，不公正な取引方法に該当し，違法となります。

☑キーワード

競争者に対する取引妨害，契約の成立の阻止，契約の不履行の誘引

解　説

1　一般指定14項

　自由経済社会は，事業者が市場において相互に顧客を奪い合うことを前提としており，ある事業者の顧客の獲得が，結果として他の事業者の事業活動を妨

害することになっても，そのことをもって直ちに非難されるべきものではありません。ある事業者が良質廉価な商品又は役務を提供することにより，能率の劣る競争者の事業活動を妨げる結果になったとしてもこれ自体独禁法上何ら問題とならないばかりか，むしろ法はこのような価格と品質による能率競争を公正な競争として，維持・促進しようとしていると考えられます。

　しかし，このような競争によるのではなく，自己の競争者の取引を，公正かつ自由な競争の維持・促進という観点から見て不当に妨害することは，市場メカニズムの正常な働きを阻害します。このため，独禁法2条9項6号は，競争者に対する不当な取引妨害を不公正な取引方法の行為類型の一つとしてあげ，これに基づき公正取引委員会は，一般指定14項において競争者に対する取引妨害を不公正な取引方法として指定しています。

　このような妨害行為は，社会倫理的に見て非難に値する場合が少なくなく，また，私的紛争として，民法，商法，不正競争防止法，刑法等で規制されることもありますが，このような規制で問題の解決が有効に図られるとしても，独禁法においてある行為を規制するか否かは，このような反社会性，反倫理性や私的紛争と関わりなく，当該行為自体が有する目的，効果から見てそれが放置されるならば，法1条が目的とする価格・品質による競争を歪め，顧客の商品選択が妨げられるおそれがあるか否かにより判断されます。一般指定14項にいう「不当に」とは，このような公正競争阻害性を有する場合をいいます。

2　対象となる取引及び取引妨害

　一般指定14項が規制の対象とする取引及びその妨害方法は「競争関係にある他の事業者とその取引の相手方との取引」に対して，「契約の成立を阻止し，契約の不履行を誘引し，その他いかなる方法をもってするかを問わず」不当に妨害することを指します。まず対象となる「取引」は競争業者が取引の相手方との間で行うすべてのものを含むと解されるので，それが供給者とのものか需要者とのものかを問わないし，それが履行中のものであるか企画中のものであるか，さらに継続的取引であるか1回限りのものであるかも問いません。

　次に妨害方法については，本項のいう「契約の成立を阻止し」たり，「契約

の不履行を誘引し」たりというのは，典型的なものを例示したに過ぎないといわれています。そのほかにも，中傷，誹謗，賄賂の提供，使用人の引き抜きや，安売り商品を開店と同時に買い占める行為，特許権侵害を理由に出訴すると脅す行為等，様々な行為があるといわれています。

3 判審決例

本問に関連する審決例としては，①競争業者と取引契約を結ぶときは自己と取引させない旨言明して，契約の締結を妨害したり（熊本魚事件[☆1]），②神奈川生コンクリート協同組合が，販売店に対し員外者の生コンクリートを取り扱わせないようにした行為に対する神奈川生コンクリート協同組合事件[☆2]，③顧客の争奪による料金の低落化を防止するため，会員間の顧客の移動を禁止し，これに従わなかった非会員の顧客に対し，会員に一斉に営業活動を行わせて当該非会員の顧客を奪取させた事例（関東地区登録衛生検査所協会事件[☆3]），④ドライアイス製造販売業者Aが，競争者Bの顧客に対し，BはAとの取引契約に違反しており，今後顧客に商品を納入できなくなるとの見解を告知して今後Bとの取引を停止するように働きかけるという誹謗中傷行為を行ったドライアイス仮処分事件[☆4]，さらには⑤東急車輛製造が製造する駐車装置の部品を一手に供給してきた，同社の子会社である東急パーキングシステムズが，独立系保守業者への部品販売にあたって，見積り依頼に対して著しく出荷を遅らせたり，自社の契約先管理業者向け販売価格よりも，1.5～2.5倍の販売価格としていた等の事例[☆5]，⑥第一興商が通信カラオケ業者として競合関係にあるエクシングに対し，同社の子会社である日本クラウンと徳間ジャパンコミュニケーションをして，両社の管理楽曲の使用許諾契約の更新を拒絶させ，これと並行して卸売業者やカラオケ機器を購入するユーザーに対し，エクシングの通信カラオケでは，両社の管理楽曲が使えなくなると告知した行為が不当な取引妨害に当たるとされた事例[☆6]があげられます。

4 回　答

　貴社の方針は，一般指定14項に該当するおそれがあるものといわざるを得ません。

〔根岸　清一〕

―■判審決例■―

- ☆1　昭35・2・9勧告審決　集10—17。
- ☆2　平2・2・15勧告審決　集36—44（独禁百選（6版）202頁以下）。
- ☆3　昭56・3・17同意審決　集27—116。
- ☆4　東京地決平23・3・30（NBL971号84頁以下参照）。
- ☆5　平16・4・12勧告審決　集51—401（百選176頁以下）。
- ☆6　平21・2・16審判審決　集55—500（百選178頁以下）。

55 リベート

① リベートを提供することは，独占禁止法に違反するのですか。
② リベートを提供する場合に注意すべきことは何ですか。

① リベートを提供すること自体は独占禁止法違反ではありませんが，リベートの支払方法によっては，流通業者の事業活動を制限し，独占禁止法上問題となる場合があります。
② リベートを提供する場合には，支払基準を明確にしたうえでその基準を取引の相手方に示すことが望ましい，とされています。

☑ **キーワード**

リベート，占有率リベート，累進的リベート，排他的リベート，排除型私的独占

解　説

1　リベートとは何か

　リベートとは一般に，メーカーが流通業者に対して仕切価格とは別に支払う金銭（報奨金）をいいます。リベートには，仕切価格の修正を目的とするもの，販売促進を目的とするもの，取引条件を一定の方向に誘導することを目的とするものなど様々なものがあります。

2 リベート自体は違法ではない

　リベートというと，大変悪いイメージがあります。しかし，リベートは，様々な目的のために支払われるものであり，また，リベートが価格競争を誘発して競争を促進するという側面もあります。したがって，リベート自体が直ちに独禁法上問題になるものではありません。リベートは販売ノウハウの核心であるため，その実態は外部から見て不透明であるのが通常です。しかし，リベートのシステムが不透明であること自体が独禁法上問題となるものではありません。これらの点については，公取委の流通・取引慣行ガイドラインにも明記されています。

　しかし，リベートの支払方法によっては，流通業者の事業活動を制限し，独禁法上問題となる場合があります。特に，リベートの基準が不明確な場合には，メーカーの裁量の幅が大きくなり，メーカーの販売政策に流通業者を従わせやすいために，結果的に，独禁法上問題になる傾向があります。このため，公取委は，メーカーに対して，リベートの支払基準を明確にし，その基準を取引の相手方に示すことが望ましい，と指導しています[*1]。

3 事業活動の制限手段としてのリベート

　メーカーがリベートを手段として流通業者の事業活動を制限する場合があります。

　例えば，メーカーが流通業者に対して，メーカーの示した価格で販売しないときには，リベートを削減するという場合です。これは，リベートを手段として再販売価格を拘束するものですから，原則として，不公正な取引方法（2条9項4号）に該当し独禁法違反となります。

　このように，リベートを手段として流通業者の事業活動を制限する場合については，再販売価格の拘束など，それぞれの類型の問題として，独禁法上の違法性の有無を判断していくことになります。

　例えば，松下電器産業事件[☆1]は，廉売を行う小売業者との取引を拒絶させ

る手段としてリベートを利用した事案について，一般指定2項の間接の取引拒絶に該当すると判断したものです。

なお，公取委の相談事例では，市場における有力な福祉用具メーカーが，店舗販売業者のみを対象とするリベート（安値販売を行っているインターネット販売業者は対象外）を新たに設けることについて，インターネット販売業者の事業活動を制限するものではなく独禁法上問題となるものではないと回答した事案[*2]があります。

4 占有率リベート・累進的リベート

メーカーが流通業者の一定期間における取引額全体に占める自社製品の取引額の比率や，流通業者の店舗に展示されている商品全体に占める自社製品の展示の比率（占有率）に応じてリベートを供与する場合があります。例えば「当社製品の取扱高が貴社の扱っている商品全体の50％以上になれば，リベートを出しましょう」という場合です。このような占有率リベートは，基準となる占有率やリベートの額によっては，他社製品の取扱いを制限する機能を持つこともあります。

また，メーカーが流通業者に対して累進的なリベートを供与することがあります。例えば「当社の製品を年間1,000万円以上売ってくれれば仕入高の2％と定められているリベートを仕入高の4％に引き上げます」という場合です。このような累進的なリベートは，価格を市場の実態に合わせるという意味では積極的な側面もあります。しかし，累進の程度が著しい場合には，他社製品よりも自社製品を優先的に取り扱わせるという機能を持ちます。

そこで，流通・取引慣行ガイドラインは，占有率リベートや累進的リベートについて「流通業者の競争品の取扱いに関する制限」の考え方に従って，独禁法に違反するかどうかを判断するとしています。

すなわち，占有率リベートや累進的リベートも，それ自体が独禁法上問題となるのではなく，次の①～③の場合に不公正な取引方法（一般指定4項「取引条件等の差別取扱い」，同11項「排他条件付取引」又は同12項「拘束条件付取引」）に該当し違法となると説明されています。

① 市場における有力なメーカーがリベートを供与していること。
「市場における有力なメーカー」と認められるかどうかは，その市場におけるシェアが10％以上，又はその順位が３位以内であることが一応の目安となります。
② リベートの供与によって流通業者の競争品の取扱いを制限することとなること。
③ その結果，新規参入者や既存の競争者にとって代替的な流通経路を容易に確保できなくなるおそれがあること。

5 帳合取引を義務づけるリベート

メーカー→卸売業者→小売業者というように商品が流通している場合に，メーカーが小売業者に対して直接リベートを供与し，しかも，メーカーと関係の深い特定の卸売業者からの仕入高だけをリベートの対象とすることがあります。このようなリベートは，小売業者が特定の卸売業者としか取引できないようにする機能を持ちます。

そこで，流通・取引慣行ガイドラインは，このようなリベートについて「帳合取引の義務付け」の考え方に従って，独禁法に違反するかどうか判断するとしています。

すなわち，このようなリベートも，それ自体が独禁法上問題となるのではなく，次の①②の場合に不公正な取引方法（一般指定４項「取引条件等の差別取扱い」又は同12項「拘束条件付取引」）に該当し違法となると説明されています。
① リベートの供与によって，メーカーが卸売業者に対して，その販売先である小売業者を特定させ，小売業者が特定の卸売業者としか取引できないようにさせることになっていること。
② その結果，当該商品の価格が維持されるおそれがあること。

6 排他的リベートと排除型私的独占

以上はリベートが不公正な取引方法（19条）に該当し独禁法違反となる場合

について議論したものですが、リベート等を手段とする競争業者の事業活動の排除行為が私的独占（3条）に該当し独禁法違反となる場合もあります。インテル事件[★2]では、CPU国内総販売数量の約89％を占めていたインテルの日本法人が国内パソコンメーカー5社に対し、インテル製CPUを90％又は100％採用すること等を条件として割戻し又は資金提供することを約束した行為が、競争業者の事業活動を排除し競争を実質的に制限するものとして私的独占に該当するとされました。

「排除型私的独占ガイドライン」（**巻末付録**参照）においても、排除行為の典型的な行為類型として「排他的リベートの供与」が明記されています。上記のインテル事件も、排除型私的独占ガイドラインの具体例として掲げられています。

排除型私的独占ガイドラインでは、相手方に対し自己の商品をどの程度取り扱っているか等を条件とすることによりリベートを供与する行為（排他的リベートの供与）のうち、取引先に対する競争品の取扱いを制限する効果を有し排他的取引と同様の機能を有する行為は、排除行為に該当するとされています。排他的リベートの供与が排除行為に該当するか否かの判断要素として、排除型私的独占ガイドラインは以下の①〜④の4つをあげています。

① リベートの水準（リベートの金額や供与率の水準が高く設定されている場合は、そうでない場合と比較して、競争品の取扱いを制限する効果が高くなる）

② リベートを供与する基準（リベートを供与する基準が取引先の達成可能な範囲内で高い水準に設定されている場合は、そうでない場合と比較して、競争品の取扱いを制限する効果が高くなる。また、取引先ごとにリベートを供与する基準が設定されている場合は、取引先全体に対して一律の基準が設定されている場合と比較して、競争品の取扱いを制限する効果が高くなる）

③ リベートの累進度（一定期間における取引数量等に応じて累進的にリベートの水準が設定されている場合は、そうでない場合と比較して、競争品の取扱いを制限する効果が高くなる）

④ リベートの遡及性（実際の取引数量等がリベートを供与する基準を超えた際に、リベートがそれまでの取引数量等の全体について供与される場合は、設定された基準を超えて取引された取引数量等についてのみ供与される場合と比較して、競争品の取扱い

を制限する効果が高くなる)

　排除型私的独占については課徴金の対象となります(**Q24**参照)。したがって，リベートについては排除型私的独占との関係にも十分に留意しておく必要があります。

〔柄澤　昌樹〕

━━■判審決例■━━━━━━━━━━━━━━━━━━━━━━━━━

　☆1　平13・7・27勧告審決　集48—187。
　☆2　平17・4・13勧告審決　集52—341。

━━■注　記■━━━━━━━━━━━━━━━━━━━━━━━━━

　＊1　公取委の事務総長も，平15・12・8警告〔アサヒビール事件〕に関連して「当方の考え方は，支払基準の明確でないリベート体系があって，それを裁量的に適用することは，公正な取引を確保するという観点から問題があるというものであり，特にその金額が大きい場合には問題が大きいと考えております。」と発言しています(平15・12・17事務総長記者会見記録)。
　＊2　相談事例集平成25年度事例4。

第Ⅲ部◇独占禁止法のケース・スタディ

 総代理店

　当社と米国A社は，同種商品を取り扱っていますが，A社のX製品について当社を輸入総代理店とする契約を締結しました。この契約には，以下のような条項が定められています。このような条項は，独占禁止法上の問題が生じますか。
　(a)　当社からX製品を購入し，販売する業者に，それぞれ販売地域を割り当て，割り当てられた地域以外の顧客にはX製品を販売してはならない旨を定めた契約をその販売業者と締結すること。
　(b)　総代理店契約期間中及び契約終了後2年間は，X製品と競合する製品を当社は取り扱わないこと。

　　(a)の条項については，市場における有力な総代理店が販売業者に対し厳格な地域制限を行い，これによって契約対象商品の価格が維持されるおそれがある場合には，不公正な取引方法に該当し違法となります。貴社の市場におけるシェアが10％未満であり，かつ，その順位が上位4位以下である場合には，通常，当該商品の価格が維持されるおそれはなく，違法とはなりません。
　　(b)の条項については，契約期間中の制限に関しては，契約時において既に総代理店が取り扱っている競争品の取扱いを制限するものでない場合，原則として独占禁止法上問題とはなりません。しかし，既に貴社が取り扱っている競争品の取扱いを制限する場合や販売業者の競争品の取扱いを制限する場合，貴社が関連市場において有力な事業者であるときには，貴社の競合製品の取扱いを制限することによって，貴社に競合製品を販売している競争者が代替的な流通経路を容易に確保することができなくなるおそれがあれば，(b)の条項は不公正な取引方法となり独占禁止法に違反することとなります。

契約終了後の制限に関しては，A社が契約終了後において貴社による競争品の取扱いを制限することは，貴社の事業活動を拘束して，市場への参入を妨げることとなるものであり，原則として独占禁止法上問題となりますが，秘密情報の流用防止その他正当な理由があり，かつ，それに必要な範囲で制限するものである場合には，独占禁止法上問題ないとされています。

☑キーワード

一手販売権，再販売価格維持行為，並行輸入品の不当阻害，市場における有力な事業者

解説

1 総代理店制の基本的な考え方

(1) 総代理店制の意味

　総代理店制とは，事業者が，その取り扱う商品を供給するのにあたって特定の事業者に日本国内市場全域を対象とする一手販売権を与える制度のことをいいます。この場合，一手販売権を付与する事業者（以下「供給業者」といいます。本設問ではA社です）は，自分で日本国内市場において当該製品を販売せず，かつ日本国内の他の事業者（本設問では貴社以外の国内事業者）には当該製品の販売権を付与しない旨の契約を，一手販売権を付与される事業者（以下「総代理店」といいます。本設問では貴社となります）との間で取り交わします。

　総代理店制は，供給業者にとり総代理店の販売能力，既存の流通網を利用することができるため市場への参入コストや参入に伴うリスクを軽減することとなり，また総代理店にとっては，一手販売権を付与されることから広告・宣伝活動に力を入れ，販売網・アフターサービス体制を整備・充実するなどの組織的販売活動をすることができます。このように，総代理店制は，ある市場にお

ける参入がしやすくなることで競争促進的な役割を果たすこととなります。したがって，総代理店制は日本市場への参入がしやすくなることから，外国事業者が日本国内においてその製品を販売する場合によく使われます。

(2) 総代理店制の問題点

他方，例えば製品差別化の進んでいる商品について一手販売権を持つことによりその流通を支配し，また，販売量の調整，価格の操作を行うことが可能になるなど，総代理店契約の対象商品や契約当事者の市場における地位又は行動によっては市場における競争を阻害することがあります。特に近年，内外価格差の大きい原因のひとつとして輸入総代理店の次のような行動があり，独禁法上問題となっています。

① 競争者間の輸入総代理店契約（実質的に競争関係にある国内事業者が総代理店となるため，自己の商品と輸入品との競合をできるだけ回避して，輸入品を高価格で販売しようとする場合）

② 再販売価格維持行為等（総代理店が，小売価格の設定や値引きに関与したり，販売先や販売方法を細かく制限したりするなど，流通業者の販売活動に関与して価格を維持している場合）

なお，オートバイの輸入総代理店がそのブランドイメージを保持するため，全国約100社の販売業者との間に(ｱ)値引き販売を禁止し，希望小売価格で販売すること，及び(ｲ)値引き販売を行う旨を広告に掲載することを禁止する規定を持つ販売契約を締結することは独禁法上問題となるとされました（平成12年3月相談事例集22頁以下）。

③ 並行輸入品の不当阻害（並行輸入が増加し，これに伴って，並行輸入品の取扱いに関し，総代理店が何らかの干渉をする場合，また，並行輸入の阻害を行う場合）（流通ガイド解説235頁）

2　競争者間の総代理店契約

(1) 独禁法上の基本的な考え方

総代理店制をめぐる独禁法上の問題についての考え方を示したものに「流通・取引慣行に関する独占禁止法上の指針」第3部があります（平3・7・11公

Q56◆総代理店

取委公表。以下，本設問では「ガイドライン」といいます）。このガイドラインは，日本国内全域について一手販売権を付与するものを対象としており，国内市場を分けて，それぞれの地域において一手販売権を付与する契約には適用がありません。

　供給業者が自ら，又は他の事業者を通じて当該市場に参入すれば，有効な競争単位としての機能を発揮し，その市場における競争がより一層促進されることが考えられます。しかし，本設問のように競争者間で総代理店契約が締結されると，その間の競争がなくなったり，総代理店契約による競争者間の水平的結合が形成され，総代理店の市場における地位が強化・拡大され市場における競争が阻害されることがあります。また総代理店は，自分が既に取り扱っている商品との競合を回避するため契約対象商品の販売を抑制したり，その販売価格を高く設定したりするというように競争を阻害する行動をとることもあります。そこで，独禁法上の考え方としては，供給業者が特定の競争者を通じてしか契約対象商品を国内市場に供給できないという拘束を受けることが不公正な取引方法に該当するかという観点から検討することとしています。

　競争者間の総代理店契約による競争阻害効果は，競争を実質的に制限することとなる程度のものである必要はなく，公正で自由な競争を妨げると認められる程度，すなわち公正競争阻害性があればよいと考えられています。そして，このような公正競争阻害性があるか否かについて判断する場合に，総代理店がその市場において有力な事業者であれば競争を阻害する可能性が大きくなることから，ガイドラインは総代理店のその市場に占めるシェア及び順位を基準として検討しています。また，競争者間の総代理店契約は，水平的な販売提携として不当な取引制限の観点からも問題となりますが，通常は公正な競争を阻害するおそれがある段階で問題となるため，ガイドラインでは不公正な取引方法に関する規制の観点から考え方を示しています（流通ガイド解説241～242頁）。

(2)　独禁法上問題となる場合

①　総代理店となる事業者のシェアが，その市場において10％以上であって，かつ順位が上位３位以内であるとき

　ガイドラインは，総代理店となる事業者が契約対象商品と同種の商品（契約対象商品と機能・効用が同様であり，相互に競争関係にある商品をいいます。以下同じ）を

製造又は販売している場合であって、その市場におけるシェアが10％以上であり、かつ、その順位が上位3位以内であるときに、当該供給業者と総代理店契約をすることは、競争阻害効果が生じる場合があるとしています。競争阻害効果が生じるかどうかは、個別具体的なケースに即し、次に掲げる事項を総合的に考慮して、市場の競争に与える影響の程度を判断したうえ、競争阻害効果が生じると認められる場合には、不公正な取引方法に該当し、違法となります（一般指定12項（拘束条件付取引））。

(ア) 総代理店となる事業者のシェア、順位及びその競争者との格差の程度ならびにそれらの変化の程度

(イ) 供給業者の総合的事業能力（売上高、ブランド力、市場における地位等）

(ウ) 契約対象商品の国内市場におけるシェア及び順位

(エ) 当該市場における競争の状況（競争者の数、シェアの変動状況、新規参入の難易性等）

(オ) 契約対象商品の財としての特質、総代理店となる事業者の製造又は販売する商品と契約対象商品との競合の程度・密接な代替品の有無及び契約対象商品の販売価格の状況

(カ) 契約対象商品の流通に関する状況（流通への新規参入の難易性等）

をあげています。

上の(イ)について述べれば、供給業者が新規に国内市場に参入する場合には、供給業者が有効な競争単位として機能するような事業能力を有しているか否かを考慮するということです。供給業者の総合的事業能力が小さいと認められる場合には、国内市場で有効な競争単位となることはほとんど考えられず、競争秩序に及ぼす影響は小さく、独禁法上このような供給業者との総代理店契約は通常問題となりません。

次に、上の(オ)のうち「契約対象商品の財としての特質」とは、例えば生産財については機能・効用の限られたものが多く、総代理店のシェアが高い場合も少なくありませんが、誰でも取り扱える消費財と異なり専門的知識を有する競争者を総代理店としなければならない等の事情を考慮する必要があることなどをいいます。また、「契約対象商品との競合の程度」とは、総代理店が既に取り扱っている商品と契約対象商品との競合の程度が強いほど、自己の商品との

競合を回避する行動に出て，競争阻害効果が発生しやすく，それらが補完的な関係にある場合には，総代理店の既存の販売網を利用して新規参入が容易となり，競争の促進効果が考えられます（流通ガイド解説247〜248頁）。競争者間の総代理店契約締結時において，総代理店のシェア・順位が10％未満又は第4位以下であり独禁法上問題がないとされた場合であっても，その後，シェア・順位が変わったときには，当然，独禁法上の評価も変わりますので，改めて問題がないか否か検討されることとなります。

② 総代理店のシェアが25％以上，かつ順位が第1位であるとき

ガイドラインは，総代理店となる事業者のシェアが25％以上，かつ，その順位が第1位である場合においても，個別具体的なケースに即して判断するとしています。そして，このような地位にある事業者が競争関係にある供給業者と総代理店契約をすることは，通常，競争阻害効果が生じることとなるおそれが強いので，特に以下に述べる事項を重点的に考慮して判断するとしています。重点的な事項とは，(ア)供給業者の総合的事業能力が大きくないかどうか，(イ)契約対象商品が既に国内市場においてある程度の地位を占めているものでないかどうかです。このような地位を占めている総代理店の場合，当該総代理店は，ある程度自由に市場における価格，数量等に影響を及ぼすことのできる市場支配力を持っていると考えられますので，競争関係にある供給業者と総代理店契約を締結することは，公正競争阻害性のある可能性が強いとされます。

そして，ガイドラインは，上に掲げた考慮事項を重点的に検討して，公正競争阻害性があるか否かを判断するとしています。すなわち，供給業者が国内市場に新規参入しようとする場合には，その総合的事業能力が大きくないときには，有効な競争単位となることはほとんど見込まれないので，競争秩序に及ぼす影響が小さく，通常独禁法上問題とならないと考えられます。しかし，総合的事業能力が大きいと認められるときには，前述①項にあげた考慮事項のうち，(エ)，(オ)，(カ)を考慮して，例外的に競争を阻害するおそれがないという特段の事由がある場合を除き，違法となるものと考えられます。

また，契約対象商品が契約時に既に国内市場で販売されている場合に，それが国内市場においてある程度の地位を占めていないときには，競争秩序に及ぼす影響が小さく，通常独禁法上問題とならないと考えられます。逆に，既にあ

る程度の地位を占めていると認められるときには，前述①項の考慮事項のうち(エ)，(オ)，(カ)を考慮して，例外的に競争を阻害するおそれがないという特段の事由がある場合を除き，違法となるものと考えられます（流通ガイド解説251頁）。

(3) 独禁法上問題とならない場合

　ガイドラインは，契約対象商品を国内市場で新たに販売開始するための総代理店契約であって，契約期間が短期間である場合，契約対象商品が総代理店からの技術供与を受けて製造され，もしくは製造委託されたものである場合（いわゆる開発輸入），又は総代理店が下位事業者である場合には，競争者間の総代理店契約であっても独禁法上問題とならないとしています。すなわち，前述①，②項に該当するいずれの場合においても，総代理店制の新規参入促進効果に鑑み，契約対象商品を国内市場で新たに販売開始するために行われるものであって，契約期間が短期間（契約期間が短期間であるかどうかは商品によって異なりますが，3年ないし5年が一応の目安となります）である場合は，原則として独禁法上問題とならないとしています。

　契約対象商品が総代理店から技術供与を受けて製造され，もしくは総代理店から製造委託されたものである場合については，総代理店となる事業者のシェア・順位によって総代理店契約を問題とすると，かえって国内市場への参入を禁止することとなり競争を減殺させることとなることから，原則として独禁法上問題とならないとしています。次に，総代理店となる事業者が契約対象商品と同種の商品を製造又は販売している場合であって，その市場におけるシェアが10％未満又はその順位が第4位以下であるときには，自己のシェアの拡大を図り競争関係にある供給業者の商品も積極的に販売しようとする可能性が高いことなどを考慮し，当該供給業者と総代理店契約をすることは原則として独禁法上問題とはならないとしています（流通ガイド解説252～253頁）。

　なお，供給業者と総代理店とが親子関係にあり，実質的には同一企業間の行為であると認められるときは，それらの間の総代理店契約は，原則として独禁法上問題となりません。

　したがって，本設問の事例についても，以上に述べた諸要素を考慮して，独禁法上問題となるか否か判断することとなります。

3 本問の具体的な考え方

(1) (a)の条項について

(a)の条項については,「厳格な地域制限」を販売業者に課す規定と解されます。総代理店(本設問では貴社)が販売業者に対して,販売地域を割り当て,地域外での販売を制限するような行為は,販売業者に対し一定の販売地域を与える代わりに,その地域内での積極的な販売を行わせ,販売を促進させるという面がありますが,他方,販売業者が一定地域内で,契約対象商品の販売について独占的な地位を得て,価格を高く維持することにつながりやすい面もあります(流通ガイド解説172頁)。そしてガイドラインによれば,市場における有力な総代理店が販売業者に対し厳格な地域制限を行い,これによって契約対象商品の価格が維持されるおそれがある場合には,不公正な取引方法に該当し違法となります(一般指定12項(拘束条件付取引))。

「市場における有力な総代理店」と認められるかどうかについては,関連市場におけるシェアが10%以上,又はその順位が上位3位以内であることが一応の目安となります。この場合でも,この目安を超えたのみで,対象となる行為(本設問では設問(a)の規定)が違法とされるものではなく,「当該商品の価格が維持されるおそれがある場合」に違法となります。また,市場におけるシェアが10%未満であり,かつ,その順位が上位4位以下である総代理店や新規参入者が厳格な地域制限を行う場合には,通常,当該商品の価格が維持されるおそれはなく,違法とはなりません。新規参入者や下位の総代理店がこのような制限を行う場合には,厳格な地域制限が商品の販売促進に寄与し,ブランド間競争を促進させ,市場全体にとってプラスとなる場合もあり得ると考えられます。

「当該商品の価格が維持されるおそれがある場合」とは,厳格な地域制限により,当該ブランドについて競争圧力が減少し,販売業者がある程度当該商品の価格を維持できるようになっている場合です。通常,当該商品の製品差別化の程度が大きいほど,また,総代理店のシェアが大きいほど,そのようなおそれが生じる可能性が大きいといえますが,ガイドラインによれば具体的な判断は,次の事項を総合的に考慮するとしています。

① 対象商品をめぐるブランド間競争の状況（市場集中度，商品特性，製品差別化の程度，流通経路，新規参入の難易性等）
② 対象商品のブランド内競争の状況（価格のバラツキの状況，当該商品を取り扱っている販売業者の業態等）
③ 制限の対象となる販売業者の数及び市場における地位
④ 当該制限が販売業者の事業活動に及ぼす影響（制限の程度・態様等）

　例えば，X製品と同種の製品について，ブランドごとの製品差別化が進んでおり，ブランド間競争が十分に機能しにくい状況のもとで，貴社が関連市場で有力な地位にある場合に，厳格な地域制限が行われると，X製品をめぐる価格競争が阻害され，価格維持の効果が発生することになります。このような場合には，設問(a)の規定は，不公正な取引方法（一般指定12項（拘束条件付取引））となり独禁法違反となります（流通業者に対する販売地域の制限については**Q51**を参照）。

　総代理店による販売地域の制限ではありませんが，医薬品メーカーによる卸売り会社の販売地域を制限する契約について独禁法上問題があるとした相談事例があります（平成11年3月相談事例集22頁以下）。A医薬品メーカーは，甲医薬品分野のa商品を製造・販売しており，a商品は，全国で30％のシェアを有し第1位の地位にあります。また，ブランドによる製品差別化により他社とのブランド間競争が十分に機能しにくい状況にありました。このような場合，卸売り事業者であるB社に対し，a商品の販売地域を制限することは，当該ブランド商品をめぐる価格競争が阻害され，a商品の価格が維持されるおそれがあるので拘束条件付取引として，独禁法上問題となるとされました。

(2) (b)の条項について

ア　契約期間中の制限

　(b)の条項のうち，総代理店契約期間中の制限については，契約時において既に総代理店が取り扱っている競争品の取扱いを制限するものでない場合は，原則として独禁法上問題とはなりません（ガイドライン第3部第2—1—(2)①項）。これは①契約対象商品の一手販売権を付与する見返りとして，販売活動を契約対象商品に集中させるために課されるものであること，②総代理店契約は国内市場に参入するために締結されたものであるので，総代理店が市場において有力であることは通常ないこと，③国内市場全域を対象とする総代理店契約である

ので，制限を課されるのは総代理店のみであること等から，競争秩序に及ぼす影響も小さいと考えられるからです（流通ガイド解説257～258頁）。

　以上の理由により，実際には，総代理店が既に取り扱っている競争品を制限しない限り，独禁法上問題となることはありません。したがって，設問(b)の規定も，既に取り扱っている競争品を制限するものでない限り，独禁法上問題ないといえます。

　次に，契約時において既に総代理店が取り扱っている競争品の取扱いを制限する場合には，当該総代理店を重要な流通ルートとして市場に参入している競争者（当該競争品を製造しているメーカー等，以下同じ）にとって，その流通ルートを絶たれると代替的な流通経路を容易に確保することができなくなることも考えられるので，問題なしとするのではなく，個別ケースに即して市場閉鎖効果が生じるかどうかを検討することとなります。

　すなわち，総代理店が従前取り扱っている競争品を制限する場合には，ガイドライン第2部第2の2の考え方に従って個別に判断されます。ガイドラインによれば，市場における有力な総代理店が競争品の取扱いを制限されることにより，既存の競争者にとって代替的な流通経路を容易に確保することができなくなるおそれがある場合には，不公正な取引方法に該当し，違法となります（一般指定11項（排他条件付取引）又は12項（拘束条件付取引））。

　本設問に即していえば，関連市場において有力な事業者である貴社が，既に取り扱っている競争品の取扱いを制限されることによって，当該競争者が代替的な流通経路を容易に確保することができなくなるおそれがある場合には，設問(b)の規定は不公正な取引方法となり独禁法に違反することとなります。ガイドラインによれば，ここで有力な事業者とは，関連市場におけるシェアが10％以上，又はその順位が上位3位以内であることが一応の目安とされています。ただし，この目安を超えたのみで，当該競争品の取扱い制限が違法とされるものではなく，これによって「既存の競争者にとって代替的な流通経路を容易に確保することができなくなるおそれがある場合」に違法となります。そして，この「既存の競争者にとって代替的な流通経路を容易に確保することができなくなるおそれがある場合」に当たるかどうかは，次の事項を総合的に考慮して判断することになります。

① 対象商品の市場全体の状況（市場集中度，商品特性，製品差別化の程度，流通経路，新規参入の難易性等）

② 当該制限を受ける総代理店の市場における地位（シェア，順位，ブランド力等）

③ 当該制限が総代理店の事業活動に及ぼす影響（制限の程度・態様等）

(b)の条項が，貴社が既に取り扱っている競争品を制限することを含むものであっても，貴社が関連市場において，シェアが10％未満かつ第4位以下であれば，当該規定は独禁法違反にならないといえます。

総代理店による競争品の取扱い制限の事例ではありませんが，医薬品メーカーが競合する医薬品メーカーに薬剤の原体を供給するのにあたり，他社製品の取扱いを制限することは，独禁法上問題ないとした事例があります（平成12年3月相談事例集20頁以下）。A社（医薬品の製造・販売メーカー）は，甲医薬品の原体を輸入し，当該医薬品を製造したうえ医療用に販売しています。A社の医療用甲医薬品のシェアは，約1％で国内10位です。甲医薬品については他に一般用医薬品市場がありますが，A社は，この市場での販売網がなく，B社に原体を販売し，B社が甲医薬品を製造したうえ一般用医薬品市場へ販売しています。B社は，甲医薬品の一般用医薬品市場において約22％のシェアを占め第1位にあります。また，甲医薬品の原体は，A社以外の多数のメーカーが製造し，容易に入手でき，医療用甲医薬品市場には有力なメーカーが多数存在しています。このような事情のもとで，A社は，当該原体をB社へ販売するのにあたり，B社が他社の医療用甲医薬品を販売しないとの制限を課しました。これについて，公取委は，A社は甲医薬品市場で有力なメーカーと認められないこと，B社は一般用甲医薬品について有力なメーカーであるが医療用については実績がなく，他の医療用甲医薬品メーカーは，それぞれの流通経路で医療用甲医薬品市場において販売していることから，A社の競争事業者はB社を通さなくても自由に販売でき，A社がB社に対して競争品の取扱い制限を行っても，新規参入者や既存の競争者にとって代替的な流通経路を容易に確保することができなくなるおそれはなく独禁法上問題ないとしました。

　イ　契約期間終了後の制限

契約終了後における競争品の取扱い制限についてガイドラインは，「供給業

者が契約終了後において総代理店の競争品の取扱いを制限することは，総代理店の事業活動を拘束して，市場への参入を妨げることとなるものであり，原則として独占禁止法上問題となる。ただし，秘密情報（販売ノウハウを含む。）の流用防止その他正当な理由があり，かつ，それに必要な範囲内で制限するものである場合には，原則として独占禁止法上問題とはならない。」としています（ガイドライン第3部第2－1－(2)②項）。

　契約終了後の競争品の取扱い制限を課した規定が，不公正な取引方法に該当するとして独禁法違反であるとされた事例があります。これは，デンマークの事業者と日本の事業者である製薬会社との間で継続的販売契約を締結し，契約終了後3年間競争品の製造・販売を禁止した規定が不公正な取引方法に該当するとされたものです（天野・ノボ国際契約事件☆1）。

　なお，この契約終了後における競争品の取扱い制限について「流通ガイド解説」は，「契約終了後において総代理店が競争品を取り扱うことを制限することは，総代理店の事業活動を拘束して，市場への参入を妨げることとなるものであるので，指針において，原則として独占禁止法上問題となるとされている（一般指定11項（排他条件付取引）または13項（拘束条件付取引）〔平成21年改正前のもの，現12項〕）。ただし，秘密情報の流用防止その他正当な理由があり，かつ，それに必要な範囲で制限するものである場合には，問題ないことが明記されている。秘密情報の流用を防止するためには，まず流用禁止の規定を置くことによって対処すべきであろうが，秘密情報の範囲は特許のように明確でなく，また，公知になれば価値がなくなるため，流用の有無を争うことは実際的でない場合もあろう。このように，流用防止に必要な範囲で競争品の取扱いを制限することは合理性があり，また，これが認められないと総代理店契約を締結するインセンティブが損なわれることも考えられる。従って，流用防止に必要な範囲（契約終了後2年程度が目安となろう）で制限するものに留まるのであれば，全体として競争秩序に及ぼす影響は小さいものと考えられるので，問題なしとされたものである。なお，『秘密情報』は，産業上の技術にかかるものの他，販売ノウハウ，顧客情報も含まれるが，供給業者から供与されたものを指し，総代理店が販売活動を通じて独自に獲得したものは含まれないことは言うまでもない。指針では『秘密情報の流用防止』のほか，『正当な理由』がある場合に

必要な範囲で競争品の取扱いを制限することは，原則として問題なしとされている。正当な理由があるかどうか，また，それに必要な範囲であるかどうかは，個別ケースに即して判断されることとなる。例えば，総代理店が取引上の信頼関係を一方的に破壊するような重大な債務不履行（契約対象商品の販売活動をしない場合等）を行ったことを原因として契約が中途解約された場合であって，供給業者が新たな流通経路を見出すために必要な期間に限って制限するなどが考えられる。」としています（流通ガイド解説258〜259頁）。

したがって，設問(b)の条項も，ノウハウ等の流用防止のため必要な範囲での制限であれば，独禁法上，問題ないといえます。

〔渡邉　新矢〕

■判審決例■

☆1　昭45・1・12勧告審決　集16—134。

57　並行輸入の妨害

当社は海外メーカーと有名商品につき輸入総代理店契約を締結していますが，
① A社がその商品を第三国経由で並行輸入し，安い価格での販売を開始しました。当社としては，海外メーカーを通じて並行輸入をストップさせたいのですが，何か問題になるでしょうか。
② 次に，当社としては並行輸入品を購入した顧客からの修理の依頼は断っていますが，この方針は問題になるでしょうか。部品在庫の数量に限界がある関係で，これに応じると当社の販売した商品の修理に支障をきたすと考えられる場合にも断ることができないのでしょうか。

　総代理店制度が輸入品について行われる場合において，第三者が契約当事者間のルートとは別のルートで契約対象商品を輸入することを並行輸入といいます。並行輸入は一般に価格競争促進効果を有するので，これを不当に阻害する行為は独占禁止法上問題となります。
　輸入総代理店が，価格を維持する目的を持って，①海外からの流通ルートからの真正品の入手を妨害したり，②国内の販売業者に対し並行輸入品を取り扱わないことを条件として取引契約を締結したり，③並行輸入品を取り扱う業者に対しては対象商品の販売を制限したり，④並行輸入品をニセモノ扱いすることによって販売を妨害したり，⑤並行輸入品を買い占めたりする行為等は，いずれも不公正な取引方法に当たり，違法となりますので，この点にご留意ください。
　輸入総代理店は自己の供給する数量に対応して修理体制を整えたり，補修部品を在庫するのが通常ですから，並行輸入品に対して，修理に対応できない客観的な事情がある場合に並行輸入品の

> 修理を拒絶したり，自己が取り扱う商品と並行輸入品とで修理条件等に差異を設けても，そのこと自体は独占禁止法上の問題は生じません。
> 　しかし，以上の合理的な理由もないのに，価格を維持するために，自己の取扱い商品でないことのみを理由に，修理もしくは補修部品の供給を拒絶する行為は，一般指定14項違反として，違法となります。

☑キーワード

　輸入総代理店契約，並行輸入，パーカー事件

解　説

1　並行輸入とは

　並行輸入とは，総代理店制度が輸入品について行われる場合において，第三者が契約当事者間のルートとは別のルートで契約対象商品を輸入することを指す言葉です。なお，並行輸入の場合は，ニセモノではないいわゆる真正品の輸入を前提としています。

　また，並行輸入が行われるためには，商標権に基づいて第三者による当該商品の輸入を差し止めることができないことが前提となります。なぜなら，商標法は，商標権者に商標を使用する独占権を付与し，第三者が同一又は混同する程度に類似するマークを類似商品に用いることを差し止める権限を与えるものだからです。

　並行輸入品と称する商品が真正商品でなくニセモノである場合には，商標権侵害を理由にその販売を差し止めることができます。このほか，次のような場合において，商標の信用を保持するために必要な措置を採ることは，原則として独禁法上問題とはなりません。

① 商品仕様や品質が異なる商品が真正商品であるにもかかわらず，虚偽の

出所表示をすること等により，一般消費者に総代理店が取り扱う商品と同一であると認識されるおそれのある場合
② 海外で適法に販売された商標品を並行輸入する場合に，その品質が劣化して消費者の健康・安全性を害すること等により，総代理店の取り扱う商品の信用が損なわれることとなる場合
③ 国内品について並行輸入の不当阻害と同様の行為が行われる場合においても基本的な考え方は上記と同様です。

しかしながら，商標権者にこのような真正商品の並行輸入を阻止できるというルールにも例外が認められるようになってきています。そして，今日では，商標権者のこのような排他的な権利も絶対的なものではなく，一般に真正商品の輸入は商標権を侵害するものではないと考えられるに至っています。

2 パーカー事件

並行輸入の問題に関するわが国判例のリーディング・ケースは昭和45年のパーカー事件です。この事件は，真正商品の並行輸入は商標の本質的機能である出所を識別する機能，品質を保証する機能を侵害しないという理由から，パーカー万年筆が主張した並行輸入しようとした者に対する差止請求権が否定されました☆1。このほかの理由づけとしては，権利消尽論や商標機能論などがあげられていますが，真正商品の並行輸入が許容される要件を整理すると，おおむね次のとおりとなります。

① 内外の商標権者が同一又はこれと同視できる関係にあること（商標のライセンス契約や総代理店契約の存在など法律的又は経済的・資本的に密接な関係にあり，商標の管理について相互に通じ合えること）。
② 内外の商標の示す出所が同一であると評価できること（パーカー事件では，パーカーという商標を付した商品は，消費者から見て米国のパーカー社を出所源としたものと見られました）。
③ 内外の商標それ自体が同一であると評価できること（ラコステ事件☆2では，厳密には差異があるとしても，それが似通っていたり，出所源が同一と見られるなど，実質的に同一であると見られました）。

④ 内外の商標を付された商品の品質が同一であると評価できること（商標の品質保証機能の観点からのもので、品質に差異があるとしても、同一の出所源のものとして厳格な品質管理の下で許容された範囲のものであること）。

　しかし一方では、並行輸入については、輸入総代理店の営業努力にただ乗りしているとの批判があり、また、供給や仕入価格の不安定性・アフターサービス面での不安の問題があります。このような批判が出される面は確かにありますが、並行輸入が正しく行われると、流通ルートが複数化され、輸入総代理店の価格形成に対し競争圧力として機能することにより、国内市場における競争を促進するという効果を持ちますので、内外価格差を抑える効果を有しており、特に市場における地位の高いブランドについて並行輸入が行われると、その影響は当該ブランドのみならず市場全体に及ぶことになると見られています。

　このように、並行輸入は通常内外価格差があるときに行われるものですが、並行輸入品が低価格で販売されることを防止するため、種々の対策を講ずることが見られます。例えば、外国事業者やその海外における取引先に圧力をかけて並行輸入のルートを閉ざしたり、国内における並行輸入品の販売を妨害する等です。しかし、並行輸入は一般に価格競争を促進する効果を有するわけですから、価格を維持するためにこれを阻害する場合には独禁法上の問題となるわけです。

3　並行輸入の制限が許容される場合

　並行輸入品と称する商品が真正商品ではなくニセモノである場合には、商標権侵害を理由にその販売を差し止めることができます。また、並行輸入品の広告宣伝活動が商標権を侵害したり、不正競争防止法に違反する場合には、当該広告宣伝活動の中止を求めることができます。すなわち、商標の信用を保持するために行われる並行輸入の制限行為は、総代理店の有する商標の信用の維持の観点から独禁法上も不当とは見られないということになります。

　ただ、商標権者から商標の使用許諾を得ていなくとも「真正商品の並行輸入」に該当する場合は、商標権の侵害に当たらない場合がありうることを最高

裁判所が「フレッドペリー事件」で判示していますのでご注意ください☆3。

また，海外で適法に販売された商標品を並行輸入する場合であっても，その品質が劣化して消費者の健康・安全性を害すること等により，総代理店の取り扱う商品の信用が損なわれることとなる場合も，商標の信用を保持する観点から制限は許容されます。

最後に，例えばいわゆる逆輸入品についても，これと同様に考えられるので，国内品について同様に考えられます。

4 並行輸入の不当阻害となる場合

流通・取引慣行ガイドラインでは，並行輸入の不当阻害となる場合として，次の7つの類型をあげています。

(a) 海外の流通ルートからの真正商品の入手の妨害
① 並行輸入業者が供給業者の海外における取引先に購入申込みをした場合に，当該取引先に対し，並行輸入業者への販売を中止するようにさせること。
② 並行輸入品の製品番号等によりその入手経路を探知し，これを供給業者又はその海外の取引先に通知する等の方法により，当該取引先に対し，並行輸入業者への販売を中止するようにさせること。
(b) 販売業者に対する並行輸入品の取扱い制限
(c) 並行輸入品を取り扱う小売業者に対する契約対象商品の販売制限
(d) 並行輸入品をニセモノ扱いすることによる販売妨害
(e) 並行輸入品の買占め
(f) 並行輸入品の修理等の拒否
　総代理店やその取引先の販売業者以外の者では並行輸入品の修理が著しく困難であったり，これら以外の者から修理に必要な補修部品を入手することが著しく困難である場合において，自己の取扱い商品ではないことのみを理由として，並行輸入品の修理を拒否したり，補修部品の供給を拒否することは許されません。
(g) 並行輸入品の広告宣伝活動の妨害

5　並行輸入品の修理拒絶

　並行輸入品が破損・磨耗などの理由で修理が必要になる場合はいくらでもあり得るでしょう。輸入総代理店は，自らが販売した物ではない並行輸入品の修理依頼や補修部品の注文があったときに，これを拒否することができるのでしょうか。

　総代理店は自らが供給する数量に応じて修理体制を整えたり，補修部品を在庫するのが通常ですから，並行輸入品の修理に応じることができなかったり，その修理に必要な補修部品を供給できない場合もあり得ます。このような特別の場合には独禁法上の問題が生じる余地はありません。なぜなら，総代理店は自らの供給者責任として，顧客の注文に応ずるために，補修体制を整え，補修部品を用意しているわけですから，この能力の限界を超えてまで，補修すべき義務はないものといわなければなりません。さらにいえば，並行輸入業者が修理体制を全く整えないまま並行輸入品を販売するということは，総代理店の修理体制にいわば「ただ乗り」しているに過ぎず，これこそ非難されなければならないでしょう。

　しかし，総代理店やその取引先の販売業者以外の者では並行輸入品の修理が著しく困難であったり，これら以外の者から修理に必要な補修部品を入手することが著しく困難である場合において，自己の取扱い商品ではないことのみを理由として，並行輸入品の修理を拒否したり，補修部品の供給を拒否することは許されません。

　すなわち，供給業者と直接取引ができるのは，わが国においては総代理店しかなく，実際上，修理に必要な補修部品，技術，情報等を有しているものも総代理店であるという事情によります。

　次に，それでは並行輸入品と正規輸入品に，修理料金の差を設けたり，正規輸入品を優先的に修理し，並行輸入品については後回しにするというような行為は許されるのでしょうか。前記の基準からいえば，合理的な差の範囲内であれば，これは許されることになりそうです。ただ，自己の販売した商品ではないというだけで著しい料金差を設けたり，著しい修理日数を要することとする

Q57◆並行輸入の妨害

場合は，結局並行輸入の制限行為を実質的には行っていることと変わりはないことになるので，許されないということになります。

なお，これと関連して，並行輸入業者が自ら修理をするために，海外の流通業者から，又は独立の部品供給業者から補修部品を入手しようとするのを総代理店が妨害する行為も，結局並行輸入品の販売が妨げられることになるので，それらが価格維持のために行われる場合は，違法となります。

並行輸入品の修理等についての独占禁止法上の問題点については，公正取引委員会が年度ごとに毎年発表している「独占禁止法に関する相談事例集」に，相談事例を具体的に紹介していますので，是非ご参照ください。

6　判審決例

(1)　オールドパー事件☆4

真正商品の並行輸入は商標の本質的機能である出所を識別する機能，品質を保証する機能を侵害することはないことから，並行輸入の差止めを行う権利が否定された例

(2)　星商事事件☆5

高級洋食器ヘレンドの総代理店である星商事が，製品番号等から並行輸入品の輸出国を突きとめて，これをヘレンド社に通報し，供給差止めの要請を行ったことは，一般指定（昭和57年）15項（現行の一般指定14項）に該当するとして，排除措置が命ぜられた例

(3)　BBS事件☆6

ドイツの著名な自動車ホイール製造業者であるBBS社がホイールに関し，ドイツと日本で同一の特許権を有していたという事案で，自社がドイツ国内で製造・販売した製品を並行輸入した業者と日本で販売した業者に対して，日本での特許権侵害を理由に，販売差止及び損害賠償を求めた事案で，この請求は棄却されました。特許権者と購入者間で，特別にわが国での流通を禁止する特約を結ばない限り，当該製品の流通は当然予想されるので，これを阻止することは許されないものと判断されたのです。

(4) ミツワ自動車事件☆7

高級自動車ポルシェの総代理店が，安売りされているポルシェ車の車台番号をポルシェ社に通知し，第三国向けに出荷されたポルシェ車を日本に並行輸入できなくなるようにさせた行為が，一般指定（昭和57年）15項（現行の一般指定14項）に該当するとして，既に行為は終了していましたが，違法が宣言された例

(5) ラジオメータートレーディング事件☆8

デンマークのメディカル社が製造する血液ガス分析装置とこれに使用する専用の試薬を一手に輸入するラジオメーター社から，一手にその供給を受けているラジオメータートレーディング社が，販売業者に対し，①専用の試薬について，並行輸入業者からの仕入をしないように要請し，②これに応じない場合は，専用の試薬の供給停止及び並行輸入の試薬を使用したメディカル社製の血液ガス分析装置の保守管理を中止する旨通知したことが，一般指定14項（競争者に対する取引妨害）に該当し，独禁法19条に違反すると認定されたものです。

(6) ヨネックス事件☆9

バドミントン用品の製造販売メーカーであるヨネックス社は，バドミントン用水鳥シャトルの輸入販売業者であるA社が，海外から廉価な水鳥シャトルを輸入して販売を開始したところ，A社の直販シャトルを販売する機会を減少させ，自社及び取引先小売業者の売上や利益確保を図ることを目的として，取引先小売業者がA社の直販シャトルを取り扱おうとしたり，取り扱っている場合において，直販シャトルを取り扱わない旨の要請に応じない場合は，ヨネックス社が製造する廉価なシャトルの供給をしない旨示唆したりして，取引先小売業者がA社の直販シャトルを取り扱わないようにさせた行為について，一般指定14項（競争者に対する取引妨害）に該当し，独禁法19条に違反するものと認定されました。

7　回　答

貴社が，商標権を侵害される場合でなければ，並行輸入の妨害行為は，不公正な取引方法に該当し（一般指定14項），許されません。

並行輸入品だというだけの理由で修理を拒むことはできません。しかし，貴

Q57◆並行輸入の妨害

社の顧客へのサービスを犠牲にしてまで並行輸入品の修理をする義務はありませんから，本来の顧客へのサービスに支障をきたすおそれがある場合には，その修理を拒絶することは許されます。

〔根岸　清一〕

―――■判審決例■―――

☆1　大阪地判昭45・2・27判時625―75。
☆2　東京地判昭59・12・7判時1141―143。
☆3　最判平15・2・27民集57―2―125。
☆4　昭53・4・18勧告審決　集25―1。
☆5　平8・3・22勧告審決　集42―195（百選180頁以下）。
☆6　最判平9・7・1民集51―6―2299。
☆7　平10・6・19審判審決　集45―42。
☆8　平5・9・28勧告審決　集40―123（独禁百選（6版）206頁以下）。
☆9　平15・11・27勧告審決　集50―398（百選182頁以下）。

第Ⅲ部◆独占禁止法のケース・スタディ

フランチャイズ契約

　A社はある高級な有名商品についてフランチャイズ・システムを構築しています。当社はA社とフランチャイズ契約を締結しましたが，このたび突然，当社が扱っている他の商品がブランド・イメージを害するという理由で，商品の供給を拒絶されたうえ，フランチャイズ契約を解除するとの通告を受けました。一方的にこのようなことが許されるのでしょうか。

　　フランチャイズ・ガイドラインでは，実力を有するフランチャイザーが優越的な地位を利用してフランチャイジーに過大な拘束を押し付け，市場競争を制限してしまう場合には，優越的地位の濫用（2条9項5号）に該当すると指摘されています。また，契約解除の本当の理由が本部の指示価格を守っていなかったというものであれば，再販売価格の拘束（2条9項4号）や拘束条件付取引（一般指定12項）に該当するものとして，フランチャイズ契約の解除自体が許されない可能性があります。
　　もっとも，フランチャイズ・システムにとっては，ブランド・イメージの維持が本質的な要請である場合もあります。しかし，統一ブランド・イメージを維持するために必要な範囲を超えて，一律に（細部に至るまで）統制を加えることは許されていません。したがって，高級品販売のフランチャイズ・システムにおいては，安価商品販売を禁止することが統一ブランド・イメージを維持することに必要かどうかについて，そのフランチャイズ・システムの取扱対象商品の範囲・同種競合商品の市場の状況・当該高級品と安価商品との代替性の有無などを総合的に考慮して判断しなければなりません。

Q58◆フランチャイズ契約

☑ **キーワード**
ブランド・イメージ，優越的地位の濫用

解　説

1　フランチャイズ・システムとブランド・イメージ

(1)　フランチャイズ・システムの意味

　フランチャイズ・システムとは，フランチャイザー（本部）がフランチャイジー（加盟者）に対し，特定の商標，商号等を使用する権利を与えるとともに，加盟者の物品販売，サービス提供その他の事業・経営について，統一的な方法で統制・指導・援助を行い，これらの対価として加盟者が本部に金銭を支払う事業形態です。例えば，コンビニエンス・ストアやハンバーガー・ショップなどの食品関連業種でフランチャイズ・システムを活用していることは有名ですし，また，レンタカーやクリーニングなどのサービス提供業種でもフランチャイズ・システムが活用されています。

　それらの特徴は，日本中どこでも，看板・店構え・商品構成・従業員のユニホームなどすべて全く同じところにあります。すなわちフランチャイズ・システムは，本部の確立した統一イメージ・営業方針のもとで，小さな加盟店の事業活動を強化・向上させ，市場競争を活性化する効果を持っています。

(2)　フランチャイズとブランド・イメージ

　フランチャイズ・システムは，同一のイメージのもとに事業経営を統制・指導・援助する継続的な事業形態ですから，看板・店構え・商品構成・従業員のユニホームなどを全く同じにして，事業展開している場合が多いでしょう。したがって，ブランド・イメージの維持は，フランチャイズ・システムにおける本質的な要請である場合があります。しかし，一定の商品においてブランド・イメージの保護を過度に強調すると，再販売価格維持の効果が生ずることも否定できません。「フランチャイズ・システムに関する独占禁止法上の考え方に

について」（以下「フランチャイズ・ガイドライン」といいます）でも，希望価格の提示を超えて実際の販売価格を制限・拘束することは，再販売価格の拘束（2条9項4号）に該当するとされています。

個別の商品やサービスに関する保護を超えて，ブランド・イメージ自体の保護が必要かどうかについては，以下のような視点を考慮する必要があります。

まず，消費者需要がブランドの社会的評価に依存していること。つまり，代替性のある他の同種商品やサービスから需要がシフトするかどうかは，単に価格のみに基づくものではなく，ブランドの価値にも基づく場合があるということです。

次に，ブランド商品と類似の安価商品との市場が分離していて，消費者には商品選択の可能性が保障されていること。つまり，消費者はその地位・使途・使用機会などに基づいて，いずれの商品を購入するかを決定できることが重要であるということです。

第三に，消費者がブランドの価値自体を消費している場合があること。一定のフランチャイズ・システムでは，マーケティング費用にその費用の大半を割いており，フランチャイズ・システムにおける商品の価格は，当該商品の使用価値のみでなく，当該ブランドの価値をも体現している場合があるということです。

したがって，ブランド・イメージ自体が保護法益として重視されなければならない場合があり，ブランド・イメージの保護を無視して考えることはできないものと思われます。最高裁の資生堂東京販売（富士喜）事件判決[☆1]においても，フランチャイズ・システムに関するものではありませんが，化粧品の対面販売の合理性につき，他の商品と区別される商品に対する顧客の信頼（いわゆるブランドイメージ）を保持しようとすることにそれなりの合理性があると判断されています。

2　フランチャイズ・システムに関する独占禁止法上の規律

(1) フランチャイズ・ガイドライン

フランチャイズ・システムでは，十分な実力を有しないフランチャイザーが

このようなシステムを活用しようとして，無理な加盟者募集方法をとったり，実力にふさわしくない加盟金やロイヤルティを要求したりして，市場競争を歪めてしまう危険性があります。また他方，十分な実力を有するフランチャイザーがこのようなシステムを活用する場合でも，その優越的な地位を利用して過大な拘束をフランチャイジーに押し付けてしまい，やはり市場競争を制限してしまう危険性があります。

したがって，公取委は，平成14年4月24日にフランチャイズ・ガイドラインを公表して，独禁法上の考え方を示しています。フランチャイズ・ガイドラインは，フランチャイズ・システムに対する一般的な考え方を示すとともに，「本部の加盟者募集について」，「フランチャイズ契約締結後の本部と加盟者との取引について」の2つの側面から基本的な考え方を示しています。

「本部の加盟者募集について」では，商品などの供給条件，事業活動上の指導の内容・方法・回数・費用負担，加盟に際して徴収する金銭の性質・金額・返還の有無や返還の条件，加盟後定期的に支払う金銭（「ロイヤルティ」）の額・算定方法・徴収の時期や方法，決済方法の仕組み・条件，本部による加盟者への融資の利率等，損失に対する補償の有無・内容，経営不振となった場合の経営支援の有無・内容，契約の期間・更新及び解除・中途解約の条件・手続，加盟後加盟者の店舗周辺に同一又は類似業種を営む店舗を本部が自ら営業することなどの契約条項の有無など，の事項に関して，開示が的確に実施されることが望ましいとされています。また，予想売上げ・予想収益を提示する場合には，類似環境下の既存店舗の実績等根拠ある事実，合理的算定方法に基づくことが必要であり，加盟希望者にこれらを示す必要があるとされています。

もし加盟店の募集にあたって，上記のような重要な事項について十分な開示を行わずに虚偽もしくは誇大な開示を行った場合には，ぎまん的顧客誘引（一般指定8項）に該当するおそれがあります。

「フランチャイズ契約締結後の本部と加盟者との取引について」では，本部が加盟店に取引上優越した地位を有している場合，各種の取引条件の設定について，「フランチャイズ・システムによる営業を的確に実施する限度を超えて，正常な商慣習に照らして不当に加盟者に不利益となるように取引の条件を設定し，若しくは変更し，又は取引を実施する」場合には，本部の行為が優越

的地位の濫用に該当するとされています。そして，優越的地位の濫用に該当するおそれのある行為の例示として，「取引先の制限」「仕入数量の強制」「見切り販売の制限」「フランチャイズ契約締結後の契約内容の変更」「契約終了後の競業禁止」があげられています。

さらに，優越的地位の濫用とは別に，「抱き合わせ販売等・拘束条件付取引」や「販売価格の制限」についても，様々なファクターを総合勘案して，独禁法違反に該当するかどうかを判断することとされています。

(2) フランチャイズ・ガイドラインとブランド・イメージ

フランチャイズ・ガイドラインでは，「営業に対する第三者の統一的イメージを確保」することを目的とし，「フランチャイズ・システムによる営業を的確に実施する限度」を超えない限り，直ちに独占禁止法上問題となるものではないとされていますから，ブランド・イメージの保護も重視していると評価してよいでしょう。

しかし，ブランド・イメージの保護が重要であるとはいっても，フランチャイザーがその優越的な地位を利用して過大な拘束をフランチャイジーに押し付けること，及び，優越的地位の濫用に該当しない場合であっても契約における個別条項が抱き合わせ販売・拘束条件付取引などの禁止規定に該当することが指摘されています。

したがって，フランチャイズ・システムにおけるブランド・イメージの保護に必要な制限は，合理的な範囲でのみ認められていることに注意が必要です。本問のように高級品を扱うフランチャイズでは，ブランド・イメージを維持するために，高級品以外の売れ行きのよい安価商品を一緒に販売することを禁止していることも多いと思われます。このような契約上の個別条項による制限を考えるにあたっては，「本部の統一ブランド・イメージを維持するために必要な範囲を超えて，一律に（細部に至るまで）統制を加えていないか」という基準を勘案しなければなりません。

したがって，高級品販売のフランチャイズ・システムにおいて，安価商品販売を禁止することが本部の統一ブランド・イメージを維持することに必要かどうかについて，そのフランチャイズ・システムの取扱対象商品の範囲・同種競合商品の市場の状況・当該高級品と安価商品との代替性の有無などを総合的に

Q58◆フランチャイズ契約

考慮して判断しなければなりませんが，一般論としては，他の商品の取扱いを一律に排除するような契約条項は必要な限度を超えています。

(3) フランチャイズ契約の解除

本問では，ブランド・イメージを害するとの理由で，フランチャイザーから一方的に契約を解除するとの通告がなされた場合ですが，フランチャイズ・ガイドラインでは，「フランチャイズ・システムによる営業を的確に実施する限度を超えて，正常な商慣習に照らして不当に加盟者に不利益となるように取引の条件を設定し，若しくは変更し，又は取引を実施する」場合，優越的地位の濫用（2条9項5号）に該当すると指摘しています。

そこで，フランチャイズ契約の解除については，フランチャイズ契約の取引条件が不当にフランチャイジーに不利益なものとなっていないかを検討する必要があります。フランチャイズ・ガイドラインでも，本部の統一ブランド・イメージを維持するために必要な限度内であれば直ちに独禁法上問題となるものではないとされていますが，必要な限度を超えて統制を加えている場合には，独禁法違反になります。

また，契約解除の本当の理由が本部の指示する価格を守っていなかったというものであれば，再販売価格の拘束（2条9項4号）や拘束条件付取引（一般指定12項）に該当するものとして，フランチャイズ契約の解除自体が許されないことになります。

ブランド・イメージの維持を理由としたものではありませんが，セブン‐イレブン・ジャパン事件において，公正取引委員会は，㈱セブン‐イレブン・ジャパンに対し，加盟店で廃棄された商品の原価相当額の全額が加盟店の負担となる仕組みのもとで，推奨商品のうち劣化しやすいデイリー商品の見切り販売を行わないようにし，これに違反したときは加盟店基本契約を解除するなど，不利益な取扱いをする旨を示唆していた行為が，優越的地位の濫用に該当するとして，排除措置命令を行っています☆2。

〔平田　厚〕

第Ⅲ部◇独占禁止法のケース・スタディ

▬判審決例▬

☆1　最判平10・12・18民集52—9—1866・判時1664—3。
☆2　平21・6・22排除措置命令　集56—2—6。

継続的取引の打切り

　当社は，A社に対して，継続的に商品を販売していますが，A社との取引を打ち切り，B社と新たに取引をしようと考えています。継続的取引の打切りが独占禁止法上問題となるのは，どのような場合ですか。

　長期間にわたって継続的取引が行われている場合において，相手方の取引依存度が高いときは，契約の解除・解約が制限されることがあります。独占禁止法との関係では，契約の解除・解約が再販売価格の拘束，優越的地位の濫用，拘束条件付取引といった不公正な取引方法に該当する行為を目的とする行為であれば問題となります。

☑キーワード
　不公正な取引方法

解　説

1　継続的取引の終了

　継続的な売買契約，代理店契約，供給契約といった継続的取引契約の終了については，一時的な契約とは異なる取扱いがされています。すなわち，継続的取引契約では長期間にわたって取引が反復継続される結果，当事者には将来に

向かって取引関係が維持されるであろうという期待が生じ，それを前提として資本を投下する等の行動がなされます。特に，当事者の一方の全取引量にその継続的取引が占める割合が高い場合は，継続的取引の終了は，その当事者にとって文字どおり死活問題となります。このような事情から，継続的取引の終了を一方が他方の意思に反して行う解除・解約に際しては，単に契約条項に該当するというだけでは足りず，両者間の信頼関係が破壊され，それ以上契約関係を維持することが困難であり，契約を解消するためのやむを得ない事情があることが要求される場合があります。また，やむを得ない事情までは要求しないという場合でも，相手方からは契約解消は信義則違反であり権利の濫用であるとして争われることがあるので，注意が必要です。

2　独占禁止法違反を目的とする取引停止

　継続的取引関係を一方的に終了させようとする当事者は，解約条項に基づき又は相手方の債務不履行を理由として契約の解除又は解約を行います。解約条項に基づく解約については，その行使が許されるかが争われますし，債務不履行を理由にするものについては，債務不履行があったのか，債務不履行があったとして，それを理由とする解除が許されるかが問題になります。

　取引上の強者からなされる契約解除，取引停止行為の中には，自己の意向に従わない相手方を切り捨てようとするものがあります。典型的な例は，相手方が自己の意思に反して安売りをしていることを阻止し，又は自己の意思に反して安売業者に販売していることを阻止しようとするものですが，このほかにも様々なものがあります。

　しかし，供給先の安売り防止を目的とする行為は，再販売価格の拘束（法2条9項4号）に該当しますし，その他の不当な目的による取引停止についても，拘束条件付取引（一般指定12項），優越的地位の濫用（法2条9項5号）といった不公正な取引方法に該当する行為を目的とする行為と評価できる場合があります。

　独禁法違反行為が私法上有効か無効かといった議論はさておき，継続的取引契約の解除・解約が不公正な取引方法を実現させる目的で行われているとき

は，その解除・解約が違法行為を目的とするものですから，解約権の濫用とされたり，債務不履行があるというのは口実にすぎないとして解除・解約が許されない可能性が出てきます。

貴社がA社との取引を打ち切り，B社と新たな取引をしようとする場合も，その目的が以上のような不公正な取引方法に該当する行為を実現しようとするものであれば，独禁法に違反する行為として取引の打切りが否定される可能性があります。

以下，継続的取引の打切りで独禁法違反が問題とされた事例を紹介します。

3 判決例

(1) 資生堂東京販売（富士喜）事件

㈱富士喜は，資生堂東京販売㈱（以下「資生堂東京」といいます）との間で，資生堂チェーンストアー契約を締結し，同社から資生堂製化粧品を仕入れ販売していました。契約期間は1年間と規定されていましたが自動更新され，既に28年間取引は継続され，多いときは㈱富士喜の売上全体の2割強を占めていました。契約上，㈱富士喜は顧客に対し商品の説明等を行ういわゆる対面販売をすることが義務づけられていました。

同社は，昭和62年ごろから，職域販売と称して商品名と価格等を記したカタログを作成し，特定の職場に配布し，まとめて注文を受けて配達する方法により定価の2割引きで販売するようになりました。これに対し，資生堂東京は，その中止を求め，双方の弁護士が交渉した結果，平成元年に㈱富士喜は，自社のカタログから資生堂製品を削除し，これに違反したときは資生堂東京による契約解除ができるほか，チェーンストアー契約に適合した方法により販売する旨の合意書が締結されました。

ところが，資生堂東京は，平成2年，㈱富士喜が契約に定めた販売方法によっていないとして，資生堂チェーンストアー契約を解除し取引を停止したため，㈱富士喜が平成3年，化粧品の引渡し等を求めて東京地裁に提訴しました。

(a) 第 1 審[1]

判決は，自動更新により契約が長期間継続されてきたので，㈱富士喜の取引が今後も継続されるとの合理的期待は保護されるべきであり，取引高も少なくなく，取引が解消されれば同社は深刻な経営的打撃を受けることは明らかであるという状況では，本件契約は継続的供給契約であり各注文ごとに売買が成立するが，特段の事情のない限り，資生堂東京は㈱富士喜の注文に応じる義務があるとしました。

そのうえで，継続的供給契約の一方的解約は信義則上著しい事情の変更や相手方の甚だしい不信行為がない限り許されないとの一般論を前提とし，対面販売を必要とする資生堂東京の「基本理念」は，具体的に皮膚トラブルが起きたという事情もなく，化粧品が特に使用方法いかんにより危険が生じたり，効能を失うというものでないから，それを遵守しない小売店との取引拒絶を正当化するほどの重要なものではないとしました。しかも，小売業者に対面販売を要求し，多数の少量購入の顧客について顧客台帳の作成を義務づけることは小売業者の一括，大量販売を困難にさせ，結果的に小売価格維持の効果を生ずるので，それらの約定は，合理的な理由なしに価格維持を図るものとして独禁法の法意にもとる可能性も大いに存すると認定しています。以上より，本判決は，資生堂東京の「基本理念」に反することは解除の事由とならないとして，同社に対し㈱富士喜への化粧品の供給を命じました。

(b) 控 訴 審[2]

この判決を不服として，資生堂東京は東京高裁に控訴しました。

控訴審判決も，継続的取引において短期間の取引打切り，恣意的な契約解消は，小売店に予期せぬ多大の損害を及ぼすおそれがあること等から，約定解除権の行使は全く自由とはいえず，取引関係を継続しがたいような不信行為の存在等やむを得ない事由が必要であるとしました。そのうえで，メーカーやこれと一体となった販売店が小売業者との契約において説明販売，専用コーナー設置，顧客台帳作成等の販売方法を義務づけることは，商品の安全性確保，品質保持等の合理的な理由があり，他の取引先小売業者にも同等の条件が課されていれば，強行法規に反しない限り，当然許され，公序良俗違反，権利濫用とはいえず，直ちに独禁法の問題ともならないとしました。

対面販売は，化粧品が皮膚にアレルギーを起こすこと，単に物の販売でなく美しくなるとの機能も販売すること等からそれなりに合理性があり，全く有名無実化しているとも認められないので，その遵守を要求することは非合理的ではないから，対面販売等の販売方法不履行は特約店契約上の債務不履行となり，継続的供給契約上の信頼関係を著しく破壊したもので，契約解除につきやむを得ない事由があると判断しました。もっとも，控訴審判決も㈱富士喜が資生堂東京との間で前記合意書を締結した事実を認定しており，この事実が結論に大きく影響していると思われます。

また，対面販売は価格拘束の手段であり，本件解除は値引き販売を理由とするものであるとの㈱富士喜の主張に対しては，対面販売の遵守が価格安定の効果を有することは明らかであるが，そのような効果をもつというだけでは独禁法違反等の問題は生じないし，公取委が違反事実なしとしたことなどから販売方法を手段として価格を制限しているとは認められないとして排斥しました。

(c) 上 告 審☆3

㈱富士喜は，対面販売を義務づける条項は再販売価格の拘束と拘束条件付取引に該当するとの理由で最高裁に上告しましたが，上告審も控訴審の判断を是認し上告を棄却しました。

拘束条件付取引に関しては，メーカーや卸売業者が販売政策や販売方法について有する選択の自由は原則として尊重されるべきであるとしたうえで，対面販売は，顧客の要求に応え，顧客に満足感を与え他の商品と区別された資生堂化粧品に対する顧客の信頼，いわゆるブランドイメージを保持しようとするところにあり，商品特性にかんがみれば，顧客の信頼を保持することが化粧品市場における競争力に影響することは自明のことであると述べています。したがって，対面販売という方法をとることはそれなりの合理性があり，他の取引先とも同一の約定を結び，相当数が対面販売により販売されていることから，相手方の事業活動を不当に拘束する条件を付けたとはいえないとしました。

再販売価格の拘束については，小売価格の安定という効果が生ずるというだけで直ちに販売価格の自由な決定を拘束しているということはできないとしています。

(2) 花王化粧品販売事件

　この事件も資生堂東京販売事件とほぼ同時期に争われ，1審のみ小売店側が勝訴しました。

　㈲江川企画は，化粧品店を経営し，花王製化粧品を花王化粧品販売㈱（以下「花王販売」といいます）との間の特約店契約に基づき販売してきました。㈲江川企画は，仙台の店舗で花王製化粧品を店頭販売するほかメーカー希望小売価格の1割ないし2割の割引価格で職域販売も行っていました。同契約の期間は1年間ですが自動更新され，その取引高も職域販売により年々伸びていました。契約上は対面カウンセリング販売を義務づける条項がありましたが，花王販売は契約当初から職域販売をしていることを知っていたものの，当初は対面カウンセリング販売の実行を強くは求めていませんでした。

　ところが，平成2年ごろ，㈲江川企画との取引高が極めて多いため，花王販売は，㈲江川企画が自社と取引のない他店に卸売販売，いわゆる横流しをしているのではないかと疑い問い質しました。㈲江川企画は職域販売によるとしか答えず，花王販売の再三にわたる販売先の開示要求と仕入れの減少要求に応じなかったため，花王販売は，平成4年，契約の解約権に基づき理由を示さず契約を解約し，以後㈲江川企画からの注文に応じませんでした。そこで，㈲江川企画が東京地裁に商品の供給等を求め提訴しました。

(a)　第 1 審[4]

　判決は，30日以上の予告期間をおけば解約できる旨の条項について，契約の自由から供給契約であっても特に解約を正当とすべき事由ややむを得ない事由は必要ないとしました。しかし，花王販売の主張する職域販売における対面カウンセリング販売をしなかったとの理由は従たる理由で，解約の主たる理由は職域販売における値引き販売と安売業者に対する卸売販売の疑いであり，それらは再販売価格を維持する目的であり，その違法性は重大であるとしました。また，その他の債務不履行もなく，安売業者への卸売については証拠がなく，対面カウンセリング販売もそれを希望しない顧客には実施しなくてもよいから，再販売価格維持の目的で信頼関係破壊行為もないのに，原告に影響の大きい解約をすることは権利の濫用であるとして，花王販売に商品供給を命じました。

(b) 控 訴 審☆5

　花王販売が控訴し，東京高裁は，継続的供給契約であっても，解約事由が定められていないので，解約権行使にやむを得ない事由は必要ないとしました。そのうえで，同判決は，本件解約の意図は値引き販売の阻止ではなく，カウンセリング販売の義務づけ，卸売販売の禁止などの販売方法に関する約定は著しく不合理であったり，全く無意味でない限り契約自由の原則から当然許され，当事者を拘束する法的効力を有するとしました。また，カウンセリング販売の義務づけは，一応の合理性があり，価格安定の効果があっても価格制限の手段として用いられているとはいえず，他の小売業者とも同一の約定を結び，花王販売の市場支配力がさほど大きくないことからも，拘束条件付取引には該当しないとしました。また，卸売禁止もカウンセリング販売の確保のためであって，同様に拘束条件付取引には該当しないとしました。したがって，独禁法違反でないから公序良俗違反でもないとしました。そして，解約の意図が卸売販売の疑いを有したことにあるのに㈲江川企画がこれを増幅したこと，再販売価格維持のためでないこと，契約に反し㈱富士喜に継続して大量に卸売販売をしていたこと等から，㈲江川企画の被る不利益を考慮しても解約が信義則違反，権利濫用とはいえないとして解約の有効性を認め，第1審判決を取り消しました。

(c) 上 告 審☆6

　資生堂事件と同日に判決がなされました。その内容も資生堂事件同様に花王販売に独禁法違反はないとして，原審の判断を是認し，上告を棄却しています。

(3) マックスファクター事件

　原告は，マックスファクター㈱との間で，期間1年間の特約店契約を昭和40年に結びその後自動更新されてきたところ，対面販売をすべき義務に違反し事業所にカタログを送付して販売するいわゆる職域販売を行ったことや店舗ごとに契約締結すべき義務を履行しなかった等を理由に，平成11年，マックスファクター㈱から契約を解約され，出荷を停止されました。原告は，信頼関係を破壊していないし，被告の解約は値引き販売阻止を目的とするものであり独禁法違反であるとして，商品の引渡しを受けるべき契約上の地位確認等を求めて提

訴しました。

　神戸地裁の判決☆7は，①対面販売条項違反に基づく解約は，被告が長年原告の職域販売を黙認していたこと，その後被告からの別訴により原告が職域販売を停止してから1年を経過していたことから，原告には信頼関係を破壊しない特段の事由がある，②店別契約締結の条項違反に基づく解約は，形式的違反はあっても被告が容認していたから被告の信義則違反である，③約定解約権に基づく解約は，商品の値引き販売を萎縮させて，その再販売価格を不当に拘束するという結果をもたらし，公正な競争を阻害するおそれがあるから，独禁法の趣旨に照らし公序良俗に違反する等として，被告による解約を無効としました。そのうえで，契約は有効であり，在庫不足等がなければ被告には注文を承諾すべき黙示の合意があるとして，原告の商品の引渡しを受けるべき地位の確認を認めました[*1]。

〔小林　覚〕

■判審決例■

☆1　東京地判平5・9・27判時1474―25。
☆2　東京高判平6・9・14判時1507―43。
☆3　最判平10・12・18民集52―9―1866（独禁百選（6版）178頁）。
☆4　東京地判平6・7・18判時1500―3。
☆5　東京高判平9・7・31判時1624―55。
☆6　最判平10・12・18判時1664―14（独禁百選（6版）178頁）。
☆7　神戸地判平14・9・17集49―766。

■注　記■

[*1]　村上政博『独占禁止法〔第5版〕』342頁（弘文堂，2012）に控訴審判決が大阪高判平16・2・25審決集等未登載として，紹介されています。

Q60 特許・ノウハウライセンス❶—販売価格・地域・競争品取扱いの制限

　当社は，A社（米国法人）に対して，当社が米国で取得した特許の通常実施権を許諾しようと考えています。日本においては，当社は当該特許権を有していませんが，特許対象製品のシェアをほぼ独占しています。A社に対して次のような制限を課すことは独占禁止法に抵触しないでしょうか。

① 特許対象製品の日本向輸出の最低価格を設定すること。
② 特許対象製品について，台湾，韓国など当社が特許権を有していない地域や国に対して輸出することを制限すること。
③ 特許対象製品の競争品の製造・販売を制限すること。

　　特許又はノウハウのライセンス契約において，特許製品等の日本向輸出価格を制限することは原則として不公正な取引方法に該当するとされます。一方，輸出地域，輸出数量などを制限することが許されるか否か，また競争品の取扱いを制限することが許されるか否かは，日本市場における公正競争阻害性を個別に判断して決せられます。

☑キーワード

特許，知財ガイドライン，販売価格の制限，販売地域の制限，競争品の取扱い制限

解 説

1 日本向輸出価格の制限

(a) 設問の①は、特許又はノウハウのライセンス契約において、ライセンサーがライセンシーに対して、特許製品等の日本向輸出価格を制限することが独禁法上許されるか否かの問題です。公取委の平成11年7月30日付「特許・ノウハウライセンス契約に関する独占禁止法上の指針」においては、ライセンサーが、自ら経常的な販売活動を行っていたり、既に第三者に対して独占的販売地域として認めているといった事情は、直ちに、本設問のような日本向輸出価格の制限を正当化するものではないとしながらも、これらの事情は、公正競争阻害性を判断するにあたって考慮され（同第4―5―(1)ウ(エ)）、これらの事情がある場合には、通常は独禁法上問題とならないとされていました（公取委の平成11年7月30日付「特許・ノウハウライセンス契約に関する独占禁止法上の指針の公表について」別紙1「指針の原案からの主な修正点」）。したがって、旧平成11年ガイドラインのもとにおいては、A社の日本向輸出価格が、貴社の販売価格より下回らないよう制限を課すことは違法ではないものと解されていました[*1]。

(b) ところが、知財ガイドライン（平成19年ガイドライン）第4―4―(3)においては、設問①のような制限を課すことは「事業活動の最も基本となる競争手段に制約を加えるものであり、競争を減殺することが明らかであるから、原則として不公正な取引方法に該当する」とされています（2条9項4号イの再販価格の維持）。そして、旧平成11年ガイドラインのような例外的な取扱いの表明はなされていないことから、文字どおり「原則として違法」であると解さざるを得ず、自らが経常的な販売活動を行っているのであるから、A社が安売りするのであれば、ライセンスするインセンティブがなくなるといった理由は、販売価格を拘束する正当化事由として認められないものと解されます。

Q60◆特許・ノウハウライセンス❶——販売価格・地域・競争品取扱いの制限

2 輸出地域等の制限

（a） 設問②のように，A社（米国法人）に対して，日本以外の地域への輸出地域，輸出数量などを制限することは，通常日本市場における競争秩序に及ぼす影響がないものとして，日本法上は違法ではないと判断されます（知財ガイドライン第4—3—⑶イ参照）。しかしながら，このような制限を課すことによって，日本市場への還流を妨げる効果を有する場合には，問題となります（知財ガイドライン第4—3—⑶ウでは数量の制限の場合のみがあげられていますが，地域の制限でも同様の効果を生じるおそれもあり得ます）。したがって，そのような場合には，公正競争阻害性の有無を個別に判断することが必要となります（なお，知財ガイドライン第4—3の柱書における記述は，あくまで特許権の範囲であることが前提であり，したがって特許権を有していない地域や国に対する輸出制限や数量制限，あるいはノウハウの輸出制限や数量制限の場合には当てはまらないものと解されます（第4—4—⑵ア参照））。

（b） この点に関して，旧平成11年ガイドラインにおいては「これらの輸出取引に係る制限については，本指針の関連箇所に示された考え方に照らして検討し，当該制限による我が国市場における競争秩序に及ぼす影響に即して，個別に公正競争阻害性が判断される」（第4—5—⑴ウ㈨）とされ，輸出地域の制限については，地域の制限に関する同第4—2—⑷ア及びイのただし書部分（本設問の場合には特許権を有していない地域への輸出制限であるため），また輸出数量の制限については，販売数量の制限に関する同第4—5—⑶ア，同第4—4—⑵に記述された考え方に従って判断されることとされていました。そして，前記❶(a)の公取委の平成11年7月30日付「特許・ノウハウライセンス契約に関する独占禁止法上の指針の公表について」の別紙1「指針の原案からの主な修正点」のとおり，ライセンサーが，自ら経常的な販売活動を行っていたり，既に第三者に対して独占的販売地域として認めているといった事情は，公正競争阻害性を判断するにあたって考慮され，これらの事情がある場合には，通常は独禁法上問題とならないとされていました。これはライセンサーが特許製品等について自ら経常的な販売活動を行っている地域に対する輸出制限等を違法とし，ライセンサー自身の既得権益を侵してまでも，ライセンシーが同地域に対して輸

出することを認めさせることは，ライセンサーが特許権の実施許諾を行うインセンティブを著しく害することになるものと思われ，またライセンサーが第三者の独占的販売地域として認めている地域に対する輸出制限等を違法とし，ライセンシーに対してその地域への輸出を認めると，ライセンサーは独占的販売権者との間で契約違反の問題を生じることとなるためです[*2]。知財ガイドラインにおいては，上記のような考え方は明記されていませんが，設問②のような制限を課すことを正当化する理由になり得るものと解すべきであると考えます。

（c）ただし，本設問における輸出地域の制限等を，貴社の米国特許の有効期間を超えてまで行うような場合などにおいては，合理的な理由に基づく制限とはいえず，不公正な取引方法に該当する可能性があります。さらに輸出地域の制限等が国際的市場分割協定等の手段として用いられるような場合には，これらの制限は独禁法3条の不当な取引制限に該当するものと考えられます。

3　競争品の取扱い制限

（a）競争品の製造・販売を制限しても，日本市場への影響が全くなければ，日本法上は問題となりません。しかしながら，例えば従来A社が競争品を日本向けに輸出している場合など，日本市場への影響がある場合には検討を要します。契約有効期間中に，競争品の製造・販売を制限し，又は競争者との取引を制限する行為は，「ライセンシーによる技術の効率的な利用や円滑な技術取引を妨げ，競争者の取引の機会を排除する効果を持つ。したがって，これらの行為は，公正競争阻害性を有する場合には，不公正な取引方法に該当する」（知財ガイドライン第4-4-(4)）とされています（一般指定2項・11項・12項）。

（b）まず，排他条件付取引の観点から検討しますと，一般的にはライセンサーが設問③のような制限を課すことによって，競争者の取引の機会を奪ったり，新規参入を妨げるなど競争を減殺するおそれがある場合に公正競争阻害性が認められることになります。そして，具体的には，①ライセンシーに対する既存の取引先を排除する結果となる場合，②市場における有力な事業者（流通・取引慣行ガイドライン第2部の注4によれば，「当該市場におけるシェアが10％以上，又は

Q60◆特許・ノウハウライセンス❶—販売価格・地域・競争品取扱いの制限

その順位が上位3位以内であることが一応の目安となる。」とされています。詳しくはQ50参照）が，かかる制限を課す場合などでは，公正競争阻害性が認められることとなります*³。

　(c)　次に，拘束条件付取引の観点から検討しますと，一般的には，ライセンサーが設問③のような制限を課すことによって，市場における競争，主として取引相手方事業者間の競争が減殺される場合に公正競争阻害性が認められることになります。そして具体的には，①寡占的な業界やブランド間競争があまりみられない業界で，市場における有力な事業者によってかかる制限が課される場合，②ライセンシーが既に取り扱っている製品等について制限されることになる場合，③ライセンシー自らあるいは第三者と共同で開発した製品まで制限されることになる場合などで，公正競争阻害性が認められることになります*³。

　(d)　一方，ライセンス料の支払が特許製品の製造数量等に応じて行われる場合においては，ライセンシーによる対象特許の最善の実施を確保するための手段として，設問③のような制限を課す場合には，一応合理的な理由があるようにみえます。しかしながらそのような場合でも，やはり前記(b)(c)の観点から検討し，そのような合理的理由の存在することは，公正競争阻害性を判断するうえで一つの考慮事項とされるにとどまり，市場における競争秩序に悪影響を及ぼす場合には違法と解さざるを得ないものと思料します。

　(e)　以上は，競争減殺効果の観点から公正競争阻害性の有無を検討するものですが，特許対象製品の市場シェアの合計が20％以下である場合には，原則として競争減殺効果は軽微であるとされています（知財ガイドライン第2—5）。ただし，公正競争阻害性について，競争手段として不当か否か，自由競争基盤の侵害となるか否かの観点からの検討については，上記考え方は当てはまりませんので，例えばライセンサーがライセンシーに対して優越的地位にあるとされ，その濫用（後者）に該当するような場合には，公正競争阻害性が認められる可能性があります。

　(f)　ところで，本設問とは離れますが，①専用実施権が設定される場合や②通常実施権の設定であっても，ライセンサー自身が許諾地域内で実施しないことを約束し，かつ第三者に通常実施権を付与しないことを約束している場合には，独占的実施許諾であることになります。このように独占的実施許諾がなさ

れる場合で，かつ以下のような事情がある場合には，公正競争阻害性はないものとされています*4。

① ライセンシーが単数であり，特許製品等について有力な競争事業者が多数存在する場合

このような場合にかかる制限を違法としたのでは，ライセンサーの実施許諾のインセンティブが減殺され，かえって競争促進効果が失われる結果を招いてしまうためです。

② ライセンス料の支払が特許製品の製造数量等に応じて行われる場合（出来高払実施料の場合）

ライセンサーが当該地域で得る実施料は，当該ライセンシーからのものに限定されることになりますので，ライセンシーがその実施に最善の努力をしないようですと，ライセンサーとして十分な実施料が得られないおそれがあるためです。もっともライセンシーが当該契約を締結する以前から，既に取り扱っていた製品又は既に採用していた技術をも禁止又は制限するような場合まで一律に許されるわけではありません。

〔福井　琢〕

━━━■注　記■━━━

*1　新特許解説290頁。
*2　新特許解説288頁。
*3　新特許解説237頁。
*4　特許・研究開発の解説158頁以下。

Q61 特許・ノウハウライセンス❷—特許権消滅後の実施制限，ライセンス料の請求

2000年，当社はA社より，A社が米国及び日本において有する特許権のライセンスを15年間の約定で受けましたが，2008年にこれらの特許権が消滅しました。当社は特許権の消滅を理由にライセンス料の支払を拒絶しましたが，A社は強硬にライセンス料の支払を請求しており，支払がない限り，当該技術の実施は認めないと主張しています。このような要求は独占禁止法違反ではないのでしょうか。

　　特許権が消滅しているにもかかわらず，ライセンス料の支払請求をすることは，知財ガイドライン（平成19年ガイドライン）上灰色条項とされ，公正競争阻害性を有する場合には，不公正な取引方法の一般指定12項（拘束条件付取引）に該当し，違法であるとされます。

☑ キーワード

特許，知財ガイドライン，特許権消滅後の実施制限，特許権消滅後のライセンス料請求

解 説

1 特許権消滅後の使用制限，ライセンス料支払義務

(a) 設問のように，特許権が消滅したにもかかわらず，ライセンサーがライセンシーに対して，当該技術の使用を制限したり，当該技術の実施に対して実施料の支払義務を課すことは，知財ガイドライン（平成19年ガイドライン）第4—5—(3)により，灰色条項とされています（不公正な取引方法に該当する可能性のある行為類型）。すなわち，特許権消滅後における当該技術の使用制限やライセンス料支払義務の賦課は，「一般に技術の自由な利用を阻害するものであり，公正競争阻害性を有する場合には，不公正な取引方法に該当する」（一般指定12項の拘束条件付取引）ものとされます。

(b) 公正競争阻害性を有するか否かは，①市場における競争が減殺されるか否か，②競争手段として不当か否か，③自由競争基盤の侵害となるか否かの3つの観点から検討する必要があります。したがって3つの観点のうち，いずれか1つでも問題があるとされる場合には，公正競争阻害性が認められ，違法とされます。

(c) そもそも，特許権消滅後の使用制限，ライセンス料支払義務が問題となるのは次のような理由によります。すなわち，特許権が消滅した後は，誰でも自由に当該技術を使用できるのがあたり前で，ライセンサーには当該技術の使用を制限したり，当該技術の実施に対してライセンス料の支払義務を課す権限などありません。にもかかわらず，このような制限や要求をすることは，ライセンシーが研究開発活動や製品開発を行ったり，それらの技術や製品を市場で販売することを抑止することにつながり，市場における競争に悪影響を及ぼすと考えられるからです。このため，旧平成11年ガイドラインにおいては，通常，当該制限を課す合理的な理由が認められず，競争に与える影響も小さくないことから違法となるおそれが強いとされていましたし，知財ガイドライン（平成19年ガイドライン）においても「一般に技術の自由な利用を阻害するもの」

Q61◆特許・ノウハウライセンス❷──特許権消滅後の実施制限,ライセンス料の請求

とされています。したがって,設問のようなA社の請求は,不公正な取引方法(一般指定12項の拘束条件付取引)に該当し,違法と判断される可能性があります。

(d) もっとも,知財ガイドライン(平成19年ガイドライン)第4─5─(3)においては,「ただし,ライセンス料の支払義務については,ライセンス料の分割払い又は延べ払いと認められる範囲内であれば,ライセンシーの事業活動を不当に拘束するものではないと考えられる。」とされていますので,設問の場合においても,年間の支払金額を低く抑えるため,通常のライセンス料より低い金額を年間のライセンス料として設定し,その不足分を特許権消滅後に支払うという趣旨で,特許権消滅後においてもライセンス料の支払義務が継続する旨が規定されているのであれば,不公正な取引方法には該当しないものと考えられます。

(e) また,特許ライセンス契約によりライセンスされる技術の中に,特許(出願中のものを含む)だけでなく,ノウハウが含まれている場合には,別途検討する必要があります。すなわち,次項に述べるとおり,ノウハウライセンスについては,ノウハウの譲渡と認められない限り,ノウハウがライセンシーの責めに帰すべき事由によらずに公知となるまでは,ライセンス料の支払義務を課すことも違法ではないからです。

したがって,理論的には,設問のライセンス契約の中に,特許権の対象である技術とノウハウの対象である技術の両方が含まれている場合には,ノウハウの対象部分に相当するライセンス料については,それが公知となっていない限り,請求することが許されます。

しかしながら,そのようなノウハウの対象部分が,特許権の対象となっている技術に付随的なものであり,かつ当初のライセンス料の算定に際しても,特に考慮されていないような場合には,特別の考慮を払う必要はないものと考えられます。

2 ノウハウ公知後の使用制限,実施料支払義務

(a) 設問は,特許権のライセンス契約に関する問題ですが,同様の考え方は,ノウハウライセンス契約についても当てはまります。すなわち,ノウハウ

ライセンス契約において，ライセンサーがライセンシーに対して，ライセンシーの責めによらずに対象技術であるノウハウが公知となった後においても，当該技術の使用を制限し，もしくは当該技術の実施に対してライセンス料の支払義務を課すことは，公知である以上本来誰でも自由に使用できるはずの技術の使用を制限したり，ライセンス料の支払を請求することになるからです。この点については，旧平成11年ガイドラインのもとでは，その第4—3—(2)イ(ｲ)において灰黒条項とされ，違法となるおそれは強いものと明記されていましたが，知財ガイドライン（平成19年ガイドライン）においては，直接的には明記されていません。ただし，知財ガイドライン（平成19年ガイドライン）第1—2において，同ガイドラインの適用対象は，知的財産のうち技術に関するものとされていますので，技術に関するものである限り，ノウハウについても適用され，その結果上記のように解釈されるものと考えられます。

(b) なお，旧平成11年ガイドラインには，上記のような義務を課すことが例外的に認められる場合として，特許権消滅の場合と同じく，ノウハウの実施料の分割払いもしくは延べ払いと認められる場合のほか，契約期間中の短期間に限って，契約対象ノウハウが公知となった後においても実施料の支払義務が継続する旨規定する場合があげられていました（旧平成11年ガイドライン第4—3—(2)イ(ｲ)）。これは，ノウハウの場合には，その性格上いつ公知になるかわからないというリスクがあるため，ノウハウ移転のインセンティブを確保するためには，このようなライセンサーの負うリスクの一部をライセンシーが分担するのもやむを得ないと考えられること，及び秘密の技術情報であるノウハウを競争相手に先んじて知りうることの利益も大きいと考えられることを理由としています。なお，運用上は「短期間」とは2年程度を意味するとされています[*1]。このような旧平成11年ガイドラインの考え方は，知財ガイドライン（平成19年ガイドライン）策定後も，参考になるものと考えられます。

〔福井　琢〕

━━━━━━■注　記■━━━━━━

＊1　新特許解説181頁。

62 特許・ノウハウライセンス❸―原材料の購入先の制限・ライセンス期間終了後の制限

　X国では，Y製品の輸入が禁止されているため，当社は，X国のA社に，Y製品の製造ノウハウを供与しようと計画しています。ノウハウライセンス契約の中に，次のような条項を盛り込むことは，独占禁止法上問題ないでしょうか。

① Y製品の原料について，当社から購入することを義務づけること。

② 10年間のライセンス期間終了後も，Y製品の日本への輸出を禁止すること。

③ 同じくライセンス期間終了後，Y製品の競争品の取扱いを制限すること。

　ノウハウライセンス契約において，合理的な理由なく，原材料や部品等の購入先を制限することや，ライセンス期間終了後，ノウハウ使用禁止規定がないにもかかわらず輸出地域等について制限を課すことは，不公正な取引方法に該当すると判断される可能性があります。また，ライセンス期間終了後，競争品の取扱いを制限することは，公正競争阻害性を有する場合には，不公正な取引方法に該当し違法と判断されます。

☑キーワード

　ノウハウ，知財ガイドライン，原材料の購入先の制限，ライセンス期間終了後の制限

解説

1 原材料，部品等の購入先の制限と不公正な取引方法

　(a)　特許ライセンス契約において，ライセンス対象の製造方法により製造される製品の原材料や部品等の購入先を制限することについては，知財ガイドライン（平成19年ガイドライン）第4―4―(1)において灰色条項とされています（不公正な取引方法に該当する可能性のある行為類型）。すなわち，ライセンサーがライセンシーに対して，原材料，部品その他ライセンス技術を用いて製品を供給する際に必要なものの品質又は購入先を制限する行為は，「ライセンシーの競争手段（原材料・部品の品質・購入先の選択の自由）を制約し，また，代替的な原材料・部品を供給する事業者の取引の機会を排除する効果を持つ。したがって，上記の観点から必要な限度を超えてこのような制限を課す行為は，公正競争阻害性を有する場合には，不公正な取引方法に該当する」（一般指定10項の抱き合わせ販売等，11項の排他条件付取引，12項の拘束条件付取引）とされています。

　(b)　このように，原材料や部品等の購入先を制限することが，不公正な取引方法に該当するおそれがあるとされるのは，ライセンシーが原材料や部品等をどこから購入するかは，本来ライセンシーが自由に決められるはずなのに，①合理的理由もなく，ライセンサーが原材料等の購入を強制したり，②ライセンサーが関連市場において有力である場合にこのような制限が課された場合には，特許製品等にかかる市場や原材料，部品等の市場における競争を減殺することになり，公正な競争を阻害するおそれがあるからです[*1]。

　(c)　しかしながら，他方で，①かかる制限を課さなければ，ライセンスの対象であるノウハウの秘密性を保持できない（秘密漏洩の防止），②かかる制限を課さなければライセンシーに対して保証したノウハウについての効用が達成できない（当該技術の機能・効用の保証），もしくは③かかる制限を課さなければライセンス技術を用いた製品の安全性を確保できない（安全性の確保）といった事情が認められることもあります。このように，原材料や部品等の購入先を制限

Q62◆特許・ノウハウライセンス❸――原材料の購入先の制限・ライセンス期間終了後の制限

することについての合理的な理由が認められる場合には，それらの目的を達するために必要不可欠な範囲でかかる制限を課したとしても，原則として競争減殺のおそれはないものとされています（知財ガイドライン（平成19年ガイドライン）第4－4－(1)）。ただし，契約対象技術の効用を保証すること又は商標等の信用を保持することは，まずは原材料，部品等の品質の制限などの方法によるべきであり，これらの方法では目的を達成できないという場合でなければなりません[*2]。

(d) したがって，設問の①のように，Y製品の製造ノウハウのライセンス契約において「Y製品の原料は，当社（ライセンサー）から購入しなければならない」といった条項を設けることは，公正競争阻害性を有する場合（下記(e)参照）には，前項に述べたような事情が認められない限り，不公正な取引方法に該当するおそれがあります。

なお，貴社が市場における競争的な価格により原料を供給することを条件として，A社に購入義務を課すという場合であれば，貴社が競争的な価格で原料を供給できなければ，A社は第三者から原料を購入しても契約違反にはならないわけですから，不公正な取引方法には該当しないものと考えられます。

(e) なお，公正競争阻害性を有するか否かは，①市場における競争が減殺されるか否か，という観点からだけでなく，②競争手段として不当か否か，③自由競争基盤の侵害となるか否かの3つの観点からも検討する必要があります。3つの観点のうち，いずれか1つでも問題があるとされる場合には，公正競争阻害性が認められ，違法とされますので，上記②③についても別途検討する必要があります。

(f) 最後に，本設問の事例は国際的技術供与契約ですので，当該原料を取り扱う日本の事業者が，X国のA社と取引する機会を奪われる等により，日本からの輸出市場における競争を減殺するおそれがある場合に，わが国の独禁法が適用されることになります。

2 ライセンス期間終了後の輸出地域の制限

(a) ノウハウライセンス契約の期間終了後に，ライセンサーがノウハウの対

象製品について自ら経常的な販売活動を行っていたり、第三者の独占的販売地域として認めている地域に対しては輸出してはならないとの制限を課すことについては、一般指定12項の拘束条件付取引に該当し、違法とされる可能性があります (19条)。

(b) まず、ライセンス契約期間終了後は、当該ノウハウの使用を許さないのであれば、そもそも当該ノウハウを使用して製造する製品の輸出地域を制限するのではなく、明確に当該ノウハウを使用してはならない旨を規定しておくべきですし、それ自体は原則として独禁法上問題ないものと考えられます。もっとも、当該ノウハウが、ライセンス契約締結後期間満了時までに公知となっていれば、そもそも当該ノウハウについては、誰でも自由に使えるはずですから、当該ノウハウの使用を制限したり、当該ノウハウを使用して製造された製品の輸出地域を制限することが公正競争阻害性を有する場合には、不公正な取引方法に該当し、違法とされます (**Q61❷**参照)。

(c) 一方、ノウハウライセンス契約期間終了後におけるライセンシーのノウハウの使用禁止規定がなく、ライセンシーは、契約期間終了後、自由にノウハウを使用することができることになっている場合において、設問②のように「Y製品の日本への輸出を禁止する。」といった趣旨の条項を設けることについては、不公正な取引方法（一般指定12項の拘束条件付取引）に該当し、独禁法19条に違反するものとされています（旭電化工業事件[1]）。このように解釈されるのは、①契約期間終了後は、当該ノウハウはライセンシーに実質的に譲渡されたものと考えられ、譲渡されたノウハウを使用した製品の輸出を制限する合理的な理由がないこと、②技術移転の観点から契約期間終了後も輸出制限を許容すると、無制限の輸出制限が可能となって競争を過度に制限することとなり、均衡を失すること、などを理由とします。

3 ライセンス期間終了後の競争品の取扱い制限

(a) 設問③のように、ライセンス契約期間終了後において、競争品を製造、使用、販売すること、あるいは競争技術を採用することを制限することは、公正競争阻害性を有する場合には、不公正な取引方法に該当し、違法となります

Q62◆特許・ノウハウライセンス❸──原材料の購入先の制限・ライセンス期間終了後の制限

(一般指定11項の排他条件付取引又は12項の拘束条件付取引)。

(b) もっとも、ノウハウライセンス契約において、契約期間終了後に、ライセンシーが類似製品や代替製品等の競争品を製造する場合には、多かれ少なかれ、当該ノウハウを流用することになるのが普通です。またノウハウの範囲は特許のように明確でなく、さらに公知になれば価値がなくなってしまうため、裁判で争うことも事実上困難です。したがって契約期間終了後の短期間（2年程度）に限って、制限するのであれば原則として不公正な取引方法に該当しないものと解されます。この点については知財ガイドライン（平成19年ガイドライン）には明記されていませんが、旧平成11年ガイドライン第4─4─(3)イ及び第4─5─(3)ウの記述がなお参考になるものと解されます。逆に上記の趣旨から、ライセンシーが競争品等を契約対象ノウハウを用いないで開発したことや、第三者から得た技術により開発したものであることを証明できる場合にまで、このような制限を及ぼすことは違法となるおそれが強いものと解されます。

(c) なお、本設問の事例は、国際的技術供与契約ですので、X国のA社が、日本の事業者の極めて有力な取引先であり、本制限により、その間の取引の機会が奪われること等により日本からの輸出市場における競争を減殺するおそれがある場合に知財ガイドライン（平成19年ガイドライン）の適用を受けることになります。

〔福井　琢〕

■判審決例■

☆1　平7・10・13勧告審決　集42─163。

■注　記■

＊1　新特許解説244頁。
＊2　新特許解説245頁。

63 特許・ノウハウライセンス❹―不争条項

当社は，A社に対して，ある製品の製法に関する複数の特許権を一括して実施許諾しようと計画していますが，その際「登録済みの特許について無効審判の申立てその他当該特許の有効性を争ってはならない。」との契約条項を含むライセンス契約を締結しても，独占禁止法上問題ありませんか。「ライセンシーが無効審判を申し立てた場合その他特許の有効性を争った場合には，当社は，ライセンス契約を解除することができる。」という条項はどうでしょうか。

　　特許ライセンス契約において，ライセンシーが対象特許の有効性を争うことを禁止すること（不争義務を課すこと）は，直接的には競争を減殺するおそれは小さいと解されますが，不公正な取引方法の一般指定12項（拘束条件付取引）に該当し，違法と判断される場合もあります。一方，ライセンシーが特許の有効性を争った場合にはライセンス契約を解除することができる旨規定することは原則として違法ではないとされています。一括ライセンスの場合に，そのうち一部の特許の有効性を争った場合にもライセンス契約全体を解除することができる旨の規定を設けても，同様に原則として違法ではないとされています。

☑キーワード

　　特許，知財ガイドライン，不争条項，不争義務，無効審判の申立て

Q63◆特許・ノウハウライセンス❹──不争条項

解 説

1 不争義務と不公正な取引方法

(a) 不争義務とは、「例えば、ライセンスを受けている特許発明に対して特許無効審判の請求を行ったりしないなどの義務」(知財ガイドライン(平成19年ガイドライン)第4─4─(7)注14)のことを意味します。

特許に関しては、設問の前段のように、特許発明に対して、特許異議の申立てや無効審判の請求を行ったりしないなどの義務を課す場合などがこれに当てはまります。

また、ノウハウに関しては、ライセンスの対象であるノウハウの秘密性について、異議を申し立ててはならないとの義務を課す場合などがこれに該当します。

(b) 特許ライセンス契約における不争義務については、知財ガイドライン(平成19年ガイドライン)第4─4─(7)において、灰色条項(不公正な取引方法に該当する可能性のある行為類型)と位置づけられています。しかしながら、旧平成11年ガイドラインと異なり、不争義務について、「円滑な技術取引を通じ競争の促進に資する面が認められ、かつ、直接的には競争を減殺するおそれは小さい。」と記述されていることから、不公正な取引方法に該当すると判断される可能性は低いものと解されます。

(c) 公正競争阻害性を有するか否かは、①市場における競争が減殺されるか否か、②競争手段として不当か否か、③自由競争基盤の侵害となるか否かの3つの観点から検討する必要があります。したがって3つの観点のうち、いずれか1つでも問題があるとされる場合には、公正競争阻害性が認められ、違法とされます。

なお、ノウハウライセンス契約において、ライセンサーがライセンシーに対して、契約対象ノウハウが公知となったか否かについて争わない義務を課す場合についても、同様の考え方が当てはまると解されます(知財ガイドライン(平

成19年ガイドライン）第1—2—(1)及び第4—4—(7))。

(d) したがって，設問前段のように「登録済みの特許について無効審判の申立てをしてはならない」といった条項を設けることは，直ちに独禁法上違法であるとはいえませんが，ライセンシーに不争義務を課すことになりますので，前記(c)①〜③の観点から公正競争阻害性を有するとされる場合には，違法と判断されることになります。例えば，ライセンスの対象となる特許が無効である可能性が極めて高いにもかかわらず，不争義務を課すような場合には，違法と判断される可能性があるものと考えられます。

なお，不争義務が不公正な取引方法に該当し，違法とされる場合は，(a)で述べたとおり「本来特許を受けられない技術」（特許）あるいは「既に公知となっている技術」（ノウハウ）について不争義務を課す場合ですが，契約締結時点で，それらが判明していることは少ないものと思われます。なぜなら，出願公開後であれば，公報によりその内容を知ることができますので，明細書などから無効であると判断すれば，そもそもライセンス契約自体を締結しないでしょうし，出願公開前の特許やノウハウの場合には，ライセンシーが技術内容の開示を受け，かつこれを自ら使用した後でなければ，当該技術が特許の対象となりうるものか否か，あるいは既に公知となっている技術，もしくは自らが既に有し又は第三者からライセンスを受けた技術と同一か否かを判断できないのが普通だからです。したがって，不争義務を設けることが独禁法に違反するか否かは，技術導入後の段階で，はじめて具体的な問題になるものと考えられています。

2　無効審判の申立てと契約の解除

(a) 設問の後段のような条項を設けることは，知財ガイドライン（平成19年ガイドライン）第4—4—(7)において，白条項，すなわち原則として不公正な取引方法に該当しないものとされています。また，ノウハウライセンス契約において，ライセンシーが契約対象ノウハウが公知となったとして争った場合には，ライセンサーは契約を解除することができるとする条項を設けている場合も同様に解されます（知財ガイドライン（平成19年ガイドライン）第1—2—(1)及び第

4—4—(7))。

(b) このように,ライセンシーが特許の有効性やノウハウの公知性を争った場合に,ライセンサーに解除権を認める条項が白条項とされるのは,次のような理由によるものとされています[*1]。

① ライセンシーとしては,そのような確信を持ったうえでの行動であろうと思われることから,ライセンス契約を解除されても実害は大きくないと思われること。

② 両者の信頼関係が失われるので契約関係の解消を認めることもやむを得ないと思われること。

③ 特許の有効性自体あるいはノウハウの公知性自体は争えること。

(c) したがって,設問の後段のようにライセンサーに契約解除権を認める趣旨の条項を設けることは,原則として不公正な取引方法に該当しません。

3 一括ライセンスにおける一部の無効審判の申立てと契約の解除

(a) 最後に複数の特許などを一括してライセンスする契約の場合,そのうちの一つの特許の有効性を争った場合にも,ライセンサーが契約全体を解除することができるとする規定を設けることは許されるかについて検討します。

そもそも設問の一括ライセンスの対象に,ライセンシーの求める特許権以外のものが含まれる場合には,それ自体が問題となります。すなわちそのような特許権についてもライセンスの対象に含めることが,「技術の効用を発揮させる上で必要でない場合又は必要な範囲を超えた技術のライセンスの義務付け」である場合には,ライセンシーの技術の選択の自由が制限され,競争技術が排除される効果を持ち得ることから,公正競争阻害性を有するときには,不公正な取引方法に該当する(一般指定10項・12項)(知財ガイドライン(平成19年ガイドライン)第4—5—(4))ものとされます。公正競争阻害性を有するか否かの判断基準は,前記**1**(c)のとおりです。

(b) しかし,そのような場合でなければ,ライセンシーとして複数の特許全体に価値があると判断しているものと思われますので,主たる特許のライセンスを継続させるために,マイナーな特許の有効性を争わないとしても,競争秩

序に悪影響はないものと考えられ，違法とはならないものと考えられます*2。

〔福井　琢〕

■注　記■

*1　旧平成11年ガイドラインに関する特許・研究開発の解説202頁以下。
*2　旧平成11年ガイドラインに関する新特許解説189頁。

Q64 特許・ノウハウライセンス❺―クロスライセンス・パテントプール

当社は，ライバル会社3社と，ある製品の製法に関して各社が有する特許権をライセンスし合うことを計画しています。4社で契約を結ぶ際，次のような取決めをしても，独占禁止法上問題ありませんか。
① 当該製品については，各社がそれぞれ従来の取引先を尊重し，他社の取引先に対しては販売しないこと。
② 4社以外の第三者に対象特許をライセンスしないこと。

　クロスライセンス契約を締結する場合やパテントプールを行う場合において，契約当事者が，相互に販売価格，販売先などについて制限し合うことは，不当な取引制限に該当すると判断される可能性があり，また第三者への対象特許のライセンス許諾を拒否することは，私的独占の禁止に該当すると判断される可能性があります。さらに，これらに該当しない場合でも，販売先の制限あるいは共同ボイコットとして，不公正な取引方法に該当する場合があります。

☑キーワード

特許，知財ガイドライン，クロスライセンス，パテントプール，不当な取引制限，私的独占，拘束条件付取引

第Ⅲ部◇独占禁止法のケース・スタディ

解　説

1　知財ガイドライン（平成19年ガイドライン）と不当な取引制限，私的独占

　特許やノウハウのライセンス契約は，一般的にはライセンサーのライセンシーに対する一方的な拘束を内容とするものです。したがって，相互拘束性を要件とする不当な取引制限や，契約外の他の事業者の事業活動を排除したり，支配することを要件とする私的独占が直ちに問題となることはありません。このため，公取委が平成2年2月15日に公表した「特許・ノウハウライセンス契約における不公正な取引方法の規制に関する運用基準」においては，その名の示すとおり，特許・ノウハウライセンス契約の内容が，不公正な取引方法に該当するか否かの判断基準を示すにとどまり，不当な取引制限や私的独占との関係については，直接言及されていませんでした。しかしながら，その後，特許・ノウハウライセンス契約が不当な取引制限の一環をなす拘束として位置づけられていたり，特許・ノウハウライセンス契約が締結された結果，他の事業者が排除されるといった事案が増加してきたことから，旧平成11年ガイドラインにおいては，不公正な取引方法への該当性だけでなく，不当な取引制限や私的独占への該当性についても，公取委の考え方が示されるに至り，知財ガイドライン（平成19年ガイドライン）においても同様の考え方が踏襲されています。

2　不当な取引制限の観点からの考え方

　(a)　設問のように，4社が相互に各社の有する特許をライセンスし合うという場合は，パテントプールに近い形態のクロスライセンスであると考えられます。クロスライセンスとは，「技術に権利を有する複数の者が，それぞれの権利を，相互にライセンスをすること」をいい，またパテントプールとは，「ある技術に権利を有する複数の者が，それぞれが有する権利又は当該権利についてライセンスをする権利を一定の企業体や組織体（様々な形態があり，新設か既存

かを問いません）に集中し，当該企業体や組織体を通じて構成員等が必要なライセンスを受けること」をいいます（知財ガイドライン（平成19年ガイドライン）第3—2—(1)ア及び(3)ア)。これらクロスライセンスやパテントプールは，事業活動に必要な技術の効率的利用に資するものであり，それ自体が直ちに不当な取引制限として問題となるものではありません（知財ガイドライン（平成19年ガイドライン）第3—2—(1)ア)。

(b) しかしながら，クロスライセンスやパテントプールにおいても，次のような制限が課され，その結果一定の製品市場又は技術市場における競争が実質的に制限される場合には，不当な取引制限に該当するものとされています。

① 一定の技術市場において代替関係にある技術に権利を有する者同士が，それぞれ有する権利についてパテントプールを通じてライセンスをすることとし，その際のライセンス条件（技術の利用の範囲を含む）について共同で取り決める行為は，当該技術の取引分野における競争を実質的に制限する場合には，不当な取引制限に該当する。

また，これらの事業者が，プールしている技術の改良を相互に制限する行為や，ライセンスをする相手先を相互に制限する行為は，当該技術の取引分野における競争を実質的に制限する場合には，不当な取引制限に該当する（知財ガイドライン（平成19年ガイドライン）第3—2—(1)イ)。

② 一定の製品市場で競争関係に立つ事業者が，製品を供給するために必要な技術を相互に利用するためにパテントプールを形成し，それを通じて必要な技術のライセンスを受けるとともに，当該技術を用いて供給する製品の対価，数量，供給先等についても共同して取り決める行為は，当該製品の取引分野における競争を実質的に制限する場合には，不当な取引制限に該当する（知財ガイドライン（平成19年ガイドライン）第3—2—(1)ウ)。

③ 一定の製品市場において競争関係にある事業者が，製品を供給するために必要な技術についてパテントプールを形成し，他の事業者に対するライセンスは当該プールを通じてのみ行うこととする場合において，新規参入者や特定の既存事業者に対するライセンスを合理的理由なく拒絶する行為は，共同して新規参入を阻害する，又は共同して既存事業者の事業活動を困難にするものであり，当該製品の取引分野における競争を実施的に制限する場合には，不当な

取引制限に該当する（知財ガイドライン（平成19年ガイドライン）第3―2―(1)エ）。

(c) 本設問の4社は，共通して制限を受けるとの認識のもとに，互いに設問①のような販売先の制限を課しているわけですから，これにより，「一定の製品市場における競争が実質的に制限される場合」には，市場分割カルテルとして不当な取引制限に該当し，独禁法3条に違反することになります。なお，「一定の取引分野における競争を実質的に制限する」とは「競争自体が減少して，特定の事業者または事業者集団が，その意思で，ある程度自由に，価格，品質，数量，その他各般の条件を左右することによって，市場を支配することができる形態が現われているか，または少くとも現われようとする程度に至っている状態をいう」（東宝・スバル事件東京高裁判決☆1），「市場支配力の形成，維持ないし強化という結果が生じ」ること（NTT東日本事件最高裁判決☆2）あるいは「当該取引に係る市場が有する競争機能を損なうことをいい，本件基本合意のような一定の入札市場における受注調整の基本的な方法や手順等を取り決める行為によって競争制限が行われる場合には，当該取決めによって，その当事者である事業者らがその意思で当該入札市場における落札者及び落札価格をある程度自由に左右することができる状態をもたらすことをいうものと解される。」（多摩談合（新井組）審決取消請求事件☆3）とされています（詳細はQ4参照）。

3 私的独占の観点からの考え方

(a)「ある技術に権利を有する者が，他の事業者に対し当該技術の利用についてライセンスを行わない（ライセンスの拒絶と同視できる程度に高額のライセンス料を要求する場合も含む。以下同じ。）行為や，ライセンスを受けずに当該技術を利用する事業者に対して差止請求訴訟を提起する行為は，当該権利の行使とみられる行為であり，通常はそれ自体では問題とならない。

しかしながら，これらの行為が，以下のように，知的財産制度の趣旨を逸脱し，又は同制度の目的に反すると認められる場合には，権利の行使とは認められず，一定の取引分野における競争を実質的に制限する場合には，私的独占に該当することになる。」とされます（知財ガイドライン（平成19年ガイドライン）第3―1―(1)柱書）。

(b) パテントプールやクロスライセンスにおいては、これらを形成あるいは契約当事者となっている事業者が、新規参入者や特定の既存事業者に対するライセンスを合理的理由なく拒絶することにより当該技術を使わせないようにする場合に、他の事業者の事業活動を排除する行為に該当する可能性があるとされています（知財ガイドライン（平成19年ガイドライン）第3―1―(1)ア）。

(c) 設問の事例②では、第三者への特許のライセンスを拒絶しようとしていますので、前記(b)の基準に該当し、私的独占として独禁法3条に違反すると判断される可能性があります。すなわち、4社が相互にライセンスし合う複数の特許なくしては、当該製品分野における事業活動が困難である、あるいはそれらの特許が当該製品分野の事業活動に不可欠であるといった事情のもとに、設問②のような合意をすることによって、新規参入を阻害したり、既存の事業者の事業活動を困難にさせ、その結果「一定の取引分野における競争を実質的に制限」した場合には、私的独占に該当し、違法とされます。

具体例としては、ぱちんこ機製造特許プール事件☆4をあげることができます。これは、国内において供給されるパチンコ機の約90％を供給しているメーカー10社が、パチンコ機の製造に不可欠な特許の管理をそれら10社で事実上構成する団体に委託し、第三者にはライセンスをしないこと等の方法により、新規参入を抑制していたことが私的独占に該当し、独禁法3条に違反するものとされた事案です。

4 不公正な取引方法の観点からの考え方

(a) 本設問の事例が、前記**2**あるいは**3**に述べた基準のいずれかを充足しないことによって、不当な取引制限や私的独占に該当しない場合であっても直ちに独禁法上何ら問題がないとの結論が導かれるわけではありません。今度は設問①及び②のような内容が、不公正な取引方法に該当するか否かを検討する必要があります。

(b) まず、設問①の販売先の制限については、知財ガイドライン（平成19年ガイドライン）第4―4―(2)イにより、灰色条項とされ（不公正な取引方法に該当する可能性のある行為類型）、ライセンス技術を用いた製品の販売先を制限する行為

は，利用範囲の制限とは認められないことから，公正競争阻害性を有する場合には，不公正な取引方法（一般指定12項の拘束条件付取引）に該当し，違法となります（知財ガイドライン（平成19年ガイドライン）第4─4─(2)イ)。

(c) 公正競争阻害性を有するかどうかは，ラインセンシーの事業活動が拘束されることにより，①価格，顧客獲得等の競争そのものが減殺されるおそれがあるか否か，②行為者の競争者等の取引機会を排除する等し，又は当該競争者等の競争機能を直接的に低下させるおそれがあるか否かにより判断されるものとされています（相談事例集平成17年度事例6参照）。

(d) 次に設問②の「第三者へのライセンスをしないこと」については，独禁法2条9項1号イの共同の取引拒絶（共同ボイコット）に該当するものと考えられます。この共同ボイコットは一般に公正競争阻害性が認められますので，何らかの正当な理由が認められない限り原則として不公正な取引方法に該当し独禁法19条に違反するものとされます。

〔福井　琢〕

━━■判審決例■━━

☆1　東京高判昭26・9・19百選12頁。
☆2　最判平22・12・17民集64─8─2067。
☆3　最判平24・2・20民集66─2─796。
☆4　平9・8・6勧告審決　集44─238。

65 商標ライセンス

当社は，Xというブランドを有しており，これをアパレルメーカー等に対して，衣類等に商標として使用することを許諾しています。その際，ライセンシーに対して，次のような制限を課したり，要求したりすることは許されるでしょうか。
① 商標を付した商品の販売を，百貨店や専門店に限定すること。
② ブランドの認知度や，イメージ向上のための広告を行うに際し，その広告費の一部の負担を求めること。

　商標をライセンスするにあたり，対象商品の販売先を制限することにより価格が維持される場合には，不公正な取引方法の一般指定12項（拘束条件付取引）として違法であると判断される可能性があります。しかしながら，当該商標等を付した製品が高級品として販売されているという実績があり，ライセンサーとしては，海外と同様の販売方法を採用させるためにそのような制限を課しているに過ぎないといった場合や，品質の保持，適切な使用の確保等消費者の利益の観点から合理的な理由に基づくものであり，かつ全ての流通業者に同等の基準が適用される場合には，問題ないとされる可能性があります。また，ブランドの認知度やイメージ向上のための広告宣伝費の一部負担を求めることは，ライセンシーにとって，ライセンス対象商品のもたらす利益に対して，高い割合の広告費負担を強いられるものでない限り，違法とは判断されないものと解されます。

☑キーワード
　商標，販売先の制限，広告費の強制負担，流通・取引慣行ガイドライン

解 説

1 商標の使用許諾と知財ガイドライン（平成19年ガイドライン）

　公取委が，平成11年7月に公表した「特許・ノウハウライセンス契約に関する独占禁止法上の指針」(旧平成11年ガイドライン)は，基本的には，特許・ノウハウのライセンス契約に適用されるとしたうえで，特許又はノウハウ以外の知的財産権については，同ガイドラインの考え方がそのまま適用されるものではないとしながらも，「その権利の性格に即して可能な範囲内で」ガイドラインの考え方が準用されるとされていました。ところが，知財ガイドライン（平成19年ガイドライン）は，「知的財産のうち技術に関するものを対象とし，技術の利用に係る制限行為に対する独占禁止法の適用に関する考え方を包括的に明らかにするもの」(同ガイドライン第1―2柱書)としており，商標権そのものはその対象ではありません。したがって，本設問を検討するに際しては，知財ガイドライン（平成19年ガイドライン）は直接参考にはなりません。

2 販売先の制限

　(a)　設問①のように，ライセンサーがライセンシーであるアパレルメーカー等の販売先を，百貨店や専門店に限定することは，取引先の制限として，一般指定12項の拘束条件付取引に該当する可能性があります。これは，商標の使用許諾を受けている以上，本来自己の製造した物を誰に販売するかは製造業者が自由に決められるべきであると考えられるからです。しかしながら一方で，ライセンサーが直接販売する相手方と同等の事業者にのみ販売させようとするのを一律に独禁法上問題があるものと扱うのは妥当ではないと考えられます[*1]。

　(b)　本設問のような販売先の制限が，公正競争阻害性を有するか否かは，これまで，流通・取引慣行ガイドライン第2部第2―4に示された考え方を参考にして，「当該商品の価格が維持されるおそれがある」か否かにより判断され

Q65◆商標ライセンス

てきました。すなわち，百貨店や専門店は，一般的に大幅な値引き販売を行わないであろうとの理由から，そのような販売先に限定し，ライセンス対象商品の価格維持を図っている場合には，一般指定12項の拘束条件付取引に該当し，違法と判断されるものと考えられ，同様の趣旨から，例えば「ライセンシーは，ブランドのイメージを維持するにふさわしい小売業者等にのみ販売するものとする。」あるいは「ライセンサーが承認した販売先にのみ販売するものとする。」といった契約条件を定めている場合であっても，そのような条項が販売価格や再販売価格を維持するための実効性確保の手段として用いられている場合には，不公正な取引方法に該当するものと考えられてきました。

　もっとも，これまでも，設問①あるいは上記(b)に例示したような義務が課されている場合に，再販売価格等の維持の実行性を確保する手段としてではなく，当該商標等を付した製品が高級品として販売されているという実績があり，ライセンサーとしては，海外と同様の販売方法を採用させるためにそのような制限を課しているに過ぎないというような場合には，不公正な取引方法に該当しないと判断される可能性もあると解されていました*2。

　(c)　さらに，平成27年3月30日に流通・取引慣行ガイドラインが改正され，再販表示価格維持に関する一部見直しがなされました。すなわち，同ガイドライン第2部第2—5において，いわゆる「選択的流通」という項目が追加され，「メーカーが自社の商品を取り扱う流通業者に関して一定の基準を設定し，当該基準を満たす流通業者に限定して商品を取り扱わせようとする場合，当該流通業者に対し，自社の商品の取扱いを認めた流通業者以外の流通業者への転売を禁止することがある。いわゆる『選択的流通』と呼ばれるものであり，上記第2部の3(2)のような競争促進効果を生じる場合があるが，商品を取り扱う流通業者に関して設定される基準が，当該商品の品質の保持，適切な使用の確保等，消費者にとっての利益の観点からそれなりの合理的な理由に基づくものと認められ，かつ，当該商品の取扱いを希望する他の流通業者に対しても同等の基準が適用される場合には，たとえメーカーが選択的流通を採用した結果として，特定の安売り業者等が基準を満たさず，当該商品を取り扱うことができなかったとしても，通常，問題とはならない。」とされています。したがって，本設問のような販売先の制限についても，この考え方に示された基準

に該当する場合には違法にはならないと考えられます。

3 広告費の強制負担

(a) 設問②のように、ライセンス契約条件のひとつとして、ライセンサーがライセンシーに対して、商標の認知度やイメージ向上のための広告宣伝費の一部負担を求めることが独禁法上問題となるか否かは、そのような負担を強制することが、独禁法2条9項5号の優越的地位の濫用に該当するか否かという観点から検討する必要があります。

(b) ライセンサーの取引上の地位がライセンシーに対して優越しているか否かは、ライセンシーにとってライセンサーとの取引の継続が困難になることが事業経営上大きな支障を来すため、ライセンサーがライセンシーにとって著しく不利益な要請等を行っても、ライセンシーがこれを受け入れざるを得ないような場合であり、ライセンシーのライセンサーに対する取引依存度、ライセンサーの市場における地位、取引先変更の可能性、取引対象商品の需給関係等を総合的に考慮して判断されます（流通・取引慣行ガイドライン第1部第5-2（注13））。したがって、設問②の場合においては、まずライセンシーであるアパレルメーカーにとって、当該ブランドの使用ができなくなることが、事業経営上大きな支障を来すといえるかどうかといった問題その他前述した各要素を検討し、ライセンサーがライセンシーにとって優越的地位があるといえる場合でなければ独禁法上問題となりません（優越的地位の濫用については、「優越的地位の濫用に関する独占禁止法上の考え方」（平成22年11月30日公表）及び**Q52**、**Q53**参照）。

(c) 次に(b)の検討の結果、ライセンサーがライセンシーであるアパレルメーカーにとって優越的地位にあると判断される場合であっても、ブランドの認知度やイメージ向上のための広告宣伝費の一部負担を求めることが「正常な商慣習に照らして不当に不利益を与える」といえるか否かを検討する必要があります。商標の認知度を高め、ブランドイメージ向上を図るために広告を行うことは、当該商標を使用した商品の生産、販売を行うライセンシーにとっても、ライセンス対象商品の販売促進につながり、その意味でライセンシーにとっても直接の利益になるものといえます（相談事例集平成11年度事例13）。したがって、

ライセンシーにとって、ライセンス対象商品のもたらす利益に対して、高い割合の広告費負担を強いられるものでない限り、「正常な商慣習に照らして不当に不利益を与える」ものとはいえず、独禁法上問題ないものと考えられます。

〔福井　琢〕

■注　記■

＊1　新特許解説265頁。
＊2　新特許解説180頁。

第Ⅲ部◇独占禁止法のケース・スタディ

 共同研究開発❶——基本的な考え方と共同研究開発の実施

［設問１］　当社が製造しているX製品と同種の製品を製造しているA社とX製品の新製品を開発するために共同研究開発をすることになりました。当社とA社とは，この製品市場において合計20％を超えるシェアを持っています。このような共同研究開発は，独占禁止法上何か問題があるのでしょうか。また，この共同研究開発計画とは別に，X製品及びそれと同種の製品の規格を統一するため，この製品市場において主要な６～７社が集まりその規格を共同で開発する計画もあります。この場合，独占禁止法上何か問題がありますか。

［設問２］　当社は，X製品の基礎技術について，A社及びB社と共同研究開発をすることになりました。現在，３社間の共同研究開発契約案を作成していますが，この契約において，(a)守秘義務，(b)共同研究開発テーマと同一又は極めて密接なテーマの研究開発の禁止，(c)研究開発の成果である特許権を共有とし，当事者は自由にこの技術を使用できること，(d)当事者はこの技術を第三者へ合理的な条件で許諾できること，(e)その許諾の利益を参加者へ均等に分配することを定めたいと思っています。なお，当社，A社及びB社のX製品市場におけるシェアの合計は，60％以上です。このような共同研究開発及び契約は，独占禁止法上，何か問題がありますか。

　　［設問１］について
　　共同研究開発をめぐって生じる独占禁止法上の問題点について，公正取引委員会は，共同研究開発ガイドラインを公表し，考え方を示しています。研究開発の共同化によって参加者間で研究開発活動が制限され，技術市場又は製品市場における競争が実質的に

Q66◆共同研究開発❶──基本的な考え方と共同研究開発の実施

制限されることとなる場合は，その研究開発の共同化は独占禁止法3条（不当な取引制限）に違反することとなります。共同研究開発が，一定の取引分野（一定の製品市場又は技術市場）における競争を実質的に制限することとなるか否かについては，(a)共同研究開発への参加者の数，市場シェア等，(b)研究の性格，(c)共同化の必要性，(d)対象範囲，期間等を総合的に考慮して判断されます。参加者の当該製品の市場シェアの合計が20％以下である場合には，通常，独占禁止法上問題とならないと考えられています。しかし，貴社の場合，A社とのシェア合計は20％を超えていますので，一応，問題があると判断され，上記(b)から(d)の事情，すなわち，研究は製品に直接関連するものか，共同化をする合理的な必要性があるのか，共同研究開発の対象範囲・期間は限定されているかなどが判断されます。

　一定の事業分野における規格の統一又は標準化につながる共同研究開発は，通常，当該事業分野の事業者の相当数が参加し，したがって市場シェアの合計も相当程度高くなります。このような共同研究開発が認められる場合として，㋐その研究開発を単独で実施することが困難であり，㋑これによって生産，流通等の合理化に役立ち，㋒需要者の利益を害さず，かつ㋓当該技術によらない製品に関する研究開発，生産，販売活動等の制限がないことがあります。反面，その共同研究開発について，ある事業者が参加を制限され，成果に対するアクセスも制限され，かつ，他の手段を見出すことができないため，その事業活動が困難となり，市場から排除されるおそれがあるときには，独占禁止法上問題となります。

［設問2］について

　共同研究開発の実施に伴う取決めについて，公正取引委員会は，共同研究開発ガイドラインを公表し，独占禁止法上の考え方を示しています。そして，このガイドラインは，共同研究開発の実施取決めが不公正な取引方法に該当するか否かを判断するのにあたり，取決めを「共同研究開発の実施に関する事項」，「共同研究開発の成果である技術に関する事項」及び「共同研究開発の成果である技術を利用した製品に関する事項」に分類し，それぞれの事項について「原則として不公正な取引方法に該当しないと認められる事項」，「不公正な取引方法に該当するおそれがある事項」及び「不公正な取引方法に該当するおそれが強い事項」に区分しています。

このような区分に基づいて設問の取決めを判断します。設問(a)について，共同研究開発で知り得た技術情報や成果等の守秘義務を課すことは，共同研究開発の実施に必要なもの，又は合理的なものと考えられ，競争に与える影響も小さいことから独占禁止法上問題ないといえます。設問(b)について，共同研究開発のテーマと同一のテーマについて独自に，又は第三者との研究開発を制限すること，及び共同研究開発の成果について争いが生じることを防止するため，又は参加者を共同研究開発に専念させるために必要と認められる場合に，共同研究開発のテーマと極めて密接に関連するテーマの第三者との研究開発を制限することは，原則として不公正な取引方法に該当しないといえます。次に，設問(c)，(d)及び(e)について，共同研究開発による成果の帰属と第三者への実施許諾に関する実施料の分配に関し，参加者間で成果の帰属と実施料の分配を取り決めることは，通常独占禁止法上問題となりません。しかし，その内容において参加者間で著しく均衡を欠き，これによって特定の参加者が不当に不利益を受ける場合には，問題となります

☑ **キーワード**

共同研究開発の競争促進的な側面と競争制限的な側面，基礎研究・応用研究・開発研究，技術市場，技術の移転コスト，共同研究開発の実施に伴う取決め，規格の統一・標準化，FRAND宣言

解 説

［設問1］について
基本的な考え方

共同研究開発をめぐって生じる独禁法上の問題点については，平成5年4月20日に公取委が共同研究開発ガイドラインを公表しました（以下，本設問において「ガイドライン」といいます。共同研究開発ガイドラインについては巻末付録参照）。このガイドラインは，最近の技術開発が，単独の事業者が行うのには複雑で高度

なものとなり，能力的にもコストの面からも負担し切れなくなっているとの認識にたって，共同研究開発の競争促進的な側面と競争制限的な側面とを分析しています。すなわち，共同研究開発は多くの場合，研究開発のコスト軽減，リスク分散又は期間短縮，異分野の事業者間での技術などの相互補完等により研究開発を活発で効率的なものとし，技術革新を促進して競争促進的な効果をもたらします。しかし，研究開発の共同化によって参加者間で研究開発活動が制限され，技術市場又は製品市場における競争が実質的に制限されることとなる場合は，その研究開発の共同化は独禁法3条（不当な取引制限）に違反することとなります。また，共同研究開発自体は，独禁法上問題がない場合であっても，共同研究開発の実施に伴う取決めによって，参加者の事業活動を不当に拘束し，共同研究開発の成果である技術の市場やその技術を利用した製品市場における公正な競争を阻害するおそれのある場合もあります（後記［設問2］についての❹を参照してください）。共同研究開発自体が独禁法上問題となるのは，主として競争関係（潜在的な競争関係を含みます）にある事業者間で行う場合です。［設問1］の場合，貴社の製造するX製品と同種の製品を製造しているA社とX製品の新製品を共同で開発すること，又は同業者間で規格を統一するため共同研究開発をするということですので，X製品の市場における競争に与える影響を検討する必要があります。

2 判断にあたっての考慮事項

まずX製品の新製品を開発する点について検討します。

共同研究開発が，一定の取引分野（一定の製品市場又は技術市場）における競争を実質的に制限することとなるか否かについては，競争促進的な効果を考慮しつつ，以下の各事項を総合的に勘案して判断されることになります。

(1) 共同研究開発への参加者の数，市場シェア等

一般的に参加者の市場シェアが高く，技術開発力等の事業能力において優れた参加者が多いほど独禁法上問題となる可能性が高くなります。そして，［設問1］のように一定の製品市場において競争関係にある事業者間で行う当該製品の改良又は代替品の開発のための共同研究開発については，参加者の当該製

品の市場シェアの合計が20％以下である場合には，通常，独禁法上問題とならないと考えられています。しかし，［設問１］のようにＸ製品について市場シェアの合計が20％を超える場合には，次に述べる(2)ないし(4)のすべての要素を勘案して，この共同研究開発が独禁法に違反しているか否かを判断します。

　なお，共同研究開発に関連する市場として，製品とは別に成果である技術自体が取引されるので，技術市場も考えられます。技術市場における競争制限の判断にあたっては，参加者の当該製品についての市場シェア等によるのではなく，当該技術市場において研究開発の主体が相当数存在するかどうかが基準となります。その際，技術はその移転コストが低く，国際的な取引の対象となっていますので，当該技術市場における顕在的又は潜在的な研究開発主体としては，国内事業者だけではなく，外国事業者も考慮に入れる必要があります。外国事業者をも考慮に入れると，研究開発主体は数多く存在することが通常ですので，独禁法上問題となることは少ないといえます。

(2) 研究の性格

　共同研究開発の対象となる製品について市場シェアの合計が20％を超える場合において，共同研究開発が当該市場の競争を実質的に制限することとなるか否かを判断するのにあたり考慮すべき要素として，研究開発の性格があります。すなわち，研究開発には，段階的に基礎研究，応用研究，開発研究に類型化することができます。この類型の差は共同研究開発が製品市場における競争に及ぼす影響が直接的なものであるか，間接的なものであるかを判断する際の要因として重要です。特定の製品開発を対象としない基礎研究について共同研究開発が行われたとしても，通常は製品市場における競争に影響を及ぼすことは少なく，独禁法上問題となる可能性は低いといえます。一方，開発研究については，その成果がより直接的に製品市場に影響を及ぼすものであるので，独禁法上問題となる可能性が高くなります。［設問１］の場合は，新製品の研究開発ですので，独禁法上，競争制限的であるとして問題となる可能性が高くなるといえますが，さらに以下に述べる要素をも考慮に入れる必要があります。

(3) 共同化の必要性

　研究にかかるリスク又はコストが膨大であり単独で負担することが困難な場合，自己の技術的蓄積，技術開発能力等からみて他の事業者と共同で研究開発

を行う必要性が大きい場合等には，研究開発の共同化はその目的を達成するために必要なものと認められ，独禁法上問題となる可能性は低いといえます。特に，環境対策，安全対策等いわゆる外部性への対応を目的として行われる共同研究開発については，研究にかかるリスク，コスト等に鑑みて単独で行うことが困難な場合が多く，研究開発の共同化の必要性は高いといえます。

(4) 対象範囲，期間等

共同研究開発の対象範囲，期間等についても共同研究開発が市場における競争に及ぼす影響を判断するのにあたって考慮されます。すなわち，対象範囲，期間等が明確に画定されている場合には，それらが必要以上に広範に定められている場合に比して，市場における競争に及ぼす影響は小さいと判断できます。

《相談事例》

〔1〕建築資材メーカー3社が，建築資材の部品の共同研究開発を行うことは，直ちに独禁法上問題となるものではないとした事例があります（平成17年6月相談事例集11頁以下）。A社，B社及びC社は建築資材メーカーであり，建築資材Xの市場におけるシェアは，それぞれ15％，10％，5％で，その他有力な事業者3社があり，これら6社で建築資材Xの全量を供給しています。A社，B社及びC社は，環境・防犯等に配慮した製品への需要に対応し，建築資材Xの部品を共通化する共同研究開発を計画したものです。共同研究開発期間は1年で，生産・販売は各社が個別に行う予定です。建築資材Xは，機能，用途，材料によって価格帯が大きく異なり，共同開発した部品を使用する製品は，3社による建築資材X全体の販売高の5％に過ぎず，また共通化される費用が建築資材Xの生産費用全体に占める割合は，約10％というものでした。このような事例について，公取委は，共同開発へ参加するこれら3社のシェア合計は，30％となることから市場における競争に影響を及ぼす可能性があり，研究の性格も部品を共通とすることによって，その部分の費用が共通化され3社の自由な価格決定を困難にするなど建築資材X製品市場における競争に直接的な影響を及ぼし得るとしました。しかし，反面，公取委は，共通化される部品の費用は建築資材Xの生産費全体の10％であり，3社の自由な価格決定を困難とするとは認めにくいこと，研究開発の共同化によるスケールメリットから生産コストの低減を図り，利用者の需要に対応していくという共同化についての合理的

な必要性が認められ、かつ、共同開発の対象である部品が利用される製品は3社による建築資材X全体の販売高の5％程度であり、残りの製品は各社で独自に開発するものであること、研究開発期間も1年に限られていることから共同研究開発の対象・期間が必要以上に広範囲にわたるものでないとして独禁法上問題となるものではないと判断しました。

〔2〕ある機械の技術開発を行っている会社2社が他の技術分野への参入を目的として技術の共同研究開発を行うことは、独禁法上問題となるものではないが、その2社が有する既存の技術を統合し共通ブランドを確立することは、独禁法上問題となるとされた事例があります（平成18年6月相談事例集21頁以下）。A社及びB社は、それぞれ甲規格の機械Xの技術開発を行い、A社はA社ブランド、B社はB社ブランドとしてそれぞれ異なる5社の甲規格機械Xのメーカーに技術供与をしています。甲規格機械Xのブランド別シェアは、A社ブランド5社では30％、B社ブランド5社では20％となっています。甲規格機械Xには、他にC社ブランドが40％、D社ブランドが10％のシェアを占めています。機械Xには、甲規格のほか乙規格があり、甲規格とは代替性がなく相互の転換は容易にできません。このような事実関係のもと、A社及びB社は、技術力の向上及びシェアの拡大を目的とし、それぞれが有している既存のA社ブランド技術とB社ブランド技術を統合し共通ブランドの確立を計画しました。しかし、この計画が実行されると、甲規格機械Xに関する技術及び製品市場における競争が回避されることとなり、A社ブランド及びB社ブランド製品の合計シェアが50％となることから競争が減殺されるおそれが強いとの理由で、独禁法上問題があるとされました。次に、乙規格の機械X市場においては、E社ブランドが50％、F社ブランドが30％、G社ブランドが20％のシェアを占めています。この乙規格の機械X市場へ参入するためには、莫大なコストとリスクが伴い、このためA社とB社とは規格乙の技術について共同研究開発を行うことを考えています。この乙規格の機械X市場にA社とB社が共同研究開発により新規に参入することは、当該市場の競争を促進するものと評価され、既有技術の実施許諾等を制限するなど不当な制限を課すものでない限り、独禁法上問題となるものではないと判断されました。

〔3〕ある製品の製造・販売分野の合計シェアが約90％となる事業者による

共同研究開発にもかかわらず，共同研究の性格が当該製品の製造・販売に直接関係しないことから独禁法上問題がないとされた事例があります（平成26年6月相談事例集25頁以下）。わが国の主要な輸送機械メーカー5社（合算シェアは約90％）が共同して，輸送機械のエンジン作動時に発生する窒素酸化物の発生等の現象が生じるメカニズム等の基本的な原理を解明するために，その現象の研究を大学又は研究機関に委託し，研究成果を共有することとしました。当該輸送機械Aの製造販売分野における合算シェアが約90％となる5社による共同研究ですが，①本件共同研究の対象は，輸送機械Aのエンジンに係る現象研究に限られること，②研究期間は3年を上限とすることから，必要以上に広汎にわたるものとは認められないこと，を理由として，輸送機械A及びそのエンジンにおける製造販売市場及び技術市場の競争に与える影響は小さいと考えられ独禁法上問題がないとされました。

3　規格の統一又は標準化のための共同研究開発

(1)　規格の統一・標準化についてのガイドラインの考え方

［設問1］にあるX製品と同種製品の規格統一のための共同研究開発について検討します。上記2(1)ないし(4)にあげた諸要素を考慮した結果，独禁法上問題がないと判断された場合であっても，共同研究開発への参加者のシェアの合計が相当程度高く，規格の統一又は標準化につながるなど，当該事業に不可欠な技術の開発を目的とする共同研究開発において，ある事業者が参加を制限され，これによってその事業活動が困難となり，市場から排除されるおそれがある場合には，例外的にその共同研究開発は私的独占として独禁法違反となることがあります。ところで，一定の事業分野における規格の統一又は標準化につながる共同研究開発は，通常，当該事業分野の事業者の相当数が参加し，したがって市場シェアの合計も相当程度高くなります。このような共同研究開発が認められる場合として，ガイドラインは，(a)当該研究開発を単独で実施することが困難であり，(b)これによって生産，流通等の合理化に役立ち，(c)需要者の利益を害さず，かつ(d)当該技術によらない製品に関する研究開発，生産，販売活動等の制限がないことをあげています。さらに，ガイドラインは，この場合

においても，当該共同研究開発について，ある事業者が参加を制限され，成果に対するアクセス（合理的な条件による成果の利用，成果に関する情報の取得等をいいます。以下同じ）も制限され，かつ，他の手段を見出すことができないため，その事業活動が困難となり，市場から排除されるおそれがあるときには，独禁法上問題となるとしています。しかし，参加を制限された事業者に当該共同研究開発の成果に対するアクセスが保証され，その事業活動が困難となるおそれがなければ，問題とならないとしています。

(2) 規格の統一化・標準化と独禁法

現在，情報通信機器，オーディオ・ビジュアル機器など著しいスピードで技術革新が進んでいる分野において，新製品の市場を迅速に立ち上げ，需要の拡大を図るため，各種機器又は媒体の接続が可能となるよう，情報伝達方式，接続方式，その他の技術規格を統一する必要性が高まっています。その結果，各分野で事業者が共同でそれら規格を策定し標準化する活動が広く行われています。このような活動を独禁法はどのように評価すべきかについて，公取委は，平成13年7月25日に「技術標準と競争政策に関する研究会報告書」を公表し，平成17年6月29日には「標準化に伴うパテントプールの形成等に関する独占禁止法上の考え方」（以下「考え方」といいます）を公表しました。この「考え方」によれば，「標準化活動は，製品の仕様・性能等を共通化するなどにより参加者の事業活動に一定の制限を課すものであるが，一方で，製品間の互換性が確保されることなどから，当該規格を採用した製品の市場の迅速な立上げや需要の拡大が図れるとともに，消費者の利便性の向上に資する面もあり，活動自体が独占禁止法上直ちに問題となるものではない。」としています。しかし，標準化活動にあたり，(a)規格を採用した製品の販売価格を共同で取り決める，(b)競合する規格の開発や採用を禁止する，(c)標準化のメリットを実現するのに必要な範囲を超えて，製品の仕様・性能等を共通化する，(d)特定の事業者の技術提案を不当に阻止し，又は技術改良の成果を踏まえた改訂を阻止する，(e)活動に参加しなければ製品市場から排除されるおそれがある場合に，特定の事業者の参加を合理的な理由なく制限するなどの行為は，独禁法上問題となるとしています（**Q68**参照）。

標準規格を実施するために必要な特許権等（標準規格必須特許）を有する者

が，当該標準規格の策定に参加し，当該標準規格必須特許を標準規格策定後，公正，妥当かつ無差別な条件でライセンスする用意がある旨を当該標準化機関に対して宣言すること（FRAND宣言）について，知財ガイドラインは，その考え方を記述しています（**Q12**参照）。

《相談事例》

A社を含む溶接資材メーカー数社が，溶接資材用の包装材料を共同研究開発し，包装材料として標準規格化を図ることは，独禁法上問題はないとした事例があります（平成11年3月相談事例集36頁以下）。A社を含む共同研究開発の当事者は，汎用品溶接資材市場で高いシェアを有しています。共同研究開発の対象となる溶接資材の包装材料は，現状では，プラスチック製で，各メーカーによって材質が異なり，強度もなく再使用できないことからリサイクルもできず，各ユーザーが廃棄していました。そこでA社ほか溶接資材メーカー数社は，包装材料をリサイクルしやすい材質に変更し，共通の包装材料を研究開発し標準規格化することとしました。共同研究開発期間は，3年間とし，その成果は参加者に利用を強制せず，第三者からの実施許諾の要請にも応じることとしました。なお，製造・販売は，各社が独自に行うものとしています。

このような事例において，公取委は，参加事業者の汎用品溶接資材市場において，シェア合計は20％を超えて高いが，包装材料に関する共同研究開発であるところから溶接資材市場における競争に与える影響は少ないこと（研究の性格），環境問題への対応，材質・形状の統一化が必要であり，またコスト負担やリスクが大きいことから研究の共同化が必要であること（共同研究の必要性），共同研究開発の対象は，包装材料の材質・形状等であり，開発期間も3年間と限定されている（対象範囲，期間等）ことから，溶接資材市場に与える影響は少ないと判断し，独禁法上問題はないとしました。

また，公取委は，規格を標準化することについて，この規格標準化は，(a)溶接資材市場に直接影響を及ぼすものではないこと，(b)参加者は，包装材料を自由に用いて溶接資材を製造・販売できるため，これら事業者の競争を制限することとならず，ユーザーの利益を不当に害するものでないこと，(c)非参加者もその包装材料を用いて溶接資材を製造・販売することが可能であるので事業者間の競争を実質的に制限し，又は公正な競争を阻害するものでないとして，独

禁法上問題はないと判断しました。

[設問2]について
共同研究開発の実施に伴う取決めについての基本的な考え方

共同研究開発を行う場合には，[設問2]にあるように当事者は書面による契約などによって，その実施について様々な取決めをします。このような取決めについて，ガイドラインは，研究開発の共同化が独禁法上問題とならない場合であっても，共同研究開発の実施に伴う取決めによって参加者の事業活動を不当に拘束し，公正な競争を阻害するおそれがある場合には，その取決めは不公正な取引方法となり独禁法19条に違反するとしています。また，前述のとおり，ガイドラインは，製品市場で競争関係にある事業者間で行われる共同研究開発において，当該製品の価格，数量等について相互に事業活動の制限がなされる場合には，主として独禁法3条（不当な取引制限）の観点から検討するとしています。なお，ガイドラインは，共同研究開発は，複数の事業者が参加して共通の目的の達成を目指すものであり，その実施に伴う参加者間の取決めについては，基本的にガイドラインの考え方によって判断され，技術の利用に係る制限行為を対象とする「知的財産の利用に関する独占禁止法上の指針」（この指針については**巻末付録**参照）の考え方は適用されないとしています。しかし，共同研究開発の成果の第三者へのライセンス契約については，当該指針の考え方によって判断されるとしています。

共同研究開発の実施取決めが不公正な取引方法に該当するか否かを判断するのにあたり，ガイドラインは，取決めを「共同研究開発の実施に関する事項」，「共同研究開発の成果である技術に関する事項」及び「共同研究開発の成果である技術を利用した製品に関する事項」に分類しています。そして，このように分類されたそれぞれの事項について「原則として不公正な取引方法に該当しないと認められる事項」，「不公正な取引方法に該当するおそれがある事項」及び「不公正な取引方法に該当するおそれが強い事項」に区分して独禁法についての考え方を明確にしています。

[設問2]では，まず当事者のX製品市場におけるシェアの合計が高い点，「共同研究開発の実施」に関する取決め（[設問2]の(a)及び(b)），「共同研究開発

の成果である技術」に関する取決め（［設問2］の(c), (d)及び(e)）について検討していきます。

5 X製品市場において高いシェアを有する事業者による共同研究開発

　［設問2］では，共同研究開発を行う当事者のX製品市場におけるシェアが合計60％と高く，ガイドラインにおいて通常，独禁法上問題がないものとされているシェアの基準20％を超えています。したがって，前述のとおり，以下に述べる要素を総合的に勘案して，この共同研究開発がX製品市場において競争を実質的に制限することとなるか否かを判断します。まず［設問2］における研究の性格は，X製品の基礎技術の研究開発ですので，一般的にはX製品の性能，価格に直結するものではなく，その市場に直接影響を与えることは少ないと考えられます。次に，この基礎技術の共同研究が必要であるか否か，共同研究の対象範囲及び期間が必要以上に広範囲となっていないかの点が検討されます。［設問2］では，この点については判明しませんが，共同研究開発の必要性があり，かつ対象範囲及び期間が必要以上に広範囲でなければ独禁法上問題なしとされ，これらの要件のうちどちらかが欠けていれば独禁法上問題ありとなる可能性が高くなります。最後に，研究開発の成果についてみれば，当事者は，開発技術を合理的な条件で第三者に実施許諾できるとしていますので，成果の利用を規制することによって第三者の市場への参加が制限され，又は市場から排除されるものではないので，独禁法上問題はないといえます。

6 共同研究開発の実施に関する取決め

(1) 共同研究開発契約において守秘義務を課すこと

　公知の技術情報や成果等を除き，共同研究開発で知り得た技術情報や成果等の守秘義務を課すことは，共同研究開発の実施に必要なもの，又は合理的なものと考えられ，競争に与える影響も小さいことから独禁法上問題はないといえます（ガイドライン第2－2－(1)ア③，第2－2－(1)ア④，第2－2－(2)ア④）。

(2) 共同研究開発契約において当該研究開発テーマと同一又は極めて密接なテーマの研究開発の禁止を定めること

　ガイドラインは，共同研究開発実施期間中に，共同研究開発のテーマと同一のテーマについて独自に又は第三者との研究開発を制限すること（ガイドライン第2－2－(1)ア⑦），共同研究開発の成果について争いが生じることを防止するため，又は参加者を共同研究開発に専念させるために必要と認められる場合に，共同研究開発のテーマと極めて密接に関連するテーマの第三者との研究開発を制限すること（ガイドライン第2－2－(1)ア⑧）は原則として不公正な取引方法に該当しないとしています。またガイドラインは，共同研究開発終了後の合理的期間に限って，上記のような制限をすること（ガイドライン第2－2－(1)ア⑨）も原則として不公正な取引方法に該当しないとしていますが，共同研究開発終了後の合理的期間（背信行為の防止又は権利の確定に必要な期間と考えられています）を超えて，このような制限を課すことは不公正な取引方法に該当するおそれが強いとしています（ガイドライン第2－2－(1)ウ①及び②）。

　ところで，原則として不公正な取引方法に該当しないと認められる制限であっても，その内容において参加者間で著しく均衡を失し，これによって特定の参加者が不当に不利益を受けることとなる場合には，独禁法19条（2条9項5号（優越的地位の濫用）又は一般指定5項（共同行為における差別的取扱い））の問題となります。

7　共同研究開発の成果である技術に関する取決め

　成果の帰属と第三者への実施許諾に関する実施料の分配について，参加者間で成果の帰属と実施料の分配を取り決めることは，通常独禁法上問題となりません（ガイドライン第2－2－(2)ア①及び③）。しかし，その内容において参加者間で著しく均衡を欠き，これによって特定の参加者が不当に不利益を受ける場合には，独禁法上問題となります（2条9項5号（優越的地位の濫用）又は一般指定5項（共同行為における差別的取扱い））。［設問2］の場合においては，成果の帰属は当事者全員の共有であり，また実施料の分配は当事者に等しく行われますので，当事者間で著しく均衡を欠き，これによって特定の当事者が不当に不利益

を受けるものではないので,独禁法上問題はないといえます。

《相談事例》

事業者団体の事例ですが,共同研究開発における会員の役割及び費用負担に応じて,合理的な範囲で,中間的成果の帰属先及び最終的な成果としての特許権等の使用料について,会員間で差を設けることは,独禁法上問題はないとした事例があります(平成16年6月相談事例集25頁以下)。

化学品メーカーの工業会であるA工業会は,次世代化学品の基礎となる技術を開発するためX大学と産学共同研究を行っています。X大学は,基礎研究を行い,工業会の会員のうち研究所を有している会員(甲会員)が応用研究を行い,X大学と研究結果の情報交換をしています。研究費用は,A工業会,甲会員及びこの共同研究に賛同した会員(乙会員)が負担しています(甲会員及び乙会員以外の会員を丙会員とします)。研究期間は3年で,共同研究の結果は全ての会員に公開されます。そして,共同研究の成果について,(a)研究の中間的成果のサンプルを事前に甲及び乙会員に配布して実用化に向けた実験評価を行わせる,(b)研究成果である特許権,実用新案権は,A工業会に帰属するが,甲会員,乙会員,丙会員の間で権利使用料に一定の差を設けるとしています。このような取扱いについて,公取委は,(a)につき,実用化の可能性が確認できれば全会員へ成果が公開されること,甲会員及び乙会員へ中間的成果のサンプルが事前に提供されるが直ちに製品化できないこと,甲会員,乙会員,丙会員間で実質的な費用負担に相当の差があることから著しく均衡を失するものではないとし,(b)につき,特許権等の使用料を研究開発費の負担に応じて甲会員,乙会員,丙会員の間で差を設けることは合理的であるとしました。

〔渡邉　新矢＝福井　琢〕

67　共同研究開発❷——共同研究開発した技術と製品

　［設問１］　当社は，X製品の製造・販売を行っていますが，このたび，同様にX製品を製造するA社（販売は行っていません）と同製品の新製品を共同して開発することにしました。この共同研究開発契約の中に以下のような取決めを定めることにしましたが，独占禁止法上，何か問題がありますか。なお，当社のX製品市場でのシェアは，20％を少し超えています。また，X製品市場には多数の競争会社が存在しています。
　(a)　共同で開発した新製品を当社とA社とがそれぞれのブランドで販売し，販売地域をお互いに分けること。
　(b)　一方当事会社は，共同して開発した技術を第三者へ実施許諾する場合には，他方当事会社の承諾を得ること。
　(c)　共同研究開発した技術について一方当事会社が改良技術を考案したときは，無償で他方当事会社へ開示すること。
　［設問２］　当社がX製品の部品を製造し，X製品の完成品メーカーであるA社と部品の共同研究開発を行うことになった場合，この共同研究開発契約中に以下のような取決めを定めることにすると，独占禁止法上，何か問題がありますか。なお，当社及びA社ともそれぞれの市場において有力なメーカーです。
　(d)　開発した部品の原材料購入先をA社の子会社である原材料メーカーだけとすること。
　(e)　開発した部品の販売先を協議して決めること。
　(f)　開発した部品の販売価格を協議して決めること。

[設問1]について
　まず，共同研究開発の実施に伴う取決めについて，共同研究開発ガイドラインに基づいて判断すると，(a)については，共同研究開発の成果に基づく製品の販売先を制限する取決めは，不公正な取引方法に該当するおそれがあるとしています。そして，このような取決めが市場における地位の高い事業者によってなされる場合，公正な競争を阻害するおそれがありますので，貴社のシェア及びA社も販売を開始することから両社合計の潜在的なシェアを考えると，不公正な取引方法に該当すると考えられます。
　次に，(b)については，共同研究開発の成果である技術を第三者へ実施許諾することを制限する取決めは，原則として不公正な取引方法に該当しないとしています。したがって，本設問の取決めも独占禁止法上問題はありません。ただし，新製品の技術が画期的なものであり，他の事業者がX製品市場において，その技術を使用しなければ事業を継続することが困難となるような状況となった場合には，その技術を第三者へ実施許諾することを制限することは，共同の取引拒絶，その他の取引拒絶，私的独占として問題となることもあります。
　(c)については，共同研究開発の成果である技術の改良技術等を他の参加者へ開示する義務を課すこと，又は他の参加者へ非独占的に実施許諾する義務を課すことは，原則として不公正な取引方法に該当しないとしています。
[設問2]について
　貴社とA社とが競争関係にない場合，通常，独占禁止法上問題となることはありません。本設問において，貴社は部品メーカーであり，A社は完成品メーカーとのことですので，競争関係にないと考えることができ，共同研究開発を行うこと自体は，独占禁止法上問題ないといえます。しかし，(d)のように開発した部品の原材料をどこから購入するか制限することは，本来，貴社が自主的に選択するべきものであり，このような取決めは不公正な取引方法に該当するおそれがある事項として，当事者の市場における地位，当事者の関係，市場の状況，制限が課される期間の長短等を総合的に勘案した結果，公正な競争を阻害するおそれがあると判断した場合には，不公正な取引方法となるとしています。そして，貴社は，本設問の部品市場において有力な事業者ということ

ですから，A社の子会社と競争関係にある他の原材料メーカーの取引の機会を減少させ，他に代わり得る取引先を容易に見出すことができなくなる可能性が高いといえます。したがって，公正な競争を阻害するおそれがあり，不公正な取引方法に該当すると考えられます。

(e)についても，(d)と全く同様の考え方ができます。本来，開発した部品をどこへ販売するかは，貴社が自主的に決定するべきものですから，共同研究開発ガイドラインは，このような取決めにつき，不公正な取引方法に該当するおそれがある事項として，当事者の市場における地位，当事者の関係，市場の状況，制限が課される期間の長短等を総合的に勘案した結果，公正な競争を阻害するおそれがあると判断した場合には，不公正な取引方法となるとしています。すなわち，貴社が，開発した部品をA社の競争者に販売しないよう制限することによって，当該競争者の取引の機会が減少し，他に代わり得る取引先を容易に見出すことができなくなるおそれがある場合には，(e)の取決めは公正競争阻害性があり不公正な取引方法となります。本設問で貴社が前述のような有力な事業者であれば，公正競争阻害性のある可能性が強いといえるでしょう。

(f)のような取決めは，制限を課された当事者の重要な競争手段である価格決定の自由を奪うこととなり，公正競争阻害性が強く不公正な取引方法に該当することになります。

☑キーワード

研究開発の制限，実施許諾の制限，販売地域の制限，原材料の購入先の制限，販売先の制限，販売価格の制限

Q67◆共同研究開発❷──共同研究開発した技術と製品

解　説

1　共同研究開発を行うことについて

(1)　**競争関係にある事業者間で共同研究開発を行う場合**

　一定の取引分野において，競争関係にある事業者間で共同研究開発を行うことが独禁法上問題を生じるか否かを検討するのには，研究開発の共同化に対し，①共同研究開発への参加者の数，市場シェア，②研究の性格，③共同化の必要性，④共同研究開発の対象範囲，期間等を総合的に考慮して判断します（共同研究開発ガイドライン〔以下，本設問において「ガイドライン」といいます〕第1─2「判断に当たっての考慮事項」）。一定の取引分野において共同研究開発への参加者のシェアが20％を超える場合は，独禁法上問題となる可能性があるとされ，前述の②から④の要素を考慮して判断されます。

　［設問1］では，A社はX製品を現在販売してはいませんが，貴社の潜在的競争者といえ，貴社はX製品市場において20％を超えるシェアを占めているとのことですので，この共同研究開発は独禁法上問題となる可能性があり，前述の要素②から④までを総合的に考慮して判断することとなります。そして，本設問で特に考慮に入れるべき点は，A社が従前X製品を販売しておらず，新製品開発後は，自社ブランドでX製品市場に参入してくるということです。したがって，この点を考慮すれば，本設問の共同研究開発は，競争促進的な効果を持つといえます。

(2)　**競争関係にある事業者間の共同研究の《相談事例》**

　わが国の主要な輸送機械メーカー5社（合算シェアは約90％）が共同して，輸送機械のエンジン作動時に窒素酸化物の発生等の現象が生じるメカニズム等の基本的な原理を解明するために，その現象の研究を大学又は研究機関に委託し，研究成果を共有することは，独禁法上問題とならないとした事例があります（平成26年6月相談事例集25頁以下）。この事例は，輸送機械Aの製造販売分野における合算シェアが約90％となる5社による共同研究ですが，①本件共同研究

の対象は，輸送機械Aのエンジンに係る現象研究に限られること，②研究期間は３年を上限とすることから，必要以上に広汎にわたるものとは認められないこと，を理由として，輸送機械A及びそのエンジンにおける製造販売市場及び技術市場の競争に与える影響は小さいと考えられるとされています。

(3) 競争関係にない事業者間で共同研究開発を行う場合

主として，研究開発の共同化が独禁法上問題となるのは競争関係（潜在的な競争関係も含みます）にある事業者間で行う場合で，競争関係にない事業者間で研究開発を共同化する場合には，通常は独禁法上問題となることはありません。［設問２］において，貴社は部品メーカーであり，A社は完成品メーカーとのことですので，競争関係にないと考えることができ，共同研究開発を行うこと自体は，独禁法上問題ないといえます。

2 共同研究開発した技術に関する取決め

(1) 共同研究開発の実施に伴う取決めについて

共同研究開発を行うことに伴い，当事者は［設問１］にあるように，その実施について様々な取決めをします。そして，このような実施取決めが不公正な取引方法に該当するか否かを判断するのにあたり，ガイドラインは，取決めを「共同研究開発の実施に関する事項」，「共同研究開発の成果である技術に関する事項」及び「共同研究開発の成果である技術を利用した製品に関する事項」に分類しています。そして，このように分類されたそれぞれの事項について「原則として不公正な取引方法に該当しないと認められる事項」，「不公正な取引方法に該当するおそれがある事項」及び「不公正な取引方法に該当するおそれが強い事項」に区分して独禁法についての考え方を明確にしています（共同研究開発の実施に伴う取決めについての基本的な考え方についてはQ66参照）。後述する［設問１］の(a)販売地域を分ける取決めは，「共同研究開発の成果である技術を利用した製品に関する事項」の例であり，［設問１］の(b)及び(c)の取決めは，「共同研究開発の成果である技術に関する事項」の例です。

Q67◆共同研究開発❷──共同研究開発した技術と製品

(2) 共同して開発した技術を第三者へ実施許諾する場合は，他方当事会社の承諾を要する旨の取決めについて

ガイドラインでは，共同研究開発の成果である技術を第三者へ実施許諾することを制限する取決めを，原則として不公正な取引方法に該当しないとしています（ガイドライン第2―2―(2)ア[2]）。したがって，[設問1]の(b)の取決めも独禁法上問題がないといえます。なお，[設問1]の(b)の取決めについては，特許法等において当該特許権等が共有に係るときは，他の共有者の同意を得なければ，第三者へ専用実施権を許諾し，又は通常実施権を許諾することができないと定められていますので（特許法73条3項等），「権利の行使」（21条）として認められることとなります。

しかしながら，新製品の技術が画期的なものであり，他の事業者がX製品市場において，その技術を使用しなければ事業を継続することが困難となるような状況となった場合など，その技術を第三者へ実施許諾することを制限することは，共同の取引拒絶（2条9項1号），その他の取引拒絶（一般指定2項），私的独占（3条）として例外的に独禁法上問題となることがあります（ガイドライン第2―2―(2)ア[2]，第1―2―(2)及び知的財産権に関するガイドラインについてのQ12参照）。

(3) 共同研究開発した技術について一方当事会社が改良技術を考案したときは，無償で他方当事会社へ開示するとの取決めについて

ガイドラインでは，共同研究開発の成果である技術の改良技術等を他の参加者へ開示する義務を課すこと又は他の参加者へ非独占的に実施許諾する義務を課すことは原則として不公正な取引方法に該当しないとしています（ガイドライン第2―2―(2)ア[5]）。これに対してガイドラインは，共同研究開発の成果である技術の改良発明等を他の参加者へ譲渡する義務を課すこと又は他の参加者へ独占的に実施許諾する義務を課すことは，参加者が成果の改良のための研究を行うインセンティブを減殺させるものであって，公正競争阻害性が強く（一般指定12項（拘束条件付取引）〔旧13項〕），不公正な取引方法に該当するおそれが強いとしています（ガイドライン第2―2―(2)イ[2]）。

なお，[設問1]の(b)及び(c)で検討したような取決めが，その内容において参加者間で著しく均衡を失し，これによって特定の参加事業者が不当に不利益

を受けることとなる場合には，独禁法19条（2条9項5号（優越的地位の濫用）又は一般指定5項（共同行為における差別取扱い））の問題となります。

(4) ［設問1］の(c)に関連する取決めに関する《相談事例》

建設会社の数社が軟弱な地盤の改良・強化に関する建設工法の研究開発を共同で行い，参加者に対して，守秘義務及び成果にかかる改良発明を他の参加者に非独占で実施許諾する義務を課すことは，独禁法上問題はないとした事例があります（平成11年3月相談事例集40頁以下）。B社を含めた建設会社8社及び建材会社2社は，軟弱地盤を迅速かつ小さな騒音・振動で改良・強化する新建設工法を数年間で共同研究開発し，新工法の特許を参加者10社で共有する予定です。この参加者10社の建設市場におけるシェアは低く，新工法の実施には専用の高額な設備が必要です。

このような共同研究開発の参加者間において，(a)共同研究開発で知り得た技術情報や成果等についての守秘義務，(b)成果にかかる改良研究を他の参加者に使用させる義務（非独占的な実施許諾）を課すこととしています。この事案につき，公取委は，研究開発の共同化について，(ｱ)参加者10社は，いずれもシェアが低く，地盤の改良・強化技術市場には他に有力な工法がいくつか存在していること，(ｲ)共同研究開発の性格は，地盤の改良・強化という特殊な工事分野であり，高額な専用設備が必要であることから，新工法が直ちに普及拡大する可能性は低いこと，(ｳ)共同化の必要性については，特殊な工事分野の工法の開発であり，専用設備等の投資規模が大きく研究の共同化の必要性を認めることができること，(ｴ)共同研究の対象範囲，期間も限定されていることなどから，独禁法上問題はないとしました。

次に，共同研究開発の参加者に対し守秘義務を課すことについては，公知の技術情報や成果等を除き，共同研究開発で知り得た技術情報や成果等につき守秘義務を課すことは，共同研究開発の実施に必要なもの，又は合理的なものと考えられ，競争に与える影響も小さいことから，独禁法上問題はないとしました。また，共同研究開発にかかる成果の改良発明を他の参加者にも非独占的に利用させる義務を課すことは，競争に与える影響は比較的小さいものと考えられ，参加者間で著しく均衡を失するようなことがない限り，独禁法上問題はないとしています。しかし，新工法の特許権が参加者10社の共有となるため，参

Q67◆共同研究開発❷—共同研究開発した技術と製品

加者が特許権を実施許諾する場合には他の参加者の承諾が必要となることから、新工法が完成し、多くの発注者が新工法による工事を指定するなど、新工法によらなければ工事を行うことが困難となった場合において、参加者による第三者への実施許諾を制限するような運用を行うときは、独禁法上問題となるとしています。

3 共同研究開発の成果である技術を利用した製品に関する取決め

(1) はじめに

共同研究開発を実施する際には、これらの設問にあるように当事者間で種々の取決めをすることが通常です。共同研究開発に伴う種々の取決めについて、ガイドラインは主として、このような取決めが不公正な取引方法に当たるか否かの観点から独禁法上の考え方を示しています（この点についてのガイドラインの解説はQ66参照）。

もっとも、[設問2]において、貴社とA社とが共同して特定の原材料メーカー又は部品の購入業者との取引を拒絶することにより、これら原材料メーカー又は部品購入業者が市場から排除され、一定の取引分野における競争を実質的に制限することとなる場合は、不当な取引制限に該当し独禁法違反となります（流通・取引慣行ガイドライン第1部第2—3（取引先事業者等との共同ボイコット））。しかし、通常、貴社とA社による共同ボイコットにより、一定の取引分野における競争を実質的に制限することとはならないと考えられます。

(2) 開発した製品の販売地域をお互いに分ける取決めについて

共同研究開発ガイドラインでは、共同研究開発の成果である技術を利用した製品について、その生産又は販売地域を制限することは、不公正な取引方法に該当するおそれがあるとしています。そして、ガイドラインは、共同研究開発の参加者の市場における地位、参加者の関係、市場の状況、制限が課される期間の長短等を総合的に勘案した結果、このような制限が公正な競争を阻害するおそれがあると判断される場合には不公正な取引方法の問題となる（一般指定11項（排他条件付取引）又は同12項（拘束条件付取引）〔旧13項〕）としています（ガイドライン第2—2—(3)イ[1]）。

［設問１］において，貴社のＸ製品シェアは，20％を超えており，またＡ社も販売を開始するということですので，合計のシェアは相当高くなると予想されます。したがって，他に競争会社が存在するとしても，販売地域を分けることは，競争に与える影響が大きいと考えられます。さらに，貴社とＡ社とはＸ製品のブランドを別にしたうえで販売地域を分けるとのことですので，市場閉鎖の効果が生じると考えられます。

　これらの事情を考慮すると，［設問１］における(a)の取決めは，不公正な取引方法に該当すると考えられます。ところで，貴社とＡ社とは競争関係にあり，異なったブランドで販売地域を分けるとしています。これは，競争事業者間の市場分割となり，一定の取引分野（この取引分野は，製品Ｘの市場となります。一定の取引分野についての概説は**Ｑ６**参照）における競争を実質的に制限（競争の実質的制限についての概説は**Ｑ４**参照）することとなる場合には，不当な取引制限（3条）として独禁法違反となります。しかし，［設問１］の場合は，X製品市場に多数の競争事業者が存在するとのことですから，X製品市場における競争を実質的に制限する可能性は低いと考えられます。

(3)　開発した部品の原材料の購入先をＡ社の子会社だけとする取決め

　開発した部品の原材料をどこから購入するかは，本来，貴社が自主的に選択するべきものです。ガイドラインは，このような取決めは不公正な取引方法に該当するおそれがある事項として，当事者の市場における地位，当事者の関係，市場の状況，制限が課される期間の長短等を総合的に勘案した結果，公正な競争を阻害するおそれがあると判断した場合には，不公正な取引方法となる（一般指定11項（排他条件付取引）又は12項（拘束条件付取引）〔旧13項〕）としています（ガイドライン第２―２―(3)イ[4]）。

　そして，公正競争阻害性のある例として，ガイドラインは，取引関係にある事業者間で行う製品の改良又は代替品の開発のための共同研究開発において，市場における有力な事業者によってこのような制限が課されることにより，競争者の取引の機会が減少し，他に代わり得る取引先を容易に見出すことができなくなるおそれがある場合には，公正な競争が阻害されるおそれがあるものと考えられるとしています（流通・取引慣行ガイドライン第１部第４（取引先事業者に対する自己の競争者との取引の制限））。

Q67◆共同研究開発❷──共同研究開発した技術と製品

なお，流通・取引慣行ガイドラインにおいて，「有力な事業者」となるかは，当該市場におけるシェアが10％以上又はその順位が上位３位以内であることが一応の目安となるとしています。貴社は本設問の部品市場において有力な事業者ということですから，A社の子会社と競争関係にある他の原材料メーカーの取引の機会を減少させ，他に代わり得る取引先を容易に見出すことができなくなる可能性が高いといえます。そのような場合，［設問２］の(d)のような取決めは，公正な競争を阻害するおそれがあり，不公正な取引方法（一般指定11項（排他条件付取引））に該当します。

しかし，このような場合であっても，例外的に公正競争阻害性がないとされる場合があります。例えば，［設問２］の部品の開発にあたりA社から種々のノウハウの提供を受けており，貴社が原材料を第三者から購入すると，そのノウハウが当該第三者に漏出してしまう場合，又は開発した部品の品質を保持するためにはA社の子会社の原材料を使用する必要がある場合に，合理的期間内に限って，［設問２］の(d)のような取決めをしても，共同研究開発を実施するために必要かつ合理的なものとして，公正な競争を阻害するおそれがないと考えられます（ガイドライン第２−２−(3)ア[2]）。なお，上記「合理的期間内」とは，リバース・エンジニアリング等によって，その分野における技術水準からみてノウハウの取引価値がなくなるまでの期間，同等の原材料が他から入手できるまでの期間等によって判断されます（ガイドライン第２−２−(3)ア[1]及び[2]の注）。

(4)　［設問２］の(d)のような取決めに関する《相談事例》

建築資材メーカーとその製品のユーザーである建設業者の２社が，建築工法について共同で開発し，建設業者が当該工法において使用する資材については，当該建築資材メーカーのみが供給するよう取り決めたことは，直ちには独禁法違反とならないとした事例があります（平成17年６月相談事例集９頁以下）。

業界第12位の総合建設業者C社と建築資材X市場において約10％のシェアを有する建築資材メーカーD社は，ビル建設の新工法を共同開発し，その工法について共同で特許出願しています。C社は，建築資材Xの製造能力がないことから，この共同研究開発は，新工法に使用する建築資材X全量をD社から供給を受ける前提で進められたものです。このような事案において，C社とD社と

の間に(ア)C社の本件工法による建設に使用される建築資材Xは，D社が全量を生産し，C社へ供給する，(イ)D社は，両社からライセンスを受けて本件工法を実施しようとする建設業者に対し，建築資材Xを販売することができるが，その販売価格は，C社への供給価格を下回らないものとする，(ウ)本件契約期間は5年とするが，本件工法にかかる特許が取得された場合には，本件特許が有効な期間（出願日から20年間）は，原則として自動更新するとの内容の契約を締結する予定になっているとされています。

　このような事例について，公取委は，共同研究開発の成果に基づく製品の原材料又は部品の購入先を制限することは，不公正な取引方法に該当するおそれがあるとしましたが，本件においては，(ア)D社とC社は，原材料メーカーとそのユーザーという関係であり，直接の競争関係にない事業者間の共同研究開発は通常，独禁法上問題がなく，このような事業者間の共同研究開発は，その成果を実施する場合の原材料の供給者を参加事業者とすることが当然の前提と考えられること，(イ)D社が建築資材Xを全量生産し，C社に他社より有利な条件で供給することを義務づけることは，共同研究開発の成果を両社の間で配分する手段として行われる場合においては，制限が合理的な期間にとどまる限り不当性を持つものではないこと，(ウ)C社は，本件工法以外の工法に使用する建築資材Xについて，D社以外の事業者から購入することができ，D社も本件工法のライセンス先事業者に対して建築資材Xを販売することが認められており，また本件工法向け以外の建築資材Xの販売には何らの制約が課されていないことから，これによって競争事業者の取引先が減少し，事業活動が困難になるとは認められないとして独禁法上問題はないとしました。しかし，この契約が本件工法に関する特許権の存続期間にわたり自動更新されるとの取決めは，合理的な範囲を逸脱するおそれがあり，契約更新時に制限の内容を再検討する必要があるとしています。

(5)　開発した部品の販売先を協議して決める旨の取決め

　［設問2］の(e)の取決めについても，前述の(d)の取決めと全く同様の考え方ができます。本来，開発した部品をどこへ販売するかは，貴社が自主的に決定するべきものです。したがってガイドラインは，このような取決めは不公正な取引方法に該当するおそれがある事項として，当事者の市場における地位，当

事者の関係，市場の状況，制限が課される期間の長短等を総合的に勘案した結果，公正な競争を阻害するおそれがあると判断した場合には，不公正な取引方法となる（一般指定11項（排他条件付取引）又は12項（拘束条件付取引）〔旧13項〕）としています（ガイドライン第2─2─(3)イ[3]）。

そしてガイドラインは，前述の(d)と同じような場合を公正競争阻害性のある場合の例にあげています。すなわち，A社が，開発した部品をA社の競争者に販売しないよう制限することによって，A社の競争者の取引の機会が減少し，他に代わり得る取引先を容易に見出すことができなくなるおそれがある場合には，[設問2]の(e)の取決めは，公正競争阻害性があり不公正な取引方法（一般指定11項（排他条件付取引））となります。本設問で貴社が前述のような有力な事業者であれば，公正競争阻害性のある可能性が強いといえます。

次に，[設問2]の(e)のような取決めが例外的に，不公正な取引方法に該当しないとされる場合があることも[設問2]の(d)の場合と同じです。すなわち，本設問の部品を開発するのにあたりA社が種々のノウハウを提供し，そのノウハウの秘密性を保持するために必要な場合で，かつ合理的な期間に限って本問のような制限を課すことは，不公正な取引方法に該当しません（ガイドライン第2─2─(3)ア[1]）。ここにいう「合理的な期間」の考え方も，[設問2]の(d)と同じです。

[設問2]において，A社の競争者が貴社以外に部品の供給先を容易に見出すことができず，その事業活動を困難にさせ，A社の市場支配力を形成・維持・強化する場合は，排除型私的独占に該当し，独禁法違反となります（排除型私的独占については，**Q33**参照）。

(6) 開発した部品の販売価格を協議して決める旨の取決め

[設問2]の(f)のような取決めは，制限を課された当事者の重要な競争手段である価格決定の自由を奪うこととなり，公正競争阻害性が強く，不公正な取引方法（一般指定12項（拘束条件付取引）〔旧13項〕）に該当するといえます（ガイドライン第2─2─(3)ウ）。

〔渡邉　新矢＝平田　厚〕

第III部◇独占禁止法のケース・スタディ

68　標準規格とパテントプール

　当社は，情報通信機器Xを製造していますが，他の会社が製造する情報通信機器とのデータの通信速度を速めるための規格αを策定することを計画しました。当社は，この規格に関する必須特許のいくつかを保有していますが，やはり情報通信機器製造会社であるA，B，C，D各社もその規格に関する必須特許を保有しています。そこで当社は，A，B，C，D各社とパテントプールを形成し，規格αを策定しました。現在，この規格αを採用している情報通信機器は，この種の情報通信機器の約80％を占めています。当社及びA，B，C，D各社は，各社の保有する必須特許をパテントプールを通じて，規格αを採用している情報通信機器製造会社へライセンスしています。最近，情報通信機器製造会社E社は，規格αと互換性のある規格βを開発しました。しかし，この規格βを採用するためには，A社の保有する規格αに関する必須特許を実施せざるを得ません。そこでE社は，A社に対し，この必須特許についてライセンスを許諾してもらうよう申し入れています。

　ところで規格αに関するパテントプールの規約には，各社が保有する必須特許は，このパテントプールからのみ許諾するとの規定があり，A社はその必須特許をE社へ許諾してよいか否かを，当社，B，C，D各社へ相談してきました。当社はじめ他の3社はこの許諾に反対しましたので，結局，A社は，E社に対してその必須特許についてライセンスの許諾をしませんでした。

　当社が，A社のライセンス許諾に反対したことは，独占禁止法上何か問題となるのでしょうか。

Q68◆標準規格とパテントプール

　　規格αを採用している情報通信機器は，同製品市場において約80％のシェアを占め，他に互換性のある規格もないことから，貴社はじめ4社は，共同してE社に対しA社の必須特許のライセンス許諾を拒絶し，規格βを排除することにより当該情報通信機器にかかる規格の市場において競争を実質的に制限したことになります。したがって，貴社がA社のライセンス許諾に反対した行為は，私的独占に該当し，独占禁止法に違反します。

☑キーワード
標準化活動，パテントプール，標準化に伴うパテントプールの形成等に関する独占禁止法上の考え方，標準規格，標準規格必須特許，FRAND宣言

解　説

1　標準化活動

(1)　標準化活動とパテントプール

　情報通信機器・デジタル家電など技術革新の速い分野では，新製品の市場を迅速に立ち上げ，その製品の需要を拡大させるために機器間の情報伝達方式や接続方法などについて規格を策定し，これを普及させる必要性があります。現在，多くの情報通信機器・デジタル家電分野において，競争事業者間でこれらの規格を策定し，普及させる活動を行っています。この活動を標準化活動といいます。そして，この規格に関する技術について，多くの企業が特許権等を保有しているのが普通です。規格を策定するため必要な特許権等について，多数の企業と個別に交渉し権利関係を処理することは，多くの時間と費用が必要となります。そこで，現在，これら必要な特許権等についてパテントプールを形成し，このパテントプールから必要なライセンスを許諾するという方式が多く

採用されています。ここにパテントプールとは,「ある技術に権利を有する複数の者が,それぞれが有する権利又は当該権利についてライセンスをする権利を一定の企業体や組織体(その組織の形態には様々なものがあり,また,その組織を新たに設立する場合や既存の組織が利用される場合があり得る。)に集中し,当該企業体や組織体を通じてパテントプールの構成員等が必要なライセンスを受けるもの」をいいます(「知的財産の利用に関する独占禁止法上の指針」第3—2—(1)ア参照)。標準化活動及びパテントプールは,競争事業者間で行われること,パテントプールは一定の技術分野又は製品分野の競争に大きな影響を与えることから,独禁法上の分析が必要となります。また「知的財産の利用に関する独占禁止法上の指針」(以下「知財ガイドライン」といいます)は,パテントプールについて考え方を示していますが(**Q12**参照),標準化活動及びパテントプールの事例が多いことから,上記指針を補足するガイドラインとして,公取委は,平成17年6月29日(平成19年9月28日改正)に,「標準化に伴うパテントプールの形成等に関する独占禁止法上の考え方」(以下「標準化ガイドライン」といいます)を公表しています。

(2) 標準化活動と独禁法

　標準化ガイドラインは,標準化活動は製品の仕様等を一定のものに統一するなど,参加者の事業活動を制限する面もあるが,他方,製品間の互換性が確保されることから,消費者の利便性の向上という側面もあり,標準化活動自体が直ちに独禁法上問題となることはないとしています。しかし,標準化活動に際し,参加者の事業活動に以下のような制限を課すことになり,一定の取引分野における競争が実質的に制限され,又は公正な競争が阻害されるおそれがある場合には,独禁法上問題となります。

　① 販売価格等の取決め　標準化活動の参加者間で,策定された規格を採用した製品等の販売価格,生産数量,製品化の時期などを取り決めること(不当な取引制限等)。

　② 競合規格の排除　標準化活動の参加者間で,合理的な理由なく競合規格の開発を制限し,又は競合規格を採用した製品等の生産・販売を制限すること(不当な取引制限,拘束条件付取引等)。

　③ 規格の範囲の不当な拡張　標準化活動の参加者間で,相互に製品開発

競争の回避を目的として標準化のメリットに必要な範囲を超えて製品の仕様・性能等を共通化すること（不当な取引制限等）。

④　技術提案等の不当な排除　　標準化活動の参加者の一部が，規格を策定するのに際し，他の参加者からの技術提案又は改良技術を規格に取り込むことなどを不当に排除すること（私的独占，共同行為による差別的取扱い）。

⑤　標準化活動への参加制限　　標準化活動に参加しなければ，策定された規格を採用した製品を開発・生産することが困難となり，その製品市場から排除されるおそれがある場合，合理的な理由なく特定の事業者の参加を制限すること（私的独占等）。

(3)　規格技術に関する特許権の行使

規格に関する技術について特許権を保有している事業者が，標準化活動に参加せず，策定された規格を採用しようとしている事業者に対し，ライセンスを許諾しなくとも独禁法上問題となることはありません。しかし，標準化活動に参加し，自己の保有する特許権にかかわる技術を規格に取り込むよう積極的に働きかけていたにもかかわらず，その技術を取り込んだ規格が策定された場合に，この特許権についてライセンス許諾を拒絶（拒絶と同視できる程度に，ライセンス料を高額とすることを含む）することは，拒絶された事業者にとり規格を採用した製品を開発・生産することが困難となります。その結果，その製品市場の競争を実質的に制限することとなる場合には，私的独占として，競争が実質的に制限されない場合であって，公正競争阻害性がある場合には，不公正な取引方法すなわち，共同の取引拒絶（2条9項1号）として，又はその他の取引拒絶（一般指定2項）として独禁法違反となります。

この関係では，標準規格を実施するために必要な特許権等（標準規格必須特許と呼ばれています）がある場合に，規格を策定する公的な機関や事業者団体（標準化機関）が標準規格必須特許のライセンスに必要な取扱いについて定めることが行われています。それにより，標準規格に参加する者に標準規格必須特許の保有の有無と当該必須特許を他の者に公正，妥当かつ無差別な条件（fair, reasonable and non-discriminatory。FRAND条件又はRAND条件と呼ばれています）でライセンスする用意がある意思を標準化機関に対し文書で明らかにすること（FRAND宣言と呼ばれています）を求めています。詳しくは，**Q12**「知的財産と独

占禁止法」をご覧ください。

2　パテントプール

(1)　パテントプールに対する基本的な考え方

現在では，ある規格を策定するのにあたり，多数の事業者が保有している特許権等が関係することが通常となっています。そして，その規格を策定する場合，またその規格を採用した製品等を製造する場合に，これら多数の事業者とライセンス許諾について個別に交渉することは，大変な手間と時間がかかります。また個別にライセンス許諾を受けるとなると，ライセンス料も累積し高額となります。したがって，ある規格を策定すること自体が事実上困難となることも容易に想像できます。このような事態を回避するため，関連する特許権等についてパテントプールを形成し，そのパテントプールを通して関連する特許権等について一括してライセンス許諾を受けることができれば，個別に交渉するより遥かに手間と時間の節約となり，またライセンス料も低額に抑えることが可能となります。すなわち，パテントプールという方式を採用すれば，その規格を採用した製品の開発・製造を促進することになり，結局，その製品について競争を促進することとなります。他方，多くの競争事業者がその規格にかかわる特許権等をパテントプールに集積し，互いにライセンス条件について制限し，又は規格を採用した製品等を製造する事業者へのライセンス許諾に際し，様々な制限を課して，その製品市場の競争に大きな影響を与えることも可能となります。このようにパテントプールを形成することは，競争促進的に機能することもあり，反面，競争制限的に機能することもあるといえます。

ある規格についてパテントプールを形成する場合，そのパテントプールがその規格にかかる技術市場や，その規格を採用した製品等の市場における競争に与える影響を検討する必要があります。この検討にあたっては，その規格がどの程度普及しているか，他に類似の機能・効用を持つ規格があるかなどの事情が重要となります。すなわち，その規格がそれほど普及していないものであったり，他に類似の機能・効用を持つ規格が複数ある場合には，その規格に関するパテントプールは，競争に与える影響が小さいといえます。また，その規格

が広く普及している場合であっても，パテントプールを通さずに関連する特許権等のライセンス許諾を受けることができれば，そのパテントプールによる競争に与える影響は小さいといえます。一般に，パテントプールにかかる技術又は製品のシェアが，関連する市場の20％以下の場合，シェアでは競争に及ぼす影響を適切に判断できない場合は，競争関係にあると認められる規格が他に4以上存在する場合には，そのパテントプールは，通常，独禁法上問題がありません。この場合，技術は，その移転に要する費用が少ないことから，競争関係にある海外の技術も考慮に入れる必要があります。

(2) パテントプールの形成
(a) パテントプールに含まれる特許の性質

パテントプールの対象となる特許権等が，そのパテントプールにかかる規格で規定される機能・効用の実現に必須な特許権等だけであるのか，又はその特許権等と代替的な関係にある特許権等も含むのかにより，この規格にかかる技術市場における競争に対し，パテントプールが与える影響が異なってきます。すなわち，必須特許権等だけがパテントプールに含まれるとした場合，これらの必須特許権等は互いに補完関係にあり，競争関係にはありません。したがって，パテントプールを通してライセンスする条件が同一であっても，関係する技術市場の競争に対する影響はありません。他方，パテントプールが代替関係にある特許権等を含み，これらのライセンス条件を同一とする場合は，競争関係にある特許権等のライセンス条件が制限されることとなり，関係する技術市場の競争を制限することになります。このようにパテントプールには，規格にかかる必須の特許権等だけを含ませるようにし，独禁法上の問題を回避する必要があります。また，必須の特許権等であるかどうかの判定は，パテントプールの当事者から独立し，専門的知識を持った中立的な第三者が行うことが必要です。

(b) パテントプールへの参加

パテントプールへの参加資格及び参加に関するルールなどが，パテントプールの運営を円滑にし，規格を採用する者の利便性を向上させるためなど合理的な範囲での制限を規定していても，独禁法上問題となりません。例えば，パテントプールに含まれた特許権等がどの程度策定した規格へ貢献したかに基づ

き，ライセンス料の分配に差異をつけることは，合理的なルールといえます。他方，パテントプールの参加者が保有する規格にかかわる特許権は，全てパテントプールのみを通してライセンス許諾をすることに合意することは，何ら合理的な根拠がなく，関連する市場の競争に及ぼす影響が大きいので独禁法上問題となります（私的独占，不当な取引制限等）。

　(c)　パテントプールの運営

　パテントプールを運営する過程で，ライセンス料の徴収，ライセンス契約の履行状況の確認を通じて，ライセンシーの生産・販売数量，販売価格など競争上，重要な情報が担当者へ集まってきます。これらの情報に対し，パテントプール参加者や，他のライセンシーがアクセスできることとなると，これら参加者及びライセンシーは競争事業者であることから，競争上重要な情報について互いに情報交換することとなり，生産・販売数量，販売価格などについての協調行動へ繋がる可能性があります。したがって，独立の第三者をパテントプールの運営者として業務委託などをし，このような情報をパテントプール参加者及びライセンシーから遮断する必要があります。

　(3)　パテントプールを通じたライセンス

　パテントプールを通じたライセンスにおいて，ライセンシーに課される制限については知財ガイドラインに従って，個別に判断されます。しかし，パテントプールを通じた制限は，多くのライセンシーへ影響を与えるため独禁法上の検討を慎重に加える必要があります。

　(a)　異なるライセンス条件の設定

　規格を採用する事業者に対しパテントプールを通じてライセンスを許諾するのに際し，ライセンシーごとに製造数量，ライセンス許諾の範囲などに応じてライセンス料等の条件について差異を設けることは，独禁法上問題となりません。しかし，合理的な理由なく特定のライセンシーに対し，ライセンスを許諾することを拒絶し，他のライセンシーより高額のライセンス料金を設定するなどの差異を設けることは，独禁法上問題となります（私的独占，共同の取引拒絶等）。したがって，合理的な理由のない限り，ライセンス許諾条件を均一にする必要があります。

(b) **研究開発の制限**

　少数の参加者が非公開で規格にかかる技術を新たに開発するなど，共同研究開発と認められる場合において，共同研究開発に専念するため，又は研究成果の帰属について紛争を避けるためなどの合理的理由から，共同研究開発期間中，相手方当事者に対し，共同研究開発のテーマと同一のテーマを，独自に又は第三者と研究開発することを禁止するなどの場合があります。しかし，パテントプールを通じてライセンスを許諾するのにあたり，ライセンシーに対し，規格にかかわる技術と競合する技術や，競合する規格について自ら，又は第三者と共同して研究開発することを禁じることは，上記のような合理的な理由もなく，代替技術や代替規格の開発を制限し，関連する技術市場や製品市場の競争を制限することとなり独禁法上問題となります（私的独占，不当な取引制限等）。

(c) **規格の改良・応用成果のライセンス義務**（グラントバック）

　パテントプールを通じて，ライセンスを許諾するのにあたり，ライセンシーが規格にかかる技術の改良・応用技術を開発した場合，その改良・応用技術をパテントプールへ加えるよう義務づけることは，パテントプールへ改良・応用技術が集積し代替技術，代替規格等の開発が困難となり，このパテントプールの地位を強化して関連する技術市場の競争が制限されることになり，独禁法上問題となります。他方，この改良・応用技術が，策定した規格の必須技術となる場合には，その技術をパテントプールへ非独占的に帰属させ，他にその利用の自由が制限されない場合は，通常，独禁法上問題となりません。

(d) **不争義務**

　パテントプールを通じて，ライセンスを許諾するのにあたり，ライセンシーがパテントプールに含まれる特定の特許権等について，その無効を争った場合，パテントプールに含まれる全ての特許権等についてライセンス契約を解除することは，ライセンシーがライセンス許諾を受けた特許権等に対し争う機会を奪うことになり，独禁法上問題となります（共同の取引拒絶）。ただし，無効を争う特許権等についてのみ，ライセンス契約を解除される場合は，ライセンス許諾を受けた特許権等に対し争う機会を奪うこととならないので，独禁法上問題となりません。

(e) 非係争義務

パテントプールを通じて，ライセンス許諾をするのにあたり，ライセンシーが保有する，又は保有することとなる特許権等について，パテントプール参加者及び他のライセンシーに対し，そのライセンシーは特許権等の権利主張をしないよう義務づけることは，このパテントプールへ特許権等が集積しその地位を強化し，ライセンシーの保有する代替技術に関する特許権等の権利主張も制限されるため，関連する技術市場の競争が制限されることになり，独禁法上問題となります（私的独占，不当な取引制限）。他方，ライセンシーの特許権等が，策定した規格の必須特許権等となる場合には，それをパテントプールへ非独占的に帰属させ，他にその利用の自由が制限されない場合は，通常，独禁法上問題となりません。

3 ぱちんこ機製造特許プール事件[1]

㈱三共ほか9社は，パチンコ機の製造販売業者でありパチンコ機のほとんどを供給していました。また，これら10社は，パチンコ機製造にかかる特許権等の工業所有権を保有し，これらの工業所有権の実施許諾なしでは法律で定められた規格のパチンコ機を製造することができなかったものです。10社は，これら工業所有権の実施許諾，売買，取得等についての管理運営を10社が出資した会社（以下「特許管理会社」といいます）へ業務委託し，特許管理会社がこれら工業所有権の実施許諾等を行っていました。しかし，実施許諾をするか否かは，10社から選ばれた特許管理会社の取締役からなる取締役会で実質的に決定されていました。この工業所有権の実施権は，パチンコ機製造・販売業者からなる組合の組合員のみに対し許諾されており，他の業界からの参入を阻止するため，ライセンス契約期間中に，実施許諾を受けた組合員の経営支配状態の変更があった場合，例えば株式所有状況の変更，役員構成の変更などがあった場合は，ライセンス契約を解除できることとなっていました。他の業界から参入を図った非組合員である当該会社は，パチンコ機製造・販売業者で組合員である会社の株式の過半数を取得し，既に契約期間満了となったライセンス契約の更新を特許管理会社へ要請しましたが，更新を拒絶され続けパチンコ機の製造を

することができませんでした。また，この非組合員である会社以外の新規参入者が，特許管理会社に対し，工業所有権の実施許諾を要請し続けましたが，拒絶され続け，結局，パチンコ機の製造を断念せざるを得ませんでした。これらの行為に対し，公取委は，三共を含む10社及び特許管理会社は，結合及び通謀をして，参入を排除する旨の方針のもとに，特許管理会社が所有又は管理運営する特許権等の実施許諾を拒絶することによって，パチンコ機を製造しようとする者の事業活動を排除することにより，パチンコ機の製造分野における競争を実質的に制限しているものであって，これは特許法又は実用新案法による権利の行使とは認められないものであり，私的独占に該当するとして，排除措置勧告を出しました。

4 本問の検討

　貴社はじめ5社は，それぞれが保有する必須特許をパテントプールを通じてのみライセンス許諾をするとの取決めをしています。そして，この取決めに基づき貴社はじめ5社は，A社保有の必須特許をE社へライセンス許諾しないとの合意をしたものです。このような取決め及び共同でライセンスを拒絶したことは，何ら合理性を見出すことができません。他方，規格αを採用している情報通信機器は，同製品市場において約80％のシェアを占め，他に互換性のある規格もありません。このような事実関係のもと，貴社はじめ5社は，E社に対する共同の取引拒絶により，規格βを排除し，関連情報通信機器の規格市場において競争を実質的に制限したことになります。したがって，貴社がA社のライセンス許諾に反対した行為は，私的独占に該当し，独禁法に違反します。

〔渡邉　新矢〕

■判審決例■

☆1　平9・8・6勧告審決　集44—238（独禁百選（6版）22頁以下）。

巻末付録

主要ガイドラインの概要

巻末付録◇主要ガイドラインの概要

事業者団体ガイ

活動類型	価格制限行為	数量制限行為	顧客,販路等の制限行為	設備又は技術の制限行為	参入制限行為	不公正な取引方法
黒活動	1 価格等の決定 2 再販売価格の制限	1 数量の制限	1 取引先の制限 2 市場の分割 3 受注の配分・受注予定者の決定等	1 設備の新増設等の制限 2 技術の開発,利用の制限	1 参入制限等	1 共同の取引拒絶 2 その他取引拒絶 3 差別的取扱 4 事業者団体の差別的取扱 5 排他条件付取引 6 再販売価格拘束 7 拘束条件付取引 8 優越的地位濫用 9 競争者取引妨害
灰色活動						
白活動					1 加入条件等に係る行為でそれ自体としては問題とならないもの	

616

事業者団体ガイドラインの概要

ドラインの概要

(平成7年10月30日公表)

種類,品質,規格等に関する行為	営業の種類,内容,方法等に関する行為	情報活動	経営指導	共同事業	公的規制,行政等に関連する行為
		1　価格に関する情報活動 2　価格制限行為の監視のための情報活動 3　事業者間に価格の共通の目安を与える情報活動	1　事業者間に価格や積算金額の共通の目安を与える原価計算方法の作成等		1　許認可申請等制限 2　幅認可料金の幅中の料金収受に係る決定 3　認可料金以下の料金の収受に係る決定 4　届出料金等収受決定 5　無規制分野料金決定 6　公的業務の不当拘束 7　公的業務の実施制限 8　入札談合
1　特定商品の開発,供給制限 2　差別的な自主規制 3　自主規制の強制 4　自主認証,認定等の利用制限	1　特定の販売方法の制限 2　表示・広告の内容,媒体,回数の限定等 3　差別的内容の自主規制等 4　自主規制等の強制	1　重要な競争手段に具体的に関係する内容の情報活動 2　特定の事業者との取引の可否の合意を生ぜしめるおそれのある情報活動	1　統一的なマークアップ基準等を示す方法による原価計算指導等	1　共同販売等 2　共同運送・共同保管 3　共同事業への参加の強制等	1　行政指導によって誘発された行為
1　規格の標準化に関する基準設定 2　社会公共的目的等のための基準設定 3　規格の標準化等に係る基準についての自主認証・認定	1　社会公共的目的等のための基準設定 2　消費者の商品選択を容易にする基準設定 3　取引条件明確化のための活動	1　消費者への商品知識等の提供 2　技術動向,経営知識収集・提供 3　過去の事業活動事実の公表 4　需要者のための価格情報提供 5　価格比較困難な場合資料提供 6　概括的需要見通しの公表 7　顧客信用状態の情報提供	1　知識の普及・技能の訓練 2　個別的経営指導 3　原価計算の一般的な方法の作成等	1　参加事業者の市場シェアの合計が低い共同事業 2　顧客の利便等のための共同事業 3　競争への影響の乏しい共同事業	1　国,地方公共団体等に対する要望又は意見の表明

617

排除型私的独占

第1. 公正取引委員会の執行方針	
公正取引委員会は,排除型私的独占として事件の審査を行うか否かの判断に当たり,行て,市場規模,行為者による事業活動の範囲,商品の特性等を総合的に考慮すると,国行為の態様,市場の状況,競争者の地位等によっては,これらの基準に合致しない事案	

第2. 排除行為

1. 基本的考え方

「排除行為」とは,他の事業者の事業活動の継続を困難にさせたり,新規参入者の事することにつながる様々な行為をいう。「排除行為」に該当し得る行為は多種多様でか否かを判断する際に考慮すべき要素」は行為類型によって異なることから,可能

2. 排除行為としての典型的な行為類型

行為類型	排除行為に該当する行為
(1) 商品を供給しなければ発生しない費用を下回る対価設定	「商品を供給しなければ発生しない費用」を下回る対価を設定する行為により,自らと同等又はそれ以上に効率的な事業者の事業活動を困難にさせる行為
(2) 排他的取引	相手方に対し自己の競争者との取引を禁止し又は制限することを取引の条件とすること(排他的取引)により,他に代わり得る取引先を容易に見いだすことができない競争者の事業活動を困難にさせる行為
排他的リベートの供与	相手方に対し自己の商品をどの程度取り扱っているか等を条件にすることによりリベートを供与する行為(排他的リベートの供与)のうち取引先に対する競争品の取扱いを制限する効果を有し排他的取引と同様の機能を有する行為
(3) 抱き合わせ	相手方に対し主たる商品の供給に併せて従たる商品を購入させること(抱き合わせ)により,従たる商品の市場において他に代わり得る取引先を容易に見いだすことができない競争者の事業活動を困難にさせる行為

ガイドラインの概要

(平成21年10月28日公表)

為開始後において行為者が供給する商品のシェアがおおむね2分の1を超える事案であっ
民生活に与える影響が大きいと考えられるものについて，優先的に審査を行う。ただし，
であっても，排除型私的独占として事件の審査を行う場合がある。

業開始を困難にさせたりする行為であって，一定の取引分野における競争を実質的に制限
あることから，これらのすべてを類型化することは困難であるが，「排除行為に該当する
な限り「排除行為」を類型化して，行為類型ごとに判断要素を掲げる。

排除行為に該当するか否かを判断する際の判断要素	過去の審判決において排除型私的独占として問題となった行為の具体例（参考例）
ア．商品に係る市場全体の状況 イ．行為者及び競争者の市場における地位 ウ．行為の期間及び商品の取引額・数量 エ．行為の態様	（ゼンリン事件・平成12年3月24日警告）
ア．商品に係る市場全体の状況 イ．行為者の市場における地位 ウ．競争者の市場における地位 エ．行為の期間及び相手方の数・シェア オ．行為の態様	① ノーディオン事件（平成10年9月3日勧告審決）平成10年（勧）第16号 ② ニプロ事件（平成18年6月5日審判審決）平成12年（判）第8号 ③ インテル事件（平成17年4月13日勧告審決）平成17年（勧）第1号
ア．リベートの水準 イ．リベートを供与する基準 ウ．リベートの累進度 エ．リベートの遡及性	
ア．主たる商品及び従たる商品に係る市場全体の状況 イ．主たる商品の市場における行為者の地位 ウ．従たる商品の市場における行為者及び競争者の地位 エ．行為の期間及び相手方の数・取引数量 オ．行為の態様	① 日本マイクロソフト事件（平成10年12月14日勧告審決）平成10年（勧）第21号 ② 東芝エレベーターサービス事件（大阪高判平成5年7月30日）平成2年（ネ）第1660号

		(4) 供給拒絶・差別的取扱い	ある事業者が，供給先事業者が川下市場で事業活動を行うために必要な商品を供給する川上市場において，合理的な範囲を超えて供給の拒絶・供給に係る商品の数量若しくは内容の制限又は供給の条件若しくは実施についての差別的な取扱い（供給拒絶・差別的取扱い）をすることにより，供給拒絶等を受けた供給先事業者の川下市場における事業活動を困難にさせる行為
	3．排除行為となり得る非典型的な行為		
		(1) 競争者と競合する販売地域又は顧客に限定して行う価格設定行為	
		(2) 他の事業者の事業活動を妨害する行為	
		(3) 複数の行為をまとめて，一連の，かつ，一体的な排除行為と評価されるもの	
第3．「一定の取引分野における競争を実質的に制限すること」を判断するに当たっての考			
	1．「一定の取引分野」を画定するに当たっての基本的考え方と考慮要素		
		(1) 基本的考え方	
		排除型私的独占に係る「一定の取引分野」は，不当な取引制限と同様，具体的行る範囲を検討し，その競争が実質的に制限される範囲を画定して決定されるのがる商品の範囲(2)又は地理的範囲(3)がどの程度広いものであるかとの観点を考慮す	
		(2) 商品の範囲	
		ア．商品の用途の同一性	
		イ．商品の価格・数量の動き等	
		ウ．商品に関する需要者の認識・行動	
	2．「競争の実質的制限」の存否を判断するに当たっての基本的考え方と判断要素		
		(1) 基本的考え方	
		排除型私的独占に係る「競争の実質的制限」は，競争自体が減少して，特定の事件を左右することによって，市場を支配することができる状態を形成・維持・強第13号）。	
		(2) 判断要素	
		ア．行為者の地位及び競争者の状況	イ．潜在的競争圧力
		(ア) 行為者の市場シェア及びその順位	(ア) 制度上の参入障壁の程度
		(イ) 市場における競争の状況	(イ) 実態面での参入障壁の程度
		(ウ) 競争者の状況	(ウ) 参入者の商品と行為者の商品との代替性の程度

排除型私的独占ガイドラインの概要

ア．川上市場及び川下市場全体の状況 イ．川上市場における行為者及び競争者の地位 ウ．川下市場における供給先事業者の地位 エ．行為の期間 オ．行為の態様	① ぱちんこ機製造特許プール事件（平成9年8月6日勧告審決）平成9年（勧）第5号 ② 東日本電信電話事件（東京高判平成21年5月29日）平成19年（行ケ）第13号

有線ブロードネットワークス事件（平成16年10月13日勧告審決）平成16年（勧）第26号
① 東洋製罐事件（昭和47年9月18日勧告審決）昭和47年（勧）第11号
② 日本医療食協会事件（平成8年5月8日勧告審決）平成8年（勧）第14号
北海道新聞社事件（平成12年2月28日同意審決）平成10年（判）第2号
慮要素

為や取引の対象・地域・態様等に応じて，当該行為に係る取引及びそれにより影響を受け原則であるが，必要に応じて，需要者（又は供給者）にとって取引対象商品と代替性のある。

(3) 地理的範囲
　　ア．供給者の事業地域，需要者の買い回る範囲等
　　イ．商品の特性
　　ウ．輸送手段・費用等

業者又は事業者集団がその意思で，ある程度自由に，価格，品質，数量，その他各般の条化することをいう（東日本電信電話事件（東京高判平成21年5月29日）平成19年（行ケ）

ウ．需要者の対抗的な交渉力
エ．効率性
オ．消費者利益の確保に関する特段の事情

621

流通・取引慣行ガイド
（事業者間取引の継続性

行為類型	顧客獲得競争の制限	共同ボイコット	単独の直接取引拒絶	競争事業者との取引制限
黒条項	1 事業者が共同して行う顧客獲得競争制限 　(1) 取引先の制限 　(2) 市場の分割 2 事業者団体による顧客獲得競争制限	1 競争者との共同ボイコット 2 取引先事業者等との共同ボイコット 3 事業者団体による共同ボイコット	1 市場における有力な事業者が下記灰色条項の1，2の行為を行い，相手方の通常の事業活動が困難となるおそれがある場合	1 市場閉鎖的効果を生じる場合
灰色条項			1 独禁法上違法な行為の実効確保の手段たる取引拒否 2 市場における有力な事業者による独禁法上不当な目的達成の手段たる取引拒絶	1 市場における有力な事業者が競争事業者との取引制限を行う場合
白条項			1 価格，品質，サービス等の要因を考慮して，独自の判断によって，ある事業者と取引しない場合	1 独禁法上正当と認められる理由がある場合

ライン（第1部）の概要
・排他性ガイドライン）

(平成3年7月11日公表)

不当な相互取引	継続的な取引関係を背景とするその他の競争阻害行為	取引先事業者の株式取得・所有と競争阻害
1　市場閉鎖的効果を生じる場合	1　市場閉鎖の効果を生じる場合 2　継続的な取引関係を背景とする優越的地位の濫用行為	1　不公正な取引方法による取引先事業者の株式取得行為 2　優越的地位を利用して取引先事業者に自己の株式を所有させる行為 3　市場閉鎖的効果を生じさせる場合
1　購買市場における有力な事業者が不当な相互取引を行う場合 2　購買力を利用して取引を強制する場合 3　取引上優越した地位を利用して取引を強制する場合 4　任意取引であっても市場閉鎖的効果を生じさせる場合	1　対抗的価格設定による競争者との取引の制限を市場における有力な事業者が行う場合	1　株式所有を手段とする取引事業者の競争者との取引制限を市場における有力な事業者が行う場合 2　株式所有の有無を理由とする取引拒絶を市場における有力な事業者が行う場合
1　価格，品質，サービス等が最も優れているため自由に選択した結果である場合 2　独禁法上正当と認められる理由がある場合		

流通・取引慣行ガイド
（流通分野取引

行為類型	再販売価格維持行為	競争品の取扱制限	販売地域に関する制限	取引先に関する制限	選択的流通
黒条項	1　再販売価格の拘束 2　再販売価格の拘束の手段として，取引拒絶や差別取扱が行われる場合	1　市場における有力なメーカーが行い，市場閉鎖的な効果を生じる場合	1　市場における有力なメーカーが厳格な地域制限を行い，価格維持のおそれがある場合 2　市場における有力なメーカーが地域外顧客への販売制限を行い，価格維持のおそれがある場合	1　帳合取引の義務付けによって価格維持のおそれがある場合 2　仲間取引の禁止によって価格維持のおそれがある場合 3　安売りを理由とする安売り業者への販売禁止	
灰色条項					
白条項	3　正当な理由がある場合 4　メーカーの直接の取引先が単なる取次であって，実質的にメーカーが販売している場合 5　販売価格制限を伴わない流通調査		3　責任地域制 4　販売拠点制		1　設定される基準が，商品の品質保持，適切な使用の確保等，消費者の利便性から合理的理由があり，他の業者にも同等の基準が適用される場合

ライン（第2部）の概要

ガイドライン）

(平成27年3月30日改正)

小売業者の販売方法に関する制限	リベートの供与	経営に関する関与	小売業者による優越的地位の濫用
1 販売方法の制限を手段として，価格・競争品取扱・販売地域・取引先を制限する場合は，本表左の各基準のとおり 2 広告・表示の方法について価格に関する制限を課す場合	1 リベートを手段として，価格・競争品取扱・販売地域・取引先を制限する場合は，左記の各基準のとおり 2 リベートの差別的供与・払込制についても左記の各基準のとおり	1 経営に関する関与を手段として，価格・競争品取扱・販売地域・取引先を制限する場合は，左記の各基準のとおり 2 取引上の優越的地位を利用する場合	1 押し付け販売 2 返品 3 従業員等の派遣の要請・人件費負担の要請 4 協賛金等の負担要請 5 多頻度小口配送等の要請 (いずれも納入業者に不利益を与える場合)
	3 市場における有力なメーカーが占有率リベートを供与する場合 4 市場における有力なメーカーが著しく累進的なリベートを供与する場合 5 帳合取引の義務付けとなるようなリベートを供与する場合		
3 商品の安全性の確保，品質の保持，商標の信用性の維持等，合理的な理由があり，他の取引先にも同条件を課している場合			

巻末付録◇主要ガイドラインの概要

流通・取引慣行ガイド
（総代理店

競争者間の 総代理店契約	行為類型	再販売 価格制限	競争品の取扱制限	販売地域に 関する制限
1　市場におけるシェアが25％以上かつ順位が第1位の場合， 　ア　総合的事業能力の大きさ 　イ　対象商品の国内市場での地位 を重点的に考慮する	黒条項	1　再販売価格の拘束 2　再販売価格の拘束の手段として，取引拒絶等が行われる場合	1　契約終了後における競争品の取扱制限	1　市場における有力なメーカーが厳格な地域制限・地域外顧客への販売制限を行い，価格維持のおそれがある場合
2　シェア10％以上かつ第3位以内の場合， 　ア　シェア・順位・格差の程度・変化の程度 　イ　総合的事業能力 　ウ　商品のシェア・順位 　エ　競争の状況 　オ　商品財の特質等 　カ　商品の流通状況 等を総合的に考慮する	灰色条項		1　契約期間中で競争品の取扱制限で，市場における有力なメーカーが行う場合	1　市場における有力なメーカーが行う場合
3　シェア10％未満又は第4位以下 4　新商品を短期間で販売開始する場合 5　技術供与を受けて商品を製造する場合	白条項		1　契約期間中，総代理店の既取扱競争商品を制限しない場合 2　契約終了後，秘密情報の流出防止その他の正当理由がある場合	1　地域外で積極的に販売しない義務を課す場合 2　地域外の直接取引先に地域内での積極的販売を禁止する場合

ライン（第3部）の概要
ガイドライン）

(平成3年7月11日公表)

取引先に関する制限	販売方法に関する制限	その他	並行輸入の不当阻害
1　帳合取引の義務付け・仲間取引の禁止によって価格維持のおそれがある場合 2　安売りを理由とする安売り業者への販売禁止	1　販売方法の制限を手段として制限を課す場合 2　広告・表示の方法について価格に関する制限を課す場合		1　真正商品の入手妨害 2　並行輸入品取扱制限 3　並行輸入品取扱小売業者に対する販売制限 4　偽物扱い（販売妨害） 5　並行輸入品の買占め 6　修理等の拒否 7　広告宣伝活動妨害 （いずれも価格維持目的が必要）
1　総代理店に対し商品を自己又は指定する者から購入する義務を課す場合		1　最低購入数量・金額，最低販売数量・金額を設定すること 2　最善努力義務を課すこと	1　商標の信用を保持するために必要な措置をとる場合 2　修理に対応できない客観的事情がある場合の修理の拒否等

627

巻末付録◇主要ガイドラインの概要

優越的地位の濫用に関する

法2条9項5号の要件① 「自己の取引上の地位が相手方に優越していることを利用して」の意味	1 取引の一方の当事者（甲）が他方の当事者（乙）に対して，相 2 判断要素（①～④を総合的に考慮する。） 　① 乙の甲に対する取引依存度 　② 甲の市場における地位 　③ 乙にとっての取引先変更の可能性 　④ その他甲と取引することの必要性を示す具体的事実 3 優越的地位にある行為者が相手方に対して不当に不利益を課し
法2条9項5号の要件② 「正常な商慣習に照らして不当に」の意味	公正な競争秩序の維持・促進の観点から個別の事案ごとに判断され
法2条9項5号の行為類型	問題となるもの
イ　継続取引の相手方に，当該商品・役務以外の商品・役務を購入させること	取引の相手方が事業遂行上必要としない商品・役務の場合
ロ　継続取引の相手方に，経済上の利益を提供させること	1 協賛金等の負担の要請 　① 負担額，算出根拠，使途等が不明確で，あらかじめ計算できない不利益を与える場合 　② 相手方が得る直接の利益等を勘案して合理的な範囲を超えた負担となり，相手方に不利益を与える場合 2 従業員等の派遣の要請（人件費を負担させる場合も同様） 　① どのような場合にどのような条件で派遣するか不明確で，あらかじめ計算できない不利益を与える場合 　② 相手方が得る直接の利益等を勘案して合理的な範囲を超えた負担となり，相手方に不利益を与える場合 3 その他経済上の利益の提供の要請 　：正当な理由がない発注内容に含まれていない経済上の利益の無償提供の要請であって，今後の取引に与える影響を懸念して受け入れざるをえない場合
ハ　商品受領拒否・返品・支払遅延・減額その他取引の相手方に不利益となる取引条件を設定等すること	1 受領拒否 　：正当な理由がなく，今後の取引に与える影響を懸念して受け入れざるをえない場合 2 返品 　① どのような場合にどのような条件で返品するか不明確で，あらかじめ計算できない不利益を与える場合 　② 正当な理由がなく，今後の取引に与える影響を懸念して受け入れざるをえない場合 3 支払遅延 　：正当な理由がなく，今後の取引に与える影響を懸念して受け入れざるをえない場合 4 減額（仕様変更等による実質的減額も同様） 　：正当な理由がなく，今後の取引に与える影響を懸念して受け入れざるをえない場合 5 その他取引の相手方に不利益となる取引条件の設定等 　① 一方的に著しく低い又は高い対価での取引要請で，今後の取引に与える影響を懸念して受け入れざるをえない場合 　② 正当な理由のないやり直しの要請で，今後の取引に与える影響を懸念して受け入れざるをえない場合

ガイドラインの概要

優越的地位の濫用に関するガイドラインの概要

（平成22年11月30日公表）

対的に優越した地位であれば足りる。

て取引を行えば，通常，「利用して」行われた行為である。

る。

問題とならないもの
商品・役務の内容を均質にする・改善を図るなど合理的な必要性から，商品製造に必要な原材料や役務提供に必要な設備を購入させる場合
1　協賛金等の負担の要請 　：負担によって得る直接の利益の範囲内であるものとして，相手方の自由な意思によって提供される場合
2　従業員等の派遣の要請 　①　派遣によって得る直接の利益の範囲内であるものとして，相手方の自由な意思によって提供される場合 　②　派遣の条件についてあらかじめ相手方と合意し，かつ，派遣のために通常必要な費用を自己が負担する場合 3　その他経済上の利益の提供の要請 　：経済上の利益が無償で提供されるときであっても，ある商品の販売に付随して当然に提供されるものであって，当該商品の価格にそもそも反映されている場合
1　受領拒否 　①　商品の瑕疵・納期に間に合わない等相手方側の責めに帰すべき事由がある場合 　②　合意によって受領しない場合の条件を定め，その条件に従って受領しない場合 　③　あらかじめ相手方の同意を得て，かつ，受領拒否による通常損失を負担する場合 2　返品 　①　商品の瑕疵・納期に間に合わない等相手方側の責めに帰すべき事由により，商品受領の日から相当の期間内に相当と認められる数量の範囲内で返品する場合 　②　相手方との合意によって返品の条件を定め，その条件に従って返品する場合 　③　あらかじめ相手方の同意を得て，かつ，返品による通常損失を負担する場合 　④　相手方から返品の申出があり，かつ，相手方が当該商品を処分することが相手方の直接の利益となる場合 3　支払遅延 　：あらかじめ相手方の同意を得て，かつ，支払遅延による通常損失を負担する場合 4　減額 　①　商品の瑕疵・納期に間に合わない等相手方側の責めに帰すべき事由により，商品納入の日から相当の期間内に相当と認められる金額の範囲内で減額する場合 　②　対価減額要請が交渉の一環として行なわれ，その額が需給関係を反映している場合 5　その他取引の相手方に不利益となる取引条件の設定等 　①　対価要請が交渉の一環として行なわれ，その額が需給関係を反映している場合・セール等のため通常より大量に仕入れる目的で通常より低い価格で購入する場合など取引条件の違いを反映したものである場合 　②　取引条件に満たない場合・あらかじめ相手方の同意を得てやり直しによる通常損失を負担する場合・仕様確定のために試作品のやり直しを要請しその費用が当初の対価に含まれている場合

共同研究開発

研究開発の共同化自体の考え方	実施の取決めの類型	共同研究開発の実施に関する事項
1　参加者の当該製品の市場シェアの合計が20％を超える場合， 　①　参加者の数，市場シェア等 　②　研究の性格 　③　共同化の必要性 　④　対象範囲，期間等 を総合的に勘案して判断する。	黒条項	1　共同研究開発のテーマ以外のテーマの研究開発制限 2　共同研究開発終了後の同一のテーマの研究開発制限 3　既有の技術の自らの使用，第三者への実施許諾等の制限 4　共同研究開発の成果に基づく製品以外の競合製品等の生産・販売活動制限
2　参加者のシェアの合計が相当程度高く，規格の統一又は標準化につながる等不可欠な技術の開発を目的とする共同研究開発においてある事業者が参加を制限され，その事業活動が困難となり，市場から排除されるおそれがある場合	灰色条項	1　技術等の流用防止に必要な範囲を超えて，他の参加者から開示された技術等を共同研究開発以外のテーマに使用することの制限 2　共同研究開発の実施に必要な範囲を超えて，共同研究開発の目的技術と同種技術を他から導入することの制限
1　参加者の当該製品の市場シェアの合計が20％以下である場合 2　参加を制限された事業者に当該共同研究開発の成果に関するアクセスが保証され，その事業活動が困難になるおそれがない場合	白条項	1　研究開発の目的，期間，分担等の取決め 2　共同研究開発に必要な技術等情報の参加者間の開示義務 3　2の開示情報に関する秘密保持義務 4　2以外に他の参加者から得た情報のうちで特に秘密とされているものの秘密保持義務 5　分担研究の進捗状況の参加者間での報告義務 6　2の開示情報の共同研究開発のテーマ以外への流用制限 7　共同研究開発実施期間中の同一テーマの研究開発制限 8　紛争防止・研究開発専念の目的のために必要な共同研究開発実施期間中の密接に関連するテーマの研究開発制限 9　紛争防止・研究開発専念の目的のために必要な共同研究開発終了後合理的期間内の同一・関連テーマの研究開発制限 10　研究開発専念の目的のために必要な共同研究開発期間中の同種技術の導入制限 11　共同研究開発への他の事業者の参加制限

ガイドラインの概要

(平成5年4月20日公表)

共同研究開発の成果である 技 術 に 関 す る 事 項	共同研究開発の成果である技術を 利 用 し た 製 品 に 関 す る 事 項
1　成果を利用した研究開発の制限 2　成果の改良発明等の他の参加者への譲渡義務・独占的実施許諾義務	1　成果に基づく製品の第三者への販売価格制限
	1　成果に基づく製品の生産・販売地域制限 2　成果に基づく製品の生産・販売数量制限 3　成果に基づく製品の販売先制限 4　成果に基づく製品の原材料・部品の購入先制限 5　成果に基づく製品の品質・規格制限
1　成果の定義・帰属の取決め 2　成果の第三者への実施許諾制限 3　成果の第三者への実施許諾料の分配等の取決め 4　成果に係る秘密保持義務 5　成果の改良発明等の他の参加者への開示義務・他の参加者への非独占的実施許諾義務	1　成果であるノウハウの秘密性保持のために必要な合理的期間に限定した，成果に基づく製品の販売先についての他の参加者・その指定事業者への制限 2　成果であるノウハウの秘密性保持のために必要な場合，成果に基づく製品の品質確保に必要な場合，合理的期間に限定した，成果に基づく製品の原材料・部品の購入先についての他の参加者・その指定事業者への制限 3　成果に基づく製品について他の参加者から供給を受ける場合，成果である技術の効用確保のために必要な範囲内での供給を受ける製品の一定以上の品質・規格維持義務

企業結合ガイドライン

類型	株式保有	役員兼任
審査の対象となる場合	1　議決権保有比率＝50％超 2　議決権保有比率＝10％超＋順位＝単独1位 3　議決権保有比率＝10％超＋順位＝第3位以内のとき：次の事項を考慮。 　① 議決権保有比率の程度 　② 議決権保有比率の順位，株主間の議決権保有比率格差，株主の分散の状況その他の株主相互間関係 　③ 株式発行会社が株式所有会社の議決権を有しているかなどの当事会社相互間関係 　④ 一方の当事会社の役員・従業員が，他方の当事会社の役員となっているか否かの関係 　⑤ 当事会社間の取引関係（融資関係を含む） 　⑥ 当事会社間の業務提携，技術援助その他の契約，協定等の関係 　⑦ 当事会社と既に結合関係が形成されている会社を含めた上記①～⑥の事項 　⑧ 共同出資会社の場合は，当事会社間の取引関係，業務提携その他の契約等の関係を考慮する。	1　兼任当事会社のうちの1社の役員総数に占める他の当事会社の役員・従業員の割合が過半である場合 2　兼任する役員が双方に代表権を有する場合 3　上記以外の場合，次を考慮。 　① 常勤又は代表権のある取締役による兼任か否か 　② 兼任当事会社のうちの1社の役員総数に占める他の当事会社の役員・従業員の割合 　③ 兼任当事会社間の議決権保有状況 　④ 兼任当事会社間の取引関係（融資関係を含む），業務提携等の関係
通常，審査の対象とならない場合	1　株式発行会社の総株主の議決権のすべてをその設立と同時に取得する場合 2　株式所有会社と株式発行会社が同一の企業結合集団に属する場合（ただし，当事会社の属する企業結合集団に属する会社等以外の他の株主と当該企業結合集団に属する会社等との間に結合関係が形成・強化される場合には対象となる。）	1　代表権のない者のみによる兼任であって，兼任当事会社のいずれでも役員総数に占める他の当事会社の役員・従業員の割合が10％以下である場合 2　議決権保有比率が10％以下の会社間における常勤取締役でない者のみによる兼任であって，兼任当事会社のいずれでも役員総数に占める他の当事会社の役員・従業員の割合が25％以下である場合 3　兼任当事会社が同一の企業結合集団に属する場合（ただし，当事会社の属する企業結合集団に属する会社等以外の他の株主と結合関係が形成・強化される場合には対象となる。）

企業結合ガイドラインの概要（審査の対象）

の概要（審査の対象）

（平成23年6月14日改定）

合　　併	分　　割	共同株式移転	事業譲受け等
下記以外のすべての場合	下記以外のすべての場合	下記以外のすべての場合	下記以外のすべての場合
1　専ら会社を組織変更する目的で行う合併 2　すべての合併をしようとする会社が同一の企業結合集団に属する場合	1　共同新設分割・吸収分割の場合で、分割対象部分が事業を承継させようとする会社の年間売上高に占める承継対象部分の割合が5％以下かつ年間売上高が1億円以下の場合 2　すべての共同新設分割・吸収分割をしようとする会社が同一企業結合集団に属する場合（ただし、当事会社の属する企業結合集団に属する会社等以外の他の株主と結合関係が形成・強化される場合には対象となる。）	1　すべての共同株式移転をしようとする会社が同一の企業結合集団に属する場合（ただし、当事会社の属する企業結合集団に属する会社等以外の他の株主と結合関係が形成・強化される場合には対象となる。）	1　譲渡対象部分が譲渡しようとする会社の年間売上高に占める割合が5％以下かつ年間売上高が1億円以下の場合を除く、下記以外のすべての場合 2　100％出資による分社化のために行われる事業・事業上の固定資産の譲受け 3　事業等の譲受けをしようとする会社と事業等の譲渡をしようとする会社が同一の企業結合集団に属する場合（ただし、当事会社の属する企業結合集団に属する会社等以外の他の株主と結合関係が形成・強化される場合には対象となる。）

巻末付録◇主要ガイドラインの概要

大規模小売業ガイドラインの概要

(平成23年6月23日改正)

第1　大規模小売業者及び納入業者の定義

1　備考第1項（大規模小売業者の定義）

大規模小売業者とは，一般消費者により日常使用される商品の小売業を行う者であって，次の①又は②のいずれかに該当する者。

- 実態として消費者に販売している生協，農協も該当。
- サービス提供事業で商品を販売していても，その販売が客観的にみて当該サービス提供事業の付随的業務であれば，該当しない。
- 「小売業を行う者」には中小小売商業振興法に規定する特定連鎖化事業を行う者を含む。
  → 中小小売商業振興法に規定する特定連鎖化事業を行う者　【例】コンビニエンスストア（フランチャイザー（本部）がフランチャイジー（加盟者）に特定の商標等を与え加盟者の物品販売等に統一的な方法で統制，指導，援助を行い，本部と加盟者が特定商標の下に一体となって，消費者に実質的に小売業を行っていると認められる場合の本部）

①前年度の総売上高が100億円以上

②一定以上の店舗面積を有すること
- 「店舗面積」は大規模小売店舗立地法2条1項の「店舗面積」の範囲の考え方と同じ。

2　備考第3項（納入業者の定義）

(1)　納入業者とは

大規模小売業者又はその加盟者が自ら販売し，又は委託を受けて販売する商品を当該大規模小売業者又は当該加盟者に納入する事業者（取引上の地位が当該大規模小売業者に対し劣っていないと認められる者を除く。）をいう。

- 「商品を納入する事業者」には商品の引渡しを内容とする事業者で実質的取引関係が認められる事業者を含む。　【例】大規模小売業者と製造業者間で実質的取引条件の交渉があり卸売業者が決められた条件で商品を納入する場合，卸売業者のほか製造業者も該当。
- 大規模事業者からみて買取仕入れ，委託仕入れ又は売上仕入れにより納入を受ける場合の納入する事業者は該当する。
- 大規模事業者が社内事務で使用する商品を納入する事業者は該当しない。

(2)　「取引上の地位が当該大規模小売業者に対し劣っていないと認められる者」の判断基準

①納入業者の大規模小売業者に対する取引依存度

一般的には取引額/納入業者の売上高　納入業者の取り扱う商品が多様であれば商品群ごとにみる。

②大規模小売業者の市場における地位
　【例】シェア，順位

③納入業者の取引先変更の可能性
　他の事業者との取引開始・拡大の可能性，取引に関連した投資等

④納入業者の取引の必要性を示す具体的事実
　納入業者の売上高　大規模小売業者にとっての取引の重要性

を総合的に判断する。

第2　禁止行為について

1　告示第1項（不当な返品）

(1) 原則

大規模小売業者が「納入業者から購入した商品の全部又は一部を当該納入業者に対して返品すること」は禁止。→購入契約を委託販売契約に切り替えての返品，他の商品との返品を含む。
【例】・展示に用い汚損した商品　・貼付済みの小売用値札を商品を傷めずに剥がすことが困難な商品　・大規模小売業者が独自に定めたより短い賞味期限が経過した商品　・大規模小売業者のプライベート・ブランド商品　・月末又は期末の在庫調整のための返品　・セール終了後の売れ残りを理由とする返品

(2) 例外　返品が認められるのは

①「納入業者の責めに帰すべき事由がある場合」(1号)
　・商品に瑕疵が有る場合　・注文した商品と異なる場合　・納期に間に合わないと販売目的を達成できない場合→いずれも「商品を受領した日から相当の期間内に」，「相当と認められる数量の範囲内」での返品に限る。

②「商品の購入に当たって納入業者との合意により返品の条件を定め，その条件に従って返品する場合」(2号)
　購入に当たっての合意　→×購入後の合意
　十分な協議のうえ納入業者が納得した合意　→×形式的な合意
　一定の期間・数量の範囲内の返品＋大規模小売業者と納入業者以外の一般の卸売取引で正常な商慣習となっていること。

③「あらかじめ納入業者の同意を得て，かつ，商品の返品によって当該納入業者に通常生ずべき損失を大規模小売業者が負担する場合」(3号)
　→納入業者が納得して合意していること，納入業者が同意の是非を検討しうる時間的余裕を要する

→「通常生ずべき損失」とは，返品により発生する相当因果関係の範囲内の損失
【例】当該商品の市況下落・時間経過による商品の使用期限短縮に伴う商品価値減少に相当する費用，当該商品の返品に伴う物流の費用，当該商品の廃棄に要する費用

④「納入業者から商品の返品を受けたい旨の申出があり，かつ，当該納入業者が当該商品を処分することが当該納入業者の直接の利益となる場合」(4号)
【例】新商品の販売促進のため，大規模小売業者の店舗で売れ残っている旧商品を回収した方が納入業者の利益となる場合

2　告示第2項（不当な値引き）

大規模小売業者が納入業者の責めに帰すべき事由がある場合を除いて，当該「納入業者から商品を購入した後において，当該商品の納入価格の値引きを当該納入業者にさせることを」を禁止する。
【例】・セールで値引きしたことを理由に，値引販売価格相当額を納入業者に値引きさせること。
・在庫商品につき従来値引販売しているところ，値引販売に伴う利益の減少に対処するため，必要な額を納入業者に値引きさせること。
・毎月一定の利益率を確保するため，当該利益率の確保に必要な金額を計算し，それに相当する額を納入業者に値引きさせること。
→大規模小売業者が商品の納入を受ける前でも口頭，書面を問わず売買契約成立後は「購入した後」になる。
→「当該商品の納入価格の値引きを当該納入業者にさせること」には，特定連鎖化事業を行う大規模小売業者が加盟者が購入した商品の納入価格の値引きを納入業者にさせることを含む。

3　告示第3項（不当な委託販売取引）

大規模小売業者が納入業者に対して，「正常な商慣習に照らして納入業者に著しく不利益となるような条件」で委託販売取引をさせることを禁止
→「正常な商慣習に照らして納入業者に著しく不利益となるような条件」とは，買取仕入を委託仕入れに変更した場合に，売れ残りリスクがなくなるにもかかわらず，委託手数料を買取仕入の粗利と同じくする等。

4　告示第4項（特売商品等の買いたたき）

大規模小売業者が購入する商品について，「自己等への通常の納入価格に比べて著しく低い価格を定め」て納入させることを禁止
→「著しく低い価格を定め」て納入させているかは，通常の納入価格とのかい離の状況を中心に，納入業者の仕入れコスト，他社の仕入価格，納入業者との協議状況を勘案して判断する。

　　　　　　　　　　　　　　　　　　　　　　　　　　　大規模小売業ガイドラインの概要

	【例】自社セール用商品につき，納入業者と協議せず，納入業者の仕入価格を下回る納入価格を定め，その価格での納入を一方的に指示し，自社の通常の納入価格に比べて著しい価格で納入させる。
5	告示第5項（特別注文品の受領拒否）
	大規模小売業者がプライベート・ブランド商品など特別な規格等を指定した上で，納入させることを契約した後に商品の受領を拒否することの禁止（納入業者に帰責事由がある場合，又はあらかじめ当該納入業者の同意を得て，かつ，商品の受領拒絶によって納入業者に通常生ずべき損失を大規模小売業者が負担する場合を除く。） →「特別の規格，意匠，型式等を指示して」納入させる商品には，プライベート・ブランドのほか，大規模小売業者が納入業者に特別に仕様を指示して納入させる商品が該当。 【例】発注したプライベート・ブランド商品を売れ行き不振，売り場改装や棚替えに伴い不要になったことを理由に受領拒絶する。 →「納入業者の責めに帰すべき事由」とは，商品に瑕疵がある場合，注文した商品と異なる場合，納期に間に合わなければ販売目的が達成できない場合等をいう。 →「通常生ずべき損失」とは，受領拒否により発生する相当因果関係の範囲内の損失をいう。
6	告示第6項（押し付け販売等）
	大規模小売業者が取引関係を利用して，納入業者が購入等を希望しないにもかかわらず，「自己の指定する商品を購入させ，又は役務を利用させること」を禁止（正当理由がある場合を除く） →「正当理由がある場合」の例としては，プライベート・ブランド商品の製造委託に際し，商品内容の均質など合理的な理由から原材料を購入させる場合 →「自己の指定する」の例としては，大規模小売業者自ら販売する商品だけでなく，自己の関連会社の商品を指定する場合を含む。 【例】・仕入担当者等仕入に影響を及ぼし得る者が購入要請すること。 ・あらかじめ仕入部門ごとに販売目標数を定め，納入業者を対象とする新商品展示販売会を開催し，仕入担当者が購入を要請すること。 ・購入意思がないとの意思表明があった場合，表明がなくとも明らかに購入する意思がないと認められる場合に，重ねて購入要請し，又は商品を一方的に送付すること。 ・購入しなければ今後の納入取引に影響すると受け取られる要請をし，又はそのように受け取られるような販売の方法を用いること。
7	告示第7項（納入業者の従業員等の不当使用等）
	(1) 原則

637

	大規模小売業者が，自己の業務のために納入業者に従業員等を派遣させて使用すること又は自らが雇用する従業員等の人件費を納入業者に負担させることを禁止 【例】・自社店舗の新規オープンに際し，あらかじめ納入業者の同意を得ず一方的に，当該納入業者が納入する商品の陳列補充作業を行うよう要請し，その従業員を派遣させること。 ・自社店舗の改装オープンに際し，当該納入業者の納入商品のみの販売業務に従事させることを条件として従業員を派遣させることにしながら，他社の商品の販売業務に従事させること。 ・自社の棚卸業務のために，派遣費用を負担せずに当該業務を行うよう納入業者に要請し，派遣させること。 ・大規模小売業者が従業員の派遣費用を負担する場合に，個々の納入業者の事情により交通費，宿泊費等の費用が発生するにもかかわらず，一律に日当額を定め，費用を負担することなく，派遣させること。 ・自社の棚卸業務のため雇用したアルバイトの賃金を納入業者に負担させること。 →「従業員等」には，納入業者が委託した派遣労働者，大規模小売業者から紹介を受けた派遣労働者等を含む。
(2)	例外
	①「あらかじめ納入業者の同意を得て，その従業員等を当該納入業者の納入に係る商品の販売業務（中略）のみに従事させること」(1号) 　→「販売業務」とは，主として接客業務をいい，例外的に商品の陳列業務及び補充業務が含まれることがある。 　　→「販売業務」に含まれる陳列業務及び補充業務とは，店舗の開店・改装時における納入業者の納入した商品の陳列及び商品の品出し，接客業務に伴う商品の補充等。納入業者の従業員等が有する販売に関する技術又は能力が当該業務に有効に活用されることにより，当該納入業者に直接の利益となる場合に認められる。 　→納入業者の従業員等が大規模小売業者の店舗に常駐している場合には，販売業務に加え棚卸業務に従事させることも可。 ②「派遣の条件についてあらかじめ納入業者と合意し，かつ，その従業員等の派遣のために通常必要な費用を大規模小売業者が負担する場合」(2号) 　→直前でなく納入業者が検討できる十分な時間的余裕を設け，派遣を求める都度，派遣内容に応じ派遣条件について合意すること。

8　告示第8項（不当な経済上の利益の収受等）

大規模小売業ガイドラインの概要

	大規模小売業者が，納入業者に対し，本来当該納入業者が提供する必要のない金銭等を提供させること及び納入業者の商品の販売促進に一定程度つながるような協賛金や納入業者のコスト削減に寄与するような物流センターの使用料等であっても，納入業者が得る利益等を勘案して合理的であると認められる範囲を超えてこれらを提供させることを禁止 【例】・大規模小売業者の決算対策のために協賛金を要請し，納入業者に負担させること。 ・店舗新規オープンに際し，事前に協賛金の額等について明確にせず，一定期間，納入金額の一定割合相当額を協賛金として負担させること，等 →「本来当該納入業者が提供する必要のない金銭」とは，決算対策協賛金，納入業者の販売促進に直接寄与しない催事，売場の改装，広告等のための協賛金等 →「納入業者等が得る利益等を勘案して合理的であると認められる範囲を超えて」提供させる「金銭，役務その他の経済上の利益」とは，納入業者の販売促進に一定程度つながる協賛金や多頻度小口配送等でも，納入業者等が得る利益等を勘案して合理的であると認められる範囲を超えているもの。
9	告示第9項（要求拒否の場合の不利益な取扱い）
	前項までの要求を拒否した納入業者に対し，代金の支払遅延，取引停止等の不利益な取扱いを禁止 【例】・従業員の派遣要請を拒否した納入業者に対し，それを理由に一方的にこれまで仕入れていた商品の一部の発注を停止すること。 ・決算対策協賛金の負担を拒否した納入業者に対し，拒否したことを理由に一方的に，仕入数量を減らすこと。
10	告示第10項（公正取引委員会への報告に対する不利益な取扱い）
	納入業者が公正取引委員会に前項までの事実を知らせ，又は知らせようとしたことを理由とする代金の支払遅延，取引停止等の不利益な取扱いを禁止 →知らせる手段は，書面，口頭を問わない。書面調査に協力することも該当。

知財ガイドラインの概要
（私的独占及び不当な取引制限の観点からの考え方）

（平成28年1月21日改正）

行為類型	技術を利用させないようにする行為	技術の利用範囲を制限する行為	技術の利用に関し制限を課す行為
黒行為			1　製品規格等に係る技術等の必要不可欠な技術について，他の事業者にライセンスする際，技術の代替技術を開発することを禁止する行為（支配） 2　代替技術を採用することを禁止する行為（排除）
灰色行為	1　パテントプールの形成事業者が，ライセンスを合理的理由なく拒絶する行為（排除） 2　有力な技術について，当該技術の権利を取得した事業者が，ライセンスを拒絶する横取り行為（排除） 3　競争者が利用する可能性のある技術に関する権利を網羅的に集積し，ライセンスを拒絶する買い集め行為（排除） 4　規格を共同で策定している場合，不当な手段を用いて規格採用させて，ライセンスを拒絶する行為（排除） 5　FRAND宣言をした標準規格必須特許を有する者がFRAND条件でライセンスを受ける意思を有する者にライセンスを拒絶する等又はFRAND宣言を撤回してライセンスを拒絶する等の行為（排除） 6　競争事業者がパテントプールを形成し，他の事業者へのライセンスを合理的理由なく拒絶する行為（不当な取引制限） 7　関与事業者の合算シェアが高い場合において，クロスライセンスにおいて，他の事業者へのライセンスを行わないことを共同で取り決める行為（不当な取引制限）	1　技術を利用できる範囲を指示して守らせる行為（支配） 2　パテントプール（不当な取引制限） ①　代替技術の権利者がライセンス条件を共同で取り決める行為 ②　代替技術の権利者がプール技術の改良を相互に制限する行為 ③　代替技術の権利者がライセンスの相手先を相互に制限する行為 ④　競争事業者がプールを形成し，製品の対価・数量・供給先等を共同で取り決める行為 3　マルティプルライセンス（不当な取引制限） ①　共通の制限を受けるとの認識の下，技術利用の範囲・製品の販売価格・販売数量・販売先等を制限する行為 ②　共通の制限を受けるとの認識の下，技術の改良・応用研究，その成果のライセンス先，代替技術の採用等を制限する行為 4　関与事業者の合算シェアが高い場合，クロスライセンスにおいて，製品の対価・数量・供給先等を共同で取り決める行為（不当な取引制限）	1　マルティプルライセンスを行い，当該技術を用いて供給する製品の販売価格，販売数量，販売先等を指示して守らせる行為（支配） 2　製品規格等に係る技術等の必要不可欠な技術について，ライセンスする際，合理的理由なく当該技術以外の技術についてもライセンスを受けるよう義務を課す行為（支配・排除） 3　製品規格等に係る技術等の必要不可欠な技術について，ライセンスする際，合理的理由なくライセンサーの指定する製品を購入するように義務を課す行為（支配・排除）
白行為	1　他の事業者に技術利用のライセンスを行わない行為 2　ライセンスを受けずに技術を利用する事業者に対して差止請求訴訟を提起する行為	1　他の事業者に技術を利用する範囲を限定してライセンスする行為	

知財ガイドラインの概要
（不公正な取引方法の観点からの考え方）

（平成28年1月21日改正）

行為類型	技術を利用させないようにする行為	技術の利用範囲を制限する行為	技術の利用に関し制限を課す行為
黒行為		1　輸出価格の制限	1　販売価格・再販売価格の制限 2　その他 　①　研究開発活動の制限 　②　改良技術の譲渡義務・独占的ライセンス義務
灰色行為	1　代替困難を知ってライセンスを拒絶する行為 2　不当な手段によりライセンスを拒絶する行為 3　差別的にライセンスを拒絶する行為 4　FRAND宣言をした標準規格必須特許を有する者がFRAND条件でライセンスを受ける意思を有する者にライセンスを拒絶する等又はFRAND宣言を撤回してライセンスを拒絶する等の行為	1　製造数量・技術の使用回数の上限設定 2　還流防止のための輸出数量の制限 3　指定事業者を通じて輸出する相手方の制限	1　原材料・部品の品質・購入先の制限 2　販売に係る制限 　①　国内消尽後の制限 　②　販売の相手方の制限 3　競争品の製造・販売、競争者との取引の制限 4　不争義務 5　その他 　①　一方的解約条件 　②　技術の利用と無関係なライセンス料の設定 　③　権利消滅後の制限 　④　一括ライセンス 　⑤　既存応用技術のプラットフォーム機能取込み 　⑥　非係争義務 　⑦　改良技術の共有義務 　⑧　改良技術のライセンス先の制限
白行為		1　権利の一部の許諾 　①　区分許諾 　②　技術の利用期間の制限 　③　技術の利用分野の制限 2　製造に係る制限 　①　製造できる地域の制限 　②　製造数量・技術の使用回数の制限 3　輸出に係る制限 　①　輸出の禁止 　②　輸出地域の制限 4　サブライセンス先の制限	1　販売に係る制限 　①　販売できる地域の制限 　②　販売できる数量の制限 　③　特定商標の使用義務付け 2　ノウハウ秘密性保持のための競争品の製造制限等（契約終了後でも短期間なら同様） 3　その他 　①　最善実施努力義務 　②　ノウハウの秘密保持義務 　③　権利の有効性を争った場合の契約解除 　④　非独占的ライセンスの非係争義務 　⑤　ノウハウ流出防止のための研究開発制限 　⑥　改良技術の相応の対価での譲渡義務 　⑦　改良技術の非独占的ライセンス義務 　⑧　取得知識・経験の報告義務

巻末付録◇主要ガイドラインの概要

入札ガイドラインの概要

(平成6年7月5日公表)

行為類型	受注者の選定に関する行為	入札価格に関する行為	受注数量等に関する行為	情報の収集・提供,経営指導等
黒活動	1　受注予定者の決定 ［留意事項］ -1　受注意欲の情報交換 -2　指名回数,受注実績等に関する情報の整理・提供 -3　入札価格の調整 -4　他の入札参加者等への利益供与 -5　受注予定者の決定への参加要請,強要	1　最低入札価格等決定 ［留意事項］ -1　入札価格の情報交換	1　受注数量割合等の決定	［留意事項］ 1-1　受注意欲の情報交換 -2　指名回数,受注実績等に関する情報の整理・提供 2　入札価格の情報交換
灰色活動	1　指名や入札参加予定に関する報告 2　共同事業体の組合せに関する情報交換 3　特別会費,賦課金等の徴収	1　入札の対象となる商品・役務の価格水準に関する情報交換		1　指名や入札参加予定に関する報告 2　共同事業体の組合せに関する情報交換 3　入札の対象となる商品・役務の価格水準に関する情報交換
白活動	1　発注者に対する入札参加意欲説明 2　自己の判断による入札辞退	1　積算基準の調査 2　標準的な積算方法作成	1　官公需受注実績等の概括的公表	1　入札の一般的情報提供等 2　官公需受注実績等の概括的公表 3　平均的経営指標の提供等 4　物件内容,必要技術力の程度等の情報提供等 5　経常共同企業体の組合せに関する情報提供 6　共同企業体の相手方の選定のための情報聴取等 7　発注者へ参加意欲説明 8　標準的積算方法作成等 9　経常共同企業体運営指針の作成・提供 10　積算基準の調査 11　独禁法知識の普及活動 12　契約履行の必要性啓蒙 13　国,地方公共団体等に対する要望・意見表明 14　発注者に対する技術に関する情報の一般的説明

キーワード索引

あ行

意見聴取規則	Q19
意見聴取手続	Q1, Q19
意思の連絡	Q10, Q34, Q35
著しい損害	Q32
一定の取引分野	Q6
——の画定	Q37
一手販売権	Q56
一店一帳合制	Q50
一般指定	Q11
営業停止	Q35
影響要件	Q44
SSNIPテスト→仮定的独占者テスト	
押収書類の閲覧謄写	Q28
押し付け販売	Q52

か行

会社分割	Q14
ガイドライン	Q39, Q40
価格・費用基準	Q44
価格カルテル	Q10, Q34
価格制限行為	Q39
確約手続	Q16
加重算定率	
違反行為を繰り返した事業者に対する——	Q22, Q24
違反行為を主導した事業者に対する——	Q22
課徴金	Q21
課徴金減免（リーニエンシー）制度	Q23
課徴金減免申請	Q28
合併	Q14
仮定的独占者テスト	Q6
株式移転	Q14
株式取得	Q13
株式保有	Q13
株主代表訴訟	Q31, Q35
仮の差止め	Q26
考え方	Q27
間接的な拘束	Q48
規格の統一・標準化	Q66
企業結合	Q13, Q14
企業結合ガイドライン	Q13, Q37, Q38
企業結合審査の対象	Q37
技術市場	Q66
技術の移転コスト	Q66
基礎研究・応用研究・開発研究	Q66
ぎまん的顧客誘引	Q45
協賛金の強要	Q52
供述聴取	Q18, Q28
行政事件訴訟法	Q26
行政手続法	Q27
競争者に対する取引妨害	Q54
競争促進効果	Q8
競争の実質的制限	Q4, Q34, Q35, Q37
競争品の取扱い制限	Q50, Q60
共同研究開発	Q36

643

キーワード索引

──の競争促進的な側面と競争制限的な側面 ················ Q66
──の実施に伴う取決め ········ Q66
共同行為 ······························· Q10
共同購入 ······························· Q36
共同事業 ······························· Q38
共同出資会社 ························ Q38
共同生産 ······························· Q36
共同の供給拒絶 ····················· Q41
共同の取引拒絶 ····················· Q41
──に係る課徴金 ················ Q25
共同販売 ······························· Q36
業務提携 ······························· Q36
玉の融通 ······························· Q36
規律（立法）管轄権 ············· Q16
金融商品取引法 ····················· Q45
国・地方公共団体・公営事業等と事業者性 ································ Q 3
クロスライセンス ········· Q12, Q64
軽減算定率
　小売業・卸売業に対する── ······ Q21
　中小企業に対する── ······· Q21
　調査開始前に短期間で違反行為をやめた事業者に対する── ············· Q22
警　　告 ······························· Q18
刑事罰 ···································· Q20
景品表示法 ···························· Q45
契約の成立の阻止 ················· Q54
契約の不履行の誘引 ·············· Q54
研究開発の制限 ····················· Q67
原告適格 ······························· Q26
原材料の購入先の制限 ·· Q62, Q67
権利の行使と認められる行為 ····· Q12
権利の消尽 ···························· Q12
効果主義 ······························· Q16
公共の利益に反して ······ Q 4, Q 9
抗告訴訟 ······························· Q26
広告費の強制負担 ················· Q65

公正競争阻害性 ············ Q 5, Q11
公正取引委員会の組織と権限 ······ Q17
拘束条件付取引 ············ Q33, Q64
合弁会社 ······························· Q38
合弁事業 ······························· Q14
告　　発 ······························· Q20

さ行

再販売価格維持行為 ·············· Q56
再販売価格の拘束に係る課徴金 ····· Q25
裁量処分 ······························· Q26
差止め ···································· Q32
──の訴え ························· Q26
差別対価 ······························· Q42
──に係る課徴金 ················ Q25
差別的取扱い ························ Q43
参入制限行為 ························ Q40
三本柱 ···································· Q 2
事業支配力の過度の集中 ······ Q13
事業者 ···································· Q 3
事業者団体 ············· Q 3, Q39, Q40
事業者団体ガイドライン ······ Q36
事業譲受け ···························· Q14
自主規制 ······························· Q40
市　　場 ······················· Q 6, Q37
──における有力な事業者 ···· Q56
市場支配力の形成・維持・強化 ··· Q 4
事前相談制度 ························ Q 7
下請法 ···································· Q 2
執行管轄権 ···························· Q16
執行停止 ······························· Q26
実施許諾の制限 ····················· Q67
実質的証拠法則 ····················· Q 1
私的独占 ······················· Q 9, Q64
──に係る課徴金 ················ Q24
──の事例 ························· Q 9
支配型私的独占 ············ Q 9, Q24

支配行為 …………………………… Q9
私法上の効力 ………………………… Q32
指名停止 ……………………………… Q35
11条ガイドライン …………………… Q13
証拠の閲覧・謄写 …………………… Q19
消費税転嫁対策特別措置法 ………… Q15
商　標 ………………………………… Q65
商品範囲 ……………………………… Q6
情報活動 ……………………………… Q39
情報交換 ……………………………… Q36
申　告 ………………………………… Q9
審　査 ………………………… Q17，Q18
審　判 …………………… Q1，Q17，Q19
垂直的制限行為 ……………………… Q8
水平型企業結合 ……………………… Q37
数量カルテル ………………………… Q10
スタンドアローンコスト …………… Q44
制　裁 ………………………………… Q35
正常な商慣習 ………………………… Q45
　　――に照らして不当に ……… Q5，Q11
正当化理由 …………………… Q4，Q5
正当な理由がないのに ………… Q5，Q11
セーフハーバー ……………………… Q12
選択的流通 …………………… Q8，Q51
専売店制 ……………………………… Q47
専門化協定 …………………………… Q36
占有率リベート ……………………… Q55
相互拘束 ……………………… Q10，Q34
属地主義 ……………………………… Q16
その他の取引強制 …………………… Q46
損害賠償 ……………………………… Q35
損失補塡 ……………………………… Q45

た行

抱き合わせ販売 ……………………… Q46
立入検査 ……………………… Q18，Q28
談　合 ………………………………… Q10

単独の取引拒絶 ……………………… Q41
知財ガイドライン … Q12，Q60，Q61，
　　Q62，Q63，Q64
知的財産の利用に関する独占禁止法上の
　　指針→知財ガイドライン
知的財産権の行使 …………………… Q15
注　意 ………………………………… Q18
中小企業等の組合の行為 …………… Q15
帳合取引 ……………………………… Q50
長期購買契約 ………………………… Q33
地理的範囲 …………………………… Q6
TPP …………………………………… Q16
適用除外 ……………………………… Q2
適用除外制度 ………………………… Q15
特殊指定 ……………………………… Q52
独占禁止法の域外適用 ……………… Q16
独占的状態に対する措置 …………… Q9
特　許 …………… Q60，Q61，Q63，Q64
特許権消滅後の実施制限 …………… Q61
特許権消滅後のライセンス料請求 … Q61
取消訴訟 ……………………… Q1，Q26
取締役の責任 ………………………… Q31

な行

入札参加資格停止 …………………… Q35
入札談合 ……………………………… Q35
入札適正化法 ………………………… Q35
ノウハウ ……………………………… Q62

は行

パーカー事件 ………………………… Q57
ハードコアカルテル ………………… Q4
ハーフィンダール・ハーシュマン指数
　　（HHI） ……………………………… Q37
排除型私的独占 ……… Q9，Q24，Q33，
　　Q55

645

キーワード索引

排除型私的独占ガイドライン	Q24
排除行為	Q9
排除措置命令	Q18
排除措置命令等の確定	Q30
排他条件付取引	Q33, Q47, Q50, Q51
排他的リベート	Q55
パテントプール	Q12, Q64, Q68
反競争的行為に関する協定・取決め・覚書	Q16
犯則調査	Q20, Q28
販売価格の制限	Q60, Q67
販売先の制限	Q65, Q67
販売地域の制限	Q51, Q60, Q67
販売方法の制限	Q51
非ハードコアカルテル	Q4, Q36
標準化活動	Q68
標準化に伴うパテントプールの形成等に関する独占禁止法上の考え方	Q68
標準規格	Q68
標準規格必須特許	Q12, Q68
不公正な取引方法	Q6, Q11, Q42, Q43, Q45, Q46, Q59
不正競争防止法	Q12
不争義務	Q63
不争条項	Q63
不当な取引制限	Q10, Q64
——に係る課徴金	Q22, Q23
不当な利益による顧客誘引	Q45
不当に	Q5, Q11
不当廉売	Q42
——に係る課徴金	Q25
ブランド・イメージ	Q58
FRAND宣言	Q12, Q66, Q68
並行輸入	Q57
並行輸入品の不当阻害	Q56
平成25年改正法	Q1, Q19
報告	Q29
報告者に対する通知	Q29

ま行

マルティプルライセンス	Q12
民法709条	Q30
無過失責任	Q30
無効審判の申立て	Q63
持株会社	Q13

や行

役員兼任	Q14
安売り業者	Q48
優越的地位の濫用	Q33, Q49, Q52, Q53, Q58
——に係る課徴金	Q25
優越的地位濫用ガイドライン	Q53
輸入総代理店契約	Q57

ら行

ライセンス期間終了後の制限	Q62
リスクと計算	Q49
リベート	Q43, Q55
略奪価格設定行為	Q44
流通・取引慣行ガイドライン	Q11, Q47, Q65
流通調査	Q8, Q48
理由の差替え	Q26
累進的リベート	Q55

判審決例索引

■最高裁判所

最決昭27・10・15民集6―9―827〔行政処分執行停止申請事件〕	**Q26**
最判昭39・10・29民集18―8―1809〔ごみ焼場設置条例無効確認等請求事件〕	**Q26**
最判昭42・4・21裁判集民事87―237〔行政処分取消請求事件〕	**Q26**
最判昭47・11・16民集26―9―1573〔エビス食品企業組合事件〕	**Q29**
最判昭48・9・14民集27―8―925〔広島県公立小学校長降任事件〕	**Q26**
最判昭50・7・10民集29―6―888〔第一次育児用粉ミルク（和光堂）事件〕 **Q5**,	**Q48**
最判昭50・7・11民集29―6―951〔第一次育児用粉ミルク（明治商事）事件〕	**Q5**
最判昭50・11・28民集29―10―1592〔天野・ノボ事件〕	**Q16**
最判昭52・6・20民集31―4―449〔岐阜商工信用組合事件〕	**Q32**
最判昭53・9・19判時911―99〔免許期限変更不許可処分取消請求事件〕	**Q26**
最判昭53・10・4民集32―7―1223〔マクリーン事件〕	**Q26**
最判昭59・2・24刑集38―4―1287・判時1108―3〔石油価格カルテル刑事事件〕	
	Q4, **Q9**, **Q10**, **Q16**, **Q27**, **Q34**
最判昭62・7・2判時1239―3〔東京灯油事件〕	**Q30**
最判平元・12・8民集43―11―1259〔鶴岡灯油事件〕	**Q30**
最判平元・12・14民集43―12―2078〔都営芝浦と畜場事件〕 **Q3**, **Q5**,	**Q44**
最判平4・10・29民集46―7―1174〔伊方発電所原子炉設置許可処分取消請求事件〕	**Q26**
最判平9・7・1民集51―6―2299〔BBS事件〕	**Q57**
最判平10・12・18集45―467〔お年玉付き年賀葉書事件〕	**Q44**
最判平10・12・18民集52―9―1866・判時1664―3〔資生堂東京販売（富士喜）事件〕	
	Q51, **Q58**, **Q59**
最判平10・12・18判時1664―14〔花王化粧品販売事件〕	**Q59**
最判平11・11・19民集53―8―1862〔公文書一部公開拒否処分取消請求事件〕	**Q26**
最判平12・7・7判時1729―28〔野村證券株主代表訴訟事件〕 **Q31**,	**Q45**
最判平15・2・27民集57―2―125〔フレッドペリー事件〕	**Q57**
最判平17・9・13民集59―7―1950〔日本機械保険連盟事件〕	**Q21**
最判平17・12・7民集59―10―2645〔小田急線連続立体交差事業認可処分取消請求事件〕	
	Q26
最判平19・4・19判タ1242―114〔郵便番号自動読取機審決取消請求事件〕	**Q26**

647

判審決例索引

最決平19・12・18判時1994―21〔執行停止決定に対する許可抗告事件〕 **Q26**
最判平22・12・17民集64―8―2067・集57―2―215〔NTT東日本事件〕
.... **Q4**，**Q6**，**Q9**，**Q10**，**Q34**，**Q35**，**Q41**，**Q64**
最判平24・2・9判タ1371―99〔国歌斉唱義務不存在確認等請求事件〕 **Q26**
最判平24・2・20民集66―2―796〔多摩談合（新井組）審決取消請求事件〕
.... **Q4**，**Q6**，**Q9**，**Q10**，**Q34**，**Q35**，**Q64**
最判平27・4・28判時2261―122・裁判所HP〔日本音楽著作権協会（JASRAC）事件〕
.... **Q4**，**Q12**

■高等裁判所

| 東京高判昭26・9・19高民集4―14―497〔東宝・スバル事件〕
.... **Q4**，**Q9**，**Q10**，**Q34**，**Q35**，**Q64**
東京高判昭28・12・7高民集6―13―868〔東宝・新東宝事件〕 ...... **Q4**，**Q10**
東京高判昭31・11・9行裁例集7―11―2849〔石油入札価格協定事件〕 **Q6**
東京高決昭32・3・18行裁例集8―3―443〔第二次北国新聞社事件〕 **Q42**
東京高決昭50・4・30高民集28―2―174〔中部読売新聞社事件〕 **Q44**
東京高判昭52・9・19高民集30―3―247〔松下電器事件〕 **Q30**
東京高判昭55・9・26判時983―22〔石油生産調整刑事事件〕 **Q27**
東京高判昭56・7・17判時1005―32・行裁例集32―7―1099〔東京灯油事件〕 **Q30**
東京高判昭59・2・17行裁例集35―2―144〔東洋精米機事件〕 **Q47**
仙台高秋田支判昭60・3・26判時1147―19〔鶴岡灯油事件〕 **Q30**
東京高判平5・3・29判時1457―92〔ベルギー・ダイヤモンド損害賠償請求事件〕 **Q45**
東京高判平5・5・21高刑集46―2―108〔ラップ価格カルテル刑事事件〕 **Q34**
大阪高判平5・7・30判時1479―21〔東芝昇降機サービス事件〕 ...... **Q5**，**Q46**
東京高判平5・12・14高刑集46―3―322〔シール談合刑事事件〕 ...... **Q6**，**Q10**
東京高判平6・9・14判時1507―43〔資生堂東京販売（富士喜）事件〕 **Q59**
大阪高判平6・10・14判時1548―63〔お年玉付き年賀葉書事件〕 ...... **Q3**，**Q44**
東京高判平7・9・25判タ906―136〔東芝ケミカル事件〕 ...... **Q10**，**Q34**
東京高判平7・9・26判時1549―11〔野村證券株主代表訴訟事件〕 ...... **Q31**，**Q45**
東京高判平8・3・28判時1573―29〔ニコマート事件〕 **Q47**
東京高判平8・5・31高刑集49―2―320・判タ912―139〔下水道談合事件〕 ...... **Q20**，**Q31**
東京高判平9・7・31判時1624―55〔花王化粧品販売事件〕 ...... **Q32**，**Q59**
東京高判平9・12・24高刑集50―3―181〔第一次東京都水道メーター談合刑事事件〕
.... **Q10**
東京高判平11・1・27金判1064―21〔野村證券株主代表訴訟事件〕 ...... **Q31**，**Q45**
東京高判平12・2・23集46―733〔ダクタイル鋳鉄管シェアカルテル事件〕 **Q20**
東京高判平13・2・16判時1740―13〔観音寺市三豊郡医師会事件〕 **Q3**

東京高判平17・4・27集52—789〔LPガス販売差別対価差止請求（ザ・トーカイ）事件〕
....**Q42**
東京高判平17・5・31集52—818〔LPガス販売差別対価差止請求（日本瓦斯）事件〕
....**Q42**
大阪高判平17・7・5集52—856〔関西国際空港新聞販売事件〕..................**Q32**
東京高判平18・12・15〔大石組審決取消請求事件〕...................................**Q10**
東京高判平19・1・31集53—1046〔ウインズ汐留事件〕............................**Q6**
東京高決平19・2・16金判1303—58〔五洋建設文書提出命令申立事件〕......**Q26**
東京高判平19・9・21集54—773〔鋼橋上部工事入札談合刑事事件〕..........**Q31**
東京高判平19・11・28判時2034—34〔「ゆうパック」事件〕......................**Q44**
東京高決平20・1・31（平成20年（行ケ）第7号及び第8号）審決DB〔審決執行停止申立事件〕
....**Q26**
東京高判平20・5・23集55—842〔ベイクルーズ原産国表示審決取消請求事件〕...**Q26**
東京高判平21・5・29集56—2—262〔NTT東日本事件〕..........................**Q4**
東京高判平22・1・29集56—498〔着うた事件〕......................................**Q12**
東京高判平22・3・19民集66—2—861〔多摩談合（新井組）審決取消請求事件〕...**Q4**
東京高判平23・4・22集58—2—1〔ハマナカ毛糸事件〕.............................**Q5**
東京高判平24・12・21集59—2—256〔ニプロ事件〕................................**Q30**
東京高決平25・3・15（平成25年（行ケ）第9号）審決DB〔事件記録閲覧謄写許可処分取消請求控訴事件〕
....**Q26**
東京高判平25・8・30判時2209—12〔セブン-イレブン・ジャパン事件〕......**Q30**
東京高判平25・11・1判時2206—37〔イーライセンスによる審決取消等請求事件〕
....**Q4，Q12，Q26**
知財高判平26・5・16判時2224—146〔アップル対サムスン債務不存在確認請求事件〕
....**Q12**
大阪高判平26・10・31判時2249—38〔神鉄タクシー事件〕.......................**Q32**
東京高判平28・1・29（平成27年（行ケ）第37号）審決DB〔テレビ用ブラウン管に関する国際カルテル事件〕
....**Q16**

■地方裁判所

大阪地判昭45・2・27判時625—75〔パーカー事件〕................................**Q57**
山形地鶴岡支判昭56・3・31判時997—18〔鶴岡灯油事件〕.......................**Q30**
東京地判昭59・12・7判時1817—33〔ラコステ事件〕...............................**Q57**
大阪地判平2・7・30判時1365—91〔東芝昇降機サービス事件〕.................**Q46**
東京地判平4・4・22判時1431—72〔豊田商事国家賠償（東京）事件〕.........**Q3**
東京地判平5・9・16判時1469—25〔野村證券株主代表訴訟事件〕.......**Q31，Q45**
東京地判平5・9・27判時1474—25〔資生堂東京販売（富士喜）事件〕........**Q59**

649

判審決例索引

大阪地判平5・10・6判時1512—44〔豊田商事国家賠償（大阪）事件〕……………… **Q3**
東京地判平6・7・18判時1500— 3〔花王化粧品販売事件〕…………………………… **Q59**
東京地判平9・4・9判時1629—70・判タ959—115〔日本遊戯銃協同組合事件〕
　　　　　　　　　　　　　　　　　　　　　　　　　　 Q4，**Q5**，**Q40**，**Q41**
東京地判平10・5・14判時1650—145〔野村證券株主代表訴訟事件〕……… **Q31**，**Q45**
神戸地判平14・9・17集49—766〔マックスファクター事件〕……………………… **Q59**
東京地判平16・3・18判時1855—145〔日本テクノ事件〕……………………………… **Q32**
東京地判平16・3・31判時1855—79〔LPガス販売差別対価差止請求（ザ・トーカイ）事
　　件〕……………………………………………………………………………… **Q32**，**Q42**
東京地判平16・3・31判時1855—88〔LPガス販売差別対価差止請求（日本瓦斯）事件〕
　　…………………………………………………………………………………………… **Q42**
東京地判平16・4・15判時1872—69〔三光丸事件〕…………………………… **Q32**，**Q51**
東京地判平16・5・20判時1871—125〔三菱商事株主代表訴訟事件〕………………… **Q31**
山口地下関支判平18・1・16集52—918〔下関市福祉バス事件〕…………… **Q3**，**Q32**
東京地決平18・9・1金判1250—14〔五洋建設文書提出命令申立事件〕……………… **Q26**
札幌地判平19・1・19裁判所HP〔損害賠償請求事件〕………………………………… **Q35**
東京地判平19・11・27〔違約金請求事件〕……………………………………………… **Q35**
岡山地決平20・1・30裁判所HP〔指定取消処分等取消請求事件〕…………………… **Q26**
大阪地判平20・1・31判タ1268—152〔保健医療機関指定取消処分差止等請求事件〕… **Q26**
広島地決平20・2・29判時2045—98〔埋立免許仮の差止め申立事件〕………………… **Q26**
東京地判平20・12・10判時2035—70〔USEN損害賠償請求事件〕…………………… **Q30**
大阪地判平21・3・3判時2046—100〔違約金請求事件〕……………………………… **Q35**
名古屋地判平21・8・7判時2070—77〔ストーカ炉談合（津島市）事件〕………… **Q30**
東京地判平23・1・28判時2117—20〔請負代金請求事件〕…………………………… **Q35**
東京地決平23・3・30〔ドライアイス仮処分事件〕…………………………………… **Q54**
大阪地判平24・6・15判時2173—58〔住友電工文書提出命令申立事件〕……………… **Q26**
東京地判平25・1・31裁判所HP〔事件記録閲覧謄写許可処分取消請求事件〕……… **Q26**
東京地判平25・2・28判時2186—154〔アップル対サムスン債務不存在確認請求事件〕
　　……………………………………………………………………………………………… **Q12**
神戸地判平26・1・14集60— 2—214〔神鉄タクシー事件〕…………………………… **Q32**

■公正取引委員会

昭24・8・30審判審決　集1—62〔合板入札価格協定事件〕………… **Q9**，**Q10**，**Q34**
昭30・12・1審判審決　集7—70〔日本石油ほか10名事件〕………………………… **Q10**
昭30・12・10勧告審決　集7—99〔第二次大正製薬事件〕………………… **Q41**，**Q43**
昭31・7・28審判審決　集8—12〔雪印乳業・農林中金事件〕……………… **Q9**，**Q41**
昭32・1・30勧告審決　集8—51〔日本楽器事件〕……………………………………… **Q13**

650

判審決例索引

昭32・3・7勧告審決	集8—54〔浜中村主畜農業協同組合事件〕	**Q43**
昭35・2・9勧告審決	集10—17〔熊本魚事件〕	**Q54**
昭41・1・13勧告審決	集13—99〔岡崎青果商業協同組合事件〕	**Q40**
昭43・2・6勧告審決	集14—99〔綱島商店事件〕	**Q45**
昭43・11・29勧告審決	集15—135〔中央食品ほか6名事件〕	**Q4**
昭44・10・30同意審決	集16—46〔新日鉄合併事件〕	**Q4**
昭45・1・12勧告審決	集16—134〔天野・ノボ国際契約事件〕	**Q56**
昭45・8・5勧告審決	集17—86〔コンクリートパイル事件〕	**Q12**
昭47・8・18審判手続打切決定	集19—57〔三重運賃（外国企業）事件〕	**Q16**
昭47・9・18勧告審決	集19—87〔東洋製罐事件〕	**Q9**
昭47・12・27勧告審決	集19—124〔化合繊（レーヨン糸）国際カルテル（旭化成）事件〕	**Q16**
昭48・1・12勧告審決	集19—144〔フェルト国際カルテル事件〕	**Q16**
昭48・7・17同意審決	集20—62〔広島電鉄事件〕	**Q14**
昭49・11・22勧告審決	集22—148〔武藤工業事件〕	**Q47**
昭50・12・9勧告審決	集22—92〔板ガラス価格協定事件〕	**Q35**
昭50・12・11勧告審決	集22—97〔日本油脂ほか6名事件〕	**Q36**
昭51・2・20勧告審決	集22—127〔フランスベッド事件〕	**Q47**
昭51・10・8勧告審決	集23—60〔白元事件〕	**Q50**
昭52・11・28審判審決	集24—106〔第二次育児用粉ミルク（森永乳業）事件〕	**Q49**
昭53・4・18勧告審決	集25—1〔オールドパー事件〕	**Q48**, **Q57**
昭54・12・20同意審決	集26—74〔学習研究社事件〕	**Q47**
昭55・2・7勧告審決	集26—85〔東洋リノリューム事件〕	**Q10**, **Q42**
昭55・2・7勧告審決	集26—92〔大分県石油商業組合事件〕	**Q39**
昭55・6・19勧告審決	集27—39〔千葉市医師会事件〕	**Q3**
昭55・6・19勧告審決	集27—44〔豊橋市医師会事件〕	**Q3**
昭56・2・18勧告審決	集27—112〔岡山県南生コンクリート協同組合事件〕	**Q41**
昭56・3・17同意審決	集27—116〔関東地区登録衛生検査所協会事件〕	**Q54**
昭56・5・11勧告審決	集28—10〔富士写真フィルム事件〕	**Q51**
昭56・7・7勧告審決	集28—56〔大分県酪農業協同組合事件〕	**Q47**
昭57・5・28勧告審決	集29—13・18〔マルエツ・ハローマート事件〕	**Q44**
昭57・6・17同意審決	集29—31〔三越事件〕	**Q52**
昭58・3・31勧告審決	集29—104〔ソーダ灰輸入カルテル事件〕	**Q16**
昭58・9・30同意審決	集30—50〔滋賀県生コンクリート工業組合（第一次）事件〕	**Q40**
平2・2・15勧告審決	集36—44〔神奈川生コンクリート協同組合事件〕	**Q54**
平2・2・20勧告審決	集36—53〔全国農業協同組合連合会事件〕	**Q50**
平2・10・12勧告審決	集37—39〔光陽事件〕	**Q46**

651

平3・7・25勧告審決	集38—65〔ヤマハ東京事件〕	**Q51**
平3・8・5勧告審決	集38—70〔エーザイ事件〕	**Q50**
平3・12・2勧告審決	集38—134〔野村證券事件〕	**Q11**, **Q45**
平4・2・28審判審決	集38—41〔藤田屋事件〕	**Q46**
平5・3・8勧告審決	集39—246〔ソニーネットワーク販売事件〕	**Q51**
平5・9・10審判審決	集40—3・29〔公共下水道用鉄蓋(日之出水道)事件〕	**Q12**
平5・9・28勧告審決	集40—123〔ラジオメータートレーディング事件〕	**Q57**
平6・7・28審判審決	集41—46〔三菱電機ビルテクノサービス事件〕	**Q6**
平7・7・10審判審決	集42—3〔大阪バス協会事件〕	**Q4**
平7・10・13勧告審決	集42—163〔旭電化工業事件〕	**Q16**, **Q62**
平7・11・30同意審決	集42—97〔資生堂再販事件〕	**Q48**
平8・3・22勧告審決	集42—195〔星商事事件〕	**Q57**
平8・4・24審判審決	判時1567—73〔中国塗料事件〕	**Q22**
平8・5・8勧告審決	集43—209〔日本医療食協会事件〕	**Q9**
平9・8・6勧告審決	集44—238〔ぱちんこ機製造特許プール事件〕	**Q9**, **Q64**, **Q68**
平9・8・6勧告審決	集44—248〔山口県経済農業協同組合連合会事件〕	**Q50**
平9・11・5勧告審決	集44—275〔東北セルラー事件〕	**Q51**
平10・3・31勧告審決	集44—362〔パラマウントベッド事件〕	**Q9**, **Q12**
平10・6・19審判審決	集45—42〔ミツワ自動車事件〕	**Q57**
平10・7・28勧告審決	集45—130〔ナイキジャパン事件〕	**Q48**
平10・7・30勧告審決	集45—136〔ローソン事件〕	**Q52**
平10・9・3勧告審決	集45—148〔ノーディオン事件〕	**Q9**, **Q16**, **Q33**
平10・12・14勧告審決	集45—153〔日本マイクロソフト事件〕	**Q46**
平11・1・25勧告審決	集45—160〔低食塩次亜塩素酸ソーダ入札等談合事件〕	**Q35**
平11・1・25勧告審決	集45—185〔浜北市医師会事件〕	**Q51**
平11・7・8審判審決	集46—3〔金門製作所課徴金事件〕	**Q21**
平12・2・2勧告審決	集46—394〔オートグラス東日本事件〕	**Q43**
平12・2・28同意審決	集46—144〔北海道新聞社事件〕	**Q9**, **Q12**
平12・10・31勧告審決	集47—317〔ロックマン工法事件〕	**Q41**
平13・7・27勧告審決	集48—187〔松下電器産業事件〕	**Q55**
平13・8・1審判審決	集48—3〔ソニー・コンピュータエンタテインメント(SCE)事件〕	**Q50**
平15・4・9勧告審決	集50—335〔全国病院用食材卸売業協同組合事件〕	**Q15**
平15・11・27勧告審決	集50—398〔ヨネックス事件〕	**Q57**
平15・12・8警告〔アサヒビール事件〕		**Q55**
平16・4・12勧告審決	集51—401〔東急パーキングシステムズ事件〕	**Q54**
平16・7・27勧告審決	集51—471〔四日市医師会事件〕	**Q39**, **Q40**
平17・4・13勧告審決	集52—341〔インテル事件〕	**Q47**, **Q55**

平17・9・28審判審決　集52—109〔岡崎管工業事件〕·················· **Q21**
平18・5・22排除措置命令　集53—869〔日産化学事件〕················ **Q48**
平18・6・5審判審決　集53—195〔ニプロ事件〕················ **Q9**, **Q30**, **Q41**, **Q47**
平19・6・19審判審決　集54—86〔チッソ事件〕························ **Q22**
平19・6・29課徴金納付命令　集54—567〔ガス用ポリエチレン管の製造販売業者に対する件〕································ **Q22**
平19・11・12課徴金納付命令　集54—596〔名古屋市発注地下鉄工事入札談合事件〕··· **Q21**
平20・2・20排除措置命令　集54—512〔マリンホースに関する国際カルテル事件〕 **Q16**
平20・6・30排除措置命令　集55—688〔ヤマダ電機事件〕·············· **Q52**
平20・9・16審判審決　集55—380〔マイクロソフト非係争条項事件〕·········· **Q5**, **Q12**
平20・10・17課徴金納付命令　集55—754〔溶融メタル購入カルテル事件〕···· **Q22**
平21・2・16審判審決　集55—500〔第一興商事件〕·················· **Q54**
平21・2・27排除措置命令　集55—712〔日本音楽著作権協会（JASRAC）事件〕······ **Q4**
平21・6・22排除措置命令　集56—2—6〔セブン - イレブン・ジャパン事件〕
································ **Q53**, **Q58**
平21・9・28排除措置命令　集56—2—65〔クアルコム事件〕·············· **Q12**
平21・10・7排除措置命令　集56—2—71〔テレビ用ブラウン管に関する国際カルテル事件〕······························ **Q16**
平23・6・22課徴金納付命令　集58—1—312〔山陽マルナカ事件〕········ **Q25**, **Q52**
平23・12・13課徴金納付命令　集58—1—352〔トイザらス事件〕·········· **Q25**
平23・12・15審判審決　集58—1—140・153〔光ファイバカルテル事件〕····· **Q23**
平24・1・19課徴金納付命令　集58—1—372〔本田技研工業発注ワイヤーハーネス事件〕······························ **Q23**
平24・2・16課徴金納付命令　集58—1—384〔エディオン事件〕········ **Q25**, **Q52**
平24・6・12排除措置命令取消審決　集59—1—59〔日本音楽著作権協会（JASRAC）事件〕·························· **Q4**, **Q12**
平24・10・17課徴金納付命令　集59—1—305〔高知談合土佐国道事務所発注分事件〕
································ **Q22**
平25・7・3課徴金納付命令　集60—1—435〔ラルズ事件〕·············· **Q25**
平25・12・20課徴金納付命令〔地中送電ケーブル工事受注調整関電工課徴金事件〕··· **Q22**
平25・12・20課徴金納付命令〔東京電力本店等発注架空送電工事事件〕·········· **Q22**
平26・3・18課徴金納付命令〔自動車運送船舶運航運賃カルテル事件〕·········· **Q21**
平26・6・5課徴金納付命令（平成26年（納）第113号）判決DB〔ダイレックス事件〕
································ **Q25**
平27・1・14排除措置命令（平成27年（措）第1号）審決DB〔網走管内コンクリート製品協同組合事件〕························ **Q39**
平27・1・16排除措置命令（平成27年（措）第2号）審決DB〔福井県経済連事件〕
································ **Q9**, **Q39**

653

平27・5・22審判審決（平成22年（判）第2号ないし第7号）審決DB〔テレビ用ブラウン管に関する国際カルテル事件〕……………………………………………………… **Q16**
平27・6・4課徴金納付命令一部取消審決（平成24年（判）第6号及び第7号）審決DB〔トイザらス事件〕…………………………………………………………… **Q33**，**Q52**

〔著者紹介〕

小 林　　覚（弁護士　小林覚法律事務所）

渡 邉 新 矢（弁護士　外国法共同事業ジョーンズ・デイ法律事務所）

根 岸 清 一（弁護士　弁護士法人霞門法律事務所）

福 井　　琢（弁護士　柏木総合法律事務所，慶應義塾大学大学院法
　　　　　　　務研究科教授）

平 田　　厚（明治大学法科大学院教授，弁護士）

柄 澤 昌 樹（弁護士　柄澤法律事務所）

独占禁止法の法律相談　　　　　最新青林法律相談⑩

2016年5月10日　初版第1刷印刷
2016年5月30日　初版第1刷発行

Ⓒ著　者　　小　林　　　　覚
　　　　　　渡　邉　新　　矢
　　　　　　根　岸　清　　一
　　　　　　福　井　　　　琢
　　　　　　平　田　　　　厚
　　　　　　柄　澤　昌　　樹
　　　発行者　逸　見　慎　一

発行所　東京都文京区　株式　青林書院
　　　　本郷6丁目4の7　会社
　　　　振替口座　00110-9-16920／電話03(3815)5897〜8／郵便番号113-0033

印刷・藤原印刷㈱／落丁・乱丁本はお取り替え致します。
Printed in Japan　　ISBN978-4-417-01684-7

JCOPY 〈(社)出版者著作権管理機構 委託出版物〉
本書の無断複写は著作権法上での例外を除き禁じられていま
す。複写される場合は，そのつど事前に，(社)出版者著作権管理
機構（電話 03-3513-6969, FAX 03-3513-6979, e-mail；info@
jcopy.or.jp）の許諾を得てください。